U0949578

2020
上海建设年鉴

中共上海市城乡建设和交通工作委员会
上海市住房和城乡建设管理委员会 编

文匯出版社

图书在版编目（CIP）数据

上海建设年鉴．2020 ／ 中共上海市城乡建设和交通工作委员会，上海市住房和城乡建设管理委员会编．--上海：文汇出版社，2020.12

ISBN 978-7-5496-3324-1

Ⅰ.①上… Ⅱ.①中… ②上… Ⅲ.①城市建设－上海市－2020－年鉴 Ⅳ.①F299.275.1-54

中国版本图书馆CIP数据核字(2020)第271724号

上海建设年鉴（2020）

编　　著 ／ 中共上海市城乡建设和交通工作委员会
上海市住房和城乡建设管理委员会
责任编辑 ／ 乐渭琦
特约编辑 ／ 郑　红
图片、美术编辑 ／ 胡　鹰
封面设计 ／ 邵　竞　胡　鹰

出 版 人 ／ 周伯军

出版发行 ／ 文匯出版社
上海市威海路755号
（邮政编码 200041）
经　　销 ／ 全国新华书店
照　　排 ／ 上海未寅文化传播有限公司
印刷装订 ／ 浙江经纬印业股份有限公司
版　　次 ／ 2020年12月第1版
印　　次 ／ 2020年12月第1次印刷
开　　本 ／ 889×1240　1/16
字　　数 ／ 800千字
印　　张 ／ 32（插页16）

书　　号 ／ ISBN 978-7-5496-3324-1
定　　价 ／ 258.00元

▼ 2019 年上海市卫星影像图（1：220000）

▼ 夕照申城

程十发美术馆

程十发美术馆位于上海市长宁区虹桥路，建设和运营主体为上海中国画院，是一座以艺术大师程十发的名字所命名的美术馆。程十发美术馆筑起的是展示、研究、推广海派艺术的重要平台。

这座美术馆作为“十三五”时期上海文化设施建设的重点项目之一，是上海的一处文化新地标。程十发美术馆具有作品展陈、学术研究、教育推广、文化交流、收藏保管、公共服务六大功能，融社会性、艺术性、学术性一并发展。

程十发美术馆总建筑面积 11500 平方米，高度 28.45 米。地上三层，包括展厅、艺术书吧和公共阅览区等；地下室一层，包括库房、报告厅等。

中兴・跃上新高度

30
1

1 徐汇区吴兴路（肇嘉浜路—淮海中路）

2 虹口区天宝西路（曲阳路—密云路）

3 松江区彭丰路（思贤路—南环路）

4 杨浦区双阳北路（国顺东路—松花江路）

5 静安区闻喜路（岭南路—阳泉路）

历史风貌区路段架空线入地和合杆整治工程

在上海，武康大楼不仅是一幢历史悠久的保护建筑，也是著名地标。在阳光下，大楼满身的红砖显得庄严厚重。但美中不足的是，大楼周边密布的架空线和随处可见的各种立杆，将天空下的建筑切割出不同的形状，很是碍眼。

城市服务管理必须在细微处见功夫、见质量、见情怀，这远比多造几栋楼来得重要。武康路、淮海中路架空线入地和合杆整治工程是上海市中心城区第一条开工的架空线整治道路。然而，中心城区尤其是历史风貌区实施架空线入地，就好像是在跳动的心脏上动手术。武康大楼坐落于武康路与淮海中路交界处，也是历史风貌区中的亮点。武康路由于路幅有限，地下管线情况复杂，周边重要用户多，保护建筑、保护树木林立，让该路段工程成为全市范围内架空线入地工作中施工条件最复杂、难度最大的路段之一。2019 年 1 月 25 日凌晨 5 点 30 分，武康大楼周边的最后两根架空线开始拆除。6 点 30 分，最后两根架空线拆除完毕，大楼上方的天空就此告别了被分割的历史。

北翟路快速路地道新建工程

2019年10月25日，第二届进博会配套项目——北翟路快速路地道正式通车。北翟路地道是北翟路（外环线—中环线）新建工程的隧道部分，全长约1.78公里。地道设计为双向6车道，设计车速每小时60公里，是一条快速路。北翟路地道距离国家会展中心大约2.6公里，西起北翟路外环线立交，东接北翟路中环线立交、北横通道北虹路立交。在进博会举办期间，将起到重要保障作用，是国家会展中心快速对外交通疏解的主通道之一。届时，车辆可从国家会展中心出发，沿嘉闵高架—北翟高架—北翟路地道行至中环。

松江“蚕宝宝”舒适快捷安全运行

被昵称为“蚕宝宝”的松江现代有轨电车示范线分为2号线(简称:T2线)和1号线(简称:T1线)两条线路，总长约31.394公里，共设47座车站。T1线东西贯穿松江老城，向东延伸至松江工业区及新桥镇，并与上海城际铁路金山支线新桥火车站相链接。T2线形成环线，串联起G60科创走廊、松江工业区及松江新老城区，并在松江大学城站和松江体育中心站与轨道交通9号线形成换乘，有轨电车出行的覆盖面得到进一步扩大。

T2线自2018年12月开通运营， T1线于2019年8月开通运营，并且分别与地铁9号线大学城站、体育中心站及金山支线新桥站始发、末班同步。这样使松江与市区的往返、老城新城的往返，乘坐T2线和T1线再换乘地铁变得更加快捷。据悉，在中长期规划中，松江有轨电车共规划了6条线路。

SJ0116
SJ0130
SJ0109

万达广场
WANDA PLAZA
IMAX

崧泽大道跨线桥人非设施工程建成通车

在第二届中国国际进口博览会即将开幕之际，由上海城投公路投资（集团）有限公司投资建设的崧泽大道跨线桥人非设施工程于2019年10月31日上午10时18分正式开放通行，标志着又一惠及民生的进博配套设施投入使用。

崧泽大道跨线桥人非设施工程西起崧泽大道涞港路，东至崧泽大道华翔路，连接闵行与青浦两区，下穿沪昆铁路，横跨小涞港河道，道路分南北两线，长度分别约为604米与589米，包括人行道及非机动车道两部分。人非设施工程于2019年1月1日开工建设，是连通国家会展中心与虹桥商务区的重要人非通道，投入使用后，将大大改善区域慢行交通出行条件，提高路网通行效率，促进区域经济社会协调发展。

周家嘴路越江隧道新建工程

周家嘴路隧道新建工程经过50个月的奋战，于2019年10月31日建成试通车。工程全长4.45公里，其中隧道段2.57公里，采用直径14.45米的泥水平衡盾构穿越黄浦江，隧道最大埋深达59米，是上海目前最深的过江隧道。

建设者围绕“全生命周期”的建设管理，确保工程“穿越”安全。成功应用BIM技术，全预制拼装的施工，开了国内越江隧道内部结构全预制拼装的先河，在实现快、优、美的基础上，更能实现经济上的节约，必将引领隧道施工新潮流。

周家嘴路隧道建成通车将进一步完善中心城路网结构，优化北部地区越江通道布局，均衡越江交通流量，为杨浦区与浦东新区提供了一条区区对接的新主干道，进一步提高黄浦江两岸的通达性。同时与北横通道相接，将成为上海市北郊地区重要的东西快捷通道。

1 上音歌剧院
2 上海天文馆
3 老港综合填埋场二期工程

1 嘉虹 2 线开通
（起讫站为公交嘉定新城站和虹桥枢纽西交通中心）

2 临港新片区特斯拉超级工厂

3 G60 松江科创云廊

1

2

3

JIAO HUAN TUNNEL

上海郊环隧道新建工程

2019 年 12 月 28 日，位于黄浦江最北端的郊环隧道正式完工并进入试运行。

作为郊环线闭合的关键节点，沿江通道越江隧道西起浦西浦东牡丹江路，东至浦东外环线，全长约 8.7 公里，主线设置为双向 6 车道，设计车速 80 公里 / 小时。之前，由于郊环线在吴淞口沿线断开，浦东和浦西之间郊环线的交通要依靠与外环线合线使用，导致外环隧道拥堵情况严重。郊环隧道的建成通车将有效缓解外环线的交通压力。

▼ 洋山深水港四期全自动无人码头

ONE
YANG MING
HYUNDAI
K LINE
Hapag-Lloyd
HMM
UASC
SIPG
740t
40t
ZPMC
CSAV

上海建工基础集团
上海城投
SCG 上海建工
热烈庆
龙耀路
越江隧道新建工程
盾构始发
承载城市梦想 建筑美好生活
上海建工让城市生活更美好
耀龙号

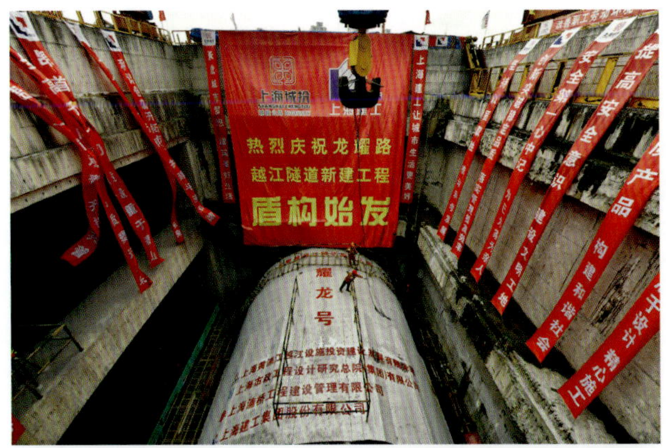

龙耀路越江隧道“耀龙号”盾构机顺利完成南线始发

2019 年 3 月 20 日上午，龙耀路越江隧道新建工程（济明路—西营路）“耀龙号”盾构机顺利完成南线始发施工。本次工程主要是为了打通济阳路—长清路这段交通命脉，主要采用一台直径为 11.58 米的盾构机，盾构机需要穿越济阳路、济阳公园、济阳小区、西营路，到达成山路工作井。该工程北线盾构隧道全长 548 米，南线盾构隧道全长 544 米，总计 1092 米，管片共拼装 727 环。最大坡度 4.95%，最小平面曲率半径为 750 米。“耀龙号”盾构机顺利完成始发施工，标志着龙耀路越江隧道新建工程迈入新的“征程”。

▲ 竹园污水厂提标改造工程

江浦路越江隧道新建工程西线盾构“江浦号”顺利始发

2019 年 8 月 24 日上午 8：59，江浦路越江隧道新建工程西线盾构“江浦号”顺利始发！

2019 年 6 月首台盾构设备下井安装，为确保盾构顺利始发，对盾构机位置复核测量、地基加固、洞门处理、基座安装等工作做了周密的安排。在确保安全和质量的前提下，加快施工进度，仅用两个多月时间，就完成了大型盾构机的安装调试工作。

《上海建设年鉴（2020）》
编辑委员会

编写说明

一、《上海建设年鉴》是中共上海市城乡建设和交通工作委员会、上海市住房和城乡建设管理委员会组织编写，上海市、区两级建设交通系统各局、直属单位及相关政府部门协作参与，以记录上一年度上海城乡建设、城市管理、交通运输及相关行业、企业发生的重大事件及重要情况为主要内容，对外公开发行的大型资料性、工具性年刊。

二、本书编写采用年鉴的体例和风格。全书由特载、主体和附录三部分组成。特载刊载上海当年年度政府工作报告、统计公报及其他重要内容。主体部分基本按城乡建设、城市管理、交通运输及综合管理等相关内容，分门别类予以排列、记载。附录部分包含当年市住房城乡建设管理委大事记、相关法律法规政策选编目录等相关资料。

三、本书主体部分由栏目、分目和条目三个结构层次组成。全书设 15 个栏目，每一栏目依内容需要，设若干分目。栏目之首设“综述”，分目之首设“概况”，本书主要记载形式为条目，以事件设，一事一条。同时辅以图片、表格及相关资料。

四、本书编写坚持对历史负责、对后人负责和客观记载、不作评价的原则，对年度发生的重大事件，尽可能予以如实、公正地记载，避免不确定因素和不确切数据。

五、本书以赠阅为主。由于诸多原因，全书编写周期较长，其中部分内容转引自有关资料、文献、书刊。原作者如未收到稿酬，可直接与《上海建设年鉴》编辑部联系。

六、本书编写过程中得到上海市、区各级领导和上海建设交通系统各局、直属单位，以及广大热心人士的大力帮助，在此一并表示感谢。

目录 Catalogue

◎特载

◎城乡规划、国土资源

◎城乡建设

◎绿化市容

◎环境保护

◎水务管理

◎房屋管理

◎铁路运输

◎民用航空

◎邮政事业

◎海洋海事

◎建筑建材业管理

◎城市管理精细化

◎科研工作

◎区域建设

◎政策法规

◎附录

特载

FEATURE

上海市政府工作报告

——2020年1月29日上海市第十五届人民代表大会第三次会议上

上海市市长　应　勇

各位代表：

现在，我代表上海市人民政府，向大会报告工作，请予审议。请各位政协委员和其他列席人员提出意见。

一、2019年工作回顾

过去一年，在以习近平同志为核心的党中央坚强领导下，我们以习近平新时代中国特色社会主义思想为指导，全面贯彻落实党的十九大和十九届二中、三中、四中全会精神，深入贯彻落实习近平总书记考察上海重要讲话精神，坚决贯彻落实党中央、国务院和中共上海市委的决策部署，当好新时代全国改革开放排头兵、创新发展先行者，坚持稳中求进工作总基调，坚持新发展理念，坚持以供给侧结构性改革为主线，推动高质量发展，深化改革开放，继续打好三大攻坚战，着力提升城市能级和核心竞争力，以实干实效庆祝新中国成立 70 周年，完成了市十五届人大二次会议确定的主要目标任务。

一年来，面对国内外风险挑战明显上升的复杂局面，我们保持战略定力，坚定发展信心，做到迎难而上，把稳增长放在突出位置，以稳增长的硬任务实现高质量发展的硬道理，以自身发展的确定性有效应对外部环境的不确定性，全市经济社会延续了总体平稳、稳中有进、进中固稳的发展态势。一是经济持续平稳增长。在高基数和经济下行压力加大的情况下，全市生产总值增长 6%。在大规模减税降费总额超过 2022 亿元、影响地方收入增幅 11 个百分点的情况下，地方一般公共预算收入增长 0.8%。新增就业岗位 58.9 万个，城镇登记失业率为 3.6%，城镇调查失业率稳定在 4.3% 以内。居民消费价格上涨 2.5%。二是经济发展新动能持续增强。全社会研发经费支出相当于全市生产总值的比例达到 4%，每万人口发明专利拥有量提高到 53.5 件。新产业、新业态、新模式保持较快增长，新能源产业产值增长 17.7%，互联网业务收入增长 30% 以上。平均每个工作日新注册企业 1476 户，增长 12%。三是经济结构持续优化。第三产业增加值占全市生产总值的比重达到 72.7%，战略性新兴产业制造业部分产值占规模以上工业总产值的比重提高到 32.4%。四是人民生活水平持续提高。城镇和农村常住居民人均可支配收入分别增长 8.2% 和 9.3%，农村居民收入增速连续 8 年快于城镇居民。五是生态环境持续改善。环保投入相当于全市生产总值的比例保持在 3%，单位生产总值能耗进一步下降，$PM_{2.5}$ 年平均浓度为 35 微克 / 立方米。

一年来，我们主要做了以下工作。

（一）全力实施“三大任务、一大平台”，实现改革开放新作为

上海自贸试验区临港新片区正式设立。落实国务院批准的总体方案，出台管理办法，完善体制机制，制定实施特殊支持政策，推动重大改革优先在新片区试点、重大项目优先在新片区布局、重大政策优先在新片区适用。新片区新设企业 4025 家，签约重点项目 168 个、总投资 821.9 亿元。深化自贸试验区“三区一堡”建设，赋予浦东新区更大改革自主权，进一步推动浦东新区改革开放和高质量发展。

在上海证券交易所设立科创板并试点注册制顺利落地。全力支持、全面配合做好相关工作，优化金融生态环境，实施促进科创企业发展的“浦江之光”行动。受理 205 家企业上市申请，70 家企业成功上市，筹资额达到 824 亿元。

长三角一体化发展国家战略全面实施。制定落实长三角一体化发展规划纲要、打造虹桥国际开放枢纽等实施方案，启动建设长三角生态绿色一体化发展示范区。开工建设交通、能源、信息等一批基础设施合作项目，提升 G60 科创走廊能级，强化生态环境共保联治，实现长三角医保门诊费用直接结算全覆盖。积极参与长江经济带生态环境保护。扎实开展东西部扶贫协作和对口支援。

第二届中国国际进口博览会圆满成功。贯彻“越办越好”的总要求，以一流的城市环境、一流的服务保障确保进口博览会规模更大、质量更优、创新更强、层次更高、成效更好。按一年计，累计意向成交 711.3 亿美元，比首届增长 23%。放大进口博览会溢出带动效应，成功举办上海城市推介活动，实现保税展示展销常态化。

重点领域改革开放不断深化。启动实施区域性国资国企综合改革，完成一批国企市场化专业化重组。优化民营企业发展环境，制定鼓励设立总部、加强金融服务等政策措施。在全市实施“证照分离”改革。探索海关智能化监管通关新模式。新设外资项目数量、合同外资金额、实到外资金额分别增长

21.5%、7.1% 和 10.1%，跨国公司地区总部、外资研发中心分别新增 50 家和 20 家。

（二）加快建设"五个中心""四大品牌"，全力促进经济平稳增长

"六稳"工作扎实推进。制定实施投资促进、工业稳增长、促消费、稳外贸等政策措施，强化招商稳商安商工作。特斯拉新能源汽车投产，阿尔茨海默症治疗新药上市，工业投资增长 11.3%、连续 21 个月保持两位数增长。开工建设轨道交通机场联络线、崇明线、S3 公路、沿江通道浦东段等重大项目，建成周家嘴路越江隧道等重要基础设施。推进土地资源高质量利用，低效建设用地减量 15.3 平方公里。

"五个中心"功能全面提升。推出"沪伦通"、沪深 300 股指期权等金融创新产品，野村东方证券、安联保险、摩根大通等对外开放项目落地，持牌金融机构新增 54 家，金融市场交易总额 1934.3 万亿元、增长 16.6%。金融风险有效防控。电子商务交易额增长 14.7%，口岸贸易总额继续位居世界城市首位。浦东国际机场卫星厅投入使用，上海港集装箱吞吐量达到 4330.3 万标准箱、连续 10 年世界第一。深化科技体制机制改革，推动在国家层面制定集成电路、人工智能、生物医药"上海方案"，制定实施智慧城市、数字经济等政策措施，超强超短激光、转化医学设施等大科学设施建成运营，海底科学观测网、高效低碳燃气轮机试验装置等重点项目开工建设，量子研究中心、清华国际创新中心、国际人类表型组研究院等新型研发机构相继成立，中以创新园开园运营。

"四大品牌"建设加快推进。制定实施服务业扩大开放、高质量发展等政策措施。培育发展先进制造业集群，创建人工智能创新应用先导区。率先开展境外旅客购物离境退税"即买即退"试点，支持首店经济、夜间经济、海派特色小店、老字号品牌发展。率先基本建成现代公共文化服务体系，成功举办第十二届中国艺术节、第二十二届国际电影节、第三十届旅游节等重要节展，开工建设大歌剧院、国际马术中心，建成程十发美术馆、上音歌剧院等文化设施。创建中国邮轮旅游发展示范区，黄浦江游览游客年接待量突破 500 万人次。

实施军民融合发展纲要，国防动员、人民防空、双拥优抚等工作继续加强，退役军人服务保障体系初步形成。

（三）着力破解"老小旧远"等民生难题，切实保障和改善民生

养老服务增量提质。加快建设社区嵌入式养老设施，实现综合为老服务中心街镇全覆盖，新增老年人日间服务中心 83 家和助餐场所 217 个。新建养老床位 7202 张，改建认知障碍照护床位 1485 张，改造农村薄弱养老机构 89 家。长期护理保险服务惠及 49.3 万老年人。

托幼服务加快发展。大力建设普惠安全、托幼一体的托育服务体系，新开办托育机构 231 个、幼儿园 37 所。进一步加强小学生校内课后服务，开设小学生爱心暑托班 556 个。

旧区改造大力推进。完成 55.3 万平方米、2.9 万户中心城区成片二级旧里以下房屋改造，完成 1184 万平方米旧住房综合改造、104 万平方米里弄房屋修缮保护，新增供应各类保障房 6.3 万套。新建和转化租赁房源 10.1 万套，新增代理经租房源 12.8 万套。落实房地产市场调控一城一策常态长效机制，房地产市场保持平稳健康发展。

乡村振兴战略深入推进。完成村庄布局规划编制，建成 9 个乡村振兴示范村。推动 1.28 万户农民相对集中居住，完成涉及 7 万户的村庄改造和 9 万户的农村生活污水处理设施改造。促进农业提质增效，地产绿色农

产品认证率超过20%。深化农村综合帮扶，发展壮大农村集体经济。

就业和社会保障持续加强。完善创业扶持、技能培训、就业援助等稳就业措施，完成100.7万人次补贴性职业技能培训，帮助8698名长期失业青年就业创业。新增206个户外职工“爱心接力站”。合并实施生育保险和职工基本医保。提高养老金、低保、最低工资等保障标准。实施猪肉等农产品保供稳价措施，及时向低保人员等33万困难群众发放价格临时补贴。

教育、卫生、体育等社会事业稳步推进。编制实施教育现代化2035规划，加快应用型高校建设和职业教育发展。制订实施健康上海行动计划，启动区域性医疗中心建设，实现市级医院44项检验检查结果互联互通互认，落实国家药品集中采购和使用试点任务，全面取消公立医疗机构医用耗材加成。建成市民体育公园一期，新建改建健身步道112条、市民多功能运动场76片、益智健身苑点345个，成功举办第十五届世界武术锦标赛等重大赛事。

（四）加强城市精细化管理、社会治理和生态环境保护，持续打造更有序、更安全、更干净的城市

城市精细化管理成效持续显现。推进城市运行“一网统管”，启动建设城市运行管理平台系统。提高文明施工等管理标准，完成120.5公里架空线入地及合杆整治，93.4%的街镇实现无违建创建。深入开展道路交通违法行为综合整治。完成56个交通拥堵节点改造，实现258条公交线路到站信息实时预报。完成黄浦江45公里岸线的景观灯光提升改造。

垃圾分类成为新时尚。着力实施生活垃圾管理条例，基本形成垃圾全程分类收运体系，大力推进垃圾资源化利用设施建设，居民区分类达标率从15%提高到90%，全市平均每天分出的可回收物增长431.8%、湿垃圾增长88.8%、干垃圾减少17.5%、有害垃圾增长504.1%，垃圾填埋比例从41.4%下降到20%。垃圾分类推进快、成效大，靠的是全市动员、全民参与，要为全市人民点赞，向全市人民致敬！

社会治理创新取得新进展。建立社区治理分类施策机制，完善社区工作者管理办法。构建应急管理工作新格局，开展消防安全、校园安全、空中坠物隐患等专项整治，推动危化品企业落实安全风险承诺公告措施，完成15.8万户住宅的老旧燃气立管改造。加快推进智慧公安建设，深入开展扫黑除恶专项斗争，社会保持和谐稳定。

污染防治攻坚战扎实推进。完成3851台燃油燃气锅炉低氮改造，继续推进集装箱海铁联运，实施轻型汽车国六b排放标准。推进苏州河环境综合整治四期工程建设，完成白龙港污水处理厂提标改造和1434个住宅小区雨污混接改造，劣V类水体占比从18%下降到7.8%。新建林地11.3万亩、绿地1321公顷、城市绿道210.1公里、立体绿化40.6万平方米。

（五）深化“放管服”改革，进一步优化营商环境

营商环境改革取得新成效。实施新一轮优化营商环境改革108项措施，深化工程建设项目审批等改革，试点证明事项告知承诺制，企业办事环节和时间进一步压减，企业注销时间缩短三分之一以上，助力我国营商环境国际排名从46位进一步提升到31位。

政务服务“一网通办”实现新突破。制定实施公共数据开放办法，建成数据共享交换平台和经济社会发展综合数据平台一期。“一网通办”总门户接入事项达到2261个，线上办事651万件。“双减半”“双一百”

年度任务超额完成，审批事项提交材料和办理时限分别平均减少 52.9% 和 59.8%，全市通办事项和业务流程再造事项分别新增 177 个和 105 个。政务服务“好差评”制度实现全覆盖。完成第四次经济普查。

政府作风持续改进。扎实开展“不忘初心、牢记使命”主题教育，深入开展“基层减负年”活动，解决一批基层和群众反映强烈的问题，形成一批制度性成果。严格落实中央八项规定精神，大力整治形式主义、官僚主义等问题，市政府系统全市性大会减少 31%，规范性文件等压减 30%，督查检查考核事项减少 81%，议事协调机构精简 62%，论坛活动精简 66%。厉行节约，市级部门一般性支出压减 10% 以上，项目预算公开实现部门全覆盖。依法行政、审计监督、廉政建设进一步加强。

各位代表，过去一年，我们在把握大势、抢抓机遇中开拓创新、埋头苦干，在应对挑战、抵御风险中担当作为、顶压前行，集中精力办好自己的事，推动高质量发展、创造高品质生活取得新进展，成绩来之不易。这是党中央、国务院和中共上海市委坚强领导的结果，是全市人民齐心协力、拼搏奉献的结果。在这里，我代表上海市人民政府，向在各个岗位上辛勤工作的全市人民，向给予政府工作大力支持的人大代表和政协委员，向各民主党派、工商联、各人民团体和社会各界人士，表示最崇高的敬意！向中央各部门、兄弟省区市和驻沪人民解放军指战员、武警官兵，向关心和支持上海发展的香港、澳门特别行政区同胞、台湾同胞、海外侨胞和国际友人，表示最诚挚的感谢！

我们也清醒看到前进道路上的困难和挑战。经济发展面临的不确定因素增多，经济下行压力加大，保持经济运行在合理区间、促进经济平稳增长还要付出更艰辛的努力。城市能级和核心竞争力仍需进一步提升，“四大功能”要持续强化，新旧动能要加快转换。三项新的重大战略任务需要深化落实，改革开放还要向纵深推进，营商环境还有较大改善空间。城市治理效能仍需提升，维护城市安全和生产安全、加强环境保护和污染防治的任务依然繁重，“老小旧远”等民生难题还要持续用力加以解决。政府职能转变还不够到位，政府治理体系和治理能力现代化还需大力推进。我们要直面问题挑战，抓住主要矛盾，聚力攻坚突破，大力推动高质量发展，在增强城市吸引力、创造力、竞争力上不断迈出新步伐，在增强群众获得感、幸福感、安全感上不断取得新成效。

二、2020 年主要任务

今年是全面建成小康社会和“十三五”规划收官之年，上海要在更高水平上全面建成小康社会，形成具有全球影响力的科技创新中心基本框架，基本建成国际经济、金融、贸易、航运中心。我们必须牢牢把握“两个大局”“四个放在”，以排头兵的姿态和先行者的担当，勇挑最重的担子，敢啃最难啃的骨头，胜利完成“十三五”任务，精心编制“十四五”规划，发挥好世界观察中国经济的重要风向标作用，更好为全国改革发展大局服务，奋力创造新时代上海发展新奇迹。

做好今年工作，要以习近平新时代中国特色社会主义思想为指导，全面贯彻落实党的十九大和十九届二中、三中、四中全会以及中央经济工作会议精神，深入学习贯彻习近平总书记考察上海重要讲话精神，认真落实十一届市委八次全会部署，坚决贯彻党的基本理论、基本路线、基本方略，增强“四个意识”、坚定“四个自信”、坚决做到“两个维护”，紧扣全面建成小康社会目标任务，坚持稳中求进工作总基调，坚持新发展理念，坚持以供给侧结构性改革为主线，全力实施三项新的重大战略任务，不断强化“四大功能”，全面做好“六稳”工作，统筹推进稳增长、促改革、调结构、惠民生、防风险、保稳定，保持经济运行在合理区间，推动高质量发展，着力提升城市能级和核心竞争力，不断提高社会主义现代化国际大都市治理能力和治理水平，确保全面建成小康社会和“十三五”规划圆满收官，确保经济持续健康发展和社会大局稳定。

综合各方面因素，建议今年全市经济社会发展的主要预期目标是：全市生产总值增长6%左右，地方一般公共预算收入与上年基本持平，全社会研发经费支出相当于全市生产总值的比例保持在4%左右，城镇调查失业率、城镇登记失业率分别为4.8%左右和4.3%左右，居民人均可支配收入增长与经济增长基本同步，居民消费价格涨幅3%左右，环保投入相当于全市生产总值的比例保持在3%左右，单位生产总值能耗、主要污染物排放量继续下降。

今年要重点做好以下工作。

（一）全面推进三项新的重大战略任务。围绕强化开放枢纽门户功能，加快构建更高层次的开放型经济新体制，努力把“三大任务、一大平台”的重大机遇和制度创新红利转化为发展的强大动力和现实效益。

加快推进自贸试验区临港新片区建设，进一步发挥自贸试验区的引领带动作用。按照“五个重要”的要求，推动临港新片区投资自由、贸易自由、资金自由、运输自由、人员从业自由和信息快捷联通政策加快落地，实施具有国际竞争力的税收制度和全面风险管理制度，推进洋山特殊综合保税区建设，建设特殊经济功能区和现代化新城。以浦东开发开放30周年为重要契机，推动自贸试验区其他片区深化制度创新、提升发展能级，力争浦东新区高水平改革开放取得更大突破。

推动科创板持续发展，加快重点领域改革攻坚。深入实施“浦江之光”行动，支持和鼓励更多科创企业上市，集聚更多法律服务、信用评级、保荐等中介服务机构，加快打造服务全国科创企业的重要投融资平台。深入推进区域性国资国企综合改革，分类开展国有资本授权经营体制改革。支持民营企业改革发展和科技创新，完善中小企业发展政策体系。

全面落实长三角一体化发展规划纲要，积极推动区域协调发展。大力推进长三角生态绿色一体化发展示范区建设，加快打造虹桥国际开放枢纽，在科技创新、基础设施、生态环境、公共服务、对外开放、统一市场、公共安全等领域加快推进项目合作、平台共建和政策协同。加大力度开展扶贫协作和对口支援，帮助对口地区全面完成脱贫攻坚任务。

精心办好第三届进口博览会，进一步提高对外开放水平。完善“越办越好”长效机制，扩大虹桥国际经济论坛影响力，发挥好进口博览会国际采购交易、贸易投资促进、人文交流学习、全球经济治理、世界开放合作的平台作用。持续放大进口博览会溢出带动效应，加快建设联动长三角、服务全国、辐射亚太的进出口商品集散地。落实外商投资法，发挥外商投资促进服务平台功能，集聚更多跨国公司地区总部和功能性机构。深化与港澳台地区的交流合作。继续做好外事、侨务工作。

（二）大力推进“五个中心”建设。围绕强化全球资源配置功能和科技创新策源功能，着力提高要素市场国际化水平，不断提升“四大品牌”影响力，加快建设现代化经济体系，基本建成综合经济实力雄厚、产业能级高、集聚辐射能力强的国际经济中心。

基本建成与我国经济实力以及人民币国际地位相适应的国际金融中心。配合国家金融监管部门，推动更多金融业开放项目落地，加快建设全球性人民币产品创新、交易、定价和清算中心，基本形成国际化程度较高的多层次金融市场体系。集聚各类重要金融机构，加快建设全球资管中心，大力发展金融科技，基本形成具有国际竞争力的金融机构体系。完善地方金融监管体系，打好防范化解金融风险攻坚战，基本形成与国际先进水平接轨的金融生态环境。

基本建成在全球贸易投资网络中具有枢纽作用的国际贸易中心。优化货物贸易、服务贸易结构，做大转口贸易、离岸贸易、数字贸易，加快形成进出口并举、内外贸并重的贸易发展新格局。集聚高能级、强辐射的贸易型总部和功能性平台，打造国际消费城市和国际会展之都，加快形成商品和要素自由流动、平等交换的现代市场体系。深化贸易体制改革，完善国际贸易“单一窗口”服务功能，加快形成与高标准国际贸易投资规则相衔接的制度体系。

基本建成具有全球航运资源配置能力的国际航运中心。加快建设智慧绿色港口，启动建设浦东国际机场四期工程，基本建成国际集装箱枢纽港和亚太航空枢纽港。着力发展海铁联运、水水中转，加快建设外高桥铁路进港专用线和大芦线等内河航道，基本形成现代航运集疏运体系。促进航运要素和功能性机构集聚，推动航运运价指数期货上市，基本形成现代航运服务体系。加快邮轮经济全产业链发展，建设国际一流的邮轮母港。

形成具有全球影响力的科技创新中心基本框架。制订实施科技创新中心建设深化方案。加快组建国家实验室，建成并开放软X射线、活细胞成像平台等大科学设施，全面启动张江科学城第二轮82个项目建设，加快形成张江综合性国家科学中心基础框架。促进创新链与产业链深度融合，全面实施集成电路、人工智能、生物医药“上海方案”，集聚高水平研发机构，加快形成一批聚焦关键核心技术、具有国际先进水平的功能型研发转化平台。推进张江国家自主创新示范区建设，提升紫竹、杨浦、漕河泾、嘉定、临港、松江G60科创走廊等区域创新发展能级，支持大学科技园做大做强，加快形成一批引领产业发展的科技创新中心重要承载区。推进众创空间建设，加快形成更有活力、更加便捷、更富成效的大众创业万众创新局面。深化全面创新改革试验，健全知识产权保护体系，加快形成适应创新驱动发展要求的制度环境。

加快建设国际人才高地。深入实施人才高峰等引领性人才工程，完善居住证转户籍等人才引进政策，加快形成更具竞争力的人才集聚制度。促进人才柔性双向流动，提升人才市场服务能级，加快形成更为顺畅的人才流动机制。探索开展跨专业新兴领域职称评价，推进技能人才多元评价，加快形成更加科学的人才分类评价机制。人才是第一资源，要以海纳百川的胸怀拥抱人才，以宜业宜居的环境留住人才，以前景广阔的发展舞台成就人才，使上海始终成为各类人才近悦远来、追梦圆梦的热土，始终保持澎湃不竭的发展动力和创造活力。

（三）着力稳增长优结构。围绕强化高端产业引领功能，把稳增长放在更加突出的位置，着力推进供需两侧同时发力、新旧动能加速转换、现代服务业和先进制造业共同发展，确保经济实现量的合理增长和质的稳步提升。

继续巩固提升实体经济能级。着力提升产业基础能力和产业链现代化水平，深化落实投资促进政策，切实加强招商引资工作，积极推动汽车、精品钢材、精细化工等产业提质升级，大力培育集成电路、人工智能、生物医药、航空航天、智能制造、数字经济等新兴产业集群。着力发展新兴服务业、高端服务业、精细服务业、特色服务业。继续提高城市经济密度，淘汰落后产能800项，低效建设用地减量15平方公里。继续推动桃浦、南大、吴淞、吴泾、高桥等整体转型区域新兴产业发展，加快建设集成电路综合性产业创新基地、大飞机创新谷、东方美谷、市西软件信息园、嘉定智能传感器产业园、闵行马桥人工智能创新试验区、北外滩金融航运集聚区、市北高新园、长阳创谷、西岸智慧谷、虹桥临空经济示范区等重要产业载体。

增强投资对经济增长的关键作用。推动达闼机器人、发那科智能工厂、英威达等重大产业项目开工建设，实施200项企业技术改造示范项目。启动建设浦东综合交通枢纽。加快建设机场联络线、崇明线、14号线等172公里轨道交通线，建成10号线二期、15号线、18号线部分区段共67公里轨道交通线。开工建设S4公路扩建等工程，加快建设S3公路、沿江通道、北横通道、沪通铁路上海段等重要基础设施。推进北外滩综合改造工程。实现苏州河中心城区42公里岸线的公共空间基本贯通开放，打造市民休闲健身、娱乐观光的“生活秀带”。

增强消费对经济增长的基础性作用。充分把握消费需求是国内最终需求，推动会商文旅康体融合创新，扩大信息、时尚等新兴消费，促进家政、养老等服务消费，进一步发展夜间经济。建设世界级商圈商街和海派特色街区，推进南京路步行街、陆家嘴商圈、豫园商城等改造提升。建设全球新品首发地，重振老字号品牌。

增强出口对经济增长的支撑作用。推动贸易高质量发展，落实稳外贸政策措施，着力巩固传统市场，积极开拓“一带一路”沿线等新兴市场。充分发挥综合保税区等海关特殊监管区作用，继续培育外贸综合服务龙头企业。

加快智慧城市建设。提升新一代信息基础设施能级，推进5G网络市域全覆盖，建成有线无线双千兆宽带城市。完善“城市大脑”架构，基本建成贯穿数据全生命周期的大数据资源平台。加快物联网、大数据、人工智能、区块链等信息技术推广应用，实施智慧城市场景开放计划。加强网络安全保障，推动网络安全教育、技术、产业融合创新。

推进军民融合发展。大力支持国防和驻沪部队建设，着力做好国防动员、退役军人、民防、双拥等工作，巩固军政军民团结。

（四）进一步提高城市治理现代化水平。坚持人民城市人民建、人民城市为人民，继续在科学化、精细化、智能化上下功夫，努力走出一条符合超大城市特点和规律的社会治理新路。

加快推进城市运行“一网统管”。深化城市运行管理平台系统建设，构建上下联通的市、区、街镇三级管理平台，强化数据汇聚、系统集成、联勤联动、开放共享，努力做到“一网统管”实战中管用、基层干部爱用、群众感到受用。持续推进街镇无违建创建。完成100公里架空线入地及合杆整治，实施50个交通拥堵节点、11条道路积水点改造。完善生活垃圾全程分类体系，着力提升居住区和单位垃圾分类实效，加快推进垃圾收运和再生资源回收“两网融合”，进一步提高垃圾资源化利用能力，持续用力，久久为功，推动垃圾分类越做越好。

构建共建共治共享的基层社会治理新格局。进一步为基层减负增能赋权，推进基层执法力量整合，加强居村干部和社区工作者队伍建设。培育发展社会组织。支持工会、共青团、妇联等群团组织更好联系服务群众。做好民族宗教工作。加强人口服务管理，开展第七次人口普查。完善公共法律服务体系，持续开展普法教育。完善信访工作机制。基本建成智慧公安，建立健全遏制黑恶势力滋生蔓延的长效机制，强化反恐防范，努力建设更高水平的平安上海。

筑牢城市安全防线。进一步压实安全责任，加强危险化学品、建筑施工、交通运输、人员密集场所、地下空间、特种设备、食品药品、公共卫生、消防等安全治理。完善应急管理机制，做好防汛防台工作，提升防灾减灾救灾能力。城市是个生命体、有机体，必须敬畏城市、善待城市，像绣花一样精细，以一流的治理铸就一流的城市。

（五）持续增进民生福祉。更加注重普惠性、基础性、兜底性，切实保障和改善基本民生，以实实在在的惠民成效不断提升人民群众的幸福指数。

就业是最大的民生，要大力推动更高质量就业。加强高校毕业生、失业人员等重点群体就业服务，促进创业带动就业、多渠道灵活就业，新增就业岗位50万个，确保零就业家庭动态清零。实施职业技能提升行动，完成补贴性职业技能培训100万人次，助力更多劳动者强技能、稳就业、增收入。继续筹办第四十六届世界技能大赛。

完善养老服务和社会保障。持续发展社区嵌入式养老服务，完善居家养老服务供给，推进医养结合，新增综合为老服务中心50家、助餐场所200个、养老床位7000张，改建认知障碍照护床位2000张。深化长护险试点，完善评估机制和护理服务。加强养老护理员队伍建设。统筹提高养老金、低保等保障标准。物价是重要的经济指标，更是重要的民生指标，要继续认真落实“菜篮子”市长、区长负责制，切实保障主副食品供应量足价稳、优质安全、便利惠民，切实保障人民群众特别是困难群众的基本生活。

持续改善市民居住条件。坚持留改拆并举，统筹推进历史风貌保护、城市更新、旧区改造与大居建设、住房保障，完成55万平方米、2.8万户中心城区成片二级旧里以下房屋改造，继续花大力气推进旧住房综合改造和里弄房屋修缮保护，新增供应各类保障房6万套。引导支持多层住宅加装电梯。新建和转化租赁房源10万套，新增代理经租房源8万套。坚持房子是用来住的、不是用来炒的定位，着力稳地价、稳房价、稳预期，促进房地产市场平稳健康发展。

加快推进教育现代化。坚持立德树人，推进思政课改革，努力构建德智体美劳全面培养的教育体系。加强托幼一体化建设，新增普惠性托育点50个。深化中小学招生考试、质量评价等改革，推动义务教育优质均衡发展。开设小学生爱心暑托班600个。加快一流大学和一流学科建设，深化高水平地方高校、一流本科等建设试点。大力发展职业教育，加强终身教育和特殊教育。进一步规范教育培训机构发展。

实施健康上海行动。做实做优以家庭医生为基础的社区卫生服务，支持区级医院创建区域性医疗中心，统筹和加强临床研究。深入推进医保医药改革，强化公立医院绩效考核，深化检验检查结果互联互通互认，简化就医付费流程，进一步为群众减轻就医负担、改善就医体验。加强公共卫生、疾病防控和院前急救服务。促进中医药传承创新发展。优化生育服务，提高人口素质。切实保障妇女、儿童、残疾人权益。

（六）深入实施乡村振兴战略。坚持城乡融合发展，继续推动基础设施建设和公共资源配置向郊区倾斜，着力打造美丽家园、绿色田园、幸福乐园，努力使农村更美、农业更强、农民更富。

加快美丽乡村建设。完成28个乡村振兴示范村建设。推进1.27万户农民相对集中居住。完成涉及6万户的村庄改造和3.5万户农村生活污水处理设施改造，实现农村人居环境整治全覆盖。持续推进农村公路提档升级。推动郊区新城和新市镇发展。

大力发展都市现代绿色农业。深入调整优化农业结构，增加地产优质绿色农产品供给，推动粮食优产，创建17个绿色田园示范基地，建设10万亩水稻绿色生产基地，新建9个绿叶菜机械化生产示范基地。稳定市内外生猪生产规模。健全绿色农业科技支撑体系。推动休闲农业和乡村旅游转型升级。

持续促进农民增收。加快培育农业经理人、青年农场主等新型职业农民。继续推进农村综合帮扶，切实增加生活困难农户收入。基本完成镇级集体产权制度改革，大力发展新型农村集体经济。稳妥推进农村土地制度改革，探索盘活集体建设用地。

（七）加快建设国际文化大都市。坚持用社会主义核心价值观引领文化建设，大力弘扬城市精神和城市品格，进一步增强文化软实力和国际影响力。

提升市民文明素质和城市文明程度。落实新时代爱国主义教育、公民道德建设等实施纲要。深化群众性精神文明创建活动，完善志愿服务体系。推进中华优秀传统文化传承发展工程，加强物质和非物质文化遗产保护传承利用，延续城市历史文脉。

提升文化服务和产品质量。用好红色文化、海派文化、江南文化资源，扩大公共文化服务供给。加快建设中国共产党第一次全国代表大会纪念馆，推进世博文化公园等公共文化设施建设。做深做精黄浦江游览、建筑可阅读、看大戏游上海等文旅服务，加快建设影视、演艺、电竞、艺术品等文创产业集聚区。

提升文艺创作影响力。支持重大题材文艺创作，推动文艺工作者打造更多扎根本土、深植时代的原创精品。加强文艺人才梯队建设，努力营造名家大师力铸经典、青年英才勇攀高峰的良好氛围。

推动群众体育、竞技体育、体育产业协调发展。加快推进徐家汇体育公园、浦东专业足球场建设，新建改建健身步道100条、市民多功能运动场80片、益智健身苑点500个，进一步开放学校体育场馆，办好第三届市民运动会。积极筹办2021年国际足联俱乐部世界杯。

（八）扎实推进污染防治攻坚战。坚持筑生态文明之基、走绿色发展之路，加快建设天更蓝、地更绿、水更清的生态之城。

全面完成第七轮环保三年行动计划。深化重点行业挥发性有机物治理，开展企业超低排放改造，加大新能源公交车推广力度。加快建设苏州河环境综合整治四期、吴淞江工程新川沙河段、竹园污水处理厂四期等工程，完成1900个住宅小区雨污混接改造，基本消除劣V类水体。继续推进土壤污染防治。全面完成第二轮金山地区环境综合整治。

扩展绿色生态空间。大力推进崇明世界级生态岛建设，继续筹办第十届中国花卉博览会。加快生态廊道建设，新建林地7万亩。新建绿地1200公顷、城市绿道200公里、立体绿化40万平方米。

各位代表，建设“五个中心”，强化“四大功能”，是国家战略所需、城市兴盛所依、人民幸福所系。我们要万众一心加油干，越是艰险越向前，以奋楫争先的闯劲、披荆斩棘的拼劲、滴水穿石的韧劲，只争朝夕，不负韶华，对标对表，决战决胜，朝着既定的战略目标接续奋斗，向着更加美好的未来大踏步前进！

三、推进政府治理体系和治理能力现代化

任重千钧，惟有担当，要在自砺。我们

要发扬斗争精神，勇于自我革命，加快构建职责明确、依法行政的政府治理体系，使市场在资源配置中起决定性作用，更好发挥政府作用。

（一）进一步深化“放管服”改革。坚持以职能转变为核心，推进审批更简、监管更强、服务更优，切实承担好推动经济社会发展、管理社会事务、服务人民群众的重大职责。

对标国际最高标准、最高水平，持续打造国际一流营商环境。落实营商环境建设实施方案。深化“证照分离”改革，探索“一企一证”“一业一证”，深入推进商事登记制度、资质资格管理等改革，持续放宽市场准入。加强企业服务和投资促进体系建设，聚焦企业办事的难点、堵点、痛点，在办理建筑许可、跨境贸易、纳税等方面推出更多针对性举措，持续压缩审批环节和时间。巩固和拓展减税降费成效，持续减轻企业负担。

加强事中事后监管。深化包容审慎监管，探索“互联网+监管”模式，深入推进“双随机、一公开”监管，强化跨部门联合监管，实施信用、风险、动态监管，不断提高监管效能。

（二）进一步推进政务服务“一网通办”。着眼于“进一网、能通办”，推进政务服务从部门管理为中心向用户服务为中心转变，逐步使群众和企业到政府办事像网购一样方便。

围绕数据惠民，加强公共数据治理。健全公共数据标准和共享交换机制，推动信息系统上云应迁尽迁、信息系统和业务专网应并尽并、公共数据应归尽归。对部门核发的材料和能够提供电子证照的，一律免予提交相关纸质材料。健全公共数据分级分类开放制度，深化金融、交通、健康、文旅等领域数据开放应用，更好服务数字经济发展。

围绕高效办成一件事，深化业务流程革命性再造。推进跨部门跨层级跨区域业务流程系统性重构，强化审批服务事项整合，进一步压环节、减时间，加快实现业务流程的优化、简化和互联网化。

围绕一体化办理，加快政务服务线上线下融合。深化总门户建设，强化市民主页和企业专属网页功能，新接入公共服务事项500个。推动个人事项向社区事务受理服务中心下沉，新增全市通办事项100个，深入推进“一网办、一窗办、一次办”。

（三）进一步加强依法行政。法治是现代政府和城市核心竞争力的重要标志。坚持法治引领，健全决策科学、执行坚决、监督有力的运行机制，加快建设法治政府。

推进依法决策和规范执法。完善重大行政决策程序规定，实施公众参与程序规则，强化重大行政决策的调查研究、科学论证、风险评估。推进跨领域跨部门综合行政执法，强化行政处罚裁量基准常态化管理，提高执法水平。

强化对权力运行的制约和监督。依法接受市人大及其常委会的监督，主动接受市政协的民主监督，重视司法、舆论、社会监督。聚焦公共资金使用、公共资源配置等重点领域，加强审计监督和政务公开，全面推进基层政务公开标准化规范化建设，增强监督实效。

（四）进一步改进政府作风。巩固和拓展“不忘初心、牢记使命”主题教育成果，坚持从严治政，强化制度意识，以严实作风保障政府高效治理。

政府带头过“紧日子”。各部门一般性

财政支出一律压减10%以上，部门预备经费全部取消。确保社保、医保、教育等基本民生支出只增不减，确保科技创新、产业发展、基础设施建设等增强城市发展后劲的支出只增不减。深化预算和绩效管理一体化改革，率先建成全方位、全过程、全覆盖的预算绩效管理新体系。

严守纪律规矩。进一步落实全面从严治党“四责协同”机制，严格执行政治纪律、组织纪律、廉洁纪律、群众纪律、工作纪律和生活纪律。坚决反对腐败，持续探索廉政建设与业务工作有机融合机制，一体推进不敢腐、不能腐、不想腐。

从严管理公务员队伍。深入贯彻中央八项规定精神，持续整治各种隐形变异的享乐主义和奢靡之风问题，深入纠正形式主义、官僚主义问题。深化公务员分类改革，加强培养锻炼、激励支持和日常管理监督。每一位政府工作人员特别是各级领导干部，都要始终锤炼忠诚干净担当的政治品格，强化使命在肩、奋斗有我的责任意识，倾心倾情倾力办好群众的操心事烦心事揪心事，让我们的城市更有温度、人民更加幸福。

各位代表，新的一年，任务艰巨而繁重，责任重大而光荣。让我们更加紧密地团结在以习近平同志为核心的党中央周围，在中共上海市委的坚强领导下，坚定信心，迎难而上，狠抓落实，善作善成，加快建设“五个中心”和具有世界影响力的社会主义现代化国际大都市，为实现“两个一百年”奋斗目标、实现中华民族伟大复兴的中国梦作出应有的贡献！

2019年上海市国民经济和社会发展统计公报

2019年，全市在以习近平同志为核心的党中央坚强领导下，以习近平新时代中国特色社会主义思想为指导，全面贯彻落实党的十九大和十九届二中、三中、四中全会精神，深入贯彻落实习近平总书记考察上海重要讲话精神，坚决贯彻落实党中央、国务院和中共上海市委、市政府的决策部署，当好新时代全国改革开放排头兵、创新发展先行者，坚持稳中求进工作总基调，坚持新发展理念，坚持以供给侧结构性改革为主线，推动高质量发展，继续打好三大攻坚战，着力提升城市能级和核心竞争力，全市经济社会延续了总体平稳、稳中有进、进中固稳的发展态势，改革开放全面深化，社会民生持续改善。

一、综 合

初步核算，全年实现上海市生产总值(GDP)38155.32亿元，比上年增长6.0%。其中：第一产业增加值103.88亿元，下降5.0%；第二产业增加值10299.16亿元，增长0.5%；第三产业增加值27752.28亿元，增长8.2%。第三产业增加值占上海市生产总值的比重为72.7%，比上年提高1.8个百分点。按常住人口计算的上海市人均生产总值为15.73万元。

在上海市生产总值中，公有制经济增加值18328.67亿元，比上年增长6.1%；非公有制经济增加值19826.64亿元，增长5.8%。非公有制经济增加值占上海市生产总值的比重为52.0%。

全年战略性新兴产业增加值6133.22亿元，比上年增长8.5%。其中：工业增加值2710.43亿元，增长3.3%；服务业增加值3422.79亿元，增长13.3%(见表1)。战略性新兴产业增加值占上海市生产总值的比重为16.1%，比上年提高0.4个百分点。

表1 2019年战略性新兴产业增加值及其增长速度

指标	绝对值（亿元）	比上年增长（%）
战略性新兴产业增加值	6133.22	8.5
制造业	2710.43	3.3
服务业	3422.79	13.3

全年新设立各类市场主体43.15万户，比上年增长7.9%。其中：新设企业36.76万户，增长11.6%；新设个体工商户6.35万户，减少9.2%；新设农民专业合作社349户，减少15.1%。日均新设企业1476户，增长12.0%。至年末，上海市共有各类市场主体270.43万户，比上年末增长5.8%。其中：企业220.77万户，增长6.5%；个体工商户48.59万户，增长2.9%；农民专业合作社1.07万户，减少2.4%。

全年地方一般公共预算收入7165.10亿元，比上年增长0.8%；非税收入占全市一般公共预算收入比重为13.2%。地方一般公共预算支出8179.28亿元，下降2.1%(见表2)。全年税务部门组织的税收收入完成13697.99亿元(不含关税及海关代征税)，下降0.9%。

表 2　2019 年地方一般公共预算收支及其增长速度

指标	绝对值（亿元）	比上年增长（%）
地方一般公共预算收入	7165.10	0.8
增值税	2766.85	5.4
个人所得税	603.73	–21.6
企业所得税	1452.11	–4.4
契税	315.18	10.6
地方一般公共预算支出	8179.28	–2.1
一般公共服务支出	365.08	–2.6
公共安全支出	413.34	5.0
教育支出	995.70	8.5
社会保障和就业支出	999.77	7.4
医疗卫生与计划生育支出	493.44	6.0
节能环保支出	184.07	–21.1
城乡社区支出	1634.92	–21.7

全年全社会固定资产投资总额比上年增长 5.1%。其中，第二产业投资增长 11.6%，非国有经济投资增长 3.9%(见表 3)。

以上年价格为 100，全年居民消费价格指数为 102.5。其中，食品烟酒类价格指数为 105.0，居住类价格指数为 101.9，医疗保健类价格指数为 103.3(见表 4)；固定资产投资价格指数为 101.4；工业生产者出厂价格指数为 98.8，工业生产者购进价格指数为 98.7。

表 3　2019 年全社会固定资产投资及其增长速度

指标	比上年增长（%）
全社会固定资产投资总额	5.1
按经济类型分	
国有经济	7.9
非国有经济	3.9
私营经济	-17.3
股份制经济	9.2
外商及港澳台经济	20.8
按产业分	
第一产业	90.4
第二产业	11.6
第三产业	3.8
按行业分	
工业	11.3
交通运输、仓储和邮政业	-10.7
信息传输、软件和信息技术服务业	14.8
金融业	20.9
教育	-16.4
卫生和社会工作	4.6
文化、体育和娱乐业	32.5

以上年 12 月价格为 100，新建商品住宅销售价格指数为 102.3，二手住宅销售价格指数为 101.3；以上年价格为 100，全年新建商品住宅销售价格指数为 102.0，二手住宅销售价格指数为 99.7。

表 4　2019 年居民消费价格指数

指标	指数（以上年价格为100）
居民消费价格指数	102.5
食品烟酒	105.0
衣着	103.2
居住	101.9
生活用品及服务	100.9
交通和通信	97.8
教育文化和娱乐	101.2
医疗保健	103.3
其他用品和服务	103.3

二、农业

全年全市实现农业总产值 280.74 亿元，比上年下降 4.8%。其中：种植业 143.48 亿元，下降 4.9%；林业 18.06 亿元，增长 17.1%；牧业 48.42 亿元，下降 17.5%；渔业 53.89 亿元，下降 0.2%；农林牧渔专业及辅助性活动 16.90 亿元，增长 9.6%。

全年全市农作物播种面积 26.43 万公顷，比上年减少 7.4%。其中，粮食播种面积 11.74 万公顷，减少 9.6%。粮食产量 95.90 万吨，比上年下降 7.6%；生牛奶产量 29.74 万吨，下降 11.1%；水产品产量 32.47 万吨，增长 5.3%(见表 5)。

至年末，全市有效期内绿色食品企业数共 654 家，产品 1132 个，全年获证产量 104.78 万吨，地产农产品绿色食品认证率达到 20%；农产品地理标志 14 个。

至年末，全市累计建成市级蔬菜标准园 198 家；纳入统计范围的农民专业合作社 2757 家，其中市级农民合作社示范社 124 家、国家级农民合作社示范社 86 家；农业产业化重点龙头企业 269 家，其中市级以上龙头企业 88 家、国家级龙头企业 24 家；经农业农村部门认定的家庭农场 4347 家，其中市级示范家庭农场 76 家。

表 5　2019 年主要农副产品产量

产品名称	单位	全市产量	比上年增长（%）
粮食	万吨	95.9	-7.6
蔬菜	万吨	259.15	-9.0
生猪出栏	万头	117.82	-20.9
生牛奶	万吨	29.74	-11.1
家禽出栏	万羽	844.46	-14.2
水产品	万吨	32.47	5.3

三、工业和建筑业

全年实现工业增加值 9670.68 亿元，比上年增长 0.4%。全年完成工业总产值 35487.05 亿元，下降 0.3%。其中，规模以上工业总产值 34427.17 亿元，下降 0.3%。在规模以上工业总产值中，国有控股企业总产值 13501.66 亿元，增长 1.3%。

全年节能环保、新一代信息技术、生物、高端装备、新能源、新能源汽车、新材料等工业战略性新兴产业完成工业总产值 11163.86 亿元，比上年增长 3.3%，占全市规模以上工业总产值比重达到 32.4%。

全年六个重点工业行业完成工业总产值 23279.15 亿元，比上年增长 0.1%，占全市规模以上工业总产值的比重为 67.6%(见表 6)。

全年规模以上工业产品销售率为 99.9%。全年燃料油产量 360448 吨，比上年增长 84.0%；新能源汽车产量 8.30 万辆，增长 29.6%；3D 打印设备产量 780 台，增长 34.9%(见表 7)。

表 6　2019 年六个重点行业工业总产值及其增长速度

指标	绝对值（亿元）	比上年增长（%）
六个重点行业工业总产值	23279.15	0.1
电子信息产品制造业	6140.93	-2.1
汽车制造业	6409.57	-4.4
石油化工及精细化工制造业	3923.83	8.6
精品钢材制造业	1169.87	-2.5
成套设备制造业	4315.06	1.3
生物医药制造业	1319.88	7.3

表 7　2019 年主要工业产品产量及其增长速度

产品名称	单位	产量	比上年增长(%)
燃料油	吨	360448	84.0
钢材	万吨	1819.69	-4.3
商品混凝土	万立方米	4651.35	11.7
合成纤维单体	万吨	207.95	2.1
汽车	万辆	274.90	-7.7
新能源汽车	万辆	8.30	29.6
运动型多用途乘用车(SUV)	辆	94.51	14.2
3D打印设备	台	780	34.9
电力电缆	万千米	268.55	-3.4
智能手机	万台	4173.06	-11.4
服务器	万台	19.93	4.9
智能电视	万台	134.09	-2.6

全年规模以上工业企业实现利润总额 2906.25 亿元，比上年下降 13.7%；实现税金总额 2253.73 亿元，下降 8.1%。规模以上工业企业亏损面为 21.1%。

全年实现建筑业总产值 7812.65 亿元，比上年增长 10.5%；房屋建筑施工面积 50918.88 万平方米，增长 7.0%；竣工面积 9231.95 万平方米，增长 16.0%。

四、批发和零售业

全年实现批发和零售业增加值 5023.23 亿元，比上年增长 2.4%。

全年实现商品销售总额 12.08 万亿元，比上年增长 1.1%。其中，批发销售额 10.85

万亿元，增长 0.5%。

全年实现社会消费品零售总额 13497.21 亿元，比上年增长 6.5%(见表 8)。其中，无店铺零售额 2403.19 亿元，增长 13.0%。网上商店零售额 1896.51 亿元，增长 15.8%，占社会消费品零售总额的比重为 14.1%。

表 8 2019 年社会消费品零售总额及其增长速度

指 标	绝对值（亿元）	比上年增长（%）
社会消费品零售总额	13497.21	6.5
批发零售贸易业	12306.97	6.8
住宿餐饮业	1190.25	4.3
国 有	57.05	12.5
私 营	2555.94	2.3
股份有限公司	896.36	1.6
港澳台商投资	2665.47	12.8
外商投资	3024.41	13.7
无店铺零售额	2403.19	13.0
网上商店零售额	1896.51	15.8

全年完成电子商务交易额 33186.10 亿元，比上年增长 14.7%。其中：B2B 交易额 19997.6 亿元，增长 7.8%，占电子商务交易额的比重为 60.3%; 网络购物交易额 (含服务类交易)13188.50 亿元，增长 27.0%，占电子商务交易额的比重为 39.7%。

至年末，全市已开业城市商业综合体达 277 家。其中，商场商业建筑面积 10 万平方米以上的有 69 家。全年全市城市商业综合体实现营业额 1972 亿元，比上年增长 14.6%。

全年全市新集聚商业零售品牌首店 986 家，其中全球首店及亚洲首店、全国首店及大陆首店、华东区域首店、全市首店占比分别为 2%、22%、13% 和 63%。

五、交通、邮电和旅游

全年实现交通运输、仓储和邮政业增加值 1650.44 亿元，比上年增长 3.6%。

全年各种运输方式完成货物运输量 109608.51 万吨，比上年增长 2.1%。旅客发送量 22237.84 万人次，增长 3.4%(见表 9)。

表 9 2019 年货物运输量与旅客发送量及其增长速度

指 标	单 位	绝对值	比上年增长(%)
货物运输量	万吨	109608.51	2.1
铁 路	万吨	471.79	0.7
水 运	万吨	69980.95	4.6
公 路	万吨	38750.00	-2.1
航 空	万吨	405.78	-2.8
旅客发送量	万人次	22237.84	3.4
铁 路	万人次	12833.85	4.6
水 运	万人次	115.04	-27.2
公 路	万人次	3167.07	0.5
航 空	万人次	6120.85	3.4

全年上海港口货物吞吐量达到 72031.32 万吨，比上年下降 1.4%; 集装箱吞吐量 4330.26 万国际标准箱，增长 3.1%。集装箱水水中转比例达 48.3%，其中国际中转比例 10.8%，分别比上年提高 1.5 和 2.0 个百分点。上海浦东、虹桥两大国际机场全年共起降航班 78.5 万架次，增长 1.7%; 进出港旅客达到 12179.14 万人次，增长 3.5%。其中：国内航线进出港旅客 7985.70 万人次，增长 4.2%; 国际及地区航线进出港旅客 4193.44 万人次，增长 2.3%。

全年上海港接待国际邮轮靠泊 259 艘次。其中，以上海为母港的邮轮 226 艘次。邮轮旅客吞吐量 189.35 万人次，比上年下降 31.2%。邮轮母港旅客吞吐量占 95.6%。

有序推进 10 号线二期、14 号线、15 号线、18 号线 4 条地铁项目建设。至年末，全市轨道交通运营线路 17 条，长度达到 704.91 公里，运营车站 415 个。至年末，地面公交运营车辆达 1.79 万辆。其中，国 V 及以上和零排放公交车 13614 辆，占全部公交运营车辆的 76.1%。公交运营线路达 1575 条，线网长度 8997 公里 ; 运营出租车 4.0 万辆，客运量 5.63 亿人次。全年公共交通客运总量 60.12 亿人次，日均 1647 万人次，比上年增长 2.7%。其中：轨道交通客运量 38.84 亿人次，增长

4.7%；公共汽电车客运量 20.85 亿人次，下降 0.8%。

至年末，全市拥有各类民用汽车 441.55 万辆，比上年末增长 12.2%。其中，私人汽车 339.90 万辆，增长 12.5%。

全年完成邮政业务总量 770.04 亿元，比上年下降 6.2%；电信业务总量 2244.05 亿元，增长 56.7%。邮政业全年完成邮政函件业务 4.57 亿件、包裹业务 210.94 万件、快递业务 31.33 亿件，快递业务收入 1288.84 亿元。

全年实现旅游产业增加值2309.43亿元，比上年增长 7.6%。

至年末，全市已有星级宾馆 195 家、旅行社 1758 家、A 级旅游景区（点）113 个、红色旅游基地 34 个（见表 10）。

表 10　2019 年旅游设施情况

指标	单位	绝对值
星级宾馆	家	195
五星级	家	71
四星级	家	61
旅行社	家	1758
经营出境旅游业务的旅行社	家	297
A级旅游景区（点）	个	113
5A级景区（点）	个	3
4A级景区（点）	个	62
红色旅游基地	个	34
全国红色旅游基地	个	12
旅游咨询服务中心	个	63
旅游集散中心站点	个	9

全年接待国际旅游入境者 897.23 万人次，比上年增长 0.4%（见图 1）。其中：入境外国人 692.12 万人次，增长 0.9%；港、澳、台同胞 205.11 万人次，减少 1.3%。在国际旅游入境者中，过夜旅游者 734.69 万人次，减少 1.0%。全年接待国内旅游者 36140.51 万人次，增长 6.4%，其中外省市来沪旅游者 17186.41 万人次，增长 6.0%。全年入境旅游外汇收入 83.76 亿美元，增长 13.6%；国内旅游收入 4789.30 亿元，增长 7.0%。

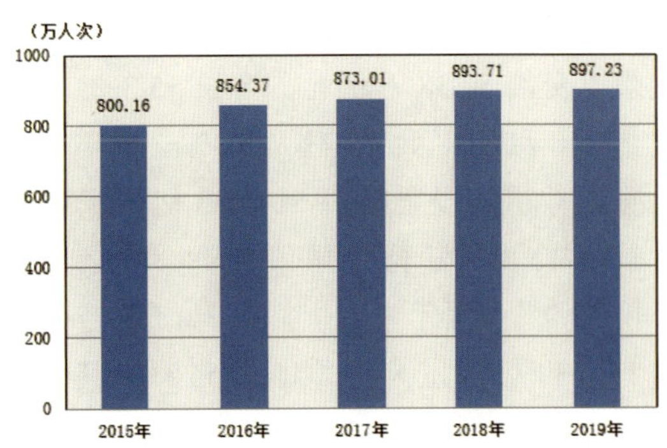

图 1　2015—2019 年国际旅游入境人数

六、金融业

全年实现金融业增加值 6600.60 亿元，比上年增长 11.6%。

金融中心开放创新深入推进。全年持牌金融机构新增 54 家，“沪伦通”、沪深 300ETF 期权及股指期权、长三角一体化 ETF、天然橡胶期权等金融创新产品成功推出。

至年末，全市中外资金融机构本外币各项存款余额 132820.27 亿元，比年初增加 11679.94 亿元；贷款余额 79843.01 亿元，比年初增加 5609.84 亿元（见表 11）。

表 11　2019 年中外资金融机构本外币存贷款情况

指标	绝对值（亿元）	比年初增减额（亿元）
各项存款余额	132820.27	11679.94
住户存款	33295.40	4712.03
非金融企业存款	56339.73	2708.56
财政性存款	2774.37	267.99
机关团体存款	14111.15	731.10
非银行业金融机构存款	19695.91	2599.70
各项贷款余额	79843.01	5609.84
住户贷款	25280.22	2059.18
非金融企业及机关团体贷款	50030.78	3361.87
非银行业金融机构贷款	427.18	81.77
人民币个人消费贷款	22393.43	1486.73
住房贷款	14351.73	1037.72
汽车消费贷款	4227.64	101.23

全年金融市场交易总额达到 1934.31 万亿元，比上年增长 16.6%。上海证券交易所

总成交额 283.48 万亿元，增长 7.1%。其中：股票成交额 54.38 万亿元，增长 35.3%；债券成交额 6.41 万亿元，增长 25.0%。全年通过上海证券市场股票筹资 5145.33 亿元，比上年减少 15.8%；发行公司债 34986.49 亿元，增长 37.9%。至年末，上海证券市场上市证券 17623 只，比上年末增加 3554 只。其中，股票 1615 只，增加 121 只。

全年上海期货交易所总成交金额 112.52 万亿元，比上年增长 19.3%。中国金融期货交易所总成交金额 69.62 万亿元，增长 1.7 倍。银行间市场总成交金额 1454.31 万亿元，增长 15.2%。上海黄金交易所总成交金额 14.38 万亿元，增长 33.2%。

全年保险公司原保险保费收入 1720.01 亿元，比上年增长 22.4%。其中：财产险公司原保险保费收入 643.39 亿元，增长 10.5%；人身险公司原保险保费收入 1076.62 亿元，增长 30.7%。全年保险赔付支出 654.90 亿元，增长 12.6%。其中：财产险业务原保险赔款支出 306.12 亿元，增长 12.7%；寿险业务原保险给付 225.15 亿元，增长 8.3%；健康险业务原保险赔款给付 100.77 亿元，增长 22.6%；意外险业务原保险赔款支出 22.87 亿元，增长 15.5%。

七、对外经济

全年上海口岸货物进出口总额 84267.90 亿元，比上年下降 1.2%，继续位居世界城市首位。其中：进口 35453.00 亿元，下降 2.6%；出口 48814.90 亿元，下降 0.2%。全年上海关区货物进出口总额 63457.78 亿元，比上年下降 0.9%。其中：进口 26221.24 亿元，下降 2.8%；出口 37236.54 亿元，增长 0.4%。

全年上海市货物进出口总额 34046.82 亿元，比上年增长 0.1%。其中：进口 20325.91 亿元，下降 0.1%；出口 13720.91 亿元，增长 0.4%(见表 12)。高新技术产品出口占全市比重为 41.2%。按市场分：对欧盟进口 4905.14 亿元，增长 5.8%；出口 2370.55 亿元，下降 2.6%。对美国进口 1735.37 亿元，下降 10.3%；出口 2793.71 亿元，下降 10.9%。对东盟进口 2893.38 亿元，增长 14.5%；出口 1808.00 亿元，增长 6.7%。对日本进口 2351.38 亿元，下降 1.1%；出口 1357.95 亿元，下降 4.2%(见表 13)。与“一带一路”沿线国家和重要节点城市货物贸易额占全市比重达到 22.4%。

表 12　2019 年上海市货物进出口总额及其增长速度

指标	绝对值（亿元）	比上年增长（%）
上海市货物进出口总额	34046.82	0.1
上海市货物进口总额	20325.91	-0.1
国有企业	2981.21	-17.1
外商投资企业	13307.76	1.8
私营企业	3862.24	9.5
一般贸易	11481.21	1.5
加工贸易	2242.62	-0.9
机电产品	9705.41	1.7
高新技术产品	6315.68	8.5
上海市货物出口总额	13720.91	0.4
国有企业	1565.02	2.1
外商投资企业	8530.16	-3.8
私营企业	3471.90	10.0
一般贸易	6369.12	1.1
加工贸易	4798.34	-8.4
机电产品	9488.11	0.1
高新技术产品	5647.20	-1.7

表 13　2019 年上海对主要国家和地区货物进出口总额及其增长速度

国家和地区	出口额（亿元）	比上年增长(%)	进口额（亿元）	比上年增长(%)
美国	2793.71	-10.9	1735.37	-10.3
欧盟	2370.55	-2.6	4905.14	5.8
东盟	1808.00	6.7	2893.38	14.5
日本	1357.95	-4.2	2351.38	-1.1
中国香港	1411.56	6.8	107.31	-4.8
韩国	485.82	7.1	1236.93	-5.5
中国台湾	700.64	37.4	1435.28	11.3
俄罗斯	187.56	0.1	159.28	4.8
“一带一路”沿线国家	3330.00	5.9	4312.80	12.1

全年新设外商直接投资项目6800项，比上年增长21.5%;合同金额502.53亿美元，增长7.1%;全年外商直接投资实际到位金额190.48亿美元，增长10.1%。全年制造业外商直接投资实际到位金额17.12亿美元，下降2.0%，占全市实际利用外资比重为9.0%;第三产业外商直接投资实际到位金额172.86亿美元，增长11.6%，占比为90.7%。“一带一路”沿线国家在沪投资合同金额占全市比重达8.2%。至年末，在上海投资的国家和地区达188个，在上海落户的跨国公司地区总部累计达到720家。其中，亚太区总部116家、外资研发中心461家。年内新增跨国公司地区总部50家。其中亚太区总部28家、外资研发中心20家。

全年备案和核准对外直接投资项目845项，比上年增长6.7%;对外直接投资中方投资额139.94亿美元，下降17.1%。签订对外承包工程合同金额125.44亿美元，增长5.4%;实际完成营业额94.01亿美元，增长24.7%;派出人员9226人次，增长5.3%。对外劳务合作派出人员19843人次，增长102.3%。

全年全市共举办各类展会及活动1043个，总面积1941.67万平方米，比上年增长3.3%。其中：举办国际展310个，展览面积1502.65万平方米，增长7%;举办国内展496个，展览面积272.71万平方米，增长7.2%;举办活动237个，活动面积166.31万平方米，下降24.8%。

成功举办第二届中国国际进口博览会。共有181个国家、地区和国际组织参会，3800多家企业参展，展览总面积达36万平方米，比首届增加6万平方米。按一年计累计意向成交711.3亿美元，比首届增长23%。

八、中国(上海)自由贸易试验区建设

上海自贸试验区临港新片区正式设立，落实国务院批准的总体方案，出台管理办法，完善体制机制，制定实施特殊支持政策，推动重大改革优先在新片区试点、重大项目优先在新片区布局、重大政策优先在新片区适用。新片区新设企业4025家，签约重点项目168个、总投资821.9亿元。

投资环境进一步优化。市场准入管理新体制不断完善。《市场准入负面清单(2019年版)》正式印发实施，共列入事项131项，相比2018年版减少了20项，放开一批有含金量的措施，移出部分不符合清单定位的措施，持续推动缩短负面清单长度。服务“一带一路”的桥头堡作用持续发挥。目前，浦东企业在新加坡、捷克等32个“一带一路”沿线国家投资454个项目，中方投资额达74.2亿美元。

金融市场体系日益完备。自由贸易账户功能不断拓展，实现本外币一体化管理，成为境外融资、结售汇便利化等许多重要金融改革的基础。截至12月底，累计开立FT账户13.1万个，全年跨境人民币结算总额38112亿元，比上年增长49.4%，占全市39.0%;跨境人民币境外借款总额42.63亿元，增长6.9倍。

政务服务更加高效透明。商事登记制度改革不断深化，在超市、药店、便利店等14个行业全覆盖实现“一业一证”改革，平均办理时间缩短约90%。注重放管结合，建立健全事中事后监管机制，加强协同监管、集约监管、信用监管，目前发出行业综合许可证40张，确保行业健康发展。

表 14　2019 年中国（上海）自由贸易试验区主要经济指标及其增长速度

指标	单位	绝对值	比上年增长(%)
一般公共预算收入	亿元	588.60	-9.2
外商直接投资实际到位金额	亿美元	79.63	17.6
全社会固定资产投资总额	亿元	725.68	13.7
规模以上工业总产值	亿元	4652.35	-2.5
社会消费品零售额	亿元	1602.90	5.8
商品销售总额	亿元	43008.39	4.5
服务业营业收入	亿元	5787.30	9.9
外贸进出口总额	亿元	14841.80	4.4
出口额	亿元	4493.50	3.8
期末监管类金融机构数	个	921	3.8

九、城市基础设施和房地产

全年城市基础设施建设投资比上年下降 2.6%。其中，电力建设投资下降 21.2%，交通运输投资下降 13.5%，公用事业投资下降 14.6%，邮电通信投资增长 33.9%，市政建设投资增长 23.9%(见表 15)。

表 15　2018 年城市基础设施投资及其增长速度

指标	比上年增长(%)
城市基础设施投资	-2.6
电力建设	-21.2
交通运输	-13.5
邮电通信	33.9
公用事业	-14.6
市政建设	23.9

至年末，全市公交专用道路长度 395.8 公里。完成黄浦江两岸 45 公里岸线景观灯光提升改造。完成 120.5 公里架空线入地及合杆整治。完成 126.3 公里燃气隐患管网改造及 15.8 万户立管改造。

全市自来水供水能力为 1250 万立方米 / 日，与上年持平。全年供水总量为 29.79 亿立方米，比上年下降 2.5%; 售水总量为 23.99 亿立方米，下降 1.5%。其中，工业用水量、生活用水量分别为 4.04 亿和 19.95 亿立方米，分别下降 6.7% 和 0.4%。全年全市用电量 1568.58 亿千瓦时，增长 0.1%(见表 16)。至年末，全市家庭液化气用户 215 万户，下降 10.3%; 家庭天然气用户 733 万户，增长 4.8%。

表 16　2019 年公用事业主要指标及其增长速度

指标	单位	绝对值	比上年增长(%)
自来水日供水能力	万立方米	1250	平
自来水供水总量	亿立方米	29.79	-2.5
自来水售水总量	亿立方米	23.99	-1.5
工业用水	亿立方米	4.04	-6.7
用电量	亿千瓦时	1568.58	0.1
城乡居民生活用电	亿千瓦时	245.04	0.6
液化气销售总量	万 吨	33	4.7
天然气销售总量	亿立方米	94	10.3

全年完成房地产开发投资额比上年增长 4.9%。其中，住宅投资增长 4.1%。办公楼投资下降 0.5%。商业营业用房投资下降 0.9%。商品房施工面积 14802.97 万平方米，增长 0.9%; 竣工面积 2669.67 万平方米，下降 14.3%。商品房销售面积 1696.34 万平方米，下降 4.0%。其中，住宅销售面积 1353.70 万平方米，增长 1.5%。全年商品房销售额 5203.82 亿元，增长 9.5%。其中，住宅销售额 4457.16 亿元，增长 15.4%。全年二手存量房买卖登记面积 2099.00 万平方米，增长 36%。

大力推进旧区改造，完成中心城区成片二级旧里以下房屋改造 55.3 万平方米，受益居民 2.9 万户；完成 1184 万平方米三类旧住房综合改造，受益居民约 20 万户；完成 104 万平方米各类里弄房屋修缮改造；完成 624 幢既有多层住宅加装电梯计划立项，完工运行 131 台。新建和转化租赁房源 10.1 万套，新增代理经租房源 12.8 万套。全年新增供应各类保障房 6.3 万套。

十、城市信息化

全年实现信息产业增加值4094.60亿元，比上年增长10.1%。其中，信息服务业增加值2863.12亿元，增长15%。

至年末，千兆接入能力覆盖家庭数达到959万户，比上年末增加59万户。光纤到户能力覆盖家庭数达959万户，比上年末增加3万户。家庭宽带用户平均接入带宽达181M，比上年末增加42M。4G用户数达3583万户，比上年末增加331万户。城域网出口带宽21860GB，比上年末增加5768GB；互联网国际出口带宽4777GB，比上年末增加1213GB。IPTV用户数达557万户，比上年末增加159万户。全国首次跨省5G视频通话实现互联，年内完成建设16672个5G宏基站、14614个5G室内小站，实现5G网络中心城区和郊区重点区域全覆盖。以行业示范应用带动5G产业链、业务链、创新链融合发展，在智能制造、健康医疗、智慧教育等十大领域推进234项5G应用项目。加快部署新型城域物联专网，至年末，智能传感终端累计超过50万个。

政务服务“一网通办”实现新突破。“一网通办”总门户接入事项达到2261个，线上办事651万件。审批事项提交材料和办理时限分别平均减少52.9%和59.8%，全市通办事项和业务流程再造事项分别新增177个和105个。

十一、教育和科学技术

至2019学年末，全市共有普通高等学校64所、普通中等学校929所、普通小学698所、特殊教育学校31所。普通高等学校在校生数有所增加，毕业生数有所减少(见表17)。全市共有49家机构培养研究生，全年招收全日制研究生5.60万人、在校全日制研究生16.49万人，毕业全日制研究生4.52万人。九年义务教育入学率保持在99.9%以上，高中阶段新生入学率达99.7%。

至2019学年末，全市共有民办普通高校19所，在校学生11.62万人；民办普通中学133所，在校学生8.68万人；民办小学111所，在校学生10.56万人。全市共有成人中高等学历教育学校24所、成人职业技术培训机构726所、老年教育机构287所。全市共有校外教育机构23所。其中，青少年活动中心(含少年宫)19所、少年科技站3所、少年之家1所。

表17 2019学年各级各类学校学生情况及其增长速度

类别	在校学生数(万人)	比上学年增长(%)	毕业学生数(万人)	比上学年增长(%)
普通高等学校	52.63	1.6	13.17	-0.6
普通中等学校	69.70	2.5	16.67	0.6
普通中学	61.04	3.5	13.82	1.5
高中	15.94	-0.4	5.16	-0.6
初中	45.10	5.1	8.66	2.7
中等专业学校	5.70	-4.6	1.95	-6.0
职业学校	1.97	-1.1	0.64	4.4
技工学校	0.99	6.4	0.26	-5.6
普通小学	82.63	3.3	14.54	-3.2
特殊教育学校	0.48	10.3	0.07	0.6

全年研究与试验发展(R&D)经费支出约1500亿元。全市科技小巨人和小巨人培育企业共2155家、技术先进型服务企业216家。年内新认定高新技术企业5950家，有效期内高新技术企业数累计达12848家。全年共落实高新技术企业减免所得税额167.24亿元，享受企业数3339家。落实技术先进型企业减免所得税额6.60亿元，享受企业数169家。全年共认定高新技术成果转化项目822项，比上年增长25.3%，认定数量创历史新高。其中，电子信息、生物医药、新材料、先进制造与自动化等重点领域项目占86.0%。至年末，共认定高新技术成果转化项目12940项。

全年专利申请量17.36万件，比上年增长15.5%。其中：发明专利7.14万件，增长

13.8%；实用新型专利 8.06 万件，增长 15.9%；外观设计专利 2.16 万件，增长 20.5%。全年专利授权量为 10.06 万件，比上年增长 8.8%。其中：发明专利 2.27 万件，增长 6.6%；实用新型专利 6.16 万件，增长 10.9%；外观设计专利 1.62 万件，增长 4.3%。全年 PCT 国际专利申请量为 0.32 万件，比上年增长 28.0%。至年末，全市有效发明专利达 12.98 万件，比上年增长 12.9%，有效发明专利五年以上维持率为 80.9%，位于全国第三；每万人口发明专利拥有量达 53.5 件，增长 12.7%。

全年商标申请量为 43.88 件，比上年增长 7.3%，位于全国第六；商标注册量为 36.10 万件，同比增长 23.8%，位于全国第六。至 2019 年末，商标有效注册量达 147.26 万件，增长 28.1%，位于全国第五；商标活跃度(每新增 1 户市场主体同时新增注册商标)达到 0.84 件，增长 15.1%；商标集聚度(每万户市场主体等的平均有效注册商标拥有量)达到 5450 件，增长 21.3%。全年经认定登记的各类技术交易合同 36324 件，比上年增长 67.9%；合同金额 1522.21 亿元，增长 16.8%。

科创板在上海证券交易所成功开板运行，受理 205 家企业上市申请，70 家企业成功上市，筹资额达到 824 亿元。

长三角科技资源共享服务平台正式开通，集聚了 2422 家服务机构 31165 台(套)大型科学仪器设施。

十二、文化、卫生和体育

年内成功举办第十二届中国艺术节、第二十二届国际电影节等重大文化活动。第二十一届中国上海国际艺术节推出 7 大板块 350 余项活动，42 台 96 场参演剧目中全球首演 7 台、亚洲首演 6 台、上海原创 8 台；500 余个演艺项目达成交易意向。

现代公共文化服务体系率先基本建成。“文化进地铁”推出 19 列地铁文化列车、20 余场文化长廊、100 场音乐角演出，“文化进机场”在浦东和虹桥机场艺术馆推出 4 场展览。深化“建筑可阅读”等品牌，黄浦、静安等 6 个中心城区开放历史建筑 1237 处，设置建筑二维码 1827 处，推出 327 种建筑可阅读文创产品和 87 条建筑微旅行线路，全年接待游客 1830 万人次。建成程十发美术馆、上音歌剧院等文化设施，完成隧道调频广播工程、市级广播电视发射塔基础设施运维工程。全年共出版报纸 7.84 亿份、各类期刊 0.74 亿册、图书 5.33 亿册，摄制完成 102 部影片。

至年末，全市共有医疗卫生机构 5610 所，卫生技术人员 21.33 万人(见表 18)。全年全市医疗机构共完成诊疗人次 2.82 亿人次；上海地区婴儿死亡率 3.06‰；上海地区孕产妇死亡率 3.51/10 万，其中户籍人口孕产妇死亡率 2.25/10 万。

表 18　2019 年卫生机构基本情况

指标	单位	绝对值
卫生机构数	所	5610
医院	所	387
门诊部	所	1067
社区卫生服务中心(不含分支机构)	所	246
疾病预防控制中心	所	19
卫生监督所	所	17
卫生技术人员数	万人	21.33
执业（助理）医生	万人	7.77
医院执业（助理）医生	万人	4.88
注册护士	万人	9.71

注：卫生机构数中含部队医院、医疗卫生机构的分支机构。

“量质并举”推进家庭医生“1+1+1”签约服务，签约居民 756 万人，常住居民签约率超过 30%，签约居民年内门诊就诊 70% 在签约医疗机构组合内，55% 在社区卫生服务中心内，签约社区就诊率 46%，比上年提高 1 个百分点。

儿科医疗服务能力进一步增强，全市提

供儿科诊疗服务的医疗机构增加到276家，其中提供儿童常见病、多发病诊疗服务的社区卫生服务中心增加到125家。首批28家综合医院儿科门急诊建设基本完成。上海儿童医学中心新增500张儿科床位投入使用。全年累计抢救危重孕产妇652例、危重新生儿4638例，抢救成功率分别为99.2%和90.3%。

顺利完成市政府实事项目“新建10个医疗急救分站”，全市急救分站增至174个，急救平均反应时间缩短至12.4分钟。超额完成市政府实事项目，建成85家智慧健康驿站。大力推动医疗机构间医学影像检查资料和医学检验结果互联互通互认，37家市级医院之间率先实现35项医学检验和9项医学影像检查项目互联互通互认，并逐步向区级公立医疗机构扩展。医保异地门诊费用直接结算覆盖三省一市主要医疗机构，长三角全部41个城市实现医保“一卡通”，覆盖医疗机构超过5000家。

年内成功举办国际国内重大赛事163场。成功举办F1第1000站、国际篮联篮球世界杯上海赛区比赛和第十五届世界武术锦标赛。上海城市业余联赛共开展赛事活动近6000场，参赛市民330万余人次。在第四届全国智力运动会上共获得12枚金牌、9枚银牌、6枚铜牌，实现金牌数与奖牌数双料第一，连续四届蝉联金牌榜第一；在全国第二届青运会上获得73枚金牌、72枚银牌、76枚铜牌；上海男排实现联赛五连冠；上海绿地申花足球俱乐部获得中国足协杯冠军。完善崇明体育训练基地功能，建成市民体育公园一期(足球公园)。在公园、绿地和社区中新建改建112条市民健身步道、76个市民球场、345个市民益智健身苑点。

十三、人口和就业

至年末，全市常住人口总数为2428.14万人。其中，户籍常住人口1450.43万人，外来常住人口977.71万人。全年常住人口出生16.9万人，出生率为7.0‰；死亡13.3万人，死亡率为5.5‰；常住人口自然增长率为1.5‰；常住人口出生性别比为105。全年户籍常住人口出生9.2万人，出生率为6.3‰；死亡12.5万人，死亡率为8.6‰；户籍常住人口自然增长率为-2.3‰。

全市户籍人口平均期望寿命达到83.66岁。其中男性81.27岁、女性86.14岁。

全年新增就业岗位58.91万个(见图2)(其中战略性新兴产业16.84万个)。全年新安置就业困难人员53579人，新消除零就业家庭391户。全年帮扶引领成功创业11339人，其中，青年大学生6966人；帮助8698名长期失业青年实现就业创业。全年共完成职业培训106.64万人。其中农民工职业培训44.67万人。高技能人才占技能劳动者比例达到34.18%。至年末，全市城镇登记失业人员19.34万人，城镇登记失业率为3.6%，城镇调查失业率稳定在4.3%以内。

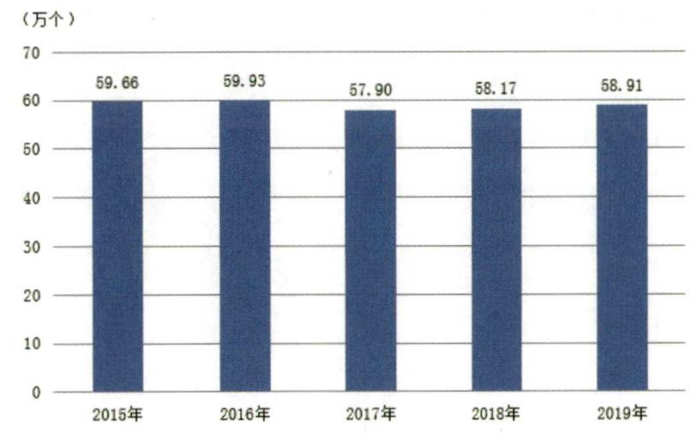

图2　2015—2019年新增就业岗位情况

十四、人民生活和社会保障

据抽样调查，全年全市居民人均可支配收入69442元，比上年增长8.2%，扣除价格因素，实际增长5.6%。其中，城镇常住居民人均可支配收入73615元，增长8.2%，扣除价格因素，实际增长5.6%;农村常住居民人均可支配收入33195元，增长9.3%，扣除价格因素，实际增长6.6%。全市居民人均消费支出45605元，比上年增长5.2%。其中：城镇常住居民人均消费支出48272元，增长4.9%;农村常住居民人均消费支出22449元，增长12.4%。

至年末，城镇居民人均住房建筑面积37.2平方米。

至年末，全市共有1589.57万人(包括离退休人员)参加城镇职工基本养老保险，有77.10万人参加城乡居民基本养老保险。月最低工资标准从2420元提高到2480元，小时最低工资标准从21元提高到22元。

至年末，全市共有1540.69万人(包括离退休人员)参加职工基本医疗保险，有349.83万人参加城乡居民基本医疗保险。

加快建设社区嵌入式养老设施，实现综合为老服务中心街镇全覆盖。年内新增社区综合为老服务中心88家、老年人日间服务中心83家和社区老年助餐场所217个。新建养老床位7202张，改建1485张老年认知障碍照护床位，改造89家郊区农村薄弱养老机构。长期护理保险服务惠及49.3万老年人。至年末，全市部门共有养老机构724家，床位15.16万张。其中，由社会投资开办359家，床位6.65万张。全市建有社区老年人日间服务中心720家，社区老年人助餐服务场所1020个。

落实残疾人集中就业企业社会保险费补贴政策，对648家企业发放1.12亿元社保补贴，惠及残疾职工1.3万人。全年发放残疾人两项补贴8.15亿元。其中：困难残疾人生活补贴2.96亿元，惠及9.03万残疾人；重度残疾人护理补贴5.19亿元，惠及21.81万残疾人。

全年各级政府支出城镇居民最低生活保障金19.18亿元、农村居民最低生活保障金3.3亿元、特困供养金0.8亿元、粮油帮困0.81亿元。

十五、环境保护

全年全社会用于环境保护的资金投入1079.25亿元，相当于上海市生产总值的比例为2.8%。

全年环境空气质量(AQI)优良率为84.7%;二氧化硫年日均值7微克/立方米，可吸入颗粒物(PM_{10})年日均值45微克/立方米，细颗粒物($PM_{2.5}$)年日均值35微克/立方米，二氧化氮年日均值42微克/立方米，一氧化碳年日均值0.7毫克/立方米，臭氧日最大8小时滑动平均值达标率92.9%。年末，城市污水处理厂日处理能力达834.3万立方米，比上年末提高2.6%。全市生活垃圾末端处理能力达40200吨/日，其中焚烧19300吨/日、填埋15350吨/日、湿垃圾处理能力5550吨/日。全年干垃圾清运量647.18万吨，下降17.5%;湿垃圾处理量272.03万吨，增长88.8%;可回收物收运量147.79万吨，增长4.3倍；有害垃圾处理量219吨，增长5.0倍；生活垃圾无害化处理率达100%。大力推进生活垃圾全程分类，建成两网融合回收点1.5万个、两网融合回收站201个、两网融合回收场10个，建成8个垃圾资源化利用设施。

全年完成新建绿地1321.02公顷，新建林地11.3万亩，新建城市绿道210.14公里，新建立体绿化40.63万平方米。黄浦江滨江绿道45公里核心段贯通，外环绿道浦西段基本贯通，持续推进建设市级重点生态廊道17条(片)。全市森林覆盖率达17.6%。至年末，人均公园绿地面积达到8.4平方米，城市公园数达352座，林荫道达245条，湿地保有量46.46万公顷。

十六、生产安全和食品药品安全

全年共发生生产安全死亡事故427起、死亡452人，分别比上年下降22.6%和

26.3%。其中：工矿商贸事故185起，死亡200人；生产经营性道路交通死亡事故228起，死亡234人；生产经营性火灾死亡事故7起，死亡11人；水上交通死亡事故5起，死亡5人；农业机械死亡事故1起，死亡1人；渔业船舶死亡事故1起，死亡1人。全年亿元生产总值生产安全事故死亡人数为0.014人，工矿商贸企业从业人员死亡率为1.498/10万。

全市食品监测总体合格率为98.1%。市民食品安全知识知晓率得分为86.2分，市民食品安全满意度得分为83.9分。全年共接到集体性食物中毒报告3起，中毒人数65人（无死亡），中毒发生率为0.27例/10万人，未发生重大食品安全事故。全年共收到食品类投（申）诉、举报和咨询71915件，比上年减少41.5%。共查处食品安全违法案件7981起，罚没金额1.34亿元。

上海市统计局
国家统计局上海调查总队
2020年3月9日

说明：

1. 本公报数据为初步统计数。

2. 根据第四次全国经济普查后国家统计局对各地区2018年生产总值初步核算数的修订结果，2018年全市生产总值修订为36011.82亿元，比初步核算数增加3331.95亿元，增加幅度为10.2%。根据国家统计局反馈的统一核算数据，以修订后数据为基数，2019年全市生产总值38155.32亿元，按可比价格计算，比上年增长6.0%。本公报中涉及2019年增加值增幅的数据均以上述修订后数据为基数。

3. 上海市生产总值、各产业增加值和总产值绝对数按当年价格计算，增长速度按可比价格计算。2019年上海市生产总值数据执行国家统计局2012年制定的《三次产业划分规定》。

4. 公有制经济增加值按国有经济、集体经济以及国有或集体控股的混合所有制经济口径计算。

5. 战略性新兴产业包含工业战略性新兴产业和服务业战略性新兴产业两个部分，是本市根据国家制定的战略性新兴产品目录进行的行业划分。其中，工业战略性新兴产业增加值和总产值均为规模以上口径。

6. 城市商业综合体是指以区域为中心、以购物中心为主导，融合了商业零售、餐饮、休闲养生、娱乐、文化、教育等多项城市主要功能活动，面向各类消费人群，提供综合性服务的大型建筑综合体。城市商业综合体（购物中心）需同时满足以下条件：(1) 由企业有计划地管理运营，有统一的名称，如××中心、××广场、××城等；(2) 涵盖超市、百货店、专业店、专卖店等商品零售业态，以及餐饮、文化、娱乐、健身、游艺、培训等两项及以上主要服务业态；(3) 营业面积一般不少于1万平方米，独立开展经营活动的商户一般不少于50个。

7. 自2019年起，上海证券交易所单列的股票、债券成交金额仅指现货，不再包含回购；公司债发行金额包含资产支持证券。

8. 电信业务总量按2015年不变价格计算。

9. 旅游产业和信息产业的增加值是依据若干行业的有关资料进行跨行业核算的，不能将其与上海市生产总值中其他行业的增加值进行简单加总，否则会造成重复计算。

10. 银行间市场成交额包括银行间本币市场和外汇市场成交额。自2017年起，各市场成交额按单边计算(2016年统计公报中上海黄金交易所成交额按双边计算，为17.44万亿元)。

11. 学年是指教育年度，即从一年的9月1日（学年初）至第二年的8月31日（学年末）。

12. 2012年四季度，国家统计局实施了城乡一体化住户调查改革，统一了城乡居民收入名称、分类和统计标准，在上海选取6000宅(户)城乡居民家庭，直接开展调查。2015年起，发布城乡可比的新口径全市居民人均可支配收入及城乡常住居民人均可支配收入。

13. 环境空气质量(AQI)优良率是国家发布的环境空气质量评价标准。AQI监测体系包括二氧化硫、二氧化氮、可吸入颗粒物(PM_{10})、细颗粒物($PM_{2.5}$)、一氧化碳和臭氧六项污染物指标。2019年起，环境空气质量监测状态执行《环境空气质量标准》(GB 3095—2012)修改单，监测数据与历年已发布数据不具有可比性。

上海市住房和城乡建设管理委员会
2019 年工作总结和 2020 年工作计划

一、2019 年工作总结

2019 年，市住房和城乡建设管理委员会在市委、市政府的坚强领导下，在市相关部门和各区的大力支持下，认真落实“不忘初心、牢记使命”主题教育要求，以解决民生问题为导向，以服务大局为己任，精诚团结、担当作为，积极推动本市住房城乡建设管理事业取得了新进展，圆满完成了年度各项重点目标任务，为经济社会持续健康发展做出了积极贡献。

（一）以服务安居为出发点，超额完成住房民生保障各项重点目标任务，市民群众居住条件不断得到改善。全年完成 55.3 万平方米中心城区二级旧里以下房屋改造（受益居民 2.9 万户）、1184 万平方米旧住房综合改造、104 万平方米里弄房屋修缮保护。新建和转化租赁房源 10.1 万套，新增代理经租房源 12.8 万套（间），新增供应各类保障房 6.3 万套。完成 1.28 万户农民相对集中居住签约，15.8 万户居民住宅老旧燃气立管改造，为 983 个住宅小区新增电动自行车充电设施。

一是旧区改造工作加速推进。围绕“抓好底线民生、基本民生、质量民生”的要求，市、区相关部门齐心协力、探索创新，通过“政企合作、市区联手、以区为主”的旧改新模式，打通国有企业参与旧区改造的方式和途径，虹口、杨浦等旧区改造受益居民数达到近年来新高。努力创新资金筹措方式和各项政策举措，按照“一地一方案”的要求，注重统筹风貌保护、资金平衡等要素，全市累计完成 128 块存量拆迁基地收尾，安置在外过渡动迁居民 2.78 万户。大力推进无卫生设施老旧住房改造，全年共消灭各类“马桶”4 万户；其中，旧改范围内 2.9 万户、未纳入旧改范围 1.1 万户，分别达到年度目标的 116%、122%。

二是房地产市场总体保持平稳运行。落实“稳地价、稳房价、稳预期”及“两个不是权宜之计”工作要求，稳步实施推进 “一城一策”，房地产市场总体呈现“价稳量增”态势。全年市场化新建商品住房网上成交面积 706 万平方米，同比增加 20%。

价格指数环比累计上涨 2.3%；二手存量住房网上成交面积 1806 万平方米，同比增加 46%，价格指数环比累计上涨 1.3%，供需总体平衡。

三是多措并举推进各类保障性住房供应。积极支持自贸区临港新片区建设，优化人才住房相关政策，在全市推开新一轮非沪籍共有产权保障住房供应工作。全市住房保障受益家庭大幅增加，全年新增签约共有产权保障住房 1.7 万套，同比增长 16 倍，累计受益家庭达 11 万户；廉租住房全年新增配租签约 5002 户，累计受益家庭达 12.93 万户；公共租赁房（含单位租赁房）累计筹措 17.7 万套、入住 21.1 万户，累计保障（含退出）60 万户。

四是住宅小区“美丽家园”建设持续有

力推进。全年共完成1434个住宅小区雨污混接改造，累计推进957幢既有多层住宅加装电梯立项，当年立项数量同比大幅提高。全面实施新版《上海市住宅物业管理规定》，通过开展物业服务市场整治，推广“红色物业”和智慧物业等试点，物业行业监管体系得到进一步完善，社区自治共治机制得到进一步健全。

（二）以重大工程建设和工程建设项目审批制度改革为突破口，发挥投资对经济稳增长的关键作用，城乡建设发展质量和效益不断提高。全年市重大工程完成投资1462.3亿元，超年初目标100亿元，同比上年增加43.4亿元；全市房地产开发投资4231亿元，同比增长4.9%。据世界银行最新报告显示，上海办理建筑许可指标排名35位，较上年提升了67位，已连续两年实现大幅跃升，并超越部分西方发达国家。其中，建筑质量控制指数得到满分，达到全球最高水平。

一是助推本市营商环境进一步优化。在巩固上年成果的基础上，以优化审批为主攻方向，以改革创新为核心手段，以企业满意度为评判标准，推动本市工程建设项目审批制度改革2.0版向纵深发展。重点针对水电气接入服务、工程竣工验收、现场质量管理、各类辅线评估评审事项等难点环节，通过“减、并、调、放、转”五策并举，简化办理流程，降低办理成本。经过两轮改革，全市社会投资项目从土地取得到竣工验收及不动产登记全流程实现了一次申报、一口受理、一次发证、一网通办。手续办理环节精简至18个，办理时限压缩为89个工作日。认真落实“双减半”“双一百”要求，推动二级注册建造师等5个办理事项实现电子证照发放，公积金单位缴存证明实现零见面、线上开、线上验，“一网通办”各项年度目标任务全面完成，实现行政审批时限减少62%，审批材料减少62%。

二是重大项目、重点区域建设力度进一步加大。重点围绕长三角一体化和自贸区新片区建设，协调推进机场联络线等27个项目开工建设，科创中心张江科学基础设施等13个项目基本建成，重大工程前期审批、建设进度和开竣工情况均好于预期。复制推广特斯拉项目审批经验，着力推动一批重大产业项目实现早开工、早建成、早运行。全面完成10件、28项市政府实事项目，累计完成投资72.5亿元。有序推进黄浦江两岸贯通“南拓北延”工程，持续释放贯通开放红利，实现新增杨浦滨江2.7公里岸线贯通开放。积极推进苏州河贯通工程建设，全年新增12公里贯通岸线，累计贯通岸线近36公里，达到全部岸线的85%。启动实施北外滩贯通和综合改造提升工程，完成水域5米亲水平台建设。开展临港国家海绵城市建设试点，累计完成197个项目建设，全面完成试点任务。

三是乡村振兴补短板工作进一步加强。配合制定本市进一步推进农民相对集中居住的若干意见，以聚焦“三高两区”（高铁、高速、高压，生态敏感区、环境综合整治区）为主、分散居住户归并为辅，扎实推进农民相对集中居住。通过强化市、区推进机制，细化操作办法，加快补贴预拨等工作举措，为到2022年实现全市5万户农民相对集中居住的目标奠定了基础。

探索建立乡村风貌评估机制，结合农民相对集中居住平移项目，从乡村肌理、形态特质、建筑特色等加强项目设计引导，提升乡村风貌水平。推进村内道路桥梁管理，对全市9个涉农区1562个行政村开展村内路桥普查，牵头制定《加强本市村内道路建设养护指导意见》，分类确定建设标准，推动村内道路建设管养机制的建立。

四是建筑业科技创新发展步伐进一步加快。装配式建筑和绿色建筑发展能级继续领跑全国，全年落实装配式建筑项目1872万平方米，累计总量超过9000万平方米。全面开展绿色生态城区建设，全市已创建或梳理储备绿色生态城区28个，总用地规模86平方公里，绿色建筑总量累计达1.6亿平方米，其中虹桥商务区核心区荣获国内首个三星级（最高星级）绿色生态城区运行标识。积极探索既有建筑节能降耗，全年落实节能改造210万平方米，累计完成1030万平方米，提前完成“十三五”目标任务。持续开展监理、施工电子招投标，在医疗、住宅、市政基础设施等一批项目中开展建筑师负责制、工程总承包和全过程咨询试点。出台（2019）BIM技术应用发展报告白皮书，本市规模以上满足BIM技术应用条件的项目应用比例达94%。积极响应国家“一带一路”倡议，指导成立上海工程建设标准国际化促进联盟，工程建设标准国际化工作稳步推进。

五是行业安全监管水平进一步提升。深入开展空调外机、外墙脱落、玻璃幕墙等建筑外立面安全隐患排查整治。全年处置完成477.23万平方米的一般损坏房屋隐患，对全市近13000栋既有玻璃幕墙建筑进行安全巡查，并完成8300栋建筑“一楼一档”的建档工作，守护“头顶上”的安全。严格落实安全生产责任，强化施工现场管理，出台《上海市建设工程生产安全事故管理规定》等7个文件，工程质量安全管理各项规章制度得到进一步健全。深入开展建设工程安全隐患整治“百日行动”，对全市70个地下空间开展检查，出台《上海市液化石油气管理办法》，取缔燃气违法窝点6个，收缴违法液化气钢瓶462只。同时，成功抵御“利奇马”台风，积极迅速有效做好防汛防台、扫黑除恶、信访稳定及各项重大活动应急保障等工作。全年全市范围内建筑施工领域共发生安全生产事故17起，同比下降26.1%，行业安全形势总体受控。

（三）以智能化建设为着力点，深入实施三年行动计划，城市管理精细化水平进一步巩固提升。全市共建成180个“美丽街区”，无违建先进街镇创建率达到93.4%。完成120余公里架空线入地及合杆整治，达到预期目标的120%。施行文明施工标准升级版，重点开展“19+15”重要通道及两侧环境综合整治，为庆祝新中国成立70周年和第二届进口博览会成功举办营造了良好的市政市容环境。

一是大力推进城市综合管理信息平台建设。重点聚焦社会治理“一张网”建设，按照“再造流程、闭环管理”“感知泛在、智慧研判”“线上线下、一网统管”的总体思路，以解决城市管理领域突出问题和难题顽症为切入点，推进完成网格化管理信息系统1.0版升级改造。开发上线玻璃幕墙安全监管、深基坑安全监管等8个应用场景，基本完成市、区、街镇三级平台标准基础版的建设，并在市政务云进行了集中部署，通过政务外网实现调用和共享。

二是大力推进架空线入地及合杆整治。在国内率先提出“做减法、全要素、一体化”的管理理念，编制推行《市政道路建设及整治工程全要素技术规定》等标准规范。做实做细“一路一方案”，按照“减量化、隐形化、规范化”要求，对路面、地下管线、综合杆、综合箱以及城市家具等各类要素进行规范统筹，打造“线清、杆合、箱隐、景美”的样板路段。深入开展“雷霆行动”，集中清理违规设置的线、杆、箱、牌，并依托网格化平台加强日常巡查，累计清理飞线1400余根，实现架空线入地及合杆整治从规划设计、文明施工到日常监管的全过程管理。

三是大力推进城市维护管理工作。为进一步保障城市运行和改善市容市貌，以总结首届进博会成果经验为基础，建立了与上海城市定位相适应的城市维护标准规范体系和常态长效机制，出台《关于进一步加强本市城市维护工作的若干意见》，完成《上海市市级城市维护项目管理办法》修订。通过完善城市维护保障范围，提高城市维护标准，加大城市维护资金投入等措施，不断深化城市维护管理体制机制改革，城市维护管理能力水平得到有效提升。

四是大力推进城市管理综合执法。全年拆除存量违法建筑6.7万余处、2200万平方米，全市存量违法建筑治理向“清库”目标迈进。深入开展街面环境秩序专项执法整治，依法取缔乱设摊9.8万处，拆除违法户外广告设施1513处、违规店招店牌1.4万余块。有序开展生活垃圾分类和环境质量执法检查，查处违法生活垃圾分类案件6818起、违法运输处置建筑垃圾类案件1.4万余起。着力推进住宅小区专项执法，依法查处损坏房屋承重结构案件916起，整改恢复1717处；依法查处占绿毁绿案件2306起，整改恢复1639处。深化推进城市管理综合行政执法改革，制订进一步推进本市城市管理相对集中行政处罚权实施方案，修订《上海市城市管理行政执法条例实施办法》，稳妥推进187项建筑建材业和房屋管理执法事项有序划转城管执法部门，城市管理执法队伍建设和能力水平得到进一步提升。

五是大力推进对标“双最”研究。按照对标最高标准、最好水平的要求，组织专门力量，对国际一流城市特别是东京的精细化管理开展了对标研究。组织翻译东京城市建设相关法规系列及相关标准体系手册，总计约100万字。分别针对“管理体制机制”“市政养护”“生活垃圾治理”“施工管理”“房屋管理”等方面进行对标研究，分析上海与东京的差异，并形成若干借鉴经验。加强中日双方城市管理精细化领域交流合作，成功举办“上海·东京城市管理精细化研讨会”。

此外，积极开展“十四五”规划预研究，主动对接长三角生态绿色一体化发展示范区建设等相关工作。围绕将上海打造为世界城市日“永久主场”的目标要求，开展了一系列城市日主题活动，着力推动城市发展能级提升。

二、2020年工作计划

坚持以习近平新时代中国特色社会主义思想为指导，全面贯彻党的十九大和十九届二中、三中、四中全会精神，深入学习贯彻习近平总书记关于统筹推进新冠肺炎疫情防控和经济社会发展工作部署的一系列重要讲话精神，把思想和行动统一到党中央和市委、市政府的决策部署上来，以统筹推进防控新冠肺炎疫情和住房城乡建设发展“两手抓、两手硬、两促进”为主线，坚持新发展理念，坚持以人民为中心的发展思想，坚持稳中求进工作总基调，加快推进本市住房城乡建设管理领域稳增长、促改革、调结构、惠民生、防风险、保稳定各项工作。

坚持对标最高标准、最好水平，努力以城市管理精细化为目标，不断推动城市治理能力和水平现代化；努力以改革创新为动力，不断推进城乡建设高质量发展；努力以改善人居环境为落脚点，不断增进民生福祉；努力在善作善成中展现新时代住建系统新作为。

（一）全力以赴促投资、稳发展，强化改革服务，着力推进各项工程建设，进一步增强投资对稳定经济增长的关键作用。把稳增长、促投资、抓改革放在更加突出位置，聚焦重点领域、重点区域、重大项目、重大平台，加快推进城乡建设发展向内涵式、集约型、绿色化转变，努力把重大改革和制度创新红利转化为发展的强大动力和现实效益，努力发挥好有效投资关键作用，为推动上海经济高质量发展做出积极贡献。

一是严格落实疫情防控标准，加快推进建设工程全面复工。按照疫情防控工作要求和复工指南，落实好测温、实名制管理、应急预案制定等疫情防控规定动作，坚决杜绝疫情防控层层加码、阻碍工程复工现象。进一步完善建设工程复工复产协调机制，各区、各行业主管部门、建设单位、总包企业切实落实主体责任，建立健全建设工程复工复产工作体系，加强信息互通，积极主动采取针对性措施，按照项目的轻重缓急和实际需求，以项目为单元，统筹好人流、物流，逐级落实，并加强现场管控，确保复工后的安全生产。

二是狠抓重大工程建设，提高全产业链复产质量。聚焦长三角一体化示范区、张江国家自主创新示范区、临港新片区及虹桥商务区等重点区域发展，聚焦先进制造业、现代服务业等经济发展新动能，全年市重大工程计划投资1500亿元，安排正式项目152项，其中计划新开工24项，建成11项；另安排预备项目60项。坚持年度任务不减、预期目标不变，并力争超额完成任务。进一步落实市、区两级政府相关综合协调部门、行业主管部门以及建设单位、施工单位等参建各方责任，加大统筹协同推进力度，及时协调解决堵点卡点问题，强化项目审批、方案稳定、征收腾地等前期协调以及劳务工人有序组织返沪、施工原材料筹措等建设过程管控，结合市重点工程实事立功竞赛活动，积极推进128个续建项目提高复产质量，协同推进“全产业链”复工，力争全线、全面开工，有效扩大投资面。

特别是推动一批投资体量大、推进难度高、经济带动强的重点项目，倒排工期、挂图作战。研究落实新开工项目提前实施计划，对方案成熟稳定的区段，分段办理用地等前期手续，尽早提前开工、实质性开工。梳理一批较为成熟的预备项目，抓紧稳定项目方案，力争年内更多项目列入正式实施计划并开工，加快形成投资带动效应。

三是狠抓已批未建项目开工，积极扩大有效投资。建立专项工作机制，紧盯历年已批未建和2020年上半年新出让地块，指导各区落实主体责任，按地块逐一分析推进，督促约定年内开工项目，并确定开工日期。市区两级房管、规划资源等部门全面排摸、梳理和分析逾期未建的原因，市区两级建管部门主动靠前，加强服务对接，提高审批效率，千方百计帮助企业克服困难，解决影响项目开工的相关问题；全力以赴推动已批未建项目、新出让地块项目尽快开工，转化为年度有效投资和有效供应。

四是深化工程建设项目审批改革，助力项目加速落地开工。围绕“高效办成一件事”，以落实优化营商环境3.0版方案为抓手，聚焦激发市场主体活力，推进住建领域“放管服”改革和“一网通办”全面深化细化，加快住建领域各类信息系统整合，多途径持续优化住建领域营商环境。不折不扣推行“五个 一”，即社会投资低风险项目全流程审批“只登一扇门、只对一扇窗、只递一套表、只录一系统、只见一部门”，推行在线综合受理、后台分类审批、统一系统发证的管理模式，打通政策执行“最后一公里”，推动工程建设项目审批进一步提速增效降费，真正实现“不见面审批”。全面规范评估评审，减少企业办事“隐形时间”。探索缩小施工图强制审查范围，争取政策支持，逐步实现负面清单之外的项目全部调整为审图的事中事后监管。复制推广特斯拉经验，对主线审批事项，试点容缺后补、甩项后置和告知承诺。深化产业项目协调联动机制，推动产业项目早开工、早竣工、早投产、早见效，让“特斯拉速度”成为“上海速度”的常态。

五是以“一江一河”为纽带，不断改造好、建设好属于人民的公共空间。坚持公共空间建设和功能集聚并重，持续释放贯通开放红利，推进“一江一河”岸线贯通和品质提升。在“通”上持续用力。全面完成黄浦江公共空间建设三年行动计划，加快虹口北外滩贯通改造、黄浦南外滩滨水区建设、徐汇滨江传媒港建设及云峰地块功能置换，全面推进杨浦大桥公务码头基地、徐汇滨江公共客运等码头建设和资源整合利用。大力推进苏州河两岸中心城区42公里岸线贯通开放，营造亲水岸线。

在“用”上做文章。推进黄浦江两岸公共空间“望江驿”建设，聚焦交通配套、商业休闲功能完善、码头资源整合利用等方面，努力打造“世界会客厅”的亮丽风景线。推进苏州河沿线桥梁景观、灯光等提升改造，整治沿河市容，努力打造苏州河两岸更加宜居的市民生活“起居室”。在“精”上花力气。聚焦群众需求，下绣花功夫，在功能提升、空间塑造、生态修复、风貌保护、旅游品牌打造等方面落实精细化建设管理要求，努力创造宜业、宜居、宜乐、宜游的良好环境，打造精细化管理的示范区。

六是以建筑业改革为动力，推进产业升级。围绕城市绿色发展，持续推进本市16个区海绵城市建设试点，并开展达标评估工作，确保本市建成区20%以上面积达到海绵城市建设要求。持续开展本市绿色生态城区创建，进一步推广绿色建筑和建筑节能改造，发布《崇明生态岛相关配套建设导则》等支持政策。进一步推进建筑业科技创新，鼓励装配式创新技术研发，不断提升建筑工业化水平。进一步加强建筑市场信用体系建设，完善建材使用监管机制。修订建筑师负责制和工程总承包管理办法及配套标准，在低风险的社会投资项目中推行建筑师负责制。试点基于BIM模型的三维智能化辅助审查，不断深化BIM技术在规模以上建设工程的全面应用。启动建筑业长三角一体化工作，建立长三角区域建筑业信息共享框架和若干应用事项，提升企业和人员流动便利化程度。大力推进“上海工程建设标准”走出去，构建内容合理、水平先进、与国际兼容的工程建设标准体系。

（二）聚焦住房民生保障，强化精准施策，着力改善城乡人居环境，千方百计保持房地产市场平稳健康发展。坚持“房子是用来住的、不是用来炒的”的定位，加快建立多主体供给、多渠道保障、租购并举的住房制度。紧紧抓住广大市民群众最关心最直接最现实的住房民生问题，把保障改善民生与释放内需潜力紧密结合，保基本，促优质，努力改善群众居住环境和质量，服务广大市民住有所居，更安居、宜居。

一是多措并举改“旧”更“新”。坚持留改拆并举，花更大力气、下更大功夫解决“旧”这个民生难题。针对中心城区剩余约9万户、180万平方米的成片二级旧里以下房屋，加强整体谋划，完善细化规划土地、项目融资、贴息、公房残值补偿、保障房配建等扶持政策，建立动态平衡、全区平衡和统筹平衡的资金平衡机制，能快则快、能多则多地完成计划任务。按照“抓收尾、控成本”要求，优化项目征收补偿安置方案；采取“市区共核、政企共核”的“二级核价”制度，将房屋征收成本控制在合理范围内；发挥已筹建的市旧改司法行政协调平台作用，加快基地收尾。建立房屋征收和后续开发建设联动机制，建立分类保留保护技术标准，加大风貌保护力度。年内完成中心城区二级旧里以下房屋改造55万平方米、受益居民2.8万户，全面启动非旧改范围内（除黄浦区）剩余9000户“拎马桶”改造项目。注重老旧住房综合改造建筑设计和功能面貌提升，有序推进住建部城镇老旧小区改造试点等工作，实施300万平方米旧住房综合改造，修缮保护50万平方米里弄房屋。继续推进“城中村”改造和农村低收入户危旧房改造，多途径改善居住困难群众的住房条件。

二是多途共保房地产市场平稳健康发展。按照“一城一策”和“稳地价、稳房价、稳预期”的工作要求，打好房地产“促投资、促销售、促发展、稳市场”（三促一稳）政策组合拳。完善房地联动机制，加大土地出让力度，加快商品住房供应。同时，在继续满足刚需和改善性购房需求的同时，在服务人才、支持重点区域、招商引资等方面发力，做好政策预案，进一步引导合理住房需求。加强市区联动和部门协同，更好发挥本市促进房地产市场健康发展综合信息平台作用，进一步强化市场监测，完善房地产市场监测指标体系。持续加强房地产市场中介机构监管，维护市场秩序，防范市场风险。

三是多管齐下推进安居保障。聚焦本市中低收入住房困难的户籍居民和在上海创新创业、稳定就业的新市民，加快构建符合超大城市特点的住房租赁体系。加快培育和规范发展本市住房租赁市场，建立租赁住房项目建设、运营、管理有效衔接的工作机制，新建和转化租赁房源 10 万套，新增代理经租房源 8 万套（间）。聚焦公共服务行业等人群阶段性居住问题， 加大小户型、宿舍型租赁房源供应，提高公租房等租赁房供应的针对性和有效性。完善"保基本、体现公平、持续发展"的住房保障制度体系，优化保障性住房供应结构，扩大住房保障受益面，全年新增供应各类保障性住房 600 万平方米。聚焦乡村振兴补短板和农村人居环境改善，加大农民相对集中居住推进力度。对 2019 年已签约项目，加快"建新"和"拆旧"，确保上楼项目取得施工许可，平移项目完成土建和配套，现房项目完成交付入住，退出项目完成整理复垦；同步推动 2020 年 1.3 万户农民相对集中居住完成签约。

四是围绕"美丽家园"三年行动计划，加速推进"美丽家园"建设。着力在物业行业监管方式、物业服务市场机制、业主自我管理、维修资金及公共收益使用监管等方面加强制度创新，细化完善措施，推动物业行业监管强起来、信用评价体系建起来、市场机制转起来、公共资金管理紧起来。加快完善公有住房政策制度体系和管理措施，不断提高公房规范化管理水平。

积极推进多层住宅加装电梯、小区雨污混接改造、居民住宅老旧燃气立管改造、住宅小区新增电动自行车充电设施等民生实事项目。

（三）高度重视城市治理，加强精细化管理，全面完成城市管理精细化第一轮三年行动计划各项任务，着力提高城市治理现代化水平。党的十九届四中全会就推进国家治理体系和治理能力现代化做了顶层设计和总体安排。城市治理是推进国家治理体系和治理能力现代化的重要内容，加强城市管理精细化是城市治理的本质要求，也是贯彻四中全会精神的具体体现。要深刻学习领会习近平总书记关于城市治理的一系列重要论述，按照"人民城市人民建、人民城市为人民""一流城市要有一流治理"的要求，将城市管理精细化转化为推进城市治理现代化的生动实践。

一是深化完善城市管理精细化体制机制。坚持从群众需求和城市治理突出问题出发，进一步发挥城市管理精细化领导小组办公室平台作用，建立定期工作例会制度和督查巡查制度。

进一步完善管理标准体系，加强城市维护资金管理，健全完善城市管理精细化考核评价体系，并与城市维护资金考核奖补实现挂钩。积极扩大"世界城市日"影响力，打响品牌。有序推动住房和城乡建设部与上海市关于"超大城市建设和治理精细化中国典范"部市合作协议各项工作。

二是围绕"一网统管"提升治理能力。抓住城市治理的"牛鼻子"，按照"实战管用，基层爱用，群众受用"的要求，聚焦市民群众反映强烈的突出问题和管理事项，迭代更新城市综合管理系统，建设上下联通的市、区、街镇三级管理平台，强化数据共享、功能整合和应用联动。加快推进网格化管理标准修订，进一步发挥网格中管理、执行、作业各方力量作用，推动人机有效互动和联勤联动，通过智能化、科学化、专业化的手段，支撑本市城市运行管理有序高效。

三是围绕"对标双最"提升城市面貌。坚持高标准引领，强化常态长效管理，精益求精打造更加亮丽、规范、有序的城市面貌。充分发挥政府、社会、市民等各方力量，按照“对标最高标准、最好水平”要求，高质高效做好第三届进口博览会服务保障各项工作。突出全要素规划、建设和管理，统筹推进市政市容环境保障和“美丽街区”建设，将“美丽街区”建设与景观示范道路创建、绿化特色街区建设等工作相结合，确保全面完成第一轮“美丽街区”建设三年行动计划，年内再完成100个“美丽街区”建设，努力打造城市管理示范样板。深入推进架空线入地及合杆整治，严格落实文明施工和一路一方案要求，在2018年和2019年累计已完成236公里的基础上，确保年内完成100公里架空线入地及合杆整治；深入开展多杆合一、多箱合一、多头合一、多井合一、多牌减量以及城市家具优化设置，持续保持对违规架设线、杆、箱、牌的高压打击态势。

四是努力提升城市管理依法治理水平。落实新增违法建筑快速拆除和拆后管控机制，坚决遏制新增违法建筑；开展抽查复评，动态管理创成的无违建街镇，确保全面消除重点类型违法建筑。开展街面环境、生态环境、营商环境、人居环境“四类环境”专项执法，推进生活垃圾分类执法常态化，维护城市良好环境。不断推进综合执法，健全房屋管理和文明施工领域管执联动机制。进一步完善城管执法制度体系，健全行政处罚裁量基准、执法程序规定等法制规范，推进网上办案、网上勤务，提升执法精细化水平。继续开展示范中队、规范化中队创建和复检，不断夯实城管执法基层基础。以实战管用、队员受用为导向，健全培训体系，完善绩效考核、晋升规定等改革配套措施，打造正规化、专业化、职业化的执法队伍，展示新时代城管新形象。

五是时刻筑牢住建领域安全防线。以敬畏之心，把城市作为一个有机生命体，切实落实安全生产各项责任。紧盯各种危险源、危险区域和安全隐患，以突出问题和薄弱环节为重点，加强市政设施、在建工地、燃气、地下空间、玻璃幕墙、老旧住房等安全监管和隐患排查整治。制定《房屋使用安全管理办法》，建立健全房屋使用安全常态监管机制。持续开展空调外机、外墙墙面及附着物等高空坠物隐患处置工作，制定本市玻璃幕墙整治2020—2022三年行动计划。强化建筑工地复工后防控管理，加强属地防控、群防群控、联防联控，建立健全质量安全治理体系，开展质量安全提升行动，全面推进住宅工程质量缺陷保险，提高监管能力和水平。不断完善应急管理体系，加快风险管控系统建设，强化应急实战培训演练，推进易积水小区整治督查，不断提升防汛防台能级，统筹协调做好疫情防控、反恐和扫黑除恶等安全稳定工作。

此外，在总结评估“十三五”规划完成情况的基础上，围绕行业未来发展，聚焦战略性、基础性和关键性问题深入开展调查研究，广泛听取意见建议，认真研究谋划做好住房和城乡建设管理领域“十四五”规划编制工作。

PART ONE Ⅰ

城乡规划 国土资源

TOWN & COUNTRY PLANNING
TERRITORIAL RESOURCES

（一）综述

2019年，规划和自然资源工作深入贯彻落实党的十九届四中全会精神，按照习近平总书记考察上海重要讲话要求，以推进新一轮总体规划实施和土地高质量利用为主线，重点围绕落实国家战略、保障城市发展和提高行政效能等方面，不断提高精细化管理水平，提升土地节约集约利用水平，持续补齐短板，深化改革创新，充分发挥规划资源部门引领和保障作用。

（二）城乡规划

【概况】2019年，上海推进新一轮总体规划实施，深化高品质的城市有机更新和历史风貌保护，发挥规划引领作用和土地保障作用，提高精细化管理水平，以规划资源管理方式转型促进城市发展方式和社会治理方式转变。

【第七次全市规划土地工作会议召开】2019年2月20日，市委市政府召开市第七次规划土地工作会议。市委书记李强强调，要全面贯彻落实习近平总书记考察上海重要讲话精神，紧紧围绕发展第一要务，用改革创新的办法，以强烈的问题意识，始终充满激情、富于创造、勇于担当，深入推进新一轮城市总体规划实施，为加快建设具有世界影响力的社会主义现代化国际大都市提供有力支撑。市委副书记、市长应勇对新一轮城市总体规划实施作工作部署，他指出要牢牢把握城市发展站位和定位，加快构建高水平空间规划体系；要着力推进高质量利用土地，进一步盘活存量、提高绩效；要不断完善规划实施保障机制，强化政策创新、监测评估、法治保障，明确责任、形成合力，确保一张蓝图干到底。市委副书记尹弘出席，市委常委、副市长陈寅主持，市委常委翁祖亮、诸葛宇杰出席。

【完善国土空间规划体系】2019年5月10日正式印发《中共中央 国务院关于建立国土空间规划体系并监督实施的若干意见》（中发〔2019〕18号）。为贯彻落实中央文件精神和自然资源部最新工作要求，加快建立上海市国土空间规划体系，强化国土空间规划对上海城市发展的引领作用，推动《上海市城市总体规划（2017—2035年）》更好实施，按照市委、市政府工作要求，市规划资源局牵头起草形成了《关于建立上海市国土空间规划体系并监督实施的意见》，书面征求并采纳市委、市政府28个委办局和16个区委、区政府以及6个市政府派出机构的意见。

【推进长三角一体化、自贸区新片区相关规划编制工作】一是编制长三角生态绿色一体化发展示范区国土空间规划。2019年5月底，党中央、国务院正式印发《长江三角洲区域一体化发展规划纲要》，明确以上海青浦、江苏吴江、浙江嘉善为长三角生态绿色一体化发展示范区，要求共同编制示范区国土空间规划，联合按程序报批。根据两省一市共同协商，由沪苏浙自然资源主管部门牵头，苏州和嘉兴市政府、示范区“两区一县”政府共同组织开展规划编制工作。在此基础上，形成了《长三角生态绿色一体化发展示范区国土空间总体规划（草案）》。二是编制上海大都市圈空间协同规划。2018年以来，根据国务院关于《上海市城市总体规划（2017—2035年）》批复中“构建上海大都市圈，打造具有全球影响力的世界级城市群”的要求和市委、市政府工作部署，市规划资源局组织开展了上海大都市圈空间协同规划的相关前期工作。2019年8月9日，市政府会同江苏省政府、浙江省政府联合印发《关于成立上海大都市圈空间规划协同工作领导小组的通知》《上海大都市圈空间协同规划编制工作方案》，明确了上海大都市圈空间规划协同工作的组织领导、工作任务、工作安排等具体内容。2019年10月17日，上海市政府会同江苏、浙江两省政府、八个城市政府及省、市规划和自然资源主管部门，召开了上海大都市圈空间规划协同工作领导小组第一次会议，按照“1+8+5”（战略愿景、八大重点领域系统行动、五大空间板块行动）的上海大都市圈空间协同规划编制工作总体布局，正式启动了上海大都市圈空间协同规划编制工作。三是中国（上海）自由贸易试验区临港新片区国土空间规划编制情况。《长江三角洲区域一体化发展规划纲要》和《中国(上海)自由贸易试验区临港新片区总体方案》印发后，按照落实国家战略、对标最高水平、突出需求导向、注重远近结合的原则，既立足于873平方公里的远期范围，整体谋划新片区国土空间布局、城市形态和重要地区城市设计，又聚焦119.5平方公里先行启动区，保障近期重点建设需求。在空间总体布局方面，在“上海2035”总体规划空间方案基础上，对新片区873平方公里远期整体范围内的空间布局、用地结构、城市形态、综合交通等，对照新战略、落实新功能，进行结构性优化提升。在保障近期建设方面，牵头完成了先行启动区永久基本农田调整方案，并由市政府上报国务院。

【推进各层次规划编制】一是浦东新区和各郊区国土空间总体规划。2019年依次推进并完成了嘉定区、金山区、奉贤区、青浦区、松江区、浦东新区总体规划的编制工作。《上海市嘉定区总体规划暨土地利用总体规划（2017—2035）》于2019年2月2日获市政府批准（沪府〔2019〕14号），《上海市金山区总体规划暨土地利用总体规划(2017—2035)》于2019年2月28日获市政府批准(沪府〔2019〕20号），《上海市奉贤区总体规划暨土地利用总体规划（2017—2035）》于2019年3月1日获市政府批准（沪府〔2019〕21号），《上海市青浦区总体规划暨土地利用总体规划（2017—2035）》于2019年3月7日获市政府批准(沪府〔2019〕22号),《上海市松江区总体规划暨土地利用总体规划（2017—2035）》于2019年3月8日获市政府批准（沪府〔2019〕23号），《上海市浦东新区国土空间总体规划（2017—2035）》于2019年12月13日获市政府批准（沪府〔2019〕80号）。二是主城区单元规划。2019年5月，李强书记赴虹桥商务区调研，6月根据《长江三角洲区域一体化发展规划纲要》提出的“打造虹桥国际开放枢纽”要求，进一步完善规划内容。8月，应勇市长赴虹桥商务区调研，专题听取汇报。虹桥主城片区单元规划已完成规划公示和市规委专家委员会专题审议。中心城各区稳步推进单元规划公示工作。三是新市镇总规暨土地利用总体规划。镇总规是统筹全镇域资源配置、加强公共服务保障、推进城乡一体化发展的重要平台。按照市政府城乡一体化工作部署，逐步推进新市镇总规全覆盖，实现“一个镇、一本规划”。2019年9个新市镇总规获得批复。

【拓展历史风貌保护】一是深化政策落地，推进风貌保护试点项目。落实《关于深化城市有机更新促进历史风貌保护工作的规划土地管理实施细则》，试点推进静安区安康苑等项目实施，对黄浦区轨交14号线穿越段等10个地块进行风貌保护项目认定，有序推进风貌保护项目实施主体遴选及实施方案编制工作。二是强化法律保障，完成保护条例修订、建立相关配套机制。2019年9月26日，《上海市历史风貌区和优秀历史建筑保护条例》（以下简称《保护条例》）经市人大审议通过，于2020年1月1日起正式施行。聚焦“扩大保护范围、强化政府责任、完善保护措施、促进活化利用”四个重点问题，对原条例进行局部修改，体现了当前历史风貌保护的实际需要。根据《保护条例》规定，2019年11月7日，《上海市人民政府办公厅关于成立上海市历史风貌区和优秀历史建筑保护委员会的通知》(沪府办〔2019〕120号)明确市历保委成员单位和组成人员。三是强化历史风貌保护与旧区改造衔接。利用旧改办推进平台，指导试点项目推进落地。持续推进政策创新，出台规土融合的支持政策，进一步明确旧改地块和“历史毛地”出让地块分类处置方式，对符合一定条件的项目探索实行预供地制度。出台涉及风貌保护旧改项目的规土管理工作手册，推进规划资源管理与已征收、在征收、新启动旧改项目联动，明确衔接要求。四是推进“一地一策”试点。针对中心城区10个项目，开展风貌评估、功能策划、城市设计、经济测算，着力多元方法保护风貌、更高程度提升价值、更多维度塑造品质。

【乡村规划】一是乡村规划实现全覆盖，构建“村庄布局规划—郊野单元村庄规划—村庄设计”的三级规划体系，加强乡村国土空间分级分类管控。截至2019年底，上海率先完成9个涉农区的区级村庄布局规划、86个镇级村庄布局规划，完成82个镇郊野单元村庄规划。按照高质量开展村庄规划设计的要求，全市乡村振兴示范村主要涉及的36个村庄，在村庄肌理、乡村建筑、自然景观、公共空间等方面进行了深化设计。二是提升上海乡村韵味，强化乡村设计引导。深化开展上海市郊野乡村风貌元素普查，组织编写并出版《上海乡村传统建筑元素》，组织编制《上海乡村传统建筑元素应用指引》，为塑造具有上海特点、江南传统特征、现代生活要素的乡村提供技术支撑。三是引导“设计下乡、智慧下乡”，编制《上海乡村振兴示范村设计案例》《上海乡村设计师手册》，为乡村振兴战略实施工作提供启发和借鉴，为乡村规划建设提供全流程智力支撑；成立专班，指导推进，实现2018年9个、2019年27个市级乡村振兴示范村现状调研全覆盖；举办竞赛，重视设计，原市委副书记尹弘、副市长彭沉雷参加上海青年创意设计大赛颁奖仪式。

【年内供水规划获批】2019年6月27日，《上海市供水规划（2019—2035年）》（沪府〔2019〕49号）获批。规划提出至2035年，建成“节水优先、安全优质、智慧低碳、服务高效”的城市供水系统，供水水质对标世界发达国家同期水平，并对供水系统布局做了规划。

【年内轨道交通崇明线选线专项规划获批】2019年9月17日，《上海市轨道交通崇明线选线专项规划》(沪府规划〔2019〕167号)获批，明确了轨道交通崇明线的规划和用地管控要素，为项目建设创造了条件，串联崇明岛、长兴岛的主要城镇和浦东新区范围内的重要功能组团，并与中心城轨道交通网络形成换乘衔接，实现崇明区与本市中心城的快速轨道交通联系。

【重点地区规划编制】 年内开展北外滩、吴淞地区、南大地区、张江科学城一系列重点区域的规划研究。

北外滩：明确将北外滩打造为“与外滩、陆家嘴错位联动、居职相融、孵化创新思维的新时代顶级中央活动区，汇聚现代化国际大都市核心发展要素的世界级会客厅，全球超大城市精细化管理的典型示范区”的总体定位，形成了“一心两片”总体格局，以及坚持以发展为第一要务、以协调融合为目标、以人民为中心、以低碳绿色为发展理念的总体策略，在北外滩地区汇聚顶级功能、打造最美形象、建设卓越环境、构建最优保障体系；形成总建筑规模840万平方米，地标性建筑高度480米的城市设计方案。

吴淞地区：规划面积约26平方公里，是上海北部城市副中心功能的重要承载区。按照“产业耦合、环境融合、功能复合、空间叠合、机制整合”的规划理念，规划“吴淞创新城”，建设老工业基地转型发展和城市更新的示范区、国家创新创意创业功能的集聚区、国际城市文化旅游功能的拓展区；开展《吴淞创新城建设规划》编制，成果基本稳定；为加快启动吴淞地区转型升级，同步开展宝武特钢、不锈钢区域首发地块控详规划。

南大地区：规划面积约6.3平方公里，是市委、市政府明确的重点产业转型区域。规划围绕“建设人工智能上海高地、构建一流创新生态”的战略目标，落实“全市转型升级、高质量发展与卓越城区建设的示范区”的要求，建设成为全球领先，国内典范、生活活力智慧的创新城区。探索规划管理与建设实施的新模式，使南大成为适应产业全生命发展的政策实验区、融合多元力量推动实施建设的标杆。

张江科学城：一是打造重点城市功能区域。在开展城市设计研究的基础上，完成张江副中心一期控详规划的编制和审批，方案编制过程中与实施相衔接，并将相关开发要求通过附加图则进行明确，确保张江副中心一期高品质开发。二是推进重大产业战略实施，完成相关控详调整批复。

【地名管理】 一是建设地名普查成果转化及数据库。配合国务院地名普查办深入推进国家标准地名图录典志编撰工作，整顿市区两级地名档案工作，初步建成市区两级地名数据库；谋划推动地名调查常态化，进一步挖掘历史地名资源，积极开展地名文化产品制作工作。二是清理整治不规范地名。利用地名普查数据，建立同名道路整治名录，完成一批同名道路整治工作；按照民政部关于结合地名普查整治不规范地名要求，组织开展“大洋怪重”不规范地名摸底排查工作，建立工作台账，依法、有序、审慎推进整改工作。加强多部门协同机制，探索建立从源头上遏制非标准地名产生的工作机制，探索开展地名批后监督与管理工作。

（三）土地管理

【土地高质量利用】 一是开展支持重大新产业发展相关政策研究，市规划资源局调研走访9个郊区、3个功能区，听取17个区属部门、53家园区和企业的意见，针对重大新产业发展面临的问题和需求开展调研，从上海发展全局出发，在守住底线的基础上，更加突出服务发展的根本定位，研究提出更加符合时代要求的规划解决方案和更能体现上海改革水平的创新政策供给，形成《关于支持重大新产业发展的规划土地政策研究报告》。建立“支持产业发展规划土地工作推进组”产业专项工作机制。二是加大标准化出让力度，主动服务产业项目落地。运用规划产业空间地图集，整合推进规划、指标、储备、出让各条线工作，落实分区域分行业的产业绩效准入要求，形成标准化出让信息，提前公告出让信息，由“项目等地”转为“地等项目”，实现产业用地“按标准”出让，提高产业项目落地速度。2019年，浦东、宝山、闵行、奉贤、松江、嘉定六个区制定本区标准化产业准入标准，九个郊区均推出标准化出让地块。全年产业用地标准化出让公告21幅38.45公顷土地，占年度产业用地供应总量的22%和7.5%。三是开展产业用地混合利用工作研究，按照推进产业功能和空间有机融合，促进产业用地高质量利用的工作目标，形成自贸区新片区范围内产业区块内产业用地混合利用政策框架。

【存量用地盘活】 推动存量产业用地提升能级。一是鼓励产业提升能级，支持企业“零增地”改造。产业区块内（产业基地＋产业社区）的存量工业用地，全面提升能级；产业区块外的零星工业地块实行差别化管控要求，支持优质企业提升能级。配合市经信委出台《规划产业区块外企业“零增地”技术改造正面和负面清单》，全年累计完成111个“零增地”改扩建优质项目认定，涉及土地面积388公顷。二是按照“统筹规划、公益优先”的要求实施存量工业用地转型开发。以打造全市转型升级的示范区、高质量发展的示范区和卓越城区建设为标准，有序推进宝山南大地区、吴淞地区整体转型；以增加公共服务设施和公共空间，改善城市功能和环境为导向，指导浦东平安后援中心、嘉定细胞治疗中心等一批项目实施零星转型。

坚定推进低效产业用地退出。研究出台《本市低效产业用地处置工作的实施意见》，明确把低效产业用地处置作为土地资源高质量利用的重要举措。一是开展低效产业用地认定。二是建立低效产业用地倒逼管控机制。三是优化低效用地退出政策路径。四是研究形成《低效产业用地退出政策工具箱》，明确12种政策工具和操作指引，指导各区根据具体地块情况参考使用。

持续加强闲置用地处置。不断完善闲置土地预防和处置的长效工作机制，在闲置土地总量保持低位的同时，把划拨土地、历史毛地出让地块等纳入处置范围，从严掌握闲置土地处置完成标准，坚持闲置土地情况季度通报，切实推进闲置土地处置工作，已完成处置闲置土地17幅67.25公顷。继续加强商品住房用地批后监管工作，重点督查逾期未开工住宅用地，限期开工建设，尽快形成市场供应，逾期仍不开工的追究违约责任；对形成闲置的住宅用地，按照挂牌督办要求，及时严格处置。

城乡建设用地增减挂钩。按照“两平衡一尊重”原则，严格审核项目区报批，规范建新区周转指标使用，积极推进项目区整体竣工验收，切实保障农民合法权益。本年度本市共审批（含调整）8个增减挂钩试点项目区，完成两个增减挂钩项目区市级竣工验收。截至2019年底，全市累计批复增减挂钩试点项目区47个，分布在松江、嘉定、金山、奉贤、崇明、闵行、青浦、宝山和浦东9个涉农区，其中15个项目区已完成竣工验收。47个增减挂钩项目区共下达挂钩置换建设用地指标17375亩、周转耕地指标13979亩，实际使用建设用地指标12250亩、周转耕地指标9939亩，已通过拆旧复垦归还建设用地指标13251亩、周转耕地指标11877亩。全市增减挂钩试点工作整体推进平稳。

【完善土地全生命周期管理】 全面梳理分析2014年实施全生命周期管理以来出让的产业用地绩效情况和问题，加强投达产监管，完善合同绩效约定，完善股权转让管理机制。截至2019年底，上海市按照土地全生命周期管理要求出让的611幅2581.57公顷产业用地中，已开工509幅2077.77公顷，项目开工率92%；已竣工233幅671.84公顷，项目竣工率60%。

【城镇开发边界外低效现状建设用地减量化】一是超额完成减量化年度既定目标任务。2019年，市发展改革委、市规划资源局、市财政局印发了《“198”区域减量化市级资金补贴管理办法》，进一步明确第二轮减量化市级资金补贴政策，加大对各相关区减量化工作支持力度，推进减量化工作持续开展。二是首次按照“以用定减、以减定增”原则分解下达各区年度低效建设用地减量化任务和安排年度用地计划，进一步强化空间统筹，切实转变土地利用方式。本年度，全市共使用净增空间656公顷，使用腾挪空间1512公顷，全年共形成用地流量2168顷，与以往年度基本持平。从用途来看，市政、工业、经营性比例约为39：28：33。

【优化土地市场交易】 一是土地交易市场业务优化建设，做好产业用地高质量标准化出让工作，制定标准化出让工作规程及与标准化出让工作相配套的公告、申请要求、竞买活动规程等出让相关工作文件；推进网上交易平台建设，基本达到上线运行要求；加强对土地市场的跟踪分析。二是土地交易业务入市前期工作，优化经营性用地入市前期研判，进一步并联研判，提高研判效率；通过土地交易市场平台支持浦东、长宁等区开展土地招商推介活动。三是土地市场监测与预警工作，根据自然资源部加强土地交易市场交易动态预测、监测的要求，通过专报、周报、日报等形式，及时反映土地市场公告情况及交易动态，形成土地市场动态检测报告；加强重点地块的履约监管。四是土地出让后续监管工作，推进出让地块全生命周期结果公示工作，开展监测监管系统填报工作。

【土地综合整治】 一是生态环境综合整治。加强日常执法监管，建立健全常态长效机制，严格按照规划实施拆后地块利用，加强拆后土地的后续监管，每月对整治区块实施一轮全覆盖巡查，及时变更区块现状和矢量图，动态完善“一地一档一册”，坚决防止违法行为“反弹”“回潮”。二是土地整理复垦。2019年，全市土地整理复垦项目立项1492个，计划实施土地整理复垦开发面积2379公顷，预计可新增耕地2142公顷。全年通过验收确认的土地整理复垦项目1683个，实施土地整理复垦开发面积2049公顷，新增耕地面积1912公顷。另外，奉贤区奉城镇、崇明区新村乡、崇明区三星镇三个市级土地整治项目完成验收，土地整治面积1915公顷，新增耕地面积410公顷。

【农村土地制度改革和乡村振兴政策支持】 巩固深化农村土地制度改革。一是稳妥有序推进松江区集体建设用地入市试点，为全市集体建设用地入市工作做好技术储备。探索建立覆盖全区的集体经营性建设用地入市储备项目库，明确合理入市范围和多种入市途径适用性，深化完善松江区城乡统一的基准地价体系，开展松江区集体建设用地入市改革总结和评估，为全市集体建设用地入市工作做好技术储备。充分发挥市场化作用，将集体经营性建设用地入市审批业务纳入全市统一审批系统，完善市场交易规则，加强服务监管。二是总结完善征收制度改革，优化土地征收程序，完善多元保障机制。三是深入拓展宅基地制度改革。进一步摸清农村土地、户籍人口及房屋使用情况；探索农民多元安置模式，研究制定农民相对集中居住的政策措施，并加快试点地区村级公共基础设施建设，推动村庄规划中确定的乡村产业发展用地入市工作，丰富宅基地改革实践样本，形成政策叠加效应。根据新出台的土地管理法，结合本市征地工作实际，积极研究落实完善本市征地程序的方案，明确有关操作口径，启动新一轮征地补偿标准调整工作。

出台乡村振兴政策文件，完善规土政策供给。一是推动农民相对集中居住，会同市农委等部门重点聚焦当前农民相对集中居住工作过程中的宅基地资格权、建房标准、风貌管控等问题，完成《上海市农村村民住房建设管理办法》（上海市人民政府令第16号）修订。会同市发改委研究出台《上海市人民政府关于切实改善本市农民生活居住条件和乡村风貌进一步推进农民相对集中居住的若干意见》（沪府规〔2019〕21号）。目前，全市1.2万户农民集中居住任务各项工作开展顺利。二是出台节地率测算标准办法，出台《关于本市乡村地区农民集中居住项目节地率计算标准办法（暂行）》，为城市开发边界外农民集中居住项目的节地率测算提供有效参考。

征地补偿工作情况。深入研究新土地管理法对于征地补偿的新要求，为出台落实新法的指导意见做好储备。全面深入推进征地房屋补偿电子化签约工作，将高效、公开、透明的阳光操作模式深入到行业之中。

【土地储备】一是土地储备规划计划管理，完成全市2019年度土地储备计划编制工作，批复各区2019年度土地储备计划。2019年度土地储备计划实际批复633幅地块，计3448公顷。二是进一步推进大居土地储备工作，会同市土地储备中心、市住宅中心积极推进已启动的16个大居土地储备工作。三是构建完善土地储备管理工作机制，做好土地储备规划实施评估与动态修编，完善土地储备项目实施动态监测和监管工作，完善土地储备项目信息更新机制。

【第三次全国国土调查和年度土地变更调查工作】一是按照上海更细化的分类标准和更高的调查精度要求，形成成果数据库（约130万个图斑）。市级组织对每一块图斑形成审核结论和具体修改意见后上报国家，根据三调国家级核查结果，17个区级单元（含岛屿）三调“一上”成果全部一次性通过国家级核查，平均差错率仅为0.05%，在全国遥遥领先。二是扎实做好年度土地变更调查工作，同时做好与三调工作的充分衔接。以《土地变更调查技术规程（试用）》为基础，进一步优化土地变更调查工作流程，制订《2018年度上海市土地变更调查与遥感监测实施方案》。通过各部门通力配合，顺利完成2018年度土地变更调查工作。

【土地利用年度计划执行情况】2019年，本市土地利用计划管理已实现新增建设用地计划和低效建设用地减量化工作全面挂钩，计划用地管理实现由“增量为主、流量为辅”向“流量为主、增量为辅”的转变，逐步形成净增空间指标、减量化指标、周转指标等综合保障的土地利用计划安排模式。净增空间主要用来保障国家和本市重大战略项目、重大产业项目以及市特定区域项目的用地计

表1　2019年上海土地管理基本情况表

项目	单位	数值
减量化立项	平方公里	20.2
占年度任务比重	%	111
减量化验收	平方公里	15.25
占年度任务比重	%	102
供应租赁住房用地	幅	32
土地面积	公顷	181.1
可建建筑面积	万平方米	320
预计可建住房	套	50783
处置闲置土地	幅	17
面积	公顷	67.25
大型居住社区土地储备实施项目	个	16
消除违法用地	件	2616
消除比例	%	64.56%
面积	公顷	431.07
消除比例	%	46.85%

划需求，本市、区两级项目的用地计划需求均通过减量化指标予以落实；探索市级重点项目用地计划“直供”方式，有效保障市区两级项目落地。

表2 2019年上海土地利用年度计划及执行情况表

分类	数值（公顷）
用地计划总量	2168
其中：净增空间	656
腾挪空间	1512
按用途分类统计如下：	
市政公用设施等项目用地	844
工矿仓储项目用地	590
经营性用地	735

【国有建设用地供应情况】 上海继续保障各类用地供应，全年全市共供应各类国有建设用地 3536 公顷。

【耕地与永久基本农田保护】 2019 年实际耕地面积为 289.6 万亩，实际永久基本农田保护面积为 254.2 万亩，均超额完成要求。在制度建设与管理实施方面，多措并举，严格落实耕地与永久基本农田保护要求。一是加强用地审批中“三线”监测监管，规范和优化日常审批和永久基本农田补划退出程序。二是每季度开展永久基本农田的动态监测，跟踪监测划定后的永久基本农田的利用变化，落实保护。

【部市合作创新耕地保护管理】 2019 年，自然资源部与上海市共同签订战略合作协议，共同推进上海规划和自然资源工作改革开放再出发，特别是在耕地保护和管理方式探索重大政策创新，积极落实生态文明建设要求。在严格确保耕地和基本农田保护底线的前提下，协调耕地保护和生态建设，按规划、依计划、分步骤有序实施生态建设，探索永久基本农田布局优化实施路径。

【落实区级政府耕保责任目标】 完成 2018 年度区级政府耕地保护责任目标年度考核和全市自查工作。联合市农业农村委、市统计局开展耕地保护责任目标考核工作，在制订年度考核方案基础上，并向全市 9 个涉农区政府印发通知，要求各区对下一级政府实施考核。

【永久基本农田标志牌管护】 一是完成标志牌、界桩巡查工作，利用外业调查 App 对全市永久基本农田标志牌统一开展抽查巡查，形成市级巡查工作报告和分区记录表册，并

表3 2019年上海市国有建设用地供应情况表

用地性质	供地方式	面积（公顷）
住房用地	出让或划拨	832.8
保障性住房用地	出让或划拨	357.4
经济适用房用地	出让或划拨	40.1
征收安置房用地	出让或划拨	312.7
廉租公租房用地	出让或划拨	4.6
商业、办公用地	出让	112
工业用地	出让	570.1
公用设施用地	划拨	533.8
公共建筑用地	划拨	230.3
交通运输用地	划拨	989.8
水利设施用地	划拨	259.9
特殊用地	划拨	7.3
总计	—	3536

针对巡查发现的标志牌与界桩设立不规范、保护不到位等问题，提出相关意见督促区局整改。二是要求各区建立巡查员制度，通过日常巡查完善更新管理。三是督促各区落实维护资金、健全档案管理。

【耕地质量等别年度更新评价】完成本市2019年耕地质量等别年度更新评价工作。对年度内耕地增减变化（建设占用、灾害损毁、农业结构调整、生态退耕、补充开发）及耕地质量建设（土地整治、农业综合开发、农田水利建设）等引起的耕地质量等别变化，进行耕地质量等别年度更新评价。在此基础上，形成更新至2018年底的耕地质量等别年度更新评价成果，成果已经报自然资源部验收通过。

【不动产统一登记】一是积极推进区级登记机构人员整合，根据国办督察反馈意见和市政府要求，指导黄浦、静安等未完成整合的13个区有序推进不动产登记机构人员整合工作。二是持续深化不动产登记服务改革，通过合并缴税和发证环节、实现工厂仓库类转移登记当场办结、取消企业间存量非居住房屋买卖合同网签等方式进一步整合工作流程，提升服务效率。通过不动产登记资料自助查询、不动产查封登记网上办理、不动产登记收费电子票据、不动产抵押登记“不见面”办理等改革举措，进一步方便群众办理登记业务。三是着力解决基层和百姓办证难问题，结合“不忘初心、牢记使命”主题教育，扎实推进老百姓房屋产权证办理难矛盾专项化解工作，积极支持部队停偿、资产移交项目办理不动产登记专项工作。四是有序推进登记法制化、规范化建设，结合上海市不动产登记工作实际，推动《上海市不动产登记若干规定（草案）》成为上海市人大2020年的立法项目。为推进本市不动产登记信用建设，制定《上海市不动产登记失信信息管理办法》。通过组织全市登记人员培训、统一登记标识、明确窗口工作人员工作服制作标准等方式，推进各区登记机构的规范化建设。

（许超诣）

（四）地矿管理

【地质勘查与矿产资源总体规划实施】一是落实推进地矿规划各项重点任务完成。2019年是实施《上海市地质勘查与矿产资源总体规划（2016—2020年）》的“关键年”，结合规划中期评估情况，将尚未完成的规划任务和指标的推进列入重点工作年度计划，以项目化管理方式明确责任人和责任单位加以推进，各专项工作均按时完成任务，取得预期成果。二是启动第四轮地质勘查与矿产资源规划编制前期准备。根据自然资源部办公厅《关于开展省级矿产资源规划（2021—2025年）编制前期工作的通知》要求，结合本市工作基础，对新一轮规划编制的总体思路、重大专题研究设置和主要任务进行讨论研究，形成规划编制初步工作方案，为启动编制第四轮地质勘查与矿产资源规划做好前期准备。

【地面沉降防治】一是实现地面沉降年度控制目标。制订2019年度地面沉降防治工作计划并推进实施。2019年，全市地下水开采量约为118万立方米，比上年减少约66万立方米；人工回灌量约为2014万立方米，基本与上年持平。全市各含水层地下水位持续上升，平均上升0.28~1.09米，全市年平均地面沉降量5.2毫米，与上年基本持平，地面总体继续保持微量沉降状态，差异沉降仍然明显，但沉降状况与上年同期相比有所缓和。二是继续完善地面沉降防控体系。制度建设方面，协同市住建委印发《上海市基坑工程管理办法》，将深基坑工程降水引发的地面沉降控制要求落实到设计、施工、监测等各个环节；完成上海市工程建设规范《地质信息数据规范》《地面沉降监测与防治技术规程》修订稿编制和意见征询；管理方面，继续完善“两局两委”协调联动的常态化机制，通过工作例会协调管控地面沉降；按照地面沉降“三区一带”的分区管控目标，制订地下水分区分层采灌方案，实施地下水采灌和深基坑降水双要素综合协调管控，强化分区管控；强化深基坑工程降水的全流程管理；研究方面，开展重要基础设施沿线地质安全控制关键技术等研究。三是继续深化长三角地区地面沉降联防联控。深化沪苏浙皖“三省一市”地面沉降联防联控机制，编制《2018年度长三角地区地面沉降信息通报》，构建长三角地区地面沉降监测骨干网，优化完善“长三角地面沉降信息系统”。

【地质灾害防治】一是市区联动，全面落实制度。结合职能完善，全面落实市、区及相关部门地质灾害防治的法定职责；通过预案制度、预防管控制度、监测监管制度和应急职守等制度，确保地质灾害防治各项措施落实到位，完善地质灾害预防治理工作体系。二是部门协同，形成工作合力。主动与市应急管理局进行工作对接，协同开展年度及季度自然灾害趋势分析、灾情研判及会商、地质灾害应急综合演练、推进“九大重点工程”建设等工作，形成部门高效协同的工作机制。三是信息共享，着力化解风险。通过开展突发性地质灾害隐患巡查及对重点地区的有效监控，组织对本市西南地区的山坡开展变形监测，发现异常，及时告知有关单位，并提醒过往游客注意边坡落石的危险，有效保障群众人身安全。四是业务创新，强化地质灾害技术支撑。积极发挥地质技术、手段和方法的专业优势，在全国率先实施单独评估和分区评估相结合的建设项目地质灾害危险性评估分类管理与监管制度，年度更新17个分区单元评估报告；全面动态更新上海地下浅层砂分布区地面塌陷隐患风险区划，为地面塌陷风险分类管控提供技术支撑。五是管理创新，助力城市安全运维。紧扣“一屏观天下、一网管全程”的智慧城市建设目标，根据市城运专班的统一部署，构建地质灾害监测展示平台，推进“观、管、防”功能设计，体现联勤、联动。2019年，本市未出现由于地质灾害造成的人员伤亡事故。

【地质调查与评价】一是继续实施“上海后工业化时期地质资源环境调查与应用”“上海市浅层地下水环境质量评价”“上海地区区域地壳稳定性调查与评价”“上海市浅层地热能资源评价与可持续利用”等基础性地质调查与评价项目，取得预期成果；二是继续开展本市地下空间资源调查与评价，开展虹桥、宝山、川沙、闵行主城片区地下空间资源调查和资源环境承载力评价。

【浅层地热能调查评价】一是完善浅层地热能开发利用管理体系。结合试点示范工作，对《上海市浅层地热能开发利用管理暂行规定》进行了完善，完成《地源热泵系统工程技术规程》(DG/TJ 08—2119)(修订版)、《浅层地热能监测技术标准》以及《民用建筑可再生能源综合利用核算标准》征求意见稿的编制。二是编制浅层地热能开发利用导则。结合崇明生态岛的建设，完成浅层地热能资源补充调查，形成浅层地热能开发利用导则，有效精准指导崇明生态岛浅层地热能开发利用。三是完善浅层地热能监测网络，提高资源监测预警信息化服务能力。新增两个区域地温监测点，完成40个监测网点的动态监测和日常维护。将地热能资源开发利用信息平台基本融入自然资源“一张网”“一张图”。四是开展共性关键技术研究，提升开发利用水平。完成奉贤科学实验场试验研究及地埋管换热器施工地质环境影响防治技术规定研究。开展浅层地热能与地下空间资源协同开发利用技术研究、上海地区设施农业应用浅层地热能研究等关键技术研究。

【地质环境监测与保护】 会同市生态环境局开展为期五年的《上海市地下水基础环境状况调查评估》（2013—2018年）项目成果通过验收，不仅查明上海市浅层地下水基础环境现状，并在全国率先建立了省域全覆盖的浅层地下水监测网络，为本市地下水资源与环境动态监控及进一步合理利用奠定了扎实的基础。

【地矿行业准入管理】 按照生态优先、绿色发展、统一规划的理念，继续对张堰铜矿、建筑安山岩和砖瓦黏土等固体矿产实施禁采，同时，为实施地面沉降防治的精细化管控，在自来水管网到达地区对矿泉水实施禁采，并做好政策性关闭矿山的生态修复工作。一是落实资质审批事项“双减半”，梳理提出并经市审改办审核同意，全面落实地质灾害防治单位资质审批事项“双减半”工作目标；二是推出部分审批事项申请“零材料”，提出在地质灾害防治单位资质证书补证、变更、注销等情形 的“零材料”事项清单；三是加强政务服务标准化规范化建设，全面修订纳入“一网通办”的依申请办理地质灾害防治单位资质服务事项的办事指南，同时拓展公共服务事项接入“一网通办”；四是完成地质灾害防治单位资质电子证照归集入库。本年度，审批地质灾害危险性评估单位资质审批4件，地质灾害治理工程勘查、设计、施工、监理单位资质审批两件，建设项目地质灾害危险性评估项目登记40件。

（许超诣）

PART TWO Ⅱ

城乡建设

URBAN-RURAL DEVELOPMENT

（一）综述

2019年是实施“十三五”规划关键一年。上海市重大工程建设根据市委、市政府统一部署，集聚产业结构优化升级、社会民生、城市基础设施、生态文明建设、城乡发展一体化五大领域，年初计划安排正式项目138项，计划新开工23项，基本建成11项，安排预备项目28项，全年计划完成投资不低于1362亿元。在建设中，市重大工程坚持与“十三五”规划总体思路，国家战略，中央要求和市委、市政府工作部署保持一致，创新机制，完善政策，加快推进重大工程建设，全年完成投资1462.3亿元，超过计划安排2.25%，创近年来新高。高效低碳燃气轮机试验装置国家重大科技基础设施项目、国家海底长期科学观测系统、张江复旦国际创新中心项目、上海交通大学张江科学园、修正生物制药医药产业园、ABB机器人超级工厂、立信会计金融学院新校区一期、复旦大学附属中山医院医疗科研综合楼、上海市第六人民医院骨科临床诊疗中心、岳阳医院门诊综合楼改扩建、上海大歌剧院、南干线改造工程、上海市固体废物处置中心项目、三林楔形绿地、沪通铁路（太仓—四团）上海段（越江段）、机场联络线、轨道交通崇明线工程、银都路越江隧道新建工程、龙水南路越江隧道新建工程、沿江通道浦东段、郊区污水厂污水污泥处理处置（浦东新区污水厂污泥处理处置新建工程等）、竹园污水处理厂四期、国能新能源汽车、超硅半导体300mm集成电路硅片全自动智能化生产线、上海复宏汉霖生物医药有限公司生物医药产业化基地、S3公路（周邓公路—G1503两港大道立交）、精测半导体全球研发总部和装备制造基地27个项目开工建设（超计划4项）；科创中心张江科学基础设施、上音歌剧院、程十发美术馆、老港综合填埋场二期及配套渗滤液项目、泰和污水处理、上海老港再生能源利用中心二期工程（含渗滤液厂升级改造）、白龙港污水处理厂提标改造工程、白龙港污水处理厂污泥处理处置二期、石洞口污水处理厂污泥处理二期、竹园片区污泥处理处置扩建工程、上海烟草集团科技创新园项目、大治河西枢纽新建二线船闸工程、周家嘴路越江隧道新建工程13个项目基本建成（超计划两项）。

【结构与规模】2019年初，上海市全市重大工程共安排正式项目138项、预备项目28项，新开工23项，基本建成11项，年度投资不低于1362亿元。年中，经报请市政府同意，市重大工程正式项目调整为141项，年度计划投资1430亿元。

一是科技产业类项目35个，占项目总数的24.82%；年计划投资449.78亿元，占年计划总投资的31.45%。主要有上海光源二期（线站工程）、上海硬X射线自由电子激光装置项目、转化医学（上海）国家重大科技基础设施等科创中心项目，中国商用飞机公司总装制造中心浦东基地建设项目、华力微电子12英寸先进生产线建设、上汽大众MEB工厂等先进制造业项目，西岸传媒港西岸智慧谷、新开发银行总部大楼及配套设施、中国核建上海科创园等现代服务业项目。二是社会民生类项目24个，占项目总数的17.02%；年计划投资42.09亿元，占年计划总投资的2.94%。主要有复旦大学内涵能力提升项目、上海工程技术大学松江二期、上海戏剧学院浦江新校区等教育项目，新虹桥国际医学中心、新华医院儿科综合楼及地下车库改扩建、岳阳医院门诊综合楼改扩建等医疗卫生项目，上海图书馆东馆、上海博物馆东馆、上海大歌剧院、徐家汇体育公园等文化体育项目。三是生态文明类项目18个，占项目总数的13.04%；年计划投资145.44亿元，占年计划总投资的10.17%。主要有白龙港污水处理厂提标改造工程、白龙港污水处理厂污泥处理处置二期、泰和污水处理厂等污水处置项目，上海老港再生能源利用中心二期（含渗滤液厂升级改造）、上海老港再生建材生物能源综合利用项目、上海市固体废物处置中心等处置项目，上海市太湖流域水环境综合治理工程、苏州河流域整治四期工程、黄浦江两岸地区公共空间延伸等重点区域整治项目。四是城市基础设施类项目51个，占项目总数的36.17%；年计划投资552.63亿元，占年计划总投资的38.65%。主要有上海LNG储罐扩建工程、申能奉贤热电项目、上海油气主干管网工程等能源保障项目，浦东机场三期扩建工程、沪通铁路（南通—安亭）上海段、吴淞江工程等对外交通项目；10号线、14号线、18号线一期等轨道交通项目，北横通道新建一期二期工程、军工路快速化改造工程、龙东大道（罗山路—G1501）改建工程等市域交通项目，排水系统改造工程、公共消防站建设、长江水源水厂深度处理等城市安全项目。五是城乡发展一体化项目13个，占项目总数的9.22%；年计划投资240.12亿元，占年计划总投资的16.79%。主要有保障房建设、大型居住社区外围市政配套项目、墨玉路—山周公路—千新公路等项目。

表1　2019年调整后市重大工程建设项目结构和投资规模

项目类别	项目数（个）	占总数比重（%）	计划投资数（亿元）	占总投资比重(%)
科技产业类	35	24.82	449.78	31.45
社会民生类	24	17.02	42.09	2.94
生态文明类	18	13.04	145.44	10.17
城市基础设施类	51	36.17	552.63	38.65
城乡建设一体化	13	9.22	240.12	16.79
合　计	141		1430.06	

表2　2019年重大工程正式实施项目一览表

序号	项目名称
1	上海光源二期（线站工程）
2	上海集成电路产业研发与转化功能型平台
3	科创中心张江科学基础设施
4	转化医学（上海）国家重大科技基础设施
5	上海硬X射线自由电子激光装置项目
6	高效低碳燃气轮机试验装置国家重大科技基础设施项目
7	国家海底长期科学观测系统
8	张江复旦国际创新中心项目
9	上海交通大学张江科学园
10	李政道研究所
11	中航商用航空发动机公司产业基地建设项目
12	中国商用飞机公司民用飞机试飞中心
13	中国商用飞机公司总装制造中心浦东基地建设项目
14	上海外高桥造船有限公司邮轮总装建造总体规划项目
15	上汽大众MEB工厂
16	特斯拉超级工厂一期
17	国能新能源汽车

续表

序号	项目名称
18	修正生物制药医药产业园
19	药明康德全球创新生物药研发制药一体化中心
20	上海复宏汉霖生物医药有限公司生物医药产业化基地
21	ABB机器人超级工厂
22	上海烟草集团科技创新园项目
23	精测半导体全球研发总部和装备制造基地
24	超硅半导体300mm集成电路硅片全自动智能化生产线
25	和辉光电第6代AMOLED显示项目
26	华力微电子12英寸先进生产线建设
27	中芯国际12英寸芯片SN1项目
28	积塔半导体特色工艺生产线项目
29	西岸传媒港、西岸智慧谷
30	上海市检测中心二期
31	新开发银行总部大楼及配套设施
32	中国移动IDC研发与产业化基地
33	中国金融期货交易所技术研发基地
34	虹桥商务区核心区基础设施配套项目（二期）
35	中国核建上海科创园
36	复旦大学内涵能力提升项目
37	上海戏剧学院浦江新校区
38	上海工程技术大学松江二期
39	上海理工大学新校区一期
40	立信会计金融学院新校区（一期）
41	上海大学延长校区建设改造工程
42	新虹桥国际医学中心
43	上海市老年医学中心（一期）项目
44	新华医院儿科综合楼及地下车库改扩建
45	中国福利会国际和平妇幼保健院奉贤院区
46	上海市第一人民医院眼科临床诊疗中心
47	复旦大学附属中山医院医疗科研综合楼
48	上海市第六人民医院骨科临床诊疗中心
49	岳阳医院门诊综合楼改扩建
50	上音歌剧院
51	上海图书馆东馆
52	上海博物馆东馆
53	上海传统戏剧院团设施提升（宛平剧场、上海越剧演艺传习中心）
54	上海大歌剧院
55	徐家汇体育公园
56	程十发美术馆
57	上海市档案馆新馆一期工程
58	上海天文馆（上海科技馆分馆）
59	上海浦东足球场项目
60	白龙港污水处理厂提标改造工程
61	白龙港污水处理厂污泥处理处置二期
62	泰和污水处理

续表

序号	项目名称
63	石洞口污水处理厂污泥处理二期
64	竹园片区污泥处理处置扩建工程
65	竹园污水处理厂四期
66	南干线改造工程
67	上海市太湖流域水环境综合治理工程
68	上海老港再生能源利用中心二期工程(含渗滤液厂升级改造)
69	老港综合填埋场二期及配套渗滤液项目
70	上海老港再生建材、生物能源综合利用项目
71	上海市固体废物处置中心项目
72	苏州河流域整治四期工程（苏州河深层排水调蓄管道系统工程试验段、堤防达标改造及底泥疏浚工程等）
73	世博文化公园
74	桃浦中央绿地
75	三林楔形绿地
76	黄浦江、苏州河两岸地区公共空间贯通(杨浦区滨江南段路网一期、杨浦区滨江公共空间和综合环境二期三期四期、黄浦区南外滩滨水岸线综合改造工程、徐汇区滨江地区公共开放空间综合环境一期样板段油罐区南段项目、徐汇区滨江公共开放空间罗秀东路—徐浦大桥段、龙腾大道龙水南路—徐浦大桥道路工程、云锦路公共绿地工程、陆家嘴北滨江绿地贯通及景观提升改造工程三期四期、十六铺地区中山东二路以东综合改造二期等)
77	市级重点生态廊道（吴淞江生态廊道闵行段、金山化工区周边生态廊道金山段、老港周边生态廊道等）
78	上海LNG储罐扩建工程
79	申能奉贤热电项目
80	上海闵行燃气电厂项目
81	上海油气主干管网工程（崇明—五号沟、五号沟—临港、临港—上海化工区、金虹航油管道）
82	500千伏输变电工程（新余扩建、三林扩建、静安扩建、南桥4号主变扩建、练塘第三台主变扩建、黄渡主变增容、泗泾站主变增容、奉贤换流站调相机应用工程、崇明输变电等9项）
83	220千伏输变电工程
84	浦东机场三期扩建工程
85	沪通铁路（南通—安亭）上海段
86	沪通铁路（太仓—四团）上海段（越江段）
87	机场联络线
88	G320公路（上海浙江省界—北松公路）
89	G228公路（上海浙江省界—南芦公路）
90	省界断头路项目（盈淀路、复兴路、外青松公路、胜利路、东航路、城北路、叶新公路、朱吕公路、兴豪路）
91	平申线航道整治工程
92	大芦线航道整治二期工程
93	大治河西枢纽新建二线船闸工程
94	赵家沟东段航道整治工程
95	吴淞江工程
96	轨道交通10号线二期工程（新江湾城站—基隆路站）
97	轨道交通14号线工程（封浜路站—桂桥路站）
98	轨道交通15号线工程（顾村公园站—紫竹高新区站）
99	轨道交通18号线一期工程（长江南路站—航头站）
100	轨道交通崇明线工程
101	轨道交通补短板项目（运营指挥调度大楼、2号线东延伸、5号线既有线路改造、6号线港城路7号线陈太路8号线浦江镇停车场、莘庄枢纽改造）

续表

序号	项目名称
102	北横通道新建一、二期工程
103	军工路快速化改造工程
104	北翟路项目
105	昌平路—恒通路跨苏州河桥梁新建工程
106	杨树浦路改建工程
107	金昌路—交通路（嘉定区/普陀区区界—普陀区/静安区区界）道路新建、改扩建工程
108	东西通道（浦东段）拓建工程
109	虹桥商务区会展中心外围配套道路（诸光路地道及相关区属道路）
110	周家嘴路越江隧道新建工程
111	沿江通道越江隧道（浦西牡丹江路—浦东外环线）
112	龙耀路越江隧道新建工程
113	沿江通道浦西段（牡丹江路—江杨北路）新建工程
114	江浦路越江隧道新建工程
115	银都路越江隧道新建工程
116	龙水南路越江隧道新建工程
117	沿江通道浦东段
118	S7公路（S20公路—宝钱公路）
119	S3公路（周邓公路—G1503两港大道立交）
120	武宁路快速化改造工程
121	龙东大道（罗山路—G1501）改建工程
122	市属重点道路节点改造项目（中山南路、G318跨线桥、江杨北路、浦星公路跨芦恒路节点改造工程、崧泽大道跨线桥人非设施）
123	区区对接道路、打通断头路（60条）
124	重点河道和泵闸工程（掘石港、北沿4闸、团旺河、张泾河、航塘港、南新泾、省市边界水文站网7项）、排水系统改造工程（汉阳二期、桃浦工业区、龙水南路、云岭西、ES6地块5项）
125	公共消防站建设（武宁、中新泾、芦八、书院、嘉定城北、戬浜、徐行、淞沪、唐行、华夏、六灶、江镇、浦江工、紫竹、五四、东平、龙华机场、同三、新寺、双阳20项）
126	长江水源水厂深度处理（杨树浦水厂二阶段生产系统改造工程、长桥水厂深度处理一阶段工程、金海水厂深度处理工程、月浦水厂深度处理改造工程、罗泾水厂深度处理改造工程、长兴水厂深度处理改造工程、泰和水厂深度处理改造工程、徐泾水厂深度处理改造工程）
127	地下综合管廊项目（松江南站大型居住区地下综合管廊二期、武威路道路改扩建及配套工程等）
128	保障房建设（含租赁房）
129	大型居住社区外围市政配套项目
130	郊区污水厂污水污泥处理处置（浦东新区污水厂污泥处理处置新建工程等）
131	郊区湿垃圾、建筑垃圾资源化项目
132	崇明世界级生态岛建设（崇明4座污水处理厂提标改造、污泥处理及管网完善、新能源公交车配套场站、南横引河西段、北沿公路建设公路、生态大道、环岛景观道、长兴人民医院、生态能力建设）
133	崇明东滩基础设施开发项目
134	昆阳路—浦卫公路（含昆阳路越江）
135	金海公路
136	墨玉路—山周公路—千新公路
137	崧泽高架西延伸（青浦）
138	嘉松公路
139	沪南公路（闸航公路-康花路）改建工程
140	大叶公路—叶新公路

【计划投资全面完成】2019 年，市重大工程在年度投资计划调整为 1430 亿元的基础上，实际共完成投资 1462.2 亿元，创世博会以来完成投资量新高。

【计划开工项目全面启动】2019 年重大工程计划新开工 23 个项目，实际新开工 27 个项目。主要有高效低碳燃气轮机试验装置国家重大科技基础设施项目、国家海底长期科学

表3 2019年重大工程建设项目完成投资情况

项目类别	项目数（个）	完成投资额（亿元）
科技产业类	35	450.8
社会民生类	24	46.6
生态文明类	18	154.2
城市基础设施类	51	556.7
城乡发展一体化类	13	253.9
合　计	141	1462.2

表4 2019年重大工程开工项目一览表

序号	项目名称	开工时间（年、月）
1	高效低碳燃气轮机试验装置国家重大科技基础设施项目	2019年10月
2	国家海底长期科学观测系统	2019年6月
3	张江复旦国际创新中心项目	2019年12月
4	上海交通大学张江科学园	2019年1月
5	修正生物制药医药产业园	2019年3月
6	ABB机器人超级工厂	2019年9月
7	立信会计金融学院新校区一期	2019年12月
8	复旦大学附属中山医院医疗科研综合楼	2019年9月
9	上海市第六人民医院骨科临床诊疗中心	2019年6月
10	岳阳医院门诊综合楼改扩建	2019年8月
11	上海大歌剧院	2019年12月
12	南干线改造工程	2019年11月
13	上海市固体废物处置中心项目	2019年1月
14	三林楔形绿地	2019年1月
15	沪通铁路（太仓—四团）上海段(越江段)	2019年12月
16	机场联络线	2019年6月
17	轨道交通崇明线工程	2019年12月
18	银都路越江隧道新建工程	2019年12月
19	龙水南路越江隧道新建工程	2019年12月
20	沿江通道浦东段	2019年12月
21	郊区污水厂污水污泥处理处置（浦东新区污水厂污泥处理处置新建工程等）	2019年6月
22	竹园污水处理厂四期	2019年12月
23	国能新能源汽车	2019年1月
24	超硅半导体300mm集成电路硅片全自动智能化生产线	2019年1月
25	上海复宏汉霖生物医药有限公司生物医药产业化基地	2019年1月
26	S3公路（周邓公路—G1503两港大道立交）	2019年10月
27	精测半导体全球研发总部和装备制造基地	2019年9月

观测系统、张江复旦国际创新中心项目、上海交通大学张江科学园、修正生物制药医药产业园、ABB 机器人超级工厂、立信会计金融学院新校区一期、复旦大学附属中山医院医疗科研综合楼、上海市第六人民医院骨科临床诊疗中心、岳阳医院门诊综合楼改扩建、上海大歌剧院、南干线改造工程、上海市固体废物处置中心项目、三林楔形绿地、沪通铁路（太仓—四团）上海段(越江段)、机场联络线、轨道交通崇明线工程、银都路越江隧道新建工程、龙水南路越江隧道新建工程、沿江通道浦东段、郊区污水厂污水污泥处理处置（浦东新区污水厂污泥处理处置新建工程等）、竹园污水处理厂四期、国能新能源汽车、超硅半导体 300mm 集成电路硅片全自动智能化生产线、上海复宏汉霖生物医药有限公司生物医药产业化基地、S3 公路（周邓公路—G1503 两港大道立交）、精测半导体全球研发总部和装备制造基地。

【计划建成或基本建成项目全面实现】2019 年，市重大工程计划建成或基本建成 11 个项目，实际建成或基本建成 13 个项目。主要有科创中心张江科学基础设施、上音歌剧院、程十发美术馆、老港综合填埋场二期及配套渗滤液项目、泰和污水处理、上海老港再生能源利用中心二期工程(含渗滤液厂升级改造)、白龙港污水处理厂提标改造工程、白龙港污水处理厂污泥处理处置二期、石洞口污水处理厂污泥处理二期、竹园片区污泥处理处置扩建工程、上海烟草集团科技创新园项目、大治河西枢纽新建二线船闸工程、周家嘴路越江隧道新建工程。

【节点计划全面受控】2019 年市重大工程建设推进有力有序，各项主要指标超额完成，尤其是提前 1 个月完成年初计划，投资完成超年初目标 100 亿元，再创近年来新高，圆满完成全年工作目标和任务。一是加快前期工作，狠抓新项目开工建设。对于中共一大纪念馆等新开工项目，抓紧稳定建设方案，加快审批程序，实现提前开工，创市区内房建工程项目施工许可办理纪录；对于国能汽车、超硅半导体等较为成熟的预备项目，跨前服务、主动协调、加速孵化，提前实现开工；重点围绕长三角一体化和自贸区新片区，确保沿江通道浦东段完成工可审批；加快推动 S3 公路土地预审报部工作，确保 S3 公路南延伸段先行启动建设；重点推进轨交崇明线、机场联络线、沪通铁路二期实现开工。

表5　2019年重大工程基本建成项目一览表

序号	项目名称	建成时间（年、月）
1	科创中心张江科学基础设施	2019年12月
2	上音歌剧院	2019年7月
3	程十发美术馆	2019年12月
4	老港综合填埋场二期及配套渗滤液项目	2019年3月
5	泰和污水处理	2019年9月
6	上海老港再生能源利用中心二期工程(含渗滤液厂升级改造)	2019年6月
7	白龙港污水处理厂提标改造工程	2019年12月
8	白龙港污水处理厂污泥处理处置二期	2019年12月
9	石洞口污水处理厂污泥处理二期	2019年12月
10	竹园片区污泥处理处置扩建工程	2019年12月
11	上海烟草集团科技创新园项目	2019年12月
12	大治河西枢纽新建二线船闸工程	2019年9月
13	周家嘴路越江隧道新建工程	2019年12月

二是优化组织协调，进一步完善协调平台建设。会同各审批部门，积极主动发挥市重大办前期审批协调平台作用，加大协调进博会重点项目场馆改造及配套工程等重点项目前期审批工作，确保项目按计划启动建设；会同市发改委等主要部门，进一步加大部队、央企等协调工作，积极推进329、818等重点工程，狠抓建设项目难点协调，围绕重要节点全面做好各项先行实施的准备工作，按计划完成市领导交办建设任务；以“交叉施工”“管线搬迁”和“交通组织”为突破口，建立跨越铁路、轨交、电力、道路、燃气、水务等跨行业协调平台，推进轨道交通14、15、18号线等项目建设加快推进。三是加强文明施工，进一步提升文明施工“升级版”。积极动员，出台“实施意见”；加强宣传，会同各行业主管部门结合项目特点，梳理升级示范重点；组织观摩学习，在轨道交通15号线工程土建13标等文明施工示范项目上，组织全市重大工程文明施工升级示范观摩；特色表彰，结合立功竞赛评比，对苏州河堤防达标改造、北横通道新建二期、上海图书馆东馆等表现突出、示范效果良好的项目，由各行业主管部门推荐为“特色项目”予以表彰。

（二）科技产业类项目建设

【概况】2019年，科技产业项目建设围绕创新转型、转变方式、优化结构，全年安排项目35个，完成投资450.80亿元。

（1）科创中心项目建设。高效低碳燃气轮机试验装置、国家海底长期科学观测系统、张江复旦国际创新中心、上海交通大学张江科学园等项目开工建设。上海光源二期（线站工程）、集成电路产业研发与转化功能型平台、转化医学（上海）国家重大科技基础设施、上海硬X射线自由电子激光装置、李政道研究所等项目加快推进。科创中心张江科学基础设施基本建成。

（2）先进制造业项目建设。国能新能源汽车、上海复宏汉霖生物医药有限公司生物医药产业化基地、精测半导体全球研发总部和装备制造基地、超硅半导体300mm集成电路硅片全自动智能化生产线等项目实现提前开工，修正生物制药医药产业园、ABB机器人超级工厂等启动建设；特斯拉超级工厂一期实现“当年开工、当年投产、当年交付”；上汽大众MEB工厂设备安装基本完成；外高桥造船邮轮总装、药明康德全球创新一体化中心、和辉光电第6代AMOLED显示项目、华力微电子12英寸先进生产线、中芯国际12英寸芯片SN1项目、积塔半导体特色工艺生产线等稳步推进；上海烟草集团科技创新园等项目基本建成。

（3）促进现代服务业发展。西岸传媒港智慧谷、中国移动IDC研发产业化基地、中国金融期货交易所技术研发基地、虹桥商务区核心区基础设施配套项目（二期）、中国核建上海科创园等加快推进，市检测中心二期等项目开展内部结构施工；新开发银行总部大楼主体结构封顶。

【上海光源二期（线站工程）】工程位于上海市浦东新区（张衡路/蔡伦路），总建筑面积18995平方米，主要由用户辅助实验楼、用户数据中心组成。总投资16.67亿元,2019年计划投资1.78亿元,工程于2016年11月开工,计划2022年12月竣工。建成后将极大地提升和拓展上海光源平台的实验能力，大幅提升我国同步辐射应用技术水平，促进以上海为龙头的长三角经济区域新兴战略产业的科技创新能力，提升上海光源的国际地位。

上海光源二期（线站工程）

【上海集成电路产业研发与转化功能型平台】项目位于上海市浦东新区高斯路497号，项目首期建设期为4年，于2017年11月开工，计划2021年12月完成建设。项目计划总投资19.2238亿元、2019年计划投资8.2亿元。平台聚焦集成电路工艺技术领域，紧跟主流工艺 "摩尔定律" 发展，一方面瞄准国际集成电路产业前沿技术，开展5nm及以后技术节点新器件、新工艺的联合研发，并组建"国家集成电路制造业创新中心"；另一方面围绕我国自主可控集成电路全产业链建设，解决生产线建设的技术来源、国产装备材料验证、高端芯片的自主制造、人才支撑等关键瓶颈问题。

上海集成电路产业研发与转化功能型平台

【高效低碳燃气轮机试验装置】 该项目属于国家重大科技基础设施，位于上海市浦东新区，东至层林路绿化带，南至沧海路以北460米，西至倚天路以东470米，北至万水路以南约270米。工程建筑面积1.92万平方米。主要由压气机试验平台的单/多级压气机试验台，透平试验平台的冷却/封严试验台、循环试验平台的低碳超临界CO_2循环试验台以及公用系统、配套工程组成。工程于2019年开工，计划于2023年竣工。工程计划总投资6.5193亿元、2019年投资0.8亿元。建成后，通过本设施的建设和运行，为天然气高效利用、煤炭能源高效清洁低碳利用及联产，可再生能源利用、第四代核能、储能、工艺应用、工业节能中的燃气轮机技术研发提供世界先进水平的试验平台，提升相关产业的自主化，促进新兴高技术产业发展。

【国家海底长期科学观测系统】 监测与数据中心项目位于上海市浦东新区临港海洋高新技术产业化基地D0202地块，北侧临城市道路海洋六路，南侧临同济大学临港校区一期已建成草坡，总建筑面积11766平方米，主要由数据中心大楼和运行维护基地两大部分组成。监测与数据中心于2019年开工，2024年竣工。监测与数据中心暂定总投资额为9052万，2019年投资4500万元。项目建成后，将实现对我国边缘海典型海域从海底到海面全方位、综合性、实时的高分辨率立体观测和数据管理，推动我国地球系统科学和全球气候变化的科学前沿研究。

高效低碳燃气轮机试验装置

国家海底长期科学观测系统

【特斯拉超级工厂一期】 特斯拉超级工厂项目（一期）位于上海市临港重装备产业区两港西大道正嘉路路口，是我国首个外商独资整车制造项目，也是特斯拉汽车首个海外生产基地。该工程建筑面积约47万平方米，主要由联合厂房1~4及工业辅助建筑组成，主要产品为Model 3纯电动乘用车和其他新车型。工程计划总投资140亿元，2019年投资45亿元。工程已于2019年一季度开工，第一阶段计划年产能达15万辆整车，项目完全投入运营后年产能将攀升至50万辆整车。特斯拉超级工厂项目将集研发、制造等功能于一体，项目建设基于特斯拉的制造理念和成熟经验，并借鉴特斯拉美国工厂的建设标准和先进技术，打造成为先进的、绿色的、可持续的工厂典范。

【上海烟草集团科技创新园项目】 该工程位于浦东新区康桥工业区东区，东至申江路，南至秀浦路，西至苗桥路，北至秀沿路。园区以龙游港为界，分为南北两个地块，北地块为生产实验区，南地块为科技研发区。项目规划建筑面积437267平方米，主要由联合实验生产工房、动力中心、科技实验研发大楼，其他配套建筑等组成。工程已于2012年11月26日正式开工，现北地块已完成整体竣工验收，南地块完成质安监站竣工验收（除三个单体外）。工程计划总投资67.9亿元，其中2019年计划投资10亿元。 项目建成后，上海烟草集团将更好地开展产品的研发工作，把“中华”牌卷烟培育成“高端低害”“中式卷烟”的代表品牌，这样既实现了传统产业的升级，又做好了先进制造业的示范工作，并通过自身装备设施的更新、创新能力的提升和制造力的加强，夯实“中华”“百年品牌”的行业龙头地位，更好地为国家和地方贡献。

【中国移动IDC研发与产业化基地】 上海移动临港IDC研发与产业化基地项目位于上海市浦东新区临港综合区04PD-0107单元A02-04地块，规划建筑面积为251820.2平方米，主要由数据中心厂房、油机房、传输机房、变电站和维护支撑用房等组成。工程计划总投资109.95亿元，其中2019年投资5亿元。工程建成后，基地内10万平方米的数据机房至少提供3万个通信（或数据）机架，将为临港地区企业及当地政府大数据业务的发展提供硬件保障。并且依托国际登陆局不仅可提供国内带宽，更可就近提供国际出口的接入，为离岸数据中心做好准备，助临港地区吸引更多的外资企业入驻。临港将以上海移动临港数据中心为基石，以政府为企业服务的思想为灵魂，以上海移动的优势与经验为骨肉，形成极具特色的临港智慧服务，从而使城与港之间的距离缩短，使六大功能区之间沟通没有任何障碍，实现“港为城用，城以港兴”的建设发展目标。

【新开发银行总部大楼及配套设施】工程位于上海浦东世博园A区A11-01地块，南至雪野路，西至高科西，北至国展路，占地面积12067.4平方米。总建筑面积126423平方米，其中地上建筑面积85677平方米、地下建筑面积40746平方米。设一栋主楼、一栋裙房，建筑高度150米，地上30层、地下4层，其中裙房高度33米、地上6层。设办公区、会议区、培训中心、餐厅、图书馆、金融服务、商业服务、医疗服务、安保管理中心、物业管理中心、设备机房及地下车库等。

（三）社会民生类项目建设

【概况】2019年，社会民生类项目建设加快发展，坚持政府主导、民生优先、协调发展，全年安排项目24个，完成投资46.61亿元。

（1）教育项目建设。立信会计金融学院新校区（一期）开工建设，复旦大学内涵能力提升、上海理工大学新校区一期、上海大学延长校区改建等项目顺利推进，上海戏

新开发银行总部大楼及配套设施

剧学院浦江新校区、上海工程技术大学松江二期等抓紧收尾。

（2）医疗卫生项目建设。复旦大学附属中山医院医疗科技综合楼、第六人民医院骨科诊疗中心、岳阳医院门诊综合楼等项目开工建设，新虹桥国际医学中心、老年医学中心、新华医院儿科综合楼、中国福利会国际和平妇幼保健院奉贤院区、第一人民医院眼科临床诊疗中心等抓紧施工。

（3）文化体育项目建设。中国共产党第一次全国代表大会纪念馆、上海大歌剧院等开工建设，上海图书馆东馆、上海博物馆东馆、上海传统戏剧院团设施提升（宛平剧场、上海越剧演艺传习中心）、徐家汇体育公园、上海市档案馆新馆一期工程、上海天文馆（上海科技馆分馆）、上海浦东足球场等一批重大文化体育项目加紧建设，程十发美术馆开馆试运行，上音歌剧院交付使用。

【立信会计金融学院新校区一期】项目选址位于浦东新区曹路镇，东至顾唐路，南至规划川桥路，西至外环绿带规划经二路，北至规划银峰路（部分至二工大建设用地边界），项目总建筑面积为19.43万平方米，其中地上建筑面积17.35万平方米、地下建筑面积2.08万平方米。主要建设图文信息中心、教学科研楼、行政办公中心、学生事务中心、运动场地及看台、学生宿舍楼、师生食堂、地下车库（兼民防）及室外总体配套工程等，项目沿规划金丰路分为东西两区，一期东区项目计划2019年上半年开工建设。一期东区项目可研批复总投资36853万元（不含土地费用），2019年计划投资5000万元。项目建成后可搬迁一部分学生至新校区，改善办学条件，缓解了学校多校区办学的矛盾和困难。

【新虹桥国际医学中心】本工程位于闵行区华漕镇上海新虹桥国际医学中心40-02地块，一期总建筑面积145019平方米。东至联友路，南至北青公路，西至华山医院临床医学中心，北至季乐路。项目一期包括1幢12层医疗综合楼（裙楼三层，地下三层）、1幢1层垃圾房、1幢2层连廊、1幢1层附属用房。项目2017年9月20日开工，计划2020年12月竣工。项目总投资约20亿元，2019年投资约4.5亿元。医院建成后将配置国际先进的肿瘤诊断和治疗设备，采用多学科癌症诊疗方法，建成中国乃至亚洲地区领先的肿瘤专科医院。

【上海市老年医学中心】上海市老年医学中心项目是在原闵行“地区医疗护理康复中心”建设项目基础上建立的。项目总占地面积40013平方米，总建筑面积128226平方米，其中地上89086平方米、地下39140平方米。

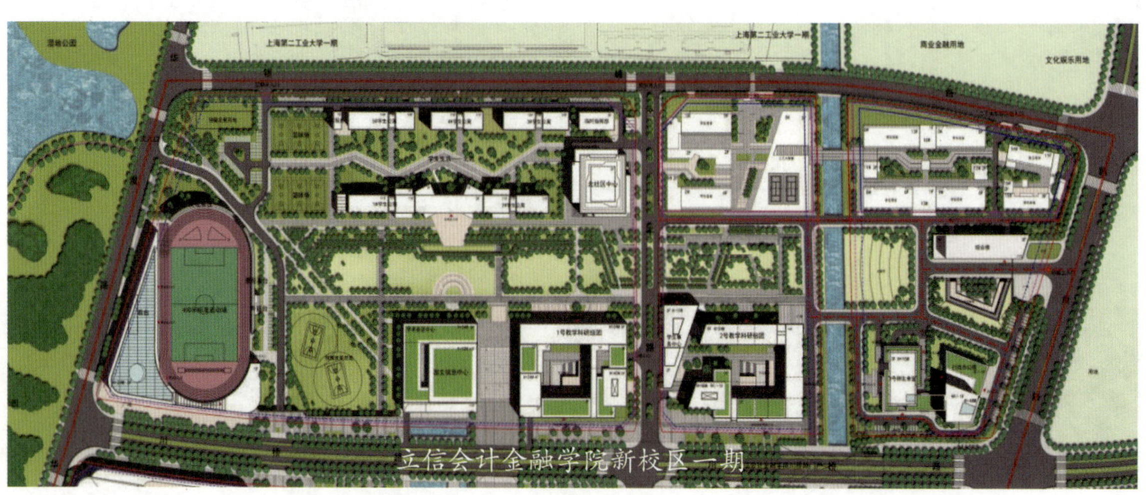
立信会计金融学院新校区一期

新虹桥国际医学中心

核定床位1000张，其中治疗床位800张、康复护理床位200张。2018年6月27日获得上海市住房和城乡建设管理委员会关于上海市老年医学中心（一期）项目扩初设计批复，本项目概算总投资为137090.99万元。其中，建筑安装工程费96930.52万元、工程建设其他费用8142.80万元、预备费5253.67万元、工程转让费26764.00万元。建设资金由市建设财力安排。项目建成后将改善人口老龄化和进入超老龄社会后广大老年患者的医疗问题，具有积极意义。

【上音歌剧院】 上音歌剧院项目位于上海市徐汇区汾阳路20号，上海音乐学院汾阳路校区内，项目总建筑面积31926平方米，其中地上建筑面积14989平方米，主要新建一幢建筑综合体，设置1个1187座歌剧院，4个排演教室（歌剧、管弦、合唱、民乐）、1个交流报告厅及相关辅助用房等。2016年1月28日正式开工，2019年9月底建成并投入使用。总投资74944万元，2019年计划投资6226万元。 建成后将极大地完善上海音乐学院的办学硬件设施，提高上海市公共文化设施层次及服务水平，提升城市的文化软实力和国际影响力。

【上海图书馆东馆】 项目位于浦东新区花木城市副中心，具体为世纪广场东侧的6–1地块，西北至迎春路，东北至合欢路，南至锦绣路和世纪大道，地块面积约为3.95公顷。上海图书馆东馆总建筑面积114951平方米，其中，地上建筑面积78168平方米、地下建筑面积36783平方米。地上建筑共有7层，建筑高度50米，地下建筑共2层，埋深9.9米。工程计划总投资28.26亿元，2019年投资7.6亿元。 项目建成后将有利于改善公共文化设施水平，满足市民的精神文化需求；有利于提高市民文化素养，推动“卓越的全球城市”建设；有利于顺应时代发展要求，建设多元化复合型现代图书馆。

上海市老年医学中心

上音歌剧院

【计划建成或基本建成项目全面实现】2019年，市重大工程计划建成或基本建成11个项目，实际建成或基本建成13个项目。即科创中心张江科学基础设施、上音歌剧院、程十发美术馆、老港综合填埋场二期及配套渗滤液项目、泰和污水处理、上海老港再生能源利用中心二期工程（含渗滤液厂升级改造）、白龙港污水处理厂提标改造工程、白龙港污水处理厂污泥处理处置二期、石洞口污水处理厂污泥处理二期、竹园片区污泥处理处置扩建工程、上海烟草集团科技创新园项目、大治河西枢纽新建二线船闸工程、周家嘴路越江隧道新建工程。

【程十发美术馆】 该工程位于上海市长宁区虹桥路1392号。工程建筑面积11500平方米，主要由展示陈列用房、公众服务用房、业务研究用房、管理保障用房及设备、藏品库房、报告厅、停车库、设备机房等组成。工程计划总投资5亿元，2019年投资2.1亿元。基于国际美术馆的发展趋势及场馆使用需求，本项目将按国家重点美术馆建设的目标要求，建设以收藏保护、作品展示、学术研究、公共教育、文化交流、文创推广为基本功能，全面梳理和总结上海地区美术发展和中国绘画史脉络的秉承关系，并与上海中国画院主体艺术创作相衔接。形成集创作研究与收藏展示为一体的国家重点现代美术馆，建立中国绘画的理论体系中海派文化的地位。

上海图书馆东馆

程十发美术馆

（四）生态文明类项目建设

【概况】2019年，生态文明类项目建设聚焦国家环保督查考核，全年安排项目18个，完成投资106.05亿元。竹园污水处理厂四期、南干线改造工程、市固体废物处置中心、三林楔形绿地等项目开工建设，世博文化公园、黄浦江及苏州河两岸地区公共空间贯通、市级重点生态廊道等加快推进，上海市太湖流域水环境综合治理、苏州河流域整治四期等有序推进，白龙港、泰和污水处理、石洞口、竹园片区、老港等一批末端处置项目建成投用。

【竹园污水处理厂四期开工】 项目位于G1501以北的竹园污水处理厂周边区域。工程主要包括三方面：1.新建50万立方米调蓄池和120万立方米/天的预处理设施。2.新建120万立方米/天的全流程污水处理设施及相关配套设施等。3.新建120吨干基/日的污泥处理设施，拟采用干花焚烧的工艺。2019年投资5000万元。项目建成后可改善现有污水处理设施，保护地区水环境质量，提高城市污水处理设施安全性，贯彻落实中央环保督查反馈意见整改方案的精神等。

【南干线改造工程开工】工程拟建地点位于上海市浦东新区，污水输送总管主要位于塘子泾路、成山路、泵站公路、景明路、龙东大道、龙东支路、人民塘路等。2019年计划投资3亿元。工程建成后将完善污水输送网络，发挥南干线作为白龙港片区“两线”重要组成部分，提高南干线运行安全，提升区域经济发展。

【加快推进世博文化公园建设】 该工程位于上海市浦东新区，东至长清北路，南至通耀路，西北两面紧邻黄浦江。规划建设用地面积约188公顷（含已建成的后滩公园约23公顷及浦东新区新建的上海歌剧院约5.3公顷）。世博文化公园内保留法国馆、俄罗斯馆、意大利馆、卢森堡馆4个世博场馆，新建温室花园及配套设施，规划建设范围内含部分市政道路、市政设施和预留地铁站空间。2019年投资2.8亿元，2021年12月基本建成。世博文化公园是上海中心城区最大的公园绿地，是上海面向未来、面向世界转型发展，迈向全球的重要标志，是上海加快推进生态文明建设的重大项目。

【泰和污水处理厂工程建成投用】 项目位于宝山区蕰藻浜北、蕰川路东、S20南、杨盛河西。规划规模55万立方米/日，近期实施40万立方米/日。建成后排放标准为一级A，处理后尾水排入蕰藻浜。工程于2017年4月开工，2019年投资70000万元。项目建成后可满足宝山区污水量增长的需求，提高污水处理能力，促进宝山地区经济社会环境协调发展。

（沉默）

（五）城市基础设施类项目建设

【概况】2019年，城市基础设施类项目建设坚持枢纽完善、功能辐射、网络集成，围绕统筹城乡发展、提升城市功能，全年安排项目51个，完成投资556.72亿元。其中，交通基础设施建设牢牢把握交通强国和建设卓越全球城市总体目标，加快推动长三角一体化建设，促进“枢纽型、功能性、网络化”的国际大都市一体化综合交通体系不断完善和提升，全年52项城市交通重大基础设施体系建设项目扎实推进，完成投资584亿元。浦东国际机场三期卫星厅和捷运系统9月16日启用，新增90个等级桥位将使浦东机场航班靠桥率从50%提升至90%以上；平申线G1503泖港大桥建成通车；赵家沟东段航道整治工程桥梁建成通车；G228奉贤段一期、G320金山段一期建成通车；诸光路地道（含诸光路地面道路）和北翟路地道主线完工通车。

（1）能源保障项目。上海LNG储罐扩建、申能奉贤热电项目、闵行燃气电厂、上海油气主干管网、500千伏输变电工程、220千伏输变电工程稳步推进。

（2）对外交通（港口航道、机场铁路、省界断头路）。浦东国际机场1号航站楼旅客中转厅正式启用，浦东机场三期卫星厅和捷运系统9月16日启用；吴淞邮轮码头后续工程通过竣工验收；平申线G1503泖港大桥建成通车，赵家沟东段航道整治工程桥梁建成通车，大治河西枢纽新建二线船闸完成交工验收，长湖申线航道完成建设，大芦线二期全线护岸建成；G228奉贤段一期、G320金山段一期建成通车。省界断头路按照“规划同图、质量同规、建管同推、进度同步”的原则，强化目标管理，8条道路有序推进建设，城北路结构贯通。

（3）轨道交通。机场联络线（西段）于6月28日开工。10号线二期、14号线、15号线、18号线（一期）4个在建项目和轨道交通补短板项目继续推进。年内车站封顶27座、盾构推进67公里。崇明线东滩站东端头井、世博文化公园地下空间预留工程开工建设。

（4）市域交通（公路、市政道路）。沿江通道浦东段先行开工段、龙水南路越江隧道、银都路越江隧道、浦星公路跨芦恒路节点改造等工程开工；S7公路（S20—月罗公路）、G346江杨北路改建、周家嘴路越江隧道、区管项目（金海公路）、G318人行天桥等项目建成通车；龙耀路隧道南线盾构已完成进洞，北线有序推进。北横通道西线盾构全线贯通。

（5）区区对接道路（断头路）。2019年共打通区区对接道路（断头路）12条，分别是闵行区沪星路、徐汇区田林路、浦东新区锦绣东路、青浦区复兴路、金丰路—诸光路、金山区北环路、闵行区陈行公路、嘉定区陈翔路地道、普陀区金昌路、奉贤区六奉公路、新林公路、望园路地道。截至2019年底，两轮区区对接建设任务确定的108条断头路已打通84条，静安区、青浦区、浦东新区完成两轮建设任务。经过2010—2012年、2015—2017年两轮梳理，共确定区区对接道路（断头路）108条，涉及浦东、闵行等14个区。2010—2012年项目50条，已完成48条，在建2条；2015—2017年项目58条，已完成36条，在建22条。

（6）进博会保障。诸光路地道、徐民路、诸光路地面道路、天山西路开放交通，北翟路地道主线、崧泽大道跨线桥人非设施工程共6项进博配套工程均按计划节点建成通车。

（7）城市安全项目。7项重点河道和泵闸工程、5项排水系统改造工程、21项公共消防站建设、长江水源水厂深度处理、地下综合管廊等项目全面建设，为城市安全、有序运行提供有力保障。

（沉默 彭鑫）

【上海LNG储罐扩建工程】项目位于上海国际航运中心洋山深水港区能源路8号，扩建工程用地范围在一期工程预留用地及东扩新增土地上，新增土地约81227平方米。工程主要由两座20万立方米LNG储罐、BOG压缩机厂房、EGD加药间等主要工艺设备以及配套的工艺管道，1间现场仪表间、6千伏变电站，新建槽车装车棚、控制室、入口门卫、出口门卫及营业室、1号门卫建迁等组成。工程于2016年11月开工，计划2020年6月竣工。总投资约25.88亿元，2019年投资6.396亿元。项目建成投产后上海液化天然气的整体储存能力将提升约50%，大大提高上海以至长三角地区的天然气保障供应和应急调峰能力，对于能源结构转型和清洁能源利用，都具有重要的意义。

上海 LNG 储罐扩建工程

【申能奉贤热电项目】 项目位于上海化工工业区奉贤分区内，厂区规划面积9.8公顷，主要由主厂房、综合办公楼、化水处理车间、启动锅炉房、220千伏GIS、综合材料库及检修车间等组成。工程于2016年12月28日开工，项目于2019年竣工投产，工程总投资314000万元。项目建成后在向电网供电的同时，主要向奉贤星火开发区、上海化学工业区奉贤分区内的热用户提供蒸汽，替代现有星火热电、楚华热电的燃煤锅炉，实施清洁能源替代，促进奉贤区产业结构调整，提升产业能级，提高星火开发区及上海化学工业区等区域的供热可靠性和安全性。

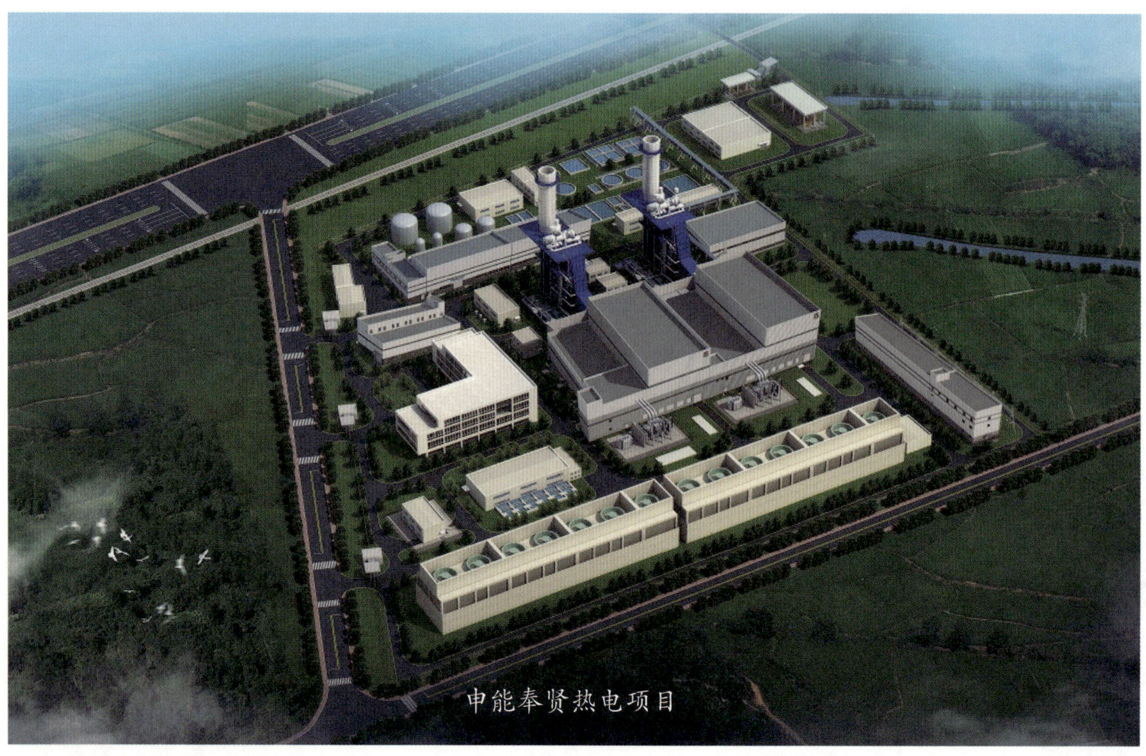

申能奉贤热电项目

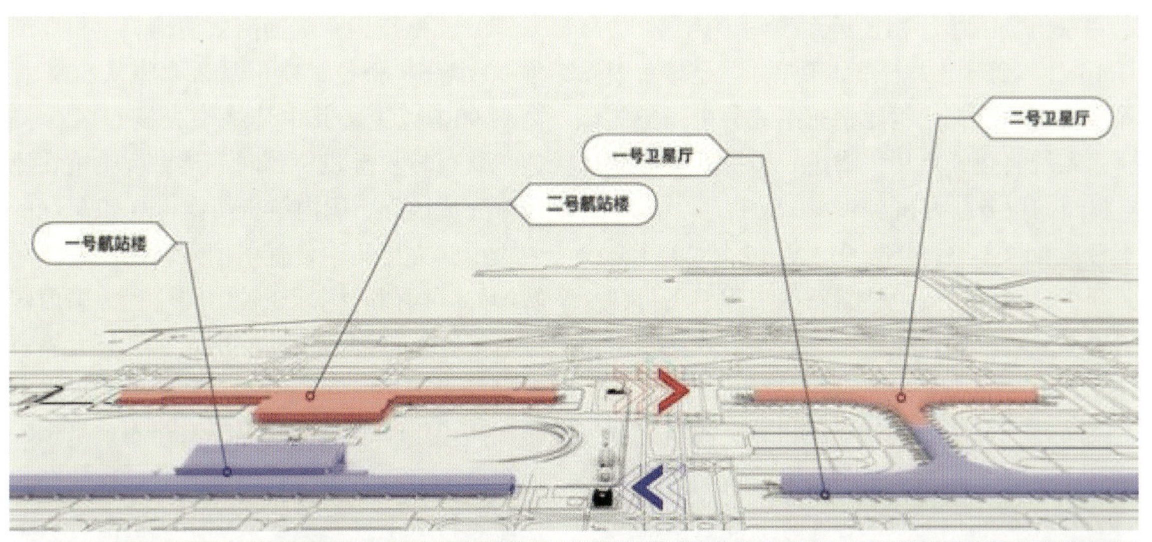

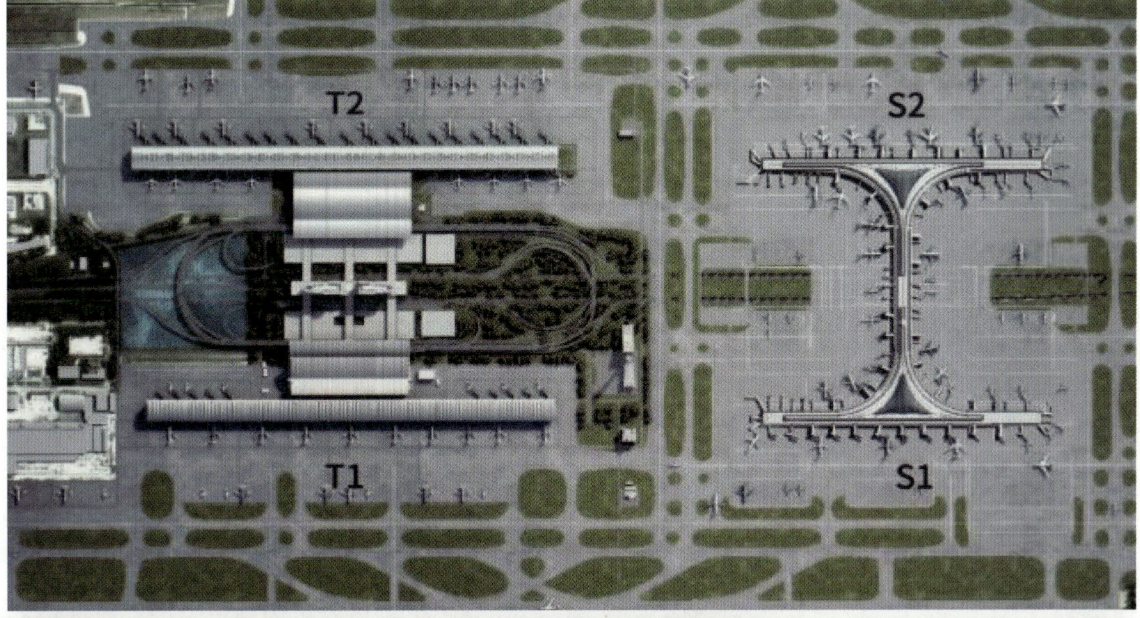

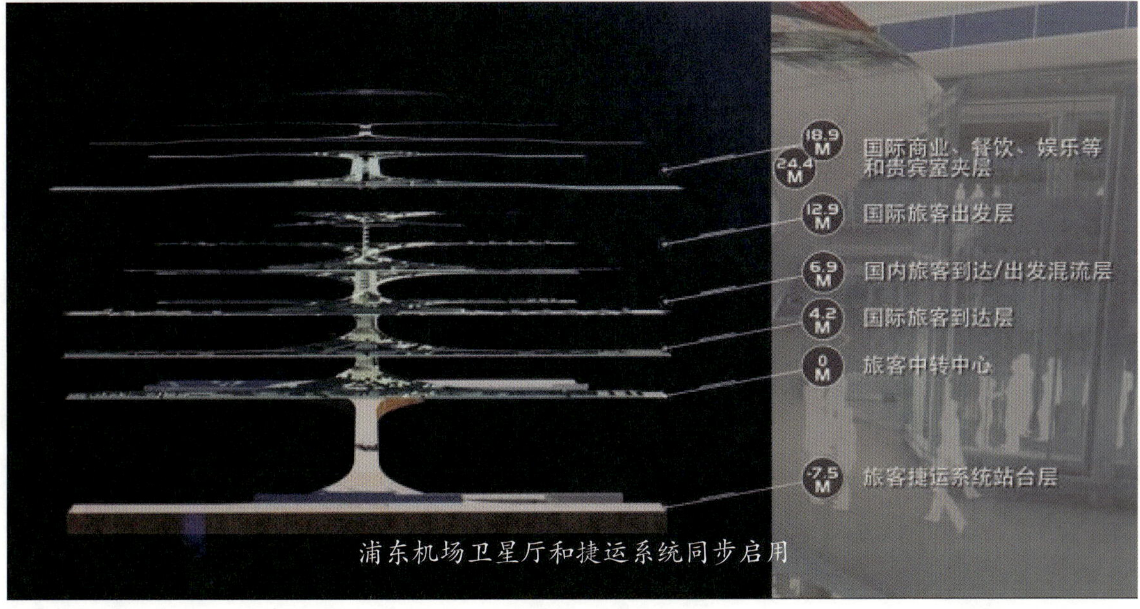

浦东机场卫星厅和捷运系统同步启用

【浦东机场卫星厅和捷运系统同步启用】9月16日，全球最大的单体卫星厅、全球首个采用城市轨道交通钢轮钢轨制式的机场空侧捷运系统将正式启用，将进一步提升上海航空枢纽的服务能力和水平。

三期扩建工程于2015年12月29日全面开工，工程主要包括航站区工程、飞行区工程、生产辅助设施工程，以及市政配套工程。其中，62万平方米的卫星厅及旅客捷运系统、95万平方米的港湾停机坪、两组飞行区下穿通道、满足航空公司中转的行李系统、5300多个停车位的长时停车库、绿色节能的能源中心是其核心工程。建设过程中始终坚守安全底线，在浦东机场年7000万人次高位运行的情况下，不停航施工；会同60多家参建单位5000多名建设者匠心打造，如期完工。工程建成后，浦东机场可满足年旅客吞吐量8000万人次的运行需求，将持续提升浦东机场运行服务品质，更好服务航空公司高效枢纽运作，更好服务旅客便捷出行。

三期新特点：

一、全球最大单体远距离卫星厅。卫星厅位于浦东机场现有T1、T2航站楼南侧，由两座相连的S1和S2组成，呈工字形，提供出发候机、到达及中转服务，卫星厅通过捷运列车分别与T1、T2主楼相连，捷运单程行驶时间3分钟以内。卫星厅的基本流程为国内混流、国际分流，采用国际到达层在下、国内混流层居中、国际出发层在上的格局。

二、旅客捷运系统无缝衔接。旅客通过捷运系统往返航站楼与卫星厅，捷运系统分为东西两线，每条线路都是双线运行模式，适应突发情况下的不间断运行。捷运系统是全球机场空侧区域首个采用城市轨道交通钢轮钢轨制式，列车车厢采用目前载客量最大的A型车，4节编组，国内和国际车厢各两节，列车最高时速80公里，单向行程最快2分30秒，行车间隔小于5分钟。

三、枢纽运营更为高效便捷。卫星厅新增90个登机桥位，航班靠桥率将从50%提高到90%以上，其中环绕中央核心区有35座三层可转换登机桥，同一架靠桥飞机在原地可完成国际、国内航班切换；S1卫星厅的中央中转大厅集中设置了国际转国内、国际转国际、国内转国际3种中转流程，国内转国内可在国内混流层同层中转，将极大缩短航班最短衔接时间，为航空公司推出更多中转产品提供了便利，航空公司在浦东机场的通程航班运行将更为顺畅。与卫星厅配套建设的飞行区下穿通道，实现了飞机滑行与车辆行驶的立体分层通行，提升了航站楼与卫星厅之间的运输效能。

四、候机体验更加舒适宜人。卫星厅连绵起伏的大屋顶、总长6公里的通透玻璃幕墙，为旅客带来空侧无障碍大视野视觉体验的，要归功于3.5万吨的钢结构。相比T1、T2，卫星厅的座椅设置也非常多样化，除了常规座椅外，还在不同区域设置了网吧座椅、三角围合座椅、沙发座椅等功能性座椅。候机区域还设置了充电上网专区，且特别配备了无线充电装置。卫星厅中心商业区聚集了营业面积超过2.8万平方米的159家商户，免税店面积近1万平方米。

五、机场运行更为绿色节能。对标世界级枢纽机场绿色航站楼设计，卫星厅通过使用变频空调箱、取消空调交换器直接供冷、过渡季节自然通风、地面以下直供水等多种节能技术手段运用，预测年节约用电量可达995万度。卫星厅厕所及绿化浇水采用围场河雨水回用技术，可以实现年节水21.6万吨。卫星厅投运后，可减少地面保障车辆运输频次和行驶距离，预测全年减少航空公司保障车辆柴油消耗量1623吨；通过登机桥给飞机供电方式每年可以减少飞机航油消耗量3.9万吨，每年减少二氧化碳排放11.5万吨。

【机场联络线工程开工建设】6月28日，

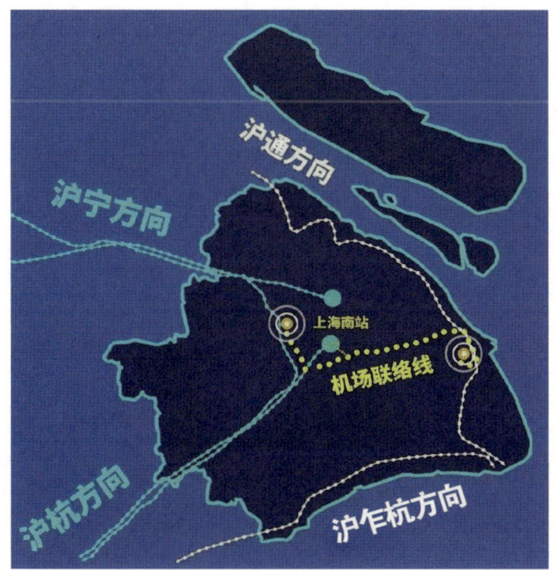

连接上海虹桥机场和浦东机场的机场联络线工程开工建设，计划2024年建成投运。作为重大交通工程和民生工程，机场联络线的开工标志着上海市域线网络建设进入新阶段，将进一步增强浦东和虹桥综合交通枢纽对长三角的服务功能。

机场联络线是上海的轨道交通线网中一条重要的东西向快速通道，工程于2019年6月28日正式开工，预计2024年建成。建成投入使用后，最高运行时速160公里。机场联络线全长68.6公里，从虹桥枢纽站出发经过沪杭铁路外环线、七宝、华泾、三林、张江、迪士尼、浦东国际机场等地区，到达上海东站，沿线设置9座车站。工程采用国铁标准，设计时速160公里，采用高架、地面和地上结合的敷设方式。

机场联络线建成后，将大大缩减虹桥和浦东两大枢纽间转运时间，预计将在40分钟之内。机场联络线的建设，将极大方便旅客在两机场间的中转，方便市民出行，加强线路沿线区域的轨道交通服务水平，更好地发挥对区域城市群和虹桥商务区、国际旅游度假区、自由贸易区等重点地区发展的服务功能，进一步改善营商环境，为提升上海城市能级和核心竞争力、落实长三角一体化发展国家战略提供有利支撑。

【沪通铁路太仓至四团段开工】为推进长三角综合交通更高质量一体化发展，沪通铁路太仓至四团段工程与12月15日上午开工，标志着国家中长期铁路网规划中沿海铁路大通道建设取得重要进展，将填补上海东部地区干线铁路的空白，使上海市铁路枢纽和网络布局更加均衡合理。

沪通铁路太仓至四团段工程，北起沪通铁路南通至安亭段太仓站，南接浦东铁路四团站，途经江苏省太仓市及上海市嘉定区、宝山区、浦东新区和奉贤区。线路全长111.8公里，其中上海境内104.5公里，全线设太仓、徐行、外高桥、曹路、上海东站、四团6个车站，采用客货共线模式，设计速度200公里/小时，计划“十四五”期间建成通车。

该工程是国家中长期铁路网规划中沿海铁路通道的重要组成部分，是推进长江经济带海铁联运发展的重要一环，也是贯彻落实长三角一体化发展国家战略、推进自贸区临港新片区建设和交通强国战略的重要支撑。建成通车后，将填补上海东部地区干线铁路的空白，使上海与江苏及沿江、沿海城市的联系更加便捷，并进一步提升自贸区临港新片区、浦东综合交通枢纽、外高桥港区等重点区域的铁路服务能力，进一步改善上海营商环境，强化对长三角地区的集聚辐射功能。

【8月28日，G346江杨北路（G1501公路—S20公路）改建工程建成通车】2019年8月28日，江杨北路（G1501公路—S20公路）改建工程通过交工验收，正式开放社会交通，比原计划工期提前了1个月。江杨北路（G1501公路—S20公路）改建工程位于宝山区，北起G1501公路（富锦路），南至S20公路（泰和路），全长4.67公里。工程内容包含改建道路、桥梁，同步实施排水、污水、标志标线、信号灯、照明、绿化、交通安全等附属设施建设。规划等级为二级公路，执行城市主干路标准，双向8快2慢，设计时速60公里。工程于2016年12月开工建设。江杨北路改建工程通车后，将大大提高宝山区道路交通通行能力，进一步完善本市交通网络。工程建设期间积极探索公路工程建设新技术、新工艺、新材料，进行了半柔性沥青路面试验段的尝试，采用黏度较高的改性沥青，外掺增强剂、聚酯纤维、玄武岩等，形成大空隙沥青混合料，再灌入特殊性能水泥基材料，所形成路面抗车辙、抗剪切，承载能力和耐久性能显著提高。

【9月29日，G228奉贤段建成通车】上海G228公路（鳗鲤泾—海湾路以东）新建工程，于2019年9月29日上午10:00正式通车。该工程位于奉贤区，西起鳗鲡泾桥东终点，沿浦东铁路南侧向东连续上跨沪杭公路、南竹港，至海湾路以东止，全长约7.9公里。公路技术等级为一级公路，采用公路式断面，双向6快2慢，红线宽度45米，设计车速60公里/小时。新建道路桥梁，工程还包含上横泾大桥、沪杭公路跨线桥、船浜五组河大桥和6座地面跨河中小桥，以及6座箱涵等建设内容。工程通车后，将有效缓解原本拥堵的交通状况，为金山区、奉贤区的市民出行带来诸多便利，在整体上有利于增加南北向国道辐射面，提升上海东部交通发展条件，进而增强杭州湾北岸的交通服务，成为沿线工业和城镇的重要交通走廊。

【10月16日，金海公路下穿南奉公路地道试运行，奉贤的“迎宾大道”迎来全线贯通】南北走向的金海公路连接了南奉公路、解放路、航南公路三条主要道路，距离S4高速公路南桥出口不远，并向北通往虹梅南路越江隧道，是奉贤新城内的一条至关重要的交通道路，称为奉贤“迎宾大道”。10月16日，金海公路下穿南奉公路地道开通试运行，自此金海公路全线贯通，更大程度发挥南北向快速通行功能，以美好的“奉贤第一印象”迎接八方来客。金海公路改建工程道路全长约9.7公里，在航南公路、南奉公路两处设有下穿立交，航南公路下穿已于今年6月开放通车。金海公路下穿南奉公路地道北起解放东路，南至百通路，全长450米，其中暗埋段170米，双向四车道。

【10月18日，S7公路（S20—月罗公路）新建工程建成通车】2019年10月18日，S7公路（S20—月罗公路）正式通车。S7沪崇高速（S20—月罗公路）新建工程南起S20外环高速与S6沪翔高速立交，途经宝山区顾村镇、嘉定区马陆镇、宝山区罗店镇，北至月罗公路，线路全长约8.75公里。全线按高速公路标准设计，建设规模为双向6车道。沿线共设置S7—S20—S6及S7—G1503两座枢纽型互通立交、宝安公路及月罗公路两座菱形立交，同步实施陈广路至宝安公路、美兰湖路至月罗公路两段地面辅道工程。该工程建成通车将有效服务沿线顾村、罗店等区域的市民出行，分流沪太公路等平行干线道路的交通压力，为上海北部地区增添一条进入市区的快速通道。

【12月18日，G320公路（金山大桥—金山松江区界）改建工程建成通车】2019年12月18日，G320公路（金山大桥—区界）

正式通车。G320公路西起上海、浙江省界，经金山区、松江区至北松公路，全长约42公里，其中金山段约32公里，建设规模为双向6车道。本次通车段为金山段一期工程，工程范围为区界—金山大桥东侧（仙居路），全长约15.2公里（亭枫公路13.3公里、车亭公路1.9公里），主要涉及亭林镇、朱泾镇、漕泾镇和枫泾镇。工程主要内容为拓宽改建既有道路，拆除并新建地面非通航桥梁14座、通航桥梁3座，拼宽改建G1503跨线桥1座，新建人行天桥1座、箱涵5座，并同步实施排水、交通标志标线、交通信号及照明、绿化、交通安全等附属工程，建设规模为双向6车道。工程建成通车后，将有效缓解沿线诸镇的交通压力。

G320公路项目通过优化平面方案，与河道共建走廊，充分利用沿路河道空间解决平面矛盾，以统筹资源、节约集约；积极推进预制拼装技术及BIM技术应用，G320桥梁预制拼装率达到70%以上，有效缩短施工周期，减少施工对交通及周边地区环境影响，提高工程质量；全线使用再生旧料代替灰土，解决项目及周边旧料处置问题，降低工程造价，减少了灰土施工扬尘现象。

【12月28日，沿江通道越江隧道（郊环隧道）正式通车】 2019年12月28日，“郊环最后一笔”——沿江通道越江隧道（郊环隧道）迎来正式通车！沿江通道越江隧道连接宝山和浦东，是沪上首条连续穿越长江、黄浦江的超大直径盾构隧道。通车后，上海北部通道基本形成沿江通道、外环隧道、长江路隧道三线并存的多通道局面，而全长约200公里的郊环线通过沿江通道工程将闭合成环，消除了近江交通的“断点”和“盲点”。

沿江通道越江隧道（浦西牡丹江路—浦东外环线）新建工程西起浦西富锦路、牡丹江路路口东侧，穿越长江和黄浦江后止于浦东外环线双江路以东，在浦东设立交一座与外环线相接，全长约8.7公里，其中隧道线路总长6.5公里，主线设置为双向6车道，设计车速80公里/小时。之前，由于郊环线在吴淞口沿线断开，浦东和浦西之间郊环线的交通要依靠与外环线合线使用，导致外环隧道拥堵情况严重。郊环隧道的建成通车将有效缓解外环线的交通压力，并为将来外环隧道大修创造条件，同时为浦东北部的市民与宝山地区的市民出行带来了便利，大大缩减了浦东过江到宝山的时间，避开了拥挤的外环隧道。

在试通车期间，郊环隧道允许客车通行，但禁止货运车辆通行。货运车辆可继续通过外环隧道过江。客车从浦西向浦东方向，可以通过牡丹江路东侧的匝道进入郊环隧道，直接与现状S20浦东段连接；浦东往浦西方向，车辆需通过现状S20浦东段进入郊环隧道，到达浦西的牡丹江路、富锦路口。

【8月30日，进博会配套—诸光路地道建成通车】 诸光路地道于2019年8月30日试通车。这条距离进口博览会主场馆“四叶草”不到1公里的大型隧道，将在第二届进口博览会期间，成为快速疏散观展车辆并连接“四叶草”和西虹桥地区的地下主干道，显著提升会展中心周边交通能级。诸光路地道全长2.8公里，沿诸光路—金丰路走向，南起青浦区国家会展中心，北至闵行区北青公路，为单管双层布置的隧道，设计时速40公里，工程造价12.58亿元。地下车道采取双向4车道布置，地面道路采取双向4快2慢的设计，将进一步打通青浦区与闵行区之间的阻隔，将“断头路”化为“通途”，实现“区区对接”，推动两区区域经济快速发展。此次地下隧道与地面道路全面建设、先后通车，地面道路9月底通车。为方便周边百姓日常出行，项目将施工范围缩至极限。青浦段、闵行段施工围挡均紧贴小区围墙，尤其是闵行段围场，最小宽度18米，基坑最小宽度15.3米；基

坑西侧距离 DN500 上水管道最小距离仅 0.4 米，基坑东侧距围挡最小距离仅为 0.3 米。通过在工地围挡及小区围墙加装声屏障等措施，将现场安全文明施工措施做到极致，有效减少“声光尘”对百姓的影响，并成为蝉联“上海市重大工程文明施工示范升级工程”荣誉的项目，获得周边市民的肯定、理解与支持。诸光路地道作为国家会展中心的重要配套工程，试通车后将与 S26 入城段共同形成北部快速通道，不仅为国家会展中心和西虹桥地区提供一条对外联系的新通道，同时将有效缓解延安路高架的部分交通压力，完善上海交通网络覆盖，更将极大程度地缓解第二届进博会展会期间行车及行人的交通压力。

【10 月 25 日，上海北翟路（外环线—中环线）快速路地道主线建成通车】北翟路（外环线—中环线）快速路地道工程于 2019 年 10 月 25 日正式通车，是城投公路集团今年三项“保进博”工程之一。北翟路（外环线—中环线）快速路地道工程位于上海市长宁区，西接现状北翟路外环线立交，东接北翟路中环线立交、北横通道北虹路立交，西向东以地道形式依次下穿协和路、福泉路、淞虹路、平塘路、剑河路，全长 1780 米。全线设置两对出入口匝道，一对设于外环线东侧，与外环线现有菱形匝道形成北翟路主线与外环线的软连接；另一对位于中环线西侧主线入地段，与向市中心方向的长宁路相连接。主线地道为城市快速路，双向 6 车道规模，设计速度 60 公里 / 小时。北翟路地道工程创新采用了全自然通风系统，在路中绿化带设置了通风及排烟口，隧道中每隔 25 米就开设一个“天窗”进行空气交换，成为名副其实会“呼吸”的地道；如发生火灾则利用排烟口“烟囱效应”排出烟气，确保隧道消防安全；隧道运营不需要设置风机，绿色节能，建设及运营成本大为降低。北翟路地道工程的建设者们克服了交通组织难度大、沿线公用管线众多、环境复杂以及工期任务紧、周边维稳工作压力等困难，奋力拼搏，历时 1546 天建设，圆满实现了市委、市政府要求北翟路地道在第二届进博会前通车的目标。本次通车为地道主线及剑河路以东的进口开放交通，其余三个进出口（地道东出口、西进口、西出口）暂不开放。地道主线开放交通后，现协和路西侧地面上下北翟路高架及剑河路东侧地面上下中环线进出口同时将永久关闭，届时地面进出北翟路高架及中环线车辆可通过路网绕行由其他匝道进出。北翟路快速路作为第二届进口博览会的配套工程，主要服务于中心城北部区域与会展中心区域的交通联系，对完善虹桥综合交通枢纽站交通快速疏解通道、平衡周边快速路网交通、为虹桥商务区的开发建设提供良好交通环境也将发挥重要作用。北翟快速路工程是北翟高架路与北横通道连接的重要节点，它的建成将使 S26、北翟快速路、“北横”形成一条贯穿上海中心城区北部的东西向大通道，将进一步强化城市东西向沟通，分担延安路高架交通压力，均衡整个路网流量，对上海市快速（高速）路网产生深远的影响。

【10 月 31 日，周家嘴路越江隧道主线建成通车】 周家嘴路越江隧道主线 2019 年 10 月 31 日通车。该隧道的通车将进一步优化本市越江通道布局，均衡北部越江区域过江压力，完善区域路网结构。周家嘴路越江隧道工程西起杨浦区周家嘴路、内江路交叉口，东至浦东新区东靖路、张杨北路交叉口，全长 4.45 公里。隧道主线采用城市主干路标准，设计车速 60 公里 / 小时，单管双层双向四车道规模。隧道主线采用一级出入口，浦西入口位于周家嘴路内江路交叉口以东约 70 米，浦东入口位于东靖路莱阳路交叉口以西约 100 米，浦西出口位于周家嘴路内江路交叉口以东 340 米，浦东出口位于东靖路张杨

路交叉口以西约160米。地面道路采用城市主干路标准，双向6条快车道两条慢车道，设计速度为50公里/小时。

【10月31日，崧泽大道跨线桥人非设施开放通行】 在第二届中国国际进口博览会即将开幕之际，崧泽大道跨线桥人非设施工程于2019年10月31日上午开放通行。这标志着又一惠及民生的进博会配套设施投入使用，将为即将召开的第二届进口博览会提供更完善的配套交通保障。崧泽大道跨线桥人非设施工程包括人行道及非机动车道两部分，连接闵行、青浦两区，下穿沪昆铁路，横跨小涞港河道。工程西起崧泽大道涞港路，东至崧泽大道华翔路，为连通国家会展中心与虹桥商务区的重要人非通道。道路分南北两线，长度分别为604米与589米。该人非设施建成投入使用后，将大大改善该区域的慢行交通出行条件，提高路网通行效率。作为进博会周边配套设施之一，该工程承载着缓解完善"嘉闵高架崧泽立交"的交通网络功能，填补了该路段铁路两侧无非机动车及人行道的空白，为铁路两侧的非机动车和行人出行提供交通安全保障，有效避免了行人、非机动车与机动车在崧泽大道混行的安全风险，保障三者安全出行。该工程于2019年1月1日正式开工建设，各参建单位坚持高标准、严要求的管理理念，全面推进"新技术、新工艺、新材料、新设备"的应用。由于地处嘉闵—崧泽高架立交桥下，周边桥墩林立、施工作业面狭窄，各参建单位结合现场可实施条件，采用多重组合方案，在有效保障深基坑施工安全的同时，也确保了基坑周边既有设施的安全。施工期间，采用全自动化监测系统，与以往人工监测相比，自动化监测系统的稳定性更好、精度更高、速度更快，且能做到24小时实时监控。新建成的下穿通道配备了自动排水系统、水位监测仪、积水提示情报板、视频实时远程监控系统，为通道运营提供有效的安全保障。为贯彻绿色环保的理念，在施工设计期间，通过对建设方案的不断优化，充分利用现状地坪混凝土再生料填筑路基，既保证了道路的工程质量，又能够有效处置现有废料，节约填料资源开采，方案的优化调整使该项建设成本节约了73%。施工期间还通过收集雨水用于浇灌绿化草木，对便道和施工现场进行降尘等，将最新的工程技术与绿色环保的理念进行了有机融合。

【5月30日，长湖申线航道（上海段）整治工程的航道部分交工验收】 长湖申线航道是江苏、安徽以及浙江西北地区矿建材料和非金属矿石运往上海的"生命线"，也是长江三角洲地区目前最繁忙的航线之一，为上海市基础设施和城市建设发挥着不可替代的作用，同时长湖申线还具有防洪、排涝、灌溉等水资源综合利用功能。其中上海段是上海市连接苏浙二省的一条重要省际航道，也是长三角地区内河集装箱运输主要通道。此次实施部分为长湖申线航道（上海段）整治工程的航道部分，工程起于上海与江苏省界，止于苏申外港线西泖河，航道里程约14.5公里。长湖申线航道（上海段）整治工程航道部分的顺利完工，不仅提升了护岸的抗洪能力，还增加了岸线的靠泊数量。同时施工区域的水域环境及绿化环境都得到明显提升。

【6月4日，平申线航道整治工程G1503泖港大桥建成通车】 2019年6月4日，平申线航道整治工程G1503（原G1501）泖港大桥，经试运行并完成现场收尾工作通车交付使用。平申线航道整治工程G1503泖港大桥全长1.662公里，工程包括G1503（原G1501）泖港大桥拆除、桥梁新建、新建桥梁防撞三个部分，采用半幅拆除重建、半幅开放交通的方式施工，总工期约43个月。

G1503 泖港大桥老桥拆除是上海市首例大跨径连续预应力箱梁拆除工程，也是该工程的首个难点。为保障周边水域环境，同时确保施工对航道通航不产生影响，城投公路航道建设公司采用挂篮反序金刚石绳静力切割工艺，有效提升了施工的安全性，加快了施工进度。作为上海市首座会自动“报警”的桥梁，G1503 泖港大桥新建桥梁设计安装了防撞主动预警系统，通过实时影像扫描监测，预测过往船舶是否偏离航线，从而起到提前预警功能，也是 G1503 泖港大桥应用新技术科技亮点。G1503 泖港大桥的改建通车，提升了上海连通浙江的平申线航道通航效率，优化了上海港集疏运体系，将为加强上海与长三角地区高等级内河航道的有效对接、促进内河水运发展、服务上海国际航运中心建设做出巨大贡献。同时，作为连接松江、金山地区的重要高速通道，G1503 泖港大桥的建成也将改善区域交通状况，促进沿线区域的联动发展。

【7 月 4 日赵家沟东段航道整治工程顾曹公路桥和东川公路桥建成通车】 2019 年 7 月 4 日，赵家沟东段航道整治（桥梁部分）工程中的顾曹公路桥、东川公路桥实现通车。赵家沟东段航道西起浦东运河，东至外高桥粮食储备内河港区，是上海“一环十射”高等级航道之一。此次通车的顾曹公路桥和东川公路桥双向两车道，桥面宽度 13 米，并设置了非机动车道和便于两岸居民过河的两侧梯道。此外，在两座公路桥的附近还建了一座供行人和非机动车通行的桥梁，以有效缓解东靖路至顾高公路的出行压力，便捷了附近居民的日常出行。为提高航道通航标准，发挥航道通航效益，此次新建的桥梁净空高度达到了 7 米，比一般的内河航道上的桥梁更高，可方便装载集装箱的内河船舶通行。桥梁工程的完成，不仅为周边地区的交通改善创造了条件，也为包括开挖航道在内的主体工程实施奠定了基础。作为市重点工程，赵家沟东段航道整治，将进一步加快开辟该地区与内河港区相配套的集疏运航道，发挥内河港区、航道设施的效益，有效解决运输通道不畅的问题，服务上海国际航运中心的建设。

【9 月 30 日，大治河西枢纽新建二线船闸通过交工验收】 2019 年 9 月 30 日，大治河西枢纽新建二线船闸工程通过交工验收。工程的建成，使大治河西枢纽成为上海地区首座复线船闸枢纽，新建二线船闸为长三角地区已建成规模最大的船闸，对服务于自贸区新片区，加快上海国际航运中心建设，提升长三角地区高等级航道网综合集疏运能力，促进船舶运输现代化，建设资源节约型及环境友好型社会，推动上海经济社会的可持续发展具有重要意义。大治河西枢纽新建二线船闸工程位于黄浦江与大治河交接处，是大芦线的西起点，在上海市“一环十射”内河高等级航道网络中处于咽喉要塞的地位。工程按Ⅲ级船闸标准建设，船闸闸室长 350 米、净宽 27 米，吃水深度 4.5 米，可通行最大载重 1000 吨级船舶，设计年货物通过能力为 2900 万吨，工程内容主要包括船闸主体工程、引航道工程、金鲁公路桥工程、金属结构及启闭设备、电气控制系统、助航设施、附属设施、生产辅助设施等。

（彭鑫）

【长江水源水厂深度处理】 工程位于上海市徐汇区，上中路与平福路交口西南角的现状长桥水厂内。为进一步提高供水水质，满足上海市水务部门正在研究制定的“上海市饮用水水质准则”要求，城投水务集团拟在现有围墙范围内对长桥水厂进行深度处理改造工程。改造分成两阶段实施，一阶段主要施工内容包括拆除或搬迁厂区内现有生活设施，原址新建 20 万吨 / 日的常规处理工艺；

长江水源水厂深度处理

拆除厂区西侧的1987年建造的40万吨/日流程，原址新建60万吨/日的V形滤池及反冲洗泵房，以及40万吨/日的沉淀池等制水设施，新建水厂140万吨/日规模的污泥浓缩处理设施。工程计划总投资7.46亿元，2019年计划投资2.2亿元。

【松江南站大型居住社区地下综合管廊二期】松江南站大型居住社区综合管廊二期工程项目位于上海市松江区车墩镇，分布在金玉路（松金公路—松卫北路）、泖亭路（松卫北路—欣浪路）、松卫北路（香亭路—南乐路）、南乐路（香亭路—玉阳大道）、南乐路（玉阳大道—松卫北路）5个路段，综合管廊总长度7.503公里。其中金玉路、泖亭路、松卫北路、南乐路（玉阳大道—松卫北路）综合管廊分燃气舱、综合舱和电力舱3舱，南乐路（香亭路—玉阳大道）综合管廊分综合舱和电力舱两舱。该工程计划总投资10.8亿元，2019年投资1.77亿元，2018年1月开工，2020年3月竣工。工程建成后，将对地下管线集约化敷设，减少因地下管线敷设造成道路反复开挖具有重要意义。

【武威路（真南路—祁连山路）道路改扩建及配套工程（地下综合管廊）】武威路（真南路—祁连山路）道路改扩建及配套工程（地下综合管廊），该工程西起真南路，东至祁连山路，全长1239米，规划为城市次干路，道路红线宽度35米，车道布设为双向4车道。本工程范围内包括一条下穿中央公园的地道，下穿中央公园地道全长500米，其中敞开段161米，暗埋段339米；工程范围内新建地下综合管廊。该工程计划总投资3.68亿元，2019年计划投资0.9亿元，2018年1月开工，管廊部分2019年6月竣工，地道及道路部分2019年底竣工。工程建设后，将对地下管线集约化敷设，减少因地下管线敷设造成道路反复开挖具有重要意义。

（六）城乡发展一体化类项目建设

【概况】2019年，城乡发展一体化类项目建设坚持功能辐射、网络集成，为加快推动城乡一体化提供条件，全年安排项目13个，完成投资 253.93 亿元。

郊区污水厂污水污泥处理处置（浦东新区污水厂污泥处置新建工程等）开工建设，郊区垃圾资源化利用设施等生活保障设施进一步加快建设。崇明世界级生态岛、崇明冬天基础设施开发等抓紧推进。新增供应保障房 6.29 万套，新建和转化租赁住房 10.2 万套，大居外配套累计开工 131 项、建成 118 项。昆阳路—浦卫公路（含昆阳路越江）、金海公路、墨玉路—上周公路—千新公路、松泽高架西延伸（青浦）、嘉松公路、沪南公路（闸航公路—康花路）改建、大叶公路—叶新公路等一批郊区互联互通项目加快实施。

【崇明世界级生态岛建设】 崇明 4 座污水处理厂提标改造、污泥处理及管网完善、新能源公交车配套场站、南横引河西段、北沿公路、建设公路、生态大道、环岛景观道、长兴人民医院、生态能力建设。

崇明区长兴人民医院项目。项目位于上海市崇明区长兴镇丰福路 1008 号，总建筑面积约 36800 平方米，设计治疗床位 280 张，主要由门诊、住院、医技楼以及室外总体等组成。工程于 2017 年 12 月开工建设，2019 年 12 月完工。工程总投资 32123 万元，2019 年计划投资 14315 万元。建成后将满足长兴、横沙两岛居民不断增长的医疗服务需求，支持崇明生态岛建设，服务于国家海洋战略，保障长兴海洋装备岛的建设。

建设公路改扩建。工程位于上海市崇明区，南起团城公路，北至规划北沿公路。建设公路（北沿公路—团城公路）改扩建工程全长 8.1 公里，分建设公路 1 标（北沿公路—规划北沿公路）、建设公路 2 标（团城公路—北沿公路）两个标段建设。工程计划总投资约 5.7 亿元，2019 年计划投资 1.75 亿元，建设公路 1 标于 2017 年 12 月 12 日开工，计划于 2019 年 12 月竣工。建设公路 2 标于 2018

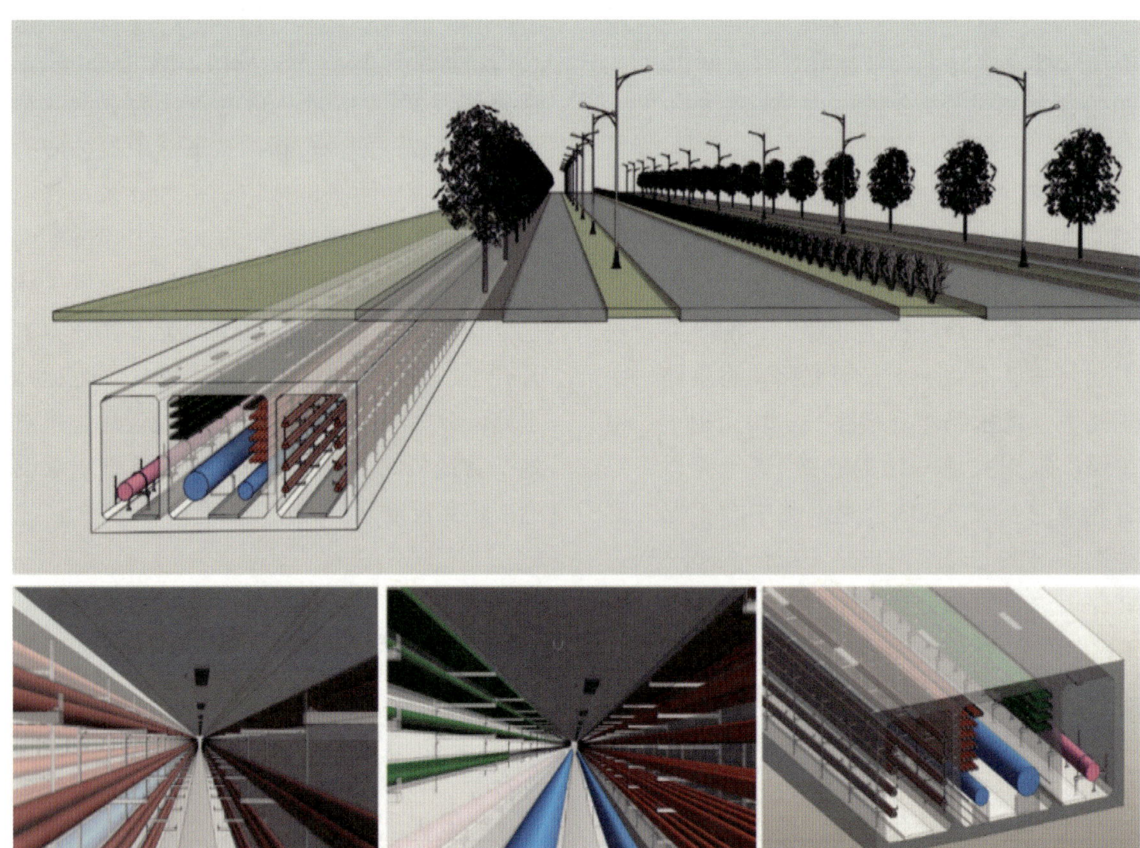

年12月27日开工，计划于2020年12月竣工。建成后将是崇明岛干线路网规划“四横七纵”中的一纵，南北向的重要交通轴线，是崇明新城、建设镇对外辐射的重要通道，具有增加崇明北部集散能力，便捷沟通新城及东平国家森林公园，同是作为“生态、功能、环保”为理念的城市门户景观大道辐射整个崇明岛，是世界级生态岛建设的示范性道路。

北沿公路改建工程。工程位于上海市崇明区，西起合作公路，东至前竖公路。北沿公路（合作公路—前竖公路）改建工程全长28.9公里，分三个标段实施，北沿公路（合作公路—林风公路）改建工程、北沿公路（林风公路—规划蟠龙公路）改建工程、北沿公路（规划蟠龙公路—前竖公路）改建工程。工程计划总投资约17.07亿元，2019年计划投资5.0亿元，北沿公路1标于2018年12月13日开工，计划于2020年12月竣工。北沿公路2标于2017年12月12日开工，于2019年12月竣工。北沿公路3标于2018年12月28日开工，计划于2020年12月竣工。北沿公路作为崇明北部的重要联系通道，是服务北部城镇、景区与产业区的重要交通走廊，同时也是崇明岛“双环”骨架路网体系中重要的组成部分，串联崇明岛森林公园——“海上花岛”、光明田园、东平小镇等重要品牌旅游节点的纽带。

崇明生态大道新建工程。工程位于崇明区，西起城桥镇淡云路，东至陈家镇北陈公路。崇明生态大道新建工程全长约38公里，分为1标（淡云路—新梅路）段、2标（新梅路—新申路）、3标（新申公路—堡江公路）段、4标（堡江公路—向化公路）段、5标（向化公路—北陈公路）段。工程项目总投资68亿元，2019年计划完成投资17.23亿元，2018年12月底开工，计划2020年12月竣工。崇明生态大道是崇明世界级生态岛“七纵四横”交通体系的重要组成部分，规划为崇明岛南部地区的一条东西向重要联系通道，连接西侧城桥新城与东侧陈家镇，沿线穿越城桥镇、新河镇、竖新镇、堡镇、向化镇、中兴镇、陈家镇七个乡镇，是“崇南城镇带”居民出行的主要干线，也是生态岛建设发展的重要轴线，交通功能上与陈海公路起到较好的互补作用。

环岛景观道一期。工程位于崇明区，西起规划新北沿公路，东至老滧港。崇明环岛景观道一期工程全长44.5公里，分为崇明生态岛环岛防汛提标及景观道一期工程（老滧港—八一路）、崇明生态岛环岛防汛提标及景观道一期工程（东风西沙水库—西门路西侧）、崇明生态岛环岛防汛提标及景观道一期工程（分水岭路—东风西沙水库）、崇明生态岛环岛防汛提标及景观道一期工程（新北沿公路—分水岭路）、崇明环岛景观道一期（八一路—西门路西侧）工程、崇明环岛景观道一期工程（公路段）6个标段建设。工程计划总投资约29.21亿元，2019年计划投资9.96亿元，崇明环岛景观道一期（八一路—西门路西侧）工程于2018年8月23日开工，2019年12月竣工；其他标段于2018年12月28日开工，计划于2020年12月竣工。崇明环岛景观道是崇明生态绿道系统重要组成部分，是集防汛、生态、景观和旅游功能为一体的复合型公路。崇明环岛景观道的建成可以有效支撑崇明“世界级生态岛”规划目标，改善崇西崇南地区交通条件，带动沿线景观节点发展。

堡镇汽车站改造工程。建设地点位于崇明区，堡镇南路62号。东至规划堡明路、西至堡镇南路、南至规划南沙岛路、北至规划通运东路，项目建设用地面积约20719平方米。改建综合性停车保养场，满足180辆公交车停车保养需求；设置14条公交线路始发站，主要包括公交立体停车库及生产辅助设施、公交枢纽及管理用房、地下停车库等。工程总投资为34529万元，项目所需资金（不含代征地补偿费）由市公交专项资金按总投

资90%安排补贴28046万元，其余资金由上海市崇明区自筹。

【崇明东滩基础设施开发项目】 该项目位于上海市崇明县东滩启动区，由道路桥梁工程、河道水系工程、园林绿化工程、市政设施工程及电力排管工程五部分内容组成。道路桥梁工程：包括Z1路、Z2路、Y5路三条主干路和S1、S2、S3、Y0路四条次干路及规划支路若干，总计道路共40条，道路桥梁总长约35公里。河道水系工程：河道水系工程均在启动区范围内，主要包括新开挖河道、湖泊共22条（个），总长度约37.3公里；以及团结沙水闸改造工程。园林绿化工程：园林绿化工程总用地面积约为277.20公顷，包括东滩生态绿地134.50公顷、通道防护林20.45公顷、退界绿化6.25公顷和公共绿地116公顷四部分。市政设施工程：市政设施工程指启动区范围内的3座污水泵站，设计规模分别为0.55、1.83万、2.36万立方米/日。电力排管工程：电力排管长度总长度约521公里。项目计划总投资约45亿元。崇明东滩基础设施开发项目的建成是把东滩地区建设成为自然、环保、低碳的生态之城，科教研发和科技创新为主导的知识之城，旅游度假和健康运动为特色的休闲之城的基础保障，将真正体现国际生态区的诸多先进理念。

（沉默）

（七）“一江一河”贯通建设

【概况】 2019年7月，根据市委、市政府的总体部署，在原黄浦江两岸开发工作领导小组基础上，正式成立上海市“一江一河”工作领导小组，以黄浦江、苏州河两岸为重点的城市滨水区开发工作进入了新的阶段。在领导小组的统一领导下，黄浦江两岸公共空间不断拓展、品质不断提升、功能不断完善，苏州河两岸公共空间贯通工程取得重大进展，“一江一河”两岸地区已经逐渐成为“有温度” “可呼吸”的网红打卡地，为打造世界级城市滨水区奠定了扎实基础。

【持续提升黄浦江两岸功能和品质】 进一步复制和推广黄浦江45公里贯通成功经验，不断增加贯通“红利”，全面实施第二轮黄浦江两岸公共空间建设三年行动计划。杨浦大桥至定海桥2.7公里滨江岸线贯通开放，作为今年城市空间艺术季的主场，杨浦滨江从“工业锈带”变身为“城市秀带”，成为今年浦江两岸的亮点之一。虹口滨江聚焦北外滩扬子江码头区域的贯通和提升，着力打造世界级的“会客厅”，到年底5米亲水平台结构贯通，陆域综合改造进入地下工程施工阶段。黄浦南外滩滨水区建设进入关键阶段，外马路品质提升工程全面建成，董家渡“花桥”、会馆弄等三处近1.5万平方米滨江绿地工程启动建设。徐汇滨江进一步完善区域市政、道路、环境等基础设施建设，持续优化和提升“梦中心”等重点区域的贯通品质。浦东滨江完成东昌路、民生路、白莲泾M2等轮渡站区域的贯通提升，全面完成沿江22个“望江驿”建设并形成滨江党建服务带。此外，宝山、闵行、奉贤等区分别围绕邮轮全产业链发展、吴泾老工业基地转型、滨江生态整治和产业结构调整等重点，开展了卓有成效的工作。

【强化滨江地区的城市功能集聚】培育文化、体育、旅游、休闲、商业等多元活力，逐步成为承载上海创新经济、转型发展的重要载体。徐汇滨江进一步充实和丰富西岸文化长廊内涵，借力世界人工智能大会、央视长三角总部、传媒港、西岸美术馆、蓬皮杜艺术品展览等一批重点项目，大力推动区域综合开发。此外，杨浦百年工业文明展示长廊、宝山滨江邮轮母港及配套产业链等建设初见成效。滨江地区45公里“三道”、约40处近3.5万平方米嵌入式运动场所，为上海马拉松等重大体育赛事活动及市民日常健身提供了宜人的活动空间。

【加快推进苏州河两岸公共空间贯通和连通工程推进建设】2019年，中心城区（外白渡桥—外环线）苏州河沿线六区、42公里滨水岸线全线启动建设，全年新增约12公里贯通岸线，累积贯通岸线达到近36公里，占全部岸线的85%。黄浦东段（外滩至河南路桥）、西段（乌镇路桥至成都路桥）共1.2公里已启动综合改造提升；虹口段结合外白渡桥至乍浦路桥沿河空间和北苏州路（虹口段）街道改造实现年底开工；静安段加大力度推动长寿路桥以北约700米滨河空间和岸线的综合利用；普陀段结合沿河综合整治、北横等重大工程和相关地块的开发，实现了区内21公里滨河岸线基本贯通；长宁段重点推动并实现了华东政法大学校区内约1.2公里步道贯通，并不断优化空间，提升标准和品质；嘉定段完成与交运集团、纺控集团先行腾地协议和施工前期准备。

【强化苏州河两岸公共空间贯通和连通市级统筹协调】 市“一江一河”办会同绿化、水务等相关部门制订苏州河两岸地区贯通提升、绿化景观建设、防汛设施建设等若干导则，加强指导和引领作用。会同交通、海事等相关部门优化苏州河沿线旅游、公务等码头设施规划布局，协调推动沿河公务码头设施整合工作。会同规划、交通、市容等相关部门开展苏州河沿线新建桥梁规划设计、既有桥梁和沿线建筑景观提升、沿岸防汛墙亲水性改造等组织、协调、统筹工作，为明年进一步提升品质、全面贯通开放打好基础。

【《苏州河两岸（中心城区）公共空间贯通提升建设导则》正式印发】 上海市住房和城乡建设管理委员会印发《苏州河两岸（中心城区）公共空间贯通提升建设导则》，力求在全市层面上形成苏州河两岸建设在规划范围划定、色彩控制等环节上的标准，体现高品质、加强统筹、注重实效、尊重差异的指导思想。

《导则》以“特大城市宜居生活的典型示范区”为总体定位，苏州河两岸将打造多元功能复合化的活力空间、尺度宜人有温度的人文空间、生态效益最大化的绿色空间，建设成为上海的代表性空间和标志性载体。力争到2020年底基本贯通开放，同时，不断提升沿岸滨水空间的环境品质和人文活力，打造特大城市宜居生活的示范区。《导则》指出，苏州河两岸地区应恢复沿岸纪念标志，部分恢复具有重要历史价值的、记录了上海城市生活变化的历史特色场所和特色建筑，比如厂区、校园、公园、码头、民居、仓库、厂房等，保留部分历史场所的传统名称，宜利用拆除建筑或构筑物的材料、构件等作为铺地、小品等街道公共设施。在物质文化遗产保护的同时，兼顾对非物质文化情态，如民俗文化、特色生活方式的综合保育。

（王健）

（八）海绵城市建设

【综述】 海绵城市是落实生态文明建设、改善城市水环境、推进城市绿色发展的重要举措。2015年国务院办公厅印发了《关于推进海绵城市建设的指导意见》（国办发〔2015〕75号），明确提出了要转变城市建设的发展方式，建设海绵城市。2016年，上海市入选了第二批全国海绵城市建设试点城市，试点区域为浦东临港地区，面积约79km2。按照国家和市政府工作部署，上海注重顶层设计，从体制、规划、标准、管控、共建等方面系统推进全市海绵城市建设，以提升城市基础设施建设的整体性和系统性为核心，把“人民城市人民建，人民城市为人民”重要理念贯彻落实到上海海绵城市建设发展全过程，高标准高质量建设海绵城市。推进重点地区海绵城市建设，统筹推进建筑与小区、公园与绿地、道路与广场、水务系统等各类海绵项目建设，海绵城市建设取得积极成效。

（一）建立体制，完善机制

2015年11月，市政府办公厅出台《贯彻落实国务院办公厅〈关于推进海绵城市建设的指导意见〉的实施意见》（沪府办〔2015〕111号），明确上海市建立海绵城市建设推进协调联席会议制度，市政府分管领导任召集人，联席会议办公室设在市住建委。市住建委、发展改革委、规划资源局、水务局、交通委、环保局、市容绿化局等有关部门按照职责分工，各司其责，共同做好海绵城市建设相关工作。市级层面主要负责全市海绵城市建设法规、政策、标准等。16区政府和有关管委会是推进海绵城市建设的责任主体，负责具体海绵城市建设项目的实施推进。目前，16个区政府和临港新片区、虹桥商务区、国际旅游度假区、长兴岛等管委会都已建立了海绵城市建设推进工作机制，各区明确了区建委（建交委）为牵头部门，并形成长效管理体系，有序推进上海海绵城市建设工作。

（二）规划引领，全域覆盖

建立了宏观、中观、微观层面的三级海绵城市专项规划体系。在宏观层面，2018年3月市政府批复了《上海市海绵城市专项规划（2016-2035年）》，明确了全市（陆域6833平方公里）海绵城市建设目标，确定了生态保护、生态修复、低影响开发海绵城市整体格局，划定15个水利分片管控分区，确定各分区控制目标和指标要求。在中观层面，编制了各区海绵城市建设规划（2018-2035年），将全市海绵城市各项规划指标落实到片区，批复了10个区的海绵城市建设规划。在微观层面，编制区块海绵城市建设规划（实施方案），从而实现了全市三级海绵城市专项规划全覆盖，并将海绵城市专项规划确定的年径流总量控制率等指标和有关要求，作为指导和推进海绵城市建设的重要抓手。

（三）标准引领，强化支撑

建立上海市海绵城市建设指标体系、标准图集、技术规程、估算指标等技术标准体系。2019年出台了《海绵城市建设技术标准》（DG/TJ08-2298-2019），《上海市建设项目设计文件海绵专篇（章）编制深度（试行）》，进一步规范和提高本市建设项目海绵城市建设设计文件质量。此外，《上海市海绵城市设施运行维护规范》和《上海市海绵城市设施运维估算指标》正在编制，为海绵设施的后期运行维护提供依据。

（四）强化管控，落实理念

按照《上海市海绵城市规划建设管理办法》要求，进一步明确了适用范围、管理体制等，并将海绵城市建设理念体现在规划、立项、土地、设计、建设验收移交、运营管理等各个环节，体现了海绵城市建设的全生命周期管理，为本市开展海绵城市建设提供了重要的管理依据。为体现海绵城市建设的源头管理，在土地出让环节，将建设管理部门提供的海绵城市建设管理要求（年径流总量控制率、年污染径流控制率等指标）纳入土地出让条件。

（五）各方参与，共建共享

加强政府引导、广泛宣传，鼓励全社会共同参与。建设临港海绵城市展示馆并成功申报“上海市科普基地”，2019年接待参观客流超过3万人。制作海绵宣传片，编制海绵案例图集，依托各种媒体宣传海绵城市建设理念，增进社会各方对海绵城市建设的理解，让海绵城市建设理念深入人心，增强居民对海绵城市的感受度和获得感。

【临港国家海绵试点成效】临港国家海绵试点区面积79平方公里，临港围绕建设“生态之城、品质之城、未来之城”总体目标，以海绵城市建设为抓手，打造中国新时代“未来城市”CASE of Future 最佳实践区，海绵城市建设取得了积极成效。临港海绵项目共约197个，涉及海绵总投资约71亿元，主要包括公园与绿化、道路与广场、建筑与小区、河道水系、生态保护与土壤修复等五大类。健全海绵城市管控制度体系，在临港海国家海绵城市建设试点过程中，形成了“1+1+N”的管理制度框架，即1个实施意见（《关于推进临港地区海绵城市建设试点工作的实施意见》）、1个管理办法（《上海市临港地区海绵城市试点区建设管理暂行办法》）和《临港地区海绵城市建设专项资金管理办法》、《临港地区海绵城市建设试点行政审批操作口径》等若干个管理文件。2019年12月19–20日住房城乡建设部、财政部、水利部组织专家赴上海开展第二批国家海绵城市建设试点最终绩效评价现场核实工作。专家组听取了临港试点区海绵城市建设技术方案及成效汇报并实地检查重点地区和相关项目，对试点区海绵城市建设给予充分肯定，临港国家海绵城市试点区顺利通过验收。临港试点区海绵城市建设成功经验已被写入联合国南南合作办公室可持续发展城市报告，为全球城市发展提供借鉴。

【推进市级海绵城市试点区】经市政府同意，市住房城乡建设管理委印发《关于公布浦东新区张家浜楔形绿地等16个市级海绵城市建设试点区的通知》（沪建综规[2018]738号），在临港国家海绵试点基础上，进一步扩大试点范围，明确了16个市级海绵城市建设试点区，总面积约72平方公里，通过一区一试点，各区结合实际，以点带面，推进全市海绵城市建设。

上海市级海绵城市建设试点区域

序号	区	试点区域	四至范围	面积（km²）
1	浦东新区	张家楔形绿地试点区	东至外环线、南至龙东大道、西至金桥路、北至锦绣东路	7.7
2	黄浦区	世博浦西片区试点区	东至外马路、南至黄浦江、西至鲁班路、北至中山南一路	1.9
3	静安区	苏州河北岸苏河湾试点区	东至河南北路、南至苏州河、西至光复路、北至天目西路	1.8
4	徐汇区	徐汇滨江BC单元试点区	东至黄浦江、南至吴中路、西至龙吴路、北至龙华中路	5.6
5	长宁区	虹桥机场东片试点区	东至外环线、南至空港八路、西至绥宁路、北至天山西路	1.9
6	普陀区	桃浦科技智慧城核心区试点区	东至南何支线、南至金昌路、西至外环线、北至区界	5.7
7	虹口区	北外滩试点区	东至大连路、南至黄浦江、西至河南北路、北至海宁路、周家嘴路	3.4
8	杨浦区	南段滨江试点区	东至定海路、南至黄浦江、西至秦皇岛路、北至杨树浦路	1.7
9	宝山区	罗店新镇试点区	东至潘泾、南至杨南路、西至沪太公路、北至月罗公路	6.9
10	闵行区	九星地区试点区	东侧用地：东至虹莘路、南至顾戴路、西至外环线、北至星北街；西侧用地：东至外环线、南至沈长浜街、西至新镇路、北至漕宝路	1.4
11	嘉定区	嘉定新城试点区	东至横沥、南至双单路、西至永盛路、北至白银路	4.2
12	金山区	金山新城试点区	东至龙泉港、南至沪杭公路、西至戚家墩路、北至临桂路	2.5
13	松江区	松江南部新城试点区	东至北泖泾、南至闵塔路、西至松金公路、北至北松公路	10.1
14	青浦区	徐泾镇试点区	东至沈海高速、南至沪青平公路、西至凤雅路—徐乐路-明珠路、北至北青公路	10.8
15	奉贤区	上海之鱼试点区	东至金汇港、南至浦南运河、西至金海公路、北至航南公路	2.4
16	崇明区	陈家镇国际实验生态社区试点区	东至涨水洪、南至规划南横引河、西至北陈公路、北至东滩大道	4.0

【开展全市海绵城市建设管理和实务培训】2019 年 3 月 6 日，召开全市海绵城市建设管理和实务培训工作会议。市有关部门、16 区以及相关管委会约 200 多人参加了培训工作会议。培训会议重点围绕上海市海绵城市规划建设管理政策、临港地区国家海绵城市建设试点区建设经验以及海绵城市建设项目案例等内容开展了深入的培训。3 月 19 日现场调研了临港规划展示中心、临港海绵展示中心、环湖景观带示范段、临港家园服务站和绿化休闲广场、芦潮港公园、芦茂路海绵化改造工程等，直观了解各类海绵城市建设项目，为下一步全市推进海绵城市建设工作创造了良好条件。通过培训，提高了对海绵城市建设理念的认识，了解了各类海绵项目情况，熟悉了海绵城市建设管理相关政策，为今后全市有序推进海绵城市建设工作提供了重要支撑。

【开展海绵工程运行维护试点】2019 年 6 月以临港新片区宜浩佳园为试点开展海绵工程维养试点工作，以《关于临港试点区住宅小区海绵设施运维管理的实施意见》、《海绵设施运行维护技术要点》及《宜浩佳园海绵化改造项目》图纸为依据，结合海绵维养工作的实践情况，最终确定海绵设施维养实施细则，探索海绵工程后期运营维护的制度和工作流程。

【加强海绵城市信息化管理】2019 年 7 月临港试点区海绵城市信息管控平台监测项目通过验收，应用信息化、数字化、可视化手段，及时对海绵城市建设技术措施和设施运行效果进行监测、预测、预警和效果评价。

【印发设计文件深度要求】为积极推进本市海绵城市建设工作，进一步规范和提高本市建设项目海绵城市设计文件质量，2019 年 7 月市住房城乡建设管理委印发《上海市建设项目设计文件海绵专篇（章）编制深度（试行）》。提出了建筑与小区类（水务厂/站类）、道路类、广场和公园绿地类、城市水系类等建设项目海绵城市建设设计内容，明确了设计说明、设计图纸、计算书等方面要求，以便指导相关建设管理、设计单位等开展建设项目设计文件海绵专篇（章）编制工作。

【印发海绵城市建设技术标准】2019 年 11 月市住房城乡建设管理委正式颁布了地方标准《海绵城市建设技术标准》（DG/TJ08-2298-2019）。标准以源头减排相关技术为主，明确源头减排技术应以“滞、蓄、净”为主，以“渗、用”为辅，以“排”托底。全面贯彻落实国家关于海绵城市建设的相关要求，规范和科学推进了本市海绵城市建设。

【制定临港新片区海绵城市建设指导意见】临港新片区在深入总结前阶段海绵城市建设试点工作经验、巩固试点建设成果的基础上，出台《中国（上海）自由贸易试验区临港新片区管理委员会关于持续推进海绵城市建设的指导意见》，进一步把海绵城市建设理念作为指导城市空间规划布局、加强城市开发建设整体衔接、促进城市精细化管理水平提升的重要手段，嵌入规划编制、土地出让、项目审批、施工图审查、竣工验收、城市运维管理等全过程，加强涉水基础设施建设和管理的整体性、系统性，推进临港新片区全域海绵城市建设。

【海绵城市建设立法】在 2019 年 12 月人大审议通过的《上海市排水与污水处理条例》中明确提出海绵城市建设要求，新建、改建、扩建建设项目应当满足雨水源头减排指标要求，并将雨水源头减排建设要求和控制指标纳入规划和管控体系。从立法角度为推进海绵雨水源头减排设施提供了有力支撑。

【制作海绵城市宣传片】以“海绵之城，生态之都”为主题制作了海绵城市宣传片。生动总结了临港试点区“以水定城、四水共治、五个统筹”的海绵城市建设模式，为上海市以及全国其他城市推进海绵城市建设提供了经验。

【推进北外滩海绵城市建设】虹口区编制了《北外滩区块海绵城市建设规划》，明确了北外滩区块内地块的海绵城市建设控制目标指标和实施方案，将海绵城市建设理念和要求落实到具体地块。至2019年底，已结合市容综合整治工程、道路拓宽修缮工程、立体绿化建设、公园绿地新建改建等完成54项海绵城市建设相关工程。结合已建的虹口段滨江绿地工程，以及近年的虹口港水系疏浚，初步构建完成“源头－过程－系统”的系统治理体系。

【推进桃浦智创城海绵城市建设】结合桃浦智创城水系和绿地规划，充分利用滨水生态绿地的雨水净化作用、河道的雨水调蓄作用，以城市河湖水域与岸线管控和综合整治，防洪排涝体系建设、水资源优化配置和高效利用，水资源保护和水生态修复、水土保持、水管理能力建设为重点，逐步构建“格局合理、蓄泄兼筹、水流通畅、环境优美、管理科学”的海绵城市保障体系，增强城市防洪排涝、水资源保障、水生态环境等保障能力，打造水清、岸绿、鱼游、景美的绿色生态新城。长宁区海绵精品小区建设。长宁区制定了《国际精品城区精细化管理三年行动计划》，将精品小区建设作为重点任务，提出“每年100万平方米”计划，明确指出以24个必备项、5个选择性项与1个民生项的菜单式项目表为改造内容，并将小区海绵化改造列为必备项之一同步实施，打造了一批具有示范意义的老旧小区海绵化改造项目，极大提升了居民的获得感。

（高宏宇）

PART THREE

III

绿化市容

AFFORESTATION AND CITY APPEARANCE

（一）综述

2019年，市绿化市容局认真贯彻落实市委、市政府的决策部署，紧紧围绕年度目标，积极抓好谋划布局、聚焦重点工作、紧盯重大项目、补足工作短板，圆满完成2019年各项任务。

生态环境建设稳步推进。全年累计完成造林面积11.3万亩，绿地建设1321公顷，其中公园绿地831.5公顷，完成绿道210.1公里，立体绿化40.6万平方米，湿地保有量稳定在46.46万公顷，森林覆盖率达17.56%。累计创建命名245条林荫道，253座公园实施延长开放，完成航华公园等7座公园改造，完成11条绿化特色道路创建工作，建成60个街心花园，完成约2万米花墙、545根花柱建设。全市城市公园总数达到352座，公园分级分类管理成效明显，延长开放时间已达253座，开班园艺讲座368场，成功举办2019上海国际花展、第十三届中国菊花展等主题活动，全年本市公园游客量达到2.4亿人次以上。青浦朱家角镇淀峰村等12个村获评国家林草局“国家森林乡村”，宝山陈行—宝钢水库等13块湿地列入市级重要湿地，上海植物园、滨江森林公园获评首批国家“互联网＋全民义务植树”基地。

垃圾综合治理不断深化。全市1.3万余个居村分类达标率由2018年底的15%提高到90%；单位分类达标率达到87%；135个街镇成功创建为“示范街镇”，10个区创建成为“示范区”，下发首批71个垃圾分类示范街镇专项补贴；可回收物回收量4049吨/日、环比增长431.8%，有害垃圾分出量0.6吨/日、环比增长504.1%，湿垃圾分出量7453吨/日、环比增长88.8%，干垃圾处置量17731吨/日、环比下降17.5%。完成2.1万余个分类投放点规范化改造，完成4万余只道路废物箱标识更新，配置及涂装237辆可回收物回收车、87辆有害垃圾车、1461辆湿垃圾车以及3079辆干垃圾车，建成可回收物回收服务点1.5万个、中转站201个、集散场10个，餐厨废弃油脂收运、处置闭环管理落实到位。干垃圾焚烧和湿垃圾资源化利用总量从1.4万吨/日提高到2.1万吨/日，生活垃圾填埋比例从41.4%下降到20%。

市容市貌展示一流水平。市容短板治理取得实效。积极推进零星乱设摊、高速（架）乱张贴、外立面乱设置、绿地乱抛物等顽症治理，完成807处区域的1250项任务，清理326个占道亭棚；“六大十清”活动治理背街小巷8455条。全市公共设施完善提升4806处，整治建（构）筑物外立面约415.9万平方米，美化围墙约22.3万平方米，建设街景小品783处等。提高城市道路、公共区域精细化保洁水平，“席地可坐”区域从17个拓展到25个。完成黄浦江两岸350余栋重要楼宇建筑、近55公里岸线公共空间景观照明设施建设任务。拆除违法设置和存在安全隐患的户外广告设施3700余块、户外招牌1.4万余块，加固隐患招牌设施3600余块；制定《关于加强本市户外招牌综合管理的指导意见》，建成60条店招特色道路。全市新建环卫公厕23座、改建171座、增设第三卫生间58座，环卫公厕布局不断优化。

行业保障能力不断完善。以生态文明建设为龙头，坚持强基础、重管理、充分发挥规划引领、法治保障、科技信息等支撑保障作用，不断夯实行业发展基础。制订实施《优化行业营商环境行动方案》，明确21项工作任务；“一网通办”改革效能稳步提升，行政许可“双减半”落地率不断提高，“好差评”制度落实到位，全年完成“减材料”任务151件。大调研工作实现常态化，共开展调研1194次，覆盖对象1293家，发现问题894个，已解决问题807条，解决率达到91%，收到工作建议349条。2019年组织开展新闻发布会、通气会、现场采访会47场，接待媒体采访330余人次；形成“阿拉一道来”等品牌栏目；“绿色上海”微信粉丝数已达22万。完成“珍稀鸟类人工孵化和育雏技术优化和应用”等20个科研项目验收，两个中央财政林业科技示范推广项目、《垃圾房技术标准》等5项地方标准获批。推进环卫新能源车应用，30款新车型通过地方标准检测。市民诉求处置能力不断提高，受理处置群众信访670件、市民诉求37054件。

（二）绿化林业

【概况】2019年，全市加大绿化造林，全年造林11.3万亩，森林覆盖率达到17.56%。生态廊道建设稳步推进，“绿道”网络基本成型，街心公园多点开花，绿化“四化”水平稳步提高。完成绿地建设1321公顷，绿道建设210.1公里，立体绿化建设40.6万平方米，建成区绿化覆盖率达到39.6%。

【生态环境建设】2019年已完成造林11.3万亩，全市森林面积已达167万亩，森林覆盖率达17.56%。按照“四化”要求，优化完善生态廊道设计导则，增加色叶、开花植物以及珍贵和经济林树种在生态廊道中的应用，全市17条（片）市级重点生态廊道项目现已全面启动建设，组织春季造林质量检查，共抽查47个项目250余个地块，加强19个违规项目整改，确保造林成活成林成景。

【绿地建设】加快构建全市绿地系统、公园体系，积极推进世博文化公园、上海植物园北区等市级重点项目，以及虹桥商务区、长兴岛开发区、临港新城等重点区域项目，完成浦东森兰楔形绿地、碧云楔形绿地、嘉定京沪高铁众百绿地、奉贤泡泡公园、上海之鱼环湖绿化景观工程等，全年共新建绿地1321公顷，其中公园绿地831.5公顷。目前，建成区绿化覆盖率已达39.6%。

【绿道建设】完成黄浦江滨江绿道（南外滩段）、横港河绿道、南站绿道、外环绿道（长宁段）、宝山湖清心园绿道、剑川路两侧绿道、戚家墩路绿道、闸殷路绿道、黄兴公园绿道、杨高路（桃林路—浦建路）绿道和环城水系（一期D段）绿道等，全年共完成210.1公里建设任务。

【街心花园建设】完成黄浦玉兰园、静安石南街心花园等60个街心花园建设，推进虹口区广粤路、黄浦区雁荡路、长宁区新华路等绿化特色街区建设。

【绿化“四化”建设】印发《上海市公园绿地“四化”三年行动计划》《上海“四化”木本植物名录（第一批）》《上海市森林“四化”规划》，开展“四化”植物应用的科学研究，形成“四化”木本植物应用手册和推荐苗源信息。编制完成《上海市公园绿地规划纲要》，进一步提升街心花园、绿化特色街区、绿道

表1　2019年上海绿化林业基本情况表

项目	单位	数值
新建绿地	公顷	1321
新建公园绿地	公顷	831.5
人均公园绿地面积	平方米	201.1
立体绿化	万平方米	40.6
新增林地	万亩	11.3
森林覆盖率	%	17.56
湿地保有量	公顷	46.46+

等项目中“四化”水平。推广色叶乔木等新优品种的应用，栎类、枫类等色叶乔木以及美人梅、帚桃、紫薇、束花茶花等新优花灌木和玉簪、萱草、石蒜系列等宿根开花地被植物得到推广。

【郊野公园建设】做好廊下、长兴岛、青西、浦江、嘉北、广富林、松南7座已开放郊野公园的日常管理工作，制定《上海市郊野公园运营管理办法》，关注在建郊野公园的规划建设工作。

表2　2019年上海市林荫道名录

序号	区	道路	路段	道路长度/m	树种
1	静安区	闻喜路	岭南路—阳泉路	720	香樟
2		临汾路	三泉路—东茭泾	500	香樟
3	徐汇区	吴兴路	肇嘉浜路—淮海中路	990	悬铃木
4		湖南路	兴国路—淮海中路	740	悬铃木
5		虹漕南路	江安路—漕宝路	1700	悬铃木
6		浦北路	桂林路—桂江路	1300	悬铃木
7	长宁区	仙霞路	古北路—威宁路	1600	悬铃木
8	普陀区	真北支路	金鼎路—铁路	820	悬铃木
9		梅川路	中江路—真北路	720	悬铃木
10	虹口区	天宝西路	曲阳路—密云路	540	香樟
11	杨浦区	双阳北路	国顺东路—松花江路	680	悬铃木
12		政澄路	殷行路—国泓路	650	朴树
13	浦东新区	云台路	德州路—昌里路	660	悬铃木
14		东三里桥路	东方路—浦东南路	780	悬铃木
15	宝山区	水产路	同济路—永清路	1000	悬铃木
16	闵行区	莲花路	吴中路—宜山路	1000	香樟
17	嘉定区	塔城东路	澄浏中路—政和路	610	榉树、栾树
18	青浦区	汇金路	公园东路—盈港东路	1000	香樟、悬铃木
19	松江区	彭丰路	思贤路—南环路	1300	栾树
20	奉贤区	解放东路	环城东路—S4	1100	香樟、悬铃木
21		新建东路	环城东路—远东路	850	香樟
22	金山区	板桥西路	学府路—金卫城河	1100	香樟
23		古城路	南安路—卫青路	656	香樟
24	崇明区	合作公路	保民南路—保安南路	1000	水杉

表3　2019年上海绿化特色道路名录

序号	区	道路	路段	道路长度/m	特色	最佳观赏期
1	黄浦	半淞园路	外马路—花园港路	650	月季	4—5月、10—11月
2	静安	恒通路	恒丰路—共和新路	1000	染井吉野樱、北美枫香、萱草、美国丛生紫薇	3月、7—9月、11—12月
3	徐汇	桂江路	沪闵路—钦州南路	1600	无患子、樱花、月季、杜鹃	3—5月、11—12月
4	长宁	友乐路	联虹路—迎宾一路	1550	美国紫薇、墨西哥鼠尾草	7—10月
5	杨浦	国顺东路	双阳北路—营口路	740	巨紫荆、樱花、金丝桃、南天竹、绣线菊	3—5月
6	普陀	金鼎路	真北路—万镇路	1800	束花茶花、美人梅、开花地被	1—4月
7	浦东	新跃路	高东二路—园三路	1600	樱花、兰花三七、石蒜	3—4月、8—9月
8	宝山	潘泾路	新川沙路—陈功路	1200	紫荆、翠芦莉、穗花牡荆	3—4月、6—10月
9	闵行	申虹路	润虹路—扬虹路	800	栾树、美国紫薇、樱花	7—10月
10	嘉定	新成路	塔城路—仓场路	750	樱花、垂丝海棠、月季、开花地被	3—5月、10—11月
11	金山	龙轩路	卫零北路—杭州湾大道	1100	落羽杉、无患子、木槿、石蒜	7—12月

【林荫道创建】完成闻喜路、吴兴路等24条林荫道创建命名，全市共创建命名林荫道245条。

【绿化特色道路】按照绿化、彩化、珍贵化、效益化建设目标，按照《上海市绿化特色道路评定办法》要求，打造“两季有花、一季有色”的道路绿化特色景观，每年在全市创建一批绿化特色道路，2019年，共创建绿化特色道路11条。

【申城落叶景观道路】2019年，“落叶不扫”景观道路已再次调整扩容至42条，自2013年起，申城道路保洁和垃圾清运行业开始打造落叶景观道路，徐汇区余庆路、武康路率先尝试对部分落叶道路“落叶不扫”，成为申城一道独特风景，受到许多市民点赞。2014年，全市落叶景观道路增至6条，2015年增至12条，2016年增至18条，2017年增至29条，2018年增至34条。

【花卉景观布置】围绕人民广场、外滩、陆家嘴3个市级核心区域、8个市级重点区、13条重点道路开展“双迎”花卉布置，其间共布置花坛花境面积约14万平方米、组合花箱近4万组、灯杆花球3300只、主题绿化景点73个，单季用花量达到1410万盆，自然花海91万平方米。

【老公园改造】完成航华公园、虹桥河滨公园、华山绿地、淞沪抗战纪念公园（三期）、紫藤文化园、闸北公园（东区）、庙行公园7座公园改造并开放。

【新增城市公园52座】加强分类分级管理，完成本年度城市公园名录调整工作并正式发文。新纳入城市公园52座，全市城市公园总数达到352座。

【公园延长开放】推进全市公园实施延长开放，共253座公园纳入延长开放。其中，全年延长开放的公园209座，全年全天开放的公园129座。

【公园主题活动】各大公园组织开展了丰富多彩的公园主题活动，举办上海国际花展、上海国际兰展、第13届全国菊花展。全市形成以蜡梅、梅花、樱花、郁金香、牡丹、杜鹃、月季、爱鸟周、荷花睡莲、菊花、玉兰、紫藤、海棠、桃花、八仙花萱草、鸢尾16个主题内容为核心的园艺文化展，共举办180场主题活动。

【国庆期间公园游客量】国庆期间，上海市公园共接待游客538.7万人次（其中，城市公园520.9万人次、郊野公园17.8万人次）。如辰山植物园的经典“947·自然生活节”、共青森林公园的“森林啤酒节”“狂欢节”、上海植物园2019年秋季花展，古猗园长三角盆景交流展、上海动物园第七届蝴蝶展、滨江森林公园2019公园秋游季等，为市民打造了一场传统文化与生态景观相结合的绿色盛宴。

【古树名木管理】开展古树名木白蚁、桂花溃疡病、古银杏超小卷叶蛾的综合防治，完成对9个区75株古树的白蚁专项防治工作和14个区127株银杏超小卷叶蛾的防治工作。开展古树名木生长状况健康评估工作，修改完善《古树名木和古树后续资源养护评价标准》。

【树木工程中心建设】聚焦城市环境下树木生长不良等问题，以城市树木健康为核心，开展树木应用调查、树木健康与风险评估、树木地下生境改善等关键技术研究与工程化技术研发，初步形成研发、示范、推广三位一体的创新研发推广模式。筹建期内，形成

表4　2019年申城落叶景观道路

序号	区	路段名称	起点	终点	开展时间	主要树种
1	黄浦	思南路	建国中路	复兴中路	11月20日—12月20日	悬铃木
2	静安	巨鹿路	常熟路	富民路	12月1日—12月15日	悬铃木
3		运城路	广西中路	宜川路	12月1日—12月15日	悬铃木
4	徐汇	余庆路	衡山路	康平路	12月1日—12月31日	悬铃木
5		衡山路(北侧)	吴兴路	天平路	12月1日—12月31日	悬铃木
6		岳阳路	建国西路	东平路	12月1日—12月31日	悬铃木
7		复兴西路	高邮路	永福路	12月1日—12月31日	悬铃木
8		永福路	复兴西路	湖南路	12月1日—12月31日	悬铃木
9		湖南路	永福路	武康路	12月1日—12月31日	悬铃木
10		武康路	湖南路	五原路	12月1日—12月31日	悬铃木
11		桂江路（西侧）	百花街	桂江路桥	12月1日—12月31日	无患子
12	普陀	四平路	海伦路	大连路	11月15日—11月30日	银杏
13		安汾路	南泗塘河	逸仙路	11月15日—11月30日	银杏
14		溧阳路	四平路	四川北路	11月15日—11月30日	悬铃木
15	长宁	新华路	淮海西路	凯旋路	11月20日—12月20日	悬铃木
16		龙溪路	虹桥路	剑河路	11月20日—12月20日	无患子
17		虹古路	古北路	北虹路	11月20日—12月20日	悬铃木
18		茅台路	娄山关路	威宁路	11月20日—12月20日	悬铃木
19		番禺路	淮海西路	法华镇路	11月20日—12月20日	悬铃木
20		愚园路	镇宁路	定西路	11月20日—12月20日	悬铃木
21		天中路	长宁路	天山路	11月20日—12月20日	银杏
22		湖南路	华山路	兴国路	11月20日—12月20日	悬铃木
23	闵行	元江路	昆阳路	曙光路	11月15日—11月30日	银杏
24		江桦路	浦锦路	浦星公路	11月15日—11月30日	悬铃木
25		联航路	浦鸥路	浦星公路	11月15日—11月30日	银杏
26		莘凌路	莘沥路	莘谭路	11月15日—11月30日	银杏
27		富都路	闵城路	都市路	11月15日—11月30日	黄连木
28		元江路	沪闵路	中春路	11月15日—11月30日	银杏
29		南辅路	中春路	莘东路	11月15日—11月30日	无患子、栾树
30	松江	北内路	中山路	乐都路	11月26日—12月16日	悬铃木、枫杨树
31		园中路	南青路	思贤路	11月26日—12月16日	悬铃木、银杏
32		文诚路	园中路	人民路	11月26日— 12月16日	悬铃木、银杏
33		谷阳路	松汇路	中山路	11月26日— 12月16日	悬铃木
34	青浦	华乐路	青湖东路	公园东路	11月15日—11月30日	银杏
35	金山	金一东路	沪杭公路	新城路	11月15日—11月30日	悬铃木
36	浦东	碧云路	黄杨路	云山路	11月26日—12月16日	悬铃木
37		芳甸路	锦绣路	花木路	11月26日—12月16日	悬铃木
38		陆家嘴西路	陆家嘴环路	滨江	11月26日—12月16日	悬铃木
39		沈家弄路	民生路	巨野路	11月26日—12月16日	悬铃木
40	杨浦	国晓路	江湾城路	淞沪路	11月20日—12月20日	银杏、鹅掌楸
41		国秀路	江湾城路	淞沪路	11月20日—12月20日	无患子、合欢
42	宝山	宝泉路	四元路	龙镇路	11月15日—11月29日	悬铃木

了树木健康与风险评估、模块应用等关键技术6项，行道树生境改善、古树保护复壮等成套化工程技术5项，授权专利21项，发表论文15篇，编写应用技术手册4本，出版专著1本，发布标准3项，培训22期共计1871人次，顺利通过市科委验收。

【立体绿化建设】 制定《屋顶绿化养护造价指标与编制说明》，完成《立体绿化技术规程》修编。全面完成40.6万平方米建设任务，并完成约2万米花墙、545根花柱建设。持续推进“申字形”高架沿口“彩化”工作，完成全市约16万箱高架沿口绿化布置。

【市民绿化节】2019年举办的第五届上海市民绿化节自3月启动以来，历时9个月陆续在全市推出家庭园艺、绿色展示、体验互动、科普服务四大系列40余项市级活动，全市举办各类活动上千场，直接参与人次逾百万。除了品牌活动绿化大篷车进商区、市民海派插花大赛、园艺大讲堂外，“一花一世界”创意评选、“生态上海企地共建”“绿色上海和你一起”“手植一棵树绿化一片天”等主题活动，将绿色福祉送到了市民群众身边，让绿色福利惠及更多的社会群体。

【森林资源管理】 完成浦东、松江、青浦、金山存量森林资源更新调查，配合完成第一批次质量抽检及森林资源管理“一张图”数据成果处理。试点落实公益林管护制度，推进公益林市场化养护和林地抚育。完成《上海市森林经营规划》及东平等3座森林公园总体规划编制工作。

【种苗“四化”】 从引种、筛选、繁育和推广应用等方面推进本市林苗“四化”工作全面提速，完成编写《上海市公益林主要造林树种推荐目录（第二批）》《木本“四化”植物名录》。完成佘山森林公园、大金山岛、崇明佘山岛林木种质资源外业调查。经济林树种桃“锦春”通过品种审定，梨“七夕蜜”、桃“加纳岩”等通过品种认定，汇编《2019苗源信息》手册，社会化服务水平不断提高。

【有害生物监控】 强化森林火灾和有害生物预警、监测与巡察，开展森林防火和有害生物防控演练，切实加强重大检疫性有害生物防控。

【“安全优质信得过果园”创建】2011年，本市林业部门启动了“安全优质信得过果园”的创建工作，2019年，全市“安全优质信得过果园”达到78家，且分布于沪郊各区。统一使用专用LOGO和果品安全追溯系统。

【湿地保护修复】 贯彻落实《上海市湿地保护修复制度实施方案》，完成5个湿地生态修复项目和3个野生动物栖息地项目。发布《上海市湿地名录管理办法（暂行）》，公布《上海市重要湿地名录（第一批）》，宝山陈行—宝钢水库等13块湿地列入市级重要湿地。

【常规专项监测】开展了水鸟同步、绿（林）地鸟类监测、南汇东滩鸟类监测、环城绿带野生鸟类监测、崇明1%水鸟物种监测、横沙东滩野生鸟类监测等常规监测项目，共记录到鸟类299种485511只次。2019年夏季记录到5种1295只次两栖类动物。

【野生动植物进出口许可】 持续做好野生动植物资源管理工作，全市办理各类野生动植物资源驯养繁殖、经营利用、进出口许可3223件。

【野生动植物执法监督】 配合开展违建别墅清查治理，上报疑似违建别墅项目66个；加强野生动物保护执法，办结行政处罚案件10

件、罚款7.1万余元，配合公安部门办结行政处罚案件77件、收缴活体动物852只。

【动物繁育与展示】优化动物种群结构，提升动物繁育水平。完成36批次动物引进和23批次动物转让，新增蓝马鸡、大树蛙等5个物种。全年繁殖成活动物79种601头(只)，其中耳廓狐、圆鼻巨蜥等5种动物为首次繁殖，猩猩全人工育幼和白颊长臂猿人工育幼首获成功。

(三)生活垃圾

【概况】《上海市生活垃圾管理条例》颁布实施，市政府转发《关于贯彻落实〈上海市生活垃圾管理条例〉推进全程分类体系建设的实施意见》，全市召开生活垃圾分类工作动员万人大会。全市1.3万余个居村分类达标率由2018年底的15%提高到90%；单位分类达标率达到87%；135个街镇成功创建为“示范街镇”，10个区创建成为“示范区”，下发首批71个垃圾分类示范街镇专项补贴；可回收物回收量4049吨/日、环比增长431.8%，有害垃圾分出量0.6吨/日、环比增长504.1%，湿垃圾分出量7453吨/日、环比增长88.8%，干垃圾处置量17731吨/日、环比下降17.5%。

【垃圾分类体系建设】完成2.1万余个分类投放点规范化改造，完成4万余只道路废物箱标识更新，配置及涂装237辆可回收物回收车、87辆有害垃圾车、1461辆湿垃圾车以及3079辆干垃圾车，建成可回收物回收服务点1.5万个、中转站201个、集散场10个，餐厨废弃油脂收运、处置闭环管理落实到位。

【末端处置设施】松江、闵行二期、老港湿垃圾资源化利用项目，老港填埋二期、老港焚烧二期项目，奉贤、崇明、普陀、宝山、老港建筑垃圾资源化利用项目10个项目建成运营；宝山、金山湿垃圾资源化利用项目，浦东、宝山、奉贤、金山二期焚烧项目，崇明、金山、青浦建筑垃圾资源化利用项目9个项目开工建设；干垃圾焚烧和湿垃圾资源化利用总量从1.4万吨/日提高到2.1万吨/日，生活垃圾填埋比例从41.4%下降到20%。

【垃圾分类配套制度】生活垃圾分类收集容器配置规范、生活垃圾分类标志标识管理规范、宾馆不主动提供一次性用品目录、餐饮服务单位不主动提供一次性餐具用品目录、湿垃圾农业资源化标准等18项《条例》配套制度颁布实施；市相关部门积极履职，配套制定《建筑工地生活垃圾分类导则》《关于发挥本市社区治理和社会组织作用助推生活垃圾分类工作的指导意见》《生活垃圾分类违法行为查处规定》及处罚裁量基准等文件。

【社会宣传动员】全市主流媒体开展成系列、成专题的舆论宣传，垃圾分类相关新闻报道达到1.8万篇次；电视、广播积极开展垃圾分类公益宣传；全市举办宣传活动2万余场，完成居民入户宣传980余万次，发放宣传资料4500余万份；成立市、区、街镇《条例》宣讲团，举办集中培训3.3万余场；开展垃圾分类抖音挑战赛，短视频播放量达到4.7亿次；联手上海滑稽剧团推出垃圾分类轻喜剧，巡回演出30余场。

【垃圾分类实效测评】7—10月上海市垃圾分类实效综合测评结果新鲜出炉，本市所有区生活垃圾分类实效综合测评均达到“优秀”标准。

【建筑垃圾管理】严格渣土车辆管理，对不在网车辆进行“清标改色”，全市5530辆渣土车安装车辆右转盲区监测系统、驾驶员安全行为监测系统；加强联合惩戒，对违法违规行为的运输单位实施提醒谈话共228家次，暂停核发处置证（一个月）35家次，启动对两家运输单位许可的吊销程序；推进N1库区配套水运码头选址，保障应急消纳正常运行；推进老港建筑垃圾资源设施筹备工作，积极探索和提升建筑垃圾资源化利用水平。

【餐厨废弃油脂管理】巩固餐厨废弃油脂源头管控成效，推进落实末端焚烧设施B5生物柴油的推广应用；加强处置体系建设，全市全年餐厨废弃油脂（含油率95%以上）收运处置总量为68,904.10吨。完善餐厨垃圾申报、签约、收运、物流调配等信息化平台功能，加强餐厨垃圾收运处全程监管，进一步规范本市收运企业作业行为；全年全市餐厨垃圾收运处置总量为1039404.52吨。

【船舶废弃物管理】督促外港船舶生活垃圾接收服务企业开展自律自治，强化船废收集、分类、接收、中转、处置的全流程管理，加强船舶垃圾接收服务监管体系建设；结合大调研工作，了解并掌握内河船废收集作业的具体情况，不断优化内河船舶污染物接收作业监管，加大船舶垃圾分类收集的宣传力度，督促作业单位完善垃圾分类收集设施的建设，实施免费接收服务的全过程闭环监管，防止二次污染的发生。

（四）市容景观

【概况】加强顽症治理，健全长效机制，完成807处区域的1250项任务，清理326个占道亭棚；“六大十清”活动治理背街小巷8455条。户外广告、招牌设施管控有力，景观照明建设成效显著。“双迎”期间黄浦江、苏州河景观水域环境实现了“水生植物零污染、水面垃圾零漂浮”目标。

【进博会市容保障】完成重要区域473大项2306小项市容环境整治类工程性项目、“19+15”重要通道两侧建筑物外立面整治提升项目238处以及各委办局和企业单位牵头的109项任务；建立“月巡察、周检查”制度，共督办整改4799件市容巡察案件，及时解决60个“三跨”难题。

【景观灯光建设】完成黄浦江两岸350余栋重要楼宇建筑、近55公里岸线公共空间景观照明设施建设任务；制订迎国庆、迎进博“黄浦江光影秀”实施方案，获得市委常委会和市政府常务会审议通过，“黄浦江光影秀”广受社会好评；组织开展苏州河两岸、延安高架、南北高架沿线景观照明规划方案编制工作，初步形成景观照明总体设计方案。

【市容专项工作】100个“美丽街区”完成方案设计，78个启动建设，建成28个；全市公共设施完善提升4806处，整治建（构）筑物外立面约415.9万平方米，美化围墙约22.3万平方米，建设街景小品783处等。

【市容短板治理】积极推进零星乱设摊、高速（架）乱张贴、外立面乱设置、绿地乱抛物等顽症治理，完成807处区域的1250项任务，清理326个占道亭棚；“六大十清”（大清理、大冲洗、大展示、大参与、大巡查、大保障，清理背街小巷、工地管理、绿地花箱、沿街垃圾箱、高架桥荫、交通枢纽管理、加油站、非机动车停放、公共设施、建筑立面）活动治理背街小巷8455条。

【户外广告招牌设施】拆除违法设置和存在安全隐患的户外广告设施3700余块、户外招牌1.4万余块，加固隐患招牌设施3600余块；制定《关于加强本市户外招牌综合管理的指导意见》，建成60条店招特色道路。

【水生植物整治】从“源头、苗头、船头、岸头、田头”入手，做好重点水域保洁和水生植物整治，着力推进全流域治理，开展水生植物监控，增设拦截库区；全市出动打捞船舶48.7万艘次、人员133.4万人次，打捞水葫芦14.5万吨、绿萍约5439吨；“双迎”期间黄浦江、苏州河景观水域环境实现了“水生植物零污染、水面垃圾零漂浮”目标。

【市容环境责任区管理】继续以“七个一”工程为抓手，注重完善市容信息管理效能，责任区信息系统录入信息29万余条；加大重点人员培训力度，完成责任人、管理人员培训约13.3万人次；全面推行沿街商铺生活垃圾上门收集制度，提升1389条（段）中小道路垃圾上门收集实效；以“我的门前我清洁、我的区域我负责”为主题，每月开展城市清洁行动，累计达692场次；组织开展了《上海市市容环境卫生责任区管理办法》实施四周年暨《城市容貌规范》宣贯活动，全市16个区开展了百余场形式多样、贴近实际、贴近市民的系列宣传活动，营造了市民共治共享的良好社会氛围。

【城市清洁专项行动】组织实施“人人参与，美化环境，干干净净迎国庆、迎进博”活动，重要景点、城市主干道等区域按照每月一次要求，进行全方位、全要素冲洗保障，做好中小道路、接合部区域的盲区死角排查清理，“席地可坐”区域从17个拓展到25个。

【道路保洁】组织开展中小道路“365回头看”专项整治行动，352条中小道路已全部整治完成；优化调整道路废物箱设置，在废物箱顶部张贴标识，推进废物箱分类收集工作；固化见实效的作业方法，如“链式”六车联动机械化作业等；打造42条落叶景观道路；加强监控扬尘易污染路段，重点保障道路进行地毯式有效冲洗。

【车洗管理】备案清洗场（站）1103家，同比增长22.3%；创建完成100家机动车清洗规范服务示范点；建立健全机动车清洗企业单用途预付消费卡管理制度；组织开展节水洗车系列宣传活动17场，新增便民洗车服务点100个。

【全国首个地方性智慧公厕建设导则出台】《上海市智慧公厕导则（试行）》是全国首个关于智慧公厕建设的规范性文件，《导则》从四方面涵盖了本市智慧公厕的建设标准，共涉及61项设施配置，通过分类分级方式，明确了基本、推荐和高级三种不同的配置要求。

【环卫公厕】全市新建环卫公厕23座、改建171座、增设第三卫生间58座。持续推进“智慧公厕”建设，正式出台《上海市智慧公厕建设导则(试行)》。

【最美公厕评选】由市绿化和市容局、市文旅局、市文明办、东方网主办的“2019寻找上海‘最美厕所’”活动揭晓。经过市民网络投票、评审团寻访、专家打分等程序，浦东机场家庭卫生间、浦锦街道风筝公园公厕、嘉定北站公共卫生空间等20座厕所当选2019年上海“最美厕所”，旅游公共服务中心厕所、上海高岛屋百货洗手间、共康四村智慧公厕等5座厕所当选2019年上海“特色厕所”。

（五）行业发展

【概况】行业发展基础愈加扎实。坚持强基础、重管理，充分发挥规划引领、法治保障、科技信息等支撑保障作用，不断夯实行业发展基础。

【政策发挥保障】颁布《上海市景观照明管理办法》，完成《上海市户外招牌设置管理办法》《上海市水域市容环境卫生管理规定》两件规章草案送审，推进《上海市实施〈中华人民共和国野生动物保护法〉办法》修改前期研究，制定行业规范性文件4件。

【优化营商环境】制订实施《优化行业营商环境行动方案》，明确21项工作任务；“一网通办”改革效能稳步提升，电子证照归集和数据共享初见成效，行政许可“双减半”落地率不断提高，“好差评”制度落实到位，全年完成“减材料”任务151件；深化“放管服”改革，进一步规范生活垃圾经营性服务、园林绿化建设工程等事项办理要求；支持自贸区临港新片区、浦东新区行政审批制度改革，下放绿地、林地占用审批权。

【大调研常态化制度化】坚持“问题导向、需求导向、效果导向”，始终把大调研作为抓落实、抓推进的重要抓手，全面形成“问题清单、措施清单、解决清单、制度清单”，解决一批“三跨”问题；共开展调研1194次，覆盖对象1293家，发现问题894个，已解决问题807条，解决率达到91%，收到工作建议349条。

【社会宣传】组织开展新闻发布会、通气会、现场采访会47场，接待媒体采访330余人次，主动组稿200多篇；形成“阿拉一道来”等品牌栏目；“绿色上海”微信粉丝数已达22万；圆满完成2019年民生访谈和政风行风热线活动。

【文明行业创建】绿化、公厕管理与服务、道路保洁和垃圾清运行业荣获“上海市第十届文明行业”称号，均实现十三连增。上海古猗园等24家单位获得“上海市第十九届文明单位”荣誉称号。

【标准化研究】完成“珍稀鸟类人工孵化和育雏技术优化和应用”等20个科研项目验收，两个中央财政林业科技示范推广项目、《垃圾房技术标准》等5项地方标准获批；完成“分类收运质量在线”生活垃圾监管平台建设并投入试运行；开展人工智能技术应用设计研究，部分项目形成可行性方案；推进环卫新能源车应用，30款新车型通过地方标准检测。

【保障职工合法权益】深化和完善绿化养护和环卫行业集体协商机制，推进一线职工收入正常增长机制的落实。先后组织召开了上海市环卫行业第九次集体协商签约仪式和上海市绿化养护行业第四次集体协商签约仪式，明确了完善绿化养护职工收入正常增长机制、调整绿化养护行业最低工资标准、设立绩效考核奖、调整夏季高温津贴标准、建立职工意外保险制度、加强对职工的技能培训等事项；明确了完善环卫职工工资正常增长机制、调整环卫行业最低工资标准、设立绩效考核奖、调整夏季高温津贴标准等事项，为保障职工权益、稳定职工队伍、提高职工素质提供政策保障。

【安全维稳】强化行业防汛防台工作，成功防御“利奇马”“米娜”台风袭击；深入开展行业扫黑除恶专项斗争；积极配合第二轮中央生态环保督察；健全信访维稳、诉求处置工作机制，受理处置群众信访670件、市民诉求37054件，信访办结率100%，转送交办率100%，受理告知100%。市民诉求处置工作获得上海市民服务热线绩效考核“优秀”等次。

（周海霞）

PART FOUR Ⅳ

环境保护

ENVIRONMENTAL PROTECTION

（一）综述

2019 年是打好污染防治攻坚战的关键年。上海市坚持以习近平新时代中国特色社会主义思想为引领，深入学习贯彻习近平总书记考察上海重要讲话精神和习近平生态文明思想，协同推进经济高质量发展、污染防治攻坚战和长三角一体化发展创新示范，圆满完成第二届中国国际进口博览会环境保障工作，各项工作进展顺利，生态环境质量稳定改善。

2019 年，上海市环境空气中细颗粒物（$PM_{2.5}$）年均浓度为 35 微克 / 立方米，达到国家环境空气质量二级标准；全市主要河流水质较 2018 年有所改善，考核断面中劣Ⅴ类比例下降至 1.1%；在用集中式饮用水水源地水质全面达标；农用地土壤环境质量总体较好；地下水环境质量和海洋环境质量总体保持稳定；区域环境噪声有所改善；辐射环境质量保持正常水平；生态环境状况良好。

（二）环境工程建设

【概况】2019 年是上海市第七轮环保三年行动计划实施关键年。依托上海市生态环境保护和建设工作领导小组协调推进平台，第七轮计划总体进展顺利。截至 2019 年底，第七轮环保三年行动计划 250 个项目中，启动（开工）237 个，启动（开工）率 95%；完成 104 个，完成率 42%。水专项，完成白龙港污水处理厂提标改造工程、泰和污水处理厂新建工程，全市新增一级 A 污水处理能力 320 万立方米 / 日；完成河道整治 558 公里。大气专项，重点用煤企业煤炭消费总量同比下降 3.3%，完成 3851 台中小燃油燃气锅炉低氮改造，累计推广新能源车 30.2 万辆。固废专项，生活垃圾源头分类减量覆盖比例达到 95%，全市干垃圾焚烧和湿垃圾资源化处理能力达到 2.485 万吨 / 日，生活垃圾填埋能力达到 1.535 万吨 / 日。工业专项，研究形成《上海产业结构调整指导目录限制和淘汰类（2020 年版）》，完成 1081 个项目并启动 8 个重点区域（专项）的产业结构调整，完成“198”区域减量 15.25 平方公里。农业农村专项，畜禽粪污综合利用率达到 96% 以上，规模化畜禽养殖场粪污处理设施装备配套率达到 100%。农药包装废弃物回收率达到 99% 以上，主要农作物秸秆综合利用率达到 96%；完成 7.3 万户村庄改造。生态建设专项，新增造林面积 11.3 万亩，森林覆盖率达到 17.56%；完成绿地建设 1201 公顷、绿道 210 公里、立体绿化 40 万平方米，人均公园绿地面积达到 8.35 平方米。循环经济专项，启动实施 14 家国家级、21 家市级园区循环化改造，持续推进临港国家再制造产业示范基地建设；建成“两网融合”回收服务点 13998 个、中转点 181 个、大型集散场 9 个。

【环保投入】2019 年，上海市环保投入资金约 1079.25 亿元，相当于同年上海市国内生产总值（GDP）的 2.8%。其中，城市环境基础设施建设投资为 455.66 亿元，污染源防治投资为 265.43 亿元，环保设施运转费为 147.70 亿元，农村环境保护投资为 138.49 亿元，生态保护和建设投资为 43.29 亿元，循环经济及其他方面投资为 18.91 亿元，环境管理能力建设投资为 9.78 亿元，分别占投资的 42.2%、24.6%、13.7%、12.8%、4.0%、1.8% 和 0.9%。

（三）污染防治

【概况】2019 年，上海市继续推进《上海市清洁空气行动计划（2018—2022 年）》，制定《清洁空气行动计划2019年区级任务清单》和《2019年上海市大气污染防治工作要点》，各项任务有序推进。

【固定源污染控制】 着力推进实施钢铁行业超低排放改造和工业炉窑专项治理方案，完成宝钢股份近50%产能的超低排放改造，完成工业炉窑治理37台。另外，完成结构调整1000余家，“散乱污”企业整治204家，粉尘无组织排放整治70家。

【流动源污染控制】 1月1日起上海市油品供应实现车用柴油、普通柴油、部分船舶用油“三油并轨”。5月1日上海市机动车排放检验机构全面实施《汽油车污染物排放限值及测量方法》和《柴油车污染物排放限值及测量方法》两项新标准。7月1日上海市提前实施轻型车国6b阶段排放标准，并开发上线“上海机动车环保认证助手”。10月1日起上海市实施高排放非道路移动机械禁止使用区，并开展非道路移动机械申报登记，近5万台机械完成了注册登记。11月1日起，上海市对新车注册登记开展排放检测，并在在用车排放检验中正式开展OBD检验和柴油车氮氧化物检验。12月1日起上海市全面实施机动车排放检验与强制维护制度，实现检验超标机动车闭环管理。老旧车淘汰方面，出台了国三柴油货车扩大限行及提前淘汰补贴政策，并于10月1日起正式启动上海市国三柴油车提前报废补贴工作，全年淘汰老旧车3.3万辆。

【其他方面控制】 扩大扬尘在线监测范围，监测点位累计超过3600个；开展商业综合体油烟污染集约化治理试点，完成治理863家。

【继续推进落实《上海市水污染防治行动计划实施方案》】 至2019年底，87个工程项目中，竹园第一、第二污水处理厂等污水厂提标改造、虹桥污水处理厂及配套管网新建工程、一批饮用水水源保护项目、郊区污泥处理工程及通沟污泥处理设施项目等75个项目已经完工，工程项目完工率约为86%。101个管理项目中，国考断面水质达标整治、泵站在线监测试点、《上海市环境保护条例》和《上海市污水综合排放标准》修订、不规范畜禽养殖户关闭等48项工作已经完成，管理项目完成率约为47%。项目总体完工率为65%。

【坚决打好碧水保卫战】 围绕“2018年底前全面稳定消除河道黑臭，2020年力争全面消除劣V类水体”的目标，深化河长制、落实湖长制，以苏州河综合整治四期工程为引领，落实“清水行动”计划，实施劣V类水体治理三年行动计划，全力以赴打好“消黑、消劣”攻坚战。对照全市1.88万条劣V类河道清单，全年已完成7600余条段劣V类河道整治，劣V类水体占比降至7.8%，超额完成年度计划目标。实施长江入河排污口排查整治工作，印发《上海市长江入河排污口排查整治专项工作方案》，完成无人机航测，配合生态环境部开展长江入河排污口现场二级、三级排查工作。

【贯彻落实《中华人民共和国土壤污染防治法》】一是建立建设用地土壤环境管理制度。市生态环境局印发《上海市建设用地地块土壤污染状况调查、风险评估、效果评估等报告评审规定（试行）》《上海市建设用地地块土壤和地下水污染状况调查、风险评估、效果评估等报告评审专家库管理办法》《关于规范建设用地土壤污染状况调查、风险评估、效果评估等报告第三方评审规定的通知》《上海市建设用地地块土壤污染风险管控和修复工作指南（试行）》等一系列文件，完善了评审程序，规范了评审专家行为，统一了评审标准和规范。二是加强重点监管单位监管。市生态环境局出台了《关于开展上海市土壤污染重点监管单位土壤和地下水污染隐患排查工作的通知》《上海市土壤污染重点监管单位土壤和地下水污染隐患排查工作指南(试行)》等文件，加强对上海市土壤污染重点监管单位土壤污染防治工作的监督指导。三是加强农用地土壤环境管理。市农业农村委会同市生态环境局、规划资源局联合印发《上海市优先保护类耕地集中区域土壤环境保护工作方案》等文件，在农用地土壤环境质量类别划定的基础上，积极落实农用地分类管理。

【推进落实《上海市土壤污染防治行动计划实施方案》】2019年，上海市顺利完成了"土十条"年度重点工作。一是完成农用地详查成果集成工作，完成耕地土壤环境质量类别划定工作，稳步推进上海市重点行业企业用地土壤污染状况调查。二是加强源头防控，积极推进涉重金属行业污染防控，全年化肥、农药使用量实现负增长。三是落实农用地分类管理，确定并推进受污染耕地安全利用和重度污染耕地退耕还林任务。四是加强建设用地准入管理，建立并公开了建设用地风险管控和修复名录。五是强化信息公开，公布了上海市163家土壤环境污染重点监管单位名录。

【制订印发《上海市地下水污染防治实施方案》】按照国家《地下水污染防治实施方案》要求，围绕"一保、二建、三协同、四落实"的总体任务目标，市生态环境局会同市水务局等9部门制订印发《上海市地下水污染防治实施方案》，加快地下水污染防治工作部署。

【打好农业农村污染治理攻坚战】2019年，上海市印发《上海市农业农村污染治理攻坚战行动计划实施方案》，形成四大方面14项主要工作内容，重点聚焦农业面源污染和生态退化、农村人居环境整治短板、农村生态环境监管基础薄弱等突出问题，细化任务要求，注重措施落实。对照国家提出的"硬任务""硬指标"，上海市配套提出农业农村污染治理攻坚战25项重点评估指标，每季度调度工作进展，确保措施落实到位，工作见行见效。至2019年底，25项评估指标中已有19项提前完成，其余6项指标正在稳步推进。

【强化农村环境保护和农业面源污染监督指导】一是推动农村生活污水收集处理。2019年，按照国家要求，上海市制定并发布《农村生活污水处理设施水污染物排放标准》。开展上海市农村生活污水处理设施水污染物排放调查监测，督促已建成的农村生活污水处理设施正常运行。二是推进农作物秸秆综合利用。实施第四轮秸秆综合利用扶持政策，进一步引导、鼓励和推进秸秆综合利用。发挥长效管理工作机制，继续在"三秋"期间开展秸秆禁烧工作的无人机巡查和飞行抽查，提高市级巡查的频次和覆盖面。三是拓展信息化手段的实践运用。利用大数据进行系统分析，提高管理措施的针对性。开展种植业面源和水产养殖对水环境的影响分析，研究提出行之有效的管理和防控对策。四是强化畜禽养殖业污染治理。将资源化利用作为畜禽养殖废弃物的根本出路，推进种养结合、生态还田等绿色治理模式，畜禽粪污综合利用率达到96%以上。按照生态环境部和农业农村部的部署，开展上海市畜禽养殖禁养区规范调整和排摸工作，进一步规范畜禽养殖禁养区划定。

【重点区域综合整治】2019年是第二轮金山地区环境综合整治实施关键年，市级层面科学谋划、全面部署推进，金山区、奉贤区、上海化工区、上海石化等积极落实主体责任，各有关委办局全力协同推进，整治总体进展顺利。重点包括：关停金日阳光石材厂、上海锦洁包装材料有限公司等一批企业，完成紫荆花涂料、古象化工科技、英威达尼龙化工等一批产业升级和深化治理项目，完成赞翊建材、上海市政工程材料等社会源整治，建成绿地约 12 公顷，完成无违居村（街镇、工业区）创建、美丽乡村建设、农村生活污水收集处理等区域环境整治项目，完成金山永久生活垃圾综合处理厂改扩建工程（一期）、通沟污泥处置工程等多个基础设施项目，完成金山区大气复合污染综合观测站、化工区重点企业污染源指纹库等能力建设项目。金山地区环境质量持续好转，环境信访投诉下降，群众感受度持续提升。

（四）法规政策

【环境立法】2019 年，重点围绕环评等重点领域推进地方政府规章修订。对接修改后的环境影响评价法等法律法规，结合上海市环评制度改革方案，对《上海市实施〈中华人民共和国环境影响评价法〉办法》进行全面修改，修订与上位法不一致的条款，固化完善上海市环评制度改革成果。同时，开展土壤污染防治地方立法调研，对餐饮和扬尘污染防治等地方政府规章开展修法调研和立法后评估，做好立法储备。此外，废止已不适应当前管理需要的《上海市危险废物污染防治办法》。

【环保执法】2019 年，上海市生态环境系统查处案件 2427 件，处罚金额近 3.4 亿元。多种执法手段有效运用，按日计罚 2 件，处罚金额共 122.7 万元，实施查封扣押 121 件，限制生产、停产整治 11 件，移交公安部门行政拘留 13 件，移交公安部门涉嫌环境污染犯罪 28 件。

表 1 2015—2019 年上海市环保行政处罚情况

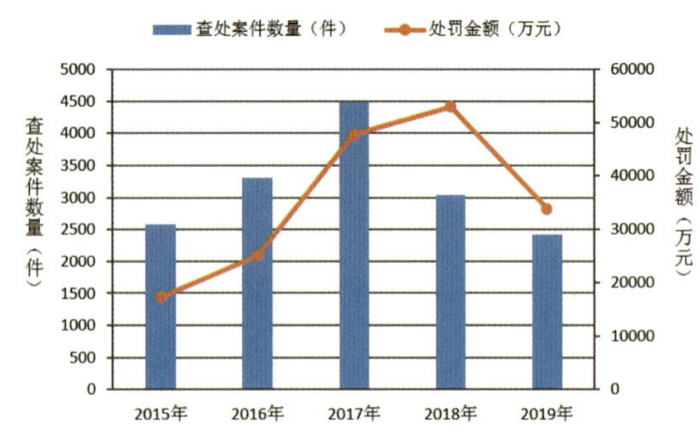

【环评制度改革】在生态环境部的授权下，上海市开展了环评制度改革，形成了“1+8+5”环评改革政策体系，即 1 个总体方案、8 项重要制度和 5 项保障措施。具体成效包括：一是分类管理。出台分类管理重点行业名录，对于约 20% 的环境影响大、风险高的重点行业项目，实行严格的环评审批和事中事后监管。对于未列入重点行业名录的一般项目，分类实施豁免环评、环评简化、告知承诺等简化举措。

二是源头减量。修订上海市环评豁免名录，对环境影响小、风险低的项目免予环评。全市约四分之一的建设项目豁免环评手续，切实优化营商环境，降低企业成本。

三是优化简化。出台规划环评与项目环评联动的实施意见，在规划环评措施落地的区域，项目环评实行联动简化。出台建设项目环评公众参与办法，优化公众参与的次数和时间，取消入户问卷调查。出台建设项目环评审批告知承诺管理办法，对部分编制报告表的项目实施告知承诺管理，实现即来即办。

四是强化监管。出台事中事后监督管理办法，从监管力量、监管内容、监管手段三方面强化监管。监管力量上，构建市、区、街镇三级监管。监管内容上，对审批制项目、告知承诺制项目及备案制项目采取差别化的事中事后监管措施。监管手段上，不断扩大污染源在线监测的范围，借助科技手段拓展监管方式，充分利用大数据和信息化手段提升监管水平。

五是优化服务。制定行业环保守则，明确相关行业的环境管理要求，指导企业更好地落实企业主体责任。实现环评“一网通办”，建设单位在线提交申请，生态环境部门线上办理审批，实现审批材料目录化、标准化、电子化。

【生态环境损害赔偿制度改革】2019 年，上海市全面推进生态环境损害赔偿改革各项工作。在《上海市生态环境损害赔偿制度改革工作实施方案》总体制度框架下，印发《上海市高级人民法院关于审理政府提起生态环境损害赔偿民事案件的若干意见》，编制关于调查、磋商、修复评估和信息公开的配套办法，不断完善制度体系，稳步推进案例实践。

【“三线一单”编制与管理】2019 年，完成“三线一单”（“三线一单”指生态保护红线、环境质量底线、资源利用上线和生态环境准入清单）编制工作。在生态环境部的指导下，紧密围绕 2035 建设“生态之城”总目标，以环境质量改善目标为导向，对照最高标准、最好水平，统筹协调、形成合力，突出重点、有序推进，完成了“三线一单”编制并顺利通过国家技术审核。一是划定了三大类 293 个环境管控单元，初步构建覆盖全市的生态环境分区管控体系；二是从空间布局约束、污染物排放控制、环境风险管控和资源利用效率四个维度，编制了优先、重点、一般三大类统一的环境准入清单，明确每个空间单元的环境管控要求，为产业绿色、高质量发展做好指引；三是同步建设“三线一单”数据管理系统，具备环境管控单元和准入清单对应查询、污染源数据导入等技术展示功能和数据库动态管理功能。

（五）环境质量状况

【概况】2019 年，上海市环境空气中细颗粒物（$PM_{2.5}$）年均浓度为 35 微克 / 立方米，达到国家环境空气质量二级标准；全市主要河流水质较 2018 年有所改善，考核断面中劣Ⅴ类比例下降至 1.1%；在用集中式饮用水水源地水质全面达标；农用地土壤环境质量总体较好；地下水环境质量和海洋环境质量总体保持稳定；区域环境噪声有所改善；辐射环境质量保持正常水平；生态环境状况良好。

【环境空气质量】2019 年，上海市环境空气质量指数（AQI）优良天数为 309 天，AQI 优良率为 84.7%。其中，优 80 天，良 229 天，轻度污染 48 天，中度污染 7 天，重度污染 1 天。全年 56 个污染日中，首要污染物为臭氧的有 26 天，占 46.4%；首要污染物为细颗粒物（$PM_{2.5}$）的有 25 天，占 44.6%；首要污染物为可吸入颗粒物（PM10）的有 3 天，占 5.4%；首要污染物为二氧化氮（NO_2）的有 2 天，占 3.6%。

【主要污染指标】

（1）细颗粒物（$PM_{2.5}$）

2019 年，上海市 $PM_{2.5}$ 年均浓度为 35 微克 / 立方米，达到国家环境空气质量二级标准。按月统计，9 月平均浓度最低，为 21 微克 / 立方米；12 月平均浓度最高，为 50 微克 / 立方米。近 5 年的监测数据表明，上海市 $PM_{2.5}$ 年均浓度总体呈下降趋势。各区 $PM_{2.5}$ 浓度空间分布总体呈西高东低的态势。

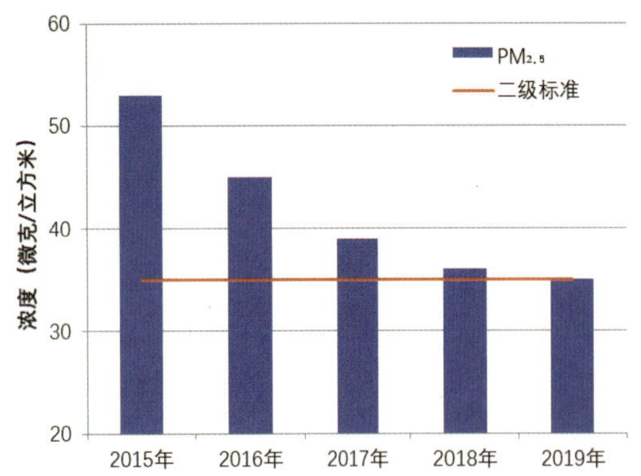

图 1　2015—2019 年上海市 $PM_{2.5}$ 年均浓度变化趋势图

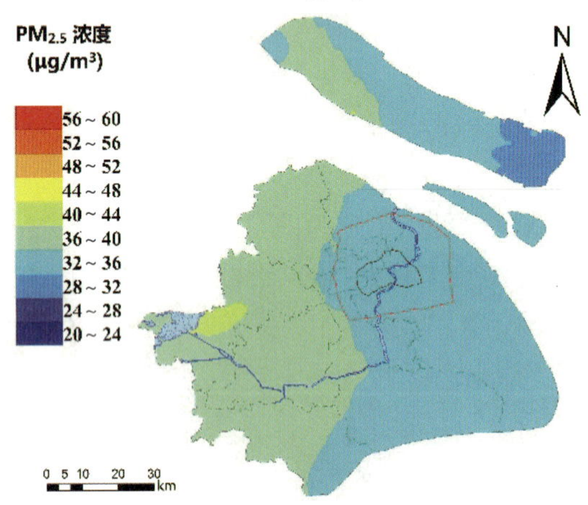

图 2　2019 年上海市各区 $PM_{2.5}$ 浓度空间分布示意图

（2）可吸入颗粒物（PM_{10}）

2019 年，上海市 PM_{10} 年均浓度为 45 微克 / 立方米，达到国家环境空气质量二级标准。近 5 年的监测数据表明，上海市 PM_{10} 年均浓度总体呈下降趋势，已连续五年达到国家环境空气质量二级标准。各区 PM_{10} 浓度空间分布总体呈西高东低的态势。

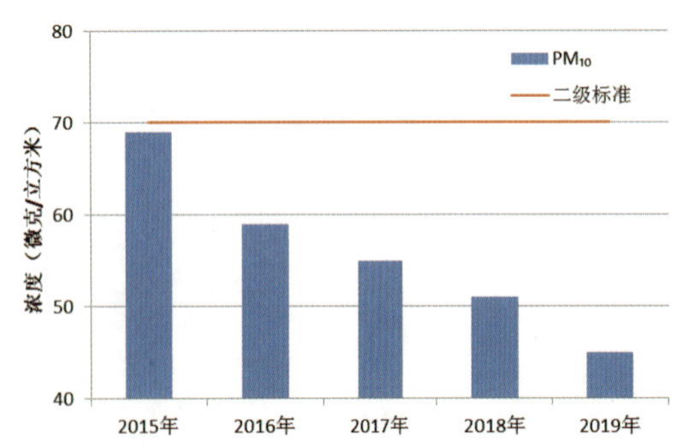

图 3　2015—2019 年上海市 PM10 年均浓度变化趋势图

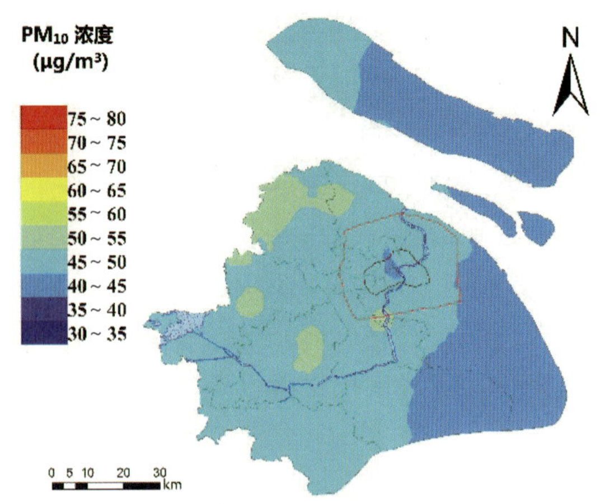

图 4　2019 年上海市各区 PM_{10} 浓度空间分布示意图

（3）二氧化硫（SO_2）

2019 年，上海市 SO_2 年均浓度为 7 微克 / 立方米，达到国家环境空气质量一级标准。近 5 年的监测数据表明，上海市 SO_2 年均浓度均达到国家环境空气质量一级标准，且总体呈下降趋势。各区 SO_2 浓度总体较低。

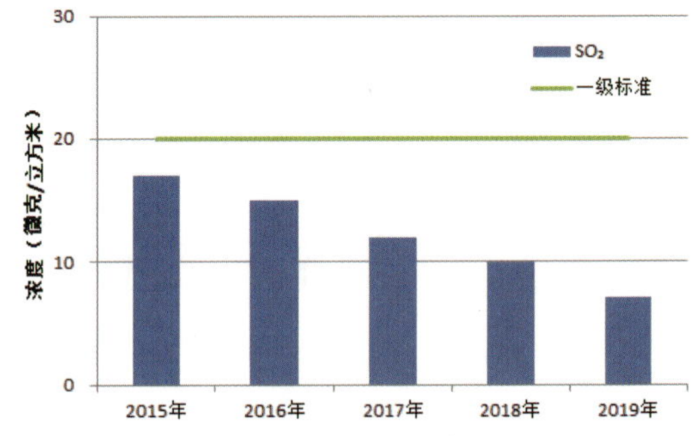

图 5　2015—2019 年上海市 SO_2 年均浓度变化趋势图

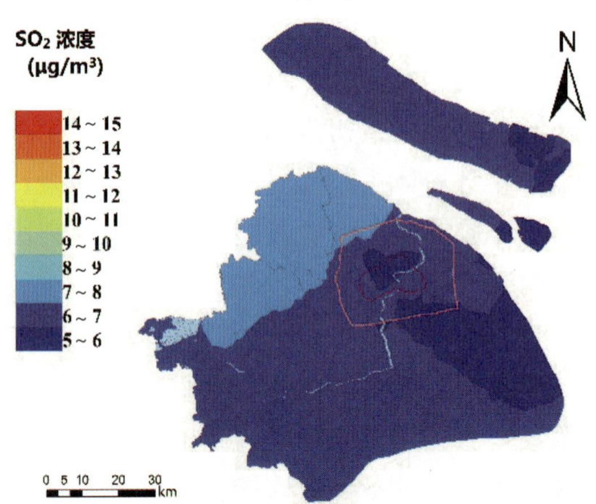

图 6　2019 年上海市各区 SO_2 浓度空间分布示意图

（4）二氧化氮（NO_2）

2019 年，上海市 NO_2 年均浓度为 42 微克 / 立方米，超出国家环境空气质量二级标准 2 微克 / 立方米。近 5 年的监测数据表明，上海市 NO_2 年均浓度均未达到国家环境空气质量二级标准。各区 NO_2 浓度空间分布总体呈市中心向周边区域递减的趋势，浦西地区 NO_2 浓度总体高于浦东地区。

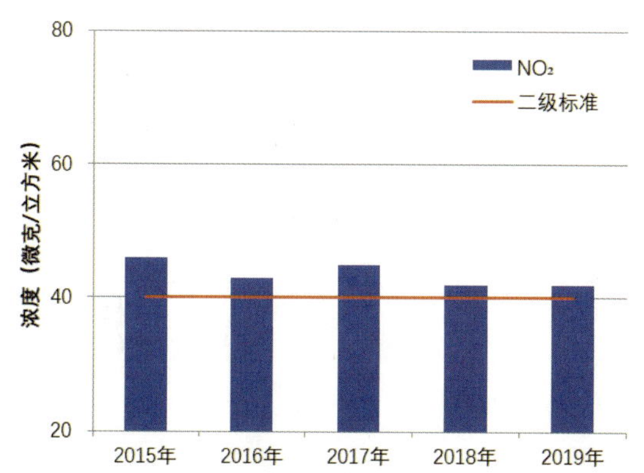

图 7 2015—2019 年上海市 NO_2 年均浓度变化趋势图

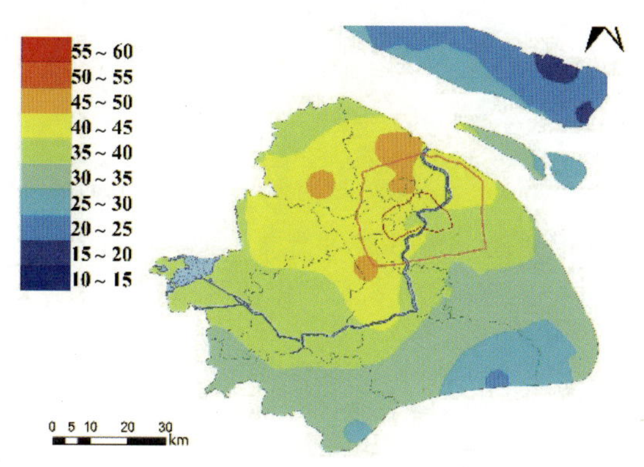

图 8 2019 年上海市各区 NO_2 浓度空间分布示意图

（5）臭氧（O_3）

2019 年，上海市 O_3 日最大 8 小时平均第 90 百分位数浓度为 151 微克 / 立方米，达到国家环境空气质量二级标准。各国控点 O_3 日最大 8 小时平均值的达标率为 86.0% ～ 93.8%。近 5 年的监测数据表明，上海市 O_3 日最大 8 小时平均第 90 百分位数浓度在达标线（160 微克 / 立方米）上下波动。

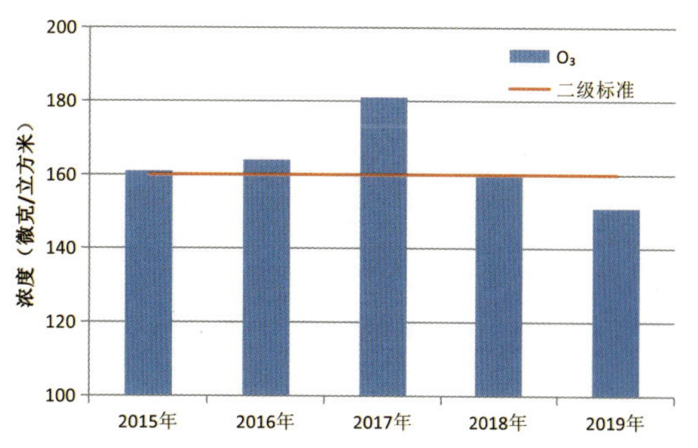

图 9 2015—2019 年上海市 O_3 浓度变化趋势图

（6）一氧化碳（CO）

2019 年，上海市 CO 日均浓度范围在 0.3 ～ 1.6 毫克 / 立方米之间，全部达到国家环境空气质量一级标准。全市年均浓度为 0.66 毫克 / 立方米。近 5 年的监测数据表明，上海市 CO 日均浓度达标率均为 100%，年均浓度均维持在 1.0 毫克 / 立方米以下。

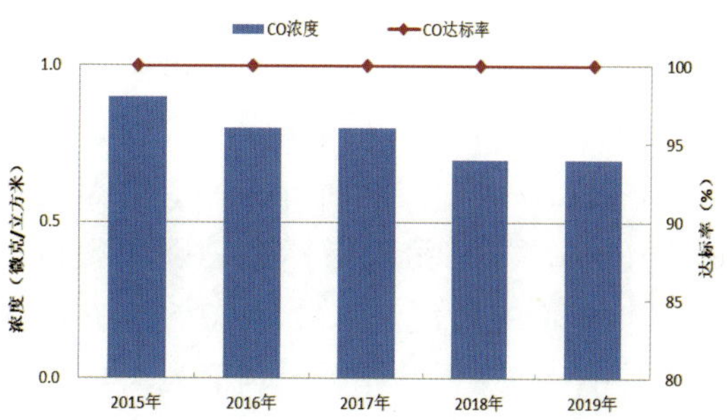

图 10 2015—2019 年上海市 CO 浓度变化趋势图

（7）酸雨

2019 年，全市降水 pH 平均值为 5.34，酸雨频率为 44.5%，较 2018 年下降 9.3 个百分点。近 5 年的监测数据表明，上海市酸雨污染总体呈下降趋势。

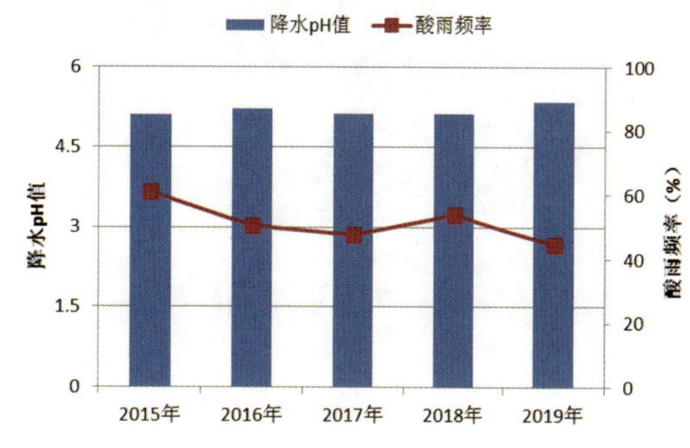

图 11 2015—2019 年上海市酸雨频率和降水 pH 值变化趋势图

（8）道路扬尘颗粒物

2019 年，全市平均道路扬尘颗粒物浓度为 0.105 毫克 / 立方米，较 2018 年下降 0.006 毫克 / 立方米；各区道路扬尘颗粒物平均浓度在 0.095 ~ 0.113 毫克 / 立方米之间。

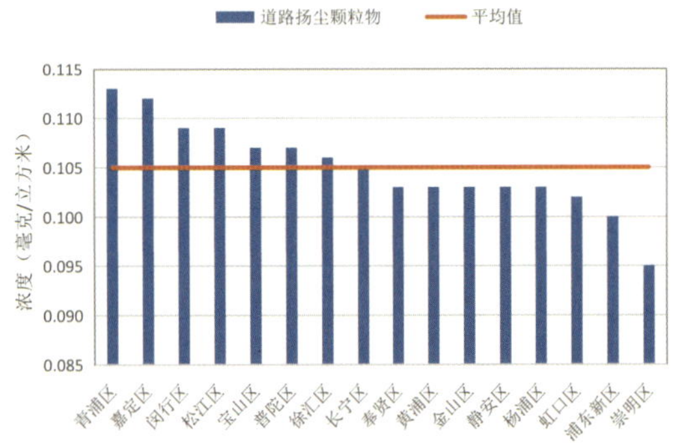

图 12　2019 年上海市各区道路扬尘颗粒物浓度图

【地表水环境质量】 2019 年全市主要河流断面中，Ⅱ ~ Ⅲ类水质断面占 48.3%，Ⅳ类断面占 47.5%，Ⅴ类断面占 3.1%，劣Ⅴ类断面占 1.1%，主要污染指标为总磷和氨氮。2019 年全市主要河流水质较 2018 年有所改善。其中：高锰酸盐指数平均值为 4.4 毫克 / 升，同比下降 4.3%；氨氮平均浓度为 0.61 毫克 / 升，同比下降 35.1%；总磷平均浓度为 0.191 毫克 / 升，同比下降 7.3%。淀山湖处于轻度富营养状态，较 2018 年略有改善。

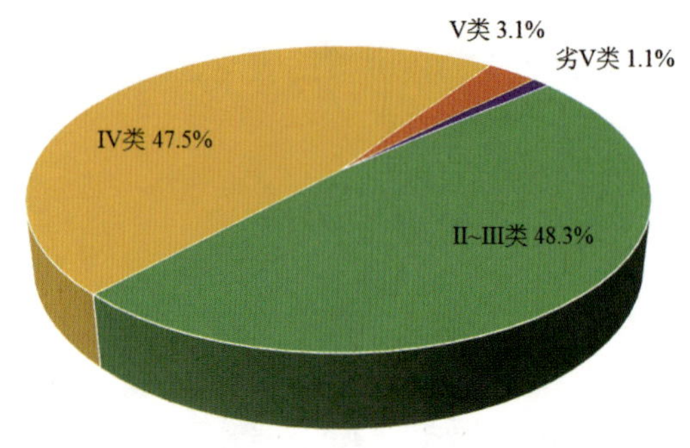

图 13　2019 年上海市主要河流断面水质类别比例

【重点河流水质】

（1）黄浦江

黄浦江 6 个断面中，1 个断面水质为Ⅱ类，5 个断面水质为Ⅲ类。与 2018 年相比，总体水质略有改善。主要指标中，高锰酸盐指数平均值、氨氮和总磷平均浓度分别下降 7.7%、12.1% 和 11.4%。

（2）苏州河

苏州河 7 个断面水质均为Ⅳ类，主要污染指标为总磷和氨氮。与 2018 年相比，总体水质显著改善。主要指标中，高锰酸盐指数平均值、氨氮和总磷平均浓度分别下降 8.7%、36.9% 和 15.8%。

（3）长江口

长江口 7 个断面中，3 个断面水质为Ⅱ类，4 个断面水质为Ⅲ类。与 2018 年相比，总体水质基本持平。主要指标中，高锰酸盐指数平均值、氨氮和总磷平均浓度分别下降 4.2%、7.1% 和 6.0%。

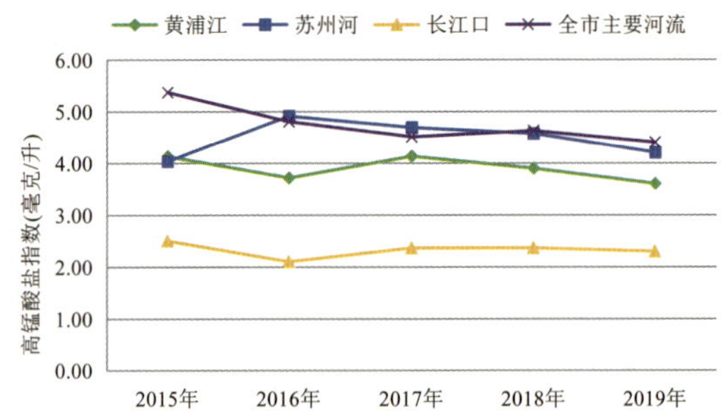

图 14　2015—2019 年上海市主要河流高锰酸盐指数浓度变化趋势图

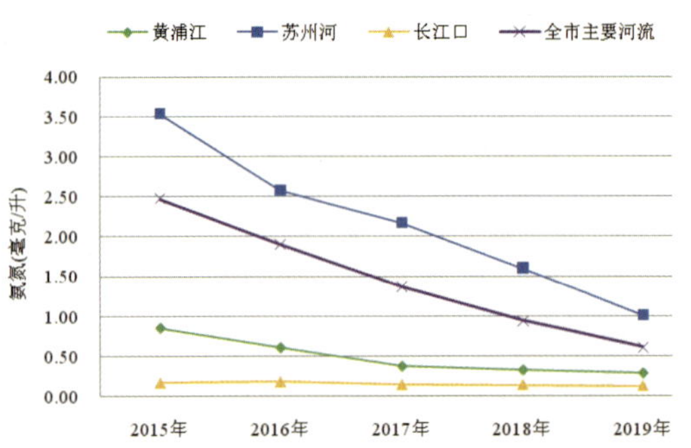

图 15　2015—2019 年上海市主要河流氨氮浓度变化趋势图

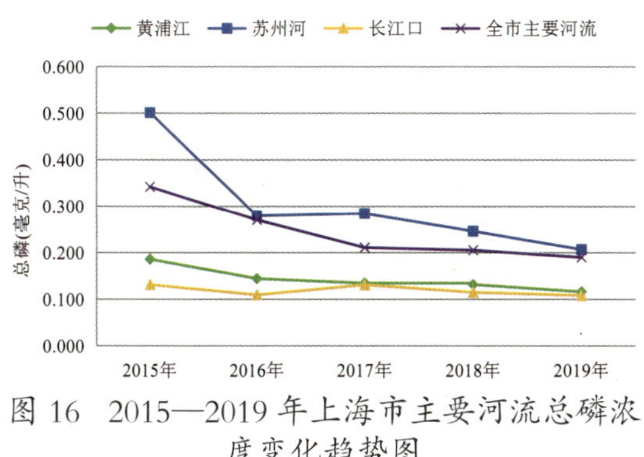

图 16　2015—2019 年上海市主要河流总磷浓度变化趋势图

（4）集中式饮用水水源地水质状况

上海市共有 4 个在用集中式饮用水水源，包括：长江青草沙、东风西沙、陈行和黄浦江金泽。2019 年，4 个在用集中式饮用水水源地水质全部达标（达到或优于 III 类标准）。

【地下水环境质量】2019 年，以地下水含水系统为单元，以潜水为主的浅层地下水和承压水为主的中深层地下水为对象，市规划资源局对纳入国家地下水环境质量考核的上海市 13 个国家级监测点开展了地下水水质监测，并依据《地下水质量标准》（GB/T 14848—2017）进行了评价。评价结果显示，2019 年上海市地下水水质为Ⅲ类、Ⅳ类、Ⅴ类的监测点数量分别为 2 个、10 个和 1 个，分别占 15.4%、76.9% 和 7.7%。上海地区地下水质量总体保持稳定，其中影响潜水质量综合评价的指标主要为铁、锰、总硬度和亚硝酸盐，铁、锰在潜水中为高背景环境，总硬度和亚硝酸盐则可能受人类活动影响；影响承压水综合质量评价的指标主要为铁和锰，铁、锰在承压水中亦为高背景环境。

【海洋环境质量】2019 年，上海市海域符合第一和第二类海水水质标准的监测点位占 20.5%，符合第三和第四类标准的监测点位占 10.3%，劣于第四类标准的监测点位占 69.2%，主要污染指标为无机氮和活性磷酸盐。与 2018 年相比，符合第一、第二类海水水质标准的监测点位比例上升 9.7 个百分点，符合第三、第四类标准的监测点位比例下降 8.1 个百分点，劣于第四类标准的监测点位比例上升 1.6 个百分点。无机氮平均浓度为 0.817 毫克 / 升，同比下降 11.2%；活性磷酸盐平均浓度为 0.0357 毫克 / 升，同比上升 1.2%；化学需氧量平均浓度为 1.40 毫克 / 升，同比下降 29.0%。

（1）长江口外海域

长江口外海域符合第一和第二类海水水质标准的监测点位占 25.0%，符合第三和第四类标准的监测点位占 12.5%，劣于第四类标准的监测点位占 62.5%。主要污染指标中，无机氮和活性磷酸盐浓度分别上升 1.3% 和 11.1%，化学需氧量浓度下降 26.1%。

（2）杭州湾海域

杭州湾海域所有监测点位均劣于第四类海水水质标准，与 2018 年保持一致。主要污染指标中，活性磷酸盐浓度上升 7.5%，无机氮和化学需氧量浓度分别下降 12.9% 和 10.3%。

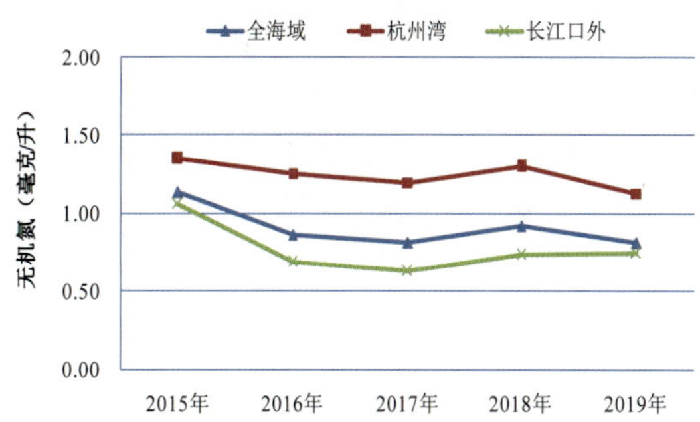

图 17　2015—2019 年上海市海域无机氮浓度变化趋势图

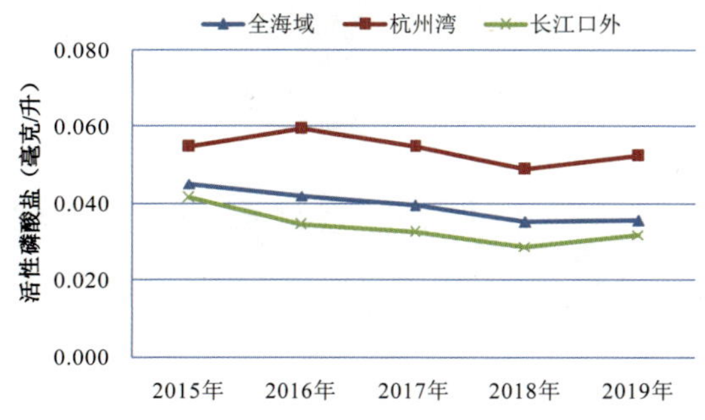

图 18　2015—2019 年上海市海域活性磷酸盐浓度变化趋势图

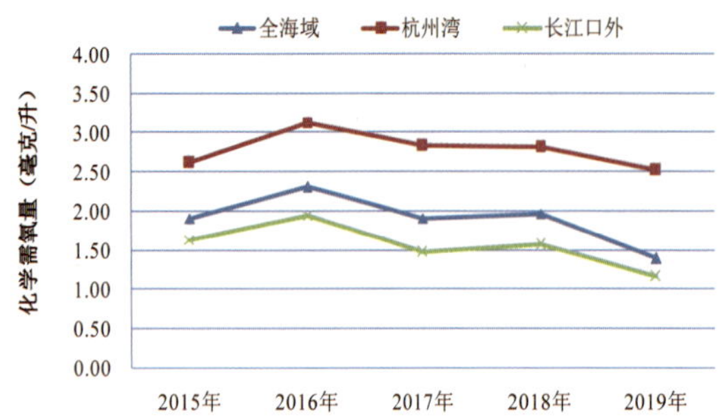

图 19　2015—2019 年上海市海域化学需氧量浓度变化趋势图

【土壤环境质量】根据 2017—2019 年上海市国家土壤环境监测网基础点位的例行监测结果，农用地土壤环境质量总体较好。

【声环境质量】2019 年，上海市区域环境噪声基本保持稳定，道路交通噪声有所改善。

（1）区域环境噪声

2019 年，上海市区域环境噪声昼间时段的平均等效声级为 54.9dB(A)，较 2018 年上升 0.3 dB(A)；夜间时段的平均等效声级为 47.7 dB(A)，较 2018 年下降 0.6 dB(A)。昼间时段有 89.6% 的测点达到好、较好和一般水平，夜间时段有 74.3% 的测点达到好、较好和一般水平。近 5 年的监测数据表明，上海市区域环境噪声昼间时段平均在 55 ~ 56 dB(A)，夜间时段平均在 48 ~ 49 dB(A)，总体保持稳定。

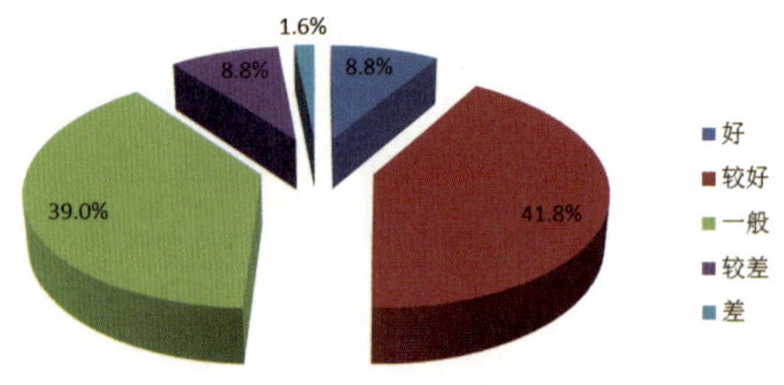

图 20　2019 年上海市昼间时段区域环境噪声等级分布

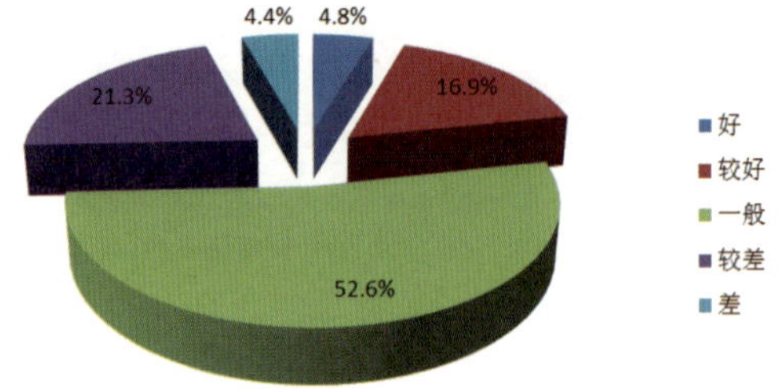

图 21　2019 年上海市夜间时段区域环境噪声等级分布

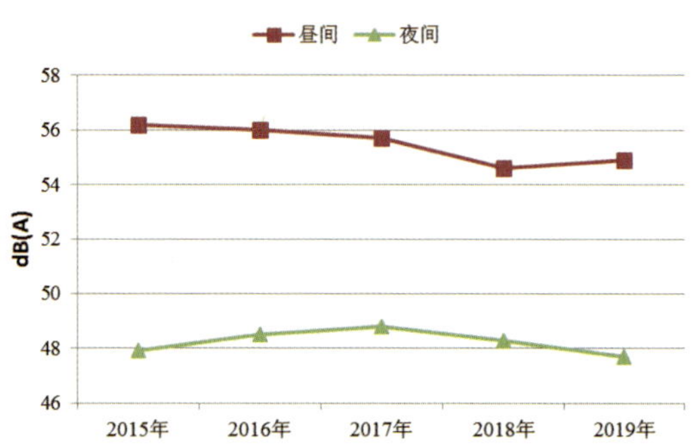

图 22　2015—2019 年上海市区域环境噪声变化趋势图

（2）道路交通噪声

2019 年，上海市道路交通噪声昼间时段的平均等效声级为 68.3 dB(A)，较 2018 年下降 1.0 dB(A)；夜间时段的平均等效声级为 63.9dB(A)，较 2018 年下降 1.0 dB(A)。昼间时段评价为好、较好和一般水平的路段占监测总路长的 91.2%，夜间时段评价为较好和一般水平的路段占监测总路长的 41.4%。近 5 年的监测数据表明，上海市道路交通噪声昼间时段总体稳定在 68 ~ 70 dB(A) 之间，夜间时段稳定在 64 ~ 66 dB(A) 之间。

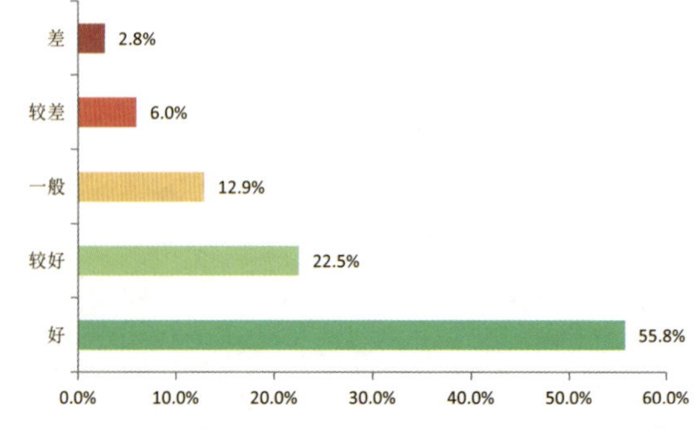

图 23　2019 年上海市昼间时段道路交通噪声等级分布

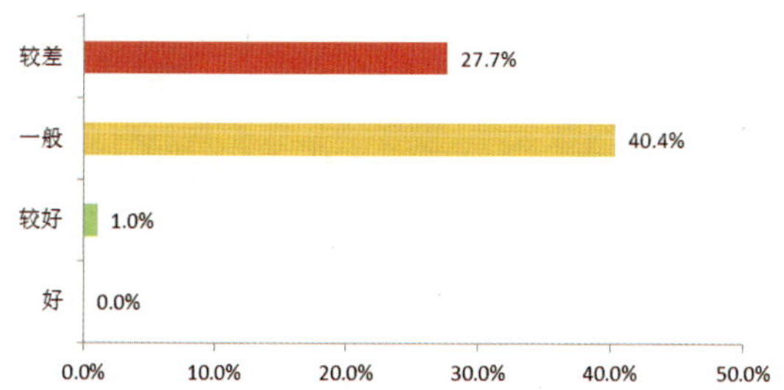

图 24　2019 年上海市夜间时段道路交通噪声等级分布

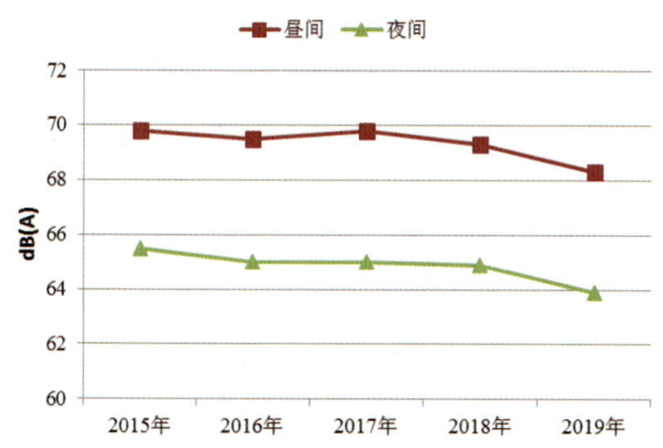

图 25　2015—2019 年上海市道路交通噪声变化趋势图

【辐射环境质量】 2019 年，上海市辐射环境质量总体情况良好。

（1）电离辐射

环境天然放射性水平方面，通过对辐射空气吸收剂量率、辐射累积剂量的监测及气溶胶、雨水、沉降物、水汽、地表水、地下水、海水、土壤、生物等样品的分析可知，上海市大气、水体、土壤等介质中的放射性核素活度浓度处于正常水平，全市各监测点的 γ 辐射空气吸收剂量率与历年的监测结果相当。

核技术应用方面，通过对全市典型 I ～ V 类放射源及 I ～ III 类射线装置使用场所周围环境辐射水平的监测，结果表明，核技术应用场所周围环境中的年累积辐射剂量满足中华人民共和国国家标准《电离辐射防护与辐射源安全基本标准》（GB 18871－2002）中相应规定的对公众和职业人员受照剂量的限值要求。

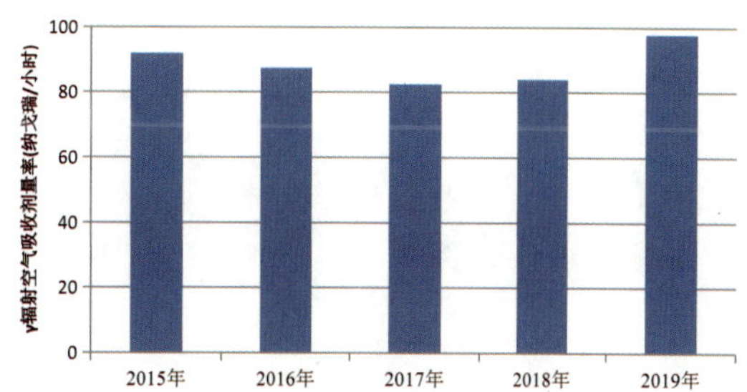

图 26　2015—2019 年 γ 辐射空气吸收剂量率年均变化趋势图

（2）电磁辐射

电磁辐射环境方面，上海动物园、共青森林公园、长风公园、世纪公园、人民公园、奉贤古华园、嘉定孔庙、商业区（人民广场）、工业区（青浦工业区）及住宅区（中远两湾城）共 10 个背景点的电磁辐射水平监测结果表明，工频电场强度为 0.148 ～ 1.584 伏特 / 米，工频磁感应强度为 0.0153 ～ 0.0592 微特斯拉，综合电场强度为 0.14 ～ 0.93 伏特 / 米。与历年相比，上海市电磁辐射环境背景水平无明显变化。

电磁辐射污染源方面，对东方明珠等广播发射塔、500 千伏顾路变电站等两个变电站、500 千伏汾林输电线等两条高压输电线、卫星地球站、浦东机场雷达站、移动通信基站、磁悬浮列车及电气化铁路周围环境电磁辐射水平进行了监测，结果表明主要伴有电磁场或产生电磁辐射（非电离部分）的设施周围环境中的工频电场强度、工频磁感应强度和综合电场强度均符合《电磁环境控制限值》（GB 8702—2014）中相应频段规定的公众曝露控制限值。

【生态环境状况】 按照《生态环境状况评价技术规范》（HJ 192—2015）评价，2018 年上海市生态环境状况指数（EI）为 62.40，生态环境状况评价等级为“良”，植被覆盖度较高，生物多样性较丰富。与 2017 年相比，生态环境状况变化度（ΔEI）为 0.21，生态环境状况总体稳定。其中，污染负荷指数有

所改善，植被覆盖指数、生物丰度指数、水网密度指数、土地胁迫指数保持稳定。2018年，上海市各区的生态环境状况为“良”和“一般”，其中，崇明、金山、青浦、奉贤、松江、浦东、嘉定、闵行8个区的EI级别为“良”，其余各区均为“一般”（注：2019年数据尚在审核中，故采用2018年数据）。

（滕晓波）

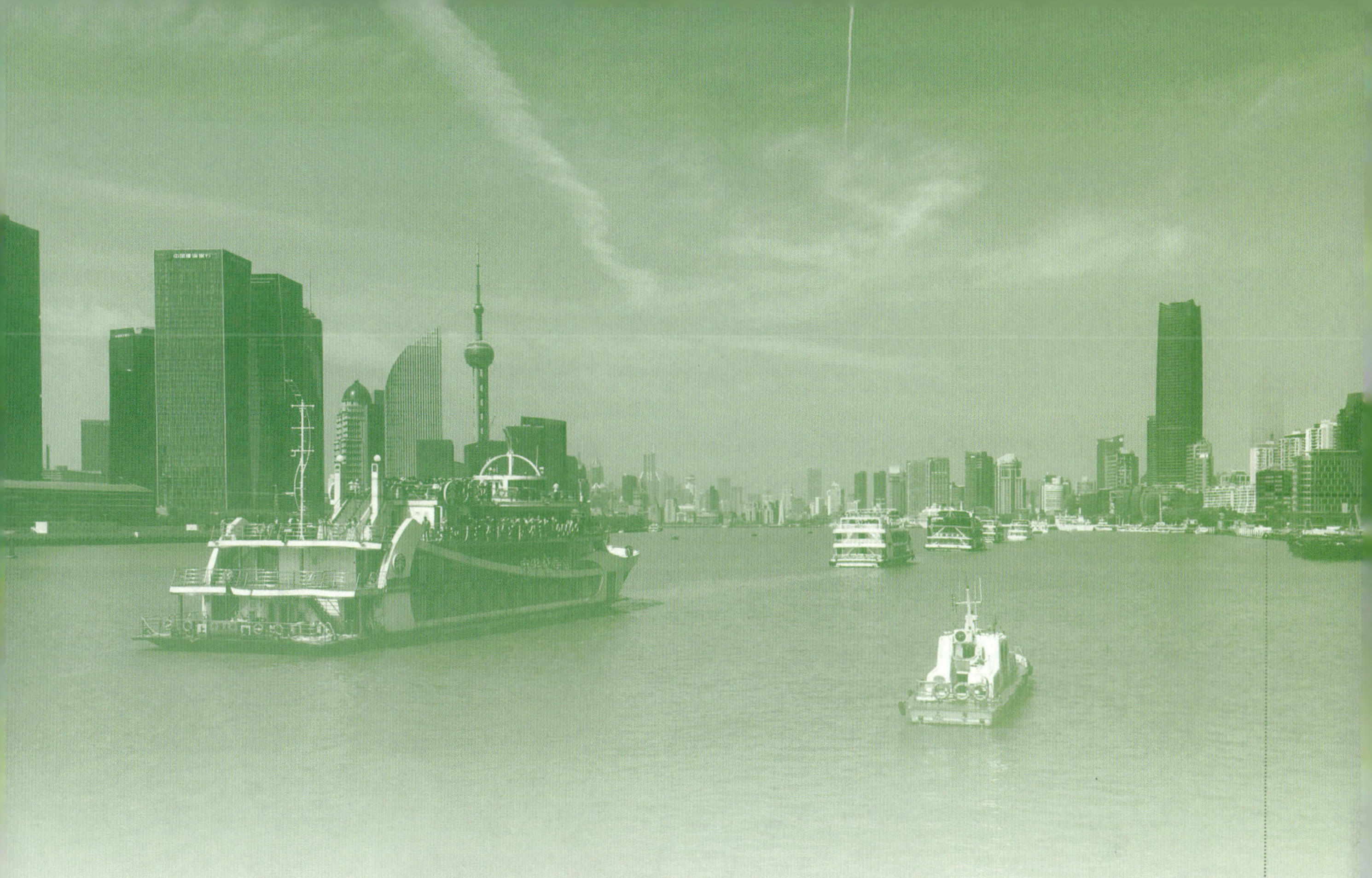

PART FIVE V

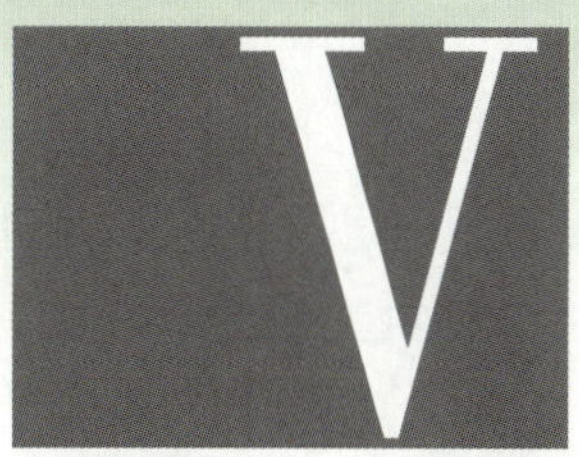

水务管理

WATER MANAGEMENT

（一）综述

2019年是中华人民共和国成立70周年。在市委、市政府坚强领导下，各级水务（海洋）部门真抓实干，攻坚克难，较好地完成全年各项重点目标任务，为服务市民群众高品质生活、推动城市高质量发展做出贡献。

河长制湖长制不断健全。各级河长累计巡河108万人次，推动解决难点问题700余个。建立“三查三访一通报”制度，强化水质情况通报，市河长办督查督办141次，治水责任进一步落实。协同建立太湖淀山湖湖长协商协作机制，“金（山）平（湖）嘉（善）水事议事堂”“青（浦）吴（江）嘉（善）联合河长制”等协作实践不断深化，闵行、浦东等区建立区区界河合作治理机制，流域区域治水合力进一步凝聚。推进83个河长制标准化街镇建设，出台民间河长指导意见，民间河长总数达5200名，吸纳志愿者近4万名；联合团市委组织开展河长制宣讲，动员2万多名青少年成为“河小青”，全社会治水氛围更加浓厚。

河道综合治理成效明显。以推进碧水保卫战和环保三年行动计划为抓手，加快推进“苏四期”工程，全市面上完成558公里河道整治、2000公里河道轮疏、9万户农村生活污水处理设施改造、1434个住宅小区雨污混接改造和3365处其他雨污混接点改造，打通断头河871条段，拆除沿河违法建筑110万平方米，清单内7600条段河道消除劣Ⅴ类（2018年以来累计1.7万条段），劣Ⅴ类水体比例从2018年初的38.7%降至7.8%，河湖水面率由2018年的9.92%提升至9.98%，城乡水环境面貌显著改善。

末端处理处置能力持续提升。全面启动城镇污水处理提质增效行动，泰和污水厂建成投运，白龙港污水厂提标改造实现通水，污水南干线改造工程实现全线开工，白龙港、竹园、石洞口三大片区污泥处理处置项目基本建成并陆续投运，净增污水处理能力21.35万立方米/日、污泥处置规模113.8吨干基/日。曲阳、桃浦初雨调蓄和竹园四期调蓄池工程实现开工。全市城镇污水处理厂出水水质全面执行一级A及以上排放标准，城镇污水处理率提升至96.5%。

长江大保护工作有力推进。全面完成河湖“清四乱”专项行动，累计整治513个点位；完成长江干流岸线利用项目清理整治117项（占总量的96%）。与江苏省水利厅签订省际边界采砂管理合作备忘录，全年开展采砂执法223次，立案查处30件，没收江砂13052立方米，向公安部门移送涉黑线索两件，采砂管理和执法力度加强。

防汛工作体系进一步健全。实行市政府防汛工作“双总指挥制”，夯实以行政首长负责制为核心的防汛责任制。水务、应急部门联合组成防汛办，形成全市防汛“统一指挥、统一办公、统一值守、统一应对”的工作体系。

城市防汛经受严峻考验。成功抵御“利奇马”等4次台风侵袭，实现“不死人、少伤人、少损失”目标。持续推进防汛设施建设，加快新一轮24个排水系统提标改造，建成9个，基本完成苏州河堤防达标工程，完成11项积水点改造工程、35公里海塘达标建设、10公里黄浦江堤防维修工程、21个圩区提标改造，城市防汛“四道防线”不断完善。

守住安全底线红线。深入开展专项整治和“安全生产月”活动，累计排查建设运行管理单位2900余家，整改各类隐患2280余项。组织开展两次行业危化品安全督查，排查安全生产隐患400余起。水务设施管理单位开展自查3900余次，排查整改一般隐患1000余项。

厂网设施建设大力推进。围绕“2020年全市深度处理率达到60%”的目标，推进长桥等水厂深度处理改造，开工建设15座。开展青草沙—陈行原水连通工程前期研究，协调推进金泽水源地完善工程，完成505公里老旧供水管网改造、413公里郊区小口径管网改造，累计完成2.2亿平方米已改造小区二次供水设施移交接管。

水资源监管基础不断夯实。严格取用水监管，完成679个取水工程（设施）核查登记，以及国家、市、区三级重点监控用水单位名录发布。严控地下水开采，采灌比达1:17。配合市人大完成《上海市水资源管理若干规定》执法检查监督，国家水资源监控能力（二期）项目通过水利部首批技术评估。做好区域水量分配，完成水资源调度顶层设计，出台《上海市水资源调度管理办法》，进一步优化水资源配置。

城市节水行动启动实施。出台市节水行动实施方案，建立市级节水工作联席会议制度。按照水利部要求，发布《上海市用水定额（试行）》，完成两所高校合同节水、4项工业园区规划的节水评价，市水务局率先建成市级水利行业节水机关，日均用水量较创建前下降22.6%。深入推进节水型社会建设，建成一批节水型小区、校区、机关、企业和工业园区。推进非常规水源利用，再生水利用量达323万立方米，较2018年增长158%，嘉定南翔、青浦第二污水厂成为再生水利用示范。

海洋综合管理持续强化。严格新增围填海审批，完成围填海现状调查和355公顷生态评估，大力推进围填海历史遗留问题处置，完成1.63公顷的生产活动和设施清退拆除。完成新一轮海岸线修测工作。完成金山城市沙滩滨海生态廊道和南汇东滩生境修复项目。

海洋经济发展深入推进。根据国家统一部署，通过4年努力，全面完成上海市第一次全国海洋经济调查并通过自然资源部验收。积极开展上海建设全球海洋中心城市的政策措施研究，推进长三角海洋经济高质量一体化发展，协调推进浦东新区海洋经济创新发展示范城市和崇明（长兴岛）海洋经济发展示范区建设。全市海洋经济总量连续多年位居全国前列。

滩涂资源保护不断加强。严格管控滩涂资源利用，完成长江口、杭州湾水下地形测量，对重点沙洲稳定性进行评估。全年完成种青1000公顷（1.5万亩），优化河口滩涂生境。横沙七期、南汇东滩促淤二期如期完工，横沙八期、南汇N1库区完成节点目标，累计消纳疏浚土1.7亿立方米，为重大工程建设和长江口深水航道建设提供有力支持。

完善规划引领发展。推进2035水务专项规划报批工作，供水规划获市政府批复，防洪除涝规划通过水利部行业审查，中心城雨水规划完成国际方案征集，“十四五”规划启动编制。围绕长三角一体化发展国家战略，持续推进长三角一体化核心示范区水利、供排水专项规划编制，并取得阶段性成果。加强全市河湖面积管控，严格填堵河道的行政审批管理和批后监管，2019年对金山、奉贤、松江、崇明4个区施行限批政策。

夯实体系以管促建。强化水务建筑市场管理和工程现场管理，开展水利检测单位资质批后监管，加强市场经营行为动态监管，深化安全生产警示约谈制度；初步建立安全监督管理系统，全行业全过程监督工程建设质量。不断提升精细化、智能化管理水平，供水安全保障监管系统完成升级，排水运行调度监管平台（一期）上线运行。首次运用遥感技术在全市范围开展生产建设项目疑似违法违规扰动图斑核查，水土保持审批由往年不足10件增长至174件。长桥自来水厂深度处理工程等3个项目获市重大工程文明施工升级示范工程，全市水利建设质量获得水利部考核第一名（连续5年A等级）。

严格执法维护秩序。坚持严格规范公正文明执法，积极开展河道“清网”、进博会保障等专项执法行动，累计执法巡查1.3万次，出动执法人员3.3万人次，查处违法案件1078起，处罚5487万元，开展行刑衔接4件，形成震慑。《上海市排水与污水处理条例》通过市人大常委会审议，制定8项局规范性文件，水务海洋法规体系进一步完善。

深化改革提高效能。积极推进“一网通办”，供排水接入改革平均办理时间从原来的49天大幅压缩到6天，助力营商环境优化。清理规范行政审批事项，审批事项从原来的46项压缩到37项，评估、评审事项从原来的23项压缩到8项（排水许可证审批授权下放闵行、嘉定、宝山实施，6项审批事项委托张江科学城实施），减材料比例达61%、减时间比例达52%，22项审批事项实现相对人“零跑动”，11项审批事项实现“零材料提交”。农业水价改革深入推进，完成3.33万公顷（50万亩）综改任务，累计达12.6万公顷（189万亩），占总量的93%。

科技创新支撑能力持续增强。全年启动科研项目研究21项，取得科研成果28项。颁布《上海市水务标准体系》（2019版），组织制定农村生活污水处理设施水污染物排放标准等11项地方标准，完成48项地方标准复审工作，实施局指导性技术文件5项。

水文、海洋监测保障作用有效发挥。完成两项市重大水文工程建设，新建25座水情自动监测站，优化雨水情监测站网布局。对4016个镇管以上河湖断面实施常态化监测，及时掌握水质变化。全面履行海洋灾害预警预报职能，做好海洋生态灾害预警监测和海洋基础调查，完成海洋灾害风险评估与区划。与交通运输部东海航海保障中心签署战略合作协议。推进海洋观测站网建设。

信息化与业务深度融合。推进城市水务运行管理智能化升级，完成“一网统管”1.0版建设，防汛防台指挥、水务综合管理两个综合系统，以及河湖长制、供水保障、排水运行3个专题系统上线运行。基本建成全行业、全覆盖、全要素的数据中心。深入推进行业数据归集和数据治理，实现了“一数一源、一源多用”的目标。推进信息系统整合，全面完成系统上云迁移，在全市率先完成平台信息化转型。

（倪周晶）

（二）防汛防台

【概述】2019年，上海经受住4个强力台风的影响，以及21场暴雨，其中1场局部特大暴雨、7场局部大暴雨等汛情考验。市防汛指挥部共发布防汛防台应急响应行动20次，其中Ⅱ级响应1次，Ⅲ级响应6次，Ⅳ级响应13次，未发生因“风、暴、潮、洪”等灾害而导致的人员伤亡和重大财产损失事故，实现“不死人、少伤人、少损失”的防汛目标。2019年汛情总体受控，基本情况如下：

降雨情况。降雨总量比常年偏多七成。汛期（6—9月），徐家汇代表站累计雨量1172.6毫米，较常年同期雨量偏多七成，是2018年汛期雨量的2.2倍。梅雨季持续时间长、梅雨量偏多。梅雨期长达33天，较常年23天偏多10天，是1999年以来最长梅雨期，历史排名第三；梅雨量偏多，总雨量达到513.2毫米，是常年243.1毫米雨量的2倍，降雨量历史排名第五，是1999年以来最大规模的梅雨。

潮位情况。沿江沿海潮位总体平稳，第9号台风“利奇马”期间，受杭嘉湖、阳澄淀泖区来水影响，黄浦江上游、苏州河和嘉定、青浦、松江、金山等西部地区内河水位全面超警，部分站点水位刷新历史纪录（苏州河上游黄渡站最高水位4.18米，超1928年历史最高0.04米；苏州河赵屯站最高潮位4.01米，超1999年历史最高0.08米）；10月2日，受台风“米娜”及天文大潮共同影响，黄浦江、长江口、杭州湾潮位全线超警，出现2019年的最高潮位。

台风影响。受到4次台风的影响，分别是第9号台风“利奇马”、第13号台风“玲玲”、第17号台风“塔巴”和第18号台风“米娜”，其中影响最大的是第9号台风“利奇马”，登陆时强度达到超强台风级（16级，52米/秒），其强度是中华人民共和国成立以来登陆中国台风的第五强、华东地区第三强的台风。2019年台风在影响个数、时间间隔方面不如2018年，但在台风强度、降雨和风力影响方面全面超过2018年。

【防汛防台工作】从五个方面做好防汛防台工作。一是做好动员部署。4月2日、7月1日、8月16日、9月27日，召开4次全市防汛办主任会议；4月30日，召开指挥部全体会议；5月28日，以市政府名义召开全市防汛工作会议；11月22日，召开全市防汛工作总结会议。二是做好隐患排查。围绕“基层能力、隐患排查、两水平衡、物资储备、高空坠物”等方面深入组织开展督查检查，滚动排查防汛隐患135个，落实整改92个；组织推进汛期高空坠物安全隐患排查整治，整改隐患11191处。三是做好动员宣传。在主要媒体公布市、区、街镇联合防汛责任人，明确职责，接受社会监督；组织开展防汛业务专题培训；通过媒体滚动发布动态信息，发布暴雨和台风防御工作提示；连线新闻媒体接受专访；采取滚动显示屏、宣传画册、举办专题讲座等形式宣传防汛防台工作。四是做好培训演练。6月10日，组织开展防汛防台专题培训；5月31日，联合市气象局开展红色预警专项演练；7月2日，组织开展2019年全市防汛应急抢险演练，并采用“四不两直”方式，于5月8日、5月24日、6月12日3次开展突击应急演练。五是做好进博保障。在继续巩固好第一届进博会形成的“1+2+3+4”保障预案体系基础上，召开第二届进博会动员誓师大会，落实强化各级各类责任，加强预测预报水平，气象、水文部门密切会商，全面提升进博会保障区内预警和响应水平；全面开展排查整改，消除隐患不留死角；加强专项演练，提升应急处置能力；深化协调联动保障机制，防汛设备物资、移动抢排泵车以及应急抢险队伍落实到位。

【台风“利奇马”防御工作】8月8—11日，第9号台风“利奇马”影响上海期间，导致普降暴雨到大暴雨，各站点过程雨量普遍在150～250毫米之间，过程雨量最大的是奉贤中港闸（272毫米），小时雨强最高是闵行七宝地区（102毫米）。全市下立交积水43处，道路积水389处，居民小区进水409个，转移群众25.9万人，树木倒伏3.2万株，农田受淹2133公顷，电力中断194条，店招店牌坠落70个，经济损失约1.258亿元。

（韩强、倪周晶）

（三）河长制湖长制

【概述】 2019年，上海水环境治理工作以习近平生态文明思想为指导，践行“绿水青山就是金山银山”的理念，贯彻“节水优先、空间均衡、系统治理、两手发力”的治水思路，围绕“2020年基本消除劣Ⅴ类水体”的目标，深化完善河长制湖长制，持续推进水环境综合整治，全市劣Ⅴ类水体比例由2018年的18%下降至7.8%。苏州河环境综合整治四期工程全面推进，苏州河支流劣Ⅴ类水体比例由2018年的20.6%下降至8.9%。水污染防治行动计划完成年度推进目标；第七轮环保三年行动计划水环境保护专项59%已完成，33%已进入建设期。

【河长制湖长制】2019年，在完善市、区、街镇、村居四级河长体系的基础上，推进虹桥商务区、化学工业区、国际旅游度假区、临港地区、长兴岛地区等市属重点区域，以及光明食品（集团）有限公司、上海实业（集团）有限公司、上海地产（集团）有限公司等市属企业管辖区域的河长制工作。4月22日，市河长制办公室印发《关于鼓励社会参与增设民间河（湖）长的指导意见》，加强民间河长和护河志愿者队伍建设。完善“三查三访一通报”制度，注重日常监督检查和重点抽查相结合。4月30日，市河长制办公室印发《长江口（上海段）、黄浦江等市领导担任河长的河道“一河一策”》。完成《消除劣V类的河道、23条市管河道、各区骨干河道和省市界河的“一河一策”》《面源污染调查方案》验收。5月22日，“上海河长”应用程序（App）巡河功能全面上线，巡河制度健全。10月底、12月初，市河长制办公室联合市委组织部、市委党校组织开展两期河长制工作培训，就河湖管理、水质监测、一河一策编制及河湖面积保护等内容进行辅导。年底全市首批83个河长制标准化街镇建设完成自评。

【水污染防治行动计划实施方案】2019年，安排工程项目17项、管理类项目13项。年底，工程类项目完成10项，分别是青草沙水库库内配套工程、泰和污水处理厂及配套管网新建工程、白龙港污水处理厂提标改造工程、石洞口污泥处理工程、竹园片区污泥处理处置工程、金山区建设通沟污泥处理设施1座（新江）、中心城区市政雨水泵站旱流截污工程、市政管道雨污分流改造工程、中心城区28个排水系统完善工程和农村生活污水处理工程；管理类项目完成3项，分别是实施方案中的中小河道综合整治、镇村河道轮疏和全市公共供水管网漏损率控制。

【环保三年行动计划水环境保护专项】2019年，是第七轮环保三年行动计划水环境保护专项实施的第二年，共安排项目19项。年底，完成8项，累计完成16项，累计完成项目占项目总数的59.3%；开工在建9项，占项目总数的33.3%。未开工两项，占项目总数的7.4%。2019年完成的项目是省市边界水文水质监测站网建设、泰和污水处理厂新建工程、白龙港污水处理厂提标改造工程、松江污水处理厂污泥脱水改造及加盖除臭改造工程、石洞口污泥完善处理工程（改造部分）、泗塘污水厂功能调整工程（污水外排工程）、600公里河道综合整治工程和团旺河北段（上实东滩启动区以北段）整治工程。

【苏州河环境综合整治四期】2019年，根据市政府办公厅印发的《苏州河环境综合整治四期工程总体方案》，围绕污染治理、防汛安全和两岸整治等目标，完成整治任务。苏州河支流劣V类水体比例由2018年底的20.6%下降至2019年底的8.9%。

污染治理。完成苏州河支流综合整治254.2公里，打通断头河73条段，轮疏河道91.8公里，拆违基本完成，“无违村”创建全面推进。新建污水管网17.8公里，对89个污染源予以截污纳管。“苏四期”周边工业企业整治完成16家。住宅小区雨污混接改造完成822个，沿街商户和企业事业单位混接1234个，其他雨污混接改造完成95个。曲阳和桃浦污水处理厂处理设施改造用于初期雨水调蓄厂内部分工程分别于12月19日、25日开工。龙华和长桥污水处理厂处理设施改造项目完成资产评估和审计工作，项目建议书上报待批。天山和泗塘污水处理厂设施改建工程完成项目建议书初稿。竹园污水处理厂四期工程和安亭污水处理厂三期扩建工程项目前期工作推进中。

防汛安全。苏州河堤防达标工程完成约29公里。12月26日，苏州河底泥疏浚工程开工。

两岸整治。9月，市“一江一河”工作

领导小组办公室印发《苏州河两岸（中心城区）公共空间贯通提升建设导则（试行）》。全年共新增贯通岸线约12公里，累计达36公里。闵行和嘉定两区共完成47.13公顷（707亩）生态廊道建设，推进青浦区生态廊道建设前期工作。（杨立新）

【清水行动】 2019年，围绕"2019年劣V类水体占比控制在12%以内"目标，清水行动共安排"控源截污、河道整治、执法监管、长效管理"4个方面28项任务。截至年底，各项任务进展正常。控源截污方面，完成9万户农村生活污水处理设施改造、1434个住宅小区雨污混接改造和3365处其他雨污混接点改造，新建管网95公里，推广有机肥30万吨，推广缓释肥、配方肥167万亩次，拆除涉及河道两侧违法建筑2476处110万平方米。建成泰和污水处理厂，完成白龙港污水处理厂提标改造，有序推进天山等六座污水处理厂初期雨水调蓄工程。河道整治方面，完成558公里河道整治、2015公里河道轮疏、打通断头河871条段。执法监管方面，持续保持打击涉水违法行为高压态势，2019年共计查处案件1207起，罚款8733万元，向公安机关移交案件两起。长效管理方面，开展长三角省际地区水葫芦联防联控，打捞水葫芦24.2万吨。加大河道养护和农村生活污水处理设施运维管理。完善水质监测和信息共享机制，水务、生态环境部门每月对4016个市控、区控、镇控断面和"三查三访"水质问题河湖开展监测，通报水质状况。

【河湖管理工作】 2019年，开展河湖管理范围划定、长江采砂管理、河湖四乱问题清查整治及长江干流岸线利用项目清理整治等工作。3月7日，印发《关于加快本市河湖管理范围划定工作的通知》及划定技术方案，完成长江（上海段）、市管与区管及以下河湖管理范围线划定工作。

6月20日，与江苏省水利厅签订《长江河道苏沪省际边界采砂管理合作备忘录》，将协作范围扩展到水务、海事、公安联合参与，增加行刑衔接和扫黑除恶相关内容。10月16日，市河长办印发《关于进一步加强本市长江河道采砂管理工作的实施方案》，明确长江河道采砂管理市区两级河长责任，压实水行政主管部门、现场监管部门、水务执法部门责任，落实海事、航道、公安、交通（码头）、市场监管、司法行政等部门职责分工，加快谋划采砂船舶集中停靠点建设事宜。12月6日，市河长办印发《上海市长江干流河道非法采砂源头治理暨"三无"采砂船专项整治工作方案》，加强非法采砂源头治理，健全长江河道采砂管理长效机制，巩固长江河道采砂管理总体可控、稳定向好的局面。

7月，完成上海河湖"清四乱"专项行动，包括长江、黄浦江、淀山湖、北湖、滴水湖、元荡、葑漾荡和明珠湖。"清四乱"是指清理整治河湖管理范围内的乱占、乱采、乱堆和乱建问题，清理整治乱占问题16个、乱堆问题27个、乱建问题25个，无乱采问题。另外，对全市规模以下河湖（流域面积1000平方公里以下的河流以及水面面积1平方公里以下的湖泊）深化开展"四乱"问题清查整治工作，发现乱建乱堆等问题445个，年底全部完成整治。推进长江干流岸线利用项目清理整治工作，截至12月底，3项（次）拆除项目已全部完成整改销项，99项（次）未按规范办理涉河建设手续项目已完成整改销项95项（次），19项位于生态敏感区应进一步论证的项目基本完成甄别和整改工作。

7月5日，印发《上海市重要河道、湖泊、水库、海塘、海域无居民岛范围内违法建筑物问题清查整治专项行动实施方案》，经排摸甄别确认海塘范围内别墅风格违法建筑物1处，完成整改并通过市级验收。

（杨立新、倪周晶）

【太湖淀山湖湖长协作机制建立】12月14日，太湖淀山湖湖长协作会议在浙江省湖州市长兴县召开。会议审议通过《太湖淀山湖湖长协作机制规则》。协作机制成员由江苏、浙江省级太湖湖长，江苏、上海省（市）级淀山湖湖长；沿太湖苏州、无锡、常州、湖州市级太湖湖长，沿淀山湖苏州、青浦市（区）级淀山湖湖长；主要出入湖河道所在县（市、区）的县级河长；太湖局和江苏、浙江、上海省（市）级河长制办公室及长三角区域合作办公室有关负责人，以及苏州、无锡、常州、湖州、青浦市（区）级河长办有关负责人组成。各成员单位所在单位为协作机制成员单位。协作机制办公室由江苏省、浙江省、上海市河长办和水利部太湖流域管理局共同组成，一体推进太湖、淀山湖及出入湖河道的综合整治与管理保护。

（杨立新、倪周晶）

【成立长三角首个"水事议事堂"】7月19日，金山、平湖、嘉善"治水管海创先锋"——"党旗飘河水清，金嘉先锋在行动"主题党日活动在金山区廊下镇山塘村启动，逐步构建"上下游一盘棋"的"区域联动治水"新格局。金山、平湖、嘉善三地水务（水利）部门负责人为"金平嘉水事议事堂"揭牌，召开"水事议事堂"第一次会议。会上，审议通过"金平嘉水事议事堂"规则。根据议事堂规则，"水事议事堂"实行轮流负责制，由金山、平湖、嘉善三地水务（水利）相关负责人轮值。三地各设联络员1名，具体负责工作协调。议事成员由三地水务（水利）部门、河长办、交界河道河长、保洁部门、护水志愿者等组成，选举产生"金平嘉水事议事堂"轮值负责人，就防汛、水文、水利设施建设、水系规划、水务执法等三地区域水域联动治水事宜进行商讨。

金山、平湖、嘉善三地毗邻接壤，交界河共有59条段，72个边界河口。以往三地虽然在治水护水方面也有联络，因没有固定议事场所，没有常态沟通机制，导致三地联动治水仍存在瓶颈。

（胡巍、倪周晶）

【建立"青吴嘉联合河长制"】青浦、吴江、嘉善三地共有交界河湖48个。1月，青浦、吴江、嘉善开展交界区域联合治水行动，逐步建立"联合河长制"，建立河长联合巡河、水质联合检测、联合执法会商、河湖联合保洁、河湖联合治理5项机制。10月30日，青浦、吴江、嘉善三地在太浦河畔联合举行"长三角生态绿色一体化发展示范区协同治水启动仪式"。水利部太湖流域管理局局长吴文庆，上海市青浦区委、苏州市吴江区委、浙江省嘉兴市嘉善县相关领导，太湖局、三地水务部门、河长办以及相关部门、街镇负责人出席启动仪式。

（叶唯妮、倪周晶）

（四）城市供水

【概况】2019年，全市共有自来水厂37座，全市自来水厂供水能力1250万立方米/日。供水总量29.79亿立方米，同比下降2.5%；售水总量23.99亿立方米，同比下降1.5%。其中：中心城区自来水公司供水总量19.85亿立方米，同比下降2.2%；售水总量16.31亿立方米，同比下降2.1%。郊区供水企业供水总量10.52亿立方米，同比下降3.0%；售水总量8.26亿立方米，同比下降0.2%。其中：工业用量为4.04亿立方米，比2018年下降6.7%；城镇公共用水8.43亿立方米，比2018年下降4.1%；居民生活用水10.89亿方米，比2018年增长2.8%；生态环境用水0.63亿方米，比2018年下降0.1%。全市日均供水量814.73万立方米，其中中心城区543.41万立方米、郊区271.32万立方米，日均供水量较2018年（833.11万立方米）下降2.21%，中心城区供水量较2018年（554.98万立方米）下降2.08%，郊区供水量较2018年（278.13万立方米）下降2.45%。全市供水服务压力221千帕(2018年210千帕)，供水服务压力合格率99.15%(2018年同期99.21%)，分别较2018年上升5.24%与下降0.06%，满足97%考核要求。

（奚琳琰、陆志惠）

【节水型社会建设】2019年，新增2家节水型工业园区、5家节约用水示范企业、42家节水型企业、2所节约用水示范学校、22所节水型学校、1所节水示范托幼机构、14所节水型托幼机构、13家节约用水示范小区、160家节水型小区、2家节约用水示范机关、91家节水型机关、1家节约用水示范单位、86家节水型单位，21家企业、6所学校、413家小区、1家单位通过复评工作。10月，根据住建部和国家发改委关于《开展国家节水型城市复查工作的通知》，上海做好复查迎接工作。通过听取汇报、查阅资料、现场核查等方式，上海顺利通过国家节水型城市的复查。

（奚琳琰、倪周晶）

（五）城市排水

【概况】2019年，全市城镇污水产生总量22.36亿立方米，比2018年减少0.62亿立方米，折合日均城镇污水量612.54万立方米，其中工业污水量121.49万立方米/日、生活污水量191.05万立方米/日。全市共有城镇污水处理厂42座，总处理规模为834.3万立方米/日（不包括上海化工区、金山石化及金山第二工业区3家工业区污水处理厂）。全年平均实际污水处理量589.68万立方米/日，全市城镇污水处理率96.3%，比2018年增加0.9个百分点。完成建成区252个直排污染源截污纳管，累计完成506个直排污染源截污纳管；完成市政污水管网建设94.77公里；养护疏通管道19207.3公里，养护检查井、进水口197.24万座（次），清捞出污泥11.31万立方米；完成1082.13公里排水管道支连管构性检测，64341.9米支连管修复工作；完成18022座雨水口更新改造。

（刘潇潇、张绚璇）

【道路积水改善工程】2019年，完成合肥路、王家码头路、外仓桥街南仓街等11个2019年度市政府实事项目道路积水改善工程项目，涉及黄浦、普陀、虹口、静安、杨浦5个中心城区。新敷设排水管道约5.5公里，总投资额约1.5亿元。

【化学需氧量、氨氮、总磷减排工作情况】2019年，上海市共有城镇污水处理厂42座，总处理能力834.3万立方米/日，合计处理污水量28.07亿立方米，日均处理769.03万立方米，与2018年同期相比日均处理量增长2.68%，全市城镇污水处理厂出水水质全面执行一级A及以上排放标准。出水化学需氧量、氨氮和总磷平均浓度分别为25.4毫克/升（2018年同期30.8毫克/升）、2.08毫克/升（2018年同期4.30毫克/升）、0.20毫克/升（2018年同期0.32毫克/升）。化学需氧量削减量78.43万吨，同比增长6.98%；氨氮削减量6.16万吨，同比增长12.2%；总磷削减量1.04万吨，同比降低2.8%。全市产生污泥133.0万吨（干基43.9万吨），日均污泥量3644.4吨（干基1203.3吨），每处理万吨污水产生1.56吨（干基）污泥。

（张绚璇、倪周晶）

2019年道路积水改善工程项目一览表

序号	项目名称	总投资（万元）
1	海州路(隆昌路—腾越路)道路积水改善工程	474.22
2	波阳路(贵阳路—定海路)道路积水改善工程	1190.97
3	合肥路(马当路—顺昌路)道路积水改善工程	1178.06
4	自忠路（重庆南路—马当路)道路积水改善工程	1179.70
5	王家码头路（外仓桥街—中山南路)道路积水改善工程	1214.64
6	外仓桥街、南仓街（王家码头路—中山南路)道路积水改善工程	2056.37
7	李村路(杏山路—梅岭南路)道路积水改善工程	904.96
8	梅岭南路（兰溪路—杏山路)道路积水改善工程	1007.05
9	祁安路（古浪路—连亮路)道路积水改善工程	1492.00
10	高阳路(唐山路—周家嘴路)道路积水改善工程	1263.98
11	虬江路（共和新路—宝通路)道路积水改善工程	2727.99

（张绚璇、倪周晶）

（六）水利建设

【概况】2019年，完成9万户农村生活污水处理设施建设，超额完成考核目标；推进农业水价综合改革，完成3.33万公顷（50万亩）国家年度考核目标任务，推进圩区达标改造项目建设，建成松江区2019年圩区改造工程、金山区双圩塔港圩区改造工程、青浦区朱家角镇2018年低洼圩区治理等7个；加快推进历年农田水利项目扫尾，完成竣工验收93个。开展水土保持监测、信息化、监督执法等工作。上海市水土保持工作会议暨2019年度水土保持规划实施情况评估工作启动会顺利召开，全市水土保持工作有序推进。突出“强监管、补短板、出亮点”，明确目标、落实责任，强化行业监管，推进水环境改善。《加强本市河湖长效管理养护工作的实施意见》《河湖长效管理工作考核办法》，规范河道管理养护工作。12月，印发《2019上海市河道（湖泊）报告》。

（刘亚涛、黄钰捷）

【农业水价综合改革】2019年，围绕保障粮食安全和水安全目标，推进农业水价综合改革，强化农业用水管理。建设完成农业水价综合改革面积3.33万公顷（50万亩），完成国家年度考核目标任务。开通专题网站和微信专栏，发布全市农业水价综合改革的政策机制和工作动态，推广试点区镇的工作经验、改革成果。

（刘亚涛、黄钰捷）

【水土保持】8月7日，开展生产建设项目水土保持专项监督检查工作；10月30日，建立市水务局水土保持专家库，发布《生产建设项目水土保持方案审批办事指南》《生产建设项目水土保持方案审批办事指南（告知承诺方式）》等规范性文件；11月13日，上海市水土保持工作会议暨2019年度水土保持规划实施情况评估工作启动会召开，推进全市水土保持工作，按照《水利部 发展改革委 财政部 自然资源部 生态环境部 农业农村部 林草局关于开展全国水土保持规划实施情况考核评估工作的通知》要求，完成2019年度水土保持自评估工作。

（黄钰捷、倪周晶）

【农村生活污水治理】2019年，农村生活污水治理仍被列为市政府实事项目，并列入城乡一体化考核目标。建设完成全市9万户农村生活污水处理设施，超额完成8万户年度考核目标，涉及浦东新区、闵行、嘉定、奉贤、松江、金山、青浦7个区，全市农村生活污水处理率由2018年度的75%上升至84%。

（刘亚涛、黄钰捷）

【水利行业管理】2019年，抽查河湖1.6万公里，发现、整改问题3.6万处。完成水利部确定的两江四湖“清四乱”专项行动，68个规模以上问题和445个规模以下问题均完成整改。完成市区镇三级河湖与长江（上海段）管理范围划定工作，向社会公布划界成果。5—8月，开展蕰南片、青松片、淀北片等相应区域的调水试验。完成水闸安全鉴定23座。完成全市17451条（个）河湖和1721个水利工程设施的规范命名工作。完成3期139人次河道修防工和8批368人次水工闸门运行工的职业技能培训鉴定。12月9日，完成《本市水资源调度实施细则》修编；11月15日，完成《水闸和水利泵站维修养护定额》送审稿；11月18日，完成《灌溉用水定额》修编工作。

（刘亚涛、黄钰捷）

（七）水政管理

【概况】2019年，累计受理、办理水务、海洋行政审批事项10607项。其中市水务局行政服务中心（市海洋局行政服务中心）受理办理行政审批事项共2182项（其中水利705项、供水145项、排水1326项、海洋6项），接收建设工程并联审批事项63项。市供水管理处受理办理“用水计划指标的核定或批准”8423项。市供水调度监测中心受理办理“临时停止供水或者降低水压的审批”两项。发布主动公开信息2796条，行政公文主动公开率达73.3%，办理依申请公开信息60件。调整门户网站政务公开栏目，细化公开目录、扩大公开范围、丰富公开形式，建立目录更新和完善机制，推进主动公开基本目录制度建设。优化门户网站公开专栏设置，提升政务公开重点工作和内容的可见性和展示度。12月，修订《上海市水务局上海市海洋局政府信息公开指南》，明确申请流程、答复时间、答复类型等内容，提高指南的易读性。9月，完善《上海市水务局政府信息依申请公开内部办理流程》；9月，更新《信息公开办理流转单》，加强审核把关。全市水务执法机构共开展执法检查12908次，出动执法人员32005人次，立案1072件，与2018年相比，同比下降11.5%，罚款5485.27万元，同比增长15.9%。其中水利类案件201件、供水类案件69件、排水类案件802件。在海洋执法方面，开展海上巡航221航次、陆上巡查280车次，出动人员2162人次，立案38件，同比增长123.5%，罚款366.05万元，同比增长57.2%。

（魏星、康士锋）

【水务规划】2019年，市水务局（市海洋局）推进新一轮《上海市供水规划》《上海市防洪除涝规划》《上海市城镇雨水排水规划》《上海市水务海洋“十四五”规划基本思路》《长三角生态绿色一体化发展示范区水利规划》《长三角生态绿色一体化发展示范区供排水规划》《竹园污水处理厂四期工程专项规划》《竹园白龙港污水连通管工程专项规划》等20余项规划编制，扎实推进长江口河海划界工作。开展竹园白龙港污水连通管、原水西环线、金泽水库提升完善工程等十余项水务海洋重点工程项目技术储备。推进长江经济带、长三角一体化发展、城市总规、城市规划建设管理方案等涉水任务实施，汇总并报送实施情况，推进各项工作顺利完成。做好世博文化公园二期、机场联络线以及临港地区、郊区新城等重点地区20余项市重大工程涉及水务海洋规划调整和协调工作。严格填堵河道的行政审批管理和批后监管，全年批复 138 个填河许可事项，净增河湖面积约 35 公顷。开展水务、海洋规划审核和服务工作，完成各类地区性水务专业规划、重大工程涉水规划、总规、控规等行业审核和协调 100 余项。受理河道蓝线划示项目 428 项，图纸 11839 张；归档项目 412 项，涉及图纸 2203 张。重大工程项目 32 个。

（顾洪祥、俞璐）

【地方性法规】 12 月 19 日，市十五届人大常委会第十六次会议全票表决通过《上海市排水与污水处理条例》，于 2020 年 5 月 1 日起施行。该修订通过立新废旧方式，对原条例进行全面修订，将农村污水治理、规范泵站放江、严格雨污分流等近年来城市排水与污水处理出现的新情况纳入条例范围。

（郑逸、张绚璇）

【行政规范性文件】 1 月 24 日，印发《上海市排水执法水质监测管理规定》，明确排水执法水质监测方式和项目，规范采样的方式和程序。1 月 29 日，印发《上海市水务海洋违法行为举报奖励办法》。2 月 1 日，印发《上海市水务局关于修改〈上海市水务局关于进一步加强排水户监管工作的通知〉的决定》，原通知根据决定修改后重新公布，修改排放污水水质执行标准、核发排水许可证依据和严格执法监管要求。4 月 1 日，印发《上海市公共供水水质信息公开管理办法》，规范公共供水水质信息公开工作。4 月 3 日，印发《上海市建设项目海域使用许可管理办法》《上海市海域使用论证报告评审工作实施办法》，加强全市海域使用管理。5 月 24 日，印发《上海市水平衡测试管理规定》，落实最严格水资源管理制度，加强用水效率管理，规范水平衡测试工作。9 月 9 日，印发《上海市水利工程乙级质量检测单位“双随机、一公开”抽查工作实施方案》，落实国务院和水利部“双随机、一公开”监管要求，规范全市水利工程乙级质量检测单位“双随机、一公开”抽查工作。

（郑逸、倪周晶）

【水质监测】2019 年，围绕全市“消黑除劣”目标，11 月，编制《2019 年全市河湖水质监测方案》，开展全市河湖水质监测；推进地表水常规监测和地下水水质监测，开展全市河湖市控新增断面、全市骨干河湖、水利控制片、苏四期、保障进博会、“三查三访”问题河湖、农村生活污水处理设施的出水水质监督性监测等水质监测，完成监测资料统计汇总和分析评价，上报各类月报、通报和专报 20 期；加强实验室质量管理以及水质在线监测管理；7 月 5—8 日，成功举办长江经济带全国引领性劳动和技能竞赛“助推绿色发展，建设美丽长江”水质监测技能竞赛。

（陈蕾、倪周晶）

【黄浦江干流水质状况】2019 年，松浦大桥、吴泾、长桥、南市水厂、杨浦水厂和吴淞口 6 个水质监测断面水质综合评价类别均为Ⅲ类，影响水质的主要项目为总磷。与 2018 年相比，黄浦江整体水质略有好转；全江段氨氮、高锰酸盐指数年平均浓度好转 29.0% 和 15.6%，溶解氧、化学需氧量、五日生化需氧量和总磷年平均浓度均基本持平（详见图 1）。

（陈蕾、倪周晶）

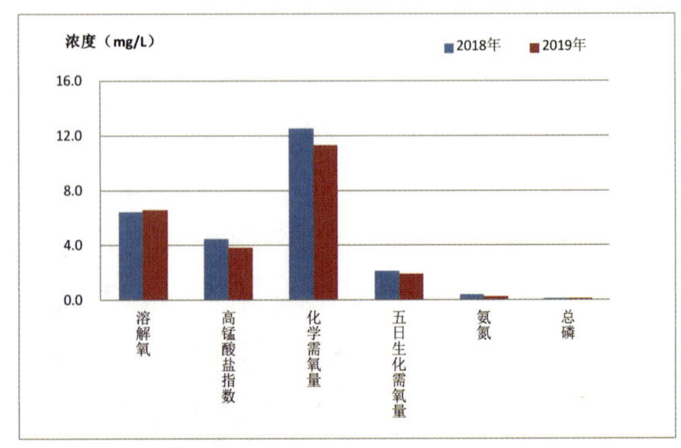

图 1：黄浦江主要监测项目平均浓度比较

【苏州河干流水质状况】2019年，赵屯、白鹤、黄渡、华漕、北新泾、武宁路桥和浙江路桥7个水质监测断面中，赵屯、白鹤两个断面水质综合评价类别为Ⅲ类，其余5个断面水质综合评价类别为Ⅳ类，影响水质的主要项目为溶解氧和氨氮。与2018年相比，苏州河水质好转，赵屯、白鹤、黄渡、华漕和北新泾5个断面水质综合评价提升一个类别，武宁路桥和浙江路桥两个断面水质综合评价类别持平，全河段主要监测项目的浓度变化为0.06 ~ 1.1毫克/升（详见图2）。

（陈蕾、倪周晶）

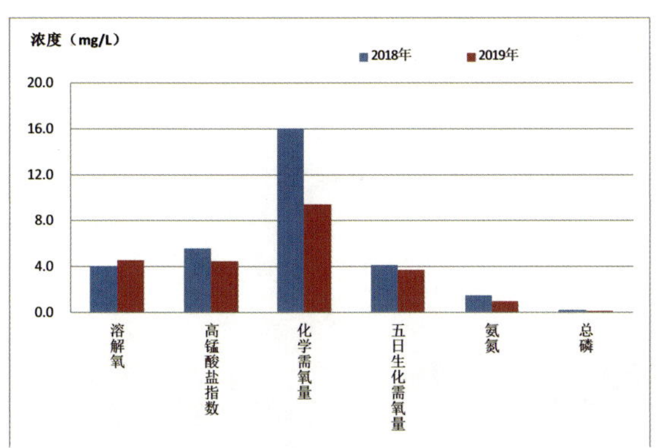

图2：苏州河主要监测项目平均浓度比较

【水务科技】2019年，上海市水务海洋科技工作围绕全市2040卓越的全球城市建设和加快推进具有全球影响力的科创中心建设目标，立足水务海洋事业中心工作，坚持需求导向、问题导向、应用导向，加强前瞻性、战略性、基础性和体系性科技攻关和标准制定。全年取得国家水专项、海洋公益性专项、市科委重大项目、局科研专项等35项科研成果。其中：海洋公益性专项“深海石油钻采钻铤无磁钢国产化及防护技术”项目，5项研究成果实现产业化目标；水专项“城市排水系统溢流污染削减及径流调控技术研究”“城市雨水径流综合管控平台与辅助决策系统研究及示范”“巢湖市城市水环境质量改善研究与综合示范”项目，为城市排水、雨水径流、提质增效，提供技术支撑；市科委专项“上海市海绵城市雨水系统规划与建设关键技术研究”“上海市区域排水内涝防治体系关键技术研究”等项目，为上海市海绵城市工程和城市排水工程规划建设提供技术支持。出台一批地方标准和局指导性技术文件，颁布出台《上海市水务标准体系》，发布全国首个饮用水地方标准——“上海市生活饮用水水质标准”。

（金巍良、倪周晶）

PART SIX Ⅵ

房屋管理

HOUSING MANAGEMENT

（一）综述

2019年，全市房管系统认真贯彻落实习近平总书记考察上海重要讲话精神，按照市委、市政府决策部署，坚持稳中求进的工作总基调，房屋管理各项工作总体平稳、稳中有进、稳中向好。

加强和改善市场调控，房地产市场呈现“价稳量增”态势。落实城市主体责任，按照“一城一策”工作方案，强化房地产市场监管，健全商品住房销售管理制度，在稳定价格的基础上有效增加新建商品住房供应；房地产开发投资4231亿元，同比增长4.9%；新建商品住房价格指数上涨2.3%，存量住房价格指数上涨1.3%；市场化新建商品住房网上成交面积为706万平方米，同比增加20%；存量住房网上成交面积为1806万平方米，同比增加46%。加快推进建立监测指标体系，落实月监测、季评估、年考核制度。支持自贸区临港新片区区域发展，定向微调人才住房政策，加大住房保障、租赁住房建设支持力度。调整公有住房差价换房政策，有序做好平稳实施工作。

扎实推进租赁住房建设筹措，支持培育和严格规范并进。加快推进租赁住房建设供应，多渠道建设筹措租赁住房，新建和转化租赁住房10.1万套（间），新增代理经租住房12.8万套。加强代理租赁企业监管，规范本市代理经租企业及个人“租金贷”相关业务，防范代理经租行业经营风险。推进住房租赁合同网签备案一体化，出台《住房租赁合同网签备案操作规定》，实现房管+民政+市场“X”的线上线下通办模式。做好中央财政支持住房租赁市场发展试点城市相关工作。

完善住房保障体系，不断扩大政策受益面。发挥廉租住房兜底保障作用，全年新增配租签约5002户。完善共有产权保障住房制度，平稳推进共有产权保障住房供后交易工作开展，共有产权保障住房新增签约1.7万套。有序推进公租房常态化供应和周转循环使用，支持公共服务重点行业单位整体租赁公租房，累计保障（含退出）已达60万户。新增供应各类保障性住房6.3万套。加强市属征收安置住房全过程监管，盘活存量房源。制定《保障性住房住宅设计标准》，提升项目建设品质。修订出台《保障性住房（大型居住社区）配套建设管理导则》，加大大型居住社区配套建设力度。

实施旧住房改造和房屋征收，多渠道改善市民居住环境质量。编制实施旧住房修缮改造市级补贴标准，修订《住宅修缮工程管理办法》，完成1184万平方米旧住房综合改造、104万平方米里弄房屋修缮改造，受益居民约20万户；启动非旧改范围内无卫生设施的各类老旧住房改造1.18万户。加速旧改范围内房屋征收，受益居民2.6万证。稳步实施房屋征收补偿方案报备等征收基地启动前期工作，基本完成存量拆迁许可证基地收尾，全面推进国有土地上房屋协议置换工作，积极安置在外过渡动迁居民。制定实施《关于进一步做好本市既有多层住宅加装电梯的若干意见》，加大政策扶持力度，简化优化审批流程，累计952幢房屋完成加装电梯计划立项，完工运行221台。稳妥有序推进城中村改造和农村低收入户危旧房改造。开展房管系统安全隐患专项整治“百日行动”，处置一般损坏旧住房隐患，开展市属保障房外墙外保温系统质量检测和工程维修，完成老旧住宅小区电梯安全改造、消防设施设备改造、安防监控系统改造。

开展住宅小区“美丽家园”建设，推动行业管理创新。有序推进民生实事项目实施，完成1434个住宅小区雨污混接改造，为983个小区新增电动自行车充电设施。持续健全社区自治共治机制，大力开展新版物业管理规定宣传培训，着力推进解决商品房住宅小区维修资金续筹等小区难点、痛点、堵点问题。完善物业行业监管体系，开展物业服务价格评估和调价试点，开展专项检查，加强信用监管，建立“一区、一街道、一集团、一银行、一企业、一部门”的多层级智慧物业试点场景。

全面加强自身建设，提升房管系统服务保障能力。严格贯彻中央要求，扎实开展“不忘初心、牢记使命”主题教育。深入基层一线开展调查研究，抓好专项整治；加强廉政风险防控体系建设，构建权力运行阳光机制。开展扫黑除恶专项斗争，积极应对社会舆情，保持社会和谐稳定。深化“放管服”改革，完成“双减半”年度任务，下放优秀历史建筑行政审批事项，优化廉租住房审核配租、大居市属保障性住房前期手续办理等流程。加强行业法制建设，协助修改《历史风貌区和优秀历史建筑保护条例》，制定并上报《房屋使用安全管理办法》，发布规范性文件22个。

（二）房地产市场监管

【概况】2019年，坚持“房子是用来住的，不是用来炒的”的定位，按照“稳地价、稳房价、稳预期”的目标任务，加强和完善房地产市场调控，稳妥实施“一城一策”工作，加快构建房地产市场长效管理机制，房地产市场运行总体平稳。据国家统计局数据显示，2019年，上海市住房价格总体保持稳定，全市新建商品住房销售价格指数上涨2.3%，二手存量住房销售价格指数上涨1.3%。

【房地产开发投资情况】据上海市统计局统计，2019年，全市完成房地产开发投资4231.4亿元，同比增长4.9%。其中住房投资共完成2318.1亿元，同比增长4.1%。房地产开发投资占全社会固定资产投资比例为52.8%，比上年减少0.1个百分点。2019年，全市新建住房新开工面积1572.9万平方米，同比增长6.8%；竣工面积1453.3万平方米，同比减少16%。

【商品房成交情况】据上海市统计局统计，2019年全市新建商品房销售面积1696.3万平方米，同比减少4%。其中新建商品住房销售面积1353.7万平方米，同比增加1.5%。二手存量住房买卖登记面积1769.8万平方米，同比增加44.0%。

【指导临港新片区实施定向微调人才住房政策】瞄准国际化大都市的现代化滨海新城的功能定位，从城市整体出发，促进产城融合，把住房作为新片区规划建设的重点内容进行专项研究，定向微调新片区人才住房限购及优先选房购房政策。

【住房租赁管理】2019年，全市新增代理经租房源12.8万套（间），顺利完成2019年上海市政府工作报告提出的全年新增9万套（间）的目标任务。积极推进中央财政支持住房租赁市场发展试点工作，编制上报《上海市支持住房租赁市场发展试点实施方案》，成为全国首批入围的试点城市。坚持高效便民目标导向，会同上海市民政局、上海市公安局联合印发《上海市住房租赁合同网签备案操作规定》（沪房规范〔2019〕11号），居民办理住房租赁合同网签、备案实现“一窗办理、一次办结”。

【房地产经纪管理】2019年底，全市共有备案房地产经纪机构13139家，其中分支机构5106家、外资企业690家、内资企业12449家，在册从业人员55981人。结合“不忘初心、牢记使命”主题教育和扫黑除恶专项斗争，加大房地产经纪机构乱象专项整治工作力度，共计排查房地产经纪机构近2000家，对134家机构做出行政处罚。同时，积极推行企业诚信承诺全覆盖，建立房地产经纪行业服务满意度测评制度，搭建信访矛盾化解平台，取得整治实效。

【房地产估价管理】2019年底，全市共有房地产估价机构64家，其中一级38家、二级8家、三级5家、分支机构13家；注册房地产估价师1066名。2019年5月8日，住房和城乡建设部下发《关于开展房地产估价师注册下放试点工作的通知》（建房函〔2019〕91号）（以下称《通知》）明确，为贯彻落实国务院“放管服”改革精神，进一步深化房地产估价行业行政审批制度改革，决定在北京、天津、重庆、上海4个直辖市和江苏、广东两省开展房地产估价师注册下放试点工作。按照《通知》要求，上海市作为试点地区按照“三个统一”（统一注册平台、统一注册条件、统一注册证书）的要求开展房地产估价师注册工作，同时落实属地责任，强化事中事后监管。

（冯樾）

（三）住房建设

【大型居住社区保障房建设管理】2019年，住建部下达给本市的保障性安居工程建设目标中，用于棚户区改造的征收安置住房应新开工4000套、基本建成3000套，至年底，实际完成新开工4308套，基本建成3651套，顺利完成全年目标任务。市政府明确新增可供应各类保障性住房6万套目标。截至年末，也已顺利完成。共有产权保障住房方面，为第六、七批次筹集房源共计5.6万套，居民选房、签约工作正顺利进行。征收安置住房方面，根据本市旧区改造、重大工程需求进行统筹安排。

2019年，大居内配套方面，全市需重点推进内配套任务共485个，其中开工151个、竣工124个、接管149个、开办61个。截至年底，累计完成337个任务，其中新开工项目65个、竣工项目93个、接管项目140个、开办项目39个。大居外配套方面，全年计划建成6项，其中道路4项、供排水2项，年度计划完成投资9亿元。截至年底，实际完成投资9.52亿元，完成年度计划的106%，建成6项，全面完成年度任务目标。

【租赁住房建设管理】2019年，围绕加快构建租购并举住房制度的总体要求，新增租赁住房目标任务连续两年列入上海市政府重点工作。市区两级上下联动、部门协同、专项推进，在政策完善方面，针对不同渠道反映的租赁住房项目配套标准不明晰、不适配等堵点难点，会同相关部门研究形成《关于支持本市新建租赁住房项目建设的实施意见》和《关于商请向本市2019年租赁住房建设项目提供电力支持的方案》等配套政策，有力推动租赁住房项目突破既有政策瓶颈，加快建设供应。目前，本市已有约6万套新建租赁住房项目开工建设。工作推进方面，一是加大推进力度，指导各区因区施策、因地制宜，市区形成合力落实年度目标分解责任。二是聚焦需求导向，多品种供应、规范化管理等方面培育、引导、盘活优质存量资源，更好服务上海新市民、青年人才、产业工人和城市公共服务人群等不同层次、不同人群住有所居需求。三是强化设计引领，培育涵盖规划、设计、建设、运营等全生命周期的品质建设管理理念，提升租赁住房建设品质，逐步引导形成符合时代特点、上海特色的全新租住生活方式。四是加强行业培训，组织各区开展转化类租赁住房政策培训，全市通过认定的非居转租项目，已累计形成有效供应租赁房源约4.5万套。

（方苏堃）

（四）旧区和旧住房改造

【概况】2019年，围绕"抓好底线民生、基本民生、质量民生"的要求，市、区相关部门齐心协力，探索创新，通过"政企合作、市区联手、以区为主"的旧改新模式，打通国有企业参与旧区改造的方式和途径，虹口、杨浦等旧区改造受益居民数达到近年来新高。全年完成55.3万平方米中心城区二级旧里以下房屋改造（受益居民2.9万户）、1184万平方米旧住房综合改造，104万平方米里弄房屋修缮保护。创新资金筹措方式和各项政策举措，按照"一地一方案"的要求，注重统筹风貌保护、资金平衡等要素，全市累计完成128块存量拆迁基地收尾，安置在外过渡动迁居民2.78万户。大力推进无卫生设施老旧住房改造，全年共消灭各类"马桶"4万个；中心城区完成二级旧里以下房屋改造约55.3万平方米、受益居民2.9万户，分别达到年度目标的110%和116%。

【房屋征收补偿方案报备等征收基地启动前期工作】2019年房屋征收补偿方案报备工作在旧改力度加大和房地产市场趋稳的背景下，按照"合理、平衡、可持续"原则，认真落实"双控"要求，2019年征收成本平稳可控，坚决控制不上涨。同时，充分考虑各区区情，指导各区优化方案，合理实施货币化安置。黄浦区、虹口区、杨浦区、静安区、普陀区、闵行区、浦东新区、宝山区、嘉定区9个区共计35个项目完成2019年房屋征收补偿方案报备，其中，旧改报备项目31个。2019年报备工作呈现出以下几个特点：一是征收基地整体签约率趋高。平均签约率96%，不少基地首日签约就达99%以上，还出现了100%签约基地，总体推进平稳有序。二是征收补偿方案进一步优化。从各区方案报备情况看，在2018年奖励补贴进一步归并的基础上，全市的货币化补贴标准进一步下降为60万~70万/证托底，各区更趋均衡。三是成本稳中可控。各区房屋征收成本基本上扭转了逐年上升的趋势，部分区做到稳中略降，且补偿水平总体呈现出协调平衡状态。

【加快消存量和基地收尾工作】按照2018年初设定的"力争两年收尾"的目标，聚焦遗留的拆迁许可证基地，大力推进存量拆迁基地收尾工作。今年共完成50块拆迁基地收尾，基本完成存量在拆基地收尾工作目标，全市仅剩余5块体量大、收尾确有难度的拆迁基地，较好地解决了拆迁许可证长期不收尾的历史遗留问题。

【成立征收复议审理专班】为进一步推进征收基地收尾、旧住房综合改造等涉及民生的重点工作，优化复议案件内部审核审批流程，进一步缩短征收类行政复议案件审理的时长，于2019年11月11日成立征收复议审理专班。专班通过集中办公的形式，聚焦重点基地，对接各区复议联络员，提高复议案审效率和案件质量。专班共收到征收相关行政复议案件23件，其中征收补偿决定14件、征收决定7件、信息公开2件，主要涉及黄浦区（8件）、虹口区（5件）、闵行区（4件）、静安区（2件）、杨浦区（2件）、浦东新区（2件）。在已受理的21起案件中，已审结并做出维持决定共6件，平均结案时长20.7天，提速率65.5%。

【推进国有土地协议置换工作】年初，市住建委、市规土局、市房管局联合下发《进一步规范本市房屋协议置换工作的指导意见》（沪建房管联〔2018〕853号）。松江泗泾镇危旧房屋基地作为试点，调试了房屋协议置换信息管理系统并正式上线运行，取得了初步成果。全市已有松江、奉贤、长宁、浦东、徐汇、普陀、崇明等区开始了房屋协议置换相关工作。

【加强房源使用管理】积极采取措施，不断加强市属征收安置住房全过程监管，指导和督促各区盘活存量房源，发挥市属征收安置住房保基本的定位。一是强化房源审批。向用房区批复和供应房源时，结合该区存量房源剩余情况核减相应搭桥供房套数，以督促各区及时将存量房源调配至新启动的旧改项目使用。二是房源全过程监管。房屋征收信息管理系统和征收安置住房房源供应信息管理系统建立数据对接，动态实时全过程监管安置房源使用情况，实现征收安置住房供应单网上电子化（“电子五联单”）。2019年批复杨浦区88、90街坊1000套，虹口区17、106、116街坊2880套。实际搭桥杨浦区477套。

【加强征收队伍建设】2019年，组织完成本年度房屋征收工作人员初训和复训工作。初训共511人，参加考试511人，合格471人，合格率约为92.17%；复训共339人，参加考试334人，合格334人，考试合格率100%。本市现有征收工作人员4400余名。

【推进解决新一轮在外过渡动迁居民的安置】2014年以来，全市新增8.1万户在外过渡动迁居民。为积极推进在外过渡动迁居民安置工作，拟用三年时间（2018年6月至2021年6月）基本解决8.1万户在外过渡动迁居民的安置问题。据统计，2018年已完成21039户，截至2019年11月底，共完成27818户在外过渡动迁居民安置工作。

【完善本市房屋征收系统】对征收信息系统进行功能新建及升级改造，以满足房屋管理需要，为征收工作有序推进提供信息化助力；对电子协议使用、征收安置房源调拨、征收事务所和人员流动、相关系统接口扩展、查询统计等方面做好维护和更新改造。配合一网通办做好国有土地上房屋征收数据的迁移，同时做好相关接口的联通。对内外网功能测试，确保各区在人员的关联、房源的划拨和协议的签订上做到正常使用、平稳过渡；梳理接入一网通办的事项清单，按时间节点和技术标准规范完成各项归集工作。

（曹怡）

【完成三类旧住房综合改造目标】根据上海市住房发展“十三五”规划，整个“十三五”期间按照因地制宜、分类施策的原则，推进完善房屋安全和使用功能的成套改造、厨卫综合改造、屋面及相关设施改造三类旧住房综合改造项目1500万平方米，受益居民约30万户，每年实施300万平方米，6万户。2019年300万平方米工作任务目标明确纳入市政府实事工程、报住建部棚户区改造、市委市政府重点工作、住宅小区综合治理三年行动计划、城市精细化管理三年行动计划、落实中央城市工作会议城市规划建设管理等多项工作任务指标中。全市结合留改拆工作、美丽家园建设、进博会整治等，最终实施旧住房综合改造1184万平方米，受益居民约19万户，远超原定目标任务。同时，针对居民群众的不同需求，将旧住房综合改造与房屋安全隐患处置、雨污混接改造、小区架空线落地、海绵化改造、环境整治、道路整修、违章拆除整治、完善小区公共设施等工作有机结合起来，统筹协调，按照“便民、利民、少扰民”的工作原则，有条件地结合一并实施。

【推进各类里弄房屋修缮改造】按照“确保结构安全、完善基本功能、传承历史风貌、提升居住环境”的要求，遵循“居民自愿、政府主导、因地制宜、分类改造”的原则推进各类里弄房屋修缮改造，解决各类里弄房屋安全隐患，完善厨卫使用功能，明确2018—2020年总计完成250万平方米各类里弄房屋修缮改造的任务目标。2018年至2019年底，上海市共实施完成各类里弄房屋修缮改造200余万平方米，受益居民约6万户，任务进展良好。

【开展老旧小区改造试点工作】在住房城乡建设部和上海市领导明确上海市开展老旧小区改造试点后，上海市房屋管理局按照“要花大力气解决‘老、小、旧、远’等难题，在解决群众的操心事、烦心事、揪心事上下功夫，着力形成制度性的安排和长效机制”的要求，聚焦拆除重建、撤制镇老旧小区改造等上海市特色试点内容，会同市相关部门和相关区修改完善试点方案、落实试点项目，进一步深化了试点准备工作。一是研究分析拆除重建项目专项债发行可行性。根据专项债发行要求，结合试点工作方案，会同上交所债券业务中心现场调研静安区彭三五期和彭一小区拆除重建项目，并召集市财政局、市发展改革委、市地方金融监管局和上交所等单位专题研究拆除重建项目专项债发行的可行性和操作路径。确定聚焦彭三五期研究发行第一批专项债。二是调研摸底撤制镇老旧小区情况。会同市农业农村委与浦东、闵行、奉贤、青浦等撤制镇较多的区进行专题座谈，并赴宝山、嘉定、青浦等区现场调研，了解撤制镇老旧小区现状情况、存在的主要问题和区、镇对撤制镇老旧小区改造提升的设想。确定闵行区颛桥镇北桥老街旧住房改造项目作为撤制镇老旧小区改造试点项目。三是排摸确定试点项目。召集各区召开专题会议，宣贯市政府和住房城乡建设部专题会议精神，解读上海市试点工作方案并明确试点项目申报时间节点，梳理形成第一批试点项目清单，共计23个项目（涉及125万平方米，3.68万户，工程类费用近50亿元），住房城乡建设部有项目需求的9项试点任务对应19个试点项目，本市的4项特色试点任务对应10个试点项目（部分试点项目对应多项试点任务）。

【加大既有多层住宅加装电梯推进力度】经上海市政府同意，上海市房屋管理局会同市住建委等十部门联合印发《关于进一步做好本市既有多层住宅加装电梯的若干意见》，于2019年12月25日起正式实施。根据上海市政府推进100个业务流程优化再造事项落地的工作部署，按照“便民、利民、高效、服务”的宗旨和“减环节、减时间、减材料、减跑动”的要求，对办理加装电梯的业务流程进行了优化再造，并在《若干意见》中予以明确。指导静安、长宁等区先行依据《若干意见》确定的审批流程，推行加装电梯项目审批“并联预审、一口受理”试点工作。全市累计已有952幢房屋通过居民意见征询完成加装电梯计划立项工作，已完工运行221台。

【完成《上海市房屋使用安全管理办法》（送审稿）】2019年1月，《上海市房屋使用安全管理办法》（征求意见稿）正式征求上海市相关部门、各区人民政府、行业管理单位和社会公众意见，总计收到101条修改意见。起草小组对反馈意见进行了汇总归纳，梳理发现，意见建议主要集中在适用范围、房屋使用安全责任人、房屋使用安全责任以及安全检测鉴定等核心条款。对反馈的主要问题研究后，形成了《上海市房屋使用安全管理办法（草案）》（送审稿），并已于11月初报送给上海市司法局。

（徐昌健）

（五）住房保障

【概况】2019年，多措并举推进各类保障性住房供应，全市实际新筹措各类保障性住房6.3万套。2018年9月进一步扩大共有产权保障住房受益面，将持证年限较长、学历层次高、符合本市产业发展导向、为本市经济社会发展作出贡献的非沪籍住房困难家庭纳入保障范围。继续大力推进公租房高质量发展“八个化”措施深化落实，有序推进公租房常态化供应，重点抓好管理水平和服务质量提升，聚焦本市人才安居等需求，做好对接服务和政策指导工作。按照目标责任书对应的统计范围和口径，上海市棚户区改造2019年全年新开工3.1万套、基本建成3.0万套；全年共发放城镇住房保障家庭租赁补贴3.9万户，全面完成国家下达的各项目标任务。

2019年，会同相关部门继续推进本市公有住房出售工作。据统计，全年共出售公有住房1.07万套，建筑面积56.59万平方米，回收购房款约2.4亿元，扣除维修基金后净归集额1.69亿元。全市自公有住房出售政策实施以来，已累计出售公有住房196.4万套，建筑面积约10593.7万平方米。

【有序开展沪籍面上第六、第七批次及非沪籍供应工作】2019年以来，在做好新一轮扩大共有产权保障住房受益面工作的同时，继续平稳推进面上第六、第七批次申请供应工作。第六批次，全市16个区第六批次选房工作累计选房2.91万套。第七批次，全市第七批次共有产权保障住房共累计受理约1.89万户。截至年底，审核工作基本完成，符合条件家庭约1.59万户，全市14个区完成摇号排序工作，其中崇明、浦东、杨浦、长宁、金山、嘉定、奉贤、松江8个区完成选房工作，累计选房5206套。截至年底，共有产权保障住房2019年新增签约约1.7万户，历年累计签约约11万户。扩大共有产权保障住房受益面，试点批次虹口、松江和金山3个区累计受理34户，截至年底，金山、松江两个区已完成选房，累计选房19户；8月初，面上启动新一轮非沪籍共有产权保障住房供应，截至年底，共累计咨询6944户，出具材料收件单339份。

【完成非沪籍试点评估工作】根据虹口、松江、金山三区试点工作开展情况，组织各区召开座谈会，并赴张江、市北和嘉定汽车城园区开展调研，听取政策建议，及时评估完善相关政策口径和工作机制。相关政策口径于7月出台并同步做好相关政策业务培训工作，8月在全市面上推开扩大共有产权保障住房受益面工作。

【平稳推进共有产权保障住房供后交易工作开展】截至2019年底，全市共审核通过购买政府产权份额1201户、政府优先购买272户，两项合计1473户。对全市面上第六、第七批次及扩大受益面试点申请供应工作进行系统评估，总结批次交叉推进工作经验；对共有产权保障住房各批次供应、签约及5年后供后交易等情况进行大数据分析，对五年后供后交易价格定价机制进行优化完善。根据评估结果、经济社会发展情况以及本市住房保障深入发展需求，研究进一步调整和完善共有产权保障住房政策的方案。

（王永刚）

【扎实推进公租房建设供应工作】截至2019年底，全市累计筹措公租房（含单位租赁房）17.7万套、入住21.1万户，累计保障（含退出）约60万户。2019年，全市新增供应公租房12642套，超额完成市政府确定的全年新增供应公租房1万套的目标任务（新增供应保障性住房6万套目标任务范围）。市筹、区筹公租房全年租金收入总额约13亿元。

【聚焦重点群体人才安居需求实施定向保障】在市筹公租房中安排部分房源，定向支持市委组织部、市人才办解决延揽的国际人才阶段性住房困难，定向支持市机管局、教育、卫生、科研等公共服务重点行业单位整体租赁公租房。

【全面提升公租房高质量发展水平】会同第三方机构开展对各区公租房工作的综合评估，对标最高标准最好水平，推动各区公租房工作进一步提质增效，特别是提高智能化、信息化管理和便民服务水平。公租房申请实现“一网通办”“只跑一次”，审核时限从20个工作日压缩到10个工作日以内，人脸、指纹、身份证等可作为唯一性识别的智能门禁已覆盖逾2万套市筹、区筹公租房。

【有效落实公租房周转循环使用】严格落实租赁总年限（6年）期满退出机制，市筹、区筹公租房6年保障期满对象99%以上按规定退出；对极个别应退未退的对象，相关公租房运营机构正在通过司法等途径处理。公租房周转循环使用已形成良性机制。

（林英杰）

【廉租住房工作】2019年，上海市继续按照“货币补贴为主、实物配租为辅、标准动态调整”原则稳妥有序开展廉租住房保障工作。一是认真开展审核配租，对符合条件的申请家庭“应保尽保”。全年共新增受理家庭5577户、配租家庭5002户。截至2019年底，历年累计受益家庭达12.93万户，正在享受保障家庭4.42万户，其中租金配租3.56万户、实物配租0.86万户。二是全面开展廉租住房申请审核“一网通办”（全市通办）工作，在便民利民方面打通为民服务“最后

表1　各区2019年公有住房出售情况

	户数（户）			面积（平方米）		
	小计	直管房	自管房	小计	直管房	自管房
合计	10691	4400	6291	565874.19	209892.52	355981.67
浦东	2161	781	1380	118693.27	37237.02	81456.25
黄浦	1130	218	912	60193.51	9170.89	51022.62
徐汇	454	187	267	23200.05	8931.75	14268.3
长宁	682	328	354	37947.66	16623.83	21323.83
静安	935	492	443	43879.94	21549.55	22330.39
普陀	761	470	291	38631.6	23710.25	14921.35
虹口	523	218	305	23723.29	9821.96	13901.33
杨浦	1179	918	261	52607.14	38527.84	14079.3
宝山	1089	229	860	59340.37	10413.17	48927.2
闵行	938	528	410	57071.71	32404.42	24667.29
嘉定	129	0	129	7464.15	0	7464.15
金山	8	4	4	423.41	207.45	215.96
松江	6	0	6	320.31	0	320.31
青浦	13	13	0	601.25	601.25	0
奉贤	230	4	226	14151.39	208.55	13942.84
崇明	453	10	443	27625.14	484.59	27140.55

（王永刚 林英杰 姚文江 仇育彬）

一公里”。三是进一步优化完善廉租住房审核配租流程。按照“能快则快”的原则，尽力优化审核配租流程、压缩资格审核时限。在2018年出台廉租审核配租优化措施的基础上，为更好地适应当前“一网通办”、社区公共户管理等相关工作要求，2019年8月出台《关于进一步明确本市廉租住房申请审核中有关操作实施口径的通知》，对区住房保障机构提出的目前廉租申请审核中遇到的社区公共户迁移、面积核查、申请材料等问题予以及时回应和明确。四是开展廉租住房政策实施情况跟踪评估。委托第三方调研机构对廉租住房2017年补贴标准调整及2018年准入标准调整的政策效果进行跟踪评判，为相关政策及标准的后续优化完善做好储备。五是做好规范性文件到期修订工作。启动廉租住房申请审核、面积核定、租金配租、实物配租、资格复核等一系列规范性文件的到期修订工作，进一步巩固廉租住房管理基础，其中申请审核、面积核定、租金配租等相关文件已完成修订发布，其余文件也在按计划推进。

（姚文江）

【住房分配制度改革】进一步推进本市住房分配制度改革。按《关于进一步深化本市城镇住房制度改革的若干意见》（沪府发〔1999〕38号）的要求，推进企事业单位的住房分配制度改革；配合市政府机管局等部门深化、完善本市公务员住房解困的有关思路。支持配合外省市住房分配制度改革。配合外省市住房分配制度改革和经济适用住房、动拆迁货币安置等工作的开展，做好外地职工及其配偶在沪住房情况申报确认工作，2019年共确认804户，自2003年此项工作开展以来，累计确认8188户。

图1　2019年11月11日，长宁区第七批（2018年）共有产权保障住房选房现场

图 2　2019 年 12 月 14 日，金山区第六批（2018 年）共有产权保障住房选房现场

【继续解决未确权的公有住房的出售问题】2019 年，根据《关于进一步推进本市公有住房出售若干规定的通知》（沪府发〔1999〕44 号）的精神，继续对投资单位未申领房地产权证的住房进行梳理，将符合出售条件的住房出售给承租的职工家庭。当年各区房改部门出售的这类住房共 421 套，建筑面积 2.23 万平方米；已累计代售 52709 套，建筑面积约 310 万平方米。

【解决各区有限产权接轨工作的疑难问题】市、区房改部门经过调研和协调，研究解决各类疑难问题，推动有限产权住房接轨工作顺利推进，全年有限产权住房接轨 1241 套，累计接轨 78481 套。

（仇育彬）

（六）物业管理

【贯彻落实新版物业管理法规】一是开展新版《上海市住宅物业管理规定》全市大宣贯。组织专业讲师团对各区房管局、街镇房管机构、居委会、业委会及物业公司开展普法教育，共计培训约 15000 人。通过主流新闻媒体和新媒体解读新规重点、亮点内容，在全市 1.2 万个小区张贴纸质宣传海报，在 4700 个小区电梯电子显示屏上滚动播放电子版海报，组织各区开展现场普法宣传活动，发动市物业协会组织数百家物业企业在其服务的小区内开展宣传。与 12345、962121 等热线平台主动对接，对热线接线员进行培训宣讲。编制《〈上海市住宅物业管理规定〉便民问答》并通过上海住宅物业网、市物业协会网站公布。二是推进住宅物业服务价格评估工作。指导市房地产估价师协会、市物业协会研究制定评估管理规范和评估技术规则，考核培训了首批专业评估人员，并在全市开展物业服务价格评估及小区物业费调价试点，2019年以来，已有201个小区成功调整了物业费价格。

（黄麒玮、何炜东）

【协调推进住宅小区“美丽家园”建设工作】一是召开全市工作推进大会。5月24日，市委、市政府召开市住宅小区建设“美丽家园”2019年工作推进会，总结2018年美丽家园建设情况，部署推进2019年度重点工作，常务副市长陈寅、市人大常委会副主任肖贵玉出席会议，陈寅常务副市长就下阶段工作提出相关要求。二是分解落实各区年度重点工作。将各区工作任务分解为精准补齐民生短板、加快完善服务市场机制、进一步健全社区共治机制三大类二十余项内容，由市城市管理精细化工作推进领导小组办公室与各区住宅小区综合管理联席会议签署工作责任书，落实年度重点任务目标。

（何炜东）

【完善物业行业监管体系】一是强化企业及从业人员信用监管，修订《上海市物业服务企业和项目经理信用信息管理办法》，推进落实《上海市物业服务企业和项目经理失信行为记分规则》，累计对133家物业服务企业、366名项目经理予以记分处理，促进行业、企业及从业人员依法履约、守信经营，推动形成“优胜劣汰、失信失业”的市场环境。二是加强事中事后监管，多次开展以维修资金、公共收益管理、防汛防台等为主题的全市范围专项检查，促进物业服务企业提高服务质量和管理水平。市、区、街镇三级房管部门共专项检查住宅小区18145次，开具整改单1302张。三是开展物业服务市场乱象整治。发动全行业参与专项斗争，全市近千家物业服务企业、一万余名小区项目经理签署了扫黑除恶专项斗争承诺书。全市共排查各类热线、信访等举报投诉400余件。根据“敲墙党”“黑物业”排查情况，对全市16个区开展了全覆盖的下沉督导检查，对涉及违法违规线索的，督促区房管局与公安部门紧密配合、坚决打击，共对10家物业企业做出失信行为记分处理。

（庞成梁）

【持续健全社区自治共治机制】一是持续推进本市业主大会、业委会建设管理。积极发挥居民区党组织和居委会作用，加强对业委会组建工作的指导和监督。截至2019年底，已有9642个住宅小区组建了业主大会。二是充分发挥党建引领作用。进一步扩大居民区党组织对业委会的组织覆盖与工作覆盖，已在3252个业委会建立了党的工作小组，412个业委会建立了党支部，组建率均为100%。三是加强居委会指导监督。全市已有3454个居委会下设环境和物业专业委员会，组建率为76.64%；2304个符合条件的住宅小区100%实现居委会成员兼任业委会成员。四是推进商品房住宅小区维修资金续筹。全年计划完成46个小区，实有156个小区续筹成功，超额完成年度目标。

（黄麒玮、史旭）

【加强安全隐患排查监管】一是在全市范围内排查住宅小区外墙外保温及墙面安全隐患情况，各区房管部门组织开展安全大检查，督促物业服务企业完成存在隐患的271个住宅小区排查信息报送和安全隐患报告、警戒和防护工作，指导督促建设单位或业委会进行整改。二是开展市房管系统安全隐患专项整治“百日行动”。将962121物业服务热线发现的线索提供至各区，要求各区房管部门督促物业服务企业，切实履行发现、报告、警戒、防护的职责。三是开展空调外机等外立面附加设施安全隐患排查整改工作，以市城市管理精细化工作推进领导小组办公室名义印发《关于开展本市空调外机等外立面附加设施排查和整改工作的通知》，全面排查外立面附加设施破损、连接不牢、变形、废弃等问题，并督促设备所有权人对3700余处隐患进行整改，全面消除潜在安全隐患，保障城市运行安全稳定。

（范彬彬）

【开展空调外机等外立面附加设施整治专项工作】2019年6月，上海市城市管理精细化工作推进领导小组办公室印发了《关于开展本市空调外机等外立面附加设施排查和整改的通知》（沪精推办〔2019〕6号），并附相关检查及隐患处置的技术导则，7月又印发了《本市空调外机等外立面附加设施整治三年行动计划》(沪精推办〔2019〕9号)，稳步推进空调外机等外立面附加设施整治提升试点工作，并会同进博会市容保障组（市绿容局）完成第二届进博会重要路段的空调外机等外立面附加设施整治相关工作。

【开展高空坠物整治工作】对高空坠物隐患的处置问题，上海市城市管理精细化工作推进领导小组形成了《关于本市房屋外墙墙面及附着物、建筑附属构件的高空坠物隐患问题处置工作意见》（沪精推办〔2019〕10号），指导督促各区组建工作机构，推进工作落实。同时结合“百日行动”专项整治工作，要求物业服务企业将房屋外墙安全隐患巡查纳入住宅小区项目经理每日巡查范围，做到第一时间发现、第一时间报告、第一时间警戒、第一时间防护。

【有序推进民生实事项目实施】汇总全市旧住房综合改造、消防设施设备改造、安防监控系统改造、老旧电梯修理改造更新等改造任务，重点聚焦电动自行车充电设施建设、住宅小区雨污混接改造、智慧物业建设等市政府实事项目，统筹推进实施改造工程，各项工作均已提前超额完成年度目标任务。一是推进排水设施改造，理顺供水管理体制，2019年，全市完成1434个住宅小区雨污混接改造，其中“苏四期”范围完成822个住宅小区雨污混接改造，1606个改造后小区已由供水企业管水到表。二是开展电梯安全隐患排查和修理改造更新工作，完成老旧住宅电梯安全评估3122台，对接安全评估结论，完成568台存在安全使用隐患的老旧住宅电梯修理改造更新工作，为7762台老旧住宅电梯加装远程安全监测模块。三是开展消防设施和房屋外挂附着物安全隐患排查整治。完成100个老旧小区消防设施设备改造，为983个既有住宅小区新增电动自行车充电设施，消除3678处住宅外挂结构及附属设施安全隐患。四是加快推进智慧物业实事项目落地。有序推进“一区、一街道、一集团、一银行、一企业、一部门”的多层级试点场景。静安寺街道已完成覆盖全街道的房屋信息采集及部分物联感知设备地理信息落点上图，与市物业中心系统实现实时联动。与市市场监管局智慧电梯平台对接的H5页面已完成开发，基本完成委综管平台试点违法搭建跨部门联动场景。五是提升小区安全防范设施建设管理水平，改造更新3311个老旧小区的安防监控系统，试点开展小区智慧安防系统建设，增设微卡口和人脸识别系统。六是推进生活垃圾分类设施建设。对住宅小区生活垃圾箱房、分类投放点改造、垃圾短途驳运方式、垃圾收集方式等进行摸底调查，累计完成定时定点及垃圾房改建21000个。

（占旺兵、范彬彬、庞成梁）

【完善962121物业服务热线】2019年，962121物业服务热线共计受理来电165.5万件。其中，962121热线直接受理155.6万件，12345热线转办7.6万件，12319热线转办2.2万件。拨出回访电话（短信）85万余个。报修回访满意率99%以上，投诉回访满意率93%以上。派发投诉督办25件，办结25件；完成现场督办116次，有关案件均得到妥善处理。夏令热线（7月8日—8月9日）期间，962121热线共受理各类诉求161684件。962121热线通过开展星级评定、微笑大使、劳动竞赛、业务培训以及素质拓展等活动，营造“比、学、赶、帮、超”良好氛围，切实提升为民服务质量；成立数据组，对近两年12345热线受理的81.2万件涉及小区综合管理类诉求进行数据梳理和落图匹配，形成多份数据报告供相关管理部门决策参考；选派业务骨干参与了243期“市民政务通——直通990”节目，为来电市民答疑解惑、宣传新政，受到广大市民好评。

（市物业中心）

（七）优秀历史建筑保护与可持续利用

【概况】上海市现有五批1058处优秀历史建筑、44片历史文化风貌区，遍布全市15个区。按照市委、市政府“历史文脉要精心保护、文化记忆要用心留存”“要特别强调传承城市历史文脉、留住城市记忆，严而又严地保护好上海老建筑和风貌区”的要求，2019年市有关部门和相关区密切配合、共同努力，积极有效地开展了历史风貌和历史建筑保护管理的组织、协调、指导和推进工作。

（徐昌健）

【完善基础资料档案】2019年，继续推进“一幢一册”保护指南编制工作。已完成虹口区、长宁区、普陀区、浦东新区、嘉定区、崇明区等区的编制计划，分别为81幢、41幢、5幢、79幢、21幢和9幢，全市2019年共完成236幢，全市1~5批累计完成922幢。

【落实系统数据库建设】以保护指南等档案资料为基础，进一步完善上海市历史建筑保护管理系统数据库建设。在完成保护指南信息录入平台设计与布线工作的基础上，持续推进一幢一册编制成果录入系统。2019年完成了优秀历史建筑保护管理系统的升级改造，完善了“一幢一册”录入、工作台、工程项目管理、数据统计以及系统界面等模块功能。基于“上海市历史建筑保护管理系统数据库”，着手探索建立城市数字化中心数据平台优秀历史建筑板块应用场景的开发工作，逐步建立覆盖上海市优秀历史建筑的自动感知和感应系统。同时，继续完善历史建筑的保护管理、档案资料、日常管理、项目管理、技术队伍、行业专家等各业务模块的建设。目前，已在静安、徐汇区域内试点运行，待技术进一步成熟后逐步向全市推广应用。

【完成《上海市历史文化风貌区和优秀历史建筑保护条例》修订工作】2017年起，上海市房屋管理局和原上海市规划和国土资源管理局等部门全面启动《上海市历史文化风貌区和优秀历史建筑保护条例》修订的研究起草工作。2018年该条例正式列入上海市人大常委会立法计划。立法重点把握的指导思想为：一是贯彻落实中央和市委关于历史文化遗产保护的最新要求和部署，充分体现市委、市政府提出的“深化城市有机更新、促进历史风貌保护”和“留改拆并举，以保护保留为主”的工作要求，注重城市功能完善与品质提升。二是及时总结上海历史风貌和优秀历史建筑保护工作中的实践经验，将原条例实施至今形成的行之有效的做法制度化，为本市历史风貌保护工作持续有效地开展提供法律支撑。三是坚持问题导向，体现“从严保护”和“活化利用”的保护理念，聚焦“扩大保护范围、强化政府责任、完善保护措施、促进活化利用”等重点问题作出修改，加强保护与利用的协调互动，实现在保护中利用、以利用促进保护。

2019年9月26日，上海市十五届人大常委会第十四次会议表决通过了《关于修改〈上海市历史文化风貌区和优秀历史建筑保护条例〉的决定》，并决定自2020年1月1日起施行《上海市历史风貌区和优秀历史建筑保护条例》（以下简称条例）。

本次修改决定共15条，根据国家和上海市对历史风貌和优秀历史建筑保护的要求，将“从严保护”和“活化利用”作为本次修法的主要价值导向，对原条例进行局部修改。其中，涉及优秀历史建筑的主要修改有：一是强化对优秀历史建筑的整体保护。在完善优秀历史建筑的分类保护要求的同时，将具体保护要求从建筑本体扩展到其外部空间格局、环境要素。二是明确优秀历史建筑的所有人和使用人的保护责任，并纳入网格化管理体系。优秀历史建筑的所有人和使用人，应当按照本条例的规定使用、维护和修缮优秀历史建筑，并配合政府相关管理部门对优秀历史建筑实施的网格化管理。三是鼓励和督促优秀历史建筑所有人积极履行修缮义务。一方面新增履行修缮义务的建筑所有人或者使用人可以向区人民政府申请资金补助的规定；另一方面新增对未履行相应修缮义务的情形，相关部门可以在不动产登记簿进行记载的规定。四是进一步加强对优秀历史建筑的严格保护。明确禁止在优秀历史建筑上设置户外广告设施，严格控制设置其他外部设施。

上海市房屋管理局于2019年11月组织开展了对新修订条例的宣贯培训，解读了条例的修改背景、过程及主要内容。各区房管局、相关街镇、相关公房管理等单位参加了培训。

【加强优秀历史建筑保护修缮】本市将优秀历史建筑的保护修缮与改善民生相结合，充分利用市级财力补贴资金的导向性作用，加大居住类优秀历史建筑保护修缮力度，“十三五”以来推进近75万平方米居住类优秀历史建筑修缮。2019年度，本市开展实施的优秀历史建筑修缮项目共50余个近200幢，总建筑面积近30万平方米，受益居民1000多户。

【完善保护修缮项目全过程管理，督查事权下放试点工作】根据《关于对行政审批评估评审开展进一步清理规范工作的通知》（沪审改办发〔2017〕46号）精神，对0875优秀历史建筑改变（调整）使用性质及内部设计使用功能和修缮（装修改造）审批事项内涉及的评估评审流程进行再梳理，并按照行政业务手册规定的相关管理流程，进一步完善优秀历史建筑修缮项目立项告知、检测评审、设计施工方案评审、行政审批、施工过程监管、竣工备案六个环节的全过程管理。一是开展现场踏勘，及时出具告知单，全年出具工程项目的保护要求告知单29项，为优秀历史建筑保护修缮项目提供了技术依据、提高了保护意识、规范了相关行为；二是认真做好优秀历史建筑保护修缮的设计、施工方案专家评审，为落实优秀历史建筑最严格的保护管理制度、规范优秀历史建筑修缮行为提供了技术支撑；三是市区联手，黄浦区、静安区、徐汇区、长宁区、虹口区事权下放区域做好区管项目的技术服务工作；四是全方位跟踪修缮项目过程监管，抽查下放项目管理情况，业主和施工企业在修缮施工过程中严格按照审批方案及文件实施，对不符合审批要求的施工及问题及时出具整改通知单，有效制止修缮过程中出现破坏性修缮，如长宁区华山路1006弄海格园9号、静安区南京西路1522弄14号等；五是完成竣工验收和竣工资料备案，积累了优秀历史建筑档案资料，为优秀历史建筑的长效保护管理奠定基础；六是建立优秀历史建筑三级管理责任体系，实现组织体系全覆盖、保护管理全域化，构建责任明确、协调有序、监管严格、保护有力的优秀历史建筑保护管理机制，包括日常巡查和月度上报制度，上海市历史建筑保护事务中心配合上海市房管局定期对巡查上报情况进行汇总和现场抽查。

【拓展优秀历史建筑宣传和应用方式】 探索优秀历史建筑保护管理工作中更高效便捷的应用和宣传途径，开发"行走上海"App。在"行走上海"App 中：一是宣传和公示本市优秀历史建筑基础信息（如名称、地址、类别、简介）；二是对部分资料较为完备的优秀历史建筑进行在线游览的测试上线；三是配合文化遗产日的主题活动上线"红色之旅、名人故居、弄堂漫步、古镇记忆、百年高校"等十条精品游览线路，市民可以就近前往，参观文化遗产保护成果；四是满足优秀历史建筑行业管理和人员培训的需求，新增教育培训定点打卡和签到功能。

【提高行业保护修缮水平】 一是开展优秀历史建筑保护修缮工程设计施工示范项目评选及成果汇编。根据《上海市历史风貌区和优秀历史建筑保护条例》及相关文件的要求，为推动上海市优秀历史建筑保护修缮施工技术水平的提高，鼓励传统工艺、先进技术在设计施工中的应用，提高设计施工质量，树立典型示范作用，开展《2019 年上海市优秀历史建筑修缮工程示范项目成果汇编》的编制工作。二是开展保护修缮立功竞赛活动。为进一步推进上海市优秀历史建筑保护修缮工作实施，提高行业整体水平，10 月 17—18 日，开展 2019 年度优秀历史建筑保护修缮立功竞赛活动在杨浦区榆林路 455 弄（隆仁里）举行。竞赛主题为"不忘初心，精益求精，大力弘扬工匠精神"，重点对水刷石墙面传统保护修缮施工工艺进行评比。本次技术"大比武"，旨在希望各竞赛单位能深刻体会当代工匠文化和工匠精神，培养出专注的工作态度、高度的社会责任感和一丝不苟的钻研精神，让工匠精神深入人心、深入企业文化、深入行业的方方面面。三是为进一步提高优秀历史建筑管理和技术人员的业务水平，根据《上海市历史建筑文化风貌区和优秀历史建筑保护条例》与年度培训计划，9 月 3—4 日，上海市历史建筑保护事务中心委托上海交通大学对上海市各区房管局、房地集团、街道房办的优秀历史建筑管理人员和从事优秀历史建筑保护修缮工程的设计、施工、监理技术岗位持证人员（共约 800 人）开展了"2019 年上海市优秀历史建筑保护管理和技术人员培训"。本次培训吸纳各方建议，邀请了国内知名专家学者前来授课，内容包括历史建筑保护工程管理实务、保护修缮设计的实践好方法、上海市地区清水墙修缮以及如何对待历史建筑及其保护等主题，旨在提升保护理念，贯彻技术标准，适应城市更新保护要求。

【开展保护修缮技术指导文件编制及行业研究】 一是开展"优秀历史建筑综合监测和预警系统开发与示范"研究，探索对优秀历史建筑实现远程健康监测和预警的解决方案，同时也是城市管理神经元系统建设的有益尝试；二是组织设计施工单位联合开展《优秀历史建筑屋面修缮施工技术工法编制》应用技术方面的研究，挖掘传统修缮施工工艺；三是为了厘清新《条例》中关于按照"重置价"的比例进行处罚的内涵和构成，组织开展编制《"重置价"评估导则》，通过确定影响因素和修正系数，分析评估结果争议的解决方式，研究评估管理与协调的操作办法，最终形成能反映上海市优秀历史建筑历史、科学和艺术价值的"重置价"专业评估导则；四是梳理和分析在上海城市更新背景下历史建筑保护和再利用的演化历程，编制《上海

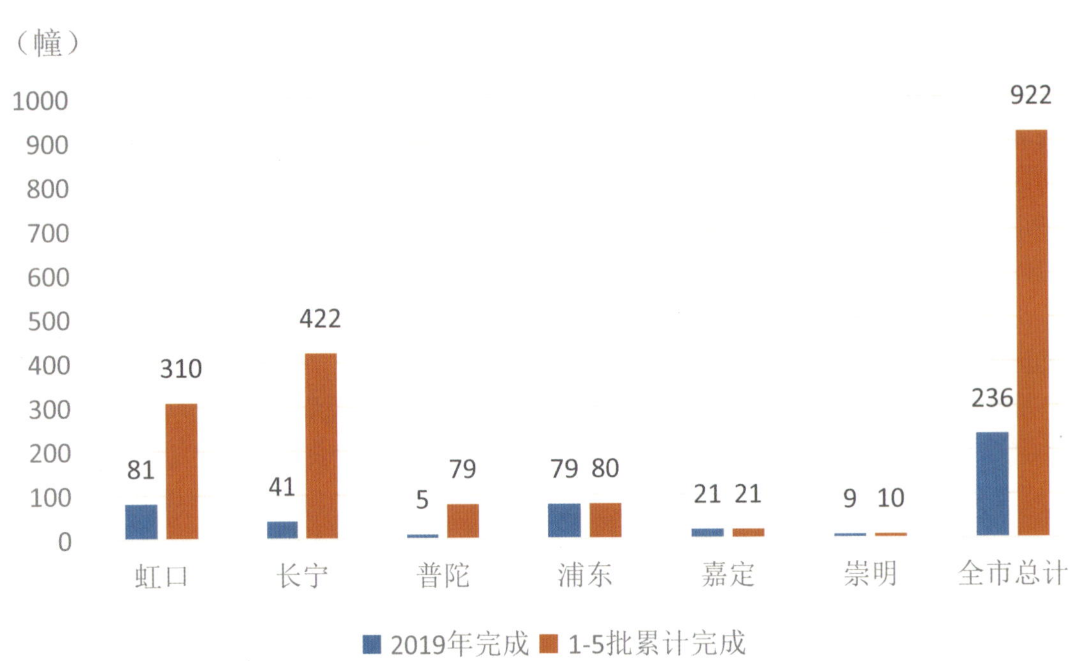

图 3　上海市优秀历史建筑“一幢一册”编制数量

城市更新背景下的历史建筑保护与再利用》书籍，为“留改拆并举，深化城市有机更新”的工作提供借鉴和指导。

【组织开展优秀历史建筑评审专家库扩容工作】为进一步充实优秀历史建筑保护专家队伍，充分发挥专家对优秀历史建筑保护修缮（装修改造）评审工作的技术支撑作用，按照《上海市房屋管理局关于印发〈上海市优秀历史建筑修缮（装修改造）评审专家管理办法〉的通知》（沪房更新〔2017〕47 号）的要求，开展上海市优秀历史建筑修缮（装修改造）评审专家库专家新聘、续聘等相关调整工作。经过前期单位推荐、个人自荐、主动邀请等形式，广泛征集了建筑保护、建筑设计、修缮施工等各专业类别的专家学者。2019 年底已完成候选专家的公开面试和专家聘书的颁发工作。

【保护管理宣传工作】2019 年 6 月 8 日市第十四个中国“文化和自然遗产日”，上海主会场活动于 2019 年 6 月 6 日在余德耀（第五批优秀历史建筑）美术馆内成功举行，此次活动由上海市历史文化风貌区和优秀历史建筑保护委员会办公室、上海市房管局、徐汇区人民政府联合主办，上海市历史建筑保护事务中心承办，主题为“深化城市有机更新，焕发历史遗产新生”。

【开展优秀历史建筑二维码设置工作】以一幢一册普查资料和“行走上海 App”为基础参照，提供了包括保护编号、保护类别、建筑名称、建筑地址、建筑介绍、历史沿革等在内的二维码展示所需的基本信息。截至 2019 年底，二维码设置工作主要在黄浦、静安、长宁、徐汇、虹口、杨浦六区（1~5 批优秀历史建筑共 963 处）开展。目前已完成 634 处优秀历史建筑二维码设置工作，二维码覆盖率 60%。六区共有 437 处优秀历史建筑已在二维码导览中增设英文内容，占历保建筑总量的 41%。静安区已对 50 处优秀历史建筑制作了 VR 全景导览，市民可以通过手机三维游览建筑内外全貌。徐汇、长宁、黄浦等区在二维码中增加了播放语音故事、视频等功能，方便特殊人群参观体验。

【第五批优秀历史建筑保护铭牌工作】继2018年底保护技术规定完成后，2019年继续开展426处第五批优秀历史建筑保护铭牌的考证和编写工作。

【武康大楼风貌保护修缮】武康大楼建于1924年，是上海最早的外廊式公寓建筑之一，属法国文艺复兴式风格，建筑为八层钢筋混凝土结构，最有特色的就是外立面清水砖墙及古典山花窗楣等丰富的水刷石装饰。1994年，武康大楼被上海市人民政府公布为第二批优秀历史建筑。2018年，徐汇区房管局以武康大楼这一地标性的优秀历史建筑为“试验田”，围绕“三减三增”的基本理念及“打造全球城市衡复样本”的总体目标，全力探索衡复风貌区的精细化管理工作。本次武康大楼修缮秉持“里外兼修”的原则，对这幢地标性建筑的历史风貌“显示度”及居住其中老百姓的“满意度”，都尽力予以提升。

为坚持“修旧如旧”原则，调派了具有丰富施工经验的“能工巧匠”，多次邀请专家到现场对每一块转、每一处装饰细节都进行了详细考证和研究，如修补后的清水砖墙上的纹理，都细化到要求按雨滴在墙面下落效果处理为竖向纹理，从而再现这一经典建筑的原有风貌。通过对武康大楼的空调外机，采用更轻质、更耐久的材质以及“一体百叶式”的构造及对位置进行了规整，确保空调机架对立面的影响降到最低，又确保了空调通风及结构安全。在规整空调机架的同时，对外立面造成影响的后期加建的雨棚、晾衣架全部予以了拆除。此外，本次武康大楼风貌保护修缮工程，结合了架空线入地、立面整治、绿化景观提升、物业精细化管理、垃圾分类等重点工作统筹推进，力争通过这“一揽子”的综合解决方案，提升武康大楼区域性整体风貌。

图4　武康大楼修缮前后对比图

为确保武康大楼“长治久安”，在武康大楼试点开展了信息化监测技术，在武康大楼安装了智能感知设备，监测建筑的震动、倾斜、位移、裂缝等情况，通过智能化手段实现上海精细化管理“全覆盖、全过程、全天候”的工作要求，并将数据实时传输到区网格中心形成后续处置闭环，全面为武康大楼的房屋安全“保驾护航”。

（田瑞华）

（八）推进农民相对集中居住

【概况】2019年5月7日，市政府召开了专题部署会议，本市农民相对集中居住工作进入全面推进阶段。市住建委会同市相关部门和9个涉农区，全力推进农民相对集中居住工作。

2019年，全市签约户数12828户、签约率101%。76个项目中，32个项目的实施方案均已审核通过并批复，累计申请市级补贴资金约20亿元。

【强化市、区推进机制】5月10日，市农民相对集中居住工作专班正式成立，由市住建委、市农业农村委、市规划资源局等9家单位12名骨干组成。9个涉农区成立区级工作领导小组，有6个区由党政主要领导担任组长；浦东、闵行、松江、金山等区借鉴市级工作专班模式，组建区级工作专班专职承担推进工作。

【探索创新操作办法】一是优化资金拨付方式，缩短拨付周期和增加拨付灵活性。调整审核次序，结合“预算+会审”的方式，使市级按户补贴资金至少提前半年预拨。二是明晰工作口径，实时回应各区动态问题。进镇入村调研40余次，明晰21项具体问题的工作口径并下发至各区，支持各区年度项目顺利推进。三是优化实施方案编制模式，简化编制要求和增加区级统筹度。在把好“拆哪里”“建哪里”“怎么建”等关键问题的基础上，简化实施方案编制内容，压缩约三分之二的方案篇幅，增加区级统筹力度，允许各区打捆编制方案。实施方案年度项目总数从96个项目压缩至76个。

【改善农民居住条件】2019年启动的1.27万户中，“三高两区”农户约7000余户、零星散户约5000余户。约1万户农户（86%）向城镇集中居住（含退出），约2000户农户向居住条件较优的规划保留村平移。农民相对集中居住工作聚焦解决重点地区、重点对象的居住困难问题，让更多的农民共享城镇化地区和农村集中社区更好的基础设施和公共服务设施资源。

【提升乡村风貌水平】以农民相对集中居住工作为平台，拆除老旧农房，建造农民新居，推进农村道路建设、河道疏浚、生活污水治理等农村基础设施和公共服务建设，改善“小、散、乱”的乡村面貌；同时，以平移集中居住点为抓手，统一规划和设计，保持乡村风貌和建筑肌理。开展平移集中居住点风貌设计评估工作，加强风貌管控，全面提升乡村风貌和农房建筑设计水平。

【促进土地集约节约利用】按照2035总规，每年需减量约800公顷农村居民点用地。预计2019年启动的76个项目共拆旧约400余公顷，涉及约300万平方米农民房屋，预期实施后可节余建设用地约300余公顷。推进农民相对集中居住有助于实现低效建设用地减量化，助力城市总体规划落地落实，促进土地资源有效利用。

【促进城乡统筹】随着农民相对集中居住工作的深入推进，农村基础设施和公共服务设施配置水平不断提升，乡村面貌不断改善，低效建设用地减量后也为引入乡村振兴产业提供了空间。城乡资源进一步优化配置，农村的资源价值进一步激活，城市与乡村深度统筹，让上海郊区成为提升城市能级和核心竞争力的战略空间，成为上海现代化国际大都市的底色和亮色。

（曹平）

（九）城中村改造

【概况】2019年上海市围绕《关于本市开展“城中村”地块改造的实施意见》的要求，完善相关配套措施和工作要求，会同有关部门积极推进城中村项目的改造工作，深化研究新一轮城中村改造政策，推动以人为核心的新型城镇化建设，促进城乡一体化发展。

【加大城中村改造项目推进力度】截至2019年底，39个合作改造项目共需动迁村民和企事业单位2.1万户，目前已完成动迁1.9万户，占总量的96%。有31个项目签约比例超过95%，其中，10个项目已全部完成动迁，4个项目签约比例在90%~95%之间，2个项目签约比例接近90%，1个项目签约比例在80%以下，1个项目正在开展动迁前期准备工作。9个土地储备项目共需动迁村民和企事业单位5658户，目前已完成动迁5232户，占总量的92%。7个项目签约率超过95%，其中，4个项目已完成动迁，只有2个项目签约比例在90%以下。

【加大政策扶持】一是由农村集体经济组织自行改造，或引入合作单位共同改造的，经营性土地形成净地后，可采取定向挂牌方式出让。二是土地出让收入在计提国家和本市有关专项资金后，剩余部分由各区统筹安排，用于城中村地块改造和基础设施建设等。三是对符合条件的城中村改造地块，免征城市基础设施配套费等各种行政事业性收费和政府性基金，电力、通信、市政公用事业等企业适当降低入网、管网增容等经营性收费。四是在符合城乡规划和土地利用规划的前提下，经对环境容量、城市景观、综合交通、公共配套等要求充分评估论证，在满足地区规划技术标准、符合公共利益以及周边条件允许的情况下，可对建设规划指标给予适当支持。上述政策有利于项目实现盈亏平衡，有利于调动村民、集体经济组织及社会资金参与城中村改造的积极性，发挥了重要作用。

【保障村民利益】一是城中村改造尊重村民意愿，在大部分村民同意的情况下，方可实施改造，在改造中还要充分听取村民对征地房屋补偿方案、集体资产处置等意见，充分发挥村民主体地位，维护农民合法权益，保障其知情权和参与权。二是积极推进农村集体经济组织产权制度改革，对集体经济组织通过清产核资、成员界定和农龄计算等，将集体资产股份量化给每个成员，组建社区经济合作社、社区股份合作社、有限责任公司等不同形式的新集体经济组织，完善内部收益分配机制，形成成员增收的长效机制。三是对于农村集体经济组织引入合作单位共同改造的城中村项目，规定代表农村集体经济组织的公司的参股比例不能低于10%，城中村改造项目建成后，镇级集体经济组织以成本价留存一定比例的商办用房，以保障农村集体经济组织长远发展和农民长期稳定收益。

【确保审批程序规范】城中村改造项目在经区政府常务会议或者区委常委会讨论通过后，区政府发函给市城中村改造工作领导小组办公室；由领导小组办公室相关成员单位对地块进行现场踏勘，联合会审后报市政府审批；经市政府批复后，区政府组织镇政府及区政府相关部门制定城中村改造方案。试点阶段，区政府审核通过改造方案并报市村改办，经市城中村改造工作领导小组相关成员单位集体讨论确认后可启动项目改造。

【城中村改造取得的成效】上海市城中村试点改造的启动实施，有力地推动了区域发展规划的实施，对于补齐发展短板、提升村民住房条件、推进“五违”整治和生态环境综合治理、改善人口调控和管理服务、促进城乡一体化发展等起到了积极作用，达到了预期目的。一是村民群众得到实惠。城中村项目大多位于城乡接合部，城中村内村民的居住条件很差，对已批方案的48个城中村项目实施改造，可以极大地改善村（居）民的住房条件。二是大大改善区域环境。城中村环境脏乱差，违章搭建现象严重，“群租”等五违问题十分突出，存在大量社会管理问题和公共安全隐患。通过改造，可以彻底解决上述问题，大大改善区域环境，维护城市公共安全。三是提升地区功能。实施城中村改造，并和基础设施建设、环境综合治理、城市布局优化及产业结构调整等紧密结合，将原先的城中村区域建设成为现代生态住宅小区、公共绿地和商业办公楼群，从而提升地区功能和产业转型升级，促进城乡一体化和经济社会协调发展。

（严菁）

（十）农村低收入户危旧房改造

【概况】 农村低收入户危旧房改造是本市针对农村低收入困难家庭实施的住房救助项目。2019 年上海市积极贯彻落实党中央、国务院关于打赢脱贫攻坚战的目标任务，按照质量第一、安全为本的原则，统筹规划、整合资源，科学实施农村低收入户危旧房改造的工作，努力实现本市农村困难家庭住房安全有保障。2019 年本市启动农村低收入户危旧房改造 244 户，实施危旧房改造后的农村困难家庭，居住条件普遍有较大程度改善，农户满意度很高。

【完善政策措施】按照“农民自愿、政府扶持，保底帮困、安全适用，公开透明、规范操作”的原则，严格执行准入条件和建设标准，坚持因地制宜、实事求是，合理确定改造方式，宜建则建，宜修则修。

【加强工作协同】 农村危房改造对象认定涉及经济状况认定、房屋状况认定和残疾人家庭认定等多方面政策，操作中本市各区和镇的建设、民政、残联等部门分工合作、共同参与，建设部门负责房屋鉴定和总体协调，民政部门负责家庭经济收入认定，残联负责残疾人家庭确认，确保了改造对象认定规范有序。

危房改造一般由村民自行组织实施，区、镇建设管理部门给予施工图纸和技术方面的指导，工程完工后由镇人民政府组织竣工验收，验收通过后拨付补助资金。对于由政府托底保障的农村危房改造户，由政府负责组织实施建设，完成竣工验收后交付农户入住。

【把握重点环节】 在前期审批上，上海市各区按照农户申请、村民主评议、镇审核、区审批的程序开展工作，确保改造对象认定客观、公正，接受社会监督。在改造实施中，市住建委、市房管局提供农村危房改造施工图推荐图集，并要求各区严把质量安全关，通过监督检查，及时发现问题、督促整改，确保按时保质完成改造。在完成改造后，要求各区及时开展竣工验收、及时拨付补助资金、及时录入档案信息系统。

【加强检查指导】 市级相关部门联合开展存量农村危房改造对象认定的技术指导和服务工作，通过信息比对和核验，完成全市存量农村危房家庭的经济状况核对工作；定期对改造进度、质量安全、资金使用进行监督检查，发现问题，及时纠正。

（严菁）

（十一）住房公积金管理

【概况】 缴存：2019 年，新开户单位 5.45 万家，实缴单位 42.67 万家，净增单位 3.36 万家；新开户职工 84.08 万人，实缴职工 882.78 万人，净增职工 21.57 万人；缴存额 1533.57 亿元，同比增长 17.50%。2019 年末，缴存总额 11087.60 亿元，比 2018 年增长 16.05%；缴存余额 4721.13 亿元，比 2018 年增长 15.30%。受委托办理住房公积金缴存业务的银行 1 家。

提取：2019 年，提取额 907.06 亿元，同比增长 14.97%；占当年缴存额的 59.15%，比 2018 年减少 1.3 个百分点。2019 年末，提取总额 6366.47 亿元，比 2018 年增长 16.61%。

贷款：上海市购买首套住房家庭最高贷款额度为 100 万元（个人为 50 万元），缴交补充公积金的最高贷款额度为 120 万元（个人为 60 万元）；上海市购买第二套改善型住房家庭最高贷款额度为 80 万元（个人为 40 万元），缴交补充公积金的最高贷款额度为 100 万元（个人为 50 万元）。2019 年，发放个人住房贷款 14.08 万笔 939.18 亿元（含贴息贷款置换 0.99 万笔 50.36 亿元），同比分别增长 27.19%、28.71%；回收个人住房贷款 411.08 亿元。2019 年末，累计发放个人住房贷款 268.24 万笔 8727.96 亿元，贷款余额 4450.05 亿元，分别比 2018 年增长 5.54%、12.06% 和 13.46%。个人住房贷款余额占缴存余额的 94.26%，比 2018 年末减少 1.52 个百分点。受委托办理住房公积金个人住房贷款业务的银行 19 家。

2019 年，未发放支持保障性住房建设项目贷款，回收项目贷款 4.26 亿元。2019 年末，累计发放项目贷款 97.15 亿元，项目贷款余额为零。2019 年末，累计融资 217 亿元，融资余额为零。2019 年末，个人住房贷款资产支持证券的未偿付贷款笔数为 9.00 万笔，本金余额为 179.85 亿元。2019 年末，累计发放住房公积金贴息贷款 5.21 万笔 353.76 亿元，贴息贷款余额 0.59 亿元；当年贴息额 0.48 亿元。2019 年末，住房公积金存款 310.71 亿元，存款类型为其他（协定、通知、智能存款等）。2019 年末，住房公积金个人住房贷款余额和项目贷款余额的总和占缴存余额的 94.26%，比 2018 年末减少 1.63 个百分点。

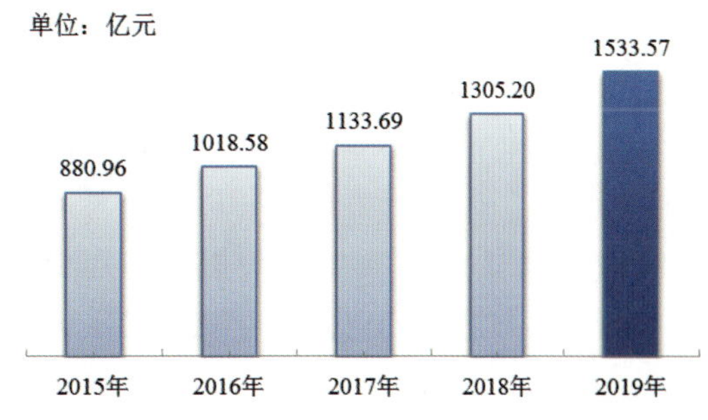

图 5　2015—2019 年缴存额情况

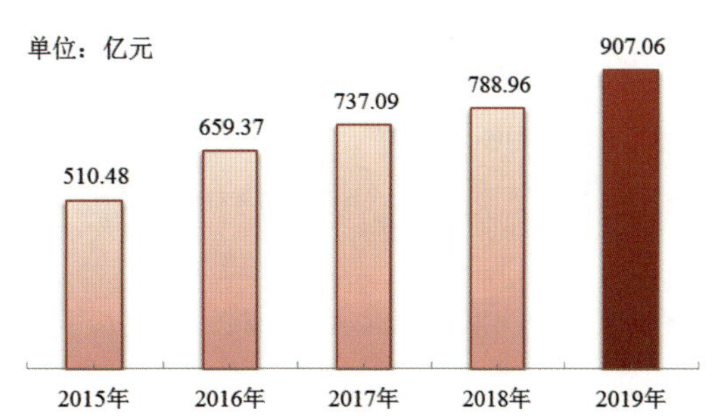

图 6　2015—2019 年提取额情况

图 7　2015—2019 年住房公积金个人住房贷款发放额情况

【主要财务数据】 业务收入：2019 年，业务收入 159.99 亿元，同比增长 14.82%。其中，存款利息 22.64 亿元、委托贷款利息 135.47 亿元、其他 1.88 亿元。业务支出：2019 年，业务支出 74.81 亿元，同比增长 11.44%。其中，支付职工住房公积金利息 67.09 亿元、归集手续费 2.91 亿元、委托贷款手续费 3.51 亿元、其他 1.30 亿元（含住房公积金贴息贷款利息支出 0.48 亿元）。增值收益：2019 年，增值收益 85.18 亿元。其中：住房公积金增值收益 83.98 亿元，同比增长 18.57%。当年增值收益率 1.90%，比 2018 年增加 0.06 个百分点。城市廉租住房建设补充资金增值收益1.20亿元。增值收益分配：2019年，提取贷款风险准备金50.22亿元，提取管理费用1.44亿元，提取城市廉租住房建设补充资金33.52亿元（含当年城市廉租住房建设补充资金增值收益1.20亿元）。2019年，上交财政管理费用1.44亿元。2019年末，贷款风险准备金余额389.79亿元。累计提取城市廉租住房建设补充资金245.48亿元。管理费用支出：2019年，管理费用支出1.44亿元，同比增长9.09%。其中，人员经费0.66亿元、公用经费0.25亿元、专项经费0.53亿元。

【资产风险状况】2019年末，个人住房贷款逾期额1.17亿元，逾期率0.2630‰。个人贷款风险准备金按住房公积金增值收益的60%提取。2019年，提取个人贷款风险准备金50.39亿元，当年未使用个人贷款风险准备金核销逾期贷款。2019年末，个人贷款风险准备金余额389.79亿元，占个人住房贷款余额的8.76%，个人住房贷款逾期额与个人贷款风险准备金余额的比率为0.30%。2019年末，支持保障性住房建设试点项目贷款已全部回收，无逾期，无核销，项目贷款风险准备金余额为零。

【社会经济效益】缴存业务：2019年，实缴单位数、实缴职工人数和缴存额同比分别增长8.55%、2.50%和17.50%。缴存单位中，国家机关和事业单位占2.32%，国有企业占1.88%，城镇集体企业占0.94%，外商投资企业占5.99%，城镇私营企业及其他城镇企业占87.20%，民办非企业单位和社会团体占0.70%，其他占0.97%。缴存职工中，国家机关和事业单位占8.41%，国有企业占11.84%，城镇集体企业占1.72%，外商投资企业占16.56%，城镇私营企业及其他城镇企业占56.21%，民办非企业单位和社会团体占1.15%，其他占4.11%；中、低收入占90.97%，高收入占9.03%。新开户职工中，国家机关和事业单位占2.94%，国有企业占7.62%，城镇集体企业占0.95%，外商投资企业占15.92%，城镇私营企业及其他城镇企业占69.68%，民办非企业单位和社会团体占0.85%，其他占2.04%；中、低收入占98.22%，高收入占1.78%。

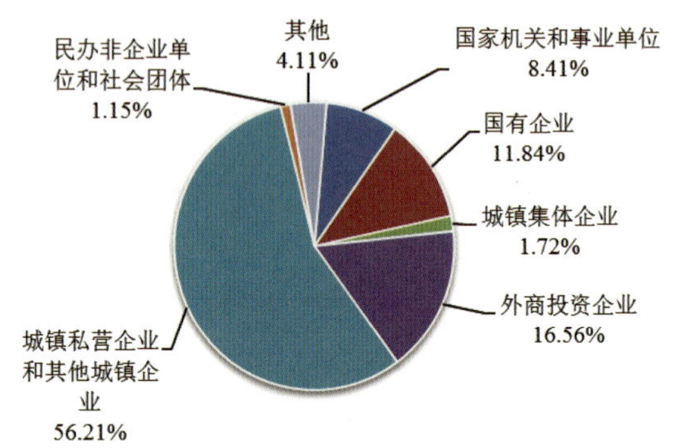

图8　2019年实缴职工按所在单位性质分类

提取业务：2019年，301.48万名缴存职工提取住房公积金907.06亿元。提取金额中，住房消费提取占83.81%（偿还购房贷款本息占66.42%，租赁住房占11.75%，购买、建造、翻建、大修自住住房占5.64%，其他占0.00%），非住房消费提取占16.19%（离休和退休提取占13.63%，完全丧失劳动能力并与单位终止劳动关系提取占0.01%，出境定居占0.11%，其他占2.44%）。提取职工中，中、低收入占84.65%，高收入占15.35%。

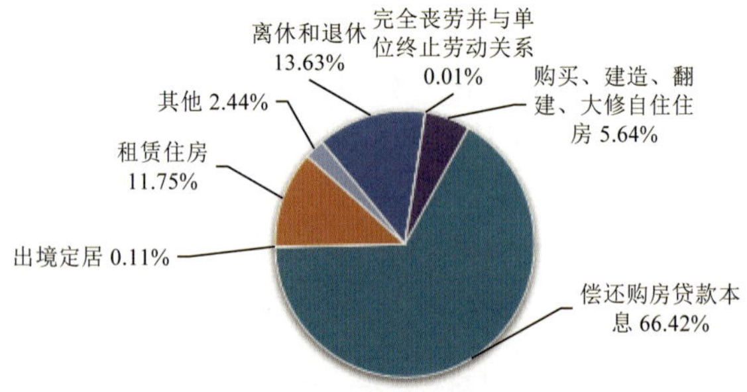

图9　2019年住房公积金提取额按提取原因分类

贷款业务：2019年，支持职工购建房1192.29万平方米，年末个人住房贷款市场占有率（含住房公积金贴息贷款）为23.97%，比2018年末增加0.89个百分点。通过申请住房公积金个人住房贷款，在贷款合同约定的存续期内可节约职工购房利息支出197.05亿元。职工贷款笔数中，购房建筑面积90平方米及以下占62.94%，90以上至144平方米占32.48%，144平方米以上占4.58%。购买新房占25.84%（其中购买保障性住房占3.04%），购买二手房占74.16%。职工贷款笔数中，单缴存职工申请贷款占29.86%，双缴存职工申请贷款占69.62%，三人及以上缴存职工共同申请贷款占0.52%。贷款职工中，30岁及以下占28.94%，30岁以上至40岁占54.61%，40岁以上至50岁占13.85%，50岁以上占2.60%；首次申请贷款占86.73%，二次及以上申请贷款占13.27%；中、低收入占89.03%，高收入占10.97%。

异地贷款：2019年，发放异地贷款90笔7584.90万元。2019年末，发放异地贷款总额7914.90万元，异地贷款余额7741.54万元。支持保障性住房建设试点项目贷款：2019年末，累计试点项目15个，贷款额度119.82亿元，建筑面积229.90万平方米，可解决28061户中低收入职工家庭的住房问题。15个试点项目贷款资金已发放并全部回收贷款本息。

住房贡献率：2019年，个人住房贷款发放额、项目贷款发放额、住房消费提取额的总和与当年缴存额的比率为110.81%，比2018年增加5.93个百分点。

【积极支持“租购并举”住房体系建设】 上海市公积金管理中心严格执行差别化信贷政策，根据社会不同层次需求“因层施策”，积极支持“租购并举”的住房体系建设。一是完成住房公积金推动租赁市场发展专题研究。在对上海市房屋管理局、上海市租赁行业协会、租赁企业、租赁群体座谈走访摸清租赁市场发展现状和迫切需求点的基础上，为加强公积金在支持租赁市场发展的有效性、协同性和精准度做好政策储备，助力解决新市民、青年人才、科创人才等的居住问题。二是开展共有产权保障住房贷款咨询工作。完成上海市第六批共有产权保障住房贷款咨询工作，有序推进贷款受理和发放，并于2019年11月启动第七批共有产权保障住房贷款咨询工作。

【调整2019年度住房公积金缴存基数和月缴存额上下限】 为进一步改善营商环境，方便和优化单位办理，2019年度住房公积金缴存基数调整与社保同步。自2019年4月1日起，职工住房公积金的缴存基数由2017年月平均工资调整为2018年月平均工资。2019年度职工本人和单位住房公积金缴存比例为各5%~7%，由单位自主确定；单位可以自愿参加补充住房公积金制度，补充住房公积金缴存比例为各1%~5%。为有序平稳衔接就业人员平均工资计算口径的调整，自2019年9月1日起再次调整住房公积金月缴存额上限。2019年度住房公积金月缴存额上下限如下：

类型	单位和个人缴存比例	月缴存额上限	月缴存额下限
住房公积金	各7%	3448元	338元
	各6%	2956元	290元
	各5%	2464元	242元
补充住房公积金	各5%	2464元	242元
	各4%	1970元	194元
	各3%	1478元	146元
	各2%	986元	96元
	各1%	492元	48元

【推进长三角住房公积金一体化建设】落实国家发展战略，探索住房公积金领域的长三角一体化发展路径。上海市公积金管理中心结合实地调研，积极推进三省一市住建部门共同研究制定了《长三角住房公积金一体化战略合作框架协议》。2019年10月，住房公积金跨地区信息协查在长三角“一网通办”专窗系统正式上线运行，实现了不动产产权信息、房屋交易合同信息、名下持有产权信息、住房公积金信息异地核查。

【持续优化营商环境】新增单位线上开具住房公积金缴存证明、单位线上办理缴存网点变更等单位日常业务，并实现单位开具住房公积金缴存证明接入“一网通办”平台。企业在上海市开办企业“一窗通”网上服务平台填报企业设立信息时，同步填写住房公积金缴存相关信息，登记机关核准企业设立的，同步完成公积金账户设立。

2019年4月1日起，取消申请人填写提取业务申请表单，将材料留存电子影像，逐步减少纸质材料留存。推进离退休提取、大部分或完全丧失劳动能力提取、自愿缴存期满提取等提取业务网上办理，并接入“一网通办”平台，进一步提高住房公积金服务能级。推进标准化建设，服务水平提质：一是落实“一次告知、首问负责、限时办结、办事规范”的服务标准化管理制度，确保业务办理统一化、标准化，服务同质化、规范化。二是组织开展针对性培训，进一步提高窗口服务质量和服务水平。

【切实保障职工权益】2019年，上海市共受理登记投诉举报2343件，立案448件，超过80%的投诉举报在30天内协调化解；结案227件。通过执法办案，共为576名职工追回单位不缴、少缴的住房公积金约350万元。2019年共发出各类法律文书323件。其中，《责令限期办理缴存登记、账户设立通知书》两份、《责令限期缴存通知书》238份，《行政处罚决定书》1份、《强制执行申请书》82份。

【加强风险防范建设】开展无房租赁提取核查，逐步建立健全租赁提取业务监管长效机制，确保住房公积金资金安全。严格贯彻落实住建部《关于启用住房公积金电子化检查工具的通知》，结合最新要求和业务实际，调整系统建设需求，设计上海特色住房公积金风险防控系统。根据2019年底国家审计署对上海市住房公积金提出的审计整改意见着手全面整改，主动延伸视角发掘问题，对住房公积金业务及系统开展自查工作，查漏补缺，织牢织密风险防控安全网。

【信息化建设情况】新系统一期顺利上线运行，实现了向公积金归集、提取自主核算模式转变。系统实现与住建部结算平台的对接，2019年4月1日正式对外提供服务。系统上线后，总体运行平稳有序，完成了住建部归集、提取基础数据贯标工作，提升了公积金服务能级和资金管理风险防控能力，并同步建立健全自主核算模式下的运维体系。

持续推进以贷款自主核算为重点的新系统二期建设，完成二期建设内容需求分析及主体开发工作，进入以测试为主的系统上线准备阶段。

按照《住房和城乡建设部办公厅关于做好全国住房公积金数据平台接入工作的通知》（建办金函〔2019〕36号）要求，建立工作机制，制订工作方案，做好贷款委托机构数据报送工作部署。自9月1日起正式向住建部报送数据。

（凌慧敏）

PART SEVEN Ⅶ

铁路运输

RAILWAY TRANSPORTATION

（一）综述

2019年末，上海局集团公司铁路营业里程11631.8公里、同比增加1072.1公里，其中高铁里程4997.4公里，位居全路（18个铁路局集团公司）第一、同比增加826.4公里。在集团公司营业里程中，国铁营业里程4094.4公里、合资铁路营业里程7537.4公里。复线营业里程8566.0公里、同比增加545.6公里，复线率73.6%、同比提高0.5%，其中国铁2972.3公里、合资铁路5593.7公里。电气化营业里程8902.3公里、同比增加990.8公里，电化率76.5%、同比提高1.6%，其中国铁3004.9公里、合资铁路5897.4公里。线路延展里程27206.1公里（国铁11939.2公里），其中正线延展里程20543.5公里（国铁7249.1公里）、60公斤钢轨正线营业里程19913.5公里（国铁7040.3公里）。

区域内三省一市铁路营业里程11527.0公里、同比增加1071.9公里，其中上海市铁路营业里程466.5公里、同比增加0.4公里，江苏省铁路营业里程3539.0公里、同比增加525.0公里，浙江省铁路营业里程2805.2公里、同比增加28.7公里，安徽省铁路营业里程4716.2公里、同比增加517.7公里。三省一市高铁里程4974.0公里、同比增加823.3公里，其中上海市高铁里程148.0公里、同比无增加，江苏省高铁里程1513.3公里、同比增加427.8公里，浙江省高铁里程1460.8公里、同比无增加，安徽省高铁里程1852.0公里、同比增加395.6公里。

三省一市铁路营业里程平均密度（计量单位：公里/万平方公里)321.0，同比增加29.9,其中高铁平均密度138.5。上海市铁路平均密度740.5、高铁平均密度234.8，江苏省铁路平均密度330.1、高铁平均密度141.2，浙江省铁路平均密度265.9、高铁平均密度138.5，安徽省铁路平均密度336.6、高铁平均密度132.2。区域内江西省铁路营业里程10.3公里，河南省铁路营业里程52.2公里，湖北省铁路营业里程42.4公里。

管内高铁（客运专线或高速线路）主要有：沪宁城际（上海—南京）、京沪（北京—上海）高铁、京港（北京—香港）高速（商丘—合肥北城）、郑阜高速（郑州—阜阳）、徐兰（徐州—兰州）高速（郑州—徐州东）、沪蓉（南京南至成都）线、沪昆高铁（上海—昆明）、杭昌高速（杭州—南昌）、合蚌客专（合肥—蚌埠）、宁杭高铁（南京—杭州）、合福高速（合肥—福州）、宁安客专（南京—安庆）、金温线（金华—温州）、青盐线（青岛—盐城）、徐盐客专（徐州—盐城）、连淮扬镇（连云港—淮安—扬州—镇江）客专（董集—淮安）、衢九线（衢州—九江）、宁启线（南京—启东）、杭深线（杭州—深圳）（含杭甬高铁、甬台温、温福铁路）。管内普速线路主要有：京沪线（北京—上海）、陇海线（连云港—兰州）、京九线（北京—九龙）、宁西线（南京—西宁）、沪昆线（上海—昆明）、符夹线（符离集—夹河寨）、青阜线（青龙山—阜阳）、淮南线（淮南—裕溪口）、阜淮线（阜阳—淮南）、宁芜线（南京—芜湖）、皖赣线（芜湖—贵溪）、金山线（上海南—金山卫）、宣杭线（宣城—杭州）、萧甬线（萧山—宁波）、合九线（合肥—九江）、新长线（新沂—长兴）。

配属机车1566台（含动力集中动车组FXD-J型）、同比增加44台，其中国铁配属1478台、同比增加37台，合资铁路公司88台（内燃机车）、同比增加7台。国铁配属机车中电力机车749台、同比增加101台，其中和谐型电力机车652台；内燃机车729台、同比减少64台，其中和谐型内燃机车62台。配属动车组（自然组）558组（长编组191组），共6118辆（“复兴号”动车组140组1510辆），同比增加55组654辆。其中国铁配属552组6070辆、同比增加51

组622辆，合资铁路公司6组48辆、同比增加4组32辆。配属普速客车3247辆、同比减少214辆，其中国铁配属2667辆、同比减少214辆，合资铁路公司配属580辆、同比持平。（工务）配属大型养路机械229台（列），主要机型包括QS650清筛机12台、DCL-32捣固车37台、DC-32捣固车16台、DWL-48捣稳车18台、CDC-16道岔捣固车12台、WD320动力稳定车25台、配砟整形车27台、道岔清筛机2台、边坡清筛机6台、线路打磨车5列、道岔打磨车7台、钢轨铣磨车1台、大修列车1列、物料车39辆、焊轨车9台、钢轨探伤车8台。

道岔21138组，其中客运专线与高铁道岔有2710组，国铁道岔15019组、合资铁路道岔6119组。有砟桥梁7840座、隧道360座、涵洞25739座（有砟高铁桥梁1514座、隧道266座、涵渠4005座）。无砟高铁共有桥梁1063座、隧道135座、涵洞1649座。有道口269处、平过道1294处、人行过道148处。(供电)有牵引变电所165座，电力线路运营总里程59094.8公里，接触网运营里程8902.3公里、27596.68条公里（高铁接触网15729.05条公里）。有运输站段71个(含直属站17个、车务段8个、客运段4个)，运输辅助单位5个、直属非运输企业16个、其他直属单位9个（职培基地5个、疾控所2个、科研所1个、党校1个)，指挥部10个，合资铁路公司管理机构8个（其中国铁集团重点监管2个）。

车站739个，线路所42个，动车所8个，其中特等站7个（徐州北、南京东、常州、无锡、南翔、北郊、上海站）、一等站31个、二等站55个、三等站100个、高铁站174个；办理货运业务的货运站284个，其中有货场的166个、集装箱办理站133个。在特、一等站中，有路网性编组站2个（徐州北、南京东站）、地区性编组站4个(南翔、阜阳北、芜湖东、乔司站）。

管内控股合资铁路公司18家，由集团公司分别与安徽省、江苏省、浙江省、上海市等地方政府出资人代表和有关企业合资组建，分别为萧甬、浦东、合武、沿海浙江、沪宁、沪杭、金山、京福安徽、宁杭、杭甬、杭州枢纽、芜湖大桥、沪昆浙江、金丽温、宁安、皖赣安徽、九景衢浙江、杭黄公司。参股合资公司6家，分别为江苏高铁、金温、庐铜、金台、合安、徽黄公司。控股合资铁路子公司1家：湖杭铁路有限公司。参股合资铁路子公司3家：新长公司、丰沛公司、苏南沿江城际公司。管内控股合资铁路公司总资产5554.4亿元，实收资本金总额2981.5亿元，其中铁路方出资1535.8亿元。

上海局集团公司2019年末固定资产原值6642.04亿元，其中国铁2756.30亿元、合资铁路公司3837.07亿元、非运输企业48.67亿元。用工总量167557人、同比减少4124人，其中铁路职工147372人、同比减少3520人，其他从业20185人、同比减少604人。管理人员20093人、专职专业技术人员7021人，具有专业技术资格22216人。按运输总收入计算的运输业从业人员劳动生产率72.2万元/人，同比增长8.3%；按总换算周转量计算的运输业从业人员劳动生产率259.6万吨公里/人，同比增长6.9%。每营业公里用工总量14.7人，同比减少1.9人。

2019年，上海局集团公司（“1·5”调图后，每日）图定开行列车2310对，其中客车1009对、货车1286.5对。年内，对标“当好排头兵”目标和“高质量发展”要求，分类分级推进“岗位、班组、车间、科室、站段”标准化规范化建设，强基达标、提质增效，对标找差、创优争先，全力打好“三保三增”（保安全、保稳定、保开通，增运量、增收入、增效益）攻坚战。坚决守住“保安全”红线底线，牢记没有安全就没有一切，始终把安全放在各项工作首位来抓，确保了新中国成立70周年、第二届进博会等重点时段安全稳定，运输安全保持总体稳定。以安全双重预防机制有效管控风险、整治隐患，开展“十大安全关键”专项攻关，有序应对5次雨雪冰冻、15次强降雨、4次强台风考验，完成各类施工1.6万项。开展高铁环境安全治理百日攻坚，整治消除隐患4000多个。安排设备大修、安全技改和专项整治费用110.7亿元。安全生产过程管理履职督查共问责97人，兑现各单位安全质量奖励5.87亿元、考核（扣罚）1660万元，表扬奖励防止事故有功人员558人48.6万元。至年末，杜绝了责任一般A类及以上事故，实现安全生产2058天、连续第五个安全年。实现运输总收入1076亿元、同比增收71.5亿元。其中：客运收入完成871.07亿元，同比增加71.14亿元、增长8.9%；货运收入完成202.36亿元，同比减少2.20亿元、下降1.1%。实现盈亏总额102.03亿元。集团公司被授予“全国模范劳动关系和谐企业”荣誉称号。

【公司制改革与企业管理】2019年，上海局集团公司围绕由“大局”向“强局”转型主线，完善公司制改革体制机制。认清“大”不等于“强”，推动“大”向“强”转型，摆脱对“量的扩充”传统路径的依赖，走好“质的提升”内涵发展之路。组织创建“对标找差、创优争先”推动高质量发展指标体系，持续规范企业管理。聚焦“高质量”发展导向，修订完善集团公司章程和两级议事决策机制，探索实施经营管理授权模式，提升法人治理效能。优化生产力布局，减少管理单位9个。3月22日，撤销淮南货运中心，整建制并入蚌埠货运中心；撤销芜湖货运中心，整建制并入南京货运中心。3月22日，将非运输企业所属生活服务公司划出，分别与房产建筑段合并，成立徐州、合肥、南京、上海、杭州房建公寓段。7月12日，将蚌埠疾病预防控制所整建制并入南京疾病预防控制所，将杭州疾病预防控制所整建制并入上海疾病预防控制所。推进非运输企业整合，注销子分公司6家。完成江苏区域合资公司重组，在全路首家转为省方（地方政府）控股。加强全面预算管理，做实用好“对标找差、创优争先”指标体系，不仅强化经营活动过程控制，更成为导向高质量发展的“指挥棒”。加强法律事务合同管理，落实重大决策法律论证，强化重大纠纷案件应对处置和依法主动维权，推进风险债权清理和各类专项检查，抓好巡察、审计发现问题整改，全面规范经营管理行为。深化用人用工机制改革，开展优化职工发展通道试点，完善市场化多元化用工格局。聚焦投入产出、有效供给、高效用工，优化工效挂钩考核、经营业绩考核及岗位分配机制，综合运用标准化等级、岗位星级、计件计分等手段，考核激励更加精准有效。着力解决形式主义问题，为基层减负。集团公司层面制发文函电同比压减38%、召开会议压减51.2%、督查检查考核事项压减58%，精简优化了一批车间班组台账。完成2018年度集团公司130个单位业绩考核，其中100分及以上单位127个。2018年度集团公司在国铁集团经营业绩考核结果为144分，排名位居全路（18个铁路局集团公司）首位。

【集团公司机关部门（科室）调整】2019年，上海局集团公司根据工作实际，对部分机关部门（科室）进行优化调整。4月28日，发文明确由建设部牵头负责铁路基建项目的投资控制管理工作。工程管理所负责基建项目的清理概算工作，承担投资初审、投资过程控制以及工程招投标等工作，为附属机构，隶属建设部，不再加挂工程设计审查所牌子。同时撤销建设部计划经济科。10月10日，撤销货运部市场营销科、运力策划科，整合成立货运营销科、运条运价科。12月13日，撤销科技和信息化部（总工程师室）运维管理科、应用管理科，分别成立网络安全科、信息化管理科。12月13日，撤销计划统计

国铁上海局2019年运输经营主要指标完成情况表

指标名称	计量单位	年度预期值	实绩	完成年预期值（%）	上年同期完成	同比上年±%
换算周转量	百万换算吨公里	383000	381767	99.7	365629	4.4
旅客周转量	百万人公里	255000	251084	98.5	241031	4.2
货物周转量	百万吨公里	128000	130683	102.1	124598	4.9
直通货周量	百万吨公里		102028		99316	2.7
旅客发送量	万人	72330	72923	100.8	67513	8.0
货物发送量	万吨	18370	18413	100.2	18082	1.8
煤炭发送量	万吨		7118		7643	-6.9
日均装车数	辆/日	10000	9945	99.5	9422	5.6
日均卸空车	辆/日		12175		11281	7.9
静载重	吨		50.7		52.6	-3.6
客车出发正点率	%		100.0		100.0	0.0
客车运行正点率	%		100.0		100.0	0.0
货车出发正点率	%		98.2		98.2	0.0
货车运行正点率	%		97.4		97.5	-0.1
货车周转时间	天	2.46	2.33	压缩0.13	2.47	压缩0.14
货车中转时间	小时	5.2	4.8	压缩0.4	4.7	延长0.1
货车停留时间	小时	19.9	18.8	压缩1.1	19.2	压缩0.4
货车旅行速度	公里		42.3		42.1	0.5
货机日产量	万吨公里	115.1	118.9	103.3	116.2	2.3
货机日车公里	公里	455	473	104.0	461	2.6
货机列车平牵	吨	2830	2808	99.2	2839	-1.1
内燃机车单耗	千克		30.0		27.3	-9.0
电力机车单耗	千瓦时		202.9		205.9	1.5
货车运用车	辆/日	53500	52438	98.0	51594	1.6
部属现在车	辆/日		56656		55480	2.1
集装箱发送量	万TEU	167.0	207.5	124.3	144.8	43.3
工作量	辆/日		22543		20864	8.0
接运重车	辆/日		11730		10743	9.2
运输业劳动生产率	万吨公里/人		259.6		242.9	6.9
行车责任重大、大事故	件		0		0	
运输收入	亿元		1073.43		1004.49	
盈亏总额	亿元		102.03		24.96	

注：1.客、货发送量年度预期值为国铁集团下达的预期值指标；2.2019年4—11月份集团公司发送量不含苏北公司管内数据；3.货物发送吨数据含金温公司快速班列输出；4.12月份按客货运量新口径统计；5.资料来源于集团公司计统部、财务部（收入部）。

部建设计划科、设备管理科，分别成立规划基建科、技改装备科。

【江苏区域合资铁路公司重组】 2019年1月，江苏区域合资铁路公司重组，上海局集团公司、江苏省铁路集团公司将持有的新长公司、丰沛公司股权注入苏北公司，实现江苏省铁路集团公司控股苏北公司。重组后的苏北公司注册资本1357.41亿元，其中集团公司认缴出资353.49亿元，江苏省铁路集团公司认缴出资695.43亿元，中国铁路发展基金股份有限公司认缴出资308.49亿元。2月

国铁上海局2019年末主要运输设备情况表

单位名称	线路营业长度（公里）									
	总计	复线	电气化	上海	江苏	浙江	安徽	江西	河南	湖北
总 计	11631.8	8566.0	8902.3	466.5	3539.0	2805.2	4716.2	10.3	52.2	42
国铁合计	4094.4	2972.3	3004.9	225.5	808.2	797.2	2223.6	3.9	36.0	
金温公司	246.8					246.8				
丰沛公司	49.0				49.0					
杭黄公司	263.7	263.7	263.7			186.3	77.4			
杭甬客专	146.1	146.1	146.1			146.1				
杭州枢纽	12.1	12.1	12.1			12.1				
合武公司	1020.4	376.4	495.6		130.6		847.4			42.4
沪杭客专	155.9	155.9	155.9	55.8		100.0				
沪昆客专	285.9	285.9	285.9			285.9				
沪宁城际	324.1	324.1	324.1	56.9	267.2					
金丽温公司	197.9	197.9	197.9			197.9				
京福客专	882.5	882.5	882.5				882.5			
京沪高铁	694.3	694.3	694.3	40.2	387.9		266.1			
九景衢江西	6.4	6.4	6.4					6.4		
九景衢浙江	87.4	87.4	87.4			87.4				
芦潮港	9.7			9.7						
宁安公司	253.7	253.7	253.7		31.5		222.2			
宁杭公司	255.8	255.8	255.8		148.7	107.0				
金山公司	38.2	37.3	37.3	38.2						
浦东公司	40.3			40.3						
江苏高速	752.8	660.8	752.8		752.8					
萧甬公司	258.5	189.4	242.7			258.5				
新长公司	936.2	268.2	297.4		912.5	23.7				
沿海浙江	356.1	346.2	356.1			356.1				
郑西客专	149.5	149.5	149.5		50.6		83.0		16.0	
庐铜公司	114.0						114.0			
郑万公司	0.2	0.2	0.2						0.2	

注：资料来源于《上海局集团公司2019年统计公报》

20日，根据上海局集团公司与江苏省有关协议，苏北、新长、丰沛公司资产重组为新的苏北公司后，其股权将由集团公司控股调整为江苏省控股，苏北公司原承担的建设任务委托上海局集团公司设立苏北铁路工程建设指挥部进行代建。

【京港高速线商合杭北段和郑阜高速线运营维修管理机构和管界公布】 2019年8月19日，上海局集团公司发文公布京港高速线商合杭北段和郑阜高速线运营维修管理机构和管界。其中车务系统，由阜阳北（直属）站管理芦庙、亳州南、古城东、太和东、阜阳西、界首南、临泉站，由淮南西（直属）站管理颍上北、凤台南、寿县、淮南南站。调度指挥、客服系统综合控制工作由集团公司调度所负责。工务系统，以合肥北城站下行进站信号机为界，分别由阜阳工务段、蚌埠工务段负责管理；电务系统，分别由合肥电务段、上海通信段负责管理；供电系统，由合肥供电段负责管理；房建、给水设备分别由合肥房建公寓段、合肥给水公司负责管理。沿线基础设施维修实行以工务部门牵头，生产生活一体化管理模式，在阜阳西、淮南南设置综合维修车间，在亳州南、阜阳西、凤台南、淮南南、临泉设置综合维修工区。

【徐盐客专线、连镇客专线董淮段运营维修管理机构和管界公布】2019年8月19日，上海局集团公司发文公布徐盐客专线、连镇客专线董淮段运营维修管理机构和管界。其中车务系统，由徐州（直属）站管理马庄、双沟、睢宁站，由新长车务段管理宿迁、淮安东、阜宁南、涟水站，由徐州车务段管理灌云、灌南站。调度指挥、客服系统综合控制工作由集团公司调度所负责。工务系统，徐盐客专线以上行K29+891、下行K31+546为界，分别由徐州工务段、新长工务段负责管理；连镇客专线董淮段以上行K60+677、下行K60+142为界，分别由新长工务段、徐州工务段负责管理；电务系统，分别交由徐州电务段、上海通信段负责管理；供电系统，由徐州供电段负责管理；全线房建、给水设备分别由徐州房建公寓段、徐州供电段负责管理。沿线基础设施维修实行以工务部门牵头、生产生活一体化管理模式，在宿迁、淮安东、盐城设置综合维修车间，在双沟、宿迁、泗阳、淮安东、阜宁南、盐城、灌南设置综合维修工区。

【穿山港铁路运营维修管理机构和管界公布】2019年12月31日，上海局集团公司发文公布穿山港铁路运营维修管理机构和管界。其中大碶站（不含）至中宅站的接发列车、调车作业、货物装卸作业由宁波舟山港集团公司承担，除货物装卸作业以外的货运业务由杭州货运中心负责，调度指挥由集团公司调度所负责。工务、电务、供电、通信、房建和给水等设备设施维修按专业分别交由宁波工务段、杭州电务段、杭州供电段、上海通信段、杭州房建公寓段负责管理。北仑铁路牵引供电设备维修交由杭州供电段负责管理。沿线基础设施维修实行以工务部门牵头、生产生活一体化管理模式，在大碶设置综合维修工区。

（二）客货运输

【运输成本合理压缩及运输潜力挖掘】2019年，上海局集团公司坚持运输围绕市场转、生产围绕运输转，统筹协调推进生产劳动组织、设备修程修制等改革，分层分类推行一体化、等级化、差异化管理，合理压缩成本，实现“整体最优”下的提质增效。运输调度组织更加精细高效，客车始发正点率达到99.3%，日均卸车同比增加886辆、货车周时同比压缩6%。设备检修运用更加精准高效，动车组高峰期有效供给达到94%，和谐型机车平均每天多供车15台，固定设备天窗综合利用率较上年提高8.98个百分点、天窗占用总时长减少7.6%。劳动用工更加精干高效，全年压减定员4439人，调剂富余人员3000人，用工总量较上年减少4124人，按运输总收入计算的劳动生产率提高8.3%。精打细算全方位节支降耗，压缩业务外包5.3亿元、节省物资成本3.1亿元、节约电费支出10.8亿元，积极争取政府购买服务、社保优惠、减税降费等政策，为企业增收节支8.8亿元。集团公司2.0版对标找差体系的123个效益效率指标中，105个同比向好、101个兑现预算，注重投入产出、讲求效率效益的导向更加鲜明。

【运输组织优化】2019年，上海局集团公司以提高运输效率效益为目标，以创新运输生产组织为手段，为货运增量、“三保三增”

提供运力支撑。创新运能挖潜思路措施，强化运输能力保障，在“天窗”内铺画货车运行线，在路网繁忙干线（京九、京沪线）试行“5+2”（每周两天维修），以增加货运运力。创新技术标准，稳步推进货车提速，在经过科学试验基础上，上半年实现二通道（徐州北—阜阳北—乔司）整列重车（空车）提速至90公里/小时、下半年实现了空重混编列车提速至90公里/小时。优化路企直通运输机车担当，提高国铁机车运用效率，调整谢桥、沙塘、芦岭站国铁机车担当方案。优化调小机车运用，保障车流及时移动，动态调整阜阳北、长兴南、淮南西、江阴、徐州、南翔、吴集、无锡等地区的调小机车运用方案。优化施工期间的运输组织，减少施工干扰，根据衢州东站站改、乔司下行场改造、北仑线落道等施工需要，分别制订运输组织方案，保证施工期间运输畅通。

【旅客运输】2019年，上海局集团公司“1·5”调图，每日开行图定旅客列车1009对，其中动车组列车754.5对（高速动车组549.5对、动车组列车152对、城际列车53对）、普速254.5对（直达40对、特快29对、快速180.5对、普快5对）。“12·30”调图，每日开行图定旅客列车1116对，其中直通659对（高速动车组列车341对、动车组列车110对、直达特快列车35对、特快列车23对、快速列车146对、普快列车4对）、局管内457对（高速动车组列车278.5对、城际列车37.5对、动车组列车77对、市郊列车27.5对、特快列车4对、快速列车32.5对）。上海局自局担当旅客列车664对，其中直通203对（高速动车组列车121对、动车组列车46对、直达特快列车5对、特快列车3对、快速列车27对、普快列车1对）、局管内441对（高速动车组列车276.5对、城际列车37.5对、动车组列车74对、市郊列车16.5对、特快列车4对、快速列车32.5对）。上海局车底在外局套跑13对：直通动车4对、管内动车8对、管内快速列车1对。年内，继续实施客运提质计划和复兴号品牌战略，发挥“客运强局”在转型过程中的引领作用。完善市场调查和大数据分析机制，细分到每一天的客流预测偏差率仅为2.2%。紧密契合市场需求，深化“一日一图”精准开车、“一车一策”精益售票，强化高峰期有效供给，节假日客发增幅明显高于平常，担当和始发列车客座率位居全路（18个铁路局集团公司）第一，客票收入率、收入付费率等质量效益指标稳步向好。推进厕所革命、畅通工程和“四区一室”建设，推广刷脸进站、高铁换乘地铁免安检，电子客票覆盖所有动车组停靠站，候补购票扩大到所有车次，复兴号开行数量增加到144对，旅客出行的体验感更好、满意度更高。至年末，集团公司发送旅客首次突破7亿人次，为72923万人次，比上年增运5410万人次，同比增长8.0%。旅客发送量在全路占比20.4%、比上年提升0.14%，集团公司对全路客运的贡献度进一步提高。

【年发送旅客首次突破7亿人次】2019年12月13日，上海局集团公司成为中国铁路（18个铁路局集团公司）第一个年旅客发送量突破7亿人次的铁路局集团公司。至年末，完成旅客发送量72922.6万人次，同比增加5409.8万人次、增长8%，旅客发送量位居全路第一。其中5月1日完成旅客发送量347.5万人次，为单日旅客发送量历史最高纪录。高铁旅客发送量52344万人次，同比增加4958万人次、增长10.5%。旅客票价收入率114.18元/人，同比增加1.58元/人、增长1.4%。由上海局担当的列车平均客座率75.2%，同比下降2.7百分点，比全路平均客座率72%高出3.2个百分点，始发旅客列车客座率75.4%，同比下降2.5百分点。客运担当收入付费率66.1%，同比提升0.9个百分点。年旅客发送量超 8000 万人次的直属站段有 3 个，分别为宁波车务段 8081.4 万人次、杭州（直属）站 8751.0 万人次、上海（直属）站 11995.9 万人次。

【管内三省一市旅客发送量平稳增长】2019 年，上海局集团公司管内三省一市旅客发送量平稳增长。其中浙江省内车站发送 24058 万人次，同比增加 2445 万人次、增长 11.3%，是三省一市中总量最大、增量最多、增幅最快的地区。江苏省内车站年发送旅客 22534 万人次、同比增长 6.3%，安徽省内车站年发送旅客 13364 万人次、同比增长 8.6%，上海市内车站年发送旅客 12834 万人次、同比增长 4.6%。

【节假日旅客运输】2019 年度小长假 7 个、周末 48 个，节假日及周末共计 218 天（含周一、周五），占比 59.7%。年内，上海局集团公司累计实施运能调整计划 103 个，重联列车 25355 列，增开列车 21537 列。其中 5 月 1 日单日旅客发送量 347.5 万人次，为集团公司单日旅客发送量历史最高纪录。年内根据节日运输不同阶段不同特点，重点推进客运高峰常态化组织，检查重点客运车站日常、高峰、应急 3 套组织方案，下发专项工作通知，明确管理、作业重点，督促站段抓好落实。元旦旅客运输（2018 年 12 月 29 日—2019 年 1 月 1 日）完成发送旅客 864.5 万人次，同比增长 3.84%，最高日发送旅客 236.5 万人次。安排开行直通临客 5 对、管内临客 68 对；实际开行临客 283 列，其中直通 40 列、管内 243 列。安排动车组重联 546 列、加挂普速车辆 119 辆次。春节旅客运输（1 月 21 日—3 月 1 日）完成发送旅客 7496.6 万人次，同比增幅 5.9%，最高日发送旅客 236.2 万人次。安排开行直通临客 153 对、管内临客 80 对；实际开行临客 9434 列，其中直通 5819 列、管内 3615 列。安排动车组重联 6903 列，普速车底加挂 4243 辆。清明节旅客运输（4 月 4 日—7 日）完成发送旅客 1110.4 万人次，同比增长 13.3%。最高日发送旅客 322.1 万人次。安排开行直通临客 15 对、管内临客 120 对；实际开行临客 605 列，其中直通 49 列、管内 556 列。安排动车组重联 1126 列、加挂普速车辆 489 辆次。五一节旅客运输（4 月 30 日—5 月 4 日）完成发送旅客 1495.2 万人次，同比增长 18.4%，最高日发送旅客 347.5 万人次。安排开行直通临客 16 对、管内临客 145 对；实际开行临客 904，其中直通 117 列、管内 787 列。安排动车组重联 1299 列，加挂普速车辆 655 辆次。端午节旅客运输（6 月 6—9 日）完成发送旅客 1002 万人次，同比增长 4.8%，最高日发送旅客 287.7 万人次。安排开行直通临客 9 对、管内临客 112.5 对；实际开行临客 603 列，其中直通 92 列、管内 511 列。安排动车组重联 842 列，加挂普速车辆 408 辆次。暑期旅客运输（7 月 1 日—8 月 31 日）完成发送旅客 14102.6 万人次，同比增长 10.3%，最高日发送旅客 271.2 万人次。安排开行直通临客 26.5 对、管内临客 128 对；实际开行临客 2513 列，其中直通 1194 列、管内 1319 列。安排动车组重联 6189 列，加挂普速车辆 5229 辆次。中秋节旅客运输（9 月 12—15 日），完成发送旅客 861.1 万人次，最高日发送旅客 243.8 万人次。安排开行直通临客 35 对、管内临客 158 对；实际开行临客 783 列，其中直通 115 列、管内 668 列。安排动车组重联 881 列，加挂普速车辆 240 辆次。国庆黄金周旅客运输（9 月 28 日—10 月 7 日）完成发送旅客 2684.4 万人次，最高日发送旅客 326 万人次。安排开行直通临客 35 对、管内临客 158 对；实际开行临客 2195 列，其中直通 495 列、管内 1700 列。安排动车组重联 2335 列，加挂普速车辆 1308 辆次。

【客运服务满意度测评】 2019 年，上海局集团公司继续委托社会第三方开展客运服务满意度测评工作。测评范围为客运量较大的33个高铁和普速铁路客运车站、30对高速动车组列车和直通客车，以及12306服务热线。测评结果为：客运服务总体满意度84.89，较2018年提高0.82；客运车站总体满意度80.46，较2018年降低0.25；旅客列车的总体满意度为86.43，较2018年提高0.6；12306服务热线监测的整体满意度为96.70，较2018年降低1.4。

【旅客列车新增开行】2019年，上海局集团公司编制"1·5""4·10""7·10""10·11"4次运行图，优化调整列车运行，编制分号运行图6次，累计实施运能调整计划103个，实行淡季规模化减编两批次。年内集团公司新增开旅客列车主要有：

自1月5日起，开行杭州东—厦门北G2385/G2386次、G2379/G2380次、杭州东—衢州D2109/8 D2107/10次、杭州东—南昌西G2381/G2382次、杭州东—西安北G2389/8/9 G2390/87/90次、杭州东—郑州东G2395/8 G2397/6次、盐城北—北京南G482/G481、盐城北—石家庄G2060/G2059次、连云港—沈阳G2632/29 G2630/1次、连云港—济南东G2634/G2633次、盐城北—济南东G2636/G2635次、盐城北—青岛北D1692/D1691次、合肥南—广州南G649/G650次、杭州东—昆明南G1391/G1392次、苍南—成都东G1984/1/4 G1983/2/3次、绩溪北—郑州东G2391/4 G2393/2次、上海—北京D702/D701、D706/D705次、上海虹桥—北京南D704/D703、D708/D707次、上海—北京南D710/D709次、杭州—北京D712/D711、D718/D717次、南京—北京南D716/D715次。（停运：福州—黄山北G354/G353次、上海虹桥—黄山北G1519/8 G1517/20次、北京南—上海D311/D312、D313/D314次、北京—上海D321/D322次、合肥南—衢州D2101/4 D2103/2次、北京—杭州Z9/Z10次、杭州—北京T32/T31次、南京—北京T66/T65次、上海—黄山K8418/9 K8420/17次。）

自4月10日起，开行上海虹桥—池州G7168/9 G7170/67次、苏州—上海G7203次、合肥南—丽水G7480/77 G7478/9次、鳌江（温州南）—黄山北G7482/3 G7484/1次、温州南（鳌江）—合肥南G7486/7 G7488/5次。（停运：杭州东—丽水G7379/G7380次、合肥南—杭州东G9456/3 G9454/5、G9460/57 G9458/9次。）

自7月10日起，开行南京南—深圳北G1603/G1604次、上海虹桥—武汉G1764/5 G1766/3次、上海—兰州西D310/1 D312/09次、青岛北—盐城北D1693/D1694次、威海—盐城北D1698/5 D1696/7次、福州南—杭州东D3172/D3171次、杭州东—福州南D3229/D3230次、厦门北—南京南D3240/37/40 D3239/8/9次、厦门北（厦门）—宁波D3214/D3213次、上海南—九江D771/D772次。（停运：温州南—南昌西G2326/7 G2328/5次、杭州东—衢州D2109/8 D2107/10次。）重新公布金山线开行规律，周一至周五开行37.5对，周六、日开行35对。自10月11日起，使用时速160公里复兴号动车组开行南京—扬州D5462/3 D5464/1次、南京—启东D5432/3 D5434/1、D5436/7 D5438/5、D5442/3 D5444/1、D5446/7 D5448/5、D5454/1次、南京—南通D5452/3次、南通—启东D5465次、D5467/D5468次。（停运：南京—南通D5506/7 D5518/5、D5526/7 D5538/5、D5546/7 D5508/5、D5516/7 D5528/5、D5536/7 D5548/5次、南京—扬州D5562/3 D5564/1次、上海虹桥—黄山北G7309/G7302次、南通至启东K8501/K8502、K8503/K8504、K8505/K8506、K8507/K8508次。）

自12月30日起，开行西安北—福州G862/59 G860/1次、北京西—阜阳西G1577/G1578次、宁波—石家庄G2808/9/8

G2807/10/07次、石家庄—安庆G2815/G2816次、新乡东—杭州东G3105/8/5 G3106/7/6次、郑州东—合肥南G3121/G3122 G3123/G3124次、西安北—安庆G3158/5 G3156/7次、上海虹桥—兰州西G3164/5 G3166/3次、兰州西—上海虹桥G3182/79 G3180/1次、杭州东—洛阳龙门G3192/3 G3194/1次、南阳东—上海虹桥G3254/1 G3252/3次、界首南—上海虹桥G7787/90/87 G7788/9/8次、亳州南—上海虹桥G7181/4/1次、盐城—北京南G1570/G1569次、郑州东—盐城G2674/1 G2672/3次、西安北—连云港G2678/5/8 G2677/6/7次、重庆西—盐城G2680/1 G2682/79次、北京南—上海G415/G416次、天津西—上海G441/G442次、天津西—杭州东G445/G446次、宁波—北京南G420/G419次、济南西—上海虹桥G2661/G2662次、青岛北—上海虹桥G2666/3 G2664/5次、成都东—杭州东G2187/6 G2185/8次、合肥南—深圳北G3141/G3142次、杭州—青岛北D782/3/2 D781/4/1次。（停运：郑州东—绩溪北G2393/2 G2391/4次、合肥南—深圳北G4023/G4026次、石家庄北—上海K1014/1 K1012/3次、金华—烟台K1182/3 K1184/1次。）

【货物运输】2019年，上海局集团公司（“1·5”调图后，每日）图定开行货物列车1286.5对，其中特快班列2对、快速班列9.5对、中欧（亚）班列22对，普通班列、直达班列220对。年内，大力实施货运增量行动，克服大宗特别是煤炭运量持续下滑影响，实现了“稳黑增白”预期目标。全面推行板块化营销、项目制管理，年内实施“公转铁”项目63个、增量项目97个，累计增运1982万吨，管内“八矿”对外运量铁路份额占比保持稳定，宁波、上海、连云港等主要港口铁路运量稳步增长，集装箱、商品车运量分别增长42.8%、17.8%。服务“一带一路”国家倡议，年内开行中欧班列1488列、同比增长23.5%，回程372列，增长78%。落实国家减税降费政策，规范货运收费行为，让利、节约社会物流成本2.4亿元。坚持打基础、补短板，年内建成货场扩能项目21个、专用线项目3个。货源结构进一步优化，大宗货物运量同比下降7%，白货同比增长29.1%，白货装车占比达到46.1%。至年末，集团公司货物发送量完成18413万吨，为年度预期值的100.2%，同比增加331万吨、增长1.8%，日均装车9945辆，同比增长5.6%，单日装车数最高12165辆。货物周转量完成1306.83亿吨公里，为年度预期值的102.1%，同比增加60.85亿吨公里、增长4.9%。

【管内三省一市货物发送量三增一降】2019年，上海局集团公司管内三省一市的货物发送量三增一降。浙江省、江苏省、上海市内车站的货物发送量增长，其中浙江省内车站完成货物发送量3889万吨、同比增长5.5%，江苏省内车站完成货物发送量6179万吨、同比增长3.5%，上海市内车站完成货物发送量472万吨、同比增长0.7%。安徽省内车站完成货物发送量7825万吨、同比下降1.3%。

【货物运输产品优化】2019年，上海局集团公司按照160、120、80公里/小时3个速度等级设计（图定每日）开行7类33个流向的快运货物班列（含服务长江经济带国家战略，配套设计开行5趟沿江班列）。其中160公里/小时特快班列2趟，与顺丰、京东合作电商物流为主。120公里/小时快速货物班列11趟（其中沿江班列3趟），客车化模式开行，辐射沈阳、哈尔滨、长春、乌鲁木齐、成都、重庆、昆明等东北、西北、西南主要城市。120公里/小时多式联运快速班列5趟（其中沿江班列1趟），以集装箱货源为主；中欧班列5趟、中亚班列6趟，到达亚欧15个国家25个城市，为“一带一路”

建设和外贸经济发展提供有力支撑。3趟80公里/小时普快班列、1趟80公里/小时多式联运普快班列(其中沿江班列1趟),以“保供”、效率为基础,满足不同客户的不同需求。

【集装箱运输与海铁联运】2019年,上海局集团公司有集装箱办理站146个,其中集装箱中心站1个(芦潮港)。至年末,完成集装箱发送207.5万TEU,同比增加62.7万TEU、增长43.3%。完成海铁联运发到124.9万TEU,较2018年增加24.6万TEU、增长24.5%。

【货运设备设施投资】2019年,上海局集团公司有序推进新货场项目实施,钱清、湖州西、铜山、安庆北等货场的改扩建项目先后开通运营。年内,为萧山、龙游东、合肥北、芜湖西、绩溪、闵行、铜山、常州、安庆北、钱清、湖州西、金华南和皋埠12个货场新建或改造了15台门吊(有跨年度执行项目14,其中改造4台),多个货场新增或更新了皮带输送机、叉车站台防坠落装置,消除安全隐患,节约成本,提高了装卸作业效率。至年末,装卸设备设施更新改造及大修共完成63项,总投资额6344.87万元,其中:装卸机械更新改造35项(台),投资额4633.87万元;装卸机械大修(含专项整治)28项,投资额1711万元。

【专用线运输管理】2019年,上海局集团公司共有专用线(专用铁路)545条,其中开展共用的专用线73条,共用单位332家。管内货运办理站中,有专用线接轨222个。至年末,完成专用线货物发送量14867万吨,占总发送量的82.2%;专用线到达165222万吨,占总到达量的75.6%。合计专用线发到量占集团公司货物发到量的78.5%。

(三)铁路建设

【概况】2019年,上海局集团公司管内基建大中型项目47个(含代管代建项目、更新改造项目)。年内,铁路建设工作突出规划引领,主动对接国家战略和地方经济社会发展规划,加快集团公司三年发展规划项目落实,统筹有序、真抓实干“保开通、抓在建、促开工”。服务运输经营,集中力量保开通,郑(州)阜(阳)铁路安徽段、商(丘)合(肥)杭(州)铁路北段(商丘至合肥)、徐(州)盐(城)铁路、连(云港)镇(江)铁路北段(董集至淮安)、宁波穿山港铁路和阜阳北站扩能工程等项目建成(开通)运营,年内投产(开通)新线874.8公里、创新线开通历史纪录,长三角路网规模质量进一步提升,区域内除舟山外的地级市全部开行动车组列车。统筹有序保在建、保开工,年内15个续建项目按节点推进,10个新项目(含代管代建)开工建设。加强建设项目的全过程管理、全方位介入,实现工程质量和生产安全“零事故”,工程合格率100%,杭绍台和盐通EPC项目、开工标准化、精益建造等建设管理和技术创新取得新成效。更加注重依法合规,大力解决铁路建设遗留问题,年内完成已开通项目竣工决算35个、环水保验收25个。至年末,集团公司完成铁路基本建设投资854.12亿元,连续四年保持800亿元以上,并位居全路(18个铁路局集团公司)第一。

【主要实物工作量完成】2019年,上海局集团公司基本建设主要实物工作量:完成新线铺轨1492.3公里、复线1304.1公里、站线291.4公里,土石方2399.7万立方米、特大中桥39.8万延长米、隧道4.9万延长米,电气化铁路接触网3632.5条公里,变电所

上海局集团公司2018年各站段、货运中心(含合资铁路公司)客货发送量统计表

所在省市	单位名称	旅客发送量（万人）	货物发送量（万吨）	所在省市	单位名称	旅客发送量（万人）	货物发送量（万吨）
安徽省	蚌埠（直属）站	1587.2	99.2	上海市	金华车务段	3859.5	789.1
	合肥（直属）站	4489.0	0.1		宁波车务段	7481.3	1930.1
	淮南西（直属）站	519.5	3343.3		金温公司	239.8	556.4
	阜阳北（直属）站	1223.9	199.7				
	芜湖东（直属）站	52.2	384.3		南翔（直属）站	704.3	437.2
	淮北车务段	614.8	3125.0		上海（直属）站	11441.0	0.1
	合肥车务段	1130.9	509.1		芦潮港	0.0	24.8
	芜湖车务段	2510.8	301.6		浦东公司	0.0	8.5
江苏省	徐州（直属）站	2534.5	2.0		集团公司合计	67512.8	18063.7
	徐州北（直属）站	0.0	71.7	安徽省			
	南京（直属）站	7339.3	6.5		蚌埠货运中心		3224.2
	南京东（直属）站	0.0	516.6		合肥货运中心		509.1
	镇江（直属）站	1195.9	129.1		淮南货运中心		3542.9
	常州（直属）站	1521.6	130.7		芜湖货运中心		685.9
	无锡（直属）站	2157.1	66.5	江苏省	徐州货运中心		4869.9
	苏州（直属）站	4704.4	62.4		南京货运中心		964.7
	徐州车务段	595.0	4796.2	浙江省	杭州货运中心		2321.8
	新长车务段	1456.5	181.9		金华货运中心		789.1
					金温公司		556.4
浙江省	杭州（直属）站	7424.1	53.9	上海市	上海货运中心		599.6
	乔司（直属）站	0.0	115.9				
	嘉兴车务段	2729.7	221.9		各货运中心合计		18063.7

注：1. 资料来源于《上海局集团公司2018年统计公报》；2.车务单位货物发送量为联挂考核指标≈货运中心指标；3.部分货运中心有跨省市业务，须相应分劈，如上海货运中心含上海市及江苏省苏州、无锡地区和浙江省嘉善地区；4.本表格指标为铁路全行业统计数据；5. 货运运输指标不含行包专列；6.上海（直属）站辖上海、上海南、上海虹桥站，南翔（直属）站辖北郊站。

15座，征地13482亩，房屋拆迁104.2万平方米。新增生产能力：新线1083.0公里、复线825.6公里、电气化1005.8公里。

【宁启铁路二期（南通至启东）和庐铜铁路开通运营】 2019年1月5日（“1·5”列车运行图），宁启铁路二期（南通至启东）和庐铜铁路投入运营，图定安排宁启铁路二期开行旅客列车3对，庐铜线开行货物列车2对。

根据《中国铁路上海局集团有限公司关于庐铜线开行旅客列车的通知》（上铁运函〔2019〕339号），决定自3月18日至4月9日增开合肥至无为南站间旅客列车2对，经合九线、庐铜线运行。

新建宁启铁路南通至吕四段由苏北铁路有限公司作为项目法人投资建设，委托上海局集团公司运输管理。

【阜阳北站扩能工程开通运营】2019年9月26日，阜阳北站扩能工程开通运营。该项目于2019年9月12日完成初步验收，9月26

日完成安全评估并开通运营。该项目对阜阳北编组站进行改造，并对既有机务段进行改造，同步实施编组站综合自动化系统工程。批复总投资 24.35 亿元。

【商合杭铁路商合段、郑阜铁路安徽段开通运营】 2019 年 12 月 1 日，商丘至合肥至杭州铁路北段（商丘至合肥北城）（简称商合杭铁路商合段）、郑阜铁路安徽段开通运营。当日，安徽省、国铁集团和上海局集团公司有关领导参加了在阜阳西站 7：17 始发的 G7787 次首发仪式，该列车于 11：17 到达上海虹桥站；亳州南站 7:30 首发 G7181 次，12:28 到达上海虹桥站，有关领导添乘至合肥南站；从合肥南站分别开往界首南站和亳州南站的首发列车 G7732 次、G7718 次，先后于 7:41、8:43 始发，9:17 和 10:55 到达。新建（京港高速线）商合杭铁路（安徽、浙江段）为设计时速 350 公里高速铁路。自豫皖省界 DK46+195.389 至杭州东站，运营长度 748.854 公里（新建线路长 570.026 公里，利用既有线路和在建线路 178.828 公里）。其中豫皖省界至合肥段新建线路 330.771 公里，新建芦庙、亳州南、古城东、太和东、阜阳西、颍上北、凤台南、寿县、淮南南 9 个车站，改建水家湖 1 个车站；合肥至湖州段新建线路 239.255 公里，新建巢湖北、含山西、芜湖北、郎溪、广德南和安吉等 6 个车站，改建肥东、巢湖东、湖州 3 个车站。郑阜铁路为设计时速 350 公里高速铁路。安徽段全长 65.674 公里，新建界首南站、临泉站，接入商合杭铁路阜阳西站。

【徐盐铁路、连镇铁路董淮段开通运营】 2019 年 12 月 16 日，徐州至盐城铁路（简称徐盐铁路）、连镇铁路董淮段开通运营。当日，盐城站首发列车 D5618 次 9:00 开，11:22 到达徐州东站，江苏省、国铁集团、上海局集团公司有关领导参加了该列车的首发仪式并全程添乘检查慰问；徐州东站首发列车 D5681/4 次 6:59 开，途经淮安东站于 9：33 到达连云港站；连云港站的首发列车 D5691/0 次 7:39 开，途经淮安东站于 10:16 到达徐州东站。

徐盐铁路起自京沪高铁徐州东站，经睢宁、宿迁、泗阳、淮安、阜宁、建湖，终到新长铁路盐城站，线路全长 313.7 公里。批复总投资 408.9 亿元，设计时速 250 公里客运专线。

连镇铁路董淮段接轨于青（岛）盐（城）铁路董集站，途经灌云县、灌南县、涟水县、淮安市区，与徐（州）盐（城）铁路交会于淮安东站，为双线电气化高速铁路，正线长 117.543 公里，设计时速 250 公里。

【宁波穿山港铁路开通运营】 2019 年 12 月 26 日，宁波穿山港铁路开通运营。12 月 11 日完成初步验收，12 月 14 日完成安全评估，12 月 26 日开通运营。该项目经过宁波市鄞州区和北仑区，新建宁波穿山港铁路，线路长 29.29 公里，对既有北仑支线电气化改造，线路长 30.1 公里，另建北环线至北仑支线联络线 1.22 公里。批复总投资 41.33 亿元，设计时速 100 公里，北仑铁路为 I 级单线铁路，穿山港铁路为 II 级单线铁路。

【连云港至连云间开行市域列车】 2019 年 12 月 30 日 0:00 起，连云港地区市域列车（连云港—连云）正式运营，使用 CRH6F-A 型动车组车底 3 列（编组 4 辆，总长 101.4 米，构造速度 160 公里 / 小时），共开行 11 对，其中连云港至连云间开行 S3101 ~ S3120 次 10 对、连云港至连云港东间开行 S3151 ~ S3152 次 1 对。

【建设项目新开工】 2019 年，上海局集团公司管理的新开工项目 7 个，分别为合肥至安庆铁路（简称合安铁路）引入合肥枢纽、

国铁上海局2019年基建大中型项目投资完成情况表（按省市划分）

项目所在省份	建设项目和单项工程名称	建设单位	规模长度（公里）	初步设计概算（万元）	年度预期值（亿元）	年度实绩（亿元）
安徽省	阜淮、淮南、水蚌线电气化扩能改造	合肥枢纽指挥部	273.31	44.3758	4	4
	青阜电气化改造工程	合肥枢纽指挥部	132.3	9.0200	0.3866	0.3866
	皖赣铁路芜湖至宣城段扩能改造	杭黄铁路公司	73.321	93.4331	5.2	5.2
	庐江至铜陵铁路	安徽庐铜公司（地方）	95.5	53.4600	0.5	0.5
	杭州至黄山铁路	杭黄铁路公司	80.057	98.4324	4.859	2.2
	商丘至合肥至杭州铁路及芜湖长江公铁大桥	京福客专安徽公司	519	851.3710	139.4895	139.4895
	符夹铁路符离集至新河段扩能	徐州枢纽指挥部	77.95	34.7400	0.7	0.7
	阜阳北扩能	合肥枢纽指挥部	11.994	24.3500	4	4
	芜湖至广德电气化改造	合肥枢纽指挥部	146	20.0292	0.6	0.6
	合肥至安庆铁路	宁安铁路公司	162.58	307.5500	43	43
	郑州至周口至阜阳铁路	京福客专安徽公司	64.4	105.8662	20.6831	20.6831
	安庆至九江铁路安徽段	宁安铁路公司	129	160.1900	42	42
	南昌经景德镇至黄山铁路	京福客专安徽公司	89.531	135.7000	20	20
	宣城至绩溪高速铁路	京福客专安徽公司	111.7	172.3956	0.1	0.1
	池州至黄山高速铁路	京福客专安徽公司	121.4	183.7	0.1	0.1
	宁西铁路西安至合肥增建二线上海局管段	合肥枢纽指挥部	147.3	36.8490	2.428	2.428
	合肥至芜湖铁路电气化改造	合肥枢纽指挥部	146.2	35.0359	1.7359	1.7359
	安徽省小计		2381.5430	2366.4982	289.7821	287.1231
江苏省	宁启铁路南通至启东段复线电气化工程	南京枢纽指挥部	92.8	67.6853	4.8	4.8
	连云港至镇江铁路	南京枢纽指挥部	305.2	480.6958	65	65
	连云港至盐城铁路	苏北铁路公司	232.2	274.669	2.6	2.6
	青岛至连云港（上海局段）	苏北铁路公司	7.9	5.4706	0.1	0.1
	上海至南通铁路安亭至南通段(不含大桥)	沪宁城际公司	119.18	195.9150	11	11
	沪通长江大桥	国铁集团工管中心沪通长江大桥指挥部	11.07	151.6992	21	21
	京沪铁路常州站改造工程	上海枢纽指挥部		3.0219	1.1364	1.1364
	京沪铁路无锡站改造工程	上海枢纽指挥部		5.0591	1.2131	1.2131
	徐州至淮安至盐城铁路	苏北铁路公司	316.2700	421.8500	112	112
	连云港至徐州铁路	徐州枢纽指挥部	180.4000	260.9912	60	60
	符夹铁路新河至夹河寨段	徐州枢纽指挥部	13.0000	4.1400	0.7	0.7
	盐城至南通铁路	苏北铁路公司	156.665	275.6721	104	104
	南沿江城际铁路	南沿江工程建设指挥部	278.53	503.0100	64	64
	尧化门货场	南京枢纽指挥部		13.3020	0.302	0.302
	京沪铁路镇江站改造	南京枢纽指挥部		2.9510	0.131	0.131
	京沪铁路丹阳站改造	南京枢纽指挥部		2.2833	0.0133	0.0133
	陇海线连云港至连云港东增建第二线工程	徐州枢纽指挥部	11.9500	3.9382	0.1282	0.1282
	太仓港疏港铁路专用线	上海枢纽指挥部		18.1200	0.05	0.05
	江苏省小计		1725.165	2690.4741	448.174	448.174
上海市	上海至南通铁路安亭至南通段(不含大桥)	沪宁城际公司	18.29	56.97	9	9.0000
	上海至南通铁路太仓至四团段	沪宁城际公司		368.20	0.1	0.1000
	上海小计		18.29	425.1746	9.1	9.1
浙江省	衢州至宁德铁路浙江段	九景衢铁路浙江公司	210	144.8705	17	17.000
	新建九景衢铁路（上海局）	九景衢铁路浙江公司	88.377	69.5862	4.8335	4.8335
	杭州至黄山铁路	杭黄铁路公司	184.728	262.5937	12.7728	5.8000
	商丘至合肥至杭州铁路及芜湖长江公铁大桥	京福客专安徽公司	50.91	78.8337	11	11.0
	宁波穿山港铁路	萧甬铁路公司	29.29	41.3310	6	6.00
	金华至台州铁路	金台铁路公司（地方）	225	177.2595	25	25.0000
	泗安至杭州电气化改造	杭州枢纽指挥部	156	19.5349	0.2	0.2000
	金华至宁波铁路	杭州枢纽指挥部	185.00	286.7800	19	19.0000
	沪昆客运专线杭州至长沙段（上海局）	沪昆浙江公司	295.185	474.7667	3	0.0000
	上海经苏州至湖州铁路	上海枢纽指挥部	164	367.9500	0	0.0000
	杭深铁路苍南站改扩建工程	萧甬铁路公司	0	5.5436	2	2.0000
	义乌西铁路货场扩建工程	杭州枢纽指挥部		8.7711	0.4711	0.4711
	湖州至杭州西至杭黄高铁连接线	沪昆浙江公司		291.9714	18	18.0000
	宁波枢纽庄桥至宁波段增建三四线	萧甬铁路公司		21.6200	0.05	0.0500
	浙江省小计		1588.49	2251.4123	119.3274	109.3546
	集团公司合计		5713.4880	7733.5592	866.3835	853.7517

注：1.资料来源于集团公司计统部、建设部；2.铁路枢纽工程建设指挥部简称枢纽指挥部。

杭州至温州铁路（简称杭温铁路）、杭州至衢州铁路（简称杭衢铁路）、宁波枢纽庄桥至宁波段增建三四线、太仓港支线、沪通铁路二期太仓至四团段、南京至淮安铁路（简称宁淮铁路）先开段。国铁集团管理的新开工项目3个，分别为池州至黄山铁路、宣城至绩溪铁路、湖州至杭州西铁路。

【更新改造投资完成】 2019年，上海局集团公司完成更新改造投资9.5157亿元，竣工投产66项，蚌埠站改造、南京东站驼峰提钩平台改造及新建雨棚、吴集货场集装箱场地改造应急及29处工电供融合改革设施补强等工程按期竣工投产，为提升运输服务品质、设备质量安全、路网功能和运输效益发挥了积极作用。12月30日，蚌埠站客运设施改造工程竣工启用。工程历时近8个月，对4个低站台进行接长抬高，对站房外立面和候车室内装饰进行拆除装修，同步改造旅客服务系统、优化商业网点布局；拆除既有行包平交道及二层候车室通往基本站台的楼梯，对站台、人行地道等进行改造，新增基本站台无障碍设施。批复投资7650万元。11月14日，南京东站驼峰提钩平台改造及新建雨棚验收启用。工程于2019年8月19日投资批复，对既有驼峰平台进行改造，铺设防滑木地板685平方米、铺设定制橡胶道口板85平方米，新铺彩色沥青混凝土路面1225平方米，新建雨棚投影面积1637.2平方米。总投资831.1万元。7月18日，安徽省重点项目霍邱县首矿大昌炼钢连铸项目的服务工程——吴集货场集装箱场地改造应急工程开通启用。该项目是为满足首矿大昌生产冶炼需要，培育阜六线重要的经济效益增长点的重要工程。2019年5月22日投资批复，新建正面吊作业区一处10721平方米，新建集装箱堆场一处5072平方米，新建道路1225平方米以及其他辅助设施。投资1394万元。

（四）资产经营

【概况】 2019年，上海局集团公司有直属非运输企业16家，从事运输其他业务的单位121家。年内，集团公司加大资源统筹力度，站车商贸专业化经营由高铁向普速铁路拓展，商业、广告新一轮招商收益分别增长70%和80%，土地房屋专业化经营扩大覆盖面，土地出借收入增长68%。深化“高铁网+互联网”双网融合，打造“华东印记”“旅途易购”自营品牌和智慧超市、扫码订餐等新业态。拓展“全程物流+增值服务”新空间，实施海铁联运等物流融合项目22个。推进工程、工业产业链融合发展，地方涉铁工程代建合同突破200亿元，拉动上下游产值同比增长120%，动车滤材、轨道板等路用产品进一步拓展了局内外市场份额。至年末，集团公司非运输企业完成营业收入240亿元，同比下降5.2%；实现考核利润36.2亿元，增长10.4%。

【资产资源专业化经营】 2019年，上海局集团公司统筹推进资产资源的开发利用和专业化经营。推进土地房屋资产专业化经营，房屋租赁、土地出借合同金额9.60亿元，同比增长13.21%。推进土地综合开发重点项目，南京安德门项目已进入土地招拍挂阶段，杭州艮山门上盖项目已完成规划方案审查和交通评估，进入项目开发决策阶段，蚌埠城南新区、杭州萧山铁路安置房等5个项目已具备开工条件，大丰、盐城、淮安、如皋4个项目已完成批复立项。围绕“调整布局、优化业态、提高档次、增加效益”，站车商旅经营大幅拓展新的增量，完成商合杭（含郑阜线）、连淮扬镇和徐宿淮盐等新线新站商业招商，新增商业面积10025平方米，年内商业、广告项目新一轮招商分别新增收益

8200万元、1.59亿元。推进普速站商业、客运设备设施维保和160公里动力集中动车组列车餐售业务专业化经营，动车组饮用水和定制盒餐招商实现降本增效2600万元以上。推进“旅游+产业链开发”，与地方政府联合开发高铁旅游产品，打造展示地方旅游资源和特色文化的旅游地始发高铁列车冠名，全年共组织开行87趟旅游专列，常态化开行杭黄线千岛湖、建德、兰溪等8地高铁旅游列车21趟。

【项目开发融合发展】2019年，上海局集团公司有序推进工程、工业产业链融合发展，铁路运输与现代物流融合发展，高铁网与互联网融合发展，大数据与实体经济融合发展，已经成为拉动非运输业加快新旧动能转换和经济增长的新引擎。研究出台工程工业企业业务承接指导意见，年内涉铁工程产业链拉动效果明显，局内企业产品内部供应比例得到较大增长。商业广告与客运服务深度融合、品质升级，移动支付、旅途易购、华东印记、扫码点餐、旅行管家、智慧超市、自动寄存机、上铁旅游咨询等进一步扩点运营，成功打造了12306品牌展示柱广告项目。继续实施物流总包、基地物流，全年实施物流融合项目23个，新增非运输业物流有效收入8185万元，新增增值服务收益814万元，与上海港、宁波舟山港联合组建合资公司，海铁联运业务得到拓展。

【既有业务拓展】2019年，上海局集团公司非运输企业工程施工业务承接类型由单一的上跨下穿向航道整治、隧道、城市轨道交通等方面立体式拓展，年内签订代建合同突破200亿元、施工合同突破100亿元。工业企业生产能力进一步增强，轨道板生产技术取得多项专利，顺利完成商合杭、郑阜线22.48万块供板任务，新承接安九、徐连、盐通铁路14.02万块生产业务。高铁测量业务向商合杭、郑阜线稳步拓展，完成高铁吊围栏制作安装业务，动车座椅配件项目取得较好产值。设立互联网工业品旗舰店，纸制品、防水材料等产品实行网上销售。探索废旧金属集中处置，创造再生价值，实现收入1.08亿元。

【集体经济管理】2019年，上海局集团公司有集体企业127家。年内，集团公司根据集体企业和集体经济面临的实际情况，着力从推进集体企业重组整合、规范集体企业内部管理和改善集体企业经营等方向入手，努力实现集体企业管理规范、经营有序、队伍稳定的工作目标。年内关闭注销集体法人企业26家。至年末，集体企业完成营业收入15.04亿元，同比减少2.72亿元，实现利润总额3421万元，同比增加2210万元。

（孔令贵）

PART EIGHT Ⅷ

民用航空

CIVIL AVIATION

（一）综述

2019年，上海机场旅客运输量连续位居全球城市第四，货邮吞吐量连续12年位居全球第三，上海民航两个机场（虹桥国际机场、浦东国际机场）共完成旅客吞吐量12179.1万人次（含过站人数），同比增长3.5%，其中虹桥国际机场完成旅客吞吐量4563.8万人次，浦东国际机场完成旅客吞吐量7615.3万人次；全年两场完成货邮吞吐量405.8万吨，同比降低2.8%，其中虹桥国际机场完成货邮吞吐量42.4万吨，浦东国际机场完成货邮吞吐量363.4万吨；2019年两场共起降飞机78.5万架次，同比增长1.7%，其中在虹桥国际机场起降27.3万架次、在浦东国际机场起降51.2万架次。

分航线看，2019年两场共完成内地航线旅客吞吐量8800万人次，占全年旅客吞吐量72.3%，同比增长3.1%，其中虹桥国际机场为4425.1万人次、浦东国际机场为4374.9万人次；完成国际航线旅客吞吐量3379万人次，占全年旅客吞吐量的27.7%，同比增长4.6%，其中虹桥国际机场为138.7万人次、浦东国际机场为3240.4万人次；完成港澳台航线旅客吞吐量814.3万人次，占全年旅客吞吐量的6.7%，同比下降6.3%，其中虹桥国际机场为203.4万人次、浦东国际机场为610.9万人次。

分航线看，2019年两场共完成国内航线货邮吞吐量117.1万吨，占全年货邮吞吐量的28.9%，同比下降1.4%，其中虹桥国际机场为41.3万吨、浦东国际机场为75.8万吨；完成国际航线货邮吞吐量288.7万吨，占全年货邮吞吐量的71.1%，同比下降3.3%，其中虹桥国际机场为1.1万吨、浦东国际机场为287.6万吨；完成港澳台航线货邮吞吐量44万吨，占全年货邮吞吐量的10.8%，同比下降4.8%，其中虹桥国际机场为1.9万吨、浦东国际机场为42.1万吨。

截至2019年底，共有108家航空公司开通了在上海的定期航班，连接全球51个国家和地区的314个通航点，其中国内航点172个（其中港澳台5个）、国际航点142个。国际航线方面，新增航点14个：匈牙利布达佩斯机场、俄罗斯哈巴罗夫斯克诺维机场、越南海防吉碑机场、柬埔寨西哈努克机场、日本花卷机场、阿拉伯联合酋长国莎迦机场、乌兹别克斯坦塔什干机场、老挝万象瓦岱机场、老挝朗勃拉邦机场、缅甸曼德勒机场、缅甸内比都机场、缅甸仰光机场、俄罗斯叶卡捷琳堡机场、越南云屯国际机场。停飞航点7个：埃及阿斯旺机场、加拿大埃德蒙顿机场、越南富国机场、韩国襄阳机场、美国圣何塞机场、泰国万纶机场、俄罗斯伊尔库茨克机场。

基地设在上海的运输航空公司有9家：中国东方航空股份有限公司、上海航空有限公司、春秋航空股份有限公司、上海吉祥航空股份有限公司、金鹏航空股份有限公司、中国货运航空有限公司、国航上海分公司、南航上海分公司、厦航上海分公司。小型航空器商业运输运营人有6家：上海金鹿公务航空有限公司、一二三航空有限公司、星联商务航空有限公司、上海金汇通用航空股份有限公司、上海中瑞通用航空有限公司、上海新空直升机有限公司。

（二）行业管理

【概况】上海机场按照航空枢纽发展战略和“十三五”民航发展要求和目标，加快推进重大基础设施建设，编制形成《上海浦东国际机场总体规划局部调整（2019年版）》，开展浦东国际机场四期扩建工程前期工作；

全年共有44项在建、新建单体工程在两机场展开，全年完成重大工程建设投资33亿元。其中，浦东国际机场三期扩建工程主体工程暨卫星厅于9月16日正式启用，投用后，浦东国际机场航班靠桥率从50%提升至90%，商业、餐饮、免税等配套设施面积均大幅提升，旅客体验提升显著。浦东国际机场三期扩建工程自2015年12月开工建设，总投资额224.94亿元，主要包括航站区工程、飞行区工程、生产辅助设施工程，以及市政配套工程，其核心工程含62万平方米的卫星厅(为全球最大单体卫星厅）、旅客捷运系统、95万平方米的港湾停机坪、两组飞行区下穿通道、满足航空公司中转的行李系统、5300多个停车位的长时停车库以及绿色节能的能源中心。旅客捷运系统是国内首个完全自主研发的捷运系统，所采取的钢轮钢轨A型车技术，是国际上首次将地铁A型车应用于机场空侧的交通新模式。

浦东机场获颁国际机场协会（ACI）年度“亚太地区4000万以上级最佳机场”奖项，货运方面获行业权威杂志《AIR CARGO WORLD》年度全球货运卓越100万吨级别机场钻石奖（第一名）。虹桥机场获颁国际航空运输评级组织（Skytrax）年度“五星机场”认证及“中国最佳机场”两项荣誉，并成为国内首家4000万级机场荣获Skytrax“五星”认证的机场；上海两场“无纸化”便捷出行项目成效明显，虹桥机场国内航班全程“无纸化”、自助值机率达85%，浦东机场国际、港澳台航线无纸化成果获局方认可被作为典型案例在行业内进行推广，易安检等创新智慧安检模式开始试点，通道排队时间控制在5分钟，行李运输跟踪（RFID）项目有序推进，处理效率和准确性提升明显。四大品牌建设方面，浦东机场新增老字号品牌7家，共计1552.93平方米，引进上海博物馆“魔墙”文化项目，在出租车站点推出“一眼上海”主题，开展汉服巡游、美食促销、书画表演、江南园林实景展示等精彩纷呈的文化主题活动，充分展现上海城市文明和海派魅力。虹桥机场陆续上线“舞动的音乐诗”钢琴吧、“虹桥机场艺术馆”、创新洗手间“管家式”试点服务，积极引进Shake Shack汉堡、桃园眷村、大白兔、沈大成、丁义兴、邵万生等知名品牌和特色老字号商户入驻，助力四大品牌建设。

【防范化解航空安全风险】 利用大数据驱动精准监管，抓好安全隐患排查工作，民航华东地区管理局成为全国民航首家建立局方安全绩效指标的管理局。全年华东地区航空安全管理工作平台（EASP）共收集安全隐患信息3425条，整改完成率达到95.91%，安全绩效指标模块已正式上线使用，覆盖飞行、维修、航务、航卫四个专业。建立安全隐患信息评分机制，量化评估运输航空公司安全隐患防控能力，识别出安全管理水平较弱的运输航空公司5家，及时调整监管资源开展重点督查。强化航空公司运行风险管控，组织完成载重平衡专项检查。完成辖区机场和航空公司空防安全保障能力摸底测算，组织征集安检风险点，开展围界防入侵专项安保测试，健全空防安全隐患治理长效机制。

【坚持强化“三基”建设】 推动维修单位共建培训基地，统一新员工培训标准，优化华东民航维修人员考试平台，增加发动机试车及通航机型题库，持续抓好维修关键岗位人员资质。组织召开上海地区“空地协调、安全精飞”三员空地交流会，搭建沟通渠道，促进交流互鉴。制订了华东地区CCAR-121-R5按梯次补充审定计划，召开华东地区R5排班系统交流会议，促进公司规范化、标准化、手册化管理能力进一步提升。推动建立各机型飞行训练专家库，建设运输航空公司飞行训练管理平台，提供个性化训练模块。在全行业探索建立守法信用评价体系，采取企业诚信积分制度、失信企业黑名单制度等措施，鼓励诚信，惩戒失信。举办民航华东地区管理局首届监察员行政执法技能大赛、民航华东地区地面设备操作技能竞赛等多项赛事，开展涉及飞机驾驶、机务维修、运行控制、空管通信、机场供电灯光、机场安检等专业领域作风能力建设和工匠精神文化系列活动，大力营造具有华东民航特色的安全文化氛围。

【促进航行新技术创新】 在航行新技术的能力建设和应用实践中，华东地区多次开创了中国民航的先河。PBN“导航精准、航迹灵活”的运行优势，为破解空域限制难题提供了强大的技术支撑。低能见度运行能力的提升，有效保障了上海浦东等7个繁忙机场、东航等7家运输公司在低能见度天气条件下的航班正常。EFB功能的不断完善，实现了12家运输公司的驾驶舱无纸化。13家运输公司已全部具备ADS-B运行能力，随时可投入实际运行。北斗信号在通用航空运行监视方面的应用试点成效显著，远程塔台技术在通用机场应用推广顺利。A-SMGCS项目建设领导小组正式成立，与科研机构和系统集成厂商共同研究新建机场“绿灯”引导系统和现有机场无线导航引导系统，推动机场采用科技手段防范跑道侵入和机坪碰擦风险。

【提升应急处置能力】 持续推动辖区各单位突发事件总体预案及各类专项预案的修编工作，着力强化专项预案和处置程序的制定。依托现有应急指挥信息平台，进一步扩展对辖区机场视频监控信号的接入，辖区全部机场的云视讯平台已建立完成。

【完成重大航空运输保障任务】 华东民航已基本实现重大航空运输服务保障工作机制常态化。配合北京大兴新机场顺利完成了航线调整工作，对70周年国庆、军运会和第二届进博会保障任务同部署、同协调、同保障，确保2019年各项重大活动和保障任务绝对安全、万无一失。通过采用“航班预调减”“航班动态调减”“等量置换调整”等精准调节方式，在确保重大活动保障的同时最大限度地减少对正常航班运行的影响。

【推进行业治理现代化】 编制下发民航华东地区管理局行政执法典型案例汇编和机坪碰擦问题执法指引，指导监察员准确适用法条。以深化“放管服”改革为切入点，整合行政审批和服务职能，完善行政服务中心建设，实现“一窗受理、内部流转、一窗办结”的“一窗综办”运作机制。整合各职能部门碎片化、条线化的行政审批和服务事项前端受理功能，初步建成华东民航行政服务网上办事统一受理平台“一网通办”门户网站。

（三）通用航空管理

【概况】 聚焦精细化建设，着力提升航班运行效率。持续巩固长三角地区空域精细化管理改革试点成果，充分发挥上海两场龙头作用，优化上海两场进离场程序和航线网络结构，开辟临时航线，缓解长三角地区繁忙机场运行矛盾。做实运管委机制，推动辖区千万级机场建立运管委，不断完善会商机制，采取更精细化的跟踪监控措施，提高航班正常管理水平和治理能力。在中国民航率先引入了“扇形进场、等待外挂”等运行新理念，优化“使用大飞机试飞空域、优化就近起飞、建立高度穿越‘立交桥’、定速进近、CCO/CDO运行”等，使得上海两场日航班量提升超10%。

【科学规范航班时刻管理制度优化】 调整局

方航空运输（通用航空）委员会组织机构，成立华东地区航线航班时刻管理工作领导小组和机场航班时刻协调委员会，细化工作职责，明确工作制度，提高决策效率。航班换季时，在非协调机场试行机场推荐制，鼓励优质资源向优质航空公司倾斜；科学合理地确定辖区各机场换季航班增量系数，印发《民航华东地区机场换季航班时刻增量配置办法》，确保实现航班总量与保障能力的平衡匹配。据统计，2019年华东地区机场平均放行正常率为81.47%，同比提高1.63%。其中7个时刻协调机场始发起飞正常率为81.71%，同比提高0.83%。特别是浦东机场进步明显，2019年，浦东机场的放行正常率始终在80%以上。这些举措有效促进了资源配置公平公正。

【释放通用航空发展空间】 出台华东地区促进通用航空发展重点工作措施，总结无人机试飞基地、无人机物流配送试点项目经验，为制定无人机运行管理的中国标准提供实践基础。推动江西快线短途运输拓展通航运营新途径，支持日照机场开辟支线运输机场与通用航空融合发展的特色道路，其发展经验得到了民航局认可并在全行业推广。指导华东通航服务中心自主开发15项“飞易”系列公益、延伸服务产品，丰富了通航服务供给。

【推进长三角民航协同发展】 推动军民融合发展，与东部战区签订了空域资源共享深化合作协议，围绕“构建军民航融合发展平台、提高空域资源使用效率、提升航空管理能力水平、对标先进航空运行技术”等方面开展合作。完成编制《长三角世界级城市群民航协调发展战略研究》，协助构建民航局与三省一市的“4+1”合作机制，并在此机制下主动沟通地方省市政府，共谋区域民航发展未来。

【召开通航安全运行训练与监管工作研讨会暨通航服务平台建设推进会】 4月24日，民航华东地区管理局在上海召开了通航安全运行训练与监管工作研讨会暨通航服务平台建设推进会，民航局飞标司、民航华东地区管理局、华东地区各监管局、91/135/141部通航单位、华东通航服务中心、中国民航飞行员协会、上海通航协会等单位共计140余人参加会议。会上，民航华东地区管理局为九天飞院、金汇通航、若尔通航、上海啸翔、浙江万丰5家华东地区通航专业人才共享储备库指定训练机构授牌，华东通航服务中心与5家训练机构、首批单位会员及个人会员举行了签约仪式，与会代表参观了通航服务平台并围绕相关议题进行了交流研讨。

【民航华东地区管理局与东部战区空军签署资源共享深化合作协议】3月19日，民航华东地区管理局与东部战区空军资源共享深化合作协议签约仪式在无锡举行。本着“需求牵引、优势互补、资源共享”的原则，在军地双方代表的共同见证下，蒋怀宇局长和王启林副司令员共同签订了《民航华东地区管理局与东部战区空军资源共享深化合作协议》。根据协议，军地双方主要围绕“构建军民航融合发展平台、提高空域资源使用效率、提升航空管理能力水平、对标先进航空运行技术”等方面开展合作，将在党建工作、业务交流、专业培训和资源共享等领域进行深度的军民融合发展。

（孙越）

【民航华东地区管理局“一网通办”网站正式启用】3月1日，历经半年多的紧张筹建，民航华东地区行政服务中心正式启用，同时，华东政务“一网通办”总门户同步上线，对外提供服务。

新启用的民航华东地区行政服务中心是在民航华东地区管理局原“办证大厅”的基

础上做了进一步深化和提升。2014 年 11 月，民航华东地区管理局开设了“办证大厅”，通过多年发展和经验积累，此次行政服务中心建设以“互联网 + 政务服务”为引导，秉持“一窗受理”“一站服务”的理念，打破了原来按部门和专业受理行政事务的做法，在全部承接飞标、航卫、公安等部门既有 36 项办事业务的基础上，进一步拓展办事广度和深度、延长网上办事链条、完善信息告知制度，实现了“一窗综办、一网通办、一站服务”。同时，行政服务中心还将在年内逐步将民航华东地区管理局所有的 114 项行政许可、审批、备案受理事项全部纳入，最终实现全部民航政务服务线上线下集成融合，实现“进一网、能通办、随时办、随地办”，切实将“真情服务”理念落到实处。截至 2019 年底，行政服务中心累计已受理线下业务 7718 件、“一网通办”线上业务 5109 件，证照发放 24271 本，受理各类咨询 12771 件，得到了行政相对人的普遍好评。

【组织召开东航机务系统维修许可证“十证合一”暨北京大兴国际机场航线维修能力颁证会】8 月 26 日，民航华东地区管理局会同民航华北、中南、西南、西北地区管理局，在北京大兴国际机场为东方航空集团旗下的东方航空技术有限公司共同颁发了新的 CCAR-145 维修许可证，同时一并向公司颁发了大兴机场航线维修许可。民航局李健副局长出席颁证仪式并讲话。

通过“一证分签”实现多地点维修单位的“多证合一”，是民航局响应习总书记在十九大报告中提出的“转变政府职能，深化简政放权，创新监管方式，增强政府公信力和执行力，建设人民满意的服务型政府”总体要求的重要举措，是深化“放管服”改革的重要成果，也是“不忘初心、牢记使命”落实在行动上的实践。东航多年来一直坚持一体化发展，作为最早提出“多证合一”诉求的单位，终于实现了证件的统一。公司应借此机会，理顺管理机制，统一管理标准，提升管理水平，实现跨越式发展，在保障好运行安全的基础上，服务于全民航，助力中国民航维修行业实现高质量的发展。

【上海机场飞行程序调整优化设计验证试飞】10 月 22 日凌晨，民航华东地区管理局组织协调各有关单位成功实施了对上海机场飞行程序调整优化设计的验证试飞，民航华东地区管理局朱州龙副局长、东航股份姜疆副总经理、上海机场集团周俊龙副总裁、华东空管局熊飞副局长等领导参加验证试飞。此次试飞，重点验证了“扇形进场、等待外挂”等新运行理念在上海机场飞行程序运行和管制保障中的实践。经前期模拟机验证和近 3 个小时的真机实际飞行，表明上海地区空域结构调整和飞行程序优化达到了预期目标。后续，民航华东地区管理局将督促指导各单位认真做好相关运行准备工作，确保该程序的安全顺利实施，实现既有空域资源的共享、灵活使用和运行效率的提升，更加便于飞行操作和管制运行。

【上海浦东、虹桥机场运管委机制调整】6 月 1 日，上海浦东、虹桥机场调整后的运管委机制开始试运行。此次调整强化了领导责任制，增设了空管和气象席位，充分发挥空管在运管委平台的指挥中枢作用。华东地区其他千万级以上机场按民航华东地区管理局要求开展了机场运管委建设的进一步加强和完善。

【中美航空合作项目（ACP）上海地区空域和地面优化项目结题】8 月 29 日，中美航空合作项目（ACP）上海地区空域和地面优化项目结题。该项目于 2017 年 12 月 13 日正式启动，针对“一城市多机场”的特点，以上海地区空域、航空运行为样本，结合现行运行方式及未来发展趋势，通过开展空域及运行仿真评估、安全及容量评估、跑滑结构优化、双机场运行效率等研究，为未来提升上海两场容量、运行效率和安全发挥积极的促进作用，也为我国其他地区“一城市多机场”运行的推广提供经验。

【上海金山水上机场获颁A类通用机场使用许可证】7月10日，上海金山通用航空产业发展有限公司获得民航华东地区管理局颁发的上海金山水上机场A类许可证。上海金山水上机场是目前上海市唯一的A类通用机场，也是全国首个对公众开放提供通航运输服务的水上通用机场。上海金山水上机场为A2类通用机场，水上运行区长1450米、宽150米，设05和23两个方向跑道，具备4个陆上机位、上岸坡道和70米长的水上飞机停靠码头。下一步，机场将按照民航局的管理要求，承接水上飞机及无人机开展应急救援、通勤运输、旅游观光、海洋巡察和飞行测试等活动。

【2019世界人工智能大会华东无人机基地创新发展高峰论坛在沪召开】为总结过去一年华东无人机基地试点取得的积极经验，并进一步打造AI+无人机合作交流平台，推动无人机产业发展，作为“2019世界人工智能大会”的组成部分，由世界人工智能大会组委会指导，由民航华东地区管理局、上海市经济和信息化委员会、上海市科学技术委员会、上海市交通委员会和上海市金山区人民政府组织，由上海金山工业区主办的以“AI+无人机，赋能产业变革”为主题的“2019世界人工智能大会华东无人机基地创新发展高峰论坛”于8月27日、28日在华东无人机基地成功举办。

（孙越）

（四）航空公司

【东方航空】2019年，中国东方航空股份有限公司的旅客运输量为13029.74万人次，同比增长7.5%；货邮运输量为97.66万吨，同比增长6.7%。该公司在上海地区的旅客运输量为4956.70万人次，其中，国内旅客运输量为3594.12万人次、国际旅客运输量为1138.42万人次、地区旅客运输量为224.16万人次；在上海地区的货邮运输量为52.6万吨，其中，国内货邮运输量为26.8万吨，国际货邮运输量为23.87万吨、地区货邮运输量为1.93万吨。截至2019年底，该公司共开通航线1529条，公司拥有飞机723架，全年平均客座率为82.06%。

【东航完成在北京大兴国际机场的建设、转场、投运等各项任务】9月25日，北京大兴国际机场正式通航。前期东航保质保量如期完成在北京大兴国际机场的建设、转场、投运等各项任务。5月15日，北京大兴国际机场东航基地项目地面服务区工程通过竣工验收，成为大兴机场第一个通过竣工验收的基地航空公司工程项目；6月17日，东航北京大兴国际机场航空食品工程顺利竣工验收，成为大兴机场第一个通过竣工验收的航空食品工程；6月26日，北京大兴国际机场东航核心工作区一期工程顺利通过竣工验收，提前完成东航决战“6・30”的重点任务，成为大兴机场第一个完成一期工程项目的航空公司；7月10日，东航启动第一场专项演练，7月19日，参与机场第一次综合演练，截至投运前，东航共完成538项演练科目，模拟航班量98班，模拟旅客10560人次、模拟行李7300件次，参与演练保障人员超过4000人次、演练车辆670辆次，各类生产系统全部参演测试；8月26日，民航华东地区管理局为东航颁发整合后的新CCAR-145维修许可证，东航成为大兴机场第一家获航线维修批准的航空公司；东航分别于5月13日、8月26日、9月17日参加北京大兴国际机场的验证试飞，是国内唯一一家参与全阶段验证试飞的航空公司；9月25日，东航旗下中国联合航空从北京南苑机场整建制搬迁进驻大兴，做到“一夜转场，无缝衔接”，成为第一家整建制进驻大兴机场并实现第一家运营的航空公司，且是2019冬春航季前唯一在大兴机场运行的航空公司；10月27日，MU535航班为2019—2020年冬春航季东航从大兴机场出发的第一个航班，也是北京大兴国际机场起飞的第一个国际航班，完成大兴机场首个换季转场任务；11月5日，东航完成北京大兴国际机场第一例人体器官运输保障任务。

【东航发放全球首张无源型永久电子行李牌】7月30日，在上海虹桥—北京首都的京沪航线上，东航宣布正式发放全球首张无源型永久电子行李牌。电子行李牌，又称电子行李标签，是航空托运行李时纸质行李条的电子化替代品。该东航电子行李牌的应用，简化行李托运流程，同时借助电子行李牌内置RFID（无线射频识别）识别芯片的准确追踪功能，旅客可在东航App随时查询自己托运行李的状态。相较而言，国际上航空领域目前主要采用“有源”电子行李牌，须配备供电电池，而此次东航电子行李牌首次采用“无源”设计，可反复使用，不易损坏，永久跟随旅客。同时，因其无须内置电池，运输过程中不受航空安全和锂电池运输等限制，通过电子行李牌进行交互的数据都不会因天气变化等外界因素而受损，防摔抗震。东航永久电子行李牌从设计源头开始就对标行李全程追踪功能，即内置RFID识别芯片，依托东航RFID行李全流程追踪系统的支持和东航全球行李控制中心的后台支撑，保障行李全流程跟踪数据的真实性、完整性及可靠性。

【东航推出国内首款航空手语App】9月1日，东航正式推出国内首款航空手语服务App，为听障旅客提供“智能化”服务体验。听障旅客来到上海虹桥、浦东两场东航爱心柜台后，工作人员会帮助旅客启用柜台前的手语同声翻译App，通过点击“一键使用视频手语翻译”按钮，即可迅速接通后台专业翻译团队，实现手语实时在线翻译，为听障旅客建立及时有效的沟通连接，操作简单且快捷。

（陈楚芸）

【中货运航空】2019年，中国货运航空有限公司的货邮运输量为49.26万吨，同比减少6.69%。在上海地区的货邮运输为49.26万吨，国际（地区）货邮运输量为49.26万吨；截至2019年底，该公司共开通航线18条，其中地区航线两条、国际航线16条，运营飞机9架。

【吉祥航空】2019年，吉祥航空股份有限公司旅客运输量为1720万人次，同比增长14.44%；货邮运输量为10.02万吨，同比增长38.59%。公司在上海地区的旅客运输量为1102.87万人次，其中，国内旅客运输量为909.81万人次、国际（地区）旅客运输量为193.06万人次。公司在上海地区的货邮运输量为7.79万吨，其中，国内货邮运输量为6.31万吨、国际（地区）货邮运输量为1.48万吨。截至2019年底，公司共开通航线190余条，拥有飞机76架，全年平均客座率为83.66%。

【春秋航空】2019年，春秋航空股份有限公司的旅客运输量为2239.25万人次，同比增长 14.70 %；货邮运输量为 6.51 万吨，同比增长 11.48 %。该公司在上海地区的旅客运输量为 1040.17 万人次，其中，国内旅客运输量为 738.00 万人次、国际（地区）旅客运输量为 302.17 万人次；在上海地区的货邮运输量为 3.5 万吨，其中，国内货邮运输量为 2.9 万吨、国际（地区）货邮运输量为 0.6 万吨。截至 2019 年底，该公司共开通航线 267 条，拥有飞机 93 架，全年平均客座率为 90.81%。

【吉祥航空正式转场大兴国际机场】7 月 25 日，吉祥航空与北京大兴国际机场签署航空公司入场运营协议，标志着吉祥航空成了首家签署大兴机场入场运营协议的航空公司。10 月 27 日，吉祥航空正式转场大兴国际机场运营，同时搭载全新豪华客舱产品的吉祥航空波音 787 梦想客机也正式投放服务京沪航线，也是唯一一家运营该航线直航的全服务航空公司。选择吉祥航空往返京沪之间的旅客可以充分利用两座空铁联运枢纽便捷优势，无缝衔接北京(京津冀)、上海虹桥(长三角)地区。

【金鹏航空】2019 年，金鹏航空股份有限公司旅客运输量为 294 万人次，同比增长 26%；货邮运输量为 8.10 万吨，同比减少 41%。金鹏航空在上海地区的旅客运输量为 71.17 万人次（国内旅客运输量为 71.17 万人次，无国际客运资质）；在上海地区的货邮运输量为 3.38 万吨，其中，国内货邮运输量为 0.96 万吨、国际(地区)货邮运输量为 2.42 万吨。截至 2019 年底，金鹏航空共开通航线 68 条，在册飞机 22 架，全年平均客座率为 93%，737 货机载运率 71%、747 货机载运率 75%。

（五）行业数据

2019年基地设在上海的航空公司基本情况

航空公司	东方航空（包括上航、中联航）	中货航	春秋航空	吉祥航空	金鹏航空
旅客运输量（万人次）	13029.74	/	2239.25	1720	294
比上年增长（%）	7.5	/	14.70	14.44%	/
在上海地区（万人次）	4956.7	/	1040.17	1102.87	71.17
占上海民航两个机场旅客吞吐量（%）	40.6	/	8.54	/	/
货邮运输量（万吨）	97.66	49.26	6.51	10.02	8.1
比上年增长（%）	6.7	-6.69	11.48	38.59%	-41%
在上海地区（万吨）	52.6	49.26	3.5	7.79	3.38
占上海两个机场货邮吞吐量（%）	12.9	12.14	0.86	/	/
航线（条）	1529	12	267	190	68
拥有飞机（架）	723	9	93	76	22
年平均客座率（%）	82.06	/	90.81	83.66	93%

说明：1. 航线条数按照民航局航权进行统计，即航线A—B—C与航线A—B、B—C、A—C各统计为1条。
2. 虹桥、浦东统计为同一始发机场。
3. 来回程统计为1条航线。

2019年上海新开通的部分国内航线

航空公司	航 线	开通日期	航班号	机 型	出发机场	班 期
东方航空	上海虹桥—洛阳—鄂尔多斯	3月31日	MU2434	320	虹桥机场	每日
东方航空	上海虹桥—信阳	3月31日	MU5519	737	虹桥机场	每日
东方航空	上海虹桥—西安-和田	4月1日	MU2152	321	虹桥机场	周一、三、五、日
东方航空	上海虹桥—信阳-重庆	7月1日	MU7785	737	虹桥机场	每日
东方航空	上海虹桥—昆明—临沧沧源	10月27日	MU5967	737	虹桥机场	每日
东方航空	上海虹桥—昆明—澜沧景迈	10月27日	MU5804	738	虹桥机场	每日
东方航空	上海浦东—井冈山—昆明	1月18日	MU5776	737	浦东机场	周一、三、五、日
东方航空	上海浦东—榆林	1月27日	MU9877	320	浦东机场	周四、日
东方航空	上海浦东—淮安—银川	3月31日	MU5609	320	浦东机场	每日
东方航空	上海浦东—济南—长白山	3月31日	MU9635	320	浦东机场	周二、四、六、日
东方航空	上海浦东—大连—加格达奇（黑龙江）	4月1日	MU5695	319	浦东机场	周一
东方航空	上海浦东—邯郸—包头	4月1日	MU9949	320	浦东机场	周一
东方航空	上海浦东—西双版纳	4月1日	MU5820	737	浦东机场	周一、三、五
东方航空	上海浦东—青岛—佳木斯	4月1日	MU5639	320	浦东机场	周一、二、四、六
东方航空	上海浦东—邯郸—呼和浩特	4月2日	MU5657	320	浦东机场	周二、六
东方航空	上海浦东—青岛—齐齐哈尔	4月3日	MU5589	320	浦东机场	周三、五
东方航空	上海浦东—石家庄—海拉尔	7月6日	MU7791	320	浦东机场	每日
东方航空	上海浦东—昭通—昆明	7月11日	MU9716	737	浦东机场	周二、四、六
东方航空	上海浦东—西昌	7月14日	MU5127	319	浦东机场	周三、五、日
东方航空	上海浦东—保山—昆明	10月27日	MU5818	737	浦东机场	周一、三、五、日
东方航空	上海浦东—长沙—昆明	10月27日	MU5189	320	浦东机场	每日
东方航空	上海浦东—淮安—西宁	10月27日	MU5245	320	浦东机场	周一、三、五、日
东方航空	上海浦东—北京大兴	10月27日	MU5129	321	浦东机场	每日
东方航空	上海浦东—烟台—朝阳	10月27日	MU5641	319	浦东机场	每日
东方航空	上海浦东—腾冲—昆明	10月29日	MU5816	737	浦东机场	周二、四、六
上海航空	上海虹桥—长沙—梧州	1月28日	FM9085	738	虹桥机场	每日
上海航空	上海虹桥—万州	2月4日	FM9579	73G	虹桥机场	每日
上海航空	上海虹桥—盐城—延吉	3月31日	FM9371	738	虹桥机场	每日
上海航空	上海虹桥—武当山	4月9日	FM9161	738	虹桥机场	周二、四、六
上海航空	上海虹桥—烟台—鸡西	10月27日	FM9109	733	虹桥机场	周一、三、五、日
上海航空	上海浦东—牡丹江	3月31日	FM9509	73H	浦东机场	周二、三、四、五、六、日
上海航空	上海浦东—运城—银川	3月31日	FM9145	738	浦东机场	每日
上海航空	上海浦东—五台山—包头	4月2日	FM9335	738	浦东机场	周二、四、六
上海航空	上海浦东—西宁	7月24日	FM9289	737	浦东机场	周三、五
上海航空	上海浦东—大连—牡丹江	10月27日	FM9509	738	浦东机场	周一、二、五、六、日
中国联合航空	上海浦东—石家庄—海拉尔	3月31日	KN2316	737	浦东机场	每日
中国联合航空	上海浦东—哈尔滨	10月27日	KN2315	737	浦东机场	周一、三、日
春秋航空	上海浦东—常德—北海	4月1日	9C8731/2	A320	浦东机场	周一、三、五、六、日
春秋航空	上海浦东—兰州—敦煌	3月31日	9C6137/8	A320	浦东机场	周三、四、六、日
春秋航空	上海浦东—延安	12月29日	9C6311/2	A320	浦东机场	周三、五
吉祥航空	上海浦东—临汾	3月31日	HO1031/2	A320/A321	浦东机场	每日
吉祥航空	上海浦东—铜仁—南宁	3月31日	HO1039/40	A320/A321	浦东机场	每日
吉祥航空	上海浦东—兴义	10月27日	HO1043/4	A320/A321	浦东机场	每日

续表

吉祥航空	上海浦东—岳阳—南宁	3月31日	HO1053/4	A320/A321	浦东机场	周一、三、五、日
吉祥航空	上海浦东—郑州—巴彦淖尔	3月31日	HO1089/90	A320/A321	浦东机场	周二、四、六、日
吉祥航空	上海浦东—岳阳-昆明	10月27日	HO1093/4	A320/A321	浦东机场	周一、三、五、日
吉祥航空	上海虹桥—九华山—西双版纳	10月27日	HO1113/4	A320/A321	虹桥机场	周一、三、五、日
吉祥航空	上海虹桥—九华山—兰州	1月23日	HO1113/4	A320/A321	虹桥机场	周一、三、五、日
吉祥航空	上海浦东—东营—长白山	1月25日	HO1117/8	A320/A321	浦东机场	每日/班期不定
吉祥航空	上海浦东—岳阳—北海	1月21日	HO1191/2	A320/A321	浦东机场	周一、三、五、日
吉祥航空	上海虹桥—北京大兴	10月27日	HO1251/2	B787	虹桥机场	每日
金鹏航空	上海浦东—青岛	10月27日	Y87533/4	B738	上海浦东	每日
金鹏航空	上海浦东—烟台	10月27日	Y87517/8	B738	上海浦东	每日
金鹏航空	上海浦东—郑州—乌鲁木齐	10月27日	Y87513/4	B738	上海浦东	每日

2019年上海新开通的部分国际及港澳台地区航线

航空公司	航 线	开通日期	航班号	机 型	出发机场	班 期
上海航空	上海浦东—布达佩斯	6月7日	FM869	789	浦东机场	周三、五、日
上海航空	上海浦东—成都—布达佩斯	12月31日	FM813	789	浦东机场	周二、六
上海航空	上海浦东—西安—布达佩斯	12月30日	FM809	789	浦东机场	周一四
东方航空	上海浦东—花卷	1月30日	MU229	320	浦东机场	周三、六
东方航空	上海浦东—曼德勒	1月2日	MU241	320	浦东机场	周三、五、日
东方航空	上海浦东—仰光	6月18日	MU2099	320	浦东机场	周二、六
中货航	上海浦东—日本成田	10月27日	CK241/2	77F	浦东机场	周三、五、六
春秋航空	上海浦东—东京成田	10月27日	9C6217/8	A320	浦东机场	每日
春秋航空	上海浦东—仰光	7月1日	9C6243/4	A320	浦东机场	周一、三、五、日
吉祥航空	上海浦东—西哈努克	6月15日	HO1319/20	A320	浦东机场	周二、六、日
吉祥航空	上海浦东—符拉迪沃斯托克	6月27日	HO1347/8	A320	浦东机场	周一、四、日
吉祥航空	上海浦东—东京成田	10月27日	HO1379/80	A321/B787	浦东机场	每日
吉祥航空	上海浦东—新加坡	2月1日	HO1605/6	B787/A320	浦东机场	每日/班期不定
吉祥航空	上海浦东—赫尔辛基	6月28日	HO1607/8	B787	浦东机场	每日/班期不定

2019年上海取消的部分国内航线

航空公司	航　线	最后运营日期	航班号（取消前）	出发机场
东方航空	上海虹桥—盐城—西安	3月30日	MU2254	虹桥机场
东方航空	上海虹桥—昆明—临沧	4月7日	MU5965	虹桥机场
东方航空	上海虹桥—西安—敦煌	4月7日	MU9641	虹桥机场
东方航空	上海虹桥—信阳	6月30日	MU5519	虹桥机场
东方航空	上海虹桥—西安—和田	8月9日	MU2152	虹桥机场
东方航空	上海虹桥—西安—吐鲁番	8月9日	MU9039	虹桥机场
东方航空	上海虹桥—西宁	8月27日	MU7873	虹桥机场
东方航空	上海虹桥—洛阳	10月1日	MU5389	虹桥机场
东方航空	上海虹桥—贵阳	10月22日	MU5451	虹桥机场
东方航空	上海虹桥—昆明—芒市	10月25日	MU5802	虹桥机场
东方航空	上海虹桥—西安—榆林	10月26日	MU2166	虹桥机场
东方航空	上海虹桥—珠海	10月26日	MU5219	虹桥机场
东方航空	上海虹桥—洛阳—北京	10月26日	MU5389	虹桥机场
东方航空	上海虹桥—昆明—保山	10月26日	MU5804	虹桥机场
东方航空	上海虹桥—昆明—思茅	10月26日	MU5808	虹桥机场
东方航空	上海虹桥—天津—哈尔滨	11月29日	MU5143	虹桥机场
东方航空	上海浦东—海口	3月30日	MU5201	浦东机场
东方航空	上海浦东—淮安—沈阳	3月30日	MU5609	浦东机场
东方航空	上海浦东—厦门	3月30日	MU5629	浦东机场
东方航空	上海浦东—青岛—牡丹江	3月31日	MU5511	浦东机场
东方航空	上海浦东—湖南永州—昆明	4月14日	MU5189	浦东机场
东方航空	上海浦东—乌鲁木齐	4月15日	MU5699	浦东机场
东方航空	上海浦东—湛江	7月1日	MU5602	浦东机场
东方航空	上海浦东—铜仁—昆明	7月9日	MU9714	浦东机场
东方航空	上海浦东—石家庄—海拉尔	10月10日	MU7791	浦东机场
东方航空	上海浦东—喀什	10月26日	MU5245	浦东机场
东方航空	上海浦东—张家界	10月26日	MU5375	浦东机场
东方航空	上海浦东—烟台	10月26日	MU5545	浦东机场
东方航空	上海浦东—大连—朝阳	10月26日	MU5641	浦东机场
东方航空	上海浦东—邯郸—呼和浩特	10月26日	MU5657	浦东机场
东方航空	上海浦东—西双版纳	10月26日	MU5820	浦东机场
东方航空	上海浦东—济南—长白山	10月26日	MU9635	浦东机场
东方航空	上海浦东—兴义—昆明	10月26日	MU9712	浦东机场
东方航空	上海浦东—广州	11月13日	MU7201	浦东机场
东方航空	上海浦东—天津	11月28日	MU5439	浦东机场
东方航空	上海浦东—西安	11月30日	MU2162	浦东机场
上海航空	上海虹桥—青岛—佳木斯	3月30日	FM9169	虹桥机场
上海航空	上海虹桥—信阳—重庆	3月30日	FM9267	虹桥机场
上海航空	上海虹桥—青岛	6月18日	FM9217	虹桥机场
上海航空	上海虹桥—桂林	10月20日	FM9401	虹桥机场
上海航空	上海虹桥—呼和浩特	10月25日	FM9167	虹桥机场
上海航空	上海虹桥—海口	10月26日	FM9251	虹桥机场
上海航空	上海虹桥—温州	10月26日	FM9515	虹桥机场

续表

上海航空	上海浦东—临汾—银川	3月30日	FM9335	浦东机场
上海航空	上海浦东—温州—海口	3月30日	FM9529	浦东机场
上海航空	上海浦东—呼和浩特	7月14日	FM9167	浦东机场
上海航空	上海浦东—西宁	7月31日	FM9289	浦东机场
上海航空	上海浦东—乌鲁木齐	10月10日	FM9233	浦东机场
上海航空	上海浦东—宜昌	10月26日	FM9365	浦东机场
上海航空	上海浦东—长沙—昆明	10月26日	FM9397	浦东机场
上海航空	上海浦东—牡丹江	10月26日	FM9509	浦东机场
上海航空	上海浦东—温州—三亚	10月26日	FM9517	浦东机场
上海航空	上海浦东—郑州—吐鲁番	11月29日	FM9389	浦东机场
上海航空	上海浦东—运城	11月30日	FM9145	浦东机场
上海航空	上海浦东—郑州—克拉玛依	11月30日	FM9567	浦东机场
中国联合航空	上海虹桥—北京南苑	9月29日	KN5956	虹桥机场
中国联合航空	上海浦东—北京南苑	9月29日	KN5978	浦东机场
中国联合航空	上海浦东—石家庄—海拉尔	10月26日	KN2316	浦东机场
中国联合航空	上海浦东—天津	10月31日	KN2216	浦东机场
春秋航空	上海浦东—满洲里	/	9C8743/9C8744	浦东
吉祥航空	上海浦东—南昌	/	HO1267/8	浦东机场
吉祥航空	上海浦东—包头	/	HO1057/8	虹桥机场
吉祥航空	上海浦东—包头—乌兰察布	/	HO1057/8	浦东机场
吉祥航空	上海浦东—武汉—惠州	/	HO1073/4	浦东机场
金鹏航空	上海浦东—武汉	3月31日	Y87505/6	浦东机场
金鹏航空	上海浦东—北京	9月10日	Y87929/30	上海浦东/北京首都
金鹏航空	上海浦东—武汉	8月29日	Y87991/2	上海浦东/武汉天河

（孙越）

2019年上海取消的部分国际及港澳台地区航线

航空公司	航　线	最后运营日期	航班号（取消前）	出发机场
东方航空	上海浦东—曼德勒	3月29日	MU241	浦东机场
东方航空	三亚—上海浦东—莫斯科	3月29日	MU591	浦东机场
东方航空	温州—上海浦东—罗马	3月29日	MU787	浦东机场
春秋航空	上海浦东—甲米	/	9C8519/9C8520	浦东机场
春秋航空	上海浦东—揭阳—普吉	/	9C8871/9C8872	浦东机场
春秋航空	上海浦东—揭阳—素万那普	/	9C8871/9C8872	浦东机场
春秋航空	上海浦东—暹粒	/	9C8575/9C8576	浦东机场
春秋航空	沈阳—上海浦东—普吉	/	9C8971/9C8972	沈阳机场
吉祥航空	上海浦东—甲米	/	HO1329/30	浦东机场
吉祥航空	上海浦东—伊尔库茨克	/	HO1625/6	浦东机场

PART NINE Ⅸ

邮政事业

POSTAL MANAGEMENT

（一）综述

2019 年，上海市邮政管理局以习近平新时代中国特色社会主义思想为指导，全面贯彻落实党的十九大和十九届历次全会精神，按照国家邮政局的总体部署，坚持稳中求进的工作总基调，对标全面建成与小康社会相适应的现代邮政业的目标和高质量发展的要求，紧密结合上海邮政业发展特点和监管实际，坚持以党建为统领，全力推动行业改革发展；以服务国家重大战略为契机，进一步拓宽产业发展空间；以深化供给侧改革为主线，着力提升行业发展质量；以人民为中心，切实保障人民群众的用邮权益；以绿色发展、安全发展为抓手，构筑行业可持续发展根基；以科技创新为第一动力，加快培育发展新动能。以更加务实进取的作风和更加积极有效的措施，切实推动行业持续健康发展。

2019 年，全市邮政企业和快递服务企业业务收入（不包括邮政储蓄银行直接营业收入）累计完成 1365.9 亿元，同比增长 25.3%；业务总量累计完成 770.0 亿元，同比下降 6.2%。全市快递服务企业业务量累计完成 31.3 亿件，同比下降 10.1%；业务收入累计完成 1288.8 亿元，同比增长 26.3%。快递与包裹服务品牌集中度指数 CR8 为 90.2。

（二）规划和政策

【概况】2019 年，上海市邮政管理局积极开展规划编制和评估工作。开展上海市邮政业“十三五”规划 2019 年度监测评估工作，做好上海市邮政业发展“十四五”规划和长江三角洲快递业发展“十四五”规划编制启动工作。开展《上海市邮政快递航空枢纽》和《长三角邮政业一体化推进》课题研究等工作。

完善行业政策体系建设。继续推进国务院办公厅 1 号文等政策落地。积极贯彻落实《国务院办公厅关于推进电子商务与快递物流协同发展的意见》，协调推动上海市政府出台《关于本市推进电子商务与快递物流协同发展的实施意见》，联合上海市相关政府部门印发《上海城乡高效配送重点工程实施方案》，邮政业多项工作纳入其中。协调推动市政府出台《关于本市推进电子商务与快递物流协同发展的实施意见》，推进电商和快递物流合理化布局、智能化发展、绿色化运营、标准化建设、便利化服务。抓好自贸区深化改革创新、支持民企总部发展等政策宣贯落实，优化行业发展环境。

【上海市政府办公厅出台文件支持电子商务与快递物流协同发展】2019 年 1 月 4 日，上海市政府办公厅下发《关于本市推进电子商务与快递物流协同发展的实施意见》（沪府办规〔2019〕1 号，以下简称《实施意见》），本市快递业发展又获政策支持。《实施意见》聚焦电子商务与快递物流协同发展面临的制度性障碍和突出矛盾，以推动供给侧结构性改革为主线，以完善城市基础设施为重点，以构建优质营商环境为保障，着力推进电子商务和快递物流业合理化布局、智能化发展、绿色化运营、标准化建设、便利化服务。

【上海支持自贸区深化改革创新若干措施实施方案发布】2019 年 3 月 9 日，上海市印发《本市贯彻〈关于支持自由贸易试验区深化改革创新若干措施〉实施方案》（以下简称《实施方案》），明确了自贸试验区深化改革创新 5 方面 62 条措施，将进一步促进提升贸易自由化便利化水平，上海市邮政业发展再获政策支持。《实施方案》明确提出推动将国际快递业务（代理）经营许可审批事项下放至市邮政管理局，支持国内外快递企业在上海自贸试验区内的非海关特殊监管区域，办理符合条件的国际快件属地报关、报检业务，推进上海邮政快递国际枢纽中心建设。

【上海市邮政管理局联合上海市相关政府部门印发《上海城乡高效配送重点工程实施方案》】2019年6月20日，上海市邮政管理局联合市商务委、市交通委、市公安局印发《上海城乡高效配送重点工程实施方案》，邮政业多项工作纳入其中。

（三）邮政建设

【概况】2019年，中国邮政集团上海邮政分公司以中国邮政全程全网寄递服务和普服网点对外服务为基础，不断加大能力建设投入，以适应上海地方经济发展趋势和社会用户用邮需求变化趋势。加快网点能力建设，全年共实施79处网点的装修改造立项工作，至年底，完成54个项目；加快投递能力建设，通过资源整合，对国际邮件处理场地、航空邮件处理场地做出调整，提升邮件处理能力；保障普遍服务能力建设，完善人口导入区布点，保障普遍服务，提升用户体验感。

【启用沪太路国际邮件处理场地新址】中国邮政集团上海邮政分公司通过盘活场地资源，将上海国际邮件处理场地搬迁至邮政沪太路场地，场内主要设置国际邮件互换局和国际邮件报关报验大厅。搬迁工程分为上海国际邮件互换局场地改造工程、上海国际邮件互换局场地装修工程、上海国际邮件互换局分拣机安装工程、国际邮件报关报验大厅装修项目及配套工程项目。经过5个月的建设和准备，2019年3月18日，沪太路国际邮件处理场地正式启用。

【浦东邮件处理中心集包作业工艺设备配备工程通过初验】2019年，为增强寄递类业务的市场竞争力，全面提升邮件处理能力，7月，中国邮政集团公司下达上海浦东邮件处理中心集包作业工艺设备配备工程的建设方案通知。9月，项目进入实施阶段，建设的主要内容为上海浦东邮件处理中心配置开拆平台以及对两台双层分拣机进行控制系统改造。10月，项目完成安装及调试工作，并于10月14日通过中国邮政集团上海邮政分公司组织的初步验收测试。试运行期间，整体情况良好，安全稳定，达到工程建设的预期目标。

【百世快递大力推进基础设施建设】2019年，百世集团旗下百世快递对69个场地陆续进行搬迁和改造工作。其中，新建转运中心15个，涉及扩建及改造转运中心55个。通过提前优化扩容，百世快递推进智能物流行动，全面提升效率，特别更新了大型转运中心自动化设备应用。DWS称重一体机、高速环形分拣机和高速摆臂，成分拣“组合拳”。在进出港矩阵端，投入双层高速和直线交叉带等自动分拣设备，其中新增单层和双层自动分拣线31套，新增DWS设备518套、摆臂7500个和直线交叉带1800米。

【圆通快递大力推进基础设施建设】2019年，圆通速递持续投入建设、布局与完善转运中心、自动化设备、运能体系和配送终端等核心资源。圆通速递完成了武汉、合肥、赣州、临海、贵阳等枢纽转运中心的改造、扩建计划，完成了温州、蚌埠、漯河等枢纽转运中心的搬迁计划；累计安装完成摆臂2000余台、上车扫描仪近700台，在转运中心、城配中心和建包中心共布局完成自动化分拣设备60余套。

（四）普遍服务

【概况】2019 年，上海市邮政管理局积极推进邮政普遍服务和特殊服务，完善邮政普遍服务保障体系建设，加强邮政审批监管和社会监督，提高整体安全保障能力和服务水平。

推进完善邮政普遍服务保障体系。2019 年，上海市邮政管理局积极推动大型居住社区邮政服务网点规划建设工作，完成了银春路邮政支局开设和浦明路邮政所的回购工作。积极推进西部和农村地区邮政普遍服务基础设施建设项目，同意实施上海市 2020 年西部和农村地区邮政普遍服务基础设施建设项目。积极推动邮政企业加强农村电商服务平台建设。上海市邮政分公司积极推动智能信包箱的建设，加强智能信包箱柜（易邮柜）的推广应用和科学管理，2019 年全市共有智能信包箱 756 组。推进落实促进跨境电子商务寄递服务高质量发展专项行动，制订印发《上海市邮政管理局促进跨境电子商务寄递服务高质量发展专项行动方案》，开展跨境电商与邮政服务专题培训，做好国家邮政局促进跨境电子商务寄递服务高质量发展专项行动督导配合工作，开展“邮政小包助力国际贸易”课题调研。

加强审批和监管，提升邮政普遍服务质量。2019 年，上海市邮政管理局累计收到上海市邮政企业撤销邮政普遍服务营业场所的申请 1 个，受理 1 个，批复准予撤销 1 个；累计收到上海市邮政企业申请停止办理或者限制办理邮政普遍服务和特殊服务业务数量 2 个，受理 2 个，批复同意 2 个。累计收到上海市邮政企业提交的备案材料 75 份，其中受理邮政企业暂时停止办理或者限制办理邮政普遍服务业务和特殊服务备案 24 份；邮政企业邮政营业场所信息变更登记备案 50 份，新增邮政营业场所备案 1 份。

2019 年，上海市邮政管理部门严格按照“双随机一公开”执法要求，全面开展监督检查，全年共检查 16 个区，共出检 889 人次，实地检查邮政普遍服务营业场所 388 处。开展农村邮政普遍服务调研。开展邮件安全专项检查工作。切实抓好第二届“进博会”“双 11”期间寄递安全保障工作。开展无法投递又无法退回邮件处理情况监销工作。全年开展无法投递又无法退回邮件处理监督销毁 4 次，共监督销毁 14023 件平常信件和平常印刷品、10404 件挂号信件和挂号印刷品。全年共对邮政企业下达责令改正通知书 10 份，行政处罚 3 起，处罚金额共计 1.5 万元。

创新方式加强邮政普遍服务社会监督。2019 年，上海市邮政管理局按照国家邮政局的要求，以“统一管理、分类指导、综合使用”的原则开展了监督员的选聘调整工作，新聘监督员 6 名，全市共有邮政特邀监督员 26 名，区覆盖率达 100%。2019 年共开展社会监督 819 人次，反馈监督报告 849 份，走访用户 1666 人，监督邮政服务网点 760 个次，未反馈问题。

【上海市邮政管理局组织开展《己亥年》特种邮票销售专项监督检查】2019 年 1 月 4 日，上海市邮政管理局组织开展《己亥年》特种邮票销售专项监督检查，检查人员实地检查了上海市邮政分公司邮票库房、各区邮政分公司邮票到货、邮票分配及出库、入库情况，并听取了相关企业负责人销售准备情况汇报。1 月 5—7 日 6:30，全市 16 个区的 87 个新邮销售网点统一对外出售，共计零售《己亥年》邮票 237200 套、小本票 8600 本。

【规范邮政信筒（箱）管理】2019 年 1 月，中国邮政集团上海邮政分公司印发《邮政信筒（箱）管理办法（试行）》，确保各区科学合理设置邮政信筒（箱），方便客户用邮，明确邮政信筒（箱）设置、布放、安装、开取操作规范，强化日常监督检查考核，进一步规范邮政信筒（箱）日常管理使用维护。

【上海市邮政管理局参加“政风行风”热线节目】2019 年 3 月 23 日，上海市邮政管理局副局长余洪伟走进上海市人民广播电台“政风行风热线”节目，与广大听众就全市邮政行业的发展情况进行了“面对面”的交流。节目中，余洪伟副局长介绍上海邮政业政风行风建设情况，并积极回应百姓诉求。普遍服务处、市场监管处、纪检监察室以及市邮政分公司服务质量部等相关负责同志一同参加。

【上海市邮政管理局调研上海市机要通信工作】2019 年 4 月，上海市邮政管理局副局长余洪伟赴上海市机要通信局就机要通信运行管理、机要通信保密安全、《邮政机要通信保密管理规定》落实等情况开展专题调研。调研中，上海市机要通信局汇报了机要通信运行管理和保密安全情况，并实地检查了市机要通信局操作现场。余洪伟副局长充分肯定了上海邮政机要通信工作取得的成绩并提出几点要求。上海市邮政管理局普服处和黄浦邮政管理局相关负责人陪同调研。

【上海市邮政管理局与上海市保密局研究部署机要通信监督检查工作】2019年4月29日，上海市邮政管理局与市保密局召开会议研究部署全市机要通信监督检查工作。会上，上海市邮政管理局介绍了全市邮政机要通信概况和 2018 年上海市邮政管理局机要通信监管工作。双方就机要通信检查的检查范围、检查内容、检查方式、检查时间以及工作要求进行了研究部署。

【推出“汇服务”项目】2019 年 5 月 16 日，中国邮政集团上海邮政分公司与徐汇公安分局签订“汇服务”寄递项目合作协议。作为“互联网 + 政务”工程的重要组成部分，中国邮政集团上海邮政分公司与徐汇公安共同打造集认证、预约、受理、支付、寄递、评价、监察、咨询八大功能于一体的“互联网 + 公安政务”平台，推出“汇服务”小程序，实现公安窗口业务在线化，市民可在线办理公安窗口的各项服务。5 月 7 日，系统完成对接并进行项目首轮试运行，第一阶段共计 11 项公安服务完成对接，包含交管、居住证、户口、身份证等高频需求的公安业务，第一期在徐汇区 4 家派出所上线，随后将在全市逐步铺开。

【上海市邮政管理局联合上海市保密局开展机要通信检查】2019 年 5 月 30 日，上海市邮政管理局与上海市保密局联合组成检查组，对市机要通信局和市府机要站进行监督检查并开展座谈。检查过程中，检查组通过实地查看、查阅资料、调阅监控、听取汇报等形式，对全市邮政机要通信工作进行了一次全方位检查，并召开座谈会反馈检查情况。检查组肯定了上海市机要通信工作取得的成绩，并提出几点要求。

【全国“扫黄打非”第四督导检查组对上海邮政业开展专项督导检查】2019 年 9 月，上海市邮政管理局认真做好迎接全国“扫黄打非”第四督导检查组对本市邮政业开展的“扫黄打非”工作专项督导检查。督导检查组采取明察暗访、实地检查、现场提问等多种方式，检查了上海市 3 家邮政、快递企业落实“扫黄打非”工作开展情况，寄递渠道查堵非法出版物的各项措施是否严格落实，“画像法”在基层一线是否得到有效落实，是否形成查堵能力，相关企业收寄验视、实名收寄、过机安检“三项制度”落实以及推广“画像法”等情况。督导检查组充分肯定了上海市邮政管理局落实“扫黄打非”所做的工作，并提出几点期望。余洪伟副局长就上海邮政业开展“扫黄打非”工作做了专题汇报，并全程陪同督导检查组进行督导。

【上海市邮政管理局组织开展《中华人民共和国成立七十周年》纪念邮票销售专项监督检查】2019年9月，上海市邮政管理局余洪伟副局长带队前往上海市邮政分公司就《中华人民共和国成立七十周年》纪念邮票销售进行专项监督检查，余洪伟一行听取了该公司相关人员的专题汇报，要求市邮政分公司必须站在政治高度，充分认识此项工作的重要性，精心组织、加强宣传、统筹协调、落实预案，确保安全，完成任务。普服处相关同志陪同进行专项监督检查。全市纪念邮票销售情况良好，本市16个区88个新邮销售网点共计出售41400套邮票、7900枚小型张及相关集邮品。

【上海市邮政管理局出台《上海市重大专项工作专用邮政信箱邮件寄递服务管理规定（试行）》】2019年10月，上海市邮政管理局出台《上海市重大专项工作专用邮政信箱邮件寄递服务管理规定（试行）》。该规定充分吸收了国家邮政局《中央重大专项工作专用邮政信箱邮件寄递服务管理规定（试行）》和上海市邮政管理局近年来在重大专项工作专用邮政信箱邮件寄递方面的实际做法，对邮政企业如何加强专用邮政信箱邮件寄递服务质量管理，保障邮件寄递服务迅速、准确、安全、方便，邮政管理部门如何加强专用邮政信箱寄递服务实施监督管理进行了具体规定。

【进驻服务进博会】2019年11月5日，第二届中国国际进口博览会在上海开幕。为更好地服务进博会，中国邮政集团上海邮政分公司派出一支200人左右的现场服务团队进驻进博会，并在场馆和办公楼内设置9个邮政服务点。其中5个服务点负责商品销售，4个服务点提供产品销售、邮件收寄、投递服务。通过布局“证件寄递区”“邮品配送点”“商务中心服务站”“中邮快递柜”“辐射揽收区”五大现场服务渠道，实现“场馆全覆盖、揽收全方位”。

【“扫黄打非”省际交叉检查督导组检查上海市邮政分公司】2019年11月13日，“扫黄打非”省际交叉检查督导组一行前往上海市邮政分公司进行检查。检查督导组听取了上海市邮政分公司关于开展“扫黄打非”工作的汇报，并现场检查了四川路桥邮政支局营业场所。检查督导组充分肯定了邮政分公司“扫黄打非”的工作成果并提出三点期望。

【上海市邮政管理局专题调研市邮政分公司】2019年12月17日，上海局党组书记、局长夏颐赴中邮集团上海市分公司就机要通信工作开展专题调研。调研中，夏颐局长听取了上海市邮政分公司关于上海机要通信运行管理和保密安全情况的汇报，充分肯定了上海邮政机要通信工作取得的成绩并提出三点要求。余洪伟副局长、普遍服务处处长陪同调研。

【推进“一网通办”项目】“一网通办”项目是由上海市政府牵头搭建的统一政务服务平台，旨在将所有政府服务事项逐步通过一网受理，切实提高政府的行政办事效率，实现市民“足不出户能办事，跑路最多跑一次”。中国邮政集团上海邮政分公司是“一网通办”政务平台的指定物流服务商，为全市各级行政单位、企业及个人提供全流程便民寄递服务。为深入推进该项目，年内，中国邮政集团上海邮政分公司对接市大数据中心“一网通办”，16家区分公司全面进驻区行政服务中心提供服务。

【做好长三角邮件提速工作】中国邮政集团上海邮政分公司按照“前置集包、直达运输、多频出口、卡口管控”的组织原则，梳理生产流程，研究发运计划，调整作业方式，开设“长三角”专线，增开直达邮路，确保长三角邮件提速工作顺利实施。至2019年底，长三角快包次日递率较提速前提升26.3%，标快次日递率提升7.4%，均排名区域第一。省内互寄快包次日递率提升3.7%，标快次日递率提升7%，均排名全国第二。

（五）快递服务

【概况】2019年，上海市快递企业业务量累计完成31.3亿件，同比下降10.1%；业务收入累计完成1288.8亿元，同比增长26.3%。其中：同城业务收入累计完成71.8亿元，同比下降21.3%；异地业务收入累计完成201.0亿元，同比下降14.3%；国际及港澳台业务收入累计完成81.7亿元，同比增长11.3%。

【中通快递打造智慧物流产业园】中通快递不断加强与地方政府合作，通过打造智慧物流产业园，吸引电商企业入驻，形成规模性电商产业聚集区。2019年3月12日，湖南常德中通智慧电商物流园开工仪式在常德经开区举行。该项目规划占地面积约150亩，建成后将助力常德经济稳增长、保就业、调结构，并广泛辐射湖北、四川、贵州等7个周边省份，为社会及用户降低物流成本，加快商品流通。

【申通快递与菜鸟供应链签署《业务合作协议》】2019年3月26日，申通快递与菜鸟供应链签署《业务合作协议》。双方将在信息系统和产品、全链路数字化升级、末端网络优化、行业协同与战略沟通和业务协调委员会等方面展开合作。

【百世快递“绿意再生”计划将绿色快递包装进行到底】2019年4月3日，百世快递与一撕得在国家相关部委及行业协会、相关领导和业内专家共同见证下，签署战略合作协议，发布全新环保PE袋，携手促进快递业将绿色环保进行到底。

【上海交大快递服务中心启用仪式】2019年4月7日，上海交通大学举办子衿街落成典礼暨闵行校区快递服务中心启用仪式。上海交大党委书记姜斯宪、副校长奚立峰，上海市邮政管理局副局长余洪伟出席。仪式上，奚立峰副校长、余洪伟副局长为快递服务中心揭牌。

【韵达上线新产品“优递达”】2019年4月19日，韵达上线新产品“优递达”，产品属性包括派前电联、极速上门、门店发货、逆向物流等，积极响应多维客户对新服务、新时效、新体验的更多期待，为核心大客户、大平台、大电商等提供差异化服务。

【韵达国际全方位提升国际网络服务能力】2019年，韵达国际与欧洲邮政达成了战略合作关系，不仅在集货仓方面双方达成紧密合作，更互相为当地最后一公里的有力派送伙伴；完成了山东威海保税仓的签约与启用、香港保税仓以及广州出口集货仓的全面准备工作，实现了真正意义上的自有保税仓的重要跨越；云南磨憨进口快件中心和福建平潭海运出口操作中心的启用，标志着韵达向海外市场的拓展已进入快车道。

【百世快递在上海松江举行百世百融仓开仓揭牌仪式】2019年4月24日，百世快递在上海松江举行了百世百融仓开仓揭牌仪式。

这是百世第0001号经济仓，标志着百世快递在服务能力和服务范围又有了新的突破。

【百世快递上线“一联电子面单”】2019年5月，百世快递上线“一联电子面单”。截至目前，百世快递已实现全面电子化寄件，一联电子面单除了在广东和浙江两地率先上线外，其他地区也将陆续推广使用，推动快递包装减量化，践行“绿意再生”计划，促进快递业将绿色环保进行到底。

【圆通航空不断加大机队投入和航线开拓】2019年，圆通航空不断加大对机队的投入运营及国内、国际航线的深入开拓，开通了西安—曼谷、烟台—东京成田、长沙—曼谷等航线，目前，自有机队数量已达12架、国际航线20条，为圆通速递参与国内外快递物流市场竞争奠定了坚实基础。

【圆通速递积极拓展全球快递服务网络】2019年，圆通速递持续加强国内与国际的融合，逐步实现管理团队、信息系统及业务资源等的互补与协同；通过自建自营、战略合作等方式积极拓展全球快递服务网络覆盖；同时融合圆通速递国际的产品及客户资源，加强市场营销团队及体系建设，多渠道推广国际快递产品与服务，提高品牌认知度，并全面拓展跨境电商平台，助力中国电商、携手中国制造走出去。目前，圆通国际业务在美国、加拿大、荷兰、日本、中国香港等18个国家和地区设立了50多个自建站点，开通了2000多条国际航线，业务范围覆盖150多个国家和地区，并在多个国家和地区建立了自有关务团队。

【申通国际牵手新西兰邮政，共建中新电商供应链服务平台】2019年8月8日，申通国际和新西兰邮政在新西兰邮政总部共同签署申通国际—新西兰邮政战略合作协议，双方将围绕服务两国跨境贸易和制造商，支持跨境电商平台发展，为电商卖家提供透明、稳定的物流服务等内容展开合作。

【联手北欧邮政集团，申通国际再拓全球版图】2019年8月22日，申通国际与北欧邮政集团在上海举行战略合作协议签约仪式，双方将在开发共有品牌商邮产品、中国与北欧间双向跨境电商物流线路方面开展深入合作。

【做好进博会证件寄发工作】2019年9月27日，第二届中国国际进口博览会启动进博会证件发放工作，作为进博会寄递服务供应商，首张参展商、采购商人员证件通过EMS方式免费寄出。除秉承中国邮政EMS的VIP邮件高标准寄送环节要求外，中国邮政集团上海邮政分公司同时注重满足进博局个性化寄递需求，从证件交接、信息采集、邮件收寄、封发出口、专车押送、主动服务、信息反馈等环节为进博局提供全过程专业化服务，并在中国邮政证件分拣场地、注册及证件管理中心两个作业场地配备10套作业台席，两套客服台席、3条客服专线以及两套技术支撑台席，全力保障证件寄递服务工作，共寄递约50万张参展证件。

【中通快递首架全货机成功启航】2019年10月22日上午，从南昌起飞的中通快递波音737-800型全货机经过约2小时飞行，平稳降落在天津滨海国际机场，标志着中通快递在航空货运业务方面实现了新的突破。

【中通国际进一步推动海外网络化布局】截至2019年底，中通国际已布局东南亚、中东、欧美、日韩、澳大利亚等国家和地区，开展保税、直邮、仓配一体、专线等多元化、多品类的跨境物流业务，并在柬埔寨、越南、老挝、缅甸等国家建设海外网络，落地业务直接服务于当地市场和百姓，实现了属地化管理。

【多地设立纸箱回收点，中通快递助力“绿色双11”】2019年11月20日，菜鸟联合中通等多家快递公司共同发起“全国纸箱回收日”活动，在北京、上海、广州、深圳、杭州的200多个小区设立绿色回收点，号召大家“一人回收一纸箱”。一个箱子循环使用一次，可以减少37克碳排放。

【上海市邮政管理局积极推进快递员专用意外险项目】为解决快递企业之忧，助快递行业发展，上海市邮政管理局指导市快递行业协会开展快递员专用意外险和第三方责任险可行性研究、项目开发及推广落实。2019年5月，《快递员专用意外险》项目在奉贤金山地区的会员单位中进行试点，取得较好反响。下一步，上海市邮政管理局、市快递行业协会将认真总结试点情况、完善方案，在本市快递行业积极推广“快递员专用意外险和第三方责任险”，形成经验，确保项目全面落地。

【上海市邮政管理局积极推进邮政快递行业ETC安装推广工作】2019年12月23日，按照上海市政府专题会议要求，上海市邮政管理局积极配合上海市交通委，高质高效推进行业车辆ETC安装工作。上海市邮政管理局会同市交通委组织召开航空、邮政快递行业ETC安装推广专题会。会议要求，上海市邮政管理局配合市交通委，建立工作联系汇报制度，明确此项工作具体负责人，每周填报“企业安装ETC车辆信息统计表”进展情况，持续推动本市邮政快递企业ETC安装和数据采集上报工作，确保做到应装尽装。

（六）精神文明和科技文化

【概况】2019年，上海市邮政管理局深入开展群众性精神文明创建活动，不断巩固精神文明创建成果。组织快递企业参加市建设交通系统“捡拾垃圾漫步跑，垃圾分类新时尚”公益跑活动，培训快递企业垃圾分类志愿者。推荐六家企业荣获“2017—2018年度（第十九届）上海市文明单位”称号。圆通速递公司作为窗口行业优秀服务品牌入选《上海市建设交通行业文化案例集》。组织本市11支快递企业队伍举办快递行业“黑马杯”篮球邀请赛，全面展示快递青年敢于担当、勇于奋斗的风采豪情和快递行业团结奋进、力争上游的精神风貌。组织11家邮政快递企业在东方绿舟举办邮政业庆祝新中国成立70周年歌咏比赛，展示上海市邮政业精神文明建设成果。组织圆通速递为市“爱心校服”捐赠到云南提供爱心物流。

【韵达、百世快递在2019快递之夜斩获多项大奖】2019年1月2日，由中国邮政快递报社主办的“致敬时代的奔跑者·2019快递之夜”在北京隆重举行。百世集团荣获“2018中国快递融合发展奖”和“2018中国快递社会责任奖”两项大奖，百世集团董事长&CEO周韶宁荣获“2018中国快递魅力人物”奖；韵达荣获由中国邮政快递报社颁发的“2018中国快递科技创新奖”“2018中国快递年度发展奖”和“2018中国快递社会责任大奖”三大奖项。

【快递员春运高铁专列上海启程】2019年1月30日13时10分，上海虹桥站，快递员春运高铁专列G9402次列车缓缓驶出，400多名快递员及家人踏上了返乡与家人新春团聚的旅程。上海市邮政管理局党组成员、副局长余洪伟出席了本次快递员春运高铁专列关爱行动启动仪式。这趟快递员高铁专列从上海虹桥出发，途经苏州、南京、合肥、六安等站，于当天16时45分抵达终点安徽金寨。活动由菜鸟网络购票，来自中通、圆通、申通、韵达、百世、天天等公司的快递员报名后免费乘坐。

【智能跟单系统上线】2019年2月，包裹快递业务智能跟单系统在上海上线。智能跟单系统是中国邮政集团公司为强化包裹快递业务事中质量管控、提高保障时限质量和服务品质水平、提升用户体验而推广的智能管理系统，它改变以往客服主要针对事后管控的思路，加强事中管控力度，对全程时限计划和作业规范中存在的异常情况能实时、主动发现，明确责任环节及责任人，有利于采取有效、有针对性的管控措施，最终实现全程全网规范作业，提升用户用邮体验。标快和快包业务全面应用智能跟单系统后，及时揽收成功率从76%提升至95%。

【新一代寄递业务平台邮速整合生产功能上线】为进一步加快寄递网信息系统融合，深入推进中国邮政寄递网资源整合，3月中旬，中国邮政集团上海邮政分公司启动新一代寄递业务平台邮速整合生产功能切换上线工作，并于4月17日启动寄递翼CRM系统上线工作。中国邮政集团上海邮政分公司派专人赴京与项目组对接，按时完成机构、欠费、预存款、分仓等数据的核对和生产机构生产运营基础数据的配置工作；配合完成寄递翼CRM系统上线前的基础数据清理等工作，主动进行现场操作学习和系统实际操作演练。5月1日0点，新一代寄递业务平台邮速整合生产功能和寄递翼CRM系统同时上线，经相关部门和各经营单位合作，确保五一期间生产经营不中断。

【首次投递试飞成功，未来德邦快递将用上“无人机”】2019年3月31日，德邦快递正式启动无人机试运行，成功完成首次试飞，为最后一公里的配送提出前瞻性的解决方案。目前，德邦快递在上海金山区已有4条航线正在试点末端派送快递，无人机自动投放成功率100%。

【中国邮政集团上海邮政分公司获评2017—2018年度上海市文明行业称号】2019年4月10日，上海市精神文明建设工作会议举行。会上，上海市委、市政府对2017—2018年度“上海市文明行业”和“上海市文明单位”予以表彰。中国邮政集团上海邮政分公司被授予“上海市文明行业”，连续第六届获评该项荣誉称号。此外，中国邮政集团上海邮政分公司27家单位被授予“上海市文明单位”称号。

【上海市快递行业六家企业荣获第十九届上海市文明单位称号】2019年4月10日，上海市精神文明建设工作会议举行。会上，中国邮政速递物流股份有限公司上海市分公司、上海久木物流有限公司（原申通罗泾）、圆通速递有限公司、中通快递有限公司、申通快递有限公司和顺丰速运集团（上海）速运有限公司等六企业荣获2017—2018年度（第十九届）上海市文明单位称号。

【德邦快递签约中国联通，共同打造智慧快递】2019年4月16日，德邦快递与中国联通在北京签署战略合作仪式，双方将充分利用中国联通在云网一体、大数据、物联网、5G通信等领域的优势，推进新技术在快递物流场景下的应用。德邦快递董事长崔维星，副总裁钟智龙、黄晓、陈海龙，中国联通总经理李国华、副总经理范云军等相关领导均出席了此次签约仪式。

【举办上海职工红色文化寻访分会场活动】 2019年5月24日，中国邮政集团上海邮政分公司在公司大楼举办上海职工红色文化寻访活动邮政分会场活动，通过讲解故事、观摩影片、参观邮政大楼及邮政博物馆等形式，帮助邮政员工了解上海作为中国工人阶级发祥地的深厚工业文明，了解上海邮政中共地下党和员工联合会在解放战争时期发挥的重要作用，感受上海城市发展、产业行业发展的巨大变化，激发员工爱国爱岗之情。

【上海市快递行业协会荣获2017—2018年度上海市建设交通系统文明单位称号】 2019年5月28日，上海市建设交通工作党委召开2019年精神文明建设工作会议，上海市快递行业协会荣获2017—2018年度上海市建设交通系统文明单位称号并在会上受到表彰。

【L4级无人驾驶货运车亮相浙江，德邦智慧快递家庭添新丁】 2019年6月12日，以“驭时智进，启迪未来”为主题的德邦快递无人驾驶货运车实验基地揭牌仪式在浙江成功举行。会上，德邦快递与飞步科技签约成为战略合作伙伴，联合布局无人驾驶技术的应用与发展，共同打造“无人化”智慧快递。

【上海市第三届快递行业职业技能竞赛成功举行】 2019年7月6日，2019年中国技能大赛——上海市第三届快递行业职业技能竞赛正式拉开帷幕，来自全市11家主要寄递企业的66名选手展开激烈角逐。上海市人力资源和社会保障局、上海市市级机关工会和共青团上海市委员会相关负责人莅临指导观摩。

【中通快递爱心汇聚助力300名贫困孩子达成“微心愿”】 2019年8月20日，“连接你我·益暖童心”圆梦1+1爱心助学公益活动在中通快递集团总部举行。上海市青浦区团委、青浦区华新镇相关领导，华新镇教育联盟、爱心暑托班学生、爱心企业、市民代表，以及中通快递员工代表和家属，共计200余人参加。

【上海邮政业举行“庆祝中华人民共和国成立70周年歌咏比赛”】 2019年9月20日，上海邮政业隆重举办“唱响新时代，再创新辉煌”——上海市邮政业庆祝新中国成立70周年歌咏比赛。上海市邮政、顺丰、申通、圆通、中通、韵达、跨越、德邦等11家邮政快递企业合唱队分别登台亮相，齐声歌唱新中国70周年辉煌成就，全面展现上海邮政业干部员工在转型发展中的风采豪情。上海市建设交通工作党委、市总工会、市文明办、市交通委、市邮政管理局、上海青浦区团委、市寄递安全监管办公室、市快递行业协会等单位领导出席歌咏比赛。

【上海市邮政管理局会同有关部门开展上海市“爱心校服”捐赠活动】 2019年10月8日，2019上海市“爱心校服”捐赠暨发车仪式在徐汇区康健外国语实验小学举行，此次活动由上海市邮政管理局会同上海市文明办、轻碳汇生活举办，让上海中小学学生家庭捐出闲置校服，通过爱心物流圆通速递捐赠到云南、甘肃、贵州、湖南等多地，赠予有需要的孩子。

【上海代表队斩获全国邮政行业技能大赛一等奖】 2019年10月15日，2019年中国技能大赛——第二届全国邮政行业职业技能竞赛全国总决赛在江西南昌圆满落幕。上海代表队在31个参赛队中脱颖而出，分别斩获快递员职业一等奖、三等奖和快件处理员职业一等奖，同时获得优秀技术指导奖和团体优胜奖。江西省省委常委、副省长吴晓军，国家邮政局党组成员、副局长杨春光分别在闭幕式上致辞并为一等奖获奖选手颁奖。

（郭超）

PART TEN X

海洋海事

OCEAN MARITIME

（一）海洋管理

【概况】2019年，严格落实国家海洋督察整改工作，进一步加强围填海管控，做好海岸线保护与利用，开展新一轮海岸线修测。征收海域使用金1678.8万元。做好海岛日常监管，完成年度低潮高地和暗礁调查任务。开展海洋生态修复，探索海洋生态损害补偿研究。上海市海洋经济保持平稳增长，全年实现海洋生产总值10372亿元，占全市国内生产总值的27.2%。市海洋局不断提升服务和促进海洋经济高质量发展能力，开展全球海洋中心城市课题研究，推进浦东新区和长兴岛海洋经济创新示范工作，完成海洋经济调查主体任务，加强海洋经济运行监测评估，举办海洋日主场活动、“全球海洋·中心城市”论坛、“长三角海洋经济示范城市一体化高质量发展研讨会”。推进观测站网建设工作，做实做细海洋观测监测、近海综合调查，开展海洋生态灾害预警监测、海洋生态空间监测、海洋生态基础调查监测，海洋观监测能力提升。承担全市海洋灾害预警工作，完成“丹娜丝”“利奇马”“玲玲”“塔巴”“米娜”5次台风海洋灾害应急预警和咸潮入侵保障预报等工作。丰富海洋数据分析服务产品，开展滩涂水下地形演变分析，编制近海调查数据图集，向涉海管理单位推送编制《海洋监测分析月报》，对外技术支撑服务的覆盖面、服务水平和社会知晓率不断提高。

（张时立、顾施嘉、全鸽）

【海域海洋观测与调查】2019年，完成岸基、海岛和浮标等自动观测站的全年运行维护工作，获取风、浪、流、温、盐、深等实时数据100余万组。完成一对地波雷达的表面流比测和佘山岛海洋站水上高程传递研究工作。5月28日—6月5日，启动上海海域2019年海洋水文数据收集项目外业测量工作，共设置12条定点垂线、两条走航断面、52个大面观测点，动用船只20条、工作人员100余人。观测参数包括潮流、气象、温盐沙、水质、沉积物、海况等共计36种，获得约16万条数据。9月，完成对海洋综合调查数据分析处理整编，形成成果资料，编制直观体现调查要素变化情况的海洋基础数据图集，丰富上海海域的海洋动力环境基础信息库，为海域科学管理积累第一手宝贵资料。

（顾施嘉、倪周晶）

【海洋站网建设情况】2019年，完成两个预警浮标、1对地波雷达及1套海床基的建设工作。截至12月底，已获得海流、波浪、水质等10种要素，新增约54000组数据，进一步完善海洋观测体系。

【海洋环境质量评价工作】2019年，联合市

2019年海洋测站分布情况表

站名	类型	观测项目	级别
奉贤	岸基观测站	潮位、气象	地方基本站
大金山岛	岛基观测站	潮位、气象、水质	地方基本站
海洋预警1号	浮标	气象、水质、海浪、海流	地方基本站
海洋预警2号	浮标	气象、水质、海浪、海流	地方基本站
金山嘴	岸基雷达站	表层海流	地方基本站
芦潮港	岸基雷达站	表层海流	地方基本站
南汇咀	岸基雷达站	表层海流	地方基本站
鸡骨礁	岸基雷达站	表层海流	地方基本站

（顾施嘉、倪周晶）

生态环境局编制《2018年度上海市环境质量公报》。完成年度海洋环境、海洋生态、陆源污染物、江河入海等监测资料分析评价工作，定量分析上海海域海洋生态环境背景情况与污染影响。

（顾施嘉、倪周晶）

【海洋灾害年度趋势预测】3月28日，完成2019年上海市海洋灾害趋势预测工作。预测2019年西北太平洋和南海海域共有23～25个热带气旋生成，较常年（25.6个）略偏少，有1～2个影响上海，台风风暴潮灾害发生1～2次。2019年，共29个热带气旋生成，预测偏少，发生1次台风风暴潮灾害，预测准确。

（顾施嘉、倪周晶）

【围填海管控工作】8月15日，市政府办公厅印发《上海市加强滨海湿地保护严格管控围填海实施方案》，提出严控新增围填海，稳妥处置围填海历史遗留问题，加强海洋生态保护与修复，提升滨海湿地监管能力的具体要求。编制《上海市围填海历史遗留问题处理方案》，开展围填海历史遗留问题处置。

（张时立、倪周晶）

【海域使用金征收和权属管理】2019年，完成市级用海项目和自然资源部委托征收的国管项目海域使用金年度征收工作，全年共征收1678.8万元。市海洋局向市规划资源局移交海域使用权登记案卷，完成本市海域不动产统一登记交接工作。按期完成围填海、海域使用审批确权等数据统计上报。

（张时立、倪周晶）

【开展新一轮海岸线修测工作】2019年，组织开展海岸线修测，全年完成大陆岸线测量237.50公里，有居民海岛岸线测量366.01公里，数据成果通过市测绘院进行成果检验，其中杭州湾北岸的海岸线修测成果报送自然资源部东海局和国家海洋信息中心审查。

（张时立、倪周晶）

【低潮高地基础调查】2019年，完成上海市低潮高地及暗礁基础调查工作。完成对奚家港沙、北港北沙、鸡骨一礁、鸡骨二礁和牛皮礁5个低潮高地及暗礁的地形地貌测绘，并将调查数据录入上海市海岛综合管理系统，实现成果信息化展示。

（张时立、倪周晶）

【开展海洋生态整治修复】2019年，完成南汇东滩生境修复，种植芦苇和海三棱藨草5公顷。开展金山城市沙滩生态廊道试验区工程建设，探索适用于杭州湾地区的生态修复技术方法。实施金山三岛海洋生态自然保护区生态环境整治，清除岛上外来物种。

（张时立、倪周晶）

【开展海洋生态损害成本研究】2019年，实施《海洋生态环境损害成本纳入海域、无居民海岛资源价格形成机制研究》，对不同用岛类型和方式的开发活动可能造成的生态损害开展技术评估，提出生态损害成本基准范围，为全市无居民海岛有偿使用提供技术支撑。

（张时立、倪周晶）

【海岛日常管理工作】2019年，做好海岛日常监管工作。组织并协调海岛执法巡查和常态化监视监测工作，对佘山岛、大金山岛、九段沙等海岛进行重点监视监测。开展佘山岛领海基点保护范围内水下地形和环境的监测。

（张时立、倪周晶）

【“2019世界海洋日暨全国海洋宣传日”“临港海洋节”开幕式暨2019上海海洋论坛】

6月6日，市海洋局会同浦东新区和临港管委会成功举办以“扬帆海洋、拥抱未来”为主题的上海市纪念2019年“世界海洋日暨全国海洋宣传日”、第五届临港海洋节开幕式。开幕式上举行了5家上海市海洋意识教育基地授牌、6支爱海护海志愿者队伍授旗，上海海洋高端装备研发与转化功能型平台签约、长三角新能源船舶技术创新联盟签约、第五届上海临港海洋节活动内容发布等内容。

（金鸽、倪周晶）

【海洋执法】2019年，完成杭州湾北岸8个围填海问题图斑的核实建档工作，对其中3个涉嫌违法的问题图斑开展执法调查；市区联合对长江口岸线利用项目清理整治确定的11个取缔拆除项目开展现场检查和督促全部完成；开展无居民海岛执法巡查，海上巡航20航次，检查海岛51个次，对23个无居民海岛进行全覆盖检查。在全国两会、中华人民共和国成立70周年、第二届进博会等重大活动期间开展海底电缆管道保护执法巡航，派出执法人员178名，巡航1863海里，立案查处危害海底通信光缆案6起。

（康士锋、倪周晶）

（二）海事管理

【概况】2019年，上海辖区进出港船舶205.57万艘次，同比上升13.40%。辖区共发生一般等级及以上水上交通事故8起，沉船3艘，死亡失踪12人，事故直接经济损失1280.3万元，同比分别下降52.9%、80%、70%和80.7%，四项指标全面大幅下降，水上安全形势稳中趋好。全年实施海上搜救245次，成功救助遇险人员1595人次，搜救成功率97.73%。

现场监管机制不断完善。构建海巡、空巡、电子巡航三位一体的立体巡航模式。升级船舶监督选船系统，拓展AIS检定仪的使用，进一步提升现场监管效能。全年共实施进出口岸查验40340艘次，开展港口国监督检查804艘次、船旗国监督检查5150艘次、船检质量检查1378艘次。实施船舶防污染检查9193艘次、集装箱开箱检查827次。巡逻船现场巡航9.11万小时、51.38万海里，空中巡航155架次、299小时。

重点领域整治力度空前。强化重点水域、重点船舶、重点时段安全监管，深入开展“查隐患、明措施、保全年”专项活动及特别监管期“百日行动”等专项整治。全年共查处违法案件16943件，罚款人民币13201万元，同比分别增加38.04%和90.19%。扎实推进内河船涉海运输专项整治，共查获内河船涉海运输违法行为914艘次，扣押涉事内河船585艘次，移送公安部门行政拘留32人。实施在航机电故障船舶安检滞留“双百”行动，依法滞留119艘次。实施长期脱管船舶集中治理，99艘船舶经整治解除脱管状态。

重大活动保障切实有力。做好“春运”“两会”期间及“清明”“端午”等节日期间的水上安全保障工作。支持保障长江口南槽航道治理一期工程等国家重点工程顺利实施。圆满完成第二届“进博会”服务保障工作，成功实现安全保障“零事故、零沉船、零死亡、零污染”和贸易便利“零待时、零距离”的工作目标。成功举办第九个“世界海员日”上海地区庆祝活动。

应急处置能力持续提升。制定《上海海事局海上搜救应急管理办法》，修订《上海海事局防汛防台管理办法》及配套预案。妥善处置“盛泰”轮火灾、“永港168”轮船体倾斜等事故险情。成功防御“利奇马”等5次台风袭击。召开2019年上海海上搜救工作会议，举办国际邮轮大规模人员转移应急演习和长江上海江苏段水域联合搜救演习，切实提升水上事故应急处置能力。不断完善海上安全联动机制，牵头召开海事、救助、渔政三方联席会议，与上海市公安局港航公安局、通用航空等单位签订战略合作协议。

风险防控更加有力。健全重大风险分析研判等四项机制，排查梳理82项风险源，制定406项管控措施，完成隐患整治50项。推进落实NSM规则对第四批船舶生效措施。推行公司体系预审等四项制度，落实诚信公司便利措施。严肃查处“代而不管”的公司和船舶。共对1家公司和2艘船舶初次审核不予发证，收回1艘船舶安全管理证书，分别对3家公司和3艘船舶实施了附加审核。

源头治理更加有效。修订《船舶试航管理办法》，编制VTS用户指南，科学调整辖区甚高频频道，进一步健全辖区通航安全管理制度体系。探索实施险情通报、“黑名单”管理、“行刑衔接”“政融结合”等工作机制，督促企业落实安全生产主体责任。督促指导船检机构开展2001—2005年期间建造船舶隐患排查工作，强化船舶全生命周期的安全管理。完善船员考试评估方式，实施船载危险货物“两员”从业履职情况检查，加大船舶配员检查力度，提升从业人员素质。组织各类船员考试评估11278人次，办理各类船员证书27354本，签发海员证9907本，受理回复船员咨询服务2300余次。

共治共享更加有为。深化事故规律性研究及成果应用，加大事故调查报告公开力度，持续开展典型事故案例进航运公司、进培训机构和水上交通安全知识进校园活动。提升搜救志愿者参与海上应急处置的广度和深度，营造海上搜救公益文化氛围，成功入选上海市首批市级应急救援队伍。举行涉海运输内河船套牌AIS集中公开销毁活动，取得良好的社会警示效果。

服务国家战略深入推进。认真落实中央交给上海的新的三项重大任务，积极探索“中国洋山港”国际船舶登记、“E核载”智能海事监管、“E上船”船员远程自助任解职等创新举措。出台服务自贸区临港新片区建设发展实施意见，推出3个方面20项创新举措。牵头长三角地区海事6家单位签署战略合作备忘录，推动建立长三角海事一体化融合发展机制。加强与江苏海事局、浙江海事局在动态执法、应急联动和便利服务方面的合作，协同东海航海保障中心全力推动海事监管与航海保障一体化融合发展。全国海员证制证中心正式启用。

支持地方经济发展稳步推进。修订《长江口深水航道通航安全管理办法》，保障长江口深水航道利用边坡自然水深双向交会的常态化运行，组织实施利用边坡交会221次，产生直接经济效益近1亿美元。落实国际邮轮“五优先”服务举措，保障邮轮准点率和安全率“两个百分百”，提前研究论证巨型邮轮进出港及通航安全管理，助力世界一流邮轮母港地位提升。会同市交通委等部门出台黄浦江液货船航行停泊作业和流量控制措施，开展黄浦江水域通航安全和环境整治，打造浦江游览世界级旅游精品。

促进航运绿色发展加快推进。落实船舶排放控制区方案，探索建立船舶大气排放立体监测系统。利用AI和EDI信息化技术突破集装箱危险货物现场监管瓶颈难题。健全危防现场检查选船机制，开展防治船舶水污染专项整治。大力支持洋山LNG二期项目建设，推动船舶岸电安装使用，为清洁能源推广提供优质的海事服务。“桑吉”轮碰撞燃爆事故污染损害监测评估项目顺利结题。

海事法制体系进一步完善。积极参与《航道法》《海警法》《内河交通安全管理条例》等法律规范修订工作。编制完成《海运危险货物集装箱装箱安全技术要求》国家强制性标准。开展规范性文件清理，推动完善海事法规体系，全面制定局规范性文件6件、修订4件、废止17件，制定内部执法类文件7件、修订5件，废止16件。积极争取地方立法资源，推动《上海海上搜寻救助办法》的规章制定。完成3起非诉行政案件强制执行，实现行政强制零的突破。“达飞·佛罗里达”轮污染索赔案圆满收官。

口岸营商环境进一步优化。认真落实“放、管、服”改革要求，积极营造良好营商环境。创新口岸便利举措，完成国际贸易“单一窗口”联合登临模块调整。率先实现海事行政罚款“国库直缴”。开展船舶登记“不停航办证”。完善海事征信管理办法，创新“双公开、双核查、双惩戒”工作举措。试点实施证明事项告知承诺制，出台《证明事项告知承诺管理办法》，覆盖适用74项证明事项，减少3大类120份证明材料。

对外交流合作持续深化。中国—东盟海事教育培训基地挂牌成立，承办亚洲地区VTS操作员能力建设等一系列涉外培训，服务“一带一路”倡议和国家外交大局。加强国际交流合作，进一步深化与德国汉堡水上警察局双边业务交流。积极参与国际海事组织和区域性合作组织相关事务，荣获2018年度东京备忘录最佳港口国监督检查缺陷照片奖。加强海运安全、绿色、智慧等技术标准研究，全年共向国际海事组织（IMO）、国际劳工组织（ILO）等国际组织提交提案15篇并被采纳，其中《IMO成员国信息通报指南》以IMO大会决议形式正式发布。

【开展2019年上海水上交通安全知识进校园活动】 3月25日，由上海海事局、上海市教委、上海市交通委、东海航海保障中心联合举办的2019年上海水上交通安全知识进校园活动在上海市民办宏星小学启动。截至年底，该活动在上海20余所学校开展，2万余人次接受了安全教育培训。

【长江口深水航道利用边坡自然水深交会船型进一步扩大】 3月29日起，长江口深水航道利用边坡自然水深交会船型在大型邮轮与大型集装箱船舶基础上，扩大为大型邮轮与大型集装箱船舶、大型邮轮与大型邮轮、大型邮轮与大型滚装船。

【处置“盛泰”轮火灾事故】 4月1日，“盛泰”轮在绿华山南锚地锚泊时生活区失火，船员弃船，对附近水域通航安全构成较大影响。上海海上搜救中心协调海事、救助等单位以及社会应急力量连续6昼夜开展应急处置，避免了事态扩大和次生事故发生，最大限度减少了人命财产损失。

【中国船舶油污损害理赔基金与国际保赔协会集团签署谅解备忘录】 4月10日在北外滩国际航运服务中心签署，双方将在督促船舶油污事故肇事责任方采取合理的预防措施、信息共享及发布、共同指定调查人员和专家、联合培训等方面开展合作，相互借鉴各自先进的工作理念、做法和经验，共同推进海洋环境的清洁和保护。

【开展脱管船舶专项整治行动】 4月1日—11月30日，上海海事局对超过一年没有现场监督、安全检查以及进出港报告记录的在上海海事局登记的国内航行船舶开展专项整治。

【明确“国际邮轮优先”工作职责及操作流程】 4月19日，上海海事局发布通知对“国际邮轮优先”服务措施中相关单位的工作职责和工作程序予以明确。“国际邮轮优先”服务措施是指：一是国际邮轮与其他船舶的需求冲突时尽量优先满足邮轮，二是在长江口深水航道交通管制时间优先为邮轮安全编队，三是优先安排巡逻艇为邮轮警戒护航，四是邮轮有锚泊需要时优先安排优质锚位，五是疏港过程中优先安排邮轮开航。

【对在航机电设备故障船舶实施“两个百分

百”】4 月起，上海海事局对在航机电设备故障船舶实施“两个百分百”：一是对辖区范围发生机电设备故障的在航船舶，实施 100% 检查；二是深入开展机电设备故障原因调查，并在此基础上开展相应船舶安全检查，该滞留的 100% 滞留，符合条件的列入重点跟踪船舶。

【“中国—东盟海事教育培训基地”在上海挂牌】5 月 7 日在上海海事局海事技能训练中心挂牌，今后涉及中国—东盟海事教育的培训工作将主要依托该基地名义开展，这对于提升中国海事国际影响力和话语权，进一步深化中国—东盟的合作交流，服务国家外交大局具有重要意义。

【《长三角区域海事监管一体化战略合作备忘录》在上海签订】5 月 15 日，上海海事局、浙江海事局、长江海事局、江苏海事局、连云港海事局和东海航海保障中心在上海召开研讨会并签署战略合作备忘录，六方以打造平安、绿色、高效、智慧水域，建设海事铁军为目标，在涉及长三角区域的海事监管和航海保障等方面深化区域合作，逐步实现长三角区域海事监管信息互换、执法互认、监管互助的一体化、高质量发展。

【更安全、更绿色和更高效的集装箱海上运输研讨会在上海举办】本次研讨会由上海海事局主办、上海海事大学协办，于 5 月 16 日在上海国际航运研究中心举办，是我国首次召开的聚焦集装箱安全海上运输的国际会议。来自上海航运交易所、上海港务集团、上海港引航站、中远海运集团和分别属于海洋联盟、2M 联盟和 THE 联盟的全球各大干线集装箱航运公司代表，以及全球知名的诸如高思迈、塞斯潘船舶管理公司等共计 24 家单位的代表 60 余人参加研讨会。

【“国库直缴”方式收缴海事行政罚款全面实施】6 月 1 日起在上海港全面实施。“国库直缴”方式通过设置专线，联通海事规费征稽系统、海事行政处罚系统和银行业务系统，交换海事行政处罚数据、缴费数据和缴库数据，提供海事窗口专用 POS 机、远程网上银行、银行柜面办理等多种缴款渠道，让行政相对人选择最便利的方式“缴款入库”，并实现“智能对账”。

【2019 国际邮轮大规模人员转移应急演习举行】6 月 24 日在上海吴淞口锚地水域举行，上海海上搜救中心举办，上海市常务副市长、上海海上搜救中心主任陈寅担任演习总指挥，共有来自海事、救捞、海警、渔政、公安等 16 家单位，31 艘船艇、3 架直升机、700 余人参与演习。

【上海地区庆祝第九个“世界海员日”活动】第九个“世界海员日”主题是“船上工作性别平等”（I Am On Board with gender equality）。6 月 25 日，上海地区庆祝第九个“世界海员日”活动在上海海事职业技术学院举办，活动现场宣读了《交通运输部部长致全国海员的一封信》，发布了当期中国（上海）国际海员薪酬指数和 2018 年中国海员供求指数，表彰了 2019 年度辖区优秀海员和海员技能竞赛获奖者，船员和家属以及市民代表参加了观摩活动。

【查获全国首起在航船舶使用燃油硫含量超标案件】自 2019 年 1 月 1 日起，《船舶大气污染物排放控制区实施方案》正式实施。该《方案》要求，进入船舶排放控制区的海船应使用硫含量不大于 0.5% 的燃油。7 月 15 日，上海海事局在长江口水域查获巴拿马籍过境货轮“LADY ME”在航行期间使用硫含量超标燃油，是全国首起在航船舶使用燃油硫含量超标案件。

【试点实施证明事项告知承诺制】作为交通运输部唯一试点单位，8月7日，上海海事局实施证明事项告知承诺制，颁布实施《上海海事局证明事项告知承诺管理办法》，并不断优化完善，最终覆盖适用74项证明事项，减少3大类120份证明材料。至11月30日试点结束，共适用告知承诺办理4339件，事中事后抽查4178件，未发现有不实承诺情况。以承诺书代替公司营业执照原件、《船舶出口岸手续联系单》等证明材料，预计每年将为企业、船员节省人力成本800多万元，节省工期、船期及其他经济成本近3000万元，节省工时32万多小时，进一步推进海事治理能力和治理水平现代化。

【防御台风“利奇马”】8月10日，今年第9号台风“利奇马”登陆浙江，这是今年登陆我国的最强台风。上海海事局上下协力抗台，实现“不死人、不污染、少伤亡、少损失”的防台工作目标，台风过后优先保障3艘大型国际邮轮安全进港靠泊。

【上海自贸区首批“中国洋山港”国际船舶完成登记】8月14日、19日，中外运集装箱运输有限公司“中外运宁波”“中外运深圳”两艘船舶相继办理完成“中国洋山港”国际船舶登记手续，成为中国（上海）自由贸易试验区设立后首批“中国洋山港”国际登记船舶。上海海事局主动提供船舶登记预审批服务和全流程办证指引，在一个工作日内办结所有船舶登记手续。

【开展2019年度亚太地区港口国监督备忘录集中大检查】9月1日—11月30日，亚太地区港口国监督备忘录和巴黎备忘录联合开展以“应急系统和程序”为主题的集中大检查，验证船舶应急系统是否及时可用，以确保船舶、船员能够对紧急情况做出适当、及时的反应，防止因海上事故造成人员伤亡和船舶损坏，维护海洋环境清洁。其间，上海海事局共对辖区181艘次适检船舶开展检查，涉及缺陷82项，滞留12艘次，滞留率6.63%。

【2019年中国·东盟及相关国家VTS操作人员能力建设培训班在上海举办】9月2日—19日开展，来自东盟11个国家海事部门的20名学员参加。此次培训由中国海事局主办、上海海事局承办，旨在促进我国与亚洲尤其是东盟国家海事主管机关的相互了解，增进海事管理领域的国际合作。

【全新的船舶交通管理系统启用试运行】洋山港船舶交通管理新系统于9月10日启用试运行，吴淞船舶交通管理中心新系统于10月29日启用试运行，将为上海港邮轮经济发展、上海国际航运中心建设和上海自贸区临港新片区建设提供更加有力的服务保障。

【开展黄浦江水域通航安全大整治】9月23日起，上海海事局、上海市交通委员会、上海市公安局联合开展黄浦江通航安全大整治活动，重点对通航秩序、锚泊秩序、靠（系）泊秩序、船容船貌、船舶AIS开启、严重超载行为6个方面开展整治。

【海运高质量发展座谈会在上海召开】10月15日在上海海事局召开，交通运输部党组书记杨传堂主持，上海市政府副市长汤志平出席，在沪交通运输行业重点企业、部驻沪单位、高等院校、行业协会及上海市交通委等12家单位参会。

【洋山港主航道常态化双向通航六周年】2013年10月15日，上海洋山港主航道实现双向通航常态化。六年来，上海海事局累计组织实施双向通航1362次，涉及交会船舶2786艘次。据统计，实施双向通航之后，可缩短船舶待泊时间约2~3小时，泊位利用率可提升约12%。

【我国首获东京备忘录年度最佳港口国监督缺陷照片奖】 10月17日，东京备忘录第30次港口国监督委员会会议颁发了2018年度港口国监督（PSC）缺陷照片奖项，由上海海事局拍摄的1张PSC缺陷照片荣获最佳PSC缺陷照片奖，这也是我国首次获此奖项，对提升我国在国际海事事务中的制度性话语权有着重要意义。

【上海海事局推出20项举措服务自贸区临港新片区建设发展】 10月18日，上海海事局印发《服务中国（上海）自由贸易试验区临港新片区建设发展的实施意见》，在运输、口岸、服务便利化3个方面推出20项创新举措，进一步服务新片区建设发展。

【举行“进博会”黄浦江核心区水域突发事件应急演练】 10月25日在黄浦江113号灯浮上下游1000米范围内举行，涵盖机电故障失控船舶救援、落水人员搜救以及闯关船舶拦截3个科目，包括客船、公务船艇、专业救助船、志愿者救援艇等在内的10余艘船舶参加。

【集中公开销毁涉海运输内河船套牌AIS设备】 10月28日，上海海事局在国际客运中心码头对115台涉海运输内河船舶套牌AIS设备进行了集中公开销毁，上海电视台、上海外语频道、上海广播电台、《解放日报》、《新民晚报》、《文汇报》以及东方网等媒体对该活动进行了报道。

【举行2019年长江上海江苏段水域联合搜救演习】 10月31日，上海海事局和江苏海事局联合举行了主题为“绿色安全 共同使命”的2019年长江上海江苏段水域联合搜救演习，包括应急响应、现场交通管控、落水人员搜救、船舶控制、集装箱搜寻和打捞、受伤船员转移、船舶火灾处置、水上污染处置、沉船设标、舆情管控等科目，海事、航保、救助、打捞、社会救助力量和搜救志愿者共30艘船舶、2架飞机、300余人参加演习。

【在上海自贸区临港新片区启用船载危险品集装箱智能监控系统】 11月2日，上海海事局在自贸区临港新片区启用“E核载”船载危险品集装箱智能监控系统，该系统将有效减少船载危险货物违规积载隔离现象的发生，有效保障船舶运输安全，提升船舶周转率和港口营运效率。

【《长三角海事一体化融合发展战略合作备忘录》在上海签署】 11月4日，长三角海事一体化融合发展领导小组会议在上海海事局召开，交通运输部副部长刘小明出席。会上，上海、江苏、浙江、安徽交通运输主管部门，上海、浙江、长江、江苏、连云港海事局及东海航海保障中心共同签署了《长三角海事一体化融合发展战略合作备忘录》。

【上海海上搜救志愿者总队被纳入上海市首批市级应急救援队伍】 11月15日，上海市举行应急救援队伍应急拉动演练暨首批市级应急救援队伍颁旗活动，市委、市政府副秘书长赵奇出席。上海海上搜救志愿者总队成为28支市首批市级应急救援队伍之一。上海海上搜救志愿者总队成立于2015年，是全国首支海上搜救志愿者团队，在上海海上搜救中心领导下开展工作，广泛参与海上应急搜救、海上应急处置、海事安全宣传、涉海慈善公益等工作，是上海海上搜救领域的重要社会力量。

【完成第二届中国国际进口博览会水上交通管控和应急保障任务】 11月5—10日，第

上海海事局全力保障邮轮三船同靠，服务暑期旅客出行高峰

二届中国国际进口博览会在上海成功举办。作为“进博会”上海市安全保卫组和贸易便利化组成员单位，上海海事局贯彻落实习近平总书记“办出水平、办出成效，越办越好”的重要指示精神，认真落实保障水上安全和便利展品运输两方面任务，全面做好各项监管、服务及保障工作，成功实现了安全保障“零事故、零沉船、零死亡、零污染”和贸易便利“零待时、零距离”的“六个零”工作目标。

【长江口深水航道利用边坡交会正式常态化运行一周年】12月1日，长江口深水航道利用边坡交会正式常态化运行一周年，上海海事局共组织实施利用边坡交会202次，实现上海港邮轮安全率、准点率和集装箱班轮进出港保证率“三个百分百”的良好成效。

【全国海员证制证中心正式启用】12月20日开始对外签发新版海员证，由上海海事局承担全国新版海员证的制证工作。新版海员证采用集中制证模式，全国各海员证签发机关负责船员信息采集和受理审批，上海海事局负责集中制证，并在查验后通过快递邮寄至各签发机关核对发放。

（陈希）

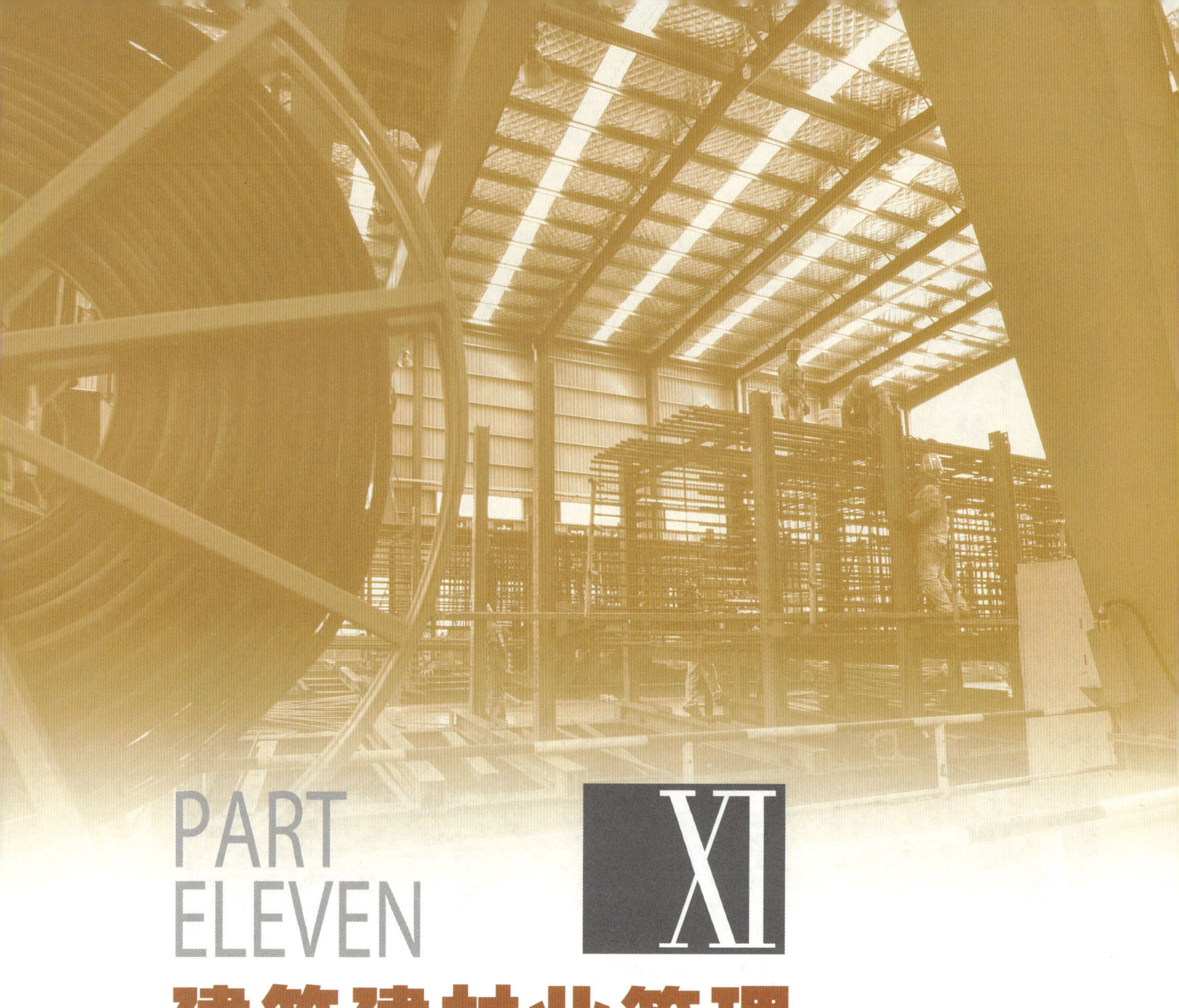

PART ELEVEN Ⅺ

建筑建材业管理

CONSTRUCTION BUILDING MATERIALS INDUSTRY MANAGEMENT

（一）综述

2019年，本市建筑市场与城市建设同步发展，总体呈现平稳发展态势，建筑业营商环境显著提升，核心竞争力有所增强，市场秩序日益规范，对落实城市战略定位、完善城市核心功能、提升城市空间品质发挥了应有作用。据统计，2019年全市在建工地数7506个；共有勘察、设计、施工、监理等企业22407家，其中本市企业15040家、其他省市进沪企业超7367家；建筑师、建造师、监理工程师等各类注册执业人员12万余人，安全员、质量员等各类持证管理人员共计19万余人；施工作业人员实名制登记系统累计总登记人数3436887人，在场人数308618人。

深入推进工程建设项目审批制度改革。巩固深化前一轮改革成果，持续增强市场主体满意度和获得感。最新公布的《2020年全球营商环境报告》显示，中国建筑许可指标的营商环境便利度得分从65.16分提升至77.3分，全球排名位数由第121位跃居至第33位，提升了88位，提升幅度在当年度世行优化营商环境10项指标中居首，并创下了世行测评历史上单一指标年度最大升幅纪录，实现了历史性的突破。一是对标先进，制度创新，构建形成改革政策体系2.0版。制定并发布《2019年上海市优化建筑许可营商环境工作总体安排》等“1+17”个政策文件，构建形成了第二轮建筑许可改革的政策体系。二是基层调研、改革深化，积极形成可复制可推广的“上海经验”。在总结提炼特斯拉项目审批改革经验的基础上，主动推进辅线审批的改革，将涉审中介服务事项缩减至40项以内，精简率高达44%。三是高位推动、全市联动，聚力推动改革落地执行。全年由市委、市政府主要领导、分管领导主持召开的各类市政府涉及工程建设项目审改工作专题会议总计10次、市级审改工作部署动员大会总计两次。四是精心筹划、完善准备，做好迎评迎检的各项工作。及时根据世行咨询团队调研反馈的意见建议和国办督查组反映的问题，调整优化改革政策；深入各区督导督查，确保政策落地执行。五是优化完善、系统升级，积极打造工程建设领域“一个系统”。优化升级“上海市工程建设项目审批管理系统”，满足“一站式”在线政务服务功能，实现社会投资项目全过程网上办理。开设工程建设咨询服务962683热线、开发手机端项目服务App，实现手机微信和网络平台同步互动。六是宣传造势、政策解读，全方位多渠道营造改革氛围。通过“一图读懂”“流程图”“微视频”等形式广泛开展政策解读和成果宣传；采用专题、专场培训指导的方式，加强对窗口一线、市场主体等进行精准培训，全年累计组织各类培训40余场，培训人数超过7000人次。2019年底，全市已有近3000个项目纳入统一的系统平台进行规范运作，实现全流程在线办理。经统计，社会投资项目从取得土地到获取施工许可证正式开工，政府平均审批时限为30个工作日（约42个自然日）；竣工验收阶段政府平均审批时限为7个工作日（约10个自然日），改革成效显著，企业普遍反映改革成效显著、政策实施精准。

积极推进建设工程招投标制度改革。结合围标串标领域扫黑除恶专项斗争，严厉打击围标串标等违法行为。出台《关于进一步加强本市建设工程招标投标监管治理打击违法行为的通知》《关于开展建设工程领域招标投标专项整治深化扫黑除恶专项斗争的通知》等系列文件。与公安经侦签署合作备忘录，构建“行刑衔接”体系。截至2019年底，通过甄别系统，今年共对全市1170个招投标项目进行甄别，发现104家单位37个项目存在涉嫌串通投标行为；通过立案调查，共有42家单位涉嫌在60个项目中串通投标，犯罪线索已移送公安经侦，其中有3个项目6家次投标单位串通投标案件在公安经侦协查下确定证据，完成行政处罚。修订《上海市房屋建筑和市政工程施工招标评标办法》，计划2020年初出台。继续大力推进施工电子化招投标，充分利用信息化手段和大数据加强招投标监管。

积极推动行业生产组织方式创新。一是持续有序地推进工程总承包试点。新增花博园地区生态水系整治工程等23个项目纳入试点，截至2019年底，本市共有67个工程总承包项目。二是推进建筑师负责制试点。累计有前滩莱佛士医院等23个项目纳入试点，两个项目试行了建筑师团队对施工质量进行指导和监督的新型管理模式。探索引入建筑师负责项目个人职业责任保险机制，已有两个试点项目投保签约。三是推进全过程咨询试点。联合市发展改革委印发了《关于转发〈国家发展改革委住房城乡建设部关于推进全过程工程咨询服务发展的指导意见〉的通知》，在全市层面鼓励推广多种形式的全过程工程咨询服务模式，促进咨询单位为投资项目决策与建设全过程提供多样化、专业化服务。四是深入推进建筑信息模型技术的推广应用。截至2019年底，新增报建项目2105个，应用BIM技术的项目数量709个，项目总投资9388亿元；满足规模以上项目801个，满足应用BIM技术条件的项目数725个，其中应用BIM技术项目683个，占比94%。召开2019年BIM发展论坛，出台2019年本市BIM技术应用发展报告白皮书。大力推进BIM技术在重大工程、重点区域及保障性住房中的应用。继续做好BIM试点项目验收，有序推进保障性住房BIM技术应用评审和验收工作。研究“十四五”BIM技术推进的思路、路径。

加强建筑行业诚信体系建设。一是调整完善不良行为记录体系。调整完善企业和人员的信用信息采集体系，明确其他经认定的不良信用信息标准，拓展对企业和个人不良行为信息的记录范围。同步启动其他认定不良行为记录信息系统的开发工作。二是开展企业和注册人员信用评价和信用信息归集工作。开展施工企业信用评价标准修订，计划2020年初发布。启动2020年监理第三方信用评价。继续完善个人信用档案信息归集和应用。完善注册人员个人的信用信息，并在施工和监理招标中应用个人信用档案概要报告。三是深入推进资质资格审批改革。企业资质、人员资格许可事项审批时限和材料平均压减率均超过50%。同步制定出台《关于明确撤销建设工程企业资质行政许可操作规程的通知》，进一步加强建设工程企业资质批后监管。四是注册执业资格推行电子化审批，开展打击挂证专项行动。2019年10月1日本市二级注册建筑师、二级注册结构工程师注册实行电子化审批并启用电子证书，进一步简化执业资格注册申请和审批，提高审批效率。持续开展针对打击工程建设领域“挂证”等违法违规行为的专项整治。

加强建筑工程领域劳务用工管理。一是坚持对欠薪责任企业严惩重治。出台《关于对2018年度及2019年元旦、春节期间部分建设单位和施工企业拖欠农民工工资事件责任企业、个人和项目的通报》，通过限制被通报施工企业参与本市建设工程投标报名、纳入须缴纳农民工工资保证金的不良企业名单、记入本市在沪建筑业企业信用评价等方式予以严惩。二是进一步完善本市劳务用工管理制度。发布《上海市房屋建筑工程建筑工人工资支付管理办法》。加快实名制系统推进和升级改造。三是开展欠薪专项整治工作。组织开展2019年本市建设工程领域招标投标专项整治暨根治欠薪夏季行动，向各区域建设管理部门共下发情况联系函19份，涉及执法、整改或重点关注建议45条。四是在国办考核工作中再创佳绩。与市人社局共同完成在国务院部际联席会议对本市保障农民工工资支付工作考核的迎检工作，上海市获评考核等级为最高等级A级。

（二）行政审批制度改革

【概况】2019年，根据市委、市政府关于进一步加快政府职能转变、持续优化营商环境的总体部署和工作要求，着力加强营商环境专项改革的制度建设、能力建设、队伍建设和机制建设，在巩固深化改革成果的基础上，主动做好应对世行指标测评、住建部全覆盖审改、国家营商环境专项评价的“三张考卷”，不断提升改革品质，持续增强社会公众对项目审批改革的体验度和获得感，从而带动实现全市改革工作的整体改善和提速。

【完善制度靶向施政，顶层设计系统集成】制定《2019年上海市优化建筑许可营商环境工作总体安排》，重点针对供排水接入、竣工验收、现场质量管控等薄弱环节，细化一系列配套政策、强化指导操作，形成了“1+17”政策文件体系，出台了社会投资项目优化营商环境政策文件2.0版，实现改革迭代更新。

【拓展延伸有序推进，改革深化全面覆盖】按照“政府－”“市场＋”原则，在巩固前期试点成果的基础上，进一步加大改革力度和强度，通过“减、并、调、放、转”五策并举，持续精简事项、优化流程，积极推动覆盖全口径项目的各类审批和评估评审事项的持续“瘦身”和“塑形”。

【“一个系统”完善升级，“一个窗口”深度融合】配合新一轮营商环境专项改革工作推进的需要，一方面，通过上海电视台、各类报刊、新媒体App等多种渠道，以“一图读懂”“流程图”“微视频”等图文并茂、简明易懂的形式加强改革政策的解读和改革成效的宣传，营造全社会的改革氛围；另一方面，采取专题讲解、专场培训等多种方式，进行全方位的培训活动，确保窗口一线、市场主体能及时了解、掌握最新政策及其要义。全年累计组织专题培训40余场，培训人数超过7000人次。

【上海速度助力测评，上海成绩再创佳绩】世界银行正式公布《2020年全球营商环境报告》，中国营商环境的排名由去年的第46位上升至第31位，成功实现高位提升，连续两年被世行评选为营商环境改善幅度最大的全球10个经济体之一，“办理建筑许可”指标排名的显著提升更是充分展现出了弯道超车的实力和水平，成为中国持续优化提升营商环境得分排名最亮眼的“加分项”。其中，指标的营商环境便利度得分从65.16分提升至77.3分，分值上升了12.14分；指标的全球排名位数由第121位跃居至第33位，名次上升了88位，均位列我国今年世行营商环境各项测评指标的榜首，创下了世行测评历史上单一指标年度最大升幅纪录的好成绩，已超越法国、加拿大、西班牙、以色列、瑞士等西方发达国家，办理时限和质量控制指数明显高于东亚及太平洋地区的平均水平，尤其是质量控制指数，全球仅有6个经济体取得了满分的成绩。自2018年改革启动以来，项目的办理程序和时间大幅度减少，办理成本有了大幅度下降，改革成效显著，企业普遍反映改革成效显著、政策实施精准，尤其是对项目审批流程熟悉、多次办理许可的大型企业，它们对改革前后对比的感知更为明显，满意度最高。企业形象的表述为：办事“从几个人跑一件事”变为“一个人跑几件事”，现在的“审批过程更加快速、更加便捷”。

（三）招标投标管理

【概况】2019 年，全市建设工程招标项目共完成：勘察 124 个，同比减少 79.5%，投资额 1109.62 亿元，同比减少 69.26%；设计 836 个，同比减少 35.34%，投资额 3279.23 亿元，同比减少 28.68%；施工 3618 个，同比减少 21.3%，投资额 2609.61 亿元，同比减少 14.47%；监理 1274 个，同比减少 29.18%，投资额 2760.58 亿元，同比减少 7.95%；勘察设计一体化 349 个，同比减少 15.9%，投资额 1856.44 亿元，同比增加 9.89%；设计（勘察）施工总承包 422 个，同比减少 28.84%，投资额 644.67 亿元，同比减少 43.04%。

【招标投标市场治理取得阶段成效】结合围标串标领域扫黑除恶专项斗争，严厉打击围标串标等违法行为。与市经侦总队签署合作备忘录，构建"行刑衔接"体系；与国资委联合开展涉案企业警示约谈，压实国有企业主体责任；向全市发出抵制围标串标倡议书，积极营造打击和遏制围标串标的市场氛围。对全市 128 个招投标围标串标行政处罚案件和 48 个信访投诉件进行大起底，完成对 16 个区的下沉督导，在全市范围对建设工程工地现场、开评标环节组织专项检查；全年全市共发出串通投标行政处罚决定书 142 份，涉及 39 个项目、100 家企业、42 名个人，罚款金额共计 830 余万元，打击力度创历年之最。制定《关于进一步加强本市建设工程招标投标监管治理打击违法行为的通知》，出台了包括加强违法行为发现、加强标后履约监管等在内的 12 条举措；修订印发《建设工程招标代理行为记录办法》，明确了招标代理机构在围标串标处罚项目中应承担的责任；制定印发《开评标违规行为曝光暂行规定》，对开评标过程中招标代理人员及评标专家的违规行为予以曝光；升级围标串标甄别系统，加大对招投标活动中的重点领域、重点环节的监测和监督力度。

【招投标事中事后监管制度进一步完善】修订房屋建筑和市政工程施工招标评标办法和招标文件示范文本，调整合理低价的计算方法，从最核心的评标办法入手有效遏制围标串标行为。贯彻实施工程总承包招标评标办法，起草总承包招标文件示范文本。完善评标专家队伍，选拔招聘资深专家 159 名。

【电子化招投标工作稳步推进】推动施工电子招投标系统开发，编制完成场景文件、应用文本和数据标准，施工电子招投标交易平台的全过程招投标环节开发工作基本完成，进入项目模拟阶段。评标专家管理系统实现升级，进场招标项目基本实现线上抽取专家。

（四）行政审批业务

【概况】2019 年，全市建设工程全年报建项目数 7506 个，同比 2018 年上升 16.73%；总投资额 10646.46 万元，同比上升 37.84%；总建筑面积 7323.63 平方米，同比上升 80.21%。全市全年竣工综合验收次数 3381 次，单位工程数 10217 个，总建筑面积 10427.14 万平方米。全市建设工程全年勘察发包价 1.56 亿元，同比 2018 年下降 50.63%；设计发包价 31.06 亿元，同比下降 17.53%；施工发包价 2513.64 亿元，同比下降 16.6%；监理发包价 30.33 亿元，同比下降 11.91%。全市全年建设工程从业企业数 22407 家，同比去年上升 2.21%，其中：本市企业 15040 家，同比上升 20.84%；外省市企业 7367 家，同比上升 16.44%。全市全年建设工程执业注册人员121675人，同比去年上升3.73%；外地进沪备案人员26327人，同比去年上升15.67%；施工管理人员持证159852人，同比上升1.43%。全市全年行政处罚立案数1265件，同比去年上升32.18%；处罚数924件，同比上升33.33%；中止案件数99件，同比下降32.65%；结案数1235件，同比上升19.55%。

【深化行政审批制度改革，不断提高审批效率】一是推进本市工程建设项目审批制度改革。全力以赴推进本市工程建设项目审批制度改革工作，迎接世行新一轮测评。根据建设工程审批改革文件精神，施工许可审批阶段由中心负责的事项改为全部网上办理。推进“一个窗口”建设，配合做好上海市社会投资项目审批审查中心的建设工作，办理962683工程建设热线开通的手续。二是全市范围推广建设工程企业资质告知承诺审批。4月1日起，在本市注册的建设工程企业，申请建筑业资质、监理资质、设计资质新申请及增项，既可选择原有审批方式，也可选择告知承诺方式。市、区建设行政管理部门按职责分工，在行政审批决定后两个月内对企业的承诺内容和资质达标情况进行检查。4月1日至12月31日，全市共有339项申请事项以告知承诺的方式取得企业资质。三是简化执业资格注册申请和审批。1月，完成“二级注册建造师电子化审批系统”（网络版）的验收工作。在此基础上，为进一步提高审批效率，扩大电子化审批覆盖范围，自10月1日起，本市二级注册建筑师、二级注册结构工程师注册实行电子化审批，不再发放纸质注册证书。

【落实“双减半、双一百”任务】一是全面完成“双减半”工作。落实建设工程项目流程类行政审批事项、企业资质许可事项和人员资格许可事项的提交材料减半，审批时限减半工作任务，共涉及81个情形。建设工程项目流程类行政审批事项减免材料9项，保留材料15项，减免率37.5%，减免审批时限119个工作日，保留审批时限16个工作日，减免率88.1%。企业资质许可事项减免材料379项，保留材料224项，减免率62.9%，减免审批时限710个工作日，保留审批时限470个工作日，减免率60.1%。人员资格许可事项减免材料35项，保留材料8项，减免率81.4%，减免审批时限190个工作日，保留审批时限90个工作日，减免率67.9%。二是完成“双一百”工作。完成备案类企业投资项目施工许可、备案类投资项目竣工验收业务流程优化，实现施工许可、竣工验收网上在线办理，批准后在线实施一次发证。在此基础上，通过数据共享、网络核验、归集或拟归集入电子证照库等方式，实现二级注册结构工程师执业资格许可、二级注册建造师执业资格许可和二级注册建筑师执业资格许可“零材料”提交。三是完善办事指南和格式文本。对建设工程项目流程类行政审批事项、企业资质许可事项和人员资格许可事项，涉及81个情形的办事指南进行全面梳理完善。推动优化合同信息报送及施工许可所须提供的格式文本。

【不断提升“互联网＋政务服务”水平】一是完成平台上云迁移和政务数据资源归集。2019年初，完成《建设市场管理信息平台迁移电子政务云建设方案》的编制、评审和报批。上半年完成云工程前期准备。7月1日正式开工，10月底完成建管平台迁移上云。二是落实政策调整后的系统开发工作。开发完成企业资质告知承诺制申报审批系统、企业资质告知承诺制批后监管系统、二级注册建筑师和二级注册结构工程师的电子化申报系统。进一步做好建管平台和联审平台的关联性改造和对接工作。调整项目信息报送程序，优化变更，对接发改委小型项目，整合限额以下项目。做好公共资源交易平台数据标准升级、对接和切换工作。三是大力推进电子证照和电子印章的应用。按照“一网通办”工作要求，对10个已正式进入市100个高频事项电子证照库的证照进行梳理和确认。目前，上海建设工程施工许可证、建设工程综合竣工验收合格通知书、8大类建设工程企业资质证书、3大类个人执业资格证书、建筑材料备案证书已全部采用电子证照。

【加大放管结合力度，强化事中事后监管】一是开展“挂证”专项整治。为有效遏制“挂证”现象，根据住建部办公厅关于专项整治工作要求，依托上海市建设市场管理信息平台，新增“挂证”专项整治查询功能。在此基础上，针对重复注册、个人或企业不配合注销等情况，采取逐一电话通知企业或个人限期整改。通过专项整治，社保存疑人数从36247人下降到5662人，整改率达84.4%。重复注册信息从941条下降到91条，整改率达90.3%。二是开展信用体系建设工作。完成38件施工企业信用评价异议处理。落实住建领域对“失信被执行人”的联合惩戒。三是开展企业资质动态管理工作。市区统一对4月1日起以告知承诺方式取得资质的企业开展批后监管工作，共核查339项资质。同时，对本市近3年资质重组、分立、合并办理情况以及本地区资质跨省迁入迁出情况进行梳理，查清存在问题，并向住建部提出合理化建议。

（五）设计文件审查

【概况】2019年，本市设计文件审查工作以加强勘察设计质量监管为主线，以深化施工图设计文件审查改革为契机，以消防设计审查工作承接为新的着力点，扎实推进各项工作，取得了新进展、新成效。

【推进“多图联审”制度】通过施工图审查改革措施的落实，配合提升建筑许可营商环境便利度，得到了世行的认可。一是深入区管理部门开展调研。进一步转变工作作风，组织赴浦东、松江、奉贤、宝山等区调研“多图联审”制度落实情况，及时掌握“多图联审”及改善营商环境相关工作遇到的实际困难和问题，根据世行营商环境评价反馈意见和进一步推进建设工程行政审批改革的要求，研究起草了10000平方米以下社会投资低风险产业项目取消建设单位委托施工图审查环节后，加强设计质量监管的实施办法。二是及时纠正发现的问题。召开审查机构工作例会，针对在“多图联审”工作中存在的行为不规范、迎合建设单位不合理要求，做好装饰装修审图等问题，重申工作标准，逐条对审查机构提出要求。三是配合推进项目落地。开展项目跟踪服务，避免建设单位、设计单位、审查机构因不熟悉审改流程造成工作反复，并做好审改项目的对接落实、统计工作等。自2018年审改工作启动至2019年底，联审平台办结审图项目1115个，在审项目85个。

【维护审图市场健康发展】积极开展调查研究，根据市场需求及时调整相关标准，继续加强审图行为和服务质量管理。一是开展新一轮施工图审查机构认定工作。调整认定标准，综合考虑“多图联审”要求、消防设计审核职能划转、审图任务总量、适度竞争、专业人员配置等因素，在原认定标准基础上做了部分调整：要求增加一名建筑专业审查人员和一名消防审查技术负责人，明确一名民防审查技术负责人，同时要求审查机构的技术负责人应为结构专业，审查机构负责人不得兼任技术负责人、消防审查技术负责人及民防审查技术负责人。改变以往只审核上报材料的做法，增加现场核查程序，按照认定条件，对审查机构的办公场所、硬件设备、人员到位等情况严格进行审核。12 月中旬，完成了认定工作并印发认定文件。二是适度调整基坑审图市场。结合“不忘初心、牢记使命”主题教育开展了调研，深入了解掌握本市基坑审图工作现状，针对前阶段基坑审查机构数量相对较少，市场竞争不充分，一定程度上形成了垄断态势的问题，制订了增加基坑审查机构的方案。按照审查能力与审图工作量大体适应和不以营利为目的等原则，年底前新认定了 5 家基坑工程审查机构。三是研究新增轨交工程审查机构。为适应机场联络线及后续市域轨道交通发展的形势，积极培育轨交审图市场，经各方面反复酝酿和研讨，决定增加轨道交通审查机构。在听取专家意见的基础上，对轨交审查机构的认定条件进行了细化和调整，突出了结构、电气和消防方面的人员配置要求。截至 2019 年底，已有 4 家单位提交了申报材料，初审工作基本完成。四是落实审查机构任务比例上限制度。每月对各审查机构的审图任务量按审查完成的建筑面积进行统计，并在行业内于下月初予以公布，做到公开、准确、真实，对个别任务量超出比例的审查机构及时提醒。截至 2019 年底，有 3 家审查机构的任务量比例超过 7%，将按规定进行相应处理。

【完善勘察设计审图管理手段，强化事中事后监管】以推进勘察设计质量提升为主线，主动适应施工图设计文件审查改革新要求，不断改进监管方式。一是集中组织开展设计文件质量抽查。积极探索“部门联合，市区联动”的抽查方式，会同消防、民防、卫生、水务、抗震等相关管理部门及部分区设计文件审查管理部门开展“多图联审”联合检查，集中开展了 3 次技术抽查，共检查 78 个项目，总建筑面积约 143.3 万平方米。9 月，迎接了住建部全国建设工程质量安全执法检查，共检查 4 个房建项目，涉及勘察、结构两个专业，检查内容 250 项，未发现不符合项。二是开展施工现场设计质量行为检查。重点针对设计单位质量行为不合规、建设单位随意变更设计文件，逃避施工图审查程序等情况实施设计质量行为检查，2019 年共随机抽查 41 个在建工地，对 16 个项目开具了整改单，涉及 10 家设计单位和 12 家建设单位，着力解决建设单位对优化营商环境政策理解不清晰、以施工图审查把控建设工程实体质量意识不强等问题。三是开展设计单位内部质量管控检查。对经技术抽查、施工现场检查及投诉举报等渠道发现存在质量问题的设计单位，督促其加强内部质量管控，进一步检查内部校审工作及质量管理制度的执行情况，全年共涉及 8 家设计单位，其中本市设计单位 7 家、外省市设计单位 1 家。四是进一步加强和规范行政执法及处罚工作。参与全市行政处罚考核检查工作，2019 年，对 1 家违法情节较严重的建设单位做出行政处罚，处以 20 万元罚金并召开了听证会。

（六）建筑信息模型技术应用推广

【概况】2019 年，本市及各区政府相关主管部门、BIM 联席会议各成员单位进一步加大 BIM 技术应用推广力度，逐步完善基于 BIM 技术的政府监管体系，以提高 BIM 应用效益为核心，坚持系统建设，过程管控，提升政府监管手段，大力加强建设项目各环节监督管理工作中 BIM 技术的应用。探索建立三维模型和导出的施工图文件自动审查、审核监管政策，推进施工图审查由审核图纸向审核模型过渡；扶持本土 BIM 技术研发企业，加快 BIM 相关软件的研发，完善国产软件体系平台；建立完善基于 BIM 技术的并联审批平台体系及基于 BIM 技术的全过程全流程监管模式，提升工程参与各方 BIM 技术应用能力和协同建造能力，加强 BIM 技术在建筑全生命期中的深入应用。

【发挥各区主观能动性】鼓励区级建设行政管理部门在利用 BIM 技术强化协同化城市设施管理方面开展先导性探索。例如，浦东新区针对 BIM 技术应用情况开展了跟踪管理及抽查检查工作，进一步完善 BIM 应用的监管体系和协同机制。按照不同类型政府投资项目，分类建立运维管理体系、管理标准和模式，推进基于 BIM 的运营管理在公共建筑和城市基础设施管理中的普及应用，不断提升公共建筑运营管理效益。不断强化 BIM 在项目前期所发挥的价值，通过政策引导 BIM 在项目前期发挥作用，拟在发改委的立项和规土局的土地出让合同中明确 BIM 应用的具体要求。

【继续增强 BIM 技术宣传培训力度】通过多种渠道广泛开展 BIM 技术应用相关宣传培训工作。政府部门、行业协会、企事业单位等通过联合举办 BIM 大赛、技术与管理论坛、试点项目交流会、BIM 技术培训等方式，加大 BIM 技术宣贯和 BIM 人才培养力度，继续推动全市 BIM 技术推广应用工作。2019 年，各类 BIM 竞赛逐年呈现出年轻化、团体化、多样化的特点，参赛团队能力和水平不断提高，涌现出众多具有高度专业性的参赛团队与作品。近年来，在市委、市政府的大力推动下，在行业、企业的积极响应下，本市 BIM 应用在推广数量、应用水平、审批方式、管理能力等方面都有了显著进展，特别是在技术应用方面，BIM 技术逐渐与物联网、大数据等数字技术开展协同应用，不断推动建筑业信息化的转型升级。上海市各级行业协会及企事业单位也会定期举办各类 BIM 技术专业性论坛、峰会等活动，组织行业专家围绕 BIM 应用管理模式、方法、技术和标准等内容，分享 BIM 相关理论研究成果及应用实践经验，促进 BIM 技术的推广普及。

【推进 BIM 技术学历基础教育】近年来，上海市各高校土建类专业学生对于 BIM 的学习热情持续高涨，同济大学、上海交通大学等 12 所高校学生组织成立“高校 BIM 学生联盟”，上海交通大学、上海大学等成立 BIM 学生社团，组建形成了稳定的 BIM 技术学习团体，搭建了多层次 BIM 技术交流合作平台。本市高等院校致力于搭建建筑信息化技术研究平台，例如，同济大学设立“同济大学 -Autodesk 建设全生命期管理联合实验室”和“211 工程管理信息化实验室”、上海交通大学设立“BIM 研究中心”等。此外，部分高校将 BIM 引入高校课程教育，实现专业课程建设的结构性调整，如同济大学、上海交通大学、上海大学等。10 月，上海大学社区学院课外培养中心专业实验体验项目“BIM 入门”——数字化土木之旅正式开课。通过理论和实践相结合的方式，使学生们更加直观地感受到了土木工程的魅力，对 BIM 技术及 BIM 与其他技术的融合有了更加深刻的认识。同时，本市高校积极开展院校 BIM 技术职业技能等级认证试点工作，根据国务院职业教育改革要求，教育部首批批准了 5 家单位成为培训评价组织，负责开展“1+X”职业等级证书试点，使得建筑信息模型 (BIM) 职业技能等级证书在全国第一个被纳入证书考试，也成为首批颁发给院校的“1+X”职业技能等级证书。”9 月 22 日，“1+X”建筑信息模型职业技能等级证书首次考试在本市及其他 8 省（市）同时进行。11 月 6 日，上海市建筑工程学校等高校代表参加了“1+X”建筑信息模型（BIM）职业技能等级证书首次全国考点考前动员会暨首批试考证书颁发仪式，包括上海在内的全国 18 所职校的 288 位学生获得证书。充分发挥住建行业与职业教育的桥梁纽带作用，引导建筑行业有关企业积极参与 BIM 职业教育。（沈琼）

（七）标准定额造价管理

【概况】2019 是新中国成立 70 周年，也是决胜全面建成小康社会第一个百年奋斗目标的关键之年，市住房和城乡建设管理委标准定额管理处紧紧围绕市建设交通工作党委、市住房和城乡建设管理委中心工作，扎实推进本市工程建设标准、定额、造价管理相关工作，不断更新工程建设标准规范，促使上海城市建设向更高标准、更严要求迈进；不断完善建设工程计价依据，促进本市建筑市场更加健康有序发展。

【不断完善工程建设标准体系】按照国家和住房城乡建设部标准化工作改革精神，积极开展标准立项与复审评审工作。立项标准紧密结合政府职责范围，突出本市工程建设领域重点工作，提高综合性，鼓励专项标准技术整合，鼓励前沿、热点技术的标准编制。2019 年，共征集到申请立项标准编制项目 59 项，最终 36 项列入 2020 年工程建设标准编制计划，其中新编标准 24 项、修编标准 7 项、新编标准设计（图集）5 项。积极开展标准复审工作，对新编或修订实施后已满 3 年及复审后列入继续有效满 3 年的本市 45 项工程建设标准、两项标准设计（图集）进行了复审，最后确定继续有效 31 项，应予修订 10 项，应予废止 6 项。

【积极推动重点标准编制工作】2019 年共完成工程建设标准和标准设计（图集）制修订 65 项，截至 12 月 31 日，现行上海市工程建设规范 400 项、标准设计（图集）26 项。全年积极推进重点工程建设领域标准编制力度，其中包括体现城市精细化管理的《既有建筑外立面整治技术标准》（修订）、提升文明施工管理水平的《文明施工标准》、提升本市绿色建筑水平的《绿色建筑评价标准》及填补装配式建筑标准体系空白的《装配式建筑工程监理标准》等各类重点标准。

【积极推动本市团体标准工作】在国家标准化改革的大背景下，创新团体标准管理思路，积极推进本市团体标准工作。本市团体标准工作坚持自主编制、自愿采用的原则，并将工作重心放在信息公开服务和事中事后监管上，以标准应用为切入点，重点强调标准应用信息公开、标准采信、实施监督等方面工作。编制印发了《关于鼓励团体标准在本市工程建设中应用的通知》，文件对团体标准的制定、团体标准的应用、团体标准应用的监督及激励措施等方面对团体标准在本市工程建设中的应用作出了规定。

【着力提升标准执行力】为促进标准的执行和影响力，市住房和城乡建设管理委会同相关行业协会、标准化专业技术委员会组织开展重点标准的宣贯培训活动，全年共组织 15 场标准宣贯培训会，对 13 项重点标准开展宣贯培训，其中主要包括《住宅设计标准》《高性能混凝土应用技术标准》《民防工程安全使用技术标准》及《林荫道设计规程》等重点领域的标准规范，共计约 2850 人次参加。通过宣贯培训强化了从业单位和从业人员的标准化意识，提高了从业人员对标准条文的理解领悟，进一步提升了勘察、设计、施工、验收、运营维护等各环节建设工程技术标准的执行力度。

【积极推动标准国际化工作】为响应国家“一带一路”倡议，深入贯彻落实上海市委十一届四次全会精神，积极推动工程建设标准国际化工作，编制形成了《上海市工程建设标准国际化工作方案》和《上海市建设工程标准国际化三年行动计划》。指导中国建筑第八工程局有限公司牵头组建了“上海工程建设标准国际化促进联盟”，联盟成员主要包括在上海土木建筑领域具有技术领先，并有“走出去”愿望的大型企业。同时，启动了3项优势领域标准外文版和《工程建设标准国际化应用指南》的研编工作。

【着力推动长三角一体化造价工作】为贯彻落实长三角区域一体化发展国家战略，推动长三角区域工程造价行业更高质量发展，积极开展长三角一体化造价管理工作。组织召开了“长三角三省一市造价管理机构关于构建建筑安装人工价格综合指数测算与发布工作研讨会”，形成了《关于长三角区域三省一市造价管理机构建筑安装人工价格综合指数测算与发布工作的实施方案》。截至12月底，完成发布了3个季度的长三角区域三省一市建筑安装主要工种人工市场价格及综合指数，初步实现了信息交换、资源共享的目标，为下一步工程造价管理一体化工作向更深层次发展奠定了基础。

【持续推进建设工程定额制修订工作】为满足城市建设运营全过程的计价需要，积极推进《上海市市政工程养护维修预算定额》修编工作。同时，按照《2019年度上海市工程建设及城市基础设施养护维修定额编制计划》，全面推进概算定额修编工作，截至12月31日，完成了“上海市建筑和装饰工程概算定额”“上海市安装工程概算定额”及“上海市市政工程概算定额”等概算定额送审稿的专家评审工作，完成了“上海市轨道交通工程概算定额”的编制大纲和子目评审。全年共发布建设工程定额两项，分别是《上海市绿化市容工程养护维修预算定额 第一册 环卫作业（SHA2-41(01)-2018）》和《上海市建（构）筑物拆除工程预算定额（SH00-31-2019）》。

【持续推进“三价”公开工作】为营造公平、公开、公正的建筑市场环境，全面强化建设工程竣工结算文件备案制度，积极推动国有投资项目“三价”公开工作。会同市市场管理总站组织召集各区建设行政主管部门、行业主管部门及各相关建设单位对竣工结算文件应备未备的409个项目进行梳理、分解，要求各区建设行政主管部门及建设单位根据清单目录落实备案工作，并对未按时整改的项目根据相关罚则进行行政处罚。截至12月底，梳理出的409个项目基本完成竣工结算文件备案工作，“三价”公开平台项目数已达13110项，实现“三价”公开项目数达484项。

【不断强化建设工程造价监管工作】为规范本市工程造价咨询企业执业行为，提高本市建设工程造价咨询企业的服务质量，组织开展了“2019年度工程造价咨询企业咨询质量与计价行为专项检查工作”，为减少企业负担，检查采用线上抽查的方式开展。此次抽查共收到169家企业造价咨询的自查报告和受检成果清单，其中4家企业无业绩，随机抽取326个项目进行检查评分，最终3个项目的造价成果文件检查结果评定为不合格，在12月30日召开的工程造价咨询专项检查讲评会上对相关企业及项目进行了通报。

【持续完善工程造价信息标准编制】为进一步推进本市建设工程造价信息化进程，健全工程造价基础数据标准化体系，编制发布了《建设工程造价数据标准》（DG/TJ 08-2300—2019），标准的发布统一了不同工程造价软件的数据输出形式及内容定义，打破了软件之间的技术壁垒，消除信息孤岛，促进工程造价电子数据的积累、共享、交换。为进一步规范上海市工程造价指标指数数据采集范围、分部分项内容，统一各专业建设工程指数指标分析表式，形成系统性的数据库，继续开展《建设工程指标指数分析标准》

编制工作。

【进一步提升造价服务水平】不断提高建设工程要素价格信息（人工价格、材料价格和施工机械价格等信息）的发布效能，不断优化信息价格收集、整理、分析机制，每月定期在上海市住房和城乡建设管理委门户网站上向社会动态发布建筑装饰、安装、市政、公路、园林绿化等各专业的建设工程要素价格信息，每月约有8000条信息向社会发布。对主要建材进行月度分析，形成图表，以满足建筑市场各方主体需求。为继续贯彻落实装配式建筑和绿色建筑发展理念，编制发布了2018年度本市绿色建筑典型工程造价指标。同时，关注社会热点，增加老旧公房加装电梯、钢结构装配式工程及保障房等项目的指标编制，发布了29个典型工程案例的造价指标，供建设各方主体参考。

【持续开展计价依据解释工作】为进一步强化政府服务职能，积极开展建设工程计价依据解释与争议调解工作，争议调解工作全面实行网络预约方式。目前系统平台运行情况良好，登记窗口共有注册人员1140名，对切实维护建筑市场各方主体的合法权益起到了积极作用。2019年全年计价依据解释和争议调解登记窗口共受理并处理50批次，累计接待共计220人次，主要涉及建筑和装饰、安装、市政和费用等专业内容。

【继续提高信息化服务建设】继续做好工程建设标准体系表的运维工作，不断更新和完善体系表检索平台的标准数据信息，实现大数据分析后台开发。“上海市工程标准”微信公众号继续发挥政府服务能力，及时发布最新工作动态、解读重点标准条文、研究标准化改革。截至2019年底，微信公众号关注人数超过2800人，发表文章85篇。“上海造价”微信公众号继续发挥政府服务能力，继续做好定额、价格动态等信息的发布工作，及时向社会公众提供业内信息、部委文件等最新动态。截止至2019年底，全年平台共发布图文信息49条，累计关注人数16188人。

（朱迪）

（八）节能建材管理

【概况】2019年，上海绿色建筑发展取得积极进展，全市新建民用建筑全部执行绿色建筑标准，低碳发展实践区、重点功能区域内新建公共建筑按照二星级及以上标准建设的比例不低于70%。截至2019年底，上海累计通过审图的绿色建筑总量已达1.88亿平方米，其中726个项目获得绿色建筑标志（建筑面积6272万平方米），二星级以上占比超过80%。装配式建筑发展总体向好，符合条件的新建建筑项目原则上实施装配式建筑，预制率不低于40%或装配率不低于60%。全年经营性土地出让落实装配式建筑1872万平方米（地上计容面积），累计装配式建筑落实总量超过9000万平方米，预制构件实际产能达到420万立方米，基本满足现有项目需求。建材使用监管机制进一步完善，实施重要建材供应信息报送制度，十大类建材每月信息报送约8万条，供应商确认率达到95%以上，基本做到重要建材在项目中可追溯。

【全面推进绿色生态城区建设】发布《上海市绿色生态城区试点和示范项目申报指南（2019年）》《上海绿色生态城区评价标准实施细则》等文件，进一步明确绿色生态城区申报流程和绿色生态专业规划的编制要求。截至2019年底，上海已创建或梳理储备的绿色生态城区共计28个，总用地规模约为86平方公里。其中，虹桥商务区核心区获得全国首个“绿色生态城区实施运管三星级标志认证”，桃浦智创城、宝山新顾城、浦东前滩成为上海首批获得“上海绿色生态城区试点”称号的绿色生态城区。

【举办绿色建筑国际论坛】6月25日，上海举行绿色建筑国际论坛，围绕“绿色上海与未来建筑”主题，聚焦绿色建筑发展新态势，畅谈对当下思考和未来展望。上海市人大常委会蔡威副主任，上海市人大常委会城市建设环境保护委员会崔明华主任委员，上海市人民政府黄融副秘书长，上海市住房和城乡建设管理委员会黄永平主任、裴晓副主任，中国工程院魏敦山院士、江欢成院士出席。

【助力崇明世界级生态岛建设】3月15日，市住建委、崇明区政府联合发布首个区级绿色建筑管理办法《崇明区绿色建筑管理办法》（沪住建规范联〔2019〕2号），突出崇明绿色发展高站位、高起点、高标准，对绿色建筑、全装修住宅、绿色生态城区等专项工作提出了更高目标要求。10月30日，市住建委发布《崇明世界级生态岛绿色生态城区规划建设导则》，以绿色生态城区建设统筹海绵城市、综合管廊、绿色基础设施等建设要求。

【推进国家机关办公建筑和大型公共建筑能耗监测】市住建委发布并实施《上海市国家机关办公建筑和大型公共建筑能耗监测系统区级分平台工作考核评分细则》。联合市发改委发布《公共建筑能耗监测及分析报告》，全面展示本市公共建筑年度用能总体情况和用能特征。开展公共建筑能耗限额等研究，为探索建筑能耗限额设计奠定技术基础。2019年，能耗监测系统覆盖楼宇1780幢，覆盖面积8242万平方米，其中机关办公建筑397万平方米、大型公共建筑7845万平方米。

【加快推进建筑节能工作】推进既有公共建筑节能改造，2019年共落实210万平方米公共建筑节能改造任务，可再生能源建筑应用160万平方米，能源审计105项，能耗公示90项，提前完成“十三五”规划目标任务。加快公共建筑能效提升重点城市建设步伐，完成165万平方米既有公共建筑节能改造，改造后平均节能率18%。推进超大型公共建筑能效提升，通过引导超大型公共建筑分项计量安装、开展建筑能源审计等，完成年度单位建筑面积能耗下降1%的目标。

【上海明确超低能耗建筑发展路径】市住建委印发《上海市超低能耗建筑技术导则（试行）》，因地制宜建立技术指标体系。结合既有公共建筑节能改造目标任务落实，要求各区推广超低能耗建筑，鼓励和引导开展试点，并积极组织开展宣传交流活动，逐步将超低能耗建筑纳入区级节能减排专项资金支持范围。

【上海推广装配式建筑创新技术】发布《关于进一步提升本市保障性住房工业化建设水平的通知》，推广大开间设计理念和标准化户型理念，推动内装工业化发展。修订发布《上海市装配式建筑单体预制率和装配率计算细则》，鼓励推广集成技术应用，探索解决门窗、墙体渗水、外保温、外饰面砖脱离等建筑质量通病问题。编制《上海市装配式建筑评价标准》等科研及标准、图集编制，聚焦工程建设全生命周期开展装配式评价，促进设计生产标准化、内装工业化、管理信息化。

【举办装配式建筑技能竞赛】11月1—25日，上海举办“首届中国长三角地区装配式建筑职业技能邀请赛”暨“2019年中国技能大赛——上海市建设行业职业技能竞赛”，来自长三角地区三省一市共88家单位180支代表队的498位建筑行业一线技能工人参与竞赛。竞赛由上海市建设协会、市建筑施工行业协会主办，上海市总工会、共青团上海市委员会、上海市住房和城乡建设管理委员会、上海市人力资源和社会保障局支持，共设装配式混凝土构件制作、构件安装、结构灌浆连接、建筑防水四个赛项。通过此次竞赛，上海将进一步以长三角一体化发展为契机，探索装配式建筑共治共管，共同推动建筑业转型升级和装配式建筑高质量发展。

【推动建材行业高质量发展】激发市场主体活力，支持《合成树脂乳液砂壁状建筑涂料》等多部团体标准在政府管理中应用。鼓励编制成品建筑外窗团体标准，通过明确推广成品建筑外窗应用，实施建筑外窗干法安装工艺等概念，聚焦生产、设计、审图、施工、监理、检测、监管等全链条闭合管理环节，加强建筑外窗工程质量管理。探索长三角区建材行业协同发展，支持召开2019长三角区域建筑涂料发展研讨会等。鼓励新型建设工程材料发展，2019年度共受理4个新材料认定申请。

【推进建筑废弃混凝土资源化利用】加快建筑废弃混凝土临时处理场所落地，截至2019年底，上海共有13个临时处理场所，其中6个基本达标可投入运行。发布《关于进一步加强本市建筑废弃混凝土回收利用管理工作的通知》，明确临时处理场所实施分类动态管理。研究编制《建筑废弃混凝土资源化利用建材产品目录》，共梳理出五类18种推广材料。开展建筑废弃混凝土再生处理临时处理场所建设与技术标准后评估、扶持政策研究，全面分析临时处理场所建设成本和经济效益，并对解决环保和土地问题提出合理化建议，进一步完善废弃混凝土资源化利用政策储备。（张倩）

（九）建设质量安全监管

【概况】2019年，本市建设工程质量安全工作坚持“安全第一、质量第一”的工作方针，按照精细化管理的要求，积极推进年度工作安排的重点任务，保持了本市建设工程质量安全形势的总体稳定。2019年全市范围内建筑施工领域共发生生产安全事故16起，死亡28人；同比2018年的23起28人，事故起数下降30.4%。发生1起重大事故，未发生质量事故。

【以推进联合竣工为契机，优化营商环境】一是落实好世行评估中关于竣工验收的相关任务。按照市委、市政府关于营商环境有关工作部署，进一步梳理竣工验收和验收备案流程，健全竣工验收信息化管理平台建设，落实好世行咨询评估团队来沪开展营商指标评估有关工作，全面开展综合竣工验收推进有关工作，不断提高企业的获得感。二是优化消防设计审查及验收工作。依托上海市工程建设项目审批管理系统，实行一站式政府验收。对于低风险项目，在取消消防验收的基础上，进一步取消四方验收环节，由建设单位组织相关企业实施自验。截至11月底，全市各建设行政管理部门已经完成建设工程消防设计文件受理154项，办结102项；消防验收（含备案）受理177项，办结98项。

【完善工程质量安全管理措施】源头管理。一是强化安全生产许可证批后监管。制定了《上海市建筑施工企业安全生产许可批后监督管理办法》，办法中设置专篇对发生事故单位的安全生产许可证在延期申请环节实施严审。同时将事故中有责的分包单位纳入许可证严审名单中，加大对分包单位的惩处力度。二是强化信用管理。推行差别化管理，通过完善施工单位、项目经理的档案履历强化对质量安全工作的考核，对于两年内发生质量安全事故的施工单位和项目经理参与招投标的将施行工程报批严审，不再享受优化营商环境的便捷审批。三是规范现场用工。会同市总工会、市人力资源和社会保障局联合印发《关于进一步规范建筑施工企业施工现场劳务用工年龄管理的通知》，对施工现场从业人员的年龄做出规定。四是规范现场管理人员行为。印发了于《进一步贯彻落实建筑施工企业负责人及项目负责人施工现场带班制度的通知》，并研究制定了《建设工程施工现场关键岗位人员到岗履职人脸识别管理试行办法》，进一步规范现场关键岗位人员到岗履职行为。现场管理。一是严格安全生产标准化的贯标工作。全面推行安全防护标准化定型化应用，洞口临边防护、登高作业、机械加工防护、文明施工设施等部位应使用定型化设施设备。同时，建立安全生产标准化第三方验收制度，由建设单位聘请有资质的安全生产评价机构对施工现场安全生产标准化工作开展情况负责组织评价。二是推进数字化工地建设。全面推行施工现场安全监管在线监测系统，加强对重点部位和重要施工节点的监控。同时，深化施工班组管理，所有班组每日都要进行班前安全交底，组织考勤并留影像资料归档备查。监督执法。一是建立巡查通报制度。对于巡查中被暂停施工的工程责任单位、责任人员，给予通报批评，同时约谈责任单位的法人代表。二是建立违法举报制度。出台《上海市建设工程安全生产事故隐患举报奖励办法（试行）》，开展安全隐患有奖举报，从“暂停施工十三条”切入，聚焦重大安全隐患。三是印发《上海市房屋建筑工程质量安全手册实施细则（试行）》，进一步细化和明确了质量安全管理标准，要求施工单位完善质量安全管理体系，建立岗位责任制度，设置管理机构，配足管理人员，落实企业质量安全主体责任。违法问责。一是对事故发生负有责任的企业实行扩大检查。印发《上海市建设工程生产安全事故管理规定》，规定中对发生事故的责任单位所承接的其他在沪建设工程开展扩大检查。对于总包单位其他在建项目先行实施停工 7 天，责令自查整改，同时组织对相关单位其他在建项目开展全面的安全检查。二是责令强制培训考核。事故责任单位主要负责人、技术负责人、项目负责人、项目技术负责人、专职安全管理人员等相关管理人员进行强制培训和考核。

【提升重大危险源监管效能】 一是研究出台《上海市基坑工程管理办法》，进一步完善基坑工程质量安全管理措施和要求，并印发了《上海市基坑工程在线监测实施方案》，规定对深度达 12 米以上的深基坑实施在线监测，建立了全市统一的基坑在线监测平台。二是全面启动既有建筑玻璃幕墙整治。制订本市玻璃幕墙建筑安全排查方案，印发了《关于开展 2019 年本市既有建筑玻璃幕墙安全排查整治的通知》，启动全市既有建筑玻璃幕墙安全排查。截至 11 月底已经完成全市面上排摸工作，并完成了 8300 多栋建筑的一楼一档。玻璃幕墙管理信息系统建设也取得进展，目前已经完成市区两级工作界面的开发，并已接入 14 个区的数据。基坑在线监测系统和既有建筑玻璃幕墙管理平台，已做成运用场景第一批上线本市城市运行平台，得到了市委、市政府主要领导的肯定。其中，玻璃幕墙管理平台在迎战台风“利奇马”来袭过程中，发挥了很好的预警作用，确保了台风期间本市既有建筑玻璃幕墙的安全。三是细化危险性较大分部分项工程管理要求，研究制定了《上海市建设工程危险性较大的分部分项工程安全管理实施细则》，进一步规范危险性较大的分部分项工程安全管理，落实参建各方责任。四是建立施工现场关键岗位人员考勤管理系统。全面推行关键岗位人员刷脸考勤，确保相关人员到岗履职，有效解决了挂证、违规兼职等行为。

【建立保险机制为制度创新】 进一步完善质量安全社会共治机制。一是研究制定了住宅工程质量保障机制。研究制定了《上海市住宅工程质量潜在缺陷保险实施细则》等规范性文件，为加强本市工程质量安全提供制度保障。此外，还建立了与市地方金融监管局、上海银保监局等部门的联席会议制度，协调推进“上海市 IDI 信息平台”的建设。二是研究制定安全生产责任险制度。通过强化市场手段的运用，引入保险机构参与现场安全管理。目前相关方案已得到市应急管理局及其他专业工程管理部门的认可，正在进一步与银保监部门沟通完善。

【深入集中治理质量安全隐患】 一是积极开展质量安全提升行动。开展勘察质量管理信息化试点工作，进一步完善“上海市工程勘察质量管理信息系统平台”建设。二是开展“安全月”“质量月”活动。组织开展全市范围的防风险主题宣讲、开展安全生产咨询、组织综合观摩等活动，进一步树立“生命至上、安全发展”的理念。组织开展了以“质量第一，追求卓越” 为主题的上海市建设系统“质量月”活动。三是开展安全隐患专项整治“百日行动”。为深刻吸取长宁区“5·16”厂房坍塌事故，开展房屋建设工程安全隐患专项整治“百日行动”，并印发了实施方案，围绕“六个方面”的重点开展全面排查。截至 2019 年 9 月底，市、区两级建管部门“百日行动”专项检查共有 15168 人次参与，检查项目 5188 个，排查发现隐患数 10217 个，发出整改单 2583 份、暂缓单 235 份、停工单 320 份，处罚 82 家单位，罚款 89.14 万元，共约谈 169 家参建单位，有效确保了 70 周年国庆庆典期间本市建筑施工领域安全生产形势平稳。四是深入开展防高空坠物专项治理工作。研究制订《本市在建工地全面开展空中坠物安全隐患专项整治实施方案》，进一步规范在建工地塔式起重机、脚手架、施工围墙、主体结构顶部，以及其他有高空坠物风险的部位上架设的广告牌或其他标牌，消除空中坠物隐患。五是防汛防台工作。印发《关于切实做好建筑工地台风“利奇马”防御工作的紧急通知》，部署各级建设管理部门应立即组织开展防汛防台安全大排查，切实做好施工现场防汛防台工作。全市监督机构出动 2359 人次，检查工地 918 个；落实应急队伍 214 支，约 3300 人。

【加强施工现场精细化管理】 一是推进建筑施工现场生活垃圾分类。按照《上海市生活垃圾管理条例》要求，会同市绿化市容局联合印发了《上海市建筑工地生活垃圾分类导则》，在施工现场的办公、住宿和食堂等区域开展垃圾分类处置工作。二是加强施工现场扬尘污染防治。会同市生态环境局联合印发了《上海市房屋建筑工地扬尘污染防治工作方案》，在推进扬尘在线监测的基础上，要求进一步推进施工场界喷雾设施，加强扬尘治理。三是推进文明施工管理措施提标改造。研究制定并印发了《房屋建筑工程文明施工提升标准》，结合上海实际，对文明施工措施提出三大方面的提标改造要求。

【第二轮中央环保督查联络工作】 共收取环保督察综合任务 8 件，处理环保督察报送材料任务 8 件，处理信访处理任务 6 件。按时上报环境保护督察组调阅资料 7 批和提供上海市贯彻落实第一轮中央环保督察反馈意见整改方案有关任务进展情况。

（何炜卿）

PART TWELVE

XII

城市管理精细化

CITY MANAGEMENT REFINEMENT

（一）综述

在市委、市政府的坚强领导下，全市上下始终坚持对标最高标准、最高水平，以全覆盖、全过程、全天候和法治化、社会化、智能化、专业化为着力点，以迎接新中国成立70周年和首届、第二届进博会等重大保障任务为契机，破解管理难题，根治历史顽症，补齐治理短板，城市管理精细化水平不断提升。特别是2018年上半年，市政府将市政市容管理、数字化城市管理、违法建筑治理、综合交通、海绵城市建设、住宅小区综合管理、建筑信息模型应用推广等8个市级议事协调机构合并，重设为新的市城市管理精细化领导小组，城市精细化管理的内涵和外延进一步拓展，统筹协调指导的体制优势进一步凸显，为推动城市管理精细化水平的进一步提升奠定了扎实的基础。

以“双迎”工作为契机，城市管理精细化水平显著提升，市容环境品质不断改善。聚焦“双迎”重要区域，开展市容环境整治工程，增设花卉花坛花镜，升级改造黄浦江两岸景观照明，实施“六大十清”活动，确保城市清洁行动成效持续巩固。全年累计创建200个“美丽街区”，持续整治清理占道亭棚、违法户外广告及店招店牌等设施，市容环境显著改善。居住环境品质不断改善。持续推进住宅小区建设“美丽家园”三年行动计划，推进实施1434个住宅小区雨污混接改造，为974个小区新增电动自行车安全充电设施，开展住宅小区外立面附加设施高空坠物安全隐患排查整治，完成一批老旧小区安防系统、消防设施改造，对3122台老旧住宅电梯进行安全评估。全年完成三类旧住房综合改造1184万平方米，里弄房屋修缮改造104万平方米，完成了624幢既有多层住宅加装电梯计划立项并完工运行131台。启动实施1.1万户未纳入旧改范围、各类“拎马桶”的老旧住房改造。生态环境综合治理效果逐步显现。全面推行河（湖）长制，持续推进中小河道水环境治理，推进苏四期工程。推进青浦练塘污水厂等郊区城镇污水处理厂提标改造与扩建。全面完成本市居民住宅二次供水设施改造，并逐步建立健全长效管理机制。不断改善农村生态环境，以村内基础设施建设、村庄环境整治、公共服务设施配套三大类工程建设为重点，推进7万户村庄改造，开展美丽乡村示范村、乡村振兴示范村建设。深入推进垃圾综合治理工作，基本形成全市生活垃圾分类收运体系和建筑垃圾处置体系。此外，综合交通管理更加便捷规范，海绵城市建设发展稳中有序，城市运行安全管理不断加强。

以“无违”创建为抓手，违法建筑治理持续保持高压态势，拆违工作持续推进。市、区、街镇各相关部门积极作为，强化组织领导和力量统筹，强力推进拆除重点类型违法建筑，坚决遏制新增违法建筑。全年共计拆除违法建筑2200余万平方米。其中进博核心区域内拆除违法建筑近50万平方米，全面提升了“进博会”核心区域综合环境品质。此外，持续开展“居改非”“破墙开店”等顽疾整治。“无违”创建率显著提升。全市累计完成无违先进居村（街镇）创建工作211个，创建成功率93.4%，普陀、黄浦、虹口、长宁、徐汇、杨浦、崇明、奉贤8个区创建率达到100%。全市违法建筑拆除量及“无违”创建率均远超年度目标。

以安全隐患排查治理为重点，全力筑牢城市安全底线，加强文明施工管理。修订《上海市建设工程文明施工管理规定》，严格落实文明施工措施，推进工地污染在线监控系统建设和监测，减少施工扰民。加强城市风险管理。聚焦在建工地、燃气、地下空间、玻璃幕墙、高空坠物、老旧住房等重点领域，不断完善应急管理体系，强化应急实战培训演练，以应急管理信息化建设为抓手，持续加大城市风险管控力度，坚持从源头上管控风险、消除隐患。开展防“高坠”专项治理。在全市范围内开展了以空调外机为主的外立面附加设施安全隐患排查整改，对外立面附加设施存在锈蚀、断裂、倾斜和松动等问题的，督促设施所有权人进行整改，做到早发现、早整改，确保城市运行安全稳定。开展高铁环境安全隐患整治。按照中央及市委、市政府的要求，认真履行牵头职责，全力以赴抓好高铁环境安全隐患整治工作，全市179处问题点位已基本完成整治。

以“四化”建设为核心，全力夯实城市管理精细化的基础，对城市网格化管理平台进行智能化升级改造。新建观屏展示系统，优化网格派单和自动派单功能，打造数字孪生城市，为数据汇集打下基础。开发并上线深基坑安全监管、玻璃幕墙安全监管、疫情防控等10个应用场景，通过主动、自动、被动的“三动联动”以及业务流程再造，大大提升了城市管理领域问题的处置效率。加强城市管理领域法治化建设。立足超大城市精细化管理要求，加强重点领域地方性法规、政府规章的立改废释，印发《生活垃圾管理条例》等法规。细化城市管理精细化的相关制度和管理办法。全面推行“双随机一公开”监管模式，强化事中事后监管，加强生活垃圾分类执法和食品安全等领域专项执法整治，有力保障市民群众身体健康。完善城市管理标准化体系。围绕基础设施、智慧城市、水务、交通运行、市容环卫和房屋管理等，先后出台《上海市道路合杆整治技术导则》《市政道路建设及整治工作全要素技术规范》《上海市住宅物业服务规范》《住宅小区公共区域环境清洁管理标准（试行）》等标准，为精细化管理提供了依据。健全城市管理社会化参与机制。在推进小区综合治理、垃圾分类、无违建居村（街镇）创建等过程中，强化基层党组织作用，发挥居民自治功能，调动社会参与，逐步形成多元共治、良性互动的城市管理模式。

（二）一网统管

【概况】2019年，重点聚焦社会治理“一张网”建设，按照“再造流程、闭环管理”“感知泛在、智慧研判”“线上线下、一网统管”的总体思路，以解决城市管理领域突出问题和难题顽症为切入点，推进完成网格化管理信息系统1.0版升级改造。开发上线玻璃幕墙安全监管、深基坑安全监管等8个应用场景，基本完成市、区、街镇三级平台标准基础版的建设，并在市政务云进行了集中部署，通过政务外网实现调用和共享。

【网格化综合管理平台升级】为对标全球卓越城市的最高标准、最高水平，推进市、区、街镇三级平台建设，基本完成了市、区、街镇标准基础平台的系统开发。目前，三级平台均在市政务云进行了集中部署，通过政务外网实现调用和共享。主要内容包括：

一是加强了数据治理。依托市区两级政务外网提供数据传输服务，依托市区两级电子政务云为相关信息系统建设提供硬件环境支撑，依托市区两级大数据资源平台，加强数据采集、归集与共享。

二是统筹了管理内容。在网格化管理144个标准市级部、事件的基础上，吸纳基层在工作实践中拓展的内容，并将适用街镇统筹的综治、市场监管、公安非警情等业务纳入“一张网”，进一步规范了各类部、事件的标准、流程、责任主体和需要落实到责任网格的处置力量，做实联勤联动、赋能综合处置。

三是优化了管理流程。通过GIS地图与互联网地图的互通插件，实现各类信息的精

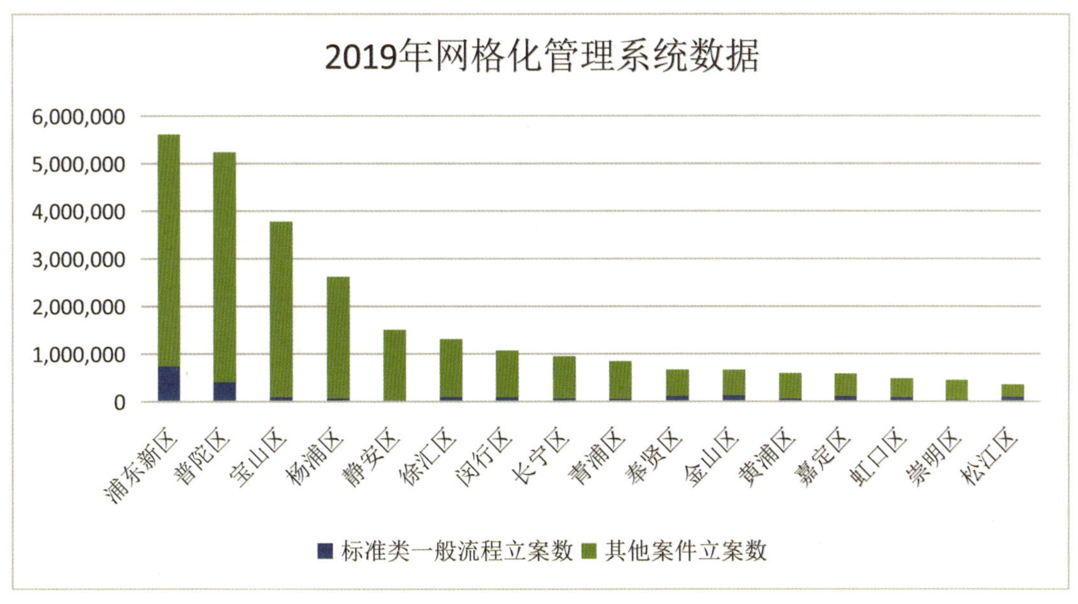

图 1 2019 年网格化管理系统数据

准定位、智能关联、融合互动；通过派单方式优化及政务微信试用，增加向责任网格派单和系统自动派单的功能，实现普通网格与专业网格的联勤联动、各种管理执法作业力量的联勤联动。

【开发违法建筑治理场景】 通过网格、物业巡查等主动发现，市民热线投诉被动发现，无人机和遥感等自动发现手段，获取违建数据线索，并与拆违业务系统数据库比对。若已有点位则进行数据关联，若无则进行点位补入库；若是存量违建则进入一般处置程序，若是在建违建则进入快速处置程序。同时运用大数据分析，锁定在建多发易发区域进行重点管控。

【玻璃幕墙安全监管场景上线】构建维护“一楼一档”，综合楼龄、幕墙结构、环境气候因素、业主基础档案、动态管理督查巡查行为等数据，通过深度学习研发潜在隐患建筑算法，提示可能出现玻璃破碎风险的大楼；同时运用悬挂搭载高清摄像头和红外探头的无人机、加装微距摄像头的清洗机器人及人工相结合的方式，进一步确认隐患。

【建设深基坑安全监管场景】 对现场上传的项目基础信息、传感器监测数据、监测汇总数据、工况数据、现场巡查数据、专家评估数据、参建方用户数据等进行算法分析，发现问题后推送至场景后台。专家进行风险评估后，将问题推给建设单位，由建设单位组织参建各方进行现场整改或风险抢修，并将现场整改情况回传到业务系统中，实现风险闭环。

（戚艳平）

【网格化平台立案 2679 万件】2019 年，按照“应发现尽发现、应处置尽处置”要求，全市网格化综合管理工作力度加大，全年立案 2679 万件。其中，标准类一般流程案件立案 2221789 件，其他案件立案 24570360 件；部件立案 872663 件，结案 786456 件，事件立案 23697697 件，其中标准类立案 1349206 件，结案 1222744 件。标准类一般流程中，部件立案列前三位的是各类井盖 279968 件、行道树 79535 件、公共绿地 68563 件，分别占 32.6%、9.1% 和 7.9%。事件立案列前三位的是暴露垃圾 633815 件，道路破损 238846 件、架空线坠落、乱设 118187 件，分别占

46.9%、17.7% 和 8.76%。

【12319 与网格化平台信息互动情况】2019 年由各区平台派送市级平台转市级相关职能单位处置的案件 64746 件，结案 39225 件，结案率 60.6%；部件主要包括消火栓 5873 件、上水井盖 5664 件、信息交接箱 3610 件，事件主要包括道路破损 7539 件、架空线坠落、乱设 7509 件、乱设或损坏户外设施 508 件。12319 热线转网格化平台 19051 件，主要是路灯 11912 件、群租 4888 件。

【网格化管理市级督查情况】 2019 年市级督察发现问题共计 5621 件，其中部件 2867 件、事件 2754 件。经比对反馈，区先发现数为 3714 件，先发现率 66.09%；市先发现数 1907 件，实际结案率为 94.2%。发现前三类问题分别是：部件，井盖类问题 862 件、行道树 307 件、信息交接箱 283 件，分别占发现部件总数的 30.1%、10.7% 和 9.9%；事件，道路破损 922 件、架空线坠落或乱设 783 件、暴露垃圾 658 件，分别占到发现事件总数的 33.5%、28.4% 和 23.9%。

（周虹）

【12319 热线全年受理 106 万件诉求】 2019 年共受理建设交通行业相关市民诉求 106.5 万件，其中咨询 68.1 万件、占 65.1%，投诉 20.7 万件、占 19.8%，报修 7.5 万件、占 7.2%，建议 6.3 万件、占 6.0%，举报 1.5 万件、占 1.4%，表扬 0.5 万件、占 0.5%；交派网格化管理平台处理 1.9 万件。受理 12345 市民服务热线工单 21.5 万件，其中市住建委受理 5.0 万件，市交通委受理 16.5 万件，市城管执法局受理 209 件；回访复核单 632 件，按时办结率 99.6%。对市民回访不满意件下发催办单 6983 件，反馈率 99.9%；对媒体报道、领导交办的市民关注的 220 件重点案件赴现场勘察百余人次，跟踪市民重复投诉 192 件，协调疑难件 28 件。

【“夏令热线”活动】 7 月 8 日至 8 月 8 日，由市建设交通工作党委、市住房城乡建设管理委、市交通委等部门与新民晚报社、上海广播电视台共同主办，12345 热线、12319 热线等单位承办的 2019 年“夏令热线”活动举行。市建设交通系统相关部门副局级干部 23 人次到 12319 热线接听市民来电 359 个，处级干部 64 人次接听市民来电 1079 个。“夏令热线”期间，共受理市民诉求 16.3 万余件（包含 12345 热线受理量），其中咨询 5.8 万余件（占 35.8%）、投诉举报 4.2 万余件（占 26.1%）、求助报修 5.3 万余件（占 32.3%）、意见建议 0.9 万余件（占 5.8%），与往年相比基本持平。市民反映最集中的前三类诉求分别是：垃圾分类及清运、物业维修、违法建筑。“垃圾分类及清运”居诉求量首位，达 2 万余件，为今年新热点。违法建筑作为“老顽症”仍为市民关注焦点，“夏令热线”期间共受理 6500 余件，其中新增违法建筑 1200 余件。物业维修 7500 余件，与去年基本持平，诉求集中在居民用水、用电，屋面墙面维修、公共设施设备的维护维修、树木倒伏等。

【加强重点问题的跟踪处置】落实市住建委领导批示件的协调处置。市住房城乡建设管理委领导对市民诉求处置高度重视，多次批示处置部门妥善解决市民反映的问题，12319 热线全力落实相关工作。如针对浦东新区周浦镇某工地拖欠民工工资问题、金山区象州路蒙山路流动设摊严重的问题，根据领导批示要求，迅速沟通处置部门，核实情况、推进解决，并做好与投诉人的沟通。

【推进疑难诉求的协调处置】 运用综合方法协调疑难问题，针对 27 件无法派单的疑难件，通过查阅法规、深入研究、电话走访、会议讨论、现场核查等多种方法，确认主体，落实解决，协调解决率 100%。

【对已处理疑难问题“回头看”】会同《新民晚报》分别对 2015 年和 2016 年经热线协调、实施了排水改造的普陀区甘泉一村、杨浦区长白三村积水点改造工程进行现场回访。事实证明，两小区经工程改造后，经受住了“利奇马”“米娜”等近年历次强台风考验，小区积水问题未再复发，《新民晚报》为此专门进行了报道。

（刘臣）

（三）架空线入地及合杆整治

【概况】2019 年，在国内率先提出“做减法、全要素、一体化”的管理理念，编制推行《市政道路建设及整治工程全要素技术规定》等标准规范。做实做细“一路一方案”，按照“减量化、隐形化、规范化”要求，对路面、地下管线、综合杆、综合箱及城市家具等各类要素进行规范统筹，打造“线清、杆合、箱隐、景美”的样板路段。深入开展“雷霆行动”，集中清理违规设置的线、杆、箱、牌，并依托网格化平台加强日常巡查，累计清理飞线 1400 余根，实现架空线入地及合杆整治从规划设计、文明施工到日常监管的全过程管理，超额完成市政府下达的 100 公里整治任务。

【成立上海市管线和杆箱整治管理工作领导小组】2019 年，经市政府研究决定，合并上海市架空线整治和管理工作联席会议和上海市城市地下管线建设管理工作领导小组，成立上海市管线和杆箱整治管理工作领导小组。市指挥部在总结去年工作的同时，优化调整内部部门设置及人员安排，新增巡查督查部，进一步提升工程推进力度和文明施工管理强度。

【推进全要素整治，打造样板路段】进一步贯彻落实“做减法、全要素、一体化”的整治理念，提升整治效果，会同市交通委、市绿化市容局联合印发《市政道路建设及整治工程全要素技术规定》，对路面系统、地下管线系统、综合杆、综合箱以及城市家具等各类要素进行规范，并结合架空线入地工程同步实施。新华路、华山路已完成全要素整治，街道立体空间整治取得显著成效，呈现“线清、杆合、箱隐、景美”的环境面貌，形成了较好的示范引领作用。

【提高综合杆智能化水平】紧紧围绕“功能集约化、结构模块化、接口标准化、穿线集成化、规格系列化、荷载可视化”的要求，结合去年整治存在的问题以及 5G 等新型信息基础设施建设需求，对综合杆、综合箱持续开展技术攻关，印发若干技术要求文件。将“综合杆、综合设备箱、综合电源箱、综合管道”打造成面向城市管理和服务的综合公共基础设施，为道路上各类需要立杆、接电的城市管理与服务设施提供物理搭载载体、信息传输通道、电力供应保障以及数据管理与共享等基础功能，从而避免重复立杆、重复设箱、重复掘路、乱拉飞线等违规行为。

【开展箱体整治】印发《上海市架空线入地和合杆整治实施细则》《上海市架空线入地和合杆整治项目“一路一方案”编制要点》《关于开展本市道路箱体整治工作的实施方案》，理顺工作推进环节，解决工程中的堵点与难点，指导督促各区统筹设计方案和施工组织，以“减量化、隐形化、规范化”的整治要求，逐步解决架空线入地以后，道路箱体呈现出的数量众多、尺寸多样、色彩各异、位置欠佳等问题，全面提升街道品质。

【提升架空线入地和合杆整治文明施工标准】出台《上海市架空线入地和合杆整治文明施工标准（试行）》及考核、巡查制度，明确所有整治工程全部设置高围挡的统一要求，全面提升现场文明施工管理标准，进一步加强文明施工监管，累计开展巡查1725次，检查结果呈良性发展趋势，平均分由67分提高到86分，合格率由12%提高到95%，文明施工水平取得明显提升。

（欧阳雁）

（四）城管执法

【概况】2019年，全市城管执法系统以习近平新时代中国特色社会主义思想为指导，深入贯彻落实党的十九大和十九届二中、三中、四中全会精神，坚持聚焦城市管理难题顽症补短板，坚持健全制度规范提升精细化水平，坚持融入社会治理大局展示新形象，进一步改善了城市环境面貌，有效提升了市民群众满意度。

【圆满完成第二届进博会保障任务】坚持领导带头，靠前指挥调度，成立第二届进口博览会城管执法保障指挥部，制订下发《第二届进口博览会城管执法保障工作方案》，明确执法保障任务、时间安排、责任分工和措施要求。坚持每月召开一次现场推进会，组建了党员先锋队、青年突击队、女子特勤队、应急保障队等执法标杆队伍，示范引领全市执法保障工作。制订下发《进博会城管执法增援工作方案》，在全系统选拔200名业务骨干，进驻核心区开展执法保障，坚持精细巡查，精准管控，先后整治解决11批4235处城市环境问题点位。其中选拔4名业务骨干进驻进博会场馆，检查指导场馆内生活垃圾分类和餐厨垃圾处置等工作，反响良好。

【生活垃圾分类专项执法】坚持问题导向，聚焦生活垃圾“分类投放、分类收集、分类运输、分类处置”四个环节，深入社区、商家、楼宇、学校和医院等单位以及230家收运企业、10家大型中转场所、9家末端处置企业，提高对投放不到位、收运不规范、市民乱扔垃圾、车辆混装混运、遗撒滴漏等问题的执法管控力度，

全力打好全覆盖执法检查运动战，打好全过程执法处罚攻坚战，打好全方位联合治理持久战。总结推广闵行区浦锦街道生活

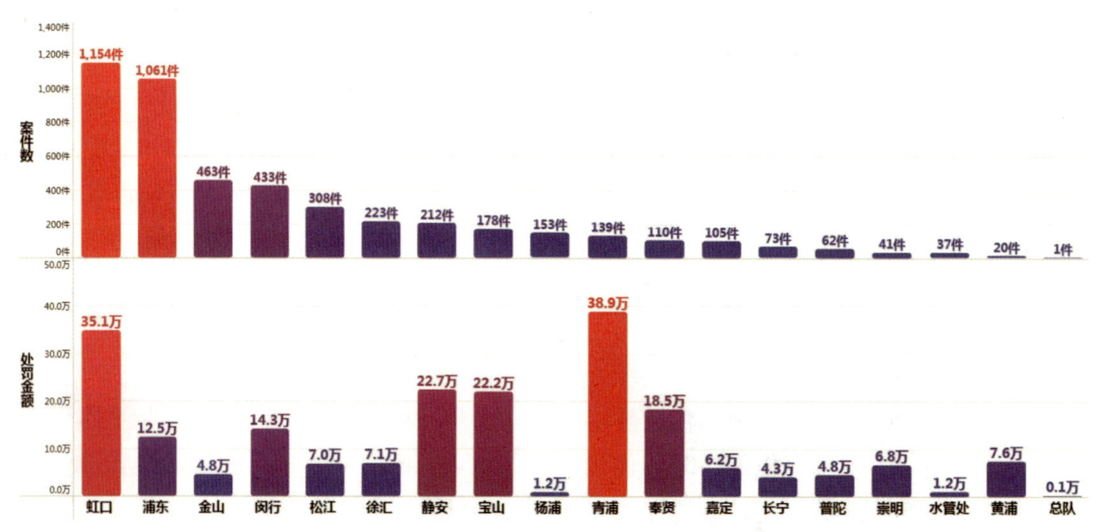

图2　2019年7月—12月各区生活垃圾案件查处情况

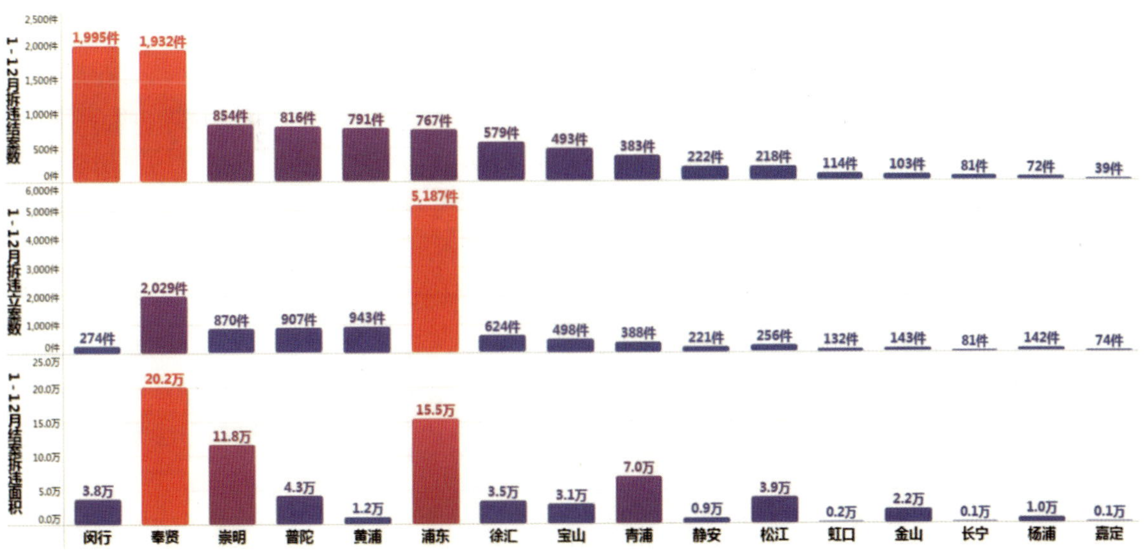

图 3　2019 年各区拆违案件数及结案面积情况

垃圾分类治理的成功经验和做法，协同推进餐厨垃圾、大件装修垃圾等综合治理工作。8 次组织主流媒体参与垃圾分类现场执法报道，宣传典型案例，营造浓厚氛围，促进市民垃圾分类习惯养成。《上海市生活垃圾管理条例》实施后，2019 年 7—12 月，上海市城管执法系统共检查投放环节各类单位 15.96 万家次，检查收运企业 1981 家次，检查大型中转和末端处置企业 207 家次；共教育劝阻相对人 38794 起，责令当事人整改 24629 起，依法查处生活垃圾分类案件 5546 起，共向征信平台推送生活垃圾分类违法信用信息 232 条，共涉及法人信用信息 259 条、自然人信用信息 73 条。

【违法建筑专项执法】 加强日常巡查防控，综合运用市民监督、媒体监督、第三方巡查等方式，提高快速发现、快速处置违法建筑的能力，确保新建违建“零增长”。坚持多措并举，综合运用执法、注记、信用惩戒等多种手段，积极推进存量违建治理，提高拆违工作效能。2019 年，上海市共依法拆除违法建筑 67494 处，2200.24 万平方米，其中：拆除存量违法建筑 66974 处，2195.12 万平方米，完成年度任务量的 109.3%；拆除在建违法建筑 520 处，5.12 万平方米。

【无违建先进街镇创建】 坚持条块结合、联勤联动、综合施策、依法治理，依托基层治理创新和城市管理精细化工作，持续加大治理力度，全面推进无违建先进居村（街镇）创建工作，基本消除重点类型违法建筑，不断提高城市管理精细化水平。库内重点类型违法建筑基本消除。上海市共正式命名 710 个无违建先进居村，累计命名 6293 个，创建率达到 99.57%；市拆违办共验收通过 105 个无违建先进街镇，累计通过 211 个，创建率达到 93.36%。普陀、黄浦、虹口、长宁、徐汇、杨浦、崇明、奉贤 8 个区创建率达到 100%。

【街面环境秩序专项执法】 深入推进“美丽街区”建设，全面查找短板弱项，及时消除无序设摊、跨门经营、违法户外广告、破坏房屋外貌等环境乱象，总结推广奉贤区百路整治、闵行区华漕镇“双迎”执法保障等先进经验，建立完善路长制、路管会等机制。配合商务委等部门科学合理规划夜间集市，制定实施推进夜间经济发展六条措施，助推夜市经济健康有序发展。落实市领导批示精神，对媒体墙、电子广告屏、占道汽修店、洗车店扰民等问题开展专项治理，会同交警、交通执法总队从严查处“货拉拉”“快狗”等违法车身流动广告，建立健全长效管控机制，努力使道路环境更加整洁有序，街容街貌更加美观亮丽，视觉空间更加赏心悦目。2019年重点推进1651条道路环境综合治理，创建213条市级环境秩序整治示范道路，共依法查处违法户外广告设施案件6053起，拆除违法大型户外广告设施1513处，拆除违法店招店牌14738块；依法查处无序设摊案件38980起，取缔98296处，查处跨门经营案件17562起；依法查处破坏房屋外貌（破墙开店）案件379起，整改恢复1784处；依法对非法小广告通信号码实施“停机”1877起“复机”850起。

【小区环境专项执法】聚焦市民群众关注的小区违法搭建，损坏房屋承重结构、居改非、占绿毁绿等操心事、烦心事、揪心事，协同相关管理部门推进综合治理，补齐小区环境短板。2019年重点推进517个老旧小区环境综合治理，创建204个示范小区，共依法拆除小区违建108.7万平方米，注记房屋34732套;查处损坏房屋承重结构案件916起，整改恢复1717处；查处居改非案件326起，查处占绿毁绿案件2306起。

【生态环境专项执法】精准施策，推进落实中央环保督察问题整改，会同交警、绿化市容部门落实建筑垃圾治理三方联合惩戒措施，会同环保、水务等部门，从严查处污染大气、污染水环境、污染土壤等违法行为，坚决打赢打好“蓝天、碧水、净土”保卫战。2019年共依法查处违法运输处置建筑垃圾类案件4143起，暂扣违法车辆981台，查处向水域倾倒垃圾案件341起，查处夜间施工扰民案件308起，查处焚烧垃圾案件121起，查处油烟污染扰民类案件51起。

【食品安全专项执法】贯彻“四个最严”工作要求，切实把保障食品安全的责任放在心上、扛在肩上，加大对餐厨垃圾、废弃油脂、占道活禽交易和流动食品摊点的执法管控力度，全力保障市民群众饮食安全。2019年共依法查处违法夜排挡等占道经营食品类案件15756起，查处废弃油脂及餐厨垃圾案件3011起，查扣餐厨垃圾和废弃油脂运输工具59辆，查扣废弃油脂22209公斤，查处非法活禽交易案件128起，暂扣非法活禽经营工具192件，没收活禽3471羽。

【水域环境专项执法】对标“最高标准、最高水平”，加大对河道周边及市管水域环境整治力度，着力遏制污染水环境，维护水域市容环境秩序，提升生态环境质量。2019年依法查处向水域倾倒排放垃圾等废弃物案件341起，罚款47.59万元。

【优化营商环境专项执法】推出服务夜市经济发展举措，商务委等九部门联合制定关于上海推动夜间经济发展的指导意见，注重对夜市规划选址的事前指导以及夜市运营期间的指导服务和日常监管，实现维护城市环境秩序与激发城市经济活力的有机统一。

【强化面上执法管控】聚焦春节、五一、国庆等重要节假日，聚焦第二届进博会、两会等重大活动，聚焦外滩、人民广场等重点区域，加强街面巡查管控。开展全城静音“绿色护考”行动，严厉查处夜间施工扰民等违法行为，为考生做好执法保障服务。今年以来，全系统共出动城管执法人员220万余人次，开展执法整治10034次，巡查主要道路、商业街区、建筑工地等158万余次，教育劝阻相对人121万余人，依法查处各类案件11万余起，有效维护了超大城市环境面貌和管理秩序。

【推进住建领域行政处罚权相对集中】贯彻落实《中共中央 国务院关于深入推进城市执法体制改革 改进城市管理工作的指导意见》工作要求，进一步深化城管执法体制改革，推动上海市住建领域综合执法。会同上海市住房城乡建设管理委、上海市房管局等部门，开展房屋管理及文明施工领域行政处罚权相对集中行使工作专项研究。经市政府专题会议审议，确定将170项房屋管理领域和31项文明施工领域行政执法事项划转城管执法部门行使。进一步理顺市、区、街镇三级执法体制，推进建立新增执法事项的联合执法、协作联动、专业培训、信息反馈等工作机制，加强新增执法事项的执法保障，提升执法实效。

【完善城管系统执法类公务员分类管理改革配套制度】为进一步理顺街镇执法人员考核机制，深化分类管理改革，在充分调研的基础上，形成了《关于完善基层城管执法人员绩效考核的指导意见》初稿，与市公务员局进行了交流沟通，并广泛听取了各区局的意见建议。对照新修订的《公务员法》和《公务员职务与职级并行制度》的要求，进行修改完善并发布。《指导意见》共分指导思想、考核对象、考核主体、组织实施、考核指标、考核方式、结果运用七个部分，按照“分级管理、逐级考核”的原则，充分考虑了执法工作特点，规范了设置考核指标，统一了考核方式，发挥绩效考核风向标指挥棒的作用，为绩效考核与职级晋升挂钩工作的开展夯实了基础。

【研究优化区城管执法局机构设置】为进一步深化城管综合执法体制改革，根据市委、市政府关于房屋管理、文明施工管理划转的工作要求，配合市编办地区处调研杨浦、闵行、青浦、奉贤四个区城管执法体制机制情况，研究理顺区局和大队关系、充实基层一线力量、房管执法队伍划转等方面的经验做法。起草《关于深化城市管理综合行政执法改革的指导意见》初稿，按照区城管执法局负责业务指导、统一培训、执法监督，区局执法大队负责案件审理、勤务指挥、投诉受理的职能能力，提出调整优化内设机构、人员编制和领导职数的设想，并指导杨浦区城管执法局率先开展试点。

【推进落实城管执法精细化三年行动计划】强化日常进度跟踪，完成精细化三年行动计划79项重点工作任务进展情况排摸。加大对区局精细化工作的指导和督促力度，召开系统精细化工作推进交流会，回顾总结上海市城管执法系统精细化三年行动计划开展以来的进展情况，交流学习各区精细化工作经验做法，推动全市城管执法系统面上精细化工作的进一步开展。

【健全渣土运输违法违规行为联合惩戒机制】与市绿化市容局、市公安局交警总队联合发布《关于实施违法违规行为联合惩戒进一步规范工程渣土运输市场的通知》，规范工程渣土运输市场，强化事中事后监管，及时发现、查处工程渣土市场各类违法违规行为，促使运输单位落实主体责任。对存在未实行密闭或覆盖运输、擅自倾倒、堆放、处置或无证运输、超载30%以上，致人死亡交通事故等严重违法违规行为的车辆所属工程渣土运输点位实施联合惩戒，采取“责令停业整顿”、招标扣分、“吊销运输许可证”等行政管理措施，重拳打击未申报“黑”源头、无证运输的“黑”车船、非法转运处置的“黑”码头、“黑”卸点，形成执法高压态势，净化市场运营秩序。

【全面推行“双随机一公开”监管模式】全面、系统梳理上海市城管执法部门监管职能范围内的监管事项，在广泛征求各机关处室、各基层单位意见和建议的基础上，下发《关于调整“双随机一公开”监管事项的通知》和《关于增加“双随机一公开”随机抽查事项的通知》，就《上海市城管执法系统随机抽查事项清单》中的抽查项目、检查内容以及检查频率进行了调整。将“双随机一公开”工作情况纳入各区城管执法局和基层中队的日常督查、飞行检查以及年度绩效考核，要求各区城管执法局加强对基层中队的指导、督促和检查，对发现的问题及时进行沟通解决。2019 年，上海市城管执法系统共随机抽查餐厨垃圾、餐厨废弃油脂产生单位 19404 家，发现未按规定办理餐厨垃圾、餐厨废弃油脂申报手续，将餐厨垃圾、餐厨废弃油脂交由不符合规定的单位、个人收运等问题 1869 个，责令改正 1388 起，立案查处 343 起，案件移送 138 起；抽查建设工地 8080 个（次），发现无证承运建筑垃圾、运输车辆未密闭、未随车船携带处置证等问题 152 个，责令改正 95 起，立案查处 57 起；抽查生活垃圾收运单位 199 个，发现未执行行业规范和操作规范问题 8 个，责令改正 7 起，立案查处 1 起。

【完成《上海市城市管理行政执法条例实施办法》修正案草案】 启动《上海市城市管理行政执法条例实施办法》的修订工作，书面征求了市政府相关部门及各区局的意见，并通过局官网向社会公开征求意见，在邀请专家论证研究后，形成修正案草案报送市司法局。2019 年 8 月，市住建委和市城管执法局向陈寅副市长专题汇报《实施办法》的修改进展情况。9 月，配合市司法局完成《实施办法》修正案的审核工作。

【制定生活垃圾分类执法裁量基准】 《上海市生活垃圾管理条例》出台后，及时制定《〈上海市生活垃圾管理条例〉行政处罚裁量基准》并发布。制定过程中，对比梳理了生活垃圾管理类执法事项的修订、废止和新增情况，了解查访既往执法情况，广泛听取了基层执法人员、法律专家、专业管理部门等多个渠道的意见建议。严格按照合法、合理、易操作的原则进行制定，根据既往执法经验的反馈，针对不同违法行为的社会危害性程度，结合行为后果和改正情况，设定合理的处罚额度，在情形划分上充分考虑一线执法人员的可操作性，去除了既往惯用的重量、面积等裁量因素，普遍采用次数计量，清晰易懂。

【完善垃圾分类违法行为查处等制度规范】 制定执法办案类、队伍建设类、基层服务类等 30 余项法制规范。形成了《上海市生活垃圾分类违法行为查处规定》，在生活垃圾分类执法操作层面支撑了《上海市生活垃圾管理条例》的顺利实施，明确了各项违法行为的定性标准和处罚程序，助力上海市生活垃圾分类工作的开展。完善并印发了《上海市城管执法全过程记录规定》和《上海市城管执法视音频记录工作规范》，全面、系统指导全市各系统基层执法队员正确和规范使用执法记录仪等单兵执法装备，保障日常执法活动有序开展，同时从硬件上完善了执法办案全过程可追溯、可跟踪、可监督。

【发布执法指南 举办法治讲堂】 关注基层执法中遇到的重点难点问题，印发《关于建筑废弃混凝土运输活动的执法指南》《关于加大对架空线入地和合杆整治区域执法保障力度的执法指引》《关于贯彻落实《上海市生活垃圾管理条例》的执法指南（一）》《关于强拆过程中活禽活物处置问题的执法指南》等一系列执法指南，不断加大对基层执法的法制指导力度。适时举办法治讲堂，以专题授课与现场研讨相结合等形式，邀请市级法制机构负责人、法院系统、专业律师、法学教授等专业人士共同参与，研究执法难点问题。

【推进实施行刑衔接工作】会同公安、检察院、法院，加强对区局行刑衔接工作的指导，加大处罚力度，形成闭环处理，通过多部门共同协作，及时移送案件，形成执法威慑效应。2019年，行政刑法衔接的案件类型主要集中在污染环境、擅自倾倒建筑垃圾、损坏公私财物、在河道管理范围内倾倒建筑物等方面的案件。

【夯实城管执法基层基础】启动规范化达标中队三年轮检一遍工作，完成了54家复检单位和5家新创单位的验收工作。开展示范中队考核验收工作，完成对16家复检单位和26家新创单位的验收，促进了队伍建设和管理。截至2019年底，除机场支队、市水管处以外，全市共保有规范化中队231个、示范化中队49个。举办2019年上海市城管执法系统队列会操活动，强化队伍作风建设。主动跨前一步，与市机管局、各街道办事处和镇人民政府等多部门进行沟通交流，推动提升基层执法队伍办公用房条件，虹口、静安等区局机关和奉贤、杨浦、宝山等基层中队的办公环境明显改善。

【加强教育培训】分层分类开展培训，市区联手完成全员轮训一遍的目标。组织了各区局长培训班、生活垃圾分类专项培训班、2019年新进执法人员初任培训班及强化培训班、基层党支部书记（教导员）培训班、队列指挥员培训班、法制干部培训班、青年干部培训班、宣传干部培训班、督察培训班、各区小教员培训班以及新划转执法事项培训班在内的共18期集训班，培训执法人员3000余人次；通过市区联手和资源互补，2019年分别开展队内培训、区局培训共计5712次，148689人次参训，完成全员轮训的全覆盖。丰富培训形式，组织开展了心理减压、生活垃圾分类专题和在职人员全员轮训三个在线培训，包括区局领导在内的在编在职人员参加学习，共计23059人次，同比2018年增加16052人次。印发《上海市城管执法系统实践教学基地建设规定》，建成12个实践教学基地。修订相对集中行政处罚权系列丛书6册，编印《城管执法法律文书制作》《城管执法证据收集与运用》《城管执法程序概论》《城管执法勤务组织与实施》4本专业教材。加强对培训效果的跟踪评估，及时调整优化培训体系。

【强化执法监督】升级网上督察功能，实现督察信息“一人一档”，促进督察考评工作信息化、标准化、规范化。加大人员行为规范督察力度，科学调整中队督察内容，规范督察程序。逐步推广交叉督察与联合督察方式，结合重点工作扩展督察范围。严格执行城管执法人员违纪违法案件信息报告制度，每半年在全系统进行通报。

【开展案卷评查】采取交叉互评、电子阅卷的方式，从“上海市城管执法综合指挥监管平台案件子系统”随机抽取52件行政执法案卷，开展了集中评查，案由涉及市容环卫、绿化、水务、环境保护、城乡规划、物业管理、市政工程等多个领域。案卷评查标准分为合法性和规范性两类，涉及事实认定、调查取证、法律适用、程序履行、文书制作、行政执法制度落实等内容。评查实行各单位法制机构负责人现场打分和交流互评，及时发现和纠正了一些基层执法办案过程中存在的问题。

【培育先进典型】开展上海市城管执法系统第八届“文明规范执法标兵”、第九届“优秀中队长”评选活动，按照推荐申报、初步审核、综合评议、面谈交流、综合评定、社会公示等评选程序，评选出20名行业先进典型。结合2019年上海市城管执法系统文化展示活动，举行“双十佳”颁奖典礼，同时通过新闻媒体、网络、杂志等媒介，以及居村、小区、公园、商场、学校、政务服务中心、沿街公益广告阵地等渠道，广泛开展形式多样的社会宣传，进一步提升“双十佳”品牌溢出效应。开展上海市城管执法分赛区立功竞赛活动，突出执法主业、凸显竞赛实效，为实现“一流城市要有一流治理”提供坚实基础。2019年，全市城管执法系统立功竞赛活动共表彰94个先进集体和个人。

【开展“走基层转作风强服务”主题活动】上海市城管执法局机关党员干部，通过确定联建点、开展联建项目等形式，立足本职工作实际，把调查研究融入日常、抓在经常，把联系服务基层作为了解情况的途径、发现问题的手段、联系群众的方法。坚持问题导向、需求导向、效果导向，通过开展联系服务基层，调查研究不断深入，工作作风得到改进，支部共建有力加强，及时了解基层存在问题，破解瓶颈难题，推动工作落实。

【建成网上办案系统】全面完成网上办案系统建设并启用，实现“4个标准化”，即操作规范标准化、办案流程标准化、办案文书标准化、办案证据标准化；“4个统一化”，即系统统一化、统计口径统一化、执法案由统一化、裁量标准统一化；“3个智能化”，即办案智能化、分析智能化、决策智能化。新建网上办案系统从原有PC端延伸到移动App端，极大方便了一线执法队员进行快速、有效的现场执法，实现城管执法办案由数字化向智能化转变。

【规范人员和装备管理】完成上海市城管执法系统人员库平台改造，实现功能升级，制定并下发《上海市城管执法系统人员信息库维护办法》和《人员库填写规范》。进一步推进全市城管执法装备规范化管理，对上海市城管执法局平台原有装备库进行升级完善，增加车辆编制管理模块，调整和细分了执法装备种类，并对《上海市城管执法综合指挥监管平台装备库用户手册》进行了重新修订。

【启动上海市城管执法对象监管系统项目】通过上海市住房城乡建设管理委申报了“上海市城管执法对象监管系统”建设项目，拟建立涵盖全市城管执法领域各类监管对象的底账库，将监管对象分为三个监管等级并实施分级监管，实现执法资源利用的最大化。同时，该系统拟将线下手工操作的各项日常监管工作纳入信息化管理体系，如监管对象分类、日常检查、责令整改和行政建议等。

【主动融入城市运行“一网统管”】主动对接上海市大数据中心，通过多次实地走访，加强工作联络和沟通，将上海市城管执法局已有业务数据编目并归集至上海市大数据中心平台，并依托市大数据中心数据共享交换机制，探索实现全市政务数据的互通共享。接入上海市住建委城运系统平台，及时推送执法车辆定位、执法人员定位和执法办案数据。依托上海市住建委共享交换平台，实现全国人口库数据的接入共享，完善执法办案系统违法人员信息核查功能。积极对接公安部门“雪亮”工程，实现重点区域如学校、医院、轨交站点、商业设施视频监控全覆盖。

【强化信息化建设绩效考核】上海市城管执法局指挥中心按月发布《上海城管执法指挥工作动态》，以指挥工作动态月报为抓手，定期点评各业务系统应用情况，及时通报各单位年度信息化工作绩效考核进展情况，查找问题和不足，督促各区局不断深化应用六大业务系统，全面提升城管执法精细化水平。

【开展优秀城管社区工作室评选】开展优秀城管执法社区工作室评选活动，综合专业考评、社会评价、市民评判等情况，命名松江区泗泾镇新凯一村居委会城管执法社区工作室等50个工作室为“全市首批50佳城管执法社区工作室”。总结推广50佳城管执法社区工作室的好经验好制度好机制，加快推进工作室科学化、规范化、制度化建设，发挥好社区工作室“了解民情、集中民智、维护民利、凝聚民心”的作用，进一步提升为民服务能力和水平。

【加强城管执法社会宣传】 聚焦全系统重点工作加大社会宣传力度，成功开展公众开放日、夏令热线、局长接热线等品牌活动，扩大了城管执法部门影响力。2019年，主动策划开展优秀女队员高宏霞、生活垃圾分类、进博会保障、夜间经济等宣传活动70余次，正面宣传报道325篇次，专版宣传32版次，挖掘公益宣传阵地800余处，城管执法新闻全网流量3500万次。新华社、《解放日报》、上海发布、学习强国发布的垃圾分类、进博会保障、“铿锵玫瑰”等7篇报道阅读量均达到数十万次，成为城管执法宣传“爆款”。此外，联手上海广播电台开展互联网直播活动5场、斗鱼平台直播活动两场。市、区城管执法局领导参与电台直播活动7场、“中国上海”政务网互动节目3期。上线第二期上海城管执法卡通形象，2019年实现下载量2万+，使用率50万+。开展公益宣传，2019年利用在建工地、公益显示屏、交通枢纽开展公益宣传800余处。

【落实扫黑除恶专项斗争要求】 制订《上海市城管执法系统扫黑除恶专项斗争工作方案》，成立扫黑除恶专项斗争领导小组，成立工作专班，制定案件移送、保密等4项工作制度，明确暴力抗法、违法建筑等5项线索甄别口径，落实涉及本市各级城管执法部门的下沉督导。2019年，共落实不同形式的扫黑除恶督导检查76次，包括开展覆盖全市各区的对基层城管执法中队的专项督导69次。

【提升矛盾纠纷化解能力】 开展信访基础业务规范化评查，编印信访接待工作指南，规范信访接待行为，树立信访工作人员良好形象，积极稳妥化解各类矛盾。指南对信访接待中的工作流程、业务规范、文明用语、沟通技巧、应急处置等作了讲解和说明。为方便理解和操作，采用业务问答和场景设计形式予以呈现。开展了优秀信访案例评选活动，在规范信访秩序、有效化解积案、处理复杂矛盾等方面提供更多思路启示和方法借鉴。

【提高投诉处理工作水平】聚焦市民群众“急难愁盼”问题，进一步加强和改进市民投诉处理工作，完善“诉转案”工作机制，努力提高诉件办理效能，不断提升市民群众的满意度和获得感。2019年诉件转案诉件基数为84346件，诉转案率达13.4%，超额完成了年初提出的10%的目标。投诉总量减少4.1万件，同比下降21.1%；2019年下半年投诉处理满意度测评得分为62.85分，同比上升7.03分，增幅为12.6%。

（刘懿孟）

（五）专项治理

【概况】 2019年是第二届中国国际进口博览会的举办之年，也是贯彻城市管理精细化工作三年行动计划的第二年，按照习近平总书记“越办越好”的要求，本市城市管理精细化各项重点工作全面推进，城市网格化综合管理平台升级取得重大突破。城市管理处充分发挥市城市管理精细化工作推进领导小组办公室的统筹协调功能，同时专题推进城市网格化管理、违法建筑治理、美丽街区建设等专项工作取得重要进展。

【“双迎”市容环境保障】聚焦重大活动市容环境保障。与市绿化市容局一道加强调研，积极与相关重点区和单位对接沟通，编制并下发《迎新中国成立70周年和第二届中国国际进口博览会市容环境保障方案》(简称《“双迎”方案》)和《第二届中国国际进口博览会城市服务保障“19+15”重要通道及两侧市容环境综合治理方案》(简称《“19+15”方案》)。与市绿化市容局、市房管局成立“19+15”重要通道及两侧市容环境综合治理联合工作组，梳理涉及楼宇立面提升258处(其中建筑立面整新212处)违法广告32处、违章搭建14处，推动治理工作取得实效。

全力做好重要节点期间市容环境保障工作。一是明确重点节点保障重点，从行业管理、巡查督办、应急保障等方面强化市容管理工作指导；二是利用市市政市容联办平台，在元旦、春节、五一、国庆等重要节点，对交通枢纽、主要商业街、高架沿线等重点区域开展市容环境的巡查、督办工作。

【“美丽街区”建设】推进“美丽街区”建设，聚焦道路设施、城市家具、沿街绿化、建筑立面、招牌广告、景观灯光等方面，全面开展城市更新、绿化景观环境建设、景观灯光提升等工作，锁定10处市级“双最”示范区、37处市级主要休闲服务功能区、101条(段)市级主要道路及两侧区域，各区126个市民集中居住区域及79条(段)道路，按照“做减法、全要素、一体化”的要求，推动全市市容环境品质进一步提升。

【无违建居村(街镇)创建】全市各级拆违部门坚持条块结合、联勤联动、综合施策、依法治理，依托基层治理创新和城市管理精细化工作，持续加大治理力度，全面推进无违建先进居村(街镇)创建工作，基本消除重点类型违法建筑，不断提高城市管理精细化水平，全市违法建筑治理取得新成效。

2019年，全市共依法拆除违法建筑6.53万处、2146万平方米，完成全年任务量的106.88%，库内重点类型违法建筑基本消除。拆除量前三位的区是浦东、奉贤、宝山，拆除任务量完成率前三位的区是普陀、静安、徐汇。各区共正式命名710个无违建先进居村，累计命名6293个，创建率达到99.57%；市拆违办共验收通过101个无违建先进街镇，累计通过207个，创建率达到91.59%。普陀、黄浦、虹口、长宁、徐汇、杨浦、崇明、奉贤8个区创建率达到100%。

【热线工作】一是梳理热线诉求问题，厘清职责边界，完善派单流程和机制，确保市民诉求落到实处，进一步明确家装纠纷、小微工程欠薪、玻璃幕墙等疑难案件的处置部门。二是以《“12345”市民服务热线工作绩效考核办法》《建设交通系统服务热线综合管理绩效考评办法》为抓手，通过综合与专项检查的方式，对热线各承办部门进行绩效考核，督促各职能部门落实改进工作，进一步提高热线工作规范化、标准化水平，促进政风行风建设，更好地服务广大市民。

2018年11月—2019年10月，市12345转派我委12319热线工单4.7万件，解决率100%，及时解决率99.7%；转派962121物业服务热线共承办12345市民服务热线转派工7.54万件，解决率100%，及时解决率99.9%。2018年11月—2019年9月，市监察局对我委20877件市民诉求进行了满意度测评，其中有效测评为5421件，测评结果为：满意2194件，基本满意776件，一般694件，不满意1757件，满意及一般满意率67.6%。2018年11月至今，12319热线自接市民诉求113.6万件，接通75.9万件，接通率67%；962121热线自接市民诉求135.7万件，接通128.3万件，接通率94.5%。

推进疑难问题解决。协调市装饰装修行

业协会牵头处理家庭装修领域的 12345 热线投诉，有效解决了派单难和市民回访不满意集中的情况。1—9 月，共接受 12345 转派此类工单 1826 件，协会协调处理了其中会员单位投诉 949 件，主要涉及未按合同约定工期交付 332 件、恶意漏项 172 件、材料质量 522 件、施工质量 312 件、服务态度 412 件等。另有 877 件非会员单位投诉经协会业务指导后由市热线办向市民做解释说明。

【无障碍环境建设】按照住建部总体部署，全面开展“十三五”全国无障碍环境市县村镇创建工作。一是建立健全工作机制，形成了包括建设、交通、民政等部门协调配合的联动机制。二是组织各区编制创建工作方案，明确创建工作目标，细化职责分工。三是为各区搭建交流学习平台，开展业务指导，调动力量、整合资源、加强联动。本市已推选徐汇区等 7 个区及 1 个镇参加创建工作，力争在原有成绩基础上再次取得新突破。

组织各创建区积极开展创建迎检各项工作。首先建立健全工作机制，形成了包括建设、绿化、交通、住房、民政多个部门协调配合的联动机制。其次组织各区编制创建工作方案，明确创建工作目标，细化职责分工。三是为各区搭建交流学习平台，通过现场调研座谈、提供资料等方式，开展业务指导，调动各方力量，整合各区资源，加强沟通联动。

开展无障碍立法调研，征求和吸纳两会代表委员及各相关单位意见，进一步充实完善立法草案、立法说明及其他配套材料，按时完成立法项目申报等工作。对本年度市重大工程目录进行梳理，排出年度督导计划，会同市残联，组织市无障碍督导队和无障碍工程技术专家进行实地检查。重点对政府机关、学校、社区、旅游景区、社会福利、公共交通等公共场所无障碍设施严加把关。尤其是对进博会场馆及周边相关服务场所的无障碍设施进行检查指导，做好进博配套保障工作。

推进社区无障碍设施改造。依托旧住房综合改造工程及“美丽家园”建设，查缺补漏，完善住宅小区内无障碍通行设施。从摸底工作入手，开展全市住宅小区内无障碍设施的集中排查工作，全面调查及分析无障碍设施建设和管理中的问题和薄弱环节，为下一步深入推进社区无障碍设施改造打好基础。根据住建部标准定额司无障碍环境建设市县创建“回头看”检查调研工作要求，较好地组织完成了数据资料汇总编写、实地迎检等任务。上海无障碍环境建设工作受到住建部检查调研组的肯定。

（戚艳平）

（六）设施管理

【概况】2019 年是新中国成立 70 周年，也是全面建成小康社会关键之年。我处认真贯彻落实市委、市政府及两委各项工作要求和部署，聚焦行业重点任务，紧紧围绕城市精细化管理，围绕服务民生保障，着力补短板、强管理、提效能、防风险，确保本市燃气、地下管线、道路照明、地下空间设施运行工作平稳有序。

【超额完成居民住宅老旧燃气立管改造】紧扣“看得见、摸得着、能感受、更实在”的工作要求，切实提升安全保障能力，维护城市运行秩序，提高市民群众的获得感和满意度。超额完成 2019 年市政府实事项目 10 万户居民住宅老旧燃气立管改造工作，截至 11 月底，完成地上管道改造实施 15.5 万户、地下管道改造实施约 119.5 公里。

【推进地下综合管廊建设】按照“沿重大管线通道推进干线型管廊建设；结合旧城改造、新城建设等成片区域开发，推进支线型管廊建设；结合架空线入地推进缆线型管廊建设”的总体思路，着力推进形成干、支、缆相结合的综合管廊系统。目前，本市开工建设地下综合管廊约70公里，已累计形成廊体约36公里。

【深化燃气行业营商环境改革】落实营商环境改善2.0工作要求，组织燃气企业做好国家营商环境考核工作，启动营商环境3.0工作研究，推进燃气接入和服务标准化。优化燃气行政审批流程，依托“一网通办”，实现“双减半”，2019年，燃气经营许可共受理并办结15项。其中新申请许可6项、重新办理（许可类别变更）4项、登记事项变更4项、许可延续1项。

【构建燃气行业综合管理信息平台】组织启动上海市燃气监管信息系统建设，初步完成液化气管理和用户安全检查模块建设，管理模块实施大数据分析策略，智能发现潜在燃气行业违法违规行为和线索，实现和公安部门、燃气企业的数据交互，加强行业从业人员的监督，提高监管工作的有效性和针对性。

【完善普通地下室使用备案审批】切实加强事中事后监管，在“一网通办”的基础上，持续优化修正普通地下室使用备案审批事项的办理流程，实现审批材料、审批时间“双减半”，进一步方便企业和市民办理。2019年，市区两级管理部门共在线办理普通地下室使用备案110件。

【切实保障“双迎”期间城市基础设施平稳运行】印发《关于做好国庆七十周年和第二届进博会期间燃气安全工作的重要通知》，针对重点场所及周边、重点场站、重点设施开展燃气隐患排查，共出动2387人次，发现隐患164个，整改率100%。同时，结合进博会能源保障组工作安排，全面检查重点保障宾馆21家，发现隐患134个，更新年检报警器系统26套，保障燃气稳定供应。

印发《关于做好本市地下空间“双迎”期间保障工作的通知》。市建设交通工作党委、市住房城乡建设管理委主要领导亲自带队检查重点区域地下空间“双迎”保障工作准备情况，对发现的问题、隐患要求地下空间相关责任单位即刻落实整改。长宁、闵行、青浦三区围绕“进博会”核心区域，优化应急处置预案，累计开展检查891次，检查地下空间2810处，紧盯隐患整改不放松，保障“双迎”期间本市地下空间安全稳定。

【做好防台防汛各项工作】今年防台防汛形势严峻，全市各燃气管理部门共出动475人次，检查各燃气站点254处，发现并整改隐患4处，落实应急抢险队伍66支，应急人员近900人。市区两级地空联办开展防汛防台专项检查3672次，出动5453人次，检查地下空间7196处，发现并整改隐患512处，安排应急值守3380人。切实保障本市燃气供应稳定、地下空间平稳运行，成功实现了“不死人、少伤人、少损失”的目标。

【持续开展液化石油气安全专项整治】会同市政法委、市公安局等部门联合印发《本市持续开展瓶装液化石油气专项整治工作方案》，实现工商业用户、重点区域用户安检全覆盖、全方位的液化石油气安全整治网络。截至10月底，排查液化气用户69.48万户，其中餐饮用户4.3万户，发现严重隐患1551户，整改率达到100%；取缔“黑气”窝点6个，收缴违法液化气钢瓶462个，8名违法人员被移送公安部门。

【做好全市道路照明日常运维管理】实现

全市道路照明平均亮灯率、设备完好率都达到 99% 以上，报修及时修复率达到 100%。完成新改扩建照明工程接管 58 个，共计接管 4649 基路灯，有效提升路灯设备性能。加强市区联动，提高投诉处置效率，建立道路照明投诉提前反馈机制，有效避免超期件的产生，确保全市道路照明投诉处置率达到 100%。

【深化地下空间安全使用日常监管】 根据年度检查工作计划，市地空联办共组织 176 人次对 16 个区 70 个地下空间开展日常检查，发现问题、隐患 138 条，涉及消防、防汛防台、应急逃生等方面，下发监督检查告知单 32 份，整改率达到 100%。2019 年，上海市地下空间安全使用社会满意度测评结果为 89.71 分，同比上升 8.51 分，增长率 10.48%。总体上，上海市地下空间安全使用社会满意度呈现逐年增长态势，各区地下空间安全使用管理效果显现。

（欧阳雁）

PART THIRTEEN XIII

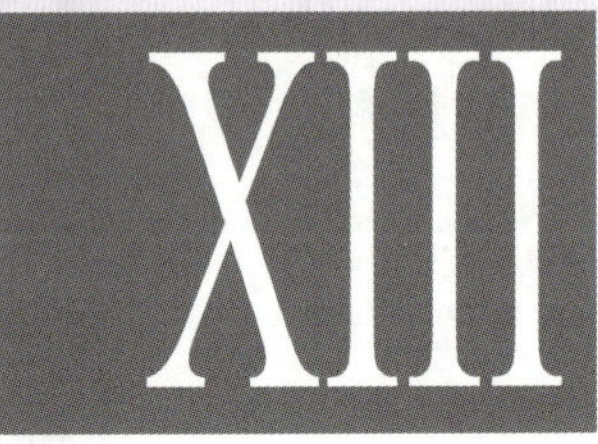

科 研 工 作

SCIENTIFIC RESEARCH WORK

（一）综述

2019年，上海市住房和城乡建设管理委员会围绕中心工作，着眼区域联动，促进行业科技创新发展。结合“科技成果转化应用及其长三角联动机制构建的思路研究”主题调研，搭建区域平台，促进长三角建设科技成果交流与应用，推动科研成果“最后一公里”推广，并遴选行业优秀（获奖）科研成果，在《建设科技》新辟“科技之窗”专栏加以介绍。

2019年，委政策研究室紧紧围绕两委主要工作部署，以全面推进“不忘初心、牢记使命”主题教育和贯彻落实习近平总书记考察上海重要讲话精神为主线，牢牢把握前瞻性、基础性的政策研究工作定位，聚焦城市管理精细化、优化营商环境、推进农民集中居住等两委中心工作深入开展调查研究，加强沟通协作，以高度的责任感和使命感推动完成政策研究各项工作。

积极谋划住建领域科技创新重大项目，组织开展地下空间智能建管等7个方向的预研究项目，支撑行业转型发展。“基于多源数据提取与挖掘的地下工程全过程精细化管控技术”等10项重大科研项目入选本市“科技创新行动计划”，将在精细化管理、城市更新、节能环保、人工智能等方面开展技术研发和科技示范。

认真开展上海市科学技术奖提名工作，及时完成了年度提名工作，并做好了证书颁发和奖金核拨工作。2019年5月15日本市科技奖励大会召开，住建领域共获得市科学技术奖的科技成果共32项，其中“上海中心大厦工程关键技术”荣获上海市科技进步奖特等奖。

做好科技管理常规工作。合理制订推荐名额分配方案和专家审核推荐方案，完成住建部委托129个科技项目的日常管理工作。按照加强刊物政治导向和查重力度的要求，组织开展刊物年度审读工作，并针对问题开展编校培训。组织开展年度预研究项目过程管理和市市场管理总站科研专项的立项论证，推动“深层地下工程综合性试验基地”前期研究等专项工作。配合相关委办局，完成科技资源调查、科技年鉴、科普统计调查、科普总结等工作。

（周君俊 盛开艳）

（二）政策研究

【概况】2019年，严格按照管理制度加强课题管理，确保课题研究多出成果、更有实效。聚焦自贸区新片区规划建设管理、长三角一体化等重点任务、市委市政府高度重视的问题、社会高度关注的事项以及城乡建设和城市管理工作实践中遇到的难点征询意见，研究确定2020年两委调研课题10个重点研究方向15个调研课题。按照规定时间节点，完成全年15个课题的开题、中期评估和结题评审工作，并完成2018年课题的绩效评价和后评估工作。加强实地走访，加大参与课题研究工作力度。与市委研究室、建设交通发展研究院等单位组成联合调研组，对照精细化管理的工作要求，深入部分区镇、相关部门走访座谈、实地踏勘，了解我市城市管理精细化特别是三年行动计划的推进情况，梳理市区层面主要做法和存在问题，提出下一步有针对性的实施和改进的政策建议，形成“深化推进城市管理精细化相关措施研究”调研报告。同时，与上海市人民政府发展研究中心共建调研课题合作平台，委、局共12项课题纳入合作平台。

【市委社会治理“一张网”调研】实地察看

虹口、杨浦、闵行、奉贤四个区的相关街镇和村居，完成第三调研组调研报告和相关汇报稿的起草。参加市委“深化社会治理，加强基层建设”后评估调研，实地调研黄浦、普陀、宝山、崇明四个区相关委办局和街镇，完成第四调研组分报告的起草工作。

【城市运行体征指标体系研究】 组织公安、住建、生态环境、绿化市容、水务、交通、电力、燃气等单位完成“五个维度四个层次”的城市运行体征指标体系研究，并组织相关单位与市公安局、大数据中心实现动态数据对接。

【对标东京城市管理精细化研究】 在市外办和日本驻上海总领事馆的大力支持下，成功举办“2019 上海—东京城市管理精细化研讨会”，中日双方专家从城市更新和街面治理两个专题角度交流了上海和东京的一些经典案例和做法，并形成了成果汇编。

【城市更新运营模式研究】和市发展改革委、市规划自然资源局、市地产集团联合组团，赴香港、深圳调研城市更新和地铁综合开发项目，了解香港城市更新和地铁综合开发项目的运作模式以及深圳城市综合体的开发运营模式，并撰写调研报告报市政府。

【推动国家治理体系和治理能力现代化探索上海智慧、上海样本】贯彻落实习近平总书记关于上海工作的重要指示精神，坚持“人民城市人民建、人民城市为人民”，发挥上海在新征程上的开路先锋、突破攻坚、示范引领作用，积极筹备住房和城乡建设部与上海市共建“超大城市精细化建设和治理中国典范”相关工作，围绕人民群众最关心、最直接、最现实的利益问题，研究提出 13 项合作项目，完成相关工作方案和合作框架协议的起草。

【贯彻新时代党的组织路线建立大口党委干部培养选拔任用体系工作研究】 研究由市建设交通工作党委干部人事处和上海发展战略研究所完成。研究提出了建立培训与交流“两个平台”、优化考核与激励“两个机制”的对策建议。第一，着力构建统一的干部教育培训平台。一是整合系统教育培训资源，完善培训内容体系；二是构建分类分级培训体系，优化干部培训模式；三是建立干部培训长效机制，强化培训组织保障。第二，建立并完善系统干部交流培养大平台。一是统筹交流需求，搭建干部交流供需对接大平台；二是创新交流机制，拓宽干部跨单位跨系统交流渠道；三是强化制度创新，确保干部交流工作的顺利实施。第三，进一步完善干部干事创业的考核机制。一是探索干部政治素养、业绩表现的可量化考核机制；二是在民主推荐环节增加部门之间、机关与基层干部之间的互评环节；三是强化干部考核的经常化、制度化，全方位、多角度、近距离考察识别干部；四是分类制定考核标准。第四，进一步完善干部干事创业的正向激励机制。一是注重事业激励，提升干部队伍干事创业热情；二是用好精神激励，提升干部的责任感和荣誉感；三是强化日常关怀，重视干部队伍的情感需求。

【深化推进城市管理精细化相关措施研究】提升城市管理精细化水平是上海建设具有世界影响力的社会主义现代化国际大都市的必然要求，是高质量发展的重要举措，也是一项长期的战略任务。遵照总书记的指示要求和中央要求，市委、市政府在深入调查研究的基础上，分别于 2017 年 10 月和 2018 年 1 月制定出台了上海加强城市管理精细化工作的实施意见和第一轮三年行动计划，提出了 14 大项重点任务，42 小项主要实施内容。各区、各部门、各单位对照精细化管理的工作要求，以“美丽家园”“美丽街区”“美丽乡村”三个“美丽”为抓手，紧锣密鼓地推进各项工作。为了解本市城市管理精细化特别是三年行动计划的推进情况，课题组深入部分区镇、相关部门走访座谈、实地踏勘，梳理市区层面主要做法和存在问题，提出下一步有针对性的实施和改进的政策建议。课题组认为，从全市面上情况看，工作进度符合预期，“三全四化”的要求得到贯彻落实并形成了一批制度供给成果，以“三个美丽”为抓手突破了一些市民群众反映突出的城市管理难题和短板。从各区情况看，各区普遍高度重视，虽然侧重点不同，但都在智能化上聚焦发力，产生了一批特色亮点做法。同时，为做好下阶段城市管理精细化工作，全面完成三年行动计划，课题组提出下阶段进一步努力的方向，分别为加强顶层设计、加强统筹协调、推动自治共治、完善市场化运作机制、加强基层基础建设、优化政务服务流程、完善长效机制。

【市重大工程项目提前启动房屋土地征收工作研究】 重大工程项目提前启动房屋土地征收工作研究的核心在于方案稳定，确定用地范围，最终目的在于提前收地，达到重大项目入场条件，从而实现重大工程项目的提前启动。研究从两个角度切入，一是从审批流程改革角度，如何使重大工程项目方案尽快稳定，尽早确定用地范围，从而使征收行为提前介入；二是从房屋土地征收操作的角度，如何缩短房屋土地征收流程，提前收地，为重大工程提前进场奠定基础。审批性工作涉及政策制约，审批部门多，流程存在一定程度重复交叉、时间周期长等问题，对方案稳定影响较大；操作性的工作后期涉及裁决流程，受司法部门约束较大。课题以问题为向导，以依法合规和稳定为前提，在现有的法律法规框架下，采用调研法和比较法，对重大工程提前启动房屋土地征收存在的阻碍和问题从政策法规、审批流程和执行操作三个层面进行了分析，结合国家开展工程建设项目审批制度改革要求，针对性提出优化方案，对市重大工程项目提前启动房屋土地征收工作做出了一些有益的探索。

（盛开艳）

（三）科技成果

【新型绿色桩基系列技术研发与应用】 3月25日，由华东建筑设计研究院有限公司等单位承担的科研项目“新型绿色桩基系列技术研发与应用”通过住建部验收。该项目聚焦于地下空间开发中基坑工程和基础工程的实际需求，通过理论研究、数值分析、现场试验、工程实测和应用实践，对节能降耗的桩基新技术开展系统的研究，形成了由主体地下结构与基坑围护排桩相结合的“桩墙合一”技术、全套管长螺旋钻孔压灌桩技术和静钻根植桩技术组成的新型绿色桩基系列新技术。该项目成果授权发明和实用新型专利共18项，申请发明专利6项，成果纳入国家行业和上海市的规范标准4部，发表论文20篇，形成企业级工法2项，取得软件著作权3项，编写设计和施工技术指南3部，研究成果在数十项深大基坑工程和基础工程中成功应用，在节能降耗、保护环境、提高工程质量、降低工程造价等方面效果突出，社会、经济、环境、创新效益显著。

【城市街道空间设计技术研究】 5月10日，由上海市城市建设设计研究总院（集团）有限公司承担的项目“城市街道空间设计技术研究”通过住建部验收。该项目聚焦于城市街道空间设计新理念，通过理论研究、数值分析、现场试验和应用实践，开展了街道类型划分及空间功能要求、路权分配、街道设计关键参数、街道一体化设计手法、交通工

程精细化设计技术、街道设计技术要求等内容研究。研究提出了由道路向街道转变的设计理念及完整设计方法，以及街道空间内与街道活动相关的要素及设计导引；提出了突破道路红线的空间、功能、设施三大关键要素统筹的完整街道定义以及一体化完整街道设计体系；提出了紧凑与集约高效利用道路用地的关键设计技术与参数并提出了时空资源综合利用设计方法。研究成果对街道设计标准的编制提供了理论与技术基础，推动了上海、宁波等地道路新改建工程及城市设计更新项目，促进了以街道为载体的城市公共空间一体化更新改造，推动了街道设计创新与发展。该项目共发表论文 21 篇，授权发明专利 4 项，授权实用新型专利 4 项；共开展街道相关标准编制 4 项，其中已施行 1 项。

【超大口径钢管顶管关键技术研究与应用】6 月 18 日，由上海市基础工程集团有限公司等承担的科研项目“超大口径钢管顶管关键技术研究与应用”通过住建部验收。该项目聚焦于大型引调水工程管道建设的实际需求，以背景工程为依托，通过理论研究、数值分析、现场试验、工程实测和应用实践，对超大口径钢管顶管关键技术开展系统的研究。研究内容揭示了管周土体与柔性管道相互作用的机理，建立了考虑土拱效应的钢顶管土压力分布模式，首次提出了管道环向弯矩的计算修正系数，形成钢顶管壁厚优化设计方法；通过 40mm 壁厚钢管焊接试验研究，确定了适用于超大口径钢管顶管焊接工艺及参数，提高了焊接质量，对超大口径钢顶管成套关键技术的研究，形成了超大口径钢管顶管施工工法；通过现场实测，分析得到了复杂软土地层中深埋超大口径长距离钢顶管在施工状态下的受力变形与稳定特性；对运营阶段钢顶管在温差作用下的内力分布规律进行了现场测试与分析，提出了控制钢顶管温度应力的措施。该项目研究成果成功应用于上海市黄浦江上游原水地连通管 C2 标段重大工程，解决了一系列工程难题，确保了工程质量，成果对本市乃至全国同类工程的设计及施工具有重要和积极的示范意义，其社会、经济、环境效益显著，实现了顶管技术领域的新突破。

【高敏感环境深基坑施工管线建筑物保护及变形控制装备研究与工程示范】9 月 6 日，由上海建工集团股份有限公司承担的高敏感环境深基坑施工管线建筑物保护及变形控制装备研究与工程示范通过住建部验收。该项目针对高敏感环境下的深基坑变形控制要求、深基坑工程施工难点与关键技术进行攻关研究，建立了基于围护结构变形与支撑轴力主动控制的深基坑微变形控制施工工艺及方法，形成了深基坑工程微变形智能控制系统有效控制深基坑变形的理论成果，解决了高敏感环境深基坑施工的变形控制难题；研发了包括液压伺服、移动诊断、数据通信、随动自锁、柔性护壁实时检测、大吨位主动控制等成套深基坑变形精细化智能控制设备；研发了基于传感物联网 + 互联网的多任务多终端深大基坑微变形远程监控系统及平台。该项目共获得授权发明专利 6 项，授权实用新型专利 3 项、登记软件著作权 3 项，发表论文 4 篇，上海市市级工法 1 项，研究成果已在上海闸北久光、星港国际中心、上海轨交 13 号线以及大悦城等多个临近地铁等高敏感环境下深基坑工程中成功应用，取得了良好的社会经济效益。

【高有机物微污染水生物协同处理作用机理及应用研究】11 月 8 日，由上海市政工程设计研究总院（集团）有限公司承担的“高有机物微污染水生物协同处理作用机理及应用研究”通过住建部验收。该项目通过对不同流程不同季节不同工艺单元的微生物总量和群落结构分析，对微生物种群、环境要求、实际运行环境适应性及对生物作用与物理化学协同处理的研究，验证了协同处理工艺对生物环境变化的影响及对总细菌和潜在致病菌去除的可靠性和稳定性，解决了深度处理过程中的微生物安全性难题；研发了强化常规处理 + 生物过滤的新型集成工艺，并与深度处理工艺一起构建协同处理机制，以改善氨氮和 CODMn 的去除效果，同时解决生产过程中遇到的微型动物繁殖和排泥困难等问题；研发了基于原水优势菌种为指示菌种的生物安全评价方法，并应用于多水源取水净水厂的设计。该项目共申请发明专利 1 项，发表论文 4 篇，成果已在取用南水北调水、黄河水和水库水的工程设计中成功应用，取得了良好的社会经济效益。

【基于区块链的交通信息数据共享与应用技术调研】8 月 1 日，“基于区块链的交通信息数据共享与应用技术调研”项目通过验收。该项目研究了区块链国内外发展趋势，开展了美国、欧盟、日本、加拿大、英国、德国等国家在区块链政策、机制、技术等方面的发展现状分析，以及我国在区块链相关领域研究、标准化制定和产业化发展现状分析；分析了区块链技术在金融、教育、医疗、物联网、物流供应链、通信、社会公益等领域目前应用的现状和前景，以及存在的相应问题，为交通领域区块链技术研究应用奠定基础；分析了区块链技术在交通领域应用的必要性和可行性，针对当前交通领域应用存在的问题，结合区块链技术特性，以及在其他领域应用的经验，分析了将区块链技术引入交通管理领域的重要性；提出了未来区块链技术在交通领域应用研究的方向，包括：交通数据在区块链的基础特性研究等，为进一步开展深入研究提供项目储备方向。

【地下工程火灾危害监控、预警与快速修复成套技术调研】9 月 9 日，“地下工程火灾危害监控、预警与快速修复成套技术调研”项目通过验收。该项目针对地下工程火灾从危险识别、监测、预警与灾后快速修复的系列环节开展调研，提出了具有前瞻性的储备项目；对地下工程火灾储备项目技术上的先进性和适应性，以及研究条件的可能性和可行性进行了研究，为今后开展相关项目的进一步研究提供支持。

（四）科技成果获奖情况

2019 年度，住房和城乡建设管理领域获得上海市科学技术奖的科技成果共 35 项。其中，31 个项目获得科技进步奖，4 个项目获得技术发明奖。获奖名单如下表所示：

序号	奖项等级	项目名称	完成单位	完成人
1	技术发明奖一等奖	基于自平衡原理的钢结构整体顶推滑移安装方法及装备	同济大学 无锡圣丰建筑新材料有限公司 华东建筑设计研究院有限公司 同济大学建筑设计研究院(集团)有限公司 上海结程软件技术有限公司	周 颖 吕西林 王惠强 周建龙 吴晓涵 吴宏磊 鲁 正 包联进 丁洁民 赵雪莲 曾松涛 龚顺明 吴 浩 陈 鹏 平添尧
2	技术发明奖二等奖	基于超高性能材料的预制装配式构件高效连接关键技术创新及应用	上海理工大学 上海建工二建集团有限公司 河南工业大学 上海市建筑科学研究院 上海建工房产有限公司 上海市建工设计研究总院有限公司	郑七振 马跃强 庞 瑞 龙莉波 陈桂香 陈 刚 高润东 张洁龙 许崇伟 郭延义
3		基于精细化管控理念的地下工程建造风险数字化自动监控技术及装置	上海建工集团股份有限公司 上海建工房产有限公司	吴小建 顾国明 陈峰军 许永和 程子聪 张阿晋 王新新 张洁龙 尹婷婷 孙廉威
4	技术发明奖三等奖	村镇分散式污水处理关键技术与工程应用	同济大学 上海泓济环保科技股份有限公司 上海市城市建设设计研究总院(集团)有限公司 上海世浦泰膜科技有限公司 安徽省高迪科技有限公司	黄翔峰 冯雷雨 王文标 张显忠 郁片红 张显超 何 蓉
5	科技进步奖一等奖	超大型固废处置基地资源循环利用和污染协同防控关键技术及应用	上海市环境工程设计科学研究院有限公司 上海城投(集团)有限公司 同济大学 上海交通大学 华东师范大学 上海大学 中国科学院广州能源研究所 上海老港固废综合开发有限公司 上海老港废弃物处置有限公司 上海环境集团股份有限公司	陈善平 秦 峰 袁浩然 赵爱华 王声东 余 毅 羌 宁 周 涛 车 越 朱南文 刘 强 王瑟澜 黄仁华 郜 俊 张瑞娜
6		超大城市高密度既有城区有机更新关键技术及其应用	同济大学 上海建工二建集团有限公司 上海市地矿工程勘察院 上海市测绘院 上海同济城市规划设计研究院有限公司	伍 江 赵 峰 牟建华 马跃强 孙澄宇 沙永杰 周 俭 柴晓利 张 松 藏学轲 陈 敏 许崇伟 英明鉴 李 海
7		大型城市供水系统安全消毒关键技术及应用	同济大学 上海市供水调度监测中心 同济大学建筑设计研究院(集团)有限公司 上海城市水资源开发利用国家工程中心有限公司 上海城投水务(集团)有限公司 上海赛一水处理科技股份有限公司	徐 斌 高 炜 朱慧峰 楚文海 张 东 唐玉霖 张永吉 邓慧萍 张天阳 王 虹 沈玉琼 童 俊 秦 晓 夏沛青 高乃云

续表

序号	奖项等级	项目名称	完成单位	完成人
8	科技进步奖一等奖	复杂建筑结构精细分析与整体抗灾性能调控关键技术	同济大学 同济大学建筑设计院研究院(集团)有限公司 华东建筑设计研究院有限公司 绿地控股集团有限公司 悉地国际设计顾问(深圳)有限公司 华南理工大学 晟鹰信息科技(上海)有限公司	李 杰 吴建营 赵 昕 周 健 任晓丹 朱川海 陈建兵 余卫江 郝效强 冯德成 周俊明 周 浩 高向玲 黄天璨 张耀康
9		垃圾填埋场水气耦合运移机理及屏障阻隔关键技术	同济大学 上海老港废弃物处置有限公司 上海大学 上海市政工程设计研究总院(集团)有限公司 无锡市城市环境科技有限公司 西安市固体废弃物管理处 上海申元岩土工程有限公司 上海广联环境岩土工程股份有限公司	冯世进 张文杰 郑奇腾 张美兰 陈宏信 王艳明 张 炜 黄 兴 史 炜 梁永辉 兰 韡 徐 勤 张晓磊 陆世锋 白真白
10		软土深埋盾构隧道近距离穿越微沉降控制技术与应用	上海沪申高速公路建设发展有限公司 同济大学 上海隧道工程有限公司 上海地铁监护管理有限公司 国网上海市电力公司检修公司 上海轨道交通申松线发展有限公司	谢雄耀 季倩倩 王如路 李 波 方 卫 周 彪 周锡芳 张子新 杨国伟 肖晓春 侯剑锋 杨 流 王 强 田海洋 凌宇峰
11	科技进步奖二等奖	城市供水高效低耗工艺技术研发与示范应用	上海市政工程设计研究总院(集团)有限公司	许嘉炯 王 健 王 晏 沈小红 陆 彬 王利强 曹伟新 闫东晗 彭夏军 杨志峰
12		城市既有建筑群地下空间拓建技术与工程应用	上海建工二建集团有限公司 上海天演建筑物移位工程股份有限公司 上海市建筑科学研究院 同济大学 上海建工四建集团有限公司 上海理工大学	龙莉波 蓝戊己 谢丽宇 张富文 马跃强 谷志旺 郑七振 彭勇平 陈 溪 束学智
13		城镇黑臭水体生态治理及水质提升关键技术装备及应用	东华大学 上海泽耀环保科技有限公司 上海海洋大学	宋新山 王宇晖 张志兰 徐 勇 赵晓祥 陈 燕 张饮江 赵志淼 王苏艳
14		城镇化软土地区高速公路改扩建成套技术研究及工程示范	上海市政工程设计研究总院(集团)有限公司 同济大学 上海市城市建设设计研究总院(集团)有限公司 上海交通大学 北京道从朋悦科技咨询有限公司	袁胜强 钱劲松 郑晓光 李朝阳 沙丽新 何武超 白书锋 周 孔 姚 锐 刘 钊

续表

序号	奖项等级	项目名称	完成单位	完成人
15	科技进步奖二等奖	大型公共建筑不间断运营改建关键技术	上海建工四建集团有限公司 上海市建筑装饰工程集团有限公司 上海建工七建集团有限公司 上海建工一建集团有限公司 上海建工二建集团有限公司 上海建工五建集团有限公司	张 铭 王利雄 孙宇杰 张 波 陈 颖 连 珍 田 哲 王梅珍 张志峰 陈雪峡
16	科技进步奖二等奖	大型公共建筑的异型复杂饰面装配化绿色建造关键技术与工程应用	上海市建筑装饰工程集团有限公司 上海建工五建集团有限公司 上海木材工业研究所有限公司 上海建工集团股份有限公司 上海市安装工程集团有限公司	连 珍 李 佳 江旖旎 王利雄 周漪芳 田 哲 汤 毅 田启魁 管文超 李晓婷
17	科技进步奖二等奖	大型异形深基坑群框架逆作及群坑地下连通道设计施工关键技术	上海市基础工程集团有限公司	李伟强 罗云峰 汲 亮 李耀良 陈 衡 张云海 马 辉 顾 欢 陈 辉 张哲彬
18	科技进步奖二等奖	典型老港区功能转换与工程建设关键技术及应用	上海海事大学 上海中交水运设计研究有限公司 上海市城市建设设计研究总院(集团)有限公司 上海市建筑科学研究院 华北水利水电大学 上港集团瑞祥房地产发展有限责任公司 上海国际航运服务中心开发有限公司	王学锋 吴鹏程 黄天荣 童志华 陈渊召 赵 渊 戈佳威 张银屏 张 颖 马驷骥
19	科技进步奖二等奖	基于能源和环境双控的绿色建筑性能提升关键技术与应用	上海市建筑科学研究院 上海交通大学 重庆大学 北京同衡能源环境科学研究院有限公司 同济大学建筑设计研究院(集团)有限公司 上海市建筑建材业市场管理总站	杨建荣 翟晓强 张 颖 丁 勇 张改景 齐美薇 马 燕 季 亮 汪 铮 廖 琳
20	科技进步奖二等奖	历史建筑精准勘察与保护干预的一体化综合技术	上海交通大学 上海建工二建集团有限公司 上海住总集团建设发展有限公司 上海交通大学规划建筑设计有限公司 上海建工五建集团有限公司 德清云宝地理信息科技有限公司	曹永康 杜 骞 孙 政 许崇伟 马跃强 张健明 高 臻 汪方勇 潘 峰 潘文卓
21	科技进步奖二等奖	污泥大型热处理设施技术集成应用与示范	上海市城市建设设计研究总院(集团)有限公司 北京京城环保股份有限公司 上海城投污水处理有限公司 竹园污泥处理厂	黄 瑾 励建全 申维真 周丕仁 司书鹏 陈 翀 纪莎莎 徐兴华 郭漫宇 武志飞

续表

序号	奖项等级	项目名称	完成单位	完成人
22	科技进步奖二等奖	污泥减量的高效驱水关键技术研究及其成套技术的应用	上海复洁环保科技股份有限公司 同济大学 浙江复洁环保设备有限公司 上海城市污染控制工程研究中心有限公司	许太明 柴晓利 曲献伟 卢宇飞 武博然 雷志天 陈莉佳 徐美良 倪明辉 江顺启
23		现代木结构体系关键技术研究与工程应用	上海市建筑科学研究院(集团)有限公司 中国建筑西南设计研究院有限公司 上海交通大学 苏州昆仑绿建木结构科技股份有限公司 上海建工集团股份有限公司 东南大学 上海建科工程改造技术有限公司	许清风 张 晋 龙卫国 李向民 韩振华 刘 杰 陈 溪 周金将 杨学兵 陈玲珠
24		有轨电车工程综合技术与示范应用	上海市城市建设设计研究总院(集团)有限公 司 上海城建市政工程(集团)有限公司 上海松江有轨电车投资运营有限公司 同济大学	徐正良 刘伟杰 刘 晨 蒋应红 陈晓锋 房 浩 黎冬平 黄琴龙 苗彩霞 高 翔
25	科技进步奖三等奖	超高层结构非线性抗震分析与设计新技术应用研究	华东建筑设计研究院有限公司 上海建筑设计研究院有限公司	李承铭 陆道渊 安东亚 李亚明 崔家春 包联进 周 健
26		城镇给水厂水质提升关键技术及应用	上海市政工程设计研究总院(集团)有限公司 上海水业设计工程有限公司 上海市政工程设计科学研究所有限公司	郑国兴 张 硕 肖敏杰 许嘉炯 朱海涛 王利强 许 龙
27		大悬挑劲性桁架结构体系高层建筑关键建造技术	上海建工七建集团有限公司 中天建设集团有限公司 悉地国际设计顾问(深圳) 有限公司	倪 锋 刘玉涛 吴 昊 沈 淳 陆秋平 沈 映 秦立标
28		单边悬挂双桥面空间曲线悬索桥关键技术	华东建筑设计研究院有限公司 上海申迪建设有限公司 上海市基础工程集团有限公司 阿法建筑设计咨询(上海)有限公司 上海市建筑科学研究院	庞学雷 花炳灿 方亚非 周静瑜 于军峰 马晓云 孙利民
29		低环境影响的工业化全预制桥梁快速化施工关键技术研究与应用	上海建工四建集团有限公司 上海城投公路投资(集团)有限公司 上海建工材料工程有限公司 上海绿地建设(集团)有限公司	郑晏华 陈 颖 余芳强 朱敏涛 李玲玉 黄 兵

序号	奖项等级	项目名称	完成单位	完成人
30	科技进步奖三等奖	建筑一体化遮阳窗应用关键技术与推广	上海市建筑科学研究院(集团)有限公司 上海建科检验有限公司 上海奥为建筑节能科技有限公司 特诺发(上海)窗业有限公司	陆津龙 岳 鹏 王 伶 陶勤练 张 华 王旭晟 杨 颖
31		历史建筑保护性修缮与结构性能提升施工关键技术	上海建工四建集团有限公司 上海建工五建集团有限公司 上海建工七建集团有限公司 上海市建筑装饰工程集团有限公司 上海建工一建集团有限公司	谷志旺 魏 强 王伟茂 尤雪春 周漪芳 富秋实 陈 颖
32		污水处理厂脱氮除磷能力提升关键技术研究与应用	上海电力学院 上海城投水务(集团)有限公司 同济大学 上海市城市建设设计研究总院(集团)有限公司	周 振 蒋玲燕 裘 湛 吴志超 唐建国 周传庭 魏海娟
33		严酷环境下钢筋混凝土防护技术体系创新及工程应用	同济大学 上海建工集团股份有限公司 水利部交通运输部国家能源局南京水利科学研究院 南京瑞迪高新技术有限公司 江苏连云港港口股份有限公司	徐 晶 姚 武 李 岩 左俊卿 唐修生 刘 强
34		艺术纹理空间构型清水混凝土结构施工技术	上海建工一建集团有限公司 上海建工材料工程有限公司	张文军 孙飞鹏 王彬楠 徐 磊 吴德龙 张 佳 郑 琼
35		综合交通枢纽及周边地区集约化城市设计技术与应用	上海市城市建设设计研究总院(集团)有限公司	何 静 黄 昊 张 鎏 刘伟杰 蒋应红 张新燕 沈雷洪

PART FOURTEEN XIV

区域建设

DISTRICT CONSTRUCTION

（一）浦东新区

浦东新区建设和交通委员会

2019年，区建交委党组、行政在区委、区政府的坚强领导下，认真学习贯彻习近平新时代中国特色社会主义思想，牢牢把握“四个放在”“三个在于”的站位定位，全面落实新发展理念，坚持高质量发展，实施“四高”战略，推进供给侧结构性改革，保持稳增长、促改革、调结构、惠民生、防风险、保稳定综合平衡，较好完成全年各项目标任务，预计重大工程推进、道路病害整治全市考核第一，公路管理、民防综合管理全市考核优秀，“四好农村路”建设、市属大居建设居于全市前列。

重点抓好了以下五方面工作：

（一）着眼把改革开放旗帜举得更高，以优化营商环境为突破口，推动行业转型升级再加快

1. 建设工程审批改革落地深化。开展全流程全覆盖改革，以政府投资项目为重点，推出明确“两库”办理时限、开展分类综合竣工验收、建立考核督查闭环等首创性引领性改革措施，推动政府投资项目和企业投资项目跑出“自贸区速度”，共完成综合竣工验收81个项目，平均办理时间7.4个自然日（全市平均8个工作日）。特别针对资源性指标配置脱节导致政府投资项目开工建设难、建设周期长问题，制定《浦东新区政府投资项目资源性指标统筹配置实施办法（试行）》，从转变配置方式、优化配置机制、实行统筹发展入手，完成革命性再造，为保障工程连续建设、尽早发挥投资效益打下坚实基础。

2. 建筑业发展能级稳步提升。推动生产组织方式向专业化转变，10个项目开展工程总承包试点、23个项目开展建筑师负责制试点；推动向信息化和工业化转型升级，龙东大道、沪南公路等4个重大市政项目应用预制拼装、钢管桩、新型减振构件技术；实施“人机料法环”全面质量管理，打造智慧工地1.0版，龙东大道、济阳路工地成为全市文明施工、BIM管理示范；落实地下综合管廊项目1个、海绵城市项目11个、绿色建筑项目78个，前滩国际商务区被评为全市首批绿色生态城区。

3. 公交控本增效凸显成效。打好控运营里程、优公交线网等控本增效“组合拳”，全年减少亏损2.02亿元（两年累计减亏2.45亿元，减损目标完成61%），企业亏损即将迎来“拐点”、迈入下行通道（不考虑人员增资因素）。与此同时，通过加强两网融合、降低线网重复系数等措施，实现服务质量新提升，市民公共交通出行平均耗时从调整前的45.1分钟缩短至调整后的42.6分钟。

（二）着眼把城市建设招牌擦得更亮，以加快重大工程建设为总揽，推动市政基础设施体系再完善

1. 储备质量持续提升。紧扣“应开尽开、应储尽储”要求，在储备研究中统筹落实“五票”需求，提前锁定征地范围，提高前期费编制深度（做到可随工可同步批复），进一步提升项目可实施性。2019年纳入“两库”的82个项目，24项出储备库、39项出实施库（“十三五”145个计划竣工项目142项进入实施阶段、58个结转“十四五”项目26项进入实施阶段、9项工可获批）。进一步加强规划引领，有序编制11项交通基础设施专项规划；积极参与市级重大项目规划及建设方案研究，推动机场联络线、沿江通道总体方案更有利于浦东经济社会发展。

2. 征收腾地显著加快。围绕“24个月清盘”目标，从操作细节入手完善“1+17”征收体系，打造2.0版；推广阳光透明全公开征收，实施签约和拆房标准化，完善征收信息管理平台，进一步提高征收执行力、公信

力、权威性。全年完成各类基地清盘100个，实现拆迁许可证基地全部清停、历史遗留征收基地行政程序基本覆盖、新开征收基地签约期内清盘率超过80%，形成在拆基地总量最少、总体清盘速度最快的态势，为项目早落地、早开工、早竣工提供了坚实保障。

3. 工程推进有序有力。强化目标管理，做实月报季报年报，深化挂图作战；健全分层协调机制，建立协调效果跟踪制度，进一步强化市区、部门、处室联动，实现供需有效对接、精准发力；抓好建设工程行政审批、国有土地使用权补偿等制度改革成果落地见效，提高工作效率；强化督办考核，依托新区督查平台，实行亮灯督办、月度考核、阶段性对表交底；深入开展重点工程实事立功竞赛活动，营造“比学赶超”良好氛围。

经过努力，全年143项市区重大工程完成财务数172.5亿（占调整后年度计划的98%），为历年最高水平，实现轨交10号线等4项腾地，周家嘴路隧道、郊环隧道等34项竣工，S3、沿江通道（浦东段）等43项开工；新增越江通道两处、主干路6.8公里、次干路14公里，较好发挥对城市功能提升和经济社会发展的带动作用。

（三）着眼把城市管理品牌树得更好，以实施加强城市管理精细化三年行动计划为抓手，推动城市运行水平再提升

1. 智能化应用场景体系初步建成。践行“六个双”“四个监管”理念，开发建成建设工程、物业管理、公交客运等9个应用场景，基本实现行业全覆盖、核心监管要素全覆盖，初步具备“问题发现智能化、处置流程标准化、核查结案闭环化”功能，建设工程问题智能发现率达到63.3%，展现良好效果。在开发建设过程中，进一步理清了发展思路、工作流程、监管要点，有效倒逼行业管理精准化、规范化、标准化。

2. 一体化设施维护体系持续健全。加大对道路病害、公用箱体、交通标线复线、路灯、架空线入地和合杆整治等工作的统筹力度，将掘路修复、绿化搬迁、应急抢修等纳入新一轮养护招标范围，制定市政基础设施移交接管操作细则、道路应急抢险工程管理办法等制度性规范，有效提升城市基础设施养护质量。全年完成“四好农村路”建设158.8公里、重点道路病害整治93条，创建景观道路30条，完成架空线入地和合杆整治30公里、公用箱体整治3702个、路灯LED改造4000套、公用井盖整治1333座。

3. 多维度运行管理体系不断深化。加强安全生产管理，全面排查空调外机、建筑外墙等重大风险源隐患，明确处置主体、提出防控措施，启动保障房无机保温砂浆外墙维修，形成小型改造装修工程管理办法；加大玻璃幕墙、货运、燃气、老旧民防工程安全管控力度，将1161栋重点监管玻璃幕墙建筑纳入“云幕墙”，实现危货运输企业智能视频监控全覆盖，提前1年半完成液化气站点统一配送，修缮老旧民防工程68个，改造老公房天然气8996户；加强文明施工管理，制定《浦东新区建筑工地围墙设置标准》，“浦东蓝”推广至外环内全部重大市政工地，并向外环线外重点区域拓展。全年未发生较大以上安全生产死亡责任事故，死亡事故保持低位。

（四）着眼把民生保障网络织得更牢，以解决“老小旧远”突出问题为着力点，推动市民居住条件再改善

1. 住房保障水平进一步提高。着力完善“四位一体”住房保障体系，完成市属大居开工1个地块、形成净地5个地块、节点性内配套项目62个，征收安置房开工170万平方米、竣工84万平方米，实现在外过渡居民回搬4840户；完成第七批共有产权房沪籍家庭选房、第一批非沪籍家庭资格审核；受理公租房申请5559户，入住率99.45%。贯彻落实乡村振兴战略，着力推进农民相对集中居住，构建“1+6”政策体系，完成签约

2000户。加强旧区和“城中村”改造，在拆旧改地块进入收尾阶段、完成签约264户；14个“城中村”地块基本完成征收手续办理、完成签约674户（总体签约率97.5%）。

2. 房地产市场平稳健康发展。加强市场监管，健全“一房一价”审核机制，从严销售方案备案，合理排定上市顺序，全面执行公证摇号制度，上报上市商品住宅项目52个、实现开盘销售38个，解锁商业项目78个，保持房价稳定、销售秩序良好。加快租赁市场发展，通过集中新建、商品房改建、存量建筑转化方式，新增社会租赁住房2.28万套；优化租赁服务，在全市率先建成住房租赁公共服务平台，推出线上预约、网签备案简易程序等便民举措，累计办理网签5.4万件。加强权籍监管，开通全市首个权属调查业务进度查询系统，完成房地产实测791.7万平方米、预测677.8万平方米。

3. 住宅居住环境不断改善。以住宅小区建设“美丽家园”为抓手，统筹推进21项规定动作、5项自选动作，着力解决住宅小区突出问题。提升旧住房修缮品质，出台《关于浦东新区提升旧住房修缮改造品质的实施意见》，完成修缮200万平方米；开展旧里房屋和不成套公房卫生设施改造，在完成时间和实施范围上确立更高标准，实现签约1000户；加快老旧电梯更新改造、既有多层住宅电梯加装，分别完成102台和108台，形成“四个一”创新模式；开展物业管理提质增能，制订整体改进方案，开展物业类投诉大数据分析，完善老旧小区物业达标补贴政策，建立保障房建设与物业管理联动机制，推进物业管理区域化试点（合并物业管理区域10个，归并小区管理16个，劝退物业企业14家），实现住宅小区热线投诉量有效控制，部分街镇投诉较2018年下降20%以上。

（五）着眼把从严治党责任压得更实，以强化正确用人导向为核心，推动干部队伍建设再加强

1. 主题教育深入开展。突出班子带头，逐一学习研讨16个专题，统筹落实课题调研、专题党课、民主生活会等工作要求，推动习近平新时代中国特色社会主义思想不断往深里走、往实里走、往心里走。突出成果转化，在抓好委班子8个突出问题整改的同时，注重与大调研、两会办理、热线工单处置、来信来访处理紧密结合，着力解决群众的操心事烦心事揪心事，累计处理各类问题12.7万个、实际解决11.1万个，并形成一系列制度性安排，做到个性问题针对性解决、共性问题制度化解决，进一步优化解决问题的工作闭环。

2. 机构改革扎实推进。按照新区统一部署，完成路政和公用平稳转隶，实现建设工程消防设计审查验收、民防工程安全质量监督职能高效承接；调整行政审批处机构设置，成立综合监管处；按照市区对应、权责明确、界面清晰原则，形成机关“三定”规定方案，修订机关“小三定”方案，构建系统完备、科学规范、运行高效的机构职能体系。优化党组织架构，按要求撤销委基层工作党委，成立新一届机关党委。

3. 队伍管理持续加强。坚持制度管人，制定班子建设、组织建设、队伍建设、作风建设4类22项制度，明确谈心谈话、定期轮岗、约谈问责等操作规范；强化正确用人导向，坚持“重实绩、重一线、重品行”原则，提任干部29人（区管副局3人、副处8人、科级及以下18人）；加强优秀干部培养，建立后备干部“蓄水池”，推出挂职锻炼项目（岗位）19个，引导干部到艰苦环境锻炼成长；抓好公务员职务职级并行，晋升调研员7人（一级1人、二级2人、三级3人、四级1人）；坚定不移加强作风建设和党风廉政建设，完成5件问题线索核查处理，共纪律处分5人、诫勉1人、组织处理2人；营造风清气正的工作氛围，提振干部队伍干事创业精气神。

浦东新区生态环境局

2019年，在区委、区政府的坚强领导下，认真贯彻落实党的十九大和十九届二中、三中、四中全会精神，以习近平生态文明思想为指引，深入贯彻落实习近平总书记视察上海的重要讲话精神，紧紧围绕建设“开放、创新、高品质”卓越浦东的总体部署，对标卓越一流，对标人民群众对美好生活的需要，坚决打好污染防治攻坚战，持续加强城市精细化管理，全力推动生态环境质量、市容环境品质实现双提升。

一、生态环境在抓大事要事中实现新提升

精准发力，取得治污高分“成绩单”。制定了《关于全面加强生态环境保护坚决打好污染防治攻坚战建设美丽浦东的实施意见》，开好精准施策“药方”。有序推进第七轮环保三年行动计划187个项目，完成率39%。深化大气污染防治。完成30家工业企业VOCs治理，完成732台中小燃油、燃气锅炉低氮燃烧提标改造。$PM_{2.5}$年平均浓度为33微克/立方米，环境空气优良率为85.8%。持续开展水环境治理。完成47条骨干河道环境综合整治，全面打通566条断头河，全面完成17.1万户农村生活污水治理，完成378个老旧小区雨污分流改造和74个沿街商铺、企事业单位雨污混接改造，核销2771条段劣V类水体，全区劣V类水体占比6.4%，39个国考、市考断面全面达标，737个市、区、镇级水质控制断面达标率97%。扎实开展土壤污染防治。开展重点行业企业用地土壤污染详查，完成591家重点企业进场基础信息采集，完成59家企业进场采样。加大对38家重点监管企业土壤监管。持续推进落实建设用地全生命周期管理，完成137个场地调查评估评审，完成3个地块治理修复。

尽锐出战，开启垃圾分类“新元年”。聚焦《上海市生活垃圾管理条例》出台和实施，突出“源头减量、分类投放、分类运输、分类处置”四个方面重点，全力推进生活垃圾全过程分类体系建设。全民参与分类投放的格局基本形成。全区居民参与率达到95%，17个街镇率先创成“上海市生活垃圾分类示范街镇”。分类收运处闭环体系基本建成。完成6404个定时定点/箱房改建，配置湿垃圾车339辆、干垃圾车644辆、可回收物车68辆、有害垃圾车6辆；建成3823个两网融合回收服务点、40座两网融合中转站、两个集散场；建成25个湿垃圾就地处置设施，处置能力达到200吨/日。分类时效显著提升。全年干垃圾处置量4803吨/日，湿垃圾分类量1375吨/日，可回收物分类量903吨/日，均超额完成市下达指标。全区生活垃圾分类达标率从6%提高到91.4%，垃圾分类纯净度达到95%。

对标高位，亮出环保督察“整改书”。认真接受第二轮中央生态环境保护督察和上海市环保督察，主动认领反馈问题，制订整改方案，全力抓好整改落实，并举一反三，以整改成效促工作提升。上海市环保督察组移交728个问题，完成整改719个。中央环保督察移交469个信访件，全部按期答复，办结467件，着力将“问题清单”变成“满意清单”。

严字当头，打好环保监管“组合拳”。充分发挥规划环评、总量控制、排污许可证等管理手段的作用，开展19个工业园区规划环评修编，核定240个建设项目新增污染物总量，核发排污许可证471家，完成2018年度环境统计工作。加强数据比对分析，完成二污普数据质量核查、整改和污染源产排量核算。加强危险废物环境风险防控，全面实施危险废物备案管理，积极构建危废信息化平台，开展张江高科技园区危废收集示范平台建设，建成天汉危废处置二期项目（2.5万吨/年），危废“收、运、处”监管体系初步建立。织密织牢在线监测“天网”，建成金桥环境空气质量自动监测站，完成7个声功能区噪声自动监测系统建设，完成30家餐饮业油烟器在线监控安装，74个VOCs排放口实现在线系统联网。持续加大、拓展辐射安全监管的力度和深度，新区辐射安全全年“零事故”。

二、基础设施在抓重点攻难点中更加完善

集中攻坚，环保设施建设蹄疾步稳。新建市政污水收集管网23公里。浦东污水厂污泥处理处置新建工程（一期）开工建设，完成了60%土建。海滨污水处理厂扩建工程和永久排放管项目工可待批。临港污水处理厂扩建工程开工建设，临港污水处理厂永久排放管项目完成工可批复。川沙通沟污泥处置项目完成90%工程量，周浦通沟污泥处置站与周浦污水泵站新建工程合建，上报工可中。海滨资源再利用中心实现桩基开工，有机质固废处理厂扩建工程和建筑装潢垃圾资源化利用处置厂项目完成结构封顶。

击楫勇进，供排水系统加速构建。北水厂新建工程（20万吨/天）土建完成80%。南水厂和惠南水厂深度处理改造工程完成招投标。南片老旧供水改造项目一期工程（47公里）进度60%，二期项目（85公里）开展招投标。完成26公里小口径供水改造工程。分两期实施区管市政消火栓补建工程，正在开展招投标。基本完成ES6、梓康、重装6号和创新区4座市重点雨水泵站建设，龙阳泵站完成设计方案。推进低标排水系统与易积水区域改造，张家浜和听潮区域提标项目已开工，培花地区提标项目完成工可审批。全面消除116个积水点。

立柱架梁，绿化林业建设提质增速。林地建设加速突围，“1+11”政策文件落地实施，政策赋能优势凸显，全年完成造林1.5万亩，森林覆盖率达到17.01%。其中，G1503、S2等重点生态廊道造林约6100亩，各镇公益林建设8900亩。绿化建设快步推进，全年新增绿地350公顷，新增立体绿化5.5万平方米。其中，滨江森林公园二期、环城开天窗补绿等外环生态专项完成22公顷，碧云楔形绿地完成40公顷、森兰完成25公顷、北蔡楔形绿地完成40公顷，航头拓展绿地、民乐、曹路等大居结构绿地完成13.6公顷，合庆郊野公园完成方案编制，塘桥公园、豆香园、华夏公园、泥城滨河文化公园4座老公园改造取得工可批复。

三、城乡面貌在补短板强弱项中发生新变化

统筹发力，短板治理强势推进。深入开展“四个清零”专项治理，基本完成市下达重点督办违法广告、违法户外招牌清零整治任务；完成规模以上区级入河排污口企业整治，编制完成规模以上入河排污口布局规划。持续推进市容短板治理，完成全区“补短板、治五乱”的52个遗留单元整治。在全区范围内开展零星乱设摊、高速（架）乱张贴、外立面乱设置、单车乱停放、绿地乱抛物等专项微治理，完成48个点位市容环境微治理。强化无序设摊治理管控，整治8个中度污染点（聚集点），规范24个临时设摊管控点（疏导点），取缔各类占道亭棚152个。推进“厕所革命”，完成固定公厕大中修26座，移动公厕改造5座，新增第三卫生间12座、无障碍设施公厕5座。修缮5组城雕设施。

精益求精，景观提升出彩出新。高标准开展新中国成立70周年、第二届中国国际进口博览会“双迎”市容环境保障。绿化景观提升突出“精、靓、彩”，打造东方明珠环岛“同心共荣”、S1华夏高架口区域“相约新时代”、砂岩广场“流金岁月”、世博大道上南路口“花灯锦簇”4处立体主题景点，高架沿口摆花31800箱，布置花坛花境91000平方米。景观灯光建设体现“亮、控、动”，黄浦江东岸景观灯光提升（二期）工程顺利竣工，168栋楼宇灯光再造升级，308栋楼宇纳入集控，形成黄浦江东岸完整连续的城市夜景带。紧扣“美丽街区”“美丽家园”和“美丽乡村”建设，高标准打造了25公里城市绿道建设，建成彩化道路5条、绿化特色道路1条；成功创建100条生态景观河道、两条市级林荫道，积极开展两个“上海市园林街镇”创建；完成7个美丽街区建设，新建和改造6个街心花园。此外，圆满完成元旦、春节、两会、桃花节、2019世界人工智能大会、第83届国际电工委员会大会、第十五届世界武术锦标赛、国际射箭比赛等节假日和重大活动期间的市容环境保障。

夯实基础，长效管理日益精细。全面加强绿地养护管理，严格落实考核结果和养护费“双挂钩”，进一步提升浦东绿化精细化管理水平。全面开展公益林市场化养护。东岸滨江综合养护迭代升级，“腰带保洁+提篮保洁+推车保洁”模式成为浦东保洁新名片。开展路口景观第三方绩效评估，确保路口景观常态效果。完成浦东新区水务信息共享服务云平台二期项目建设，开启“互联网+河长制”河湖生态创新管理、智慧治水新模式。河道综合养护由“四位一体”向“五位一体”加快升级，完成388公里中小河道轮疏。推进水务系统管养分离，顺利完成泵站管养分离，实现泵站养护市场化。推进长江干流岸线利用项目清理整治，完成30个项目的整治销项。全面完成第一次全国海洋经济调查任务及地区海洋GDP核算工作，开展5个围填海问题图斑清理整治。

四、政府效能在优作风抓落实中又有新提升

依法行政，在破解热点难点问题上“出实招”。探索开展两起生态环境损害赔偿案例实践，“王中玉污染环境案”达成赔偿协议，成为浦东首个成功案例。致力于解决行业发展命题，完成“十四五”生态环境规划前期重大问题研究，24个科研（课题）密集落地。持续做好财务集中管理，完善了“会计规范核算、资金安全拨付、档案有序管理、信息实时监督”一体化流程。共承办两会书面意见和提案74件，办理领导批示件237件。主动公开政府信息3196条，受理信息公开266件。处置诉讼案件7起，已裁定5起，纠错率为零。受理来信来访218件，按时办结率100%。局二级平台共受理工单15.9万件，结案率99%，城运综合绩效连续三年在新区委办局中排名第一。

多管齐下，在传播美丽浦东形象上“谋新招”。成功举办了纪念“6·5世界环境日”、“世界水日”“节水宣传周”“世界海洋日”等大型宣传活动。牢牢把握新闻宣传风向，大力宣传习近平生态文明思想，深入报道浦东打好污染防治攻坚战的目标举措，通过各级媒体报道宣传题材115篇，报送政务信息104篇，推送政务微信404篇。健全舆情监测、研判和应对机制，妥善处置舆情39项。加强生态环境宣传阵地建设，九段沙湿地生态展示馆成功创建上海市环境教育基地，推进环境监测等四类设施向公众开放。加强示范引领，推动生态环境保护全民参与，评选出环保诚信企业12家，成功创建市级安静小区1个、区级绿色社区5个，创建上海市节约用水单位、机关、企业、小区共28家（个）。

立体防护，在确保城市安全运行上“亮硬招”。聚焦五个重点，组织开展了生态环境领域扫黑除恶专项排查和整治。立足预防为主，完成104项海塘、防汛墙维修养护项目。全力推进骨干河道建设，提升水安全保障能力，三八河北段整治工程开工，殷家浜、宣六港、外环运河和长界港办理征收程序，川杨河和三八河南段工可报批，北横河、外环南河项目建议书报批。推进排涝泵闸新建工程，严家港水闸基本完工，赵家沟东泵闸开展招投标，西沟泵闸办理征收程序，张家浜东泵闸泵站新建工程专项规划正在报批。

全年经受了4次台风、3次大暴雨、10次暴雨、9次天文大潮等灾害的考验，实现了安全度汛。落实安全责任制，加大风险防控和隐患排查力度，完成268家企业事业单位突发环境事件应急预案备案工作，全年累计开展各类安全专项治理22次，处置各类突发公共事件25起，未发生生产安全责任事故。

五、动力活力在推进改革创新中得到新增强

顺应时势，机构改革激发“内动力”。按照区委、区府关于新一轮机构改革的统一部署，规范有序开展机构改革各项任务，划入海洋、应对气候变化和减排、监督防止地下水污染、监督指导农业面源污染治理四项职责，整合了分散的生态环境职能；划转路政和公用事业管理、农田水利建设项目管理、水旱灾防治和森林防火、水森林湿地等资源调查和确权登记管理四项职责。局机关三定方案顺利获批，有序推进职责界定、人员转隶、资产档案划转、干部优化调整等事项，两个机关处室、3家事业单位平稳转隶过渡，确保改革期间各项工作连续稳定，职责履行不留空白。根据区委优化综合监管体制要求，在行政审批处上增挂综合监管处牌子，落实综合监管职责。

立新除弊，营商环境散发“新活力”。开展审批材料精简，在局61项行政许可事项中，631件法定材料减少至312件，1324个法定工作日减少至626个工作日，实现了审批材料和审批时限“双减半”。推进审批容缺受理，局61项行政许可事项各自实现至少容缺一份申请材料。简化审批形式，对73类项目实施环评手续豁免；施工类的排水许可证实行告知承诺，实现即来即办。配合推进“一业一证”改革，完成了住宿业、健身房、便利店等22项涉及环保环评管理的业态区级事权的“一业一证”改革，对业务流程进行革命性再造。依法依规开展行政审批，有序承接市级下放开河、填堵河道、林地绿地占用行政审批权，完成占绿审批11件。主动服务于自贸试验区、科创中心国家战略，围绕“中国芯、蓝天梦、创新药、智能造、未来车、数据港”六大硬核产业，跨前服务特斯拉超级工厂、巴斯夫新材料（有限）公司—汽车尾气净化催化剂等项目。全年共受理行政审批3700项，办结意见征询340件，完成联审平台事项验收60件。

模式创新，事中事后监管蹚出“新路子”。推进“六个双”监管常态化实施，在行业监管全覆盖的基础上，加强平台应用，共接收双告知539次，开展双反馈539次、双跟踪1864次、双随机检查228次、双评估605次，进行双公示4137条。编制行业监管主管部门、协同部门、监管制度、支撑数据和智能化需求“五张清单”，着力推进以“动态、风险、信用、分类”为核心的“四个监管”机制，倾力打造涉河项目监管、一类水污染物排放企业监管、公园游客量监测、林业生产经营监督管理、雨水泵站运行5个应用场景，并接入新区经济运行综合监管平台实战化运行，政府监管朝着可视化、协同化、智能化、精准化方向迈进。

六、发展后劲在全面从严治党中得到有效激发

思想建党，抓好主题教育“领航标”。以高标准开展“不忘初心、牢记使命”主题教育为引领，扎实推进党的思想建设，持续深化理论武装。坚持学原文、读原著、悟原理，围绕党的政治建设、担当作为、宗旨性质、理想信念等八个主题，开展集中学习研讨14次，全局50个党支部开展集中学习266场次，开展交流156场次，进一步增强“四个意识”、坚定“四个自信”、做到“两个维护”。处级以上干部在学习调研基础上讲专题党课，坚持用事实说话，用案例警示，累计讲授党课43场。坚持边学边查边改，对照党章党规找差距，处级以上领导干部共查摆问题213条。着眼解决实际问题，深入基层开展调查

研究，坚持从“小切口”入手“解剖麻雀”，形成6份高质量的调研报告。强化领导干部“联系街镇、联系基层”的工作机制，完成居村调研90个、社会组织调研10个、事业单位调研25个、企业单位调研46个，共收到问题124个，解决率97%。

基础强党，树好基层党建“好品牌”。突出抓好基层组织这个基础，多措并举推动基层党建全面进步、全面过硬，全面筑牢基层党组织战斗堡垒。推进支部“标准化建设”，组建两个临时党支部，完成10个党支部换届选举，增补两个党组织委员，开展书记轮训51人次。严肃党内政治生活，贯彻落实《党章》和《中国共产党支部工作条例》，认真执行“三会一课”、民主评议、党内双向汇报等组织生活制度，严格执行“三重一大”事项集体决策制度，共召开23次党组会议，决策重大事项107项。深化“一线去”党建品牌培育，开展“当一周垃圾分类志愿者”体验活动，覆盖全局1030名干部职工。河道管理事务中心党委、水文水资源管理署党支部被上海市水务海洋系统命名为2019年度“治水管海先锋”示范党组织，绿化中心党支部被评为“上海市迎进博先锋行动先进基层党组织”。

从严治党，用好监督巡察“紧箍咒”。严格遵守中央八项规定，驰而不息纠“四风”。开展党风廉政建设责任书的签订，落实党风廉政建设责任制责任书和重点项目报备，全局系统梳理排摸廉政风险防控重点项目27个。坚持无禁区、全覆盖，围绕落实“四个责任制”、遵守“八项规定”精神、执行“三重一大”和内控建设等情况，对4家局属基层单位开展巡察，发现问题26个。对新任干部、重点岗位干部、巡察和审计发现问题的干部开展廉政谈话，累计谈话13人次。加强长效管理，进一步完善了廉政责任制度、巡察制度、廉政宣传教育制度、纪检干部例会制度、重点风险防控制度。开展项目审计监督，并严把审计质量关，累计完成送审项目294个，总送审金额约25亿元。

练好内功，筑牢干事创业“基础桩”。开展各层次干部职工教育培训，8名局班子领导参加习近平总书记上海重要讲话精神示范班培训，10名处级干部参加领导干部研修班、读书班和轮训班学习，8名公务员参加区委党校专题培训班学习，52名干部参加局系统青年干部培训班，4名专技人员参加新区专技骨干培训班。坚持科学选配，提任两名机关正处级领导干部、两名机关正处级非领导干部和1名事业单位六级干部。稳步推进公务员职务与职级并行实施工作，完成了46名机关非领导干部职级套转，晋升了两名一级调研员、两名二级调研员、22名一级主任科员、6名三级主任科员、两名四级主任科员。坚持以事择人，一线用人，抽调21名业务骨干到河长办、生活垃圾分类减量办工作或挂职锻炼。全局系统共获得上海市生态环境保护标兵集体1个，上海市“工人先锋号”集体1个，上海市生态环境先进个人5名，上海市绿化市容行业先进个人7名，上海市“五一劳动奖章”1名，市区两级重大工程立功竞赛先进集体8个、先进个人41名，区“五一劳动奖章”2名，浦东“好干部”14名，“浦东工匠”1名。

（二）黄浦区

黄浦区建设和管理委员会

2019年是黄浦区提升能级和核心竞争力的启动之年，是黄浦旧改全面进入换挡加速期的开局之年，也是深化落实精细化管理的关键一年。在区委、区政府的坚强领导下，区建管委把习近平总书记考察上海重要讲话精神作为根本遵循和行动指南，围绕“改革增活力、发展提能级、民生重品质、治理创标杆、党建筑高地”的工作主线，咬定目标，创新突破，全力以赴抓好各项工作的落实和推进，圆满完成了全年各项目标任务。

一、旧区改造全面提速

按照“确保启动、积极筹备、加快收尾”三个一批的任务清单，全面推进旧改征收工作，全年完成签约总量超过12000户，超出原定年度目标50%以上，8个项目启动生效〔老西门689街坊、67街坊（西块）、563街坊、福佑中南块、乔家路东块、厅西路地块、乔家路西块、金陵东路地块〕，7个项目完成收尾（轨道交通14号线区间段、西藏南路1335~1381号置换解危、老西门689街坊、南浦地块、老西门1~6地块、67街坊西块、豫泰确诚）。金陵东路北侧（宝兴里）项目一轮征询同意率达99.7%，创造了黄浦大体量旧改项目一轮征询的新纪录。与上海地产集团紧密合作，有力推进乔家路地块成片征收工作。继续加大福佑北块、546地块、547地块等已启动项目的收尾攻坚。加强在拆基地管理，确保在拆基地环境整洁、有序、安全，全年29个在拆基地未发生安全责任事故。

二、重大项目建设加快步伐

市、区重大项目建设稳步推进。全力保障轨道交通14号线“三站一井”工程建设，配合相关部门做好茂名风井居民维稳工作，金陵东路73街坊隧道隔离保护工程的前期审批、房屋拆除及场地交接工作顺利完成。组织协调一大会址扩建项目前期卜石新天地艺术馆拆违清退工作。加大区重点功能性项目的协调推进力度，区委党校、文化中心项目于上半年开工，董家渡18号地块取得可研批复，115地块启动3幢文物建筑的抢修加固准备。组织开展“区重点功能性建设项目前期审批工作培训”，推动区级财力工程建设项目审批制度改革落地见效。升级优化重大建设项目管理信息系统，加强项目可视化、信息化、协同化管理。商业商务项目竣工面积超过30万平方米，160街坊改造、52街坊（日月光中心二期）开工建设，龙华东路99街坊、179街坊华侨大楼、董家渡13/15地块（绿地外滩）A楼C楼竣工。组织协调推进紫霞路电站项目施工和矛盾处置工作。

“一江一河”滨水空间呈现“新亮点”。黄浦滨江持续聚焦景观品质提升和精细化管理长效机制优化，董家渡景观花桥项目于9月下旬开工。外马路改造示范段建设基本完成。复兴4~5库底层空间开放，1~3库底层商铺有序清退。外萃丰弄绿地、新码头街绿地、594地块公共绿地的前期审批工作有序推进。滨江沿线饮水点、遮阳棚等公共服务配套设施进一步完善。苏州河示范段建设取得“先突破”，西段示范段（成都北路—乌镇路）基本建成，九子公园、苏州河东段（外白渡桥—河南路桥）年内实现开工建设。

三、市政基础设施建设与管理持续强化

架空线入地和合杆整治工程有序推进。根据“集中度”“显现度”“全要素、做减法，一体化”的工作要求，统筹推进架空线入地和合杆整治，竣工道路34条，落实临时电站选址19座、箱变20座，总长15.66公里，道路竣工数位居全市前列。深化各项措施，统筹规划“一路一策”，强化文明施工监管。会同架空线产权单位开展违规飞线清理，清理违规架空线875根，重新涂装箱体96个，箱体移位7个，基本建成西藏路—复兴路—南北高架—南京路18公顷无架空线示范区和南外滩13公顷无架空线示范区。

道路积水点改造和道路大修工程取得实效。完成合肥路、外仓桥街、王家码头路、自忠路4条道路积水点改善工程，有效提升道路排水能力。完成人民大道整治工程，从基础强度、石材选材、勾缝施工工艺等方面精雕细琢，打造精细化施工的样板工程。启动南京路步行街东拓工程。

河长制和最严格水资源管理不断深化。制订《黄浦区河湖捕鱼“清网行动”工作方案》，开展黄浦江、苏州河沿岸“清网行动”。

完成黄浦区取水工程（设施）核查登记，发动街道河长办开展取水工程（设施）排查。协调市、区相关部门落实苏州河沿线设施的管养责任。完善河长制信息化体系建设，推进河长App系统及河长制工作平台应用全覆盖。组织南京东路街道和外滩街道开展河长制标准化街镇建设，开展“一江一河”河长制工作公众满意度调查。完成《黄浦区海绵城市建设规划（2018—2035年）》编制报审，组织开展本区海绵城市建设自评估工作。

市政设施管养水平进一步提高。完成道路维修保养189538平方米，调换补缺侧平石9019米，新装、调换护栏9764米，护栏油漆、保洁2817公里，路名牌清洗保养39612块次，疏通下水管道898公里，清捞检查井、进水口125000余个次，保障市政、水务设施处于安全良好运行状态。把钢渣透水砖和大理石材质铺装运用于永嘉路、九江路等人行道整治，减少人行道“水雷”现象。创建思南路、苗江路、河南中路、南路精品示范路。开展道路检查井盖病害专项整治，协调管线权属单位整改536个井盖病害。

四、建筑业市场管理不断深化

建筑工程安全专项行动深入开展。深刻吸取“5·16”事故教训，深入开展建筑施工安全专项治理、房屋建设工程安全隐患专项整治“百日行动”和“防风险、保平安、迎大庆、护进博”消防专项行动等，成立“百日行动”领导小组，全面排查城区建设工程中存在的各类风险隐患和“六无工程”，督促落实整改措施，为迎接新中国成立70周年和第二届进博会营造良好氛围。

质量安全巡查持续开展。牵头并会同区人社局、区安监局、区环保局、消防等部门开展建设工程质量安全巡查，强化安全、质量、文明施工、消防、环保和农民工用工情况的综合检查，加大执法力度。对34个土建项目和装饰装修项目开展质量安全巡查，以全区大型施工机械第三方检测结果为依据，扩大巡查的覆盖面。加强项目监管，开具监督报告232份。加强建设工程日常监管，新增监管项目354个，开具监督报告232份，开具各类整改指令单116份、局部停工单26份、全面停工单19份。行政处罚立案18起，结案18起，罚款金额30.034万元。项目经理等记分处理22人，扣分58分。

建筑工地文明施工管理向精细化迈进。进一步强化建筑工地分级分类管理和城区精细化管理，研究制定《关于进一步加强黄浦区限额以下小型建设工程管理的实施意见》和《黄浦区建设工程文明施工管理标准》。将大型装饰装修工地纳入扬尘在线监控系统的管理范围，把施工中产生的声、光、尘影响降至最低。推进远程监控平台建设，打造土建工地视频网络系统，及时掌握工地施工作业动态。充分发挥“黄浦工地”微信平台的作用，及时通报工地文明施工情况，加快施工扰民矛盾处置。

建筑领域新技术应用得到推广。强化全流程管理，在项目前期咨询、过程监督、措施落地检查以及竣工备案等环节层层把关，严格落实建筑节能、绿色建筑、装配式建筑和可再生能源应用等各项政策要求。完成大境初级中学教学楼综合楼改造项目征询（初步设计）、新世界城外立面局部改造等10个项目的土地招拍挂和规划设计条件意见征询工作。大力推进绿色生态城区建设，基本确定黄浦区0.8平方公里的绿色生态城区试点范围。召开“黄浦区创建绿色生态城区试点工作座谈会”，聘请中国建筑科学研究院作为第三方专业技术部门，积极创建黄浦区绿色生态城市试点。

玻璃幕墙管理水平进一步增强。通过第三方购买服务，对区内603栋既有玻璃幕墙建筑的使用安全情况进行全面排查，对其中的18栋建筑派发整改单。建立幕墙管理工作群，开展“云幕墙”管理平台试点应用，线上和线下相结合，全面排摸黄浦区幕墙建筑的管理状况。做好新年倒计时、上海旅游节、第二届进博会等重要活动重点区域周边玻璃幕墙的巡查检查，确保活动安全。开展全区既有玻璃幕墙建筑工作培训专题会。研究出台黄浦区玻璃幕墙保险机制，强化风险防控。开展新建玻璃幕墙安全性评审，提高新建玻璃幕墙的安全性。

五、提升综合交通管理能力

“停车难”问题有效缓解。推进停车资源共享利用，落实8个项目505个共享泊位，超额完成年度目标。建设15个港湾式出租车候车点，有效减少临时停车对道路通行的影响。搬迁改造存在安全隐患的公交站点，交通秩序大为改观。

交通信息化建设持续推进。完成黄浦区综合交通平台一期项目建设工程，基本实现交通信息“全覆盖、全过程、全天候”。持续推进综合交通管理和信息服务平台二期建设。开发黄浦停车监管App，实现公共停车场库、道路停车电子化检查和智能评价跟踪全覆盖；开发道路停车电子支付系统，增加移动支付功能和电子对账功能。完善道路停车智能化设施建设，提高智能道路停车泊位覆盖率，建设基于车辆牌照检测的自动缴费系统，开展道路停车自动缴费系统试点。

公共停车场（库）审批备案稳步推进。完成建筑配建机动车停车场（库）行政审批初审8项。完成公共停车场（库）经营备案93项，新开业11家、歇业16家、变更9家。在册备案公共停车场（库）172户、178库、泊位28428个，在册备案道路停车场共136路段、泊位2773个，共计泊位31201个。持续优化充电桩布局，主动协调上汽安悦和联联充电平台与公共停车场（库）对接，稳步推进充电桩建设。

公共停车场（库）日常监督扎实有力。开展日常监督检查、质量信誉考核检查以及重大节日安全检查668次，出动检查人员1689人次，检查道路停车场465条次，出动检查人员1133人次。针对一批矛盾突出的场库，联合市交通委执法大队、区消防救援支队、区交警支队等单位，开展多部门联合执法检查，以场库出入口、标志、消防设施设备和经营备案、服务规范、车辆停放管理为检查重点，规范停车场（库）的经营行为。开展场库管理服务规范、无障碍泊位设置、充电桩建设、消防安全工作等培训，提升停车企业行业管理水平。

六、行政审批制度改革深入推进

建设工程领域审批制度改革深入推进。推广工程建设项目联审平台应用，实现100万元以上建设项目“一网通办”全覆盖。加强政策宣传引导，实现全程网上办理、多部门并联审批和不见面审批。压缩施工许可证的审批时间，在审改要求的3个工作日发证的基础上再提速，多个项目仅用半个工作日完成受理、审批和发证。以五坊园项目为试点，推进综合竣工验收，大幅缩短审批时间。稳步承接消防审验职能。推行告知承诺制，优化安全生产许可证和资质资格审批流程。建立建筑企业资质事中事后监管机制，动态核查建筑企业资质达标情况，规范建筑市场主体行为。

行政审批服务效能进一步提升。设立行政审批服务科，安排专人专岗统一负责行政审批业务，建立“线上一口操作、线下各司其职”科所协同互补的工作模式。发扬“店小二”精神，通过增设窗口工位、开通长途通信业务、开通咨询微信群等方式，及时解答办事相对人疑问，有效缩短等待时间。对于纳入网上办理的审批项目，全程跟踪网上办理审批项目进度，提高办理效率。

七、依法行政水平持续提升

行政执法和应诉工作。受理办结行政审批事项1479件，行政处罚立案23件，结案26件（其中3件为2018年结转），罚款人民币92.634万元（包括2018年结转案件）。完成行政复议3件，上级主管部门均对行政行为予以维持。开庭应诉121次，其中120件行政行为法院予以维持，1件法院确认行政行为违法，行政负责人出庭110次，出庭率达到91%。组织开展行政执法证培训、考核、换发工作，新办行政执法证16个。

行政执法决策程序持续完善。落实重大执法决定法制审核制度，对1件重大行政执法范围内的行政处罚案件进行合法性和合理性审核。完善行政处罚内部审批程序，修订《区建管委行政处罚审批制度》，提高执法效率。规范施工工地大气污染违法行为处罚自由裁量权标准。开展行政处罚案卷的自查自纠。推行行政执法公示制度，做到行政许可和行政处罚决定7个工作日内上网公示。聘请1名法律顾问，对涉及社会稳定风险的建设项目，请法律顾问参与讨论研究，为行政执法决策提供参考。

政务公开力度进一步加大。大力推动旧区改造、重大项目建设、工地环保安全、停车管理规范等重点领域信息主动公开。推进黄浦区重大建设项目批准和实施领域政府信息公开，及时公开25个区重大建设工程报建、施工阶段的审批结果和实施情况。主动公开公文类信息68件、非公文类信息39件，主动公开率达89%，依据申请公开答复136件。

黄浦区绿化和市容管理局

2019年是中华人民共和国成立70周年，是实施“十三五”规划、决胜全面建成小康社会的冲刺攻坚年。区绿化市容局以习近平新时代中国特色社会主义思想为指导，认真贯彻落实党的十九届四中全会精神和习近平总书记考察上海重要讲话精神。紧紧围绕区委、区政府年度工作目标，立足区域特点，以“不忘初心、牢记使命”主题教育活动为契机，以精细化管理为抓手，紧盯任务促落实、聚焦短板抓突破、凝心聚力求实效，全面推进垃圾综合治理，精心组织“双迎”市容保障，圆满完成全年各项任务，城区市容环境水平得到提升。

一、年度重点工作取得实效

（一）绿化建设稳步推进。超额完成绿化建设6万平方米年度任务，新增绿道3公里。“一江一河”景观提升项目有序推进。

（二）生活垃圾分类减量取得阶段性成效。自《上海市垃圾分类管理条例》实施以来，黄浦区干垃圾控制量、湿垃圾分出量取得阶段性成效，“互联网+垃圾分类”的“拾尚包”模式广受市民欢迎，全程分类体系日趋完善，综合测评达区级“优秀”水平，4个街道被评为市级示范街道。

（三）精细化保洁模式成为全市标杆。因地制宜推进“一带一路一环”示范区域精细化保洁工作，通过管理标准提升、作业模式创新、硬件设备更新、服务体系完善，实现“席地可坐”常态长效。

（四）优化提升外滩及纵深区域景观灯光。与市局联手跨界融合打造的“外滩漫步”创意音乐光影秀得到社会各界的广泛赞誉。同时，完善补充了延安路高架沿线、外滩纵深区域、南外滩、南滨江地区景观灯光天际线，营造外滩景观灯光纵深感。

（五）圆满完成“双迎”保障任务。打造了人民广场中央喷水池立体花坛“情怀”，外滩陈毅广场、金融广场花墙“千里江山”图，人民大道中央隔带花箱以及大沽路高架桥花柱“城市绿光”等主题景点；出色完成进博会豫园内园景观保障任务。

（六）顺利完成环卫企业市场化改革。分阶段、分板块有序推进政企分开改革各项工作，确保黄浦区环卫工作平稳有序、不断不乱，逐步实现原环卫企业市场化进程，管理方式上从直接管理向行业监管转变。

二、厚积薄发，塑造绿化景观新品质

年度绿化任务超额完成。全年新增公共绿地2.07万平方米、专用绿地2.00407万平方米、立体绿化2.02065万平方米，新增绿道3公里，完成南北高架大沽路—威海路桥柱绿化12根。

“一江一河”重点景观项目全面启动。按照区委、区政府提出的“打造世界级滨水区的标杆区域”目标，在保障滨江沿线绿化景观建设总体规划的前提下，推进“一江一河”景观提升项目，包括外萃丰弄绿地及地下空间、新码头街绿地和地下空间、会馆弄绿地（594地块）、苏州河南岸公共空间东段和九子公园等。深化太平桥公园景观提升工程设计方案，确保与一大会址纪念馆改建同步完工。

强化公园管理及园艺水平。一是加强公园精细化管理。结合园长责任制和日常检查考核，切实提高公园管理精细度，解决症结性问题。落实公园噪音控制、车辆入园管理、游乐设施监管、经营场所管控、“牢骚角”和“相亲角”治理等工作，重点整治公园打牌赌博乱象，取得良好效果。二是展示黄浦园艺水平。在南园滨江绿地、人民公园、古城公园组织各类花展，人民公园九江路西藏路口花坛、复兴公园沉床花坛、古城公园花坛在竞赛中获得佳绩。作品“潮”助力第十三届中国菊花展览会，作品“心心相印”参展于上海月季展，作品“新境”荣获2019年上海国际花展金奖。三是积极举办技能竞赛和培训。以花灌木修剪、行道树修剪、花箱插花等技术比武为抓手，落实精细化养护培训，推进机械化养护试点工作，切实提高精细化养护水平。

持续开展群绿工作。一是开展全民义务植树节活动。党政机关带头，圆满完成区四套班子领导和各界人士参与的“友善林”全民义务植树活动。引领社会参与，区绿委办会同街道在公园开展绿化宣传活动，如绿化知识讲座、家庭养花评比、黑板报比赛、居民认养树木花草、志愿者护绿队绿地保洁活动等。二是开展市民绿化节宣传系列活动。积极开展居民绿化自治评选活动，形成“政府引导，居民主导，专家辅导”的居民自治孵化模式。组织开展“我家的月季花开了”暨2019上海市盆栽月季征集评选活动、“一花一世界”社区居民园艺创意评选活动；在公园举办学雷锋、绿化宣传等公益活动15场次，举办“市民园艺大讲堂”活动17场次。加强同商业广场的联动，推选凯德晶萃广场、百盛商业广场参加“绿化大篷车”进商区系列活动，参与“外滩源”圆明园路打造高端文化休闲街区绿色商业及绿化集市活动，在全区范围广泛动员、积极营造全民爱绿、护绿宣传高潮。三是加强对居住区和单位绿化的指导。通过开展家庭养花知识讲座、插花讲座、小区绿化养管实地操作等形式，推进居住区绿化自治。对物业管理人员、小区绿化养护人员进行专题培训，提高专业人员养护水平。对全国绿化模范单位瑞金医院的绿化整改提升方案进行督促、跟踪，确保落实到位。

加强古树养护和行道树管理。一是开展古树名木、绿地树木认建认养活动。向媒体公示认建认养的地方、面积、树木量及工作人员，便于市民、单位认养，既培养了企业的社会责任和公民爱绿护绿意识，又拓宽了绿化资金来源渠道。全年共办理绿地树木单位认养50家，个人认养157人次，古树名木认养16棵。二是加强古树名木和后续资源的保护。编制《黄浦第二次全国古树名木资源普查报告》，完善上海市古树名木生长势与环境监测体系和古树名木技措方案，及时进行古树病虫害防治。三是推进有害生物防控工作。在全区设置9个有害生物监测点，组织两次专业培训，及时发布近期防治小贴士以及养护要点，在微信公众号上开辟植保小知识专栏。区内重大有害生物成灾率控制在3.0%以下、无公害防治率为90%。全年完成行道树白蚁治理167棵，复发率在10%以下。四是落实行道树日常养护工作。完成冬修、控型剥芽、防台疏枝等。在保证行道树冬季修剪达标的前提下，充分考虑对居民实际生活的影响，对危险系数高的枝条适度修剪，确保林荫道良好的景观面貌。

积极开展保护野生动植物专项行动。精心组织形式多样的野生动物保护宣传活动。主动联合商务、公安、市场监管、城管执法等部门，开展春季“季风”、秋季“季风”和“烈焰行动”“依法打击破坏野生动物资源专项整治”四项专项行动。全年共出动人员检查市场 72 人次，检查驯养繁殖单位 1 家次、古玩市场 83 家次、花鸟市场 32 家次、菜市场 5 家次、餐厅 5 家次。全年共收到收容救助电话 9 次，收容野生动物 5 只，送上海动物园救助。

三、多措并举，推动垃圾分类新风尚

生活垃圾分类减量取得阶段性成效。全力推进全程分类体系建设，综合测评达区级“优秀”水平。一是实现整区域全覆盖推进。全区实现居住区、单位、公共场所生活垃圾分类全覆盖，95%以上居住区实现垃圾分类实效达标。因地制宜推进垃圾分类定时定点等模式促进源头分类实效，723 个小区实现了定时定点投放，占全区所有小区的 93%。发挥好垃圾分类专职管理员和垃圾分类志愿者等在源头分类指导、管理、监督作用，组织 1876 名志愿者进驻小区指导投放。绿色账户开户 22.52 万户，基本实现居住区绿色账户全覆盖。二是强化配套政策支持。制定规范文件，出台了《低价值可回收物补贴实施细则》等 12 份文件，从制度层面提升生活垃圾综合治理实效。区级“小餐饮标准化 2.0 版”工作标准和《老旧住宅小区物业综合管理实施意见（试行）》，将垃圾分类作为其重要内容予以规范。三是宣传工作引导到位。在全区范围内举办以垃圾分类以及《上海市生活垃圾管理条例》普法为主题的“十百千万”系列活动，开展生活垃圾分类“进机关、进社区、进学校、进医院、进楼宇、进景区、进公园”七进活动；在淮海公园、世纪广场开展了两次大型主题宣传活动；协助街道成立 10 支街道志愿者队伍，举办 200 余场居民区宣传活动，覆盖约 2000 家楼宇商户，入户宣传 22 万户，发放 30 万份宣传海报资料；区分减联办牵头各成员单位组织开展 1600 余场垃圾分类专题集中培训会，培训了 7.2 万人次，发放《条例》2 万余册，基本形成人人知晓、普遍参与的社会氛围。四是垃圾收运量变化显著。自 7 月《条例》正式实施后与上半年相比有明显变化，湿垃圾（含餐厨垃圾）分类量从 138 吨 / 日升至 400 吨 / 日，干垃圾处理量从 845 吨 / 日降至 510 吨 / 日。五是全程分类体系日趋完善。硬件建设稳步推进。升级改造全区 1088 个居住区分类垃圾箱房和分类投放点，指导单位依法依规规范配置垃圾分类设施设备。更新张贴全区道路废物箱标志，道路废物箱减少 726 处并完成标志 2.0 版优化，及时更换老旧破损的收集容器。配置及涂装湿垃圾车 48 辆（其中餐厨垃圾收运专用车 11 辆）、干垃圾车 130 辆和有害垃圾车两辆。“两网融合”初步形成。《条例》实施以来，通过建立“固定、流动、在线”的多元化模式来拓展可回收物回收途径，包括低附加值可回收物在内的回收量基本达到市级指标 130 吨 / 日。累计完成“两网融合”回收服务点 980 个，提前完成三年行动计划目标。积极推广“互联网 + 垃圾分类”“拾尚包”模式，广受居民欢迎。分类收运成效显著。严格执行分类清运，专车专用，杜绝混装混运，大力推进“不分类、不收运”，对不符合分类质量标准的生活垃圾拒绝收运，《条例》实施以来共计开出整改单 260 张，拒绝收运红单 4 张。六是分类执法监督日益加强。与区城管执法局联手会同行业主管部门加强对商场、菜场、学校、医院、旅馆、餐饮、楼宇物业、党政机关等领域的联勤联动检查执法。与城管执法等相关部门建立双向沟通，及时掌握最新行政处罚信息，对存在拒不改正、阻碍执法等情形的，将其信息纳入本市公共信用信息服务平台，实施联合惩戒。

餐厨垃圾、废弃油脂规范管理。联合市场监管、城管执法等部门对沿街商户进行集中告知、宣传、动员，强调餐厨垃圾废弃油脂源头分类、定时定点投放要求，确保餐厨垃圾废弃油脂规范收运，保障食品安全和市容环境。全区共收集餐厨垃圾45076.834吨、废弃油脂4359.939吨，其中煎炸废油1132.396吨、含油废水3227.543吨。联合区城管执法局对区内52家餐饮单位和9家物业开展检查。

四、精细管理，打造环卫保洁新风貌

深化精细化环卫作业管理。一是巩固示范区域达到“席地可坐”成效。因地制宜推进“一带一路一环”示范区域精细化保洁工作，根据开放式风景区、商业大街、公共广场的不同特点，提升管理标准、创新作业模式、更新硬件设备、完善服务体系，根据精细化保洁需求，打破传统环卫保洁模式，把室内保洁方式引入示范区保洁实践，全面推行“1+5+N”“多车联动”“全方位立体保洁”等举措，实现示范区“席地可坐”稳定的作业质量标准。“一带一路一环” 精细化保洁工作得到市主要领导充分肯定，黄浦精细化保洁模式成为全市学习标杆。二是全面推进道路精细化保洁常态长效。对道路进行分级作业管理，按照风景区、主干道路、一般道路、背街小巷四种类别，通过综合分析梳理，配备相应环卫作业各类工种，实行不同的作业流程和作业方式，采用相应的作业考核标准，全方位提升作业质量。开展风景区环境卫生免检区创建、主干道路洁净大道创建、中小道路常态长效巩固、背街小巷重点整治，规范作业项目、方式、频次、标准，确保精细化保洁“全方位”。推进“夜间作业，白天养护”作业模式，探索以机械作业为主，人机结合、工种配合、无缝衔接的保洁作业模式，实行精细化保洁“全天候”，基本实现所有作业工种精细化全覆盖，在市局行业考核、文明城区创建检查、市民满意测评中取得优良成绩。

着力打造特色环卫服务品牌。一是重大保障树品牌。牢牢抓住“节前整治”“节中保障”“节后巩固”三个环节，完善保障预案，合理部署力量，快速处置突发污染，圆满完成元旦、春节、两会、五一、双迎”及马拉松赛事等重大节点、活动保障任务，充分展示黄浦干净整洁的环境面貌。深化马拉松赛事保障“雁式保洁法”、节庆大客流“梯度增岗法”、重大活动“错时作业法”、双创检查“全员上岗法”等方式方法，在重大保障中取得很好实效，黄浦环卫重大创新保障方式受到新闻媒体广泛宣传报道，得到各级领导的表扬，形成全市环卫行业保障品牌。二是清运服务树形象。严格规范作业，落实“六定”“三同时、一手清”等行业标准，开展文明作业，杜绝人为噪声、污水滴漏、垃圾拖挂等作业扰民行为。克服生活垃圾物流转运不畅、中转距离长、运能和处置能力不足、灾害性天气影响等困难，坚持落实垃圾分类收运，日均完成生活垃圾清运900吨，做到“日产日清”。定期上门走访商家、居委，对垃圾收运有特殊要求居民、沿街商家，开展特色上门收集服务，安排专车沿路定时收集、定点收集等，及时清运，确保生活垃圾分类收运无积压。严格车辆进出场清洗制度，确保车容车貌整洁，展示环卫形象。三是公厕管理树亮点。以人性化服务为导向，以打造全市最美公厕为目标，结合黄浦推进全域旅游的服务需求，加快公厕标准建设，形成一厕一景。全面推进公厕保洁“五心服务”，做到环境舒心、言语贴心、服务真心、保洁细心、顾客称心，强化公厕保洁频次，从“见脏保洁”变为“一客一洁”，着力消除公厕异味，展示黄浦环卫行业窗口形象，公厕人性化服务成为全市公厕服务亮点。

强化道路扬尘控制。一是道路冲洗全

覆盖。以提升道路洁净度为抓手，充分发挥环卫作业优势，按照环卫作业质量要求，主干道路采用机械冲洗每天4遍，中小道路实行人工冲洗每天两遍，全区道路水冲洗实现100%全覆盖。二是重点区域实行组合作业。对精细化作业示范区、风景区、国家和市级环保扬尘监测点周边200米范围内强化每天6次冲洗保洁，实行吸、扫、冲、洗多车联动，提升道路洁净度，做到道路扬尘防治工作精细化。三是快速高效开展应急响应。着力抓好道路扬尘防治应急响应，全年共开展空气重污染应急响应8次、道路泥浆散落污染14次，按照重污染天气应急预案和突发道路污染处置方案，应急响应对黄浦区337条道路进行全覆盖应急冲洗，累计出动人员26362人，出动车辆628车次，有效控制道路扬尘，确保道路扬尘监测达标。

认真做好全国文明城区创建工作。在历年创建工作基础上，聚焦公园管理、背街小巷环卫保洁等短板难点，进一步明确责任、落实措施，所有点位进行“定人定岗”。一是做精做细道路保洁。创全期间，对标“一带一路一环”重点区域作业标准，加强主干道、背街小巷道路保洁，迎检两天共出动保洁人员7266人次、高压冲水车6236车次，机冲4266车次，机扫4056车次，清除道路垃圾约236吨。二是加强点位管理。82座环卫公厕新增无障碍坡道板25块、温馨提示牌82块。9个公园内增设主题宣传景点9处、宣传牌200块以及宣传架40套，更新标志牌、引导牌84处，增设公厕引导牌12套。加强与街道、公安部门的联勤联动，增加巡查和督察力量，有效管控公园内打牌赌博、噪音扰民等不文明游园行为，确保各点位游园秩序良好。

加快推进环卫设施设备建设。更新、新增112辆环卫作业装备车辆，改造9座环卫公厕（包括移动公厕）、4座道班房、1座压缩站，新建1座重庆南路202号智慧化公厕；完成“1+10+X”老城厢重点整治区域环卫设施改配建项目；改建完成3处小压站项目；积极推进南外滩环卫大楼建设项目；完善全局信息化建设，推进落实环卫企业的运行管理与作业监督考核系统建设、垃圾分类综合管理平台；做好各类应用管理系统及局系统政务网络体系运维工作。

五、对标一流，打造空中立面新亮点

提升区域景观灯光品质。对标国际一流，聚焦“双迎”保障，精心打造重点区域夜景新亮点。一是精益求精，不断优化“外滩漫步”景观灯光。全方位配合市局推进光影秀动作编排、灯具调试、现场试灯和音乐整合等工作，在市局统筹下浦江光影秀升级至2.0版，从背景音乐、表现规模到演绎形式等方面进行全面焕新。开发外滩音乐播放安卓版App 1.0版，通过多种途径给游客提供了个性化的视听体验方式。二是循序渐进，不断营造外滩景观灯光纵深感。在2018年成果基础上，完成延安路高架沿线等外滩纵深区域15处建筑物顶部天际线的局部改造和补充、南外滩外马路沿线14处建筑物景观灯光的提升和固化以及8.3公里堤岸星耀灯光系统的补全和整合，不断进行微调和优化，展现出更加完美的景观效果。三是拾遗补缺，指导协调社会单位景观灯光。为确保在建、改建地块景观灯光与黄浦区整体夜景相协调，一方面继续做好对社会单位自建景观灯光的前期介入和指导，另一方面结合“双迎”保障，强化对外马路五库、复兴地块、绿地董家渡、绿地香港等社会自建景观灯光建设、调试和开放等工作的协调和监督，确保重大活动需求。四是开拓创新，打造黄浦夜游新地图。南京东路世纪广场完成景观灯光提升概念方案，对建筑表皮更新、照明改善、舞台改造、灯光演艺等方面进行探索性策划。豫园地区对现有景观灯光进行品质提升，帮助指导豫园商贸对湖心亭、景荣楼、绿波廊等重要点位进行改造；支持和指导豫园商贸探索、挖掘豫园文脉和建筑特色，用“古戏新剧”的表现形式，打造人景合一的实景灯光剧，制造新文化IP。新天地地区配合区相关部门进一步完善黄浦区关于推动夜间经济发展、支持海派特色小店的工作方案；继续支持和指导瑞安集团等新天地区域商户、业主提升景观灯光品质；跟踪服务一大会址纪念馆的建设项目，做好相应景观灯光配套保障工作。

探索招牌、广告安全新高度。一是攻坚克难，打响楼顶招牌、广告减量化攻坚战。根据市领导指示精神，以“双迎”市容环境保障工作为契机，全力推进楼顶大型招牌、广告的减量化整治工作。整改屋顶广告设施1块、户外电子显示屏广告设施18块、楼顶户外招牌设施122块，整治媒体墙5块。二是政企协力，多措并举夯实户外招牌安全保障工作。加大安全宣传力度，督促社会单位落实主体责任，全年向社会单位发放《店招店牌主体责任安全告知书》1.65万余份，基本做到全覆盖。进行安全抽查和排险，在社会主体自查、属地管理部门网格巡查的基础上，委托专业第三方检测机构推进重点区域专业抽检，排险整治存在隐患的招牌、宣传设施800余处。进行信息采集和管理，开展“一店一招一档”数据采集、完善和录入工作。通过大数据分析，提高户外招牌处置的预见性、及时性和有效性，实现全过程和全生命周期的常态长效管理模式。三是立足民生，妥善应对排险拆除后的市容保障工作。为解决因大规模排险所造成的市容美观问题，协同属地化管理部门动员和指导商户、业主自行新设户外招牌。临时美化重点保障区域的户外招牌、遗留钢架122处，最大化地减轻对市容市貌的影响。四是梳理责任分工，探索常态长效管理举措。编制《黄浦区户外招牌设施精细化管理实施意见（草案）》《黄浦区户外招牌设置导则（草案）》，从划分部门责任分工、强化落实社会单位主体责任、细化日常维护和安全管理要求等方面，探索更有针对性的常态长效管理举措；编制《黄浦区户外招牌设施设置“以奖代补”实施意见（草案）》，探索通过鼓励和引导手段，使社会单位自发地落实户外招牌门责管理、安全保障等主体责任。五是营造公益和谐氛围，积极配合做好发布工作。积极配合区相关部门协调发布“双迎”、文明城区创建等公益宣传，完成公益宣传发布任务30余轮，涉及户外广告阵地100余处。

六、稳步推进，打造市容景观新格局

圆满完成“双迎”市容保障任务。一是市容环境整治取得进展。多次召开“双迎”市容保障工作动员部署会，明确分工、落实责任。针对重点整治项目，开展零容忍、高标准检查。紧盯“双迎”市容环境综合治理巡查督办工作平台，督促问题整改。整治影响市容市貌的广告、招牌和景观灯光130余处，配合相关部门协调发布公益宣传片，配合公安部门督促户外大型电子显示屏做好安全保障。二是城区保洁水平持续提升。在每月开展1次城市大冲洗的基础上自我加压，从9月底开始每周开展1次大冲洗，进一步消除死角，提升保洁质量。共计开展大冲洗14次，出动人员12656次，高压冲洗车次6654车次，机冲7256车次，机扫6345车次，清理死角盲区865处，垃圾量165.32吨。三是景观照明建设稳步推进。配合市局推进浦江光影秀升级至2.0版，补全整合8.3公里堤岸星耀灯光系统，提升固化外滩纵深区域、南外滩区域等建筑物景观灯光，临时增设三组动态光束灯营造喜庆氛围。四是绿化景观增靓添彩。完成重点景观区域内绿地调整改造4000平方米，在重要道路摆放道路花箱1436组，在重要路口布置花坛花境12个。新增、改造人民广场中央喷水池立体花坛“情怀”，外滩陈毅广场、金融广场花墙“千里江山”，人民大道中隔带花箱以及大沽路高架桥花柱“城市绿光”等主题景点。在重要地区绿地内增设带有国庆元素的景点、标志，烘托出“双迎”节日气氛。五是豫园内园景观体现特色。在时间紧、任务重、标准高的情况下，出色完成进博会豫园内园绿化景观调整、临时灯光打造、两座临时厕所设置等保障任务。

加强市容环境卫生管理。一是推进“美丽街区”创建。定期牵头召开区分减联办工作例会暨“美丽街区”建设推进会，制订《2019年黄浦区“美丽街区”建设实施方案》，结合精细化管理项目及生态环境综合治理等工作内容，与各街道协同推进各项建设任务落实。因地制宜打造具有黄浦特色的“美丽街区”示范区域，以点带面，轴线辐射，进一步提升市容环境面貌。如江阴路街区综合改造包括了老旧小区道路、绿化、立面综合改造，给市民带来获得感。全区完成道路平整修复5305平方米，公共设施完善800处，摊亭棚整治53处，指示牌拆除5处，隔离护栏整治22米，非机动车停放规范面线1308米，外立面整治及围墙美化约2869平方米，空调外机等附属设施整治1569个，建（构）筑物外立面整治12941平方米，卷帘门整治104扇，第五立面乱堆物乱搭建拆除47平方米。二是强化市容环境责任区管理。坚持自治、共治、德治、法治相结合，以落实法规要求为基础，以推动自律为核心，打造黄浦区市容环境责任区工作新局面。市容环境责任区管理示范道路涉及门责单位1812家，自律自治组织涉及单位670家，重点培训商户责任人7721人、管理人员330人，更新“一店一档”信息17044家，定时定点上门收集门责单位1061家。全力解决一批市容环境短板问题，全年完成“小三乱”整治813095处。

七、协力统筹，呈现服务民生新成效

推进法治政府建设和政务公开工作。一是营造普法氛围。编制《黄浦区绿化和市容管理局普法宣传手册》，邀请市绿化市容局政策法规处做《上海市生活垃圾管理条例》解读。利用办公楼内公开栏、微信公众号、绿化市容简刊等载体，扩大法治宣传教育覆盖面，促使干部职工做到坚持依法进行决策、坚持依法推动工作、坚持依法解决问题。会同区司法局建成黄浦法治主题公园，将法治文化有机融入公共文化服务设施建设中。二是打造优秀法治实践案例。会同相关部门和街道积极推进生活垃圾管理社会信用建设，“启用信用联合惩戒、助力生活新时尚”荣获黄浦区第三届最佳法治实践优秀案例，推进绿化市容行业在城区治理体系和治理能力上与时俱进。三是加大政务信息公开力度。坚持“公开为常态、不公开为例外”，进一步加强文件发布，完善政策解读，回应社会关切。全年发布文件241件，主动公开167件，办理依申请公开11件，做到应公开尽公开。进一步强化舆论引导，唱响网上主旋律。全年报送政务信息217篇，发布黄浦绿化市容简刊10期，“黄浦绿化市容”微信公众号发布70余篇信息，门户网站发布新闻类信息490余篇。

推动行政审批改革和流程再造。结合“互联网+政务服务”，不断优化行政审批程序，完善管理方式，提高行政效能。在行政服务中心窗口受理广告、非广告行政审批522件，绿化方面行政审批58件、渣土方面行政审批58件，另收到咨询1417件。区绿化市容局涉及的22项审批事项均可通过“一网通办”进行审批，达四级网办标准，已具备“只跑一次、一次办成”的办事效能。在审批时间上平均缩减了55%，材料上平均缩减了62%，跑动次数上平均缩减了50%，环节上也平均缩减了12%，超额完成了“双减半”各项指标要求。对两项行政审批事项实行告知承诺的审批方式，在提高行政效能的同时也为信用好的企业及个人提供更大便利，促进社会建立良好诚信体系。

开展扫黑除恶专项斗争工作。召开扫黑除恶专项斗争工作领导小组会议，及时传达学习相关会议精神。加强对黄浦区渣土运输、绿化工程以及可回收物回收领域涉黑涉恶问题线索的排查。充分利用公园、公益广告位等宣传阵地，采用线上线下结合方式，全方位、多渠道公布扫黑除恶举报电话、信箱，引导、动员群众主动参与到扫黑除恶专项斗争中来。根据扫黑除恶专项斗争立行立改相关要求，持续保持高压态势，坚持每周报送制度，做到思想不松懈、力度不减弱、工作再深入，切实做好绿化市容行业扫黑除恶专项斗争工作。

认真开展大调研活动。按照区委大调研工作统一部署和具体要求，聚焦本系统的热点、难点、痛点，积极开展大调研常态化制度化工作。在 2018 年大调研工作基础上，重新梳理对象，确定各级调研主体 4 个，160 个重点调研对象，并坚持将大调研作为进一步转变作风的契机，强化问题聚焦，坚持边调研边解决问题的原则，聚焦局重点工作、社会热点工作、“三跨”难点问题，主动跨前一步，确保措施到位。全年开展调研 129 次，解决问题 110 个，形成问题 / 措施 / 解决清单 5 张、制度清单两张。

全力做好信访投诉处理工作。全年共处理国家信访系统来信来访 129 件（包括区领导接待 16 件），按时办结率为 100%。局接待接访 27 件，全年共计 156 件。圆满完成两会、“一带一路”合作论坛及“亚洲文明对话”大会、新中国成立 70 周年、十九届四中全会和第二届进博会期间信访维稳工作，有效缓解延中三期沈亮亮信访矛盾。认真做好市民投诉受理工作，全年共受理各类诉求 3489 件，其中市平台 1907 件、区平台 1582 件，均按照“三个二”以及“1515”的工作要求进行受理、处置。

筑牢安全底线。一是进一步健全安全责任体系。明确各级领导责任范围、层层责任签约；建立健全安全生产组织管理和责任体系；制订防汛防台应急预案，建立应急保障队伍，强化节假日值班制度。二是开展安全隐患大排查大整治。开展安全隐患排查治理行动、消防安全大排查大整治行动、“安全生产月”活动，建立月报制度，将安全生产和消防安全隐患排查治理贯穿于日常与阶段性工作中，引导员工增强安全意识，严防安全事故发生。促进各项安全工作落实，形成隐患排查的制度化、规范化、经常化。三是严格落实防台防汛等应急保障工作。根据市、区防汛防台各项工作要求，严格落实应急响应机制，组建环卫、绿化、灯景各类应急队伍和应急抢险车辆，备好各类应急抢险物资，科学调度备勤力量，积极应对了“利奇马”“玲玲”“米娜”等台风，确保安全度汛。

八、改革攻坚，推进市场运作新步伐

顺利完成环卫企业市场化改革。一是坚持总体谋划。根据区委、区政府关于进一步深化国资国企改革相关部署要求，加强组织领导，成立局推进改革领导小组；制订《黄浦区绿化市容局环卫企业改革实施方案》，分划转期、过渡期、理顺期三个阶段稳步推进，确保环卫企业改革工作平稳、规范、有序、可控。二是坚持主动对接。加强沟通协调，从组织人事、经费管理、资产设备、业务管理四个板块与城发公司主动对接，分类有序推进改革工作。组织人事板块完成企业党组织隶属关系、在职职工转接等工作；经费管理板块配合区审计部门完成企业专项审计工作，在区财政局的指导下明确作业量经费预算和拨付、相关专项经费申请和拨付、经费正常增长机制、第三方服务经费支付等方面；资产设备板块配合区国资委、区财政局做好企业清产核资调查以及处理相关账务等，明确房产和环卫设施权属关系不变、作业车辆实行统购统配、企业固定资产移交等方面；业务管理板块出台考核管理办法，强化行业监督管理。三是坚持不断不乱。牢固树立稳定为先的工作基调，充分兼顾行业实际和企业现状，优先稳住关键少数。改革过渡期间，人员平稳安置、资产按规定处置，各项工作做到步骤不少、程序不乱、环节不错。

加强工程渣土和建筑装潢垃圾综合治理。一是逐步推进市场化模式。按照《上海市建筑垃圾处理管理规定》（沪府令 57 号）、《上海市建筑垃圾运输单位招投标管理办法》（沪绿容规〔2017〕16 号）的要求，秉持公平、公正、公开原则，完成黄浦区建筑装潢垃圾清运招投标工作，确定黄浦区 12 家建筑装潢垃圾企业中标，进一步完善黄浦区建筑装潢垃圾收运市场规范运营机制。二是加强日常检查和巡查力度。定期对收运企业各项工作落实情况开展日常检查，并建立相应考评制度；加大对工程渣土出土工地及建筑装潢垃圾临时堆放点的巡查力度。三是实施联合惩戒。加强与公安交警、城管部门的联合检查、执法，打击工程渣土和建筑装潢垃圾收运过程中的各项违章、违法行为，约谈教育违规企业，督促企业做好内部管理。全年共受理申报工程渣土 656000 吨、装修垃圾 126800 吨、拆房垃圾 118000 吨、工程垃圾 9900 吨，合计 910700 吨；核发处置证 9759 张。

（三）静安区

静安区建设和管理委员会

2019 年，区建设管理委全面聚焦区委区政府重点工作，着力推进旧区改造和市、区重大项目建设，加大市政设施建设和河道综合整治力度，积极探索精细化管理，目前落实情况如下：

一、打好旧区改造攻坚战

（一）指标完成情况

市政府下达静安区年度旧改任务为：完成以二级旧里为主的房屋改造4.33万平方米，受益居民 3500 户。全年已完成旧改受益居民 5500 户，二级以下旧里房屋改造 7 万平方米。

（二）新基地启动情况

全年启动 6 幅地块征收，其中张园项目在全市首次采用“征而不拆、人走房留”的保护性征收方式，目前签约率已超过 98%。洪南山宅地块作为“市区联手、政企合作、以区为主”新模式下的首批旧改征收项目之一，集中签约当天 12 小时内居民签约率突破 97%，创造全市大型旧改地块征收签约纪录。宝山路街道 257、258 街坊作为区内剩余旧改地块中最大、最难、最复杂的项目，经过数十轮协商谈判最终达成合作框架和委托征收协议，在 16 年后重新启动，二轮征询签约率达到 99.29%。241 和 242 街坊、育群中学西块、北宝兴路基地均在年底前生效，后两个基地目前签约率已经达到 100%。

（三）基地收尾情况

经过不懈努力，全年共有 118-3、66、86、59、67、华兴新城、安康苑（最后一户单位已经签约，目前正在搬迁过程中）7 幅地块实现收尾。目前在拆基地 15 个。

二、打好重大项目攻坚战

（一）开竣工指标完成情况

按照区委区政府工作目标，年度计划实现房建项目开、竣工各 100 万平方米。

2019 年，开工面积为 100.39 万平方米，已实现年度开工计划的 100.39%；竣工面积为 105.78 万平方米，已实现年度竣工计划的 105.78%。

（二）重点项目完成情况

公共服务和民生保障载体进一步完善，教育、文化方面，大统路 991 号教学辅助用房改扩建工程、上海棋院实验小学、静安区档案馆实现开工，汇众幼儿园建成并投入使用；医疗卫生方面，大宁路街道社区卫生服务中心、第三康复医院、皮肤病医院等项目实现开工；养老保障方面，华兴新城养老院实现开工，黄山路养老院基本建成；住房保障方面，彭三五期旧住房拆除重建工程、汶水路 451 号公共租赁住房等项目实现开工，黄山路保障房一期东块、市北园区 10-03 地块保障房等项目建成并投入使用。经济建设载体不断扩容提升，95-C，苏河湾118、119,汶水路210号厂房综合改造项目(一期)，市北国际科创园区17-02、18-01、18-03地块项目实现开工；长宁113、华敏帝豪大厦二期、金融街D地块、苏河洲际中心118和119等项目建成。全年完成开、竣工面积分别为100.39万、105.78万平方米，工程质量安全处于总体受控状态。

三、打好道路建设攻坚战

（一）市属路桥工程建设

北横通道静安区范围全年完成1.3公里主线盾构推进；天目高架70米主跨完成吊装，天目立交主线施工已启动，天目立交两处下匝道（梅园路、乌镇路）完成拆除；跨铁路及苏州河上匝道完成建设，海宁路段启动管线及绿化搬迁工作。昌平路桥主桥60米段已完成施工，全年完成河东岸道路施工；河西岸挡土墙施工已完成，正进行路基施工。安远路桥市公投公司正在办理规划方案许可证，市规划资源局正在进行桥梁景观方案评选，计划2020年开工。

（二）区属道路项目建设

苏州河两岸贯通提升工程道路整治和防汛墙改建已分别启动，正在办理招投标手续；M50人行桥已联合普陀区完成项建书上报工作，专家评审已完成。南北通道二期建设单位正在办理规划方案许可证，区房管局正在对涉及合兴小区土地开展评估工作，单位征收还余4证。完成康宁路(走马塘—汶水路)、平陆路北段（汶水路—规划云飞路）、七浦路（浙江北路—西藏北路）、长安西路（长安路—光复路)、交城路(康宁路—彭越浦河)等5条道路约2.5公里建设。场中路东段（共和新路—阳泉路）中幅已完成，南幅正进行路基施工；电力架空线入地开关站已结构封顶，四个箱变基础已完成，2019年底主体工程完工约70%。寿阳路（江场路—北郊站大门）初步设计已上报待批复，计划2020年完工。

（三）架空线入地及合杆建设

根据市架空线入地及合杆整治工程指挥部的要求，2019年承担实施12公里路段的架空线入地和合杆整治工作任务。目前已竣工25项工程，合计12.11公里顺利完成年初既定目标。

四、打好河道治理攻坚战

（一）河道综合治理

实施四项水利专项工程。一是夏长浦(鸿泽苑）防汛墙应急抢险项目已竣工验收，二是俞泾浦—西泗塘河道综合整治工程已完工验收，三是东茭泾、彭越浦、走马塘河道疏浚及局部防汛墙改造工程已完成工程形象进度50%，四是彭越浦—东茭泾、走马塘及先锋河整治项目已竣工验收。

（二）实施水质提升

推进3条市管河道消除劣Ⅴ类任务。一是西泗塘—俞泾浦考核断面年均值已达到Ⅴ类水水质，为确保河道水质长期稳定达标，西泗塘—俞泾浦水质提升项目已开工。二是走马塘考核断面年均值已达到Ⅴ类水水质，为确保河道水质长期稳定达标，推进走马塘河道水质提升深化工作。三是东茭泾—彭越浦（永和南泵站段）水质改善试验正在进行，目前已委托第三方实时跟踪监测试验效果。四是区管河道徐家宅河、江场河、先锋河水质提升项目已全部完成并通过第三方效果评定。夏长浦水质提升项目正在开展第三方效果评定工作。

（三）河道沿岸景观改造与提升

西泗塘西岸环境改造（二期）工程已完工验收，并对外开放，已成为群众的热点休闲区域。

（四）推进排水管网改造

一是推进雨污混接改造。完成30处企事业单位雨污混接改造、43个住宅小区（54处混接点）雨污混接末端截流改造工作，本区雨污混接改造工作全部完成。二是推进新建管网建设。为进一步完善本区排水管网，为用户污水纳管提供条件，于年内完成景凤路（岭南路—阳泉路）、推进场中路（共和新路—阳泉路）污水管网的建设，完成污水管道敷设2.036公里。为推进雨污混接改造工作奠定了基础保障。南何支线铁路南侧的排水出路问题已通过实施少年村路排水管道工程得到解决，并同时解决武装部和幸福村雨污混接问题，目前该工程已完工。

（五）加强河道管理

一是开展河长制示范标杆街镇创建。静安区选定的天目西路街道、彭浦新村街道已完成创建方案制订，获得市级部门初步认可，现报市级部门待批。二是开展河道行政执法。截至目前，开展行政执法巡查59次共计135人次，立案1起，发送双向告知单3件，办结上年度遗留案件1起并收到罚款3万元整，处罚事项为对河道管理范围内擅自施工的处罚。开展捕鱼“清网行动”，收缴渔网86件，并对巡查过程中发现的钓鱼行为进行了劝阻。开展建筑工地排水执法检查89次，联合环保、城管等部门联合执法5次；雨污混接专项检查41次；开展无证排水专项执法45次，经督促已得到有效的处置；立案查处1件，罚款5万元，已执行完毕结案。三是开展河道养护。按照精细化管理的要求和保持行业领先的要求，持续对区内防汛墙、防汛通道、河道绿化、水域等进行日常保洁，对河道长效管理的养护办法、考核办法等制度进行修订。四是推进底泥问题整改。俞泾浦—西泗塘河道综合整治工程中涉及的底泥处置问题在青浦区水务部门的帮助下已完成整改，并通过两区相关部门验收。

在打好四个攻坚战的同时，不断深化研究，着力提高城区精细化管理，从审批、建筑业、市政交通、安全四个方面做好管理工作：

一、做好审批管理

一是根据市审改工作领导小组的统一部署，牵头成立静安区社会投资项目审批审查中心。二是做好审改工作启动以来的改革样本和措施落实梳理工作，共通过联审平台发放46张施工许可证，完成竣工备案17个。三是将审改工作覆盖到本区行政区域内所有新建、改建、扩建的建设工程（包括政府投资、国有企事业投资和社会投资）和装饰装修工程（目前是试运行）。四是根据市有关规定，区建管委于7月起承担消防设计审查、备案、验收工作。在区消防救援支队派驻人员的指导下，从7月10日起开始接收建设工程消防设计审查、备案、验收项目的申请。截至12月31日，共受理消防设计审查申请57件，已办结51件；设计备案申请25件，已办结21件；受理消防竣工验收申请64个项目，现场检查51个项目，已办结33个项目。受理消防竣工备案申请26个项目，消防备案办结项目21个。

二、做好建筑业管理

一是开展精细化管理大检查。5月，会同街道开展了两轮“咬尾式互查”，检查内容涉及居民小区、在建工地、旧改基地等。二是推进建筑节能管理。围绕市总站和区节能办布置的工作任务，完成10.1万平方米既有公共建筑改造任务，提前并超额完成可再生能源4.52万平方米；会同发改、体育、卫生等部门推进4个能源审计、两个能耗公示项目。加强楼宇分项计量系统工程的质量管理，7月组织召开项目验收会，验收结果均达标。三是开展绿色生态城区试点建设。协调推进市北高新园区作为静安区的绿色生态城区试点更新城区。由市北高新作为申报主体，开展现状评估和生态本底诊断，完成“市北高新绿色生态城区规划”编制工作，推进绿色生态城区创建申报材料准备。四是推进玻璃幕墙评审及后续工作。完成玻璃幕墙安全性论证评审项目6个。

三、做好市政交通管理

（一）市政实事工程

一是推进道路大中修工程：2019年，完成永和路、延长路等10项道路大修工程，完成宝昌路、育婴堂路等22项道路中修工程。二是推进道路综合整治工程：完成南京西路等两项道路综合整治工程。三是推进交通缓拥堵工程：完成场中路（少年村路—共和新路）与粤秀路二号桥等两项交通缓拥堵工程。

（二）静态交通管理

一是积极推进停车共享项目。作为市政府实事项目，静安区已完成15个错峰停车项目，项目数已完成任务；累计完成共享泊位845个，泊位数完成120%进度目标。二是推进公共充电桩建设。根据市级平台统计结果，截至12月底，静安区公共充电桩新增892个，累计建设充电桩数量超过2000个，超额完成300个年度目标。三是推进道路停车智慧化应用。该项目自2018年3月开始试点建设，试点结果符合建设要求，现正在进行全区建设和推广。截至目前，“一网通办”已完成静安区全部路段接入，共105个路段，2405个泊位，其中“地磁埋设＋一网通办”已接入77条路段1619个泊位。同时，在延平路11个泊位试点增设高位视频等采集设备，有效减少停车行为争议，基本具备了无人值守的技术条件。四是开展停车行业检查。对区内公共停车场机械设备停车企业、高架桥荫桥孔停车场以及道路停车点等进行全覆盖专项大检查，共检查停车企业301家、复查停车企业107家，道路停车点104条，处理投诉外场检查127家，责令整改41家，行政处罚13家。5月集中对全区39处征收（动迁）基地停车场乱停车现象开展专项检查并开具了限期整改单，目前全区动迁基地停车场已全部关闭，未发现对外违规经营现象。五是持续推进非机动车管理。3月起，陆续对共享单车企业发起三次告知，要求取回寿阳路非机动车堆放车辆。目前，寿阳路场地已清空。7月起开展针对哈罗等无牌无照车辆专项整治清运工作。六是推进出租汽车候客站建设。根据市交通委关于市政府实事项目建设出租车候客站的有关要求，自7月起，通过制订推进方案，落实建设选址、确定选定设计单位和施工单位，完成报价预算方案等，截至11月底，15处出租车候客站提前建设完成。七是行政协助停车配建项目。土地出让核提意见10件、审批设计审查10件、竣工验收5件。八是打造“安义乐巷”限时步行街。选取静安寺商圈示范点，锁定嘉里中心和1788广场，在特定时段将安义路调整为限时步行街。充分利用现有空间资源，释放友好、高品质的城市活力公共空间，塑造静安区经济亮点及特色文化。

四、做好安全管理

（一）加强工地安全监管

截至12月底，辖区内在建工地294个，其中土建工地62个、装修工地196个、市政工地36个。一是严格落实事中事后监管。加强安全质量巡查，督促参建各方履行责任，截至12月底，共组织抽查了122个在建工程项目，出动检查人员505人次。共开具整改单122份、暂缓单15份，建议立案查处51起。对26名项目负责人实施不良行为动态记分并处理，对51家责任单位立案查处。二是加强“六无”工程综合管理。为加强未经批准建设工程项目（简称“六无”工程）的监管，填补行业监管盲区，在征求各相关职能部门、14个街镇意见的基础上，起草了《静安区关于进一步加强未经批准的建设工程项目查处管理办法（试行）》，正与区政府沟通协调中。三是扎实推进扫黑除恶治乱工作。向全区工地发放宣传册、海报328份，组织进行专题宣讲，征集扫黑除恶线索报表341份，视频或字幕显示器滚动屏播放35个，未发现有举报和明显涉黑涉恶线索。接受市招标办扫黑除恶线索移交线索3件，其中1件为中央督导组签发、两件为市招标办转发，3件移交线索均按规按时办结完毕并上报。

（二）加强燃气安全监管

一是及时处置燃气安全隐患。3月完成北站街道浙江北路等路段燃气管道应急抢修工程；9月2日广中西路999弄燃气管道占压处置开工，截至目前整治工程已基本完成。二是推进燃气旧管改造工程。市北燃气公司和大众燃气公司全年计划完成超龄管改造17000户，截至目前，全年共完成19291户。三是进行联合检查。对区域内在营3座燃气加气站、1座液化气供气站进行多次安全检查，对存在问题的站点当场开具整改通知；对两家管道燃气和4家液化石油气企业进行企业自检和多部门联合抽检，检查8次，出动检查人员29人次；对芷江西路街道、南京西路街道、彭浦镇等街道沿街液化气商业用户进行联合检查，出动检查人员80余人次。四是开展液化气钢瓶专项整治。各街镇会同区燃联办相关成员单位，针对液化气钢瓶工商用户，出动执法检查1500余人次，收缴钢瓶17个。五是组织专题培训和安全宣传活动。开展形式多样的安全知识宣传教育，利用"5·12"防灾减灾日、安全宣传月、"11·9"防火日等时间节点，开展以"燃气安全时刻牢记，美好生活携手共建"为主题的第十一届安全用气百日宣传活动，共计发放宣传品和宣传资料22000余份，组织14个街镇和相关居委共计120余人，参加燃气安全管理知识培训。

（三）加强防汛防台安全

2019年是机构改革后的衔接阶段，由区应急管理局和区建管委"双牵头"。一是做好汛期前准备。牵头各街镇和成员单位完成专项预案和区域性总体预案修订。落实防汛抢险队伍和物资，完成防汛通信录汇编、区内泵站排水范围图表等建设。组织开展多层次防汛安全检查、专题培训和专项演练。二是积极应对台风和暴雨侵袭。2019年静安区遭受14次暴雨侵袭、3次台风影响，在全区各防汛职能单位的共同努力下，实现了"不死人、少伤人、少损失"的目标，确保城区正常运行。三是落实问题清单的销项工作。年初共梳理确定9个防汛隐患问题清单，目前已完成了8个项目的销项工作，还有1项列入2020年的改造计划。

（四）加强信访稳定安全

2019年，共收到市、区相关部门和国信平台来信、来访、来电共339件，主要集中在旧区改造。系统共收到工单41391件，其中网格平台29636件、交通热线5551件、"12345"热线5865件（其中实际结案5237件）。主要诉求集中在旧改、市政建设、建设管理等方面。1—11月市抽查区建管委"12345"热线工单565件，其中不满意工单148件，不满意率为26%。"12345"热线不满意率好转趋势明显，目前已连续3个月低于20%。

静安区绿化和市容管理局

根据区委区政府工作要求，区绿化市容局围绕"中心城区新标杆，上海发展新亮点"定位要求，对照"十三五"规划，对标最高标准、最高水平，以加强精细化管理为抓手，全力以赴推进各项工作，在2019年上、下半年度上海市市容环境卫生状况社会公众满意度测评中排名为第三。

一、"美丽街区"建设

围绕"美丽街区"建设工作重点，与街镇进行一对一对接，明确2019年度建设任务，涉及道路98条，实施路段131条段，协调推进街镇与专业部门对接，对年度建设项目进行细化调整。截至目前，含进博会一街一景，已立项数342个，开工155个，力争完成年度建设任务。一是把握节点，有序推进。组织专家做好方案评审，注重综合改造类项目和专业类项目的有机结合；增加资金预审环节，提高资金使用效率。二是关注重点，分类实施。重点关注中部五个街道建设进展，做到资金倾斜、编制倾斜、项目倾斜，力求中部区域面貌显著提升。启动年度最美“一街一景”评比工作，将建设项目功能定位和周边环境相适应，注重挖掘文化底蕴和历史风貌，突出区域亮点打造。开展高架沿线建筑外立面整治工作，确定市级点位33个，涉及建筑物35幢。截至目前，任务点位的整治、整容和整新已全部完成。

二、迎新中国成立70周年和第二届进博会市容环境保障

根据“迎新中国成立七十周年、迎第二届进博会”（简称“双迎”）市容环境保障工作要求，制订并下发《静安区迎新中国成立70周年和第二届进口博览会市容环境保障方案》，建立市容环境保障督办机制，协调解决建筑外立面、绿化、设摊、广告店招等问题，完成市级下达的双迎督办件359件。一是开展精细化管理的地毯式大检查。对辖区内各条道路、各商圈、各类工地、各旧改基地等进行全覆盖、地毯式检查，发现的问题已全部整改完毕，健全制度化、常态化管理机制，提升了静安城市管理精细化水平。二是有序推进“双迎”市容环境整治。截至目前，完成无序设摊管控、零星设摊取缔109处，非机动车乱停整治3668处，围墙美化装饰14618米，整治沿街建筑附属设施（空调外机和卷帘门）249处，外立面整治517533平方米，护栏、箱体设施减量220处，三乱治理864处，道路平整养护29316平方米。绿化整治108679平方米，绿地调整改造37325平方米，布置组合花箱5458个，布置花坛花镜43处1420平方米，悬挂花球135组，树穴盖板更新4100套，布置主题景点9处。整治户外广告3块、户外招牌49块、景观照明6处。新改建公厕两处，增加、更新保洁设备3台，增加保洁频次104次，规范分类投放1处。

三、生活垃圾分类

全区现居民区推进垃圾分类及绿色账户工作累计覆盖38.6万户，全区802个居住区通过市级第三方检查达标的有780个，达标率达97.3%。11个街镇已创成市垃圾分类示范街镇。全区分出湿垃圾量（含居民区、菜场、餐厨垃圾）486.60吨/日，各类可回收物达330.89吨/日，全区干垃圾产生量903.68吨/日，当前量控制在690.13吨/日，一是落实硬件配置，完善收集转运体系。全区道路（包括火车站等窗口）1800余个废物箱按照“可回收物”和“干垃圾”两类张贴标志，废物箱全面实行干垃圾、可回收物源头分类收集；已配置湿垃圾车34辆（指标30辆）、有害垃圾专运车5辆；已设两网融合服务点450个（指标数355个）；建成两网融合中转站14座（指标数14座）；建成两网融合集散场1座，已投入运营。二是注重宣传培训，开展送教上门。结合《条例》发布，开展分类分级法规培训，成立区级、街镇、各条线、第三方《条例》宣讲队，现有宣讲员160余名。通过集中培训与送教上门相结合的方式，组织多场垃圾分类专题培训。同时，利用辖区现有医院、学校、商场、菜场示范点位，组织相关单位现场参观学习，以示范促达标，提质增效促引领。共培训约39万人次；举办宣传活动727场，积分兑换活动438场。三是加强巡查力度，落实整改机制。对公共区域废物箱标志开展专项督查，对所有商场、楼宇、园区自行在公共区域设置的分类投放容器开展全面自查，对不符合要求的，及时督促整改。以南京西路沿线楼宇为重点，每季度组织多部门联合执法检查，实现单位生活垃圾强制分类执法常态化。局领导带队巡查，分块包干，定期随机抽查辖区内单位分类实效。

四、市容环境管理

一是开展市容环境微治理工作。根据市局开展市容环境微治理行动要求，全面排摸区域内零星乱设摊、外立面乱设置、单车乱停放等微治理问题，抓紧推进实施，截至目前，治理卷帘门228处、空调外机设置不

规范6处、零星乱设摊114处、非机动车乱停放多发点位42处等共计390处微治理点位。二是加强门前责任区管理工作。围绕市局责任区管理“五个一”总体目标，对全区16219家门责单位开展普查摸底、巩固已创成的29条责任区示范道路，开展胶州路、新闸路等17条（段）示范道路创建工作，下达街镇年度责任区管理工作任务。梳理全区各类亭棚，并督促街镇对经营性亭棚加以整改。牵头对各街镇示范道路创建实效开展联检互评活动，门责书“上墙率”达到97%，责任区落实率总体良好，发现的“沿街橱窗乱招贴现象”等问题已督促整改并严格监管。三是不断强化宣传培训，培育门责自律组织。积极开展市容环境管理宣传培训，营造门责管理工作氛围。年内提升已建成自律自治组织22个，通过帮助制定自律规约、组织市容环境卫生管理培训、提供指导帮助等服务，促进自律自治组织逐步完善和提高管理意识和能力。江宁路街道胶州路、曹家渡街道余姚路和天目西路街道恒丰路等路段自律组织卓有成效地开展工作，基本走上了自我管理、自我约束的良性轨道。

五、环境卫生管理

一是公厕改造提升。完成创建“智慧公厕”20座，并对区内10座公厕实施24小时全天候服务，5座地铁沿线公厕结合地铁运营时间延长了服务，方便了夜间如厕的市民。全区所有公厕免费提供厕纸，在公厕洗手盆安装暖水设备，冬季提供暖水，全面提升全区公厕服务能级，更好地为市民服务。二是道路“一体化”保洁。在“南京西路精细化保洁标准化试点”工作的基础上，制定了南京西路示范街区“精细化”保洁标准，将南京西路打造成为上海市的标杆保洁示范道路。三是做好双迎“市容环境保障工作”以南京西路、延安路、常德路等重要道路和静安寺、上海站区、大宁商圈等重点区域为轴心，进一步拓展“6+3”示范路网，依托环卫信息化管理，提高机械化使用率，贯彻“深度保洁”理念，全面提升区域道路整体质量，打造优质的城区市容环境；四是对责任辖区内228条道路作业范围内的所有卫生死角、作业盲区点位的污染情况进行系统检查，开展查漏补缺，进一步加强服务质量监管，确保问题发现和处理处于高效状态。

六、绿化建设管理

一是推进各项指标任务。计划建设各类绿地8万平方米，已建成各类绿地8.16万平方米，占全年计划的102%，其中，建成公共绿地3.03万平方米、专用绿地5.13万平方米。计划建设立体绿化1.5万平方米，已建成1.5万平方米，占全年计划的100%。计划建设绿道3公里，已建成3公里，占全年计划的100%。二是推进重点建设项目。推进苏河湾中央绿地建设，同步开展方案设计优化。推进楔形绿地二期项目，地块南侧绿化部分已开工，其余房建部分手续正在设计方案审批，争取年底开工。新建472街坊公共绿地和地下空间项目处于扩初阶段。325街坊公共绿地已竣工。完成永和公园改造工程，于5月27日正式对公众开放。完成闸北公园东半园改造工作，于7月1日顺利开园。三是提升绿化精细化管理水平。完成市北园区协信星光广场绿化特色街区建设。细化分级分类养管标准，加强日常考核，促进公共绿化养护管理工作的规范化、标准化、精细化。着力打造“两园、两路、两片”的精细化管理样板段。成功创建临汾路（三泉路—东郊泾）和闻喜路（岭南路—阳泉路）两条市级林荫道。

七、景观建设管理

一是加强广告店招整治管理。开展《静安区户外广告设施阵地实施方案（修编）》的补充工作。落实店招店牌及户外广告审批管理，规范户外广告招牌的审批工作，截至目前，审批固定广告审批71件、临时广告审批235件，审批店招店牌76件。做好户外广告和招牌设施的钢结构安全检测抽查工作，共检测 14 个街镇店招店牌共 19089 块，合格率 93.4%，不合格率 6.6%，指导街镇对检测不合格的户外招牌进行告知和督促整改、整治，消除安全隐患。做好 2019 年本市违法户外广告设施整治和户外招牌专项整治的工作，截至目前，已完成市重点督办违法户外广告设施整治任务 24 块（其中：市第一批重点督办任务 32 块，已完成拆除 22 块，完成率 72%；第二批重点督办任务两块，已完成拆除两块，完成率 100%）；完成市重点督办违法户外广告设施整治任务 34 块，完成市重点督办违规户外招牌设施整治任务 110 块。

二是推进景观灯光建设。完成南北高架底部投光及沿线楼宇景观灯光、南京西路及环大中里区域楼宇景观灯光、天潼曲阜昌平路（一期）景观灯光、广中路（一期）景观灯光、昌平路桥等景观灯光项目主体建设。完成恒丰路（人行部分）、梅园路、民立路节日彩灯架空线入地项目和昌平路桥引桥段道路灯光及电力埋管项目的立项启动工作。完成苏州河“一河两岸”景观灯光国际方案征集和方案评审比选工作，同步优化概念设计方案；完成区域景观灯光预备项目可行性研究；完成常德路道路整体景观规划概念方案的初步设计。

（四）徐汇区

徐汇区建设和管理委员会

2019 年，区建管委在区委、区政府的坚强领导下，以党的十九大精神为指导，深入贯彻落实习近平总书记考察上海时的重要讲话精神，聚焦全面打响“四大品牌”、落实“四个徐汇”战略目标，以党建为引领，对标城区精细化管理要求，全面推进水环境治理、重大工程建设、旧区改造、架空线入地等方面工作。

一年来，区建管委齐心协力、攻坚克难、奋勇争先，以实际行动和工作成绩庆祝新中国成立 70 周年，顺利完成区委区政府交给的重大使命和年初制定的计划目标，工作展示出三大亮点：一是以“一号工程”建成竣工交付的新突破助推高质量发展。聚焦滨江建设，咬定目标，提前介入，协调各方，如期完成央视大楼施工建设及综合竣工验收，为央视长三角总部交付挂牌、“新地标”圆满落地创造条件；完成西岸美术馆建设验收、产证办理，为中法文化交流重要载体——蓬皮杜五年展陈开幕保驾护航；协调推进人工智能大厦东塔楼建设竣工，助力微软亚研院等 9 家国际知名企业年内整体签约入驻。由点到线、由线到面的一系列重大工程的完成，为区域高质量发展提供了动力和空间。二是以“水质”与“品质”的双提升创造高品质生活。一方面压实水责任、补好水短板，青春河、张家塘、梅陇港等 6 条劣Ⅴ类河道消劣完成，两年来共消除劣Ⅴ类河道 15 条，9 个市考断面稳定达标；另一方面努力打造水名片，提升水“品质”，蒲汇塘（宜山路—漕宝路）两岸贯通基本完成，华石路至田林路段对社会开放，东上澳塘区委党校段步道贯通开放，居民群众能够进一步亲水近水，共享水治理成果，在内河也能够“望得见水、触得到绿、品得到历史、享得到文化”。三是以架空线整治的新成效践行高标准管理。继年初武康大楼周边架空线入地得到各方关注认可后，肇嘉浜路整治成效明显，原有电杆从 838 根减少至 313 根，减杆 63%，剪除电力信息等线路超过 300 公里，建成中心城区少有的地下综合管廊，市住建委主要领导给予高度评价。架空线入地签约目标 9 公里在国庆前提前完成，2019 年预计完成 12 条道路 13 公里，整治工程后“线清、杆合、景美”的目标基本实现，有序安全干净的城区环境更加显现。

一年来的主要工作如下：

一、坚持放大能级，精细化管理进一步加强

全面落实习近平总书记："一流城市要有一流治理，要注重在科学化、精细化、智能化上下功夫"的指示精神，对照徐汇区精细化管理三年行动计划（2018—2020 年）要求，全面推进各项措施，不断提高城市治理现代化水平。

智慧网格 2.0 建设持续推进。牵头城建系统各单位对应用场景进行整合，设置"规划建设、综合监管、运维体征"三大模块，将重大项目证照信息、架空线入地、工地安全地图等纳入规划建设模块，将问题发现处置、专项管理等纳入综合监管模块，将水环境、空气质量、扬尘、垃圾分类、市政交通等纳入运维体征模块，推动城区精细化管理能级扩大。

道路平整度整治取得成效。东安路应急工程 6 月完工。衡山路、龙吴路应急工程正大力推进，预计春节前完工。田东路、凯旋南路等道路大修工程均已完工。同时，探索制定城区道路维护机制，花大力气解决市政道路的历史欠账问题，目前正在研究编制《道路维护管理办法》，通过标准化操作让道路维修养护机制推进更有序更高效。

城区保障经受"双迎"检验。2019 年城区与运行维护工作接受了"新中国成立 70 周年"和第二届进口博览会两次"大考"。建立"1+1+7"工作模式，即一个领导小组、一个工作小组和七个巡查小组，全面推进各项任务落到实处。强化集中办公，与绿化市容局、城管执法局等落实城区保障组集中办公，统一指挥，加强协调；强化全面巡查，7 个巡查小组，每日对重点保障区域巡路一次，快速发现、及时反馈、督办解决问题；强化专业检查，加大对建筑工地、市政道路、桥荫桥孔、在拆基地的安全管理和检查工作，及时处置安全隐患，防止矛盾扩大，确保城市运行有序、安全、干净。

二、坚持常态长效，水环境治理进一步夯实

践行习总书记生态文明建设思想，落实 4 月 4 日徐汇区河长制工作大会会议精神，经过一年努力，进一步夯实了水治理成效。先后接受生态环境部对徐汇区黑臭河道专项督查、第二轮中央环保督查，顺利完成督查考核，治理成果得到认可。

河长责任制更加深化。充分发挥河长办指导、监督、协调、推进的职责，强化各级河长"知河、巡河、治河、护河"责任。截至 10 月，区级河长巡河累计 26 次，各街镇级河长累计 70 余次，及时发现问题、解决问题、形成闭环。加强区区联动、上下游联动，在 2018 年和闵行水务局签订《水环境联动共治备忘录》的基础上，定期召开河长制对接专题会，2019 年两区联动开展的关港综合整治已经开工。

工程治理稳步推进。雨污混接方面，累计完成市政、沿街商户、企事业单位以及其他混接整治 810 个，完成 110 个小区 159 个出门井整治（年底预计），其他由房管局、街镇实施的小区雨污混接改造基本完成。河道治理方面，日晖港肇嘉浜泵站出水管外接工程持续推进，力争在 2020 年汛期前结束，有望彻底解决肇嘉浜泵站放江对日晖港的影响。继续推进消除劣Ⅴ类水体整治一期工程。底泥疏浚方面，持续开展东上澳塘、春申港河道底泥疏浚等各类水利工程，河道底泥堆场建设年内完工，通沟污泥处置站年内确定方案，力争 2020 年土建完成。

日常管理监督不断强化。提升河道养护标准，在区领导的支持、绿化市容局的帮助下，制订徐汇区河道养护精细化管理提标方案，加强河道常态养护保洁，调整机制，河道保洁交由水务专门公司处理，购买新型保洁船只设备。加强应急保洁处置，针对日晖港、东上澳塘、蒲汇塘等河道受暴雨泵站放江影响，编制实施泵站放江应急处置方案，提前安排船只设备等做好应急处理，加强水资源调度，巩固水质。建立第三方巡查机制，根据市河长办“三查三访一通报”的相关要求，聘请第三方巡查单位对全区所有河道每周进行全覆盖巡查、反馈问题、推动解决，并将巡查结果作为河长制年终考核的重要依据。

三、坚持又好又快，重大工程建设进一步加快

2019年徐汇区重大工程共55项，深受市区领导和社会各界关注，滨江建设列入市政府工作报告，民生实事项目事关居民群众“获得感”“幸福感”。区建管委积极谋划、主动作为，及时交出交卷。

工程进度推进有力。徐汇南部小学、中城地区路网等14个项目开工，4个项目即将开工。其中11个项目为区级财政投资，涉及资金约40亿元，年度建安投资约14亿元。已有上音歌剧院、田林下穿中环地道等13个项目完工（7个项目竣工，6个项目基本完工），完成建筑面积约78万平方米、道路总长度15公里（包括架空线及新建道路）。

管理方法更加有效。制定《徐汇区重大项目建设管理若干规定》，在推进过程中，从过去只考虑工程进度转变为既考虑工程进度又考虑投资进度。探索建立重大工程推进与招商招租工作有序对接，积极搭建政府招商、企业招租的双赢平台，指导港汇恒隆地产巧用项目管理机制，推动八大一线品牌装修工程按期开工，并将于圣诞前开业。

引导利用新兴技术。积极推进使用新材料、新工艺、新设备，节约成本，缩短时间。田林路下穿工程2019年7月12日通车，得到社会一致好评。建设过程中采用管幕箱涵非开挖工法，与地道管幕仅隔50毫米的1米口径合流总管、输送上海北片六区的1.8米口径上水干管以及下穿的中环线无一次因地道施工中断，受到市交通委主要领导高度认可，认为在中心城区极具推广价值。

四、坚持改善民生，旧改平地工作进一步推进

土地是城市建设更新的载体，旧改平地是土地供给的前提。区建管委按照区委区政府的要求，大力推进旧改平地工作取得成绩。

企业平地方面，制定徐汇区《企事业单位征收与补偿实施细则》，推进液化石油气、新徐汇、人民箱包厂、日盛环卫等5家单位签约，中储发展与交运公司地块已达成收储意向，基本完成中东三家里地块企业平地工作。

居民平地方面，制定《2019年徐汇区平地地块目标责任计划执行表》，挂图督战。2018年剩余地块4块（剩余26证）（西薛家宅、夏泰浜、一河两岸、小闸镇），2019年新启动地块3块（69证）（张家园、宛平路25号、华山路1956号）。截至目前，在相关单位共同努力下，已完成3个地块（小闸镇、宛平路25号、华山路1956号区校合作）平地，协商签约、交房59证（老地块5证、新地块54证），强制执行1证（老地块）。目前剩余地块4块（老地块3块、新地块1块），剩余证数35证（老地块20证、新地块15证）。

五、坚持功能提升，基础设施体系进一步完善

全面落实市委、市政府区区对接道路（断头路）实施对徐汇区考核要求，大力推进“十三五”基础设施建设项目，为城区进一步发展打好基础。

区域路网结构更加完善。华泾地区景东路、华济路、景洪路一标三条区区对接道路年内基本完工，龙吴路改建工程年内启动绿化和管线搬迁。中城地区三条路宣威路、融水路和蝶山路年底完成管线施工，加快路基路面铺设。配合市级部门积极推进轨交15号线、机场联络线、银都路越江隧道和龙水南路越江隧道等工程。宜山路改建工程顺利通

车、龙华路扩建工程稳步推进。区域路网结构更加完善，交通服务能力更加提升。

交通设施建设扎实推进。新增677个共享泊位（104%）、425个公共充电桩（142%）、4328个公共泊位（216%），超额提前完成区府实事项目目标；完成15座出租车候客站点建设；对中山西路等道路的58个路口的二次过街设施进行完善；积极推进枫林路天桥、锦江乐园地道电梯安装等工程。一系列交通设施的建设，为居民出行提供更多便利。

六、坚持高效安全，城区运维水平进一步提高

以刀刃向内、自我改革提供高效服务，压实责任，提高保障能力，推动超大城市一流中心城区安全有序运行。

营商环境持续优化。持续推进“一网通办”“放管服”改革，设立社会投资项目审批审查中心综合咨询窗口，落实审批事项移交、接收、培训等工作。加强工程招投标、企业资质、建筑市场监管。积极落实消防审验移交，加强与区消防支队的对接带教，明确工作原则、内容，开展培训学习，培养专业人才，确保工作有序进行。目前已核发8份方案征询意见、4份设计文件审查意见、12份验收意见及6份验收备案意见。

安全生产保障得到巩固。强化监管职责，实施安全生产大检查，与区房管局共同牵头开展房屋建设工程隐患整治“百日行动”。加强限额以下工程管理，针对小额工程目前管理较为薄弱的现状，出台《关于加强限额以下建设工程管理的实施意见》，并在全市率先推出社区工程咨询师制度，赋能街镇加强小额工程管理。推广工地围墙设置标准化方案，完成重点区域7个项目围墙高标准设置。

扫黑除恶专项斗争深入开展。调整充实扫黑除恶专项斗争工作领导小组，制定《建管委关于开展扫黑除恶专项斗争工作的实施方案》和《扫黑除恶专项斗争制度汇编》，多次召开专题会，持续推动各项工作有效落实。针对围标串标、暴力征收、工地寻衅滋事、黑车黑气等扫黑除恶专项斗争内容，提高政治站位、广泛宣传动员、开展全面线索摸排和加强综合治理。

做好防汛防台工作。优化调整防汛指挥体系，加强薄弱隐患巡查整改、应急队伍与应急物资准备。积极应对“630特大暴雨”、台风“利奇马”“玲玲”“米娜”影响，及时处置道路、小区积水情况，认真总结分析积水原因、梳理改善积水措施，2019年汛期城区运行平稳有序。

徐汇区绿化和市容管理局

2019年是新中国成立70周年，是全面建成小康社会、实现第一个百年奋斗目标的关键之年。徐汇区绿化市容局坚持以习近平新时代中国特色社会主义思想为指导，认真落实区委、区政府部署，聚焦垃圾分类、“双迎”保障等各项工作，进一步提升城区绿化和市容服务管理水平。现将2019年工作总结汇报如下：

一、因地制宜，垃圾分类减量成效初显

（一）加强统筹协调，凝聚区域合力。与区地区办共同牵头，与区委宣传部（文明办）、机管局、区妇联、团区委、房管局、文旅局、城管执法局等部门紧密合作，开展一系列宣贯培训活动。会同区城管执法局等五部门定期开展联合执法检查。2019年，共开展各类垃圾分类宣传及《条例》宣贯活动3080场次，覆盖近50万人次。联合区司法局运用网格直播方式宣传《上海市生活垃圾管理条例》，在150个公交车站、1个地铁站点设置了328块《条例》普法宣传展板。

（二）聚焦重点难点，提升分类实效。一是推进定时定点投放。全区共改造垃圾箱房1182座，并在坚决推广定时定点投放与志愿者值守，撤并零散投放点和露天垃圾桶。

二是加快全程分类体系建设。落实分类运输车辆 174 辆，其中 132 干垃圾、42 辆湿垃圾收运车辆，研究制定“不分类、不清运”工作流程和要求，督促清运公司严格按照分类标准进行作业。三是深化两网融合。结合库房改建，设立 467 个“两网融合”服务点（指标完成率 129%），确保建立畅通的可回收物投放路径。制定区级低附加值可回收物补贴办法，逐步建立可回收物统计管理信息化、标准化、科学化。四是试点布局“移动投放点”。针对无箱房小区，采取定时放桶、上门分类收集的方法。针对沿街商铺，全面落实上门分类收集。对餐饮单位开展专项排查，逐户签约守诺开展分类；对花店、水果店进行重点监管，确保干湿垃圾应分尽分、应收尽收。

（三）加强顶层设计，完善工作机制。编制区级垃圾分类误时投放指导意见，指导各街镇在推进工作过程中充分征求居民意见和建议，合理设置误时投放点，切实将居民区定时定点投放制度落地。把握关键节点，组织召开垃圾分类示范区动员大会，督促相关创建工作落实。每日安排第三方对小区进行巡查，及时通报，督促整改，推动补足工作短板。每月出工作简报，形成街镇“红黑榜”。每季度工作例会形成工作通报，表彰先进、鞭策落后。涌现了汇京佳丽苑、田林十二村、馨逸公寓等一批成功实现“误时 + 定时”投放制度的居民区，为解决垃圾分类定时投放难问题提供了“徐汇方法”。

（四）明确工作目标，争创示范区。全面对标达标示范居民区“五有”、单位“四规范”和街镇“五达标”标准，以创建示范街镇为目标，倒排时间节点。做好市级创建标准培训工作，督促各街镇按照最新标准落实各项整改工作。同时对各街镇上报示范街镇材料的有效性、完整性和真实性逐项开展校核和审查。在 2019 年首批示范街镇创建工作中，徐家汇、龙华、凌云街道和华泾镇 4 个街镇创建成功。

（五）加强数据分析，提升管理能效。在湿垃圾车上全面试点车载计量技术，结合区级网格化 2.0 建设，进一步完善湿垃圾数据平台及点位校核工作。同时将湿垃圾“零产生”的小区及时通报街镇核实情况、督促推进。逐步建立垃圾分类实效督查 App，实时反馈问题，督促即知即改，建档各居民区垃圾分类“电子病历卡”。2019 年，湿垃圾分类量达到 300 吨 / 日，指标完成率 174%；餐厨垃圾分类量达到 244 吨 / 日，指标完成 301%；干垃圾控制量减少至 685 吨 / 日，较控制指标减量 35%。

二、突出亮点，绿化品质逐步提升

（一）完成各项绿化指标和养护任务。2019 年新建公共绿地 5.02 公顷、城市绿道 5.2 公里、立体绿化 3.0008 公顷，新增市级林荫大道 4 条，按时完成各项年度指标。根据技术要求规范，做好植物群落结构、树木生长、花卉布置、草坪铺植、病虫害防治等各方面的精细化养护工作。由专业监理公司加强对重点区域 52 块绿地的日常巡查工作，发现问题及时处置，以最精细的管理和最严格的标准，把“工匠精神”渗透到绿化景观管理的每个细节。

（二）推进重点路段及大型绿地提升项目。完成肇嘉浜中央隔离带绿化特色道路创建提升。在全力配合架空线入地和合杆综合整治工作基础上，将肇嘉浜路从“城市森林”升级成为光影流动的“城市多彩林”，并在交叉路口打造多元素融合的景观节点。完成上海交响乐团绿地综合改造提升项目。以“流动的音符”为启发，串联空间场地、优化参观动线，增强人文互动和体验感，打造生活街区里的文化空间，献礼上海交响乐团 140 周年庆典。提前筹谋、周密落实多项绿地建设的准备工作并启动聂耳广场绿地调整提升项目。积极推进完成生态七标段、小闸镇临时绿地、春申港绿地等项目建设审批、招标等各项开工前准备工作。启动聂耳广场绿地启动专项提升项目，通过调整绿地布局，将原有绿地西南角打开，去除中层灌木，增加开花灌木、地被，在提升绿地景观面貌的同时助力加强公共绿地管理水平。

（三）力求城市绿化“颜值”再提升，美化彩化打造精品亮点。致力为城区居民创造更高品质的生态环境空间，突出绿化空间的美化、彩化，打造让人耳目一新的绿色风景线，提升徐汇绿化颜值。其中，华亭小游园的“玉兰贺华诞”、徐家汇大三角绿地的“筑巢引凤”、南站广场的“祝福”，以及肇嘉浜路隔离带等多处主题景观纷纷获得百姓的交口称赞，引路人拍照合影。桂江路绿地里成片的向日葵特色景观经微信公众号发布更是赢得10万+的转发。

三、对标“双最”，做好“双迎”市容环境保障工作

（一）健全组织架构，细化职责分工。联合市政市容联办各单位组成区“双迎”市容保障工作组，研究制订《徐汇区“双迎”市容环境保障方案》《徐汇区“双迎”市容环境综合治理专项巡查工作方案》，明确工作目标、组织架构、保障范围、巡查标准和任务细分等。召开迎进博会市容环境保障工作倒计时100天、20天的推进会，明确各阶段目标和具体任务。冲刺保障阶段，会同各成员单位，制定《迎进博会城区保障组集中办公工作安排》，强化协作配合，充分发挥城区保障组整体工作合力，确保展会期间城区运行平稳有序。

（二）聚焦重点区域、任务销项管理。围绕市容环境、绿化景观、灯光广告、环卫保洁四项重点保障任务，包括户外设施综合整治、景观灯光照明、重点道路两侧沿街外立面整治和提升等32大项共160小项市容环境整治具体工作内容。同时结合全区55个市容环境微治理点位（乱设摊、立面乱设置、单车乱停放、绿地乱抛物），依托市容环境综合治理、三乱市容整治等第三方巡查队伍，提高整改问题的力度和质量，提供“一流的城市环境、一流的服务保障”。

（三）主动跨前服务，强化协作配合。迎进博会城区保障组各成员单位凝心聚力，各工作组加强联动，扎扎实实推进各项保障服务工作。综合市政组加快推进市政道路、实事项目等建设，确保交通畅通有序，各项工程保质保量完成；市容景观组开展户外设施综合治理、绿化景观品质提升、环卫保洁等工作，配合区房管局做好“19+15”重要通道两侧宅外立面整治及提升；区域协调组依托“美丽街区”“美丽家园”建设，夯实区域协调职责，助力市容环境品质全面提升；城区执法组对全区重点保障范围进行全覆盖巡查，迅速处置各类影响市容事件，确保了城区环境面貌干净有序。

（四）加强巡查督办，建立长效机制。会同各工作组，研究制定《“双迎”专项巡查工作方案》，及其配套的《实施细则》，构建了市、区、街镇三级巡查体系，确保区、街镇两级相关部门的保障人员、应急队伍及时就位。徐汇区共收到市保障组巡查发现问题480处，对于较复杂工程类工单（商务楼外墙立面整治），加大督办力度，研究制订专项实施方案。共开展18轮集中巡查，发现并整改突出问题280处，合计出动巡查221人次，进一步加强全区重点保障范围巡查，确保问题早发现、早解决。

四、规范先行，推进户外设施综合治理

（一）品质化推进景观灯光监督建管工作。一是坚持以“对标一流、体现双最、优于世博”的水准，对内环高架、沪闵高架沿线、上海南站周边“第二界面”楼宇景观灯光继续改建，提升沿线夜间楼宇天际线景观效果；对衡复风貌区、徐家汇中央活动区和中环沿线等重点区域周边绿地、楼宇景观灯光加强巡检维护。二是参与滨江区域景观灯光优化方案评审，指导深化设计，明确项目

具体目标、节点要求、集控标准；协调滨江公司8月底实施完毕8.4公里迎水面光耀系统及26栋高大楼宇红顶模式，9月底全部纳入市级集控系统，并完成灯光夜景效果调试。三是对标景观灯光规划和管理规范要求，落实行业监管。协调龙华寺塔、中粮大厦、上音歌剧院完成外立面景观灯光改造提升，督促业主方落实日常运行和维护要求；指导港汇裙房、太平洋数码二期、龙华万科、宛平剧场等景观灯光设计方案。

（二）推进违法户外广告整治工作。一是根据《本市户外招牌整治专项行动计划》等相关工作要求，落实户外设施设置各项规范及要求，加强对户外招牌的日常监管，做好户外招牌安全隐患排查和整治。二是联合相关委办局和各街道（镇）成立户外设施整治工作联合专项领导小组，制订了《徐汇区户外招牌专项整治工作实施方案》。全区13街道（镇）户外招牌全覆盖信息普查及发放安全告知书，对6000余块户外招牌进行钢结构安全检测，确保防台防汛期间安全、平稳、有序。三是制定屋顶招牌、墙面大型外挑招牌、一店多招等违规设置的户外设施拆除清单，完成市局督办清单40块，同时完成拆除区级整治清单中153块。根据市局《关于加强本市户外招牌综合管理的指导意见》要求，强化设计引导，提高户外招牌设置品种，针对拆除以后的招牌要尽快落实重建，确保市容整洁。

五、需求导向，提升民生服务质量

（一）提高行政服务效能，优化区域营商环境。根据区委区政府《关于深化“放管服”改革推进审批服务便民化实施办法》的工作指示，对标“更加紧迫的改革意识、更加优化的业务流程、更加便捷的政务服务”工作要求，区绿化市容局在“双减半”工作、“高效办成一件事”等重点工作中先行先试，积极探索，提升企业群众满意度和获得感。一是作为全区六个试点“双减半”落地的单位之一，率先进行“双减半”落地试点。共计完成“双减半”收件8件，实际减材料50%，减时限75%。大幅度减少了办件材料，节省了办理时间。二是进一步压缩审批时间，现有22项审批事项中，7项事项审批时间压缩超3/4，12项事项审批时间压缩超2/3，21项事项审批时间压缩超1/2。全部事项共计法定办结时限382天，压缩审批时间达254天，时间压缩百分比超66.5%。三是以“开设饭店”（具体指300平方米以下，投资额100万元以下，已取得营业执照的沿街面餐饮行业，并且申请设置店招牌为非钢结构设施）为切入口，试行告知承诺制。探索特定情形下，户外招牌快速办理新模式。

（二）强化为民服务意识，注重问题实际解决

一是强化考核，制定了《2019年徐汇区绿化和市容管理局热线工作测评实施细则》，分别从“诉求受理、先行联系、按时办结、诉求解决、市民满意度、综合项目”6项内容进行考核，并将结果全局通报。二是建立热线诉求微信工作群，每月在群里通报当月案件处置情况，市、区工作简报及考评情况，群策群力处理疑难诉件，发布紧急类诉件内容，大大缩短办理时效。三是进一步规范处置流程，严格执行“1515”办理限时以及主要领导退单审核制的基础上，对疑难工单、职能交叉工单进行指定办理、托底办理，通过资料审核、现场查看、电话回访、督察督办等手段确保处理程序更严谨、质量更高效，从而使诉求实际解决率、满意度得到“双提升”。2018年11月至2019年9月，共受理市容环卫绿化诉求2535件，比2018年同期增加了658件。全年考核周期（2018年11月—2019年9月）在市局排名前三。

六、多措并举，扫黑除恶向纵深推进

严格按照市局及区扫黑办关于中央扫黑除恶第16督导组督导意见的整改要求，坚持“有黑扫黑、有恶除恶、有乱治乱”的原则，

保持扫黑除恶高压态势。

（一）加强组织领导。成立徐汇区绿化市容局扫黑除恶专项斗争领导小组、徐汇区渣土运输领域扫黑除恶专项斗争领导小组成员和徐汇区绿化工程领域扫黑除恶专项斗争领导小组。做到条块结合，确保各领域扫黑除恶工作全覆盖。

（二）加强线索排摸。进一步明确行业主管部门的工作职能，加强对渣土运输行业和绿化工程建设领域的线索排摸力度。在前期大力宣传的基础上，再加力度、再扩深度。进一步鼓励、引导市民群众、服务对象及行业从业人员提供涉黑涉恶线索。9 月以来，对 4 个建筑垃圾外运新增项目发放《渣土运输领域扫黑除恶线索排摸问询表》，对各类工地上门进行扫黑除恶专项宣传 40 余次。9 月以来均为零上报。

（三）强化工作机制。进一步加强与区城管及区交警支队的会商机制，及时沟通管理执法中出现的问题。共召开两次渣土运输领域扫黑除恶会商会议。进一步加强行业监管，加强联合执法，特别对重点区域项目、重点道路进行上门设卡执法检查。9 月至今共牵头开展 3 次联合执法，对施工方进一步明确了渣土外运的相关规定，传达渣土运输领域扫黑除恶的工作要求。

（五）长宁区

长宁区建设和管理委员会

2019 年是新中国成立 70 周年，是深入实施“十三五”规划的关键年。在区委、区政府的坚强领导下，区建管委坚持贯彻落实党的十九大精神和习近平新时代中国特色社会主义思想，紧紧围绕加快建设国际精品城区的目标，聚焦重点、攻坚克难、真抓实干，推进各项工作全面、如期、圆满完成，现将 2019 年工作总结如下：

一、运用绣花功夫，落实城区精细化管理

按照习近平总书记关于“通过绣花般的细心、耐心、巧心提高精细化水平，绣出城市的品质品牌”的指示精神，着力在城区建设和管理精细化方面下功夫。

（一）迎难而上，狠抓架空线入地整治

架空线入地和合杆整治是城区精细化管理中的“硬骨头”，区委、区政府高度重视，组建了工作专班，明确了 2019 年开工整治 25 条道路 37.48 公里，竣工 18 条道路 20.88 公里的目标任务。区建管委全力承担起指挥部办公室职能，凝聚各方力量，紧盯目标，迎难而上，持续发力。一是大胆协调，突破“瓶颈”。面对中心城区电站选址困难的情况，持续优化电力设计，市电力公司电站数量较原计划核减 35% 以上，同时积极争取市政、轨交、绿化、教育等市、区部门的支持，探索实施电站结建。二是主动担当，直面“难点”。针对架空线入地和整治工作施工内容杂、队伍多、作业面广、周期长等难点堵点问题，区建管委做深做细各项前期方案，统筹调度施工过程，优化施工组织方案，有机协调各作业单位，打好组合拳。同步建立联席会议，会商解决的方法和机制，累计协调解决各类问题 300 余项，为整治工作提供保障。三是不忘初心，攻克“痛点”。区建管委坚持少扰民、力争不扰民，主动与居民沟通施工方案，争取居民群众和社会各界理解和支持。合理安排施工工序，下半夜尽量安排施工作业噪音小的作业工种，减少施工扰民。通过综合施策，年度架空线施工信访投诉同比下降 30% 以上。目前，长宁区已完成开工 37.48 公里、竣工 20.88 公里的 2019 年架空线入地和合杆整治任务，竣工量位列中心城区第一，新华路架空线整治被市指挥部列为全市整治样板路段，得到了李强书记批示肯定。

（二）把握重点，落实“双迎”保障工作

根据市、区“双迎”市政市容环境保障工作要求，聚焦道路交通、公共绿地、景观照明、河道治理、建筑立面等行业管理重点，着力加强工程推进和长效管理，全面完成“双迎”保障各项任务。一是按时完成“进博会”保障项目。在区市政市容联办的牵头下，全面落实了进博会重点区域绿化、道路、水环境、静态交通、建筑立面等“42+X”整治项目。二是及时完成市、区督办问题整改。对市督办平台、虹桥管委会和区自查巡查发现的各类问题，确保第一时间整改到位。三是加急完成各项临时性保障任务。包括一周内按要求落实古北市民中心周边市政设施、绿化景观整治提升等工作。

（三）注重环境，水生态治理成效显著

2019年，区建管委加挂区水务局牌子，增设水务管理科（河长制工作科），明确分管领导，进一步夯实河长办工作基础。在市河长办开展的年度考核中，长宁区河长制湖长制考核等级、水资源管理考核等级均为优秀。一年来，一是进一步落实各级河长职责。31条河道、10个其他河湖及82个小微水体的一、二级河长全部明确并落实责任，区级河长巡河（湖）17次，达到每月一巡，街镇级河长巡河（湖）786次，达到每周一巡。二是水环境指标稳中有升。长宁区完成了天鹅湖、双泾枝、机场河消劣整治任务，提前一年完成消除劣V类水体工作目标。9个市考断面年均值全部达标，36个监测断面中平均无劣V类水质。其中，Ⅱ类水水质断面1个，Ⅲ类水水质断面17个，Ⅳ类水水质断面16个。三是全面完成雨污混接改造。年内完成了109个企事业单位雨污混接点位和145个住宅小区雨污混接点位，提前一年完成531个雨污混接点位的整治任务。四是打造一批水安全、水景观项目。配合市堤防处推进“苏四期”堤防达标工程长宁段1.9公里建设，实施了外环西河（周家浜—联虹路）、野奴泾（剑河路—林泉路）等河湖生态景观工程，打造滨河亲水空间。

（四）精雕细琢，牵头“美丽街区”创建工作

结合架空线入地整治、“双迎”市容环境保障等专项工作，重点推进愚园路、武夷路、新华路三条特色街区，全面启动对愚园、武夷、新华、番禺等“4+X”条街区的评估工作，在此基础上，谋划统筹制订2.0版提升方案。一是推进愚园路街区向纵深拓展。实施愚园路864号教育学院广场改造工程等沿线拾遗补缺项目，着力改造愚园路1032弄（岐山村）至愚园路1088弄（宏业花园）“U形区域，统筹推进愚园路镇宁路路口环境提升。二是推进武夷路街区整体环境打造。全力推进武夷路架空线入地工程，力争尽早完工。积极开展武夷路整体风貌环境方案设计，有序推进街区相关精品小区建设、历保建筑修缮、沿街商铺外立面改造等工作。三是推进新华路街区景观风貌提升。全面完成2.2公里架空线入地和合杆整治，推进28个精品小区建设、两个非成套改造、两个历保建筑修缮、配套绿化景观提升、店招店牌安全整治、“家门口”实事项目等工作。街道大力推进“新华社区15分钟生活圈规划”，已将新华路及沿线的10条街坊弄堂纳入2020年的重点工作，并分别对景观风貌提升及街坊道路活力再生进行了方案设计。

二、加快项目建设，完善城区形态功能

（一）全面完成市、区重大工程建设任务

按照“长宁决不拖全市重大工程后腿”的要求，2019年，长宁区已全面完成各项市重大工程年度任务：中新泾公共消防站于2019年上半年全面开工；北横通道北虹路立交全互通建设完成，成为北横通道第一个完成施工任务的点位；北翟路（外环线—中环

线）地道工程于10月25日全线贯通，与北横通道北虹路立交共同承担起服务第二届进博会的交通保障工作。持续推进长宁烟草、扬宁公司征收腾地及捷强二次征收等工作；轨交15号线涉及长宁三座车站有序建设，持续推进巴黎春天换乘通道建设、姚虹路站环卫设施结建、古北路站纺织控股结建。区重大工程方面，体操中心—妇保院项目年内取得施工许可证，古北路征收工作基本完成，娄山关路445弄、种德桥路三合一项目、电子学校等项目有序办理前期手续。

（二）深入实施城市更新战略

立足长宁深度转型的阶段性特征，坚持把城市更新作为推动转型发展、提升城区能级和核心竞争力的重要战略举措，牵头起草城市更新2019—2021年后三年行动计划，明确50个具体项目，推动西法华农贸市场、程十发美术馆等10个项目完工；推动天山路养老院、法华镇路西段微更新等18个项目有序建设；推动娄山关路445弄综合项目、新泾五村居民活动中心等7个项目开展前期工作。另有15个项目正处在研究阶段。此外，结合项目实际成熟情况，目前有天山一条街更新项目、一纺机项目、三泾庙项目、青莲项目以及新华街道15分钟生活圈等5个项目计划列入“50+X”项目表，持续抓好项目推进。

（三）稳步推动经济载体建设

2019年，共推进开工项目3个，为上钢十厂红坊项目、友乐路商办楼、金地商置项目，总建筑面积424228平方米。推进竣工项目3个，为古北5-2地块、福佳项目、褐石商办楼项目，总建筑面积439642平方米。至此，提前完成“十三五”规划中涉及经济楼宇开竣工的指标要求。

（四）大力完善市政基础设施

临空通协河、朱家浜、纵泾港景观桥以及外环绿道两个节点的“3+2”桥隧项目全面竣工，临空核心四街坊地下人行通道勾连工程四条通道均已贯通，服务褐石商办地块的凯田路实现竣工；持续推进古北路、种德桥路、哈密路、紫云路等道路的前期手续办理；积极开展蓄车场、福泉路地道、白玉路、云阳路等市政项目的前期研究。确保按“建成一批、开工一批、启动一批、研究一批”的原则，按节点有序推进市政基础设施。

（五）有序推进民生实事工程

一是积极推进小区和道路积水点改造。根据2019年“利奇马”“玲玲”等台风和暴雨的影响情况，制订了中山西路、古羊路、安顺路等道路系统积水改造方案，同时，针对29个易积水小区，制定了“一小区一方案”的改造措施，并先行完成联建新村和天原二村改造，其余27个积水小区将于2020年主汛期前完成改造。二是持续建设一批静态交通保障项目。完成了15个出租车候客点建设，实施中山公寓公交站等5个缓拥堵点位、打造10处590个共享停车泊位，安装昭化路江苏路等7处行人过街提示系统。三是积极推进慢行系统建设。完成苏州河贯通工程二期东延伸段3.7公里建设并向市民开放，全力推进苏州河长宁段11.2公里全线贯通，着力打造滨水开放空间。四是实施桥荫桥孔停车整治。结合扫黑除恶专项斗争，按照“有乱治乱”的要求，对全区29处桥荫桥孔进行了全覆盖的排查和整治，在规范管理的基础上统筹兼顾了居民停车需求及公共事业性用途。

三、持续转变作风，提升城区管理实效

（一）深化行政审批改革

一是完善工作职责。结合“三定”方案的修订，调整内设机构，建立行政审批服务科（建筑业管理科），集中受理和审批区建管委承担的建设、路政、水务、交通和消防5大类32项审批或备案事项。二是实行“一口对外”。克服建设领域审批事项多、要求高、专业性强等困难，在区行政服务中心开设建设项目综合窗口并对外接待，实现“一口受理、一口对外”。三是推进流程再造。各审批事项按项目整合，强化行政审批后的事中、事后监管，提高监管实效。四是落实职能转隶。根据机构改革部署，做好水旱灾害防治、水资源调查和确权登记等职能的划转，同时，围绕优化营商环境的要求，主动对接区消防救援支队，实体化承接了建设工程消防设计审查验收职责，切实做到了平稳过渡。

（二）全力做好建筑工地质量安全管理

深刻汲取“5・16”事故血的教训，坚决压实责任，形成自上而下、层层压实的责任落实机制。一是完善机制，强化联动。牵头制定《关于进一步加强长宁区建设工程安全生产工作的实施意见（试行）》，进一步形成条块联动的管理合力。二是深入排查，集中整治。以危大工程、小型装修工程为重点，开展“百日行动”专项整治，集中整治装修工程安全隐患。全年开展在建工程日常安全检查 682 次。三是严格执法，从严查处。对存在安全隐患的建筑工地，全年共开具安全监督停工指令单 24 份，安全监督局部暂缓施工指令单 15 份、安全监督整改通知单 164 份；对企业安全管理人员动态考核不良行为记分 28 人次，共计 65 分；对 24 家违规单位实施行政处罚，合计 54.5 万元。

（三）强化燃气安全管理

一是全覆盖进行排查。排摸出长宁区现有液化气用户 537 户，其中居民用户 198 户、工商（餐饮）用户 339 户，涉及供气企业为 5 家，为上液、百斯特（喜威）司、中信、恒申、海光公司。长宁区涉及液化气供气站点为 3 个，分别是上液公司遵义路供应站、中石油华辉仙霞路汽车液化加气站、九环曹家堰汽车液化加气站。二是全立体搭建平台。明确属地管理职能，重点构建街镇燃气安全管理网络，形成属地街道日常检查、管理部门专项检查、条块联动联合整治的工作机制。三是全方位进行宣传，以街道（镇）平安办为主，开展社区液化气安全宣传，做到进企业、进社区、进家门。同时，会同属地市场监管、城管执法和公安消防，协调隐患排查、整治和应急管理等工作。

（四）落实防汛安全管理

一是保障防汛工作不断不乱。区建管委与区应急局共同承担了长宁区防台防汛牵头、指挥、应急、日常管理等工作，多次组织开展全区防汛准备和安全专项检查工作，及时落实隐患整改。通过“提早部署、压实责任、精心组织、连续奋战”，成功抵御了“利奇马”“玲玲”等台风的侵袭和暴雨的影响，有力地保障了城区安全。二是持续加强设施运行安全管理。汛期前，实施区管桥梁安全检测、排水管道和道路塌陷隐患检测、防汛墙安全检测和泵闸安全管控巡查，确保各类管理设施的安全运行。三是开展玻璃幕墙专项检查。结合双迎工作，对区域内 138 栋既有建筑开展玻璃幕墙专项检查，全力督促管理主体强化日常管养、落实隐患整改。

（五）持续做好维稳工作

依托重大工程市、区、街道（镇）矛盾化解联合工作机制和建设项目社会稳定风险评估预警机制，有力地保证了社会的稳定和建设项目的有序推进。重点做好周四领导信访接待、信访处置答复、人民建议征集和日常信访接待值班，共处理来信来访逾百件（次），告知率、答复率、公开率均达到百分之百，信访秩序及稳定情况有序可控。积极配合区综治办、区反恐办和区禁毒办等部门，做好相应的综合治理工作。

长宁区绿化和市容管理局

2019 年，在区委区政府的坚强领导下，区绿化市容局紧紧围绕建设国际精品城区目标，齐心协力，全力拼搏，圆满完成了第二届进口博览会市容环境保障任务，成功创建成为上海市第一批生活垃圾分类示范区，继续保持市容环境卫生状况满意度测评全市第一名的较好成绩，完成了各项工作目标任务。

一、全面推进生活垃圾分类减量

在区主要领导亲自关心指导下、分管领导全力推动下，区分减联办统筹协调，各街镇承担主体责任，全区上下鼓足干劲，攻坚克难，全面推进生活垃圾分类工作，强化生活垃圾全程分类体系建设，深化定时定点分类模式，突出垃圾分类实效。成功创建为2019年生活垃圾分类示范区；10个街道成功创建为上海市生活垃圾分类示范街镇，街镇创成率100%；完成全区所有739个居住区、711个生活垃圾收集点、沿街6875家商户定时定点自觉分类投放工作。生活垃圾资源化利用率从18.6%上升至最高59.04%，垃圾分类减量取得实质性进展。

二、圆满完成第二届进博会市容环境保障

区委、区政府对进博会保障工作高度重视，分管区长担任第二届进博会市政市容保障工作组组长，区市政市容联席办负责项目的牵头、协调、推进和汇总；联办各成员单位在区联办的统筹协调下落实各自职责，配合各项保障任务有力推进。保障工作坚持高起点对标第二届进口博览会市容环境保障工作要求，确定42+10项目，经费为2.75亿元，包括道路交通、市容景观、公共绿地、河道治理、建筑立面、精细化管理等工作内容。共计整改问题635项，及时整改率始终位于全市前列，重大节点目标均如期完成。完成重点区域绿化整治17696平方米，绿地调整改造51478平方米，临时花海布置27383平方米。设置虹桥路、江苏路、华山路等重点道路组合花箱，布置主题景点两处、高架花柱美化10根、桥柱提升300根。市政市容环境保障任务，均在计划时间节点内竣工。通过宣传动员“大参与”、道路工地“大冲洗”、水陆环境“大清理”，进一步美化环境、补齐短板，提升市容环境品质，以最佳城区环境迎接第二届进口博览会。

三、不断提升绿化环境品质

一是西部六公园基本建成。中新泾公园、滑板公园建成对外开放；完成临空音乐公园0.9公顷建设；虹桥体育公园已基本完成绿化建设，至此西部六公园基本建成。二是完成重点目标建设任务。新建公共绿地1.23万平方米、立体绿化3万平方米。三是推进绿道建设。创建市级林荫道1条，完成外环林带生态绿道一期、二期建设，外环生态绿道实现全线贯通。四是完成街心花园整治、改造提升项目。大孚橡胶厂绿地、青春小游园水池整治改造项目，虹桥河滨公园、华山绿地改造提升项目已完成，恢复开放。完成新华路绿化特色街区建设。五是积极配合市重大项目进展，6月底完成绥宁路新建工程配套绿化迁移项目；9月完成北横通道绿化恢复工程施工招标，虹桥污水处理厂建设配套绿化恢复；10月完成外环林带沿苏州河堤岸绿化迁移，架空线入地及合杆整治项目配套绿化迁移项目。

四、保持市容环境走在全市前列

2019年上半年度继续保持上海市市容环境公众满意度测评全市第一，加强市容责任区管理，开展责任区管理主题宣传。巩固和推进示范道路建设，在成功创建32条市级示范道路的基础上，2019年再申报14条路段参与创建。提升社会自律自治组织实效，再申报14个组织完善、制度健全、运行成熟、作用明显、能够较好发挥自治管理效能的示范性自律组织。加强重要任务市容保障，形成了发布保障信息、制订保障方案、现场统一指挥、巡回督查整改等一系列处置流程，初步形成全方位部署，精细化保障能力。

（五）继续加强户外设施管理

一是加快违规设置户外设施的整治力度。2019年整治列入市区两级督办的户外电子显示屏广告、媒体墙设施共计15块7处，整治屋顶招牌、大型侧招36块，完成率均达到90%以上。二是加强店招店牌安全检测，切实摸清长宁区店招店牌安全底数。2019

年5月初至8月底，对全区设置在一楼以下7114块店招店牌进行全覆盖安全检测，对存在严重安全隐患的店招店牌引导商家自行拆除，结合防台防汛保障进行应急拆除。2018年9月至今，经过三个阶段集中攻坚，累计拆除违规设置、存在安全隐患的店招牌3024块，政府出资建设店招店牌已全部拆除。三是加快推进店招店牌拆除后恢复设置工作。截至12月底，区内重点区域、景观路段除个别点位外，基本完成了面上户外招牌的复建工作。

（六）整合力量落实“一网通办”

根据市、区两级审改部门关于“一网通办”相关工作要求，区绿化市容局以“一网通办”“双集中、双减半”为抓手，开展审批机构改革、审批流程优化再造，区绿化市容局共有行政审批事项28项，2019年办理行政审批事项1882件，审批时限缩减60%以上，审改效果初步显现。

（七）扎实开展“不忘初心、牢记使命”主题教育

根据区委的统一部署，局系统主题教育自9月12日启动，围绕理论学习有收获、思想政治受洗礼、干事创业敢担当、为民服务解难题、清正廉洁做表率的目标，注重抓好学习教育、调查研究、问题检视和整改落实，取得明显实效。主题教育过程中，局党委共组织专题学习研讨13次，听取党员、干部和群众意见47条，班子成员撰写调研报告5篇，讲专题党课5次，剖析个人问题45条，制定整改落实措施23条。对查摆问题的即知即改率已达90%。

（八）局系统各项工作取得新成绩

2019年局机关完成内设机构“三定”、人员编制优化调整。指导4个事业单位党支部完成换届选举，组织工作坚强有力。用好职务、职级两道阶梯，让干部工作激励机制最大化。“大调研”工作持续开展，开展各类走访调研617次，收到反映问题77个，全部解决。主办两会意见提案22件，全部及时办结。全年收到信访件81件，满意率85%，信访工作稳中有进。收到热线、网格件分别为1461件、1134件，办结率分别为99%和93%，热线、网格工作逐步规范。“扫黑除恶”专项工作落实坚决。局党委建立健全党委专题研究、领导结对指导、线索深挖彻查、专项督导检查、部门联动协作五项机制，对中央督导组批转的4件督办单涉及的问题线索进行逐一排查核实，未发现涉黑涉恶问题。积极落实台风“利奇马”袭击上海时防台防汛保障工作。工会建设不断加强。指导下属工会完成改选、增补工作，高洁公司陈豪杰工作室被评为市绿化市容行业“劳模创新工作室”，西联公司董春健、周汉友分别荣获市“五一劳动奖章”、市绿化市容行业“十佳城市美容师”称号，东联公司新华班荣获长宁区“工人先锋号”。

（六）虹口区

虹口区建设和管理委员会

2019年是新中国成立70周年，是全面建成小康社会的关键之年。区建管委系统以习近平新时代中国特色社会主义思想为指导，全面贯彻党的十九大和十九届二中、三中、四中全会精神，在区委、区政府的坚强领导下，在区相关部门和各街道的大力支持下，团结进取、攻坚克难、扎实工作，积极、有序、高效推进年度各项任务，并取得了较好的成绩。

一、重大工程项目建设高效推进

2019年共推进重大工程项目55项，含市重大工程6项。含商办楼宇16项、市政基础设施12项、公共服务及民生保障14项、生态环境提升两项、商品住宅11项。其中，

海门路630号商办项目、瑞虹7号地块、岳阳医院门诊综合楼改扩建、第六中心小学新建教学综合楼等12项重大工程顺利开工，累计开工面积106.57万平方米；彩虹湾四期（A块）、彩虹湾九年一贯制学校、邯郸路产业园一期等13项重大工程实现竣工，累计竣工面积80.75万平方米。完成年初既定目标，有力推动了区域经济发展和三大功能区建设。

二、基础设施建设全面加强

市政道路方面，完成平凉路（大连路—临潼路）、杨树浦路（大连路—临潼路）道路拓宽改造，完成东宝兴路（中山北路—青云路、芷江中路—邢家桥南路）、欧阳路（大连西路—临平路）道路大修等工程，完成8.65公里架空线入地和合杆整治；基本完成唐山路（高阳路—昆明路）道路拓宽改造、四平路地下人行通道等工程；海伦西路拓宽（一期）及曲阳路辟通等工程开工。水务方面，完成高阳路（唐山路—周家嘴路）道路积水点改善工程，新建市政污水管道0.7公里，配合市水务局推进大名泵站、临平泵站方案设计及建设选址工作，配合市排水公司开展曲阳泵站截流设施改造和曲阳污水厂初期雨水调蓄工程建设；交通方面，推进海门路公交枢纽建设和公交线路入驻研究，新增备案公共停车场（库）9家，泊位1031个，新增配建停车泊位3700个、错峰共享泊位462个，新建巡游出租车候车站点15个，累计完成82个道路停车场POS机收费改造、68家公共停车场（库）提供税控机打发票和电子支付服务、2105个非机动车停放点和152条支小马路标线养护等工作。

三、生态环境品质持续改善

持续打好蓝天、碧水、净土保卫战。加强建设工程扬尘污染防控的同时，累计完成约8000平方米工地绿化围墙建设。配合房管部门完成64个小区雨污分流改造及截流设施建设。将国际航运中心东、西港池等新增水体纳入湖长制管理体系，全区河湖水面率达到4.13%，提前超额完成“十三五”目标。完成俞泾浦、沙泾港生态浮床建设，配合推进曲阳污水厂停运及功能调整，加强河道水质监测和长效管理，全区河道年均水质优于V类水，4个市考断面水质达到或超过IV类标准。扎实开展水土保持工作，完成23个疑似扰动项目复核。推进闲置地块临时停车场高标准管理，印发《虹口区临时停车场规范化管理实施方案（试行）》，明确场地铺装条件、土壤保护措施等要求。践行绿色发展理念，在公共停车场（库）新建了444个充电泊位；积极推进建筑节能工作，修订了《虹口区建筑节能和绿色建筑示范项目专项扶持资金申报指南》，开展了全区绿色施工工地示范项目评选和装配式施工质量控制技术课题研究。

四、行业监管力度不断加大

深化“大安全”体系建设，进一步加大重点行业、重点领域安全生产监管力度。联合相关部门和街道开展了全区房屋建设工程安全隐患专项整治“百日行动”，排查整改各类隐患929处；委托第三方专业单位对全区531栋既有玻璃幕墙建筑开展了全覆盖安全排查整治，消除安全隐患21处。开展各类燃气安全综合执法检查212次，淘汰更新非安全燃气器具269套、查没违规液化气钢瓶28个；配合燃气公司督促用户整改燃气安检不合格问题9034项、改造老旧小区燃气明支管55.9公里。开展公共停车场（库）执法检查331次，整改隐患43处；联合交警、各街道开展非机动车乱停乱放集中整治19次，全年累计清缴互联网自行车近4万辆，有效提升了街面非机动车停放秩序管理水平。

五、应急保障能力显著增强

2019年是防汛机构改革之年，区建管委与区应急管理局联合组成区防汛办，在保持“三个不变”的基础上，做好应急管理的加法，确保防汛指挥体系有效运转，各项工作有效衔接。全年共启动防汛防台应急响应20次，其中Ⅳ级响应13次、Ⅲ级响应6次、Ⅱ级响应1次。台风及强降雨天气影响期间，各项措施落实到位，累计按预案撤离安置建筑工人2587人次。防汛应急值守时间延长至11月，实现安全度汛的同时，有效保障了进博会的顺利召开。结合创文、新中国成立70周年、进博会等重点保障工作，全年累计实施了55个路段的道路平整度整治，共铣刨摊铺沥青路面约14.7万平方米，翻修人行道约3000平方米、侧平石约2500米，整治各类问题窨井盖326处，新增或更换道路护栏约3420米。此外，妥善处置了“5·16”燃气泄漏、“6·5”自来水爆管等公用管线突发事件。

六、行政服务效能稳步提升

抓好自身作风建设，深入推进依法行政，重视企业和群众服务，努力提升部门履职能力。扎实做好政务信息公开工作，全年共受理依申请公开24件，办结24件。妥善推进行业信访矛盾化解，全年累计受理来电、来信、网信92件，来访接待18批次。深化“放管服”改革，实现了审批时间和材料“双减半”工作目标。认真落实“双随机、一公开”事中事后监管，全年累计开展双随机检查68次，涉及检查对象189个、检查人员184人次，开展竣工验收联合抽查1次。通过市建设工程联审平台完成了15个项目施工许可审批、9个项目竣工验收和备案。积极做好建设工程消防审批验收职责划转工作，累计完成项目设计审核14个、设计备案26个，完成项目验收14个、项目备案37个。积极探索推广信息化、智能化技术，在6个工地设置了深基坑远程监控系统，对区内33个项目开展了智慧工地调研。全年建筑业税收完成2.6741亿元，同比增长10.9%。持续抓好建设工地党建联建工作，联合10个工地临时党支部开展了垃圾分类、扫黑除恶等主题活动。积极开展扫黑除恶专项斗争，自行排摸线索14条、上报2条，完成上级移交线索核查9条，对“六无工程”监管存在盲区、农民工讨薪矛盾时有发生、工程招投标中围标串标发现难、闲置空地临时停车场监管缺失等问题进行了彻查整改。

虹口区绿化和市容管理局

2019年，区绿化市容局在区委、区政府的有力领导下，深入贯彻习近平总书记考察上海重要讲话精神和视察虹口市民驿站的重要指示精神，以做好垃圾综合治理、第二届进博会保障以及创建全国文明城区等重点工作为主线，把精细化管理的理念和要求贯彻到各项工作中，不断提高绿化市容建设管理水平，以良好的工作实效和整洁有序的市容市貌庆祝新中国成立20周年。

一、垃圾综合治理水平持续提升，分类实效不断优化

一是居住区与单位达标率明显提升。截至2019年5月，已推进完成全区包括物业商品房小区、旧式里弄、部队小区等792个居住区、26.9万户居民100%全覆盖。居住区垃圾分类达标率快速提高，第三季度居住区达标率已由2018年底的67.2%提升至96.5%，单位抽检达标率已达到100%。二是分类实效提升超过预期。《条例》施行以来，全区分类实效显著提升。截至12月，全区干垃圾日均量367.53吨，环比《条例》施行前控减38.4%；湿垃圾日均量299.4吨，环比增加52.8%，远远超出年度市级指标。有害垃圾和可回收物应分尽分，在全市7—10月垃圾分类实效综合测评中位列全市第三，全区八个街道均达到“优秀”标准。凉城新村、嘉兴路、曲阳路、江湾镇、欧阳路、四川北路6个街道成功创建为上海市生活垃圾分类示范街道。三是分类体系建设稳步推进。落实“定时定点”居住区干、湿两班次分类收运工作，通过购买车辆、调整作业班次等方

法积极探索高效、优质的收运模式与作业流程，全区共配置及涂装49辆湿垃圾车、120辆干垃圾车、3辆可回收物车和1辆有害垃圾车收运。全覆盖铺设“两网融合”服务点929个、中转站8座（八个街道各选址建设一座），专门配置可回收物回收车辆按街道分类收运。累计完成定时定点垃圾箱房及分类投放点位改造991个。结合创文工作，撤除全区沿街垃圾桶1063个，全区垃圾桶撤除率提升至94.7%，有效堵住垃圾不分类投放的源头。

二、全面加强市容环卫管理，圆满完成“双迎”保障

一是积极推进“美丽街区”建设。与市联办确定了2019年度美丽街区建设范围，根据要求协调安排市有关专家参加对虹口区美丽街区设计方案的评审工作。二是市容环境保障有力开展。组织完成了36次市容保障任务，完成虹口区“双迎”市容环境保障工作方案的制订。组织各单位圆满完成了市下达的184项“双迎”整治任务、33处“五乱”微治理点位的整治任务及62项问题的整改工作，整改率为98.4%。三是积极推进市容环境卫生环境责任区工作。组织各街道积极引导责任人参加门前责任区市容环境清洁活动，每月开展一次环境卫生大清扫。

三、进一步落实精细化管理要求，着力提升绿化景观面貌

一是加快各类绿地建设。完成新增各类绿地4.07万公顷，其中新增公共绿地面积1.29万公顷。完成广粤运动公园建设并开放；完成株洲路拓宽配套绿地建设，新建通州路绿地建设。完成3万平方米立体绿化建设、天宝西路市级林荫道创建、3个街心花园改造等目标任务。二是美丽街区及“双迎”绿化保障项目有序推进。完成广中路、大连西路周边美丽街区建设项目、广粤路绿化特色街区景观提升项目两公里广粤路绿道等“双迎”保障工作，在长治路峨眉路新增“G速虹帆”大型立体花坛一座，新增吴淞路海宁路口立体花柱8根，悬吊花球560个，更新行道树164株及盖板1038套。全区3299组花箱、10处重点花坛花境增加了一季节日花卉布置。全区11座公园新增、更新花坛花境，鲁迅公园在西门大草坪设置了“放飞梦想”立体花坛。圆满完成新中国成立七十周年及进博期间绿化保障，确保花卉在国庆和进博会期间茂盛开放。

四、围绕重点建设任务，加快景观灯光建设及功能提升

一是顺利完成“双迎”灯光保障任务。黄浦江两岸景观照明提升工程虹口段（二期）及大名路（东大名路）苏州河沿线景观照明提升项目全面竣工，完成49座楼宇建筑景观照明设施的新建改建工作，完成8处公共空间、17处花坛、200棵行道树的景观照明安装工作，串联起虹口滨江3.2公里的景观照明。“四大”纪念馆周边美丽街区项目9月底项目主要道路形象竣工，12月底基本竣工。二是加快景观灯光存续项目建设进度。完善内环高架2.8公里沿线建筑景观照明提升，覆盖24个点位，39幢楼宇；继续推进吴淞路、北外滩第二层面、中环虹口段3项景观照明工程；做好东体育会路景观道路、曲阳路景观道路项目、祥德路景观道路项目收尾工作。三是做好户外店招店牌、广告设施整治工作。基本完成市局督查的户外广告、店招整治任务。完成3块媒体墙、19块户外电子显示屏、4块户外广告、79块户外店招设施的整治任务，牵头各街道推进区内违法电子走字屏专项整治；加强头顶上的安全保障工作，累计拆除改造店招610块，其中美丽街区改造321块，拆除存在安全隐患店招289块。

五、夯实基础工作常态化长效化，持续优化营商环境。

一是扫黑除恶专项斗争深入开展。深入贯彻区委关于“扫黑除恶专项斗争”工作部署，制订了“专项斗争”方案，做到责任有

落实，任务有分工，过程有检查，定期有总结，基本做到了“扫”“除”全覆盖；加强党建引领，各直属党组织开展扫黑除恶主题党日活动，把扫黑除恶和加强基层组织建设结合起来，对环卫管理、绿化管理、渣土运输、工程建设等重点领域，强化基层宣传排摸，主动深挖线索，切实防止形成团体性的垄断组织。二是有序推进大调研工作。根据区委部署和区绿化市容局2019年大调研工作计划，紧扣“不忘初心、牢记使命”主题教育，坚持目标导向和问题导向，强化实时沟通和协调，走访68家居民家庭，大调研走访完成率为100%；坚持每月上报大调研信息不少于两篇，大调研自选走访企业和大调研课题和项目计划严格按照时间节点完成。三是持续优化营商环境。“减环节、减时间、减材料、减跑动”等相关目标持续落实。我局现共有行政审批事项34项，审批的法定时限由668个工作日压减为166个工作日，压减率75.15%；目前我局已实现4项行政审批事项“0上门”，政务服务、审批事项标准化、规范化建设持续提升。

（七）普陀区

普陀区建设和管理委员会

2019年，在区委、区政府的领导下，区建管委（交通委、水务局）以习近平新时代中国特色社会主义思想为指导，紧紧围绕“两区”“三高”建设目标，有效履行部门职能，提升城市管理服务水平，凝心聚力、攻坚克难，在市属重大工程项目、市政基础设施建设、河道水环境治理以及城市精细化管理等方面取得一定成效，较好地完成了各项工作任务，推动城区建设管理事业实现新发展。

一、强化措施狠抓落实，全力推进重大工程项目建设

（一）税收跟踪平台建设

继续加大税收跟踪平台工作推进力度，对全区512个建筑业工程项目，涉及合同总价483.69亿元实现全程监控，其中重点对277个区外企业进行预缴税跟踪督促。区外企业实现税收入库2.7亿元，其中平台追缴获得1.55亿元，同比增长17.39%。

（二）市级重大工程项目建设

轨道交通14、15号线项目，协助建设单位继续推进各站点及盾构区间段建设。轨交14号线，配合完成东新路站附属管线搬迁及道路翻交，1号、6号出入口施工，3号、4号、5号出入口启动方案前期报批工作。完成中宁路站、真光路站主体结构封顶。真如站春节前主体结构封顶。轨交15号线，完成8个站点主体结构封顶，盾构区间普陀区段内共12.8公里全部完成。目前各站点进入附属结构及车站主体安装施工。北横通道（普陀段）项目，普陀区段内盾构推进完成，筛网厂工作井3号基坑开挖过半。武宁快速化改建项目，完成曹杨八村腾地手续，完成二阶段道路翻交、11万伏电缆割接、桃浦河北侧半幅地道主体结构施工和南半幅围堰施工。云岭西排水系统项目，完成总管建设，目前正在进行二、三级管网和接收井建设，春节前4座顶管井可全部完成。武威路综合管廊项目，完成管廊段（除地道）主体结构建设，目前正在进行地道段主体结构施工。

（三）“苏四期”贯通工程建设

全力推进曹家渡地区、祁连山南路桥两侧、华东政法大学等断点的贯通工作，沿线普陀段19个断点已基本完成贯通。对M50创意园、德诚商务楼等8个断点实施了景观提升工程。西康路桥—武宁路桥南岸约1.6公里岸段沿线景观已初具形象。积极推进隆德路桥、M50桥等新增桥梁前期工作。研究制订苏州河普陀段两岸公共空间运行维护方案。协助建设单位继续推进苏州河深层调蓄

系统工程项目建设。

（四）架空线入地和合杆整治工程建设

2019年开工12个项目，总计里程约24公里。年内完成了金沙江路—宁夏路、光复西路、远景路、莫干山路等路段共计12公里的架空线入地和合杆整治工程建设任务。积极推进长寿路、铜川路、静宁路、宜昌路、常和路、中山北路等路段的架空线入地和合杆整治工程建设。对2020年计划实施的曹杨路、祁连山南路、真南路、大渡河路、真华路和宁川路等道路架空线入地和合杆整治项目抓紧启动前期各项准备工作。

二、凝聚动力攻坚突破，持续加快市政基础设施建设

（一）着力推进区区对接道路建设

积极推进3条区区对接道路工程建设。桃浦西路（古浪路—区界）新建工程，沪嘉高速以北段建成并通车。目前正在实施沪嘉高速以南段，已完成红祁河桥梁桩基施工。真光路（云岭西路－金沙江路）新建工程，主要结合云西排水系统管网施工同步推进。完成市交通委对云岭西路至同普路段顶管施工的年度考核目标，总管施工春节前基本完成，2020年汛期前完成全部支管的建设和疏通。金昌路—交通路新建改扩建项目，1标已具备通车条件，架空线入地同步完成；2标开展跨祁连山路地道中间墩施工，目前全力推进桥梁桩基施工；3标已完成全线南侧便道施工。

（二）加快实施新、改建道路工程

围绕重点地区建设任务，加快市政道路配套建设力度。以服务中以（上海）创新园为宗旨，完成武威东路等5条道路整治工程。真华南路、桃清路、永登东路、绿棠路、静宁路5条道路已顺利竣工并开放交通。武威路改建工程、南郑路新建工程正在加紧施工中。三源路已取得初设批复，目前正在开展施工招投标工作。景泰路、中山北路、永登路、光复西路、云岭西路等已取得工可批复。

（三）完成积水点改善和道路大修工程

列入2019年市政府实事项目的李村路、梅岭南路、祁安路3条道路积水点改善工程均按时完工。石泉路、兰田路道路大修工程完工。推进洛川路、万镇路、梅川路、花家浜路等积水点改善及道路大修工程的前期工作。此外，完成中潭路、中山北路两处交通拥堵点改善工程。

三、履职尽责统筹施策，持续改善河道生态环境

（一）不断完善体系，推动“河长制”有效落实

建立区、街镇、园区、居（村）委多级河长体系，实现辖区水体全覆盖。区、街镇河长办相继建立“4+2”制度体系，明确责任分工、工作路径和协作平台。全年区级河长巡河26次，街镇级河长巡河350次，各村居河长巡河3500余次，并及时反馈整改巡查中发现的各类问题。将“河长制”纳入街镇网格化服务片区工作职责，推动河长制全面见效。

（二）推进整治修复，提升河道水环境质量

根据“一河一策”方案，推进实施真如港、北张泾、俞店浦及外浜水系在内的多条河道生态修复。本区10个市考水环境监测断面中均达到考核要求，全区劣V类水体完成控制在9%以内的年度考核目标。针对跨区河道，主动对接嘉定和宝山，通过区区联动，有效推进跨区河道的协同治理。

（三）优化水体布局，稳步实施水利工程项目

依据全区河湖水体规划，积极推进实施蔡家浜、规划1号河辟通工程，以及李家浜、凌家浜拓宽工程等相关工作，继续推进新建金昌河、桃浦智创城新开河、外浜水系优化调整、新建桃浦湖等一批水系新开、拓宽和辟通的水利项目。

（四）精准把控源头，加快雨污混接改

造步伐

根据市河长办考核要求，加快推进本区雨污混接改造工作。本区11个市政管网混接改造已全部完成，415个企事业单位和沿街商铺的混接改造基本完成。住宅小区混接改造方面，72个小区108个点位已基本完成。

此外，进一步压实责任、加强巡查，切实做好中央、市生态环保督察迎检工作。开展节约水资源和环境保护宣传工作，积极创建节水型机关（单位）以及公共机构节约型示范单位。推动上海市“碧水保卫战”“助推绿色发展 建设美丽长江”等劳动和技能竞赛等工作。

四、转变理念加强监管，全力提升城市精细化管理水平

（一）做好全区精细化管理牵头组织工作

积极对接市、区相关部门，做好上传下达，协助市精细化管理工作领导小组推进各项工作。组织召开普陀区城市管理精细化工作推进会。协助区政协调研城市管理精细化工作。完成“普陀区城市管理精细化工作暨‘4+2’重点街镇城区品质提升调研”报告。牵头推进“‘十四五’期间提升普陀城市精细化管理水平重点和难点问题研究”。积极协调推进普陀区城市管理精细化三年行动计划各类项目的实施。

（二）推进行业新技术发展与应用工作

落实装配式建筑4项，落实绿色建筑二星级3项。协助桃浦智创城推进绿色生态城区申报工作。落实BIM技术运用项目4项。推进“桃浦智创城核心区试点区”海绵城市建设，编制《普陀区海绵城市建设项目三年实施计划》和海绵城市建设与运行管理管控体系，组织“海绵城市建设与管控专项培训会”，梳理海绵城市样板工程。完成既有公共建筑节能改造、可再生能源建筑一体化应用、能源审计及能耗公示等年度目标，完成分项计量装置安装调试。

（三）落实联审管理、玻璃幕墙、无障碍设施等工作

建设工程联审共享平台，做好本区建设工程类项目的施工许可和综合竣工验收环节联审平台审批管理工作，完成施工许可审批20项，综合竣工验收项目9项，初设项目10项。玻璃幕墙管理：完成区内729幢楼宇玻璃幕墙巡查检查，建立专业化应急处置队伍、全天候24小时备勤，普陀区既有玻璃幕墙建筑安全状况总体处于可控范围。无障碍设施：完成46个小区的无障碍设施新建和维修建设项目，完成无障碍设施竣工验收9项。迎接国家住建部对普陀区区无障碍设施环境建设情况的检查，普陀区区作为全国无障碍环境示范区，在工作机制、建设改造以及维护使用等方面，检查组都给予了充分肯定。继续配合做好教育部门公建配套建设工作。

（四）不断提升建设行业规范化管理水平

加强建设行业质量监管，全面推进建筑工程施工质量标准化管理，深入排查各类隐患，确保在建工程质量安全总体受控，努力提升建设工程文明施工水平。加强材料监督抽检，源头保障建材合规受控。进一步优化营商环境，加强事前服务、提高咨询效能，严格执行建筑行业服务规范，整合审批环节、压缩审批时限、提高审批效能，为企业提供便捷服务。招投标监管工作顺利开展，全面推行本市建设工程电子招标投标系统的建设和运行，规范项目招投标事中事后监管。做好消防审查意见出具及消防验收工作，结合实际制定消防验收相关流程、制度和表式，出具相关审查意见，并在消防部门协助下开展验收，实现消防验收工作的有序衔接。

（五）努力提升市政设施日常养护管理水平

加强市政设施养护管理。继续做好市政基础设施日常养护维修、桥梁泵站养护管理、交通设施整治改造及堤防巡查养护管理。做

好各类重大活动保障。做好第二届进口博览会、苏州河龙舟赛、10公里精英赛等重大活动保障。围绕“双迎”市容环境重点保障区域和重点路段开展市政设施养护保障工作。扎实推进井盖病害排摸。对32条主次干路和内环以内道路上的上水、通信等9种管线井盖的路框差、盖框差进行排摸，主动对接移动、联通、电力等管线部门，联合推进检查井盖病害消除工作，保障道路通行安全。做好沉管抢修及支连管改造。对区内发现的沉管、支连管结构性损坏以及雨污混接调查中发现损坏的支连管进行分批改造，并根据市排水处要求，在改造时加装新型雨水口和截污挂篮等设施。

五、聚焦民生统筹资源，持续优化完善交通服务体系

加强新建工程配建停车场（库）设计审核。根据规范要求，从源头把关，全年审核新建工程配建方案意见16个，配建泊位1864个；竣工验收工程8个，配建泊位4008个。推进区域停车资源共享利用项目。指导街镇完善停车供需双方对接协商机制和操作方案，协调推进项目11个，共享泊位707个，超额完成年度目标。加快充电桩和分时租赁建设。重点针对商办楼、医院等停车场（库）推进公共电动汽车充电桩建设，完成公共电动汽车充电桩建设386个，超额完成年度目标。着力缓解居民停车难问题。全方位挖潜增加停车泊位，新增备案公共停车场（库）10个，新增备案公共停车泊位2432个；增设道路停车路段两条，泊位95个。优化公交线网布局。协调公交线路的优化调整，开通运行李园社区巴士，调整公交112路。积极与嘉定区交通委对接沟通，调整嘉定公交113路、126路，绕行桃浦地区，服务槎浦新家园、阳光威尼斯等小区。完成普陀社区巴士信息化站牌改造工作。推进互联网租赁自行车有序停放。继续在全区规范划设非机动车道路停放点位，完成10公里精英赛及进博会期间的街面共享自行车保障工作，配合城管执法局共同推进辖区轨道交通站点、大型商业及办公区等公共场所周边共享自行车有序停放。做好交通战备潜力数据核查。落实交通战备队伍整组和专网办公设施采购工作。推进巡游出租车候客站点建设。完成15个巡游出租车候客站建设。落实ETC推广发行任务。发动相关委办局、街镇、居委会，在大型小区、重点商圈、机关大院开展ETC宣传和推广工作。圆满完成春运保障工作，落实铁路道口监护管理。

六、压实责任层层传导，持之以恒抓好扫黑除恶专项斗争、安全生产管理、防汛防台各项工作

（一）继续推进扫黑除恶专项斗争工作

加强组织领导，提升思想认识，多次召开建设系统扫黑除恶专项斗争领导小组扩大会，传达市区相关会议精神，就扫黑除恶专项斗争进行部署。充分利用多种形式全力做好扫黑除恶宣传工作。保持对黑恶势力和行业乱象的高压态势，聚焦工作重点，对建设行业的乱象开展全方位全覆盖排查，全力以赴抓好整改。同时加大信息报送力度，做好基础台账工作。积极配合中央督导组开展专项督导及“回头看”工作。针对来自群众举报以及上级部门移交的线索，高度重视、科学研判，认真核查，对属实问题做到一事一方案。对涉及违法案件的单位及个人实施行政处罚，其他乱象也已整改完毕。

（二）认真落实安全生产管理及防汛防台工作

认真落实安全生产管理工作，有序推进建设行业安全管理工作，进一步加强监管力度，开展“今冬明春大检查”“安全生产月”“迎大庆护进博”“百日行动”等各类大检查和专项整治活动。累计组织检查组380余组次，组织检查人数3000余人次，发出安全隐患整改告知单188份，行政处罚11起，共处罚金18.5万元。强化燃气安全检查和专项整治，

配合燃气公司完成隐患整改。认真汲取谈家渡路、铜川路燃气安全事故教训，举一反三，对在建工地开展全覆盖排查整改，确保行业安全。加快防汛基础设施建设，组建防汛应急抢险队伍，深入开展防汛防台安全隐患排查及整改。严格执行应急值守和信息报送制度，推进“一区一清单”整治工作及高空坠物排查工作，成功防御“利奇马”“玲玲”及“米娜”三次台风。

（三）加强12345热线处置和信访答复工作

高度重视12345市民服务热线处置工作。2019年，共受理区级12345工单3468件，登记、受理来信259件、来访226件、网信126件（其中国家信访局、市、区交办件、查办件、督办件35件），接待上访群众1237批/1827人次（其中，集访70批/350人次）。办理中央扫黑除恶第16督导组下达举报线索案件34件。办理市“两会”意见、提案3件。办理区两会意见、提案27件，其中区人大建议16件（其中闭会意见两件）、区政协提案11件。办理“两代表一委员”组团联系社区工作意见答复74件。办理两会期间督办两件。办理人民网《领导留言板)两件。

普陀区绿化和市容管理局

2019年，区绿化市容局在区委、区政府的领导下，对标“上海2035”卓越全球城市的建设目标，围绕普陀区“两区”建设指标体系和“推动高质量发展、创造高品质生活、实施高标准管理”工作要求，深入贯彻落实党的十九大精神，全力以赴推进迎国庆70周年和进博会市容保障工作，稳步推进绿化、市容、环卫各业务条线工作，致力打造“美丽普陀”。

一、全力以赴推进生活垃圾分类工作

生活垃圾分类工作实效显著。强化工作机制，层层落实责任。积极指导街镇，建立健全街镇、居村两级生活垃圾分类联席会议制度，加大日常综合协调和管理力度，围绕《上海市生活垃圾管理条例》贯彻落实，量化工作目标和任务指标，具体责任到人。街镇、居村两个层面，加强宣传发动、强化自治共治，做实做细“一小区一方案”，全力以赴实现垃圾分类实效达标。强化体系建设，促进达标创建。加快建立健全生活垃圾分类投放、分类收集、分类运输、分类处置的全程体系，提升分类实效。加快扩大分类覆盖面。6月底，基本实现居住区、单位、公共场所生活垃圾分类全覆盖。继续推动两网融合工作。全区已建成可回收物回收服务点825个、中转站10个，并引入蓝宝智能回收箱、山鹰智能回收箱以及拾尚包等可回收物回收“互联网+”体系。扎实推进分类达标创建工作。9月底，全区已有701个居住区达标，达标率98%以上，已完成市局下达的492个居住区达标的指标。曹杨新村街道、真如镇街道成功创建2019年第一批上海市生活垃圾分类示范街镇，长风新村街道、长寿路街道、石泉路街道、万里街道成功创建2019年上海市第二批生活垃圾分类示范街镇，甘泉路街道顺利通过2018年上海市生活垃圾分类示范街镇复核，全区示范街镇创建率为70%，高于全市平均水平。稳步提升分类实效。2019年，全区湿垃圾日均分出量367吨（指标值为332吨），指标完成率110.5%；可回收物日均分出量201吨（指标值为173吨），指标完成率116.2%；干垃圾日均产生量893吨（指标值为1060吨），减量15.8%，超额完成指标。

二、扎实做好“双迎”市容环境保障

圆满完成迎接新中国成立70周年、第二届进口博览会市容环境保障工作。点面结合，提升市容品质。高标准完成了绿化、亮化、美化工程，增设主题绿雕、布置组合花箱、更新主干道沿街废物箱、美化粉刷街边围墙、调整楼宇灯光。结合首届进博会景观提升工作经验，聚焦重点区域，有针对性地排定景观提升建设项目，对重点区域道路环境、绿化景观进行更新提升和日常精细化养护保洁，完成中山北路金沙江路、武宁路普雄路两处7根立体花柱布置，完成真华南路沿线1.2公里沿线绿化景观综合提升，新增绿地花甸面积合计1.2万公顷，保持12公里花箱良好的景观效果。联动整改，治理市容面貌。根据市区两级户外广告、招牌设施督办清单，截至目前，针对分四批次收到市“双迎”市容环境保障平台下发的整改问题共计207起，普陀区区积极整改、快速应对。灯光广告方面，拆除户外广告整治12块、招牌整治102块，布置景观照明3处；市容环境方面，无序设摊管控、零星设摊取缔19处，围墙装饰美化600米、沿街建筑附属设施整洁105处、三乱治理1600处、外立面整治约28.4万平方米、综合整治大楼36处。

三、稳步推进绿化建设管理

持续新建绿化项目。完成新建绿地20.77万公顷，其中公共绿地10.01万公顷，单位和居住区专用绿地10.76万公顷。完成绿道8.2公里，新种行道树1024棵。大型绿化建设项目按计划推进。长风5A公共绿地基本完成，6A公共绿地完成地下部分前期准备工作。全力推进金昌绿地、金泸绿地等公共绿地建设。积极打造“街心皆用心”系列街心花园，2019年建成开放万泉绿地、万泉街心花园、礼泉园、礼尚园、雨水花园等八座街心花园；深化“转角遇见你”转角绿地新建调整工作，为居民闲暇生活提供更多去处。

精心开展绿化景观提升。成功创建真北支路（金鼎路—铁路）、梅川路（真北路—中江路）两条市级林荫道，普陀区范围内市级林荫道达25条。成功创建以“美人梅及束花茶花”为特色的金鼎路绿化特色道路，道路全长1.8公里。完成立体绿化面积约40115平方米，其中垂直绿化30670余平方米、屋顶绿化9445平方米。新建花墙1000米。此外，积极配合市、区重大工程，严格按照行政审批流程，共计动迁公共绿地26631平方米、行道树770棵。

不断创新公园特色管理。深入推进公园改造，持续推进桃浦河两侧公园绿地调整改造工程，完善真如公园绿化调整及设施改造，完成清涧公园藤蔓特色公园、长风公园杜鹃园改造工程。开展长风公园国庆游园会活动。精心布置五一和十一花坛花境，以优美的景观面貌迎接中华人民共和国成立70周年，全区24座公园共布置花坛21组2000多平方米，其中绿雕2组，布置花境10组3000多平方米，用花量25万株（盆）。长寿、清涧公园花境获2019年上半年全市公园园艺展示评比一等奖，长风公园花坛花境、甘泉公园花境获2019年下半年全市公园园艺展示一等奖。制定并实施“花开四季”普陀区公园花展，举办2019年真如公园蜡梅展、梅川永远梅花展、长风公园牡丹展和月季展及宜川公园菊花展。加大设施维护力度，加强日常维护，提升游园体验。落实河长制，结合生态技术推进水体综合治理，完成清涧公园景观湖水质污染的治理工作，提升水体环境。

四、精细管理市容环境面貌

着力推进“美丽街区”和景观道路建设。围绕景观绿化、道路铺装、店招店牌、立面整治等全元素推进景观道路建设，完成13条（段）景观道路建设工作。有序推进丹巴路、中江路、大渡河路、曹杨四路景观道路建设工作，真南路、金鼎路、丹巴路、中江路、大渡河路、曹杨四路等景观道路建设竣工收尾工作。做好2019年景观道路设计招标工作。按照美丽街区的任务要求，对标对表任务清单，协同推进内环沿线、中环沿线、长风生态商务区、月星环球港和华阴路的建设工作。

推进市容环境卫生责任区及“路长制”工作。开展《上海市市容环境卫生责任区管理办法》实施4周年系列活动。按照《普陀区“路长制”实施方案》要求，落实路长制工作。组织各街镇开展责任区门前清洁行动；联合各街镇在核心区域开展责任区管理宣传工作，累计开展主题宣传6次活动；创建10条（段）示范道路，其中芝川路自治共治管委会以第三名的成绩被评选为“全市十佳自律组织”；开展责任区责任人与管理人员培训会，共计培训9233人次；完善更新“一店一档”责任人信息档案7828条。

五、巩固环卫保洁工作成效

抓道路保洁质量。开展城市清洁行动，每月定期和进博会开幕前等特定节日时段，开展清死角、消盲区、大冲洗城市清洁行动，消除盲区、洼地、死角，全面提升道路保洁质量。推行废物箱分类收集和沿街商铺垃圾定时定点分类收集。按照生活垃圾分类收集、分类运输的工作要求，对废物箱垃圾收运车辆和定时定点收集车辆进行了改进和完善，确保满足分类收运要求。

抓垃圾清运管理。开展“抓管理、美车容、促分类”生活垃圾清运及垃圾箱房专项整治行动，针对车容车貌不整洁、清运车辆拖挂滴漏等问题进行集中整治，提升全区生活垃圾清运和垃圾箱房管理水平。积极调整物流运力，全力打赢了湿垃圾应急清运行动攻坚战。面对湿垃圾量剧增、社会收运公司运力有限、区内处置能力不足、市级末端距离较远等诸多不利因素，通过“居住区—街镇应急暂存点—区级应急点”三点一线管理，逐渐平稳全区湿垃圾清运状态。聚焦装修（大件）垃圾清运管理问题，开展了住宅小区建筑垃圾、大件垃圾专项清运整治行动，研究制定了《普陀区住宅小区建筑垃圾、大件垃圾清运管理办法》（试行），进一步健全考核和问责机制。

提升环卫作业精品区内涵。进一步提升环卫作业精品区的道路保洁、垃圾清运及环卫设施管理成效。加大道路机扫冲洗和巡回保洁力度，推行“夜间冲洗、白天保洁”模式。做实精品区内分类收运，尤其是针对压缩站、沿街商铺、道路废物箱等收运环节，确保分类运输作业规范，并加强车容车貌管理，防止跑冒滴漏，提升环卫整体管理水平。

强化道路扬尘管控。新增一机多能重型道路污染清除车、雾炮车等设备，重新调整人机结合组团式作业模式，对主要交通道路和保障点位周边道路开展深度保洁作业，取得良好成效。2019年以来，普陀区道路扬尘控制工作取得较大成效，平均浓度在市中心排名稳步提升。

六、从严管理自身队伍建设

全面贯彻落实习近平新时代中国特色社会主义思想。始终把政治建设摆在首位，抓紧抓实基层党建工作，坚持把学习习近平总书记考察上海重要讲话精神作为当前和今后一个时期的首要政治任务和头等大事，要求全体党员干部在学深悟透、融会贯通、真信笃行上下功夫，坚定信仰信念、强化使命担当、增强看齐意识，持续推动基层党组织全面进步、全面过硬。把端正思想作风、解决突出问题作为学习教育的着眼点、落脚点，坚定信仰信念，强化政治意识，树立清风正气，敢于担当作为。组织中心组学习12场、中层干部“两刻一小时”学习教育5场，落实好各党支部认真开展每月1次的理论集中学习交流和意识形态教育。

扎实开展“不忘初心、牢记使命”主题教育活动。深入学习贯彻习近平总书记在中央“不忘初心、牢记使命”主题教育工作重要精神，按照市委、区委要求，成立局主题教育工作领导小组，制订出台《区绿化市容局“不忘初心、牢记使命”主题教育实施方案》，建立主题教育日报制度，力求将主题教育工作各环节做实、做细，推动主题教育向纵深开展。自9月以来，通过专题研讨、交流座谈、视频学习、实地参观等形式开展主题教育活动14次。

持续夯实党风廉政建设。制订《关于进

一步开展廉政风险滚动排查机制建设的实施方案》，成立工作领导小组，召开廉政风险滚动排查工作会议，通过自己找、群众帮、领导提、集体定等方式，开展廉政风险点滚动排查。

七、不断提升服务民生能力

“大调研”回应民生期盼。聚焦绿化建设、环卫作业、市容环境管理，深入开展“大调研”。建立局内部调研诉求流转处理机制，形成闭环合力，截止目前，接收诉求派单 19 件，办结率 100%。积极调研走访社区居民、社会组织，将双结对工作与大调研工作紧密结合，每月排定“周四走基层”月工作安排，选送机关青年党员当一天居委干部，共计 56 人次。

各类诉求快速妥善处置。处理并办结第二轮中央生态环境保护督察信访交办件 53 件，主要涉及小区毁绿 25 件、垃圾清运 25 件、环卫设施 13 件。处理并办结市生态环境保护督察信访交办件 46 件，其中 4 件主办、42 件会办。共收到市、区两会意见、提案，“两代表一委员”建议共 35 件，其中政协委员提案 6 件、人大代表建议 7 件、“两代表一委员”联合办理事项 19 件、社情民意两件。共收到各类来信来访 63 件，全部处理完毕。受处理各方市民诉求、咨询件 2452 件，满意率 79.92%。圆满完成 2019 年“夏令热线”市民诉求处理和“政风行风”市局局长接听保障任务，及时解决市民急难愁问题，为民服务，为民请命，树立行业良好形象。

行业宣传阵地持续延伸。行业宣传阵地持续延伸。抓好传统外宣阵地，加强社会宣传，丰富活动形式和内容，向《新普陀报》供稿录用 17 篇，参加区新闻发布会 1 次，参加市绿化市容管理局新闻发布会两次。加强新媒体宣传，共计推送微信 284 篇，微博 35 条。其中微信 23 篇被上海普陀，12 篇被绿色上海，38 篇被多家知名网络、公众号、报刊等媒体转发。开展全局意识形态形势分析 1 次、在局内通报情况 1 次、开展教育两次，局内部发行《理论学习主题推荐》14 期，垃圾分类宣讲进社区 40 余场；市容环境收费管理所和绿化环境事务管理中心两家单位成功创建区级文明单位。9 位同志被评为区“生活垃圾分类时尚达人”。持续强化行业内宣，出版《普陀绿化市容要讯》12 期。

（八）杨浦区

杨浦区建设和管理委员会

区建管委紧紧围绕区政府 2019 年整体部署，不断推进基础设施补短板和城区品质提升，着力形成生态文明建设引领示范效应，推动各项工作有序开展。

以持续推动“双十工程”为契机，不断完善城市基础设施短板，以规划为引领，通过项目落地、科学养护、综合管理等多种手段，强化城市基础设施保障水平，着力实现城市有序更新。

以深化落实河长制湖长制为契机，加快推进杨浦区中小河道综合整治工作，河湖水环境质量得到进一步提升。不断强化水行业属地审批—监管—执法工作。加强隐患排查等措施，确保全区安全度汛。

以营商环境改革为契机，做好社会投资项目行政审批改革。以建设工程消防审核、BIM 技术应用、建筑节能探索创新、重大工程推进为抓手，实现了区域内建筑市场管理秩序规范有序，工程质量安全水平稳步受控，建筑业受理服务效能全面提升。

以坚决落实行业乱象治理为契机，积极落实扫黑除恶各项措施；以积极迎接 2019 中央环保第二轮督察、深入贯彻“不忘初心”主题教育活动为工作重点，主动回应群众期待，全面提升生态文明治理成效，打造有序、安全、干净、美观的高品质城市环境。

一、市政建设管理

（一）综合规划

根据杨浦区“十四五”规划研究和编制工作方案，完成《“十四五”期间杨浦区管建并举，促进城市基础设施发展，加强城市管理精细化的目标、思路和重点举措研究》。按市要求编制了区海绵城市建设三年行动计划和重点区域实施方案，完成本区海绵城市建设阶段性达标情况评估，启动2020年达标评估工作。完成杨浦区绿色生态城区建设规划初稿编制和绿色生态城区试点区域（滨江南段）申报。完成杨浦区中环沿线（邯郸路—翔殷路）增设非机动车道方案、五角场区域交通组织及交通管理优化、“三网融合”课题研究结题。

配合市级部门加强储备项目研究，包括轨交20号线杨浦段方案研究，提出优化意见并报书记办公会审议通过；配合市交通委深化隆昌路越江隧道的方案比选优化，项建书已上报市发改委。

（二）重大市政建设

2019年，持续推进以“基础设施抓双十”为代表的“路、桥、轨、隧、水、电”六个方面基础设施补短板，目前十大开工项目，进展有序。

1. 配合区滨江公司开展滨江技博会配套路网工程，该项目已取得扩初批复，正在申请总概算批复，并提前启动招投标准备工作，年内可施工。

2. 临青路（河间路—平凉路）交通改善工程已开工。已完成配电站土建及电力、信息、合杆管线敷设，正在进行非机动车道施工。

3. 双阳路（控江路—周家嘴路）交通改善工程已开工，已完成道路改造、配电站（位于杨浦公园内）及架空线入地方案设计，正进行架空线入地及道路修复概算编制工作，配电站建设已进场放样，并启动开工准备工作。

4. 沙岭路（顺平路—周家嘴路）新建工程即将开工，已完成工可批复。正在概算评审中，计划年内进场搭设施工围挡并启动施工准备工作。

5. 顺平路（隆昌路—沙岭路）新建工程即将开工，已完成工程初步设计及概算文本编制，正对工程概算进行评审，计划年内进场搭设施工围挡并启动施工准备工作。

6. 大武川雨水泵站截流调蓄工程已开工。正在进行桩基施工，计划于下月初完成桩基施工。

7. 仁德变电站已开工。已于8月28日开始桩基施工，并完成全部钻孔灌注桩375根，目前正在进行桩基相关检测试验及场地清障。

8. 市政供水管网改造工程已开工。目前，已完成荆州路（长阳路—汾州路）、榆林路（景星路—汾州路）、腾越路（杨树浦路—江边）、松花江路（安图路—军工路）、国权路（邯郸路—政熙路）、赤峰路（密云路—四平路）供水管网改造工程。正在实施江浦路（控江路—昆明路）、江浦路（抚顺路—本溪路）、龙江路（怀德路—龙江路388号）供水管网改造工程。

9. 市政污水管网完善工程年内实施长白、民星两个系统共5公里管网的建设。

10. 扶苏路（学德路）道路改建工程已启动招投标工作和规划方案报批工作，计划年内开工。

各竣工项目皆按节点有序推进，部分项目已提前完成。

1. 配合申通公司实施轨交10号线二期。全线盾构推进于2017年10月基本完成。站体施工方面，国帆路站本体及2号出入口已完成结构施工，正进行水电安装及车站装饰施工，装修安装工程完成75%。

2. 周家嘴路越江隧道工程已实现主线通车。工程全长约4.45公里。工程于2014年

7月启动建设，隧道盾构区段于2019年1月全面贯通，10月31日晚主线通车。

3. 区区对接小吉浦桥西1、西2、东1、东4桥梁结构、管线搬迁已完成，道路已翻交桩基施工已完成。目前已开始东2、东3桥桥台施工。

4. 淞沪路桥新建工程为配合市城投置地公司实施淞沪路桥新建工程。工程位于淞沪路、国帆路路口以北纬六河，是淞沪路北延伸段的重要节点。目前，淞沪路桥已基本建成。

5. 纬二河绿河新建工程已建成通水。实现新开河道长度约1100米，新增水面积约4公顷，进一步提升了新江湾城水系水体流动性，改善水质，并确保杨浦区水面率达到“十三五”期间预期目标。

6. 政云变电站基本建成，进一步保障了杨浦区北部区域用电需求。

7. 黄兴变电站基本建成，提高了杨浦区河间路以北用电保障等级。

8. 国通路（政学路—政立路）道路新建工程正在收尾。该工程进一步完善了创智天地区域路网，更好地服务于区校合作，成为复旦管理学院的重要配套道路。

9. 爱国路二期（长阳路—河间路）交通改善工程已竣工，更好地服务于152街坊开发，提升了周边土地的内在价值。

10. 新江湾城B区道路工程一期基本建成，成为周边市政设施体系的重要一环。

继续重点推进轨道交通、越江隧道、区区对接、骨干道路、变电站等一批重大项目续建，轨道交通18号线杨浦段8个站点站本体施工用地已全部交地，站点和沿线结建项目均在加快施工中。江浦路越江隧道、北横通道、军工路快速路新建工程按节点进度加快推进。杨树浦路综合改造工程、淞沪路—三门路下立交、滨江南端地下缆线型综合管廊等正积极协调各方，稳步推进。

（三）其他基础项目建设

2019年架空线入地和合杆整治工作计划实施12条路14.4公里，目前开展实施9条路9.3公里，年底完成7.2公里7条路，全面实现市级部门对杨浦考核目标。其中黄兴路和中山北二路于9月25日完成现场竣工验收，合计4.3公里；另殷行路2段、临青路2段、万福路计5条路2.9公里年内完成；其余项目年内开展实施。

翔殷路国和路西进口交通改善工程，黄兴路/国科路二次过街项目，波阳路（贵阳路—定海路）、海州路（宁武路—腾越路）积水改善区政府实事项目均已提前竣工。五角场环岛周边道路慢行交通项目国济路交通改善工程主体工程已完工。

大中修项目中2018年跨年度项目开鲁路（中原路—包头路）、市光路（中原路—包头路）、闸殷路（殷行路—国伟路）道路养护工程已全部完工。2019年大中修项目10个路段整治工程、松花江路（包头南路—军工路）等4个项目已启动建设。复兴岛综合整治项目将于年内开工建设。

（四）城区养护管理工作

重点围绕“双迎”及创全覆盖范围，加强道路、桥梁及附属设施巡查，发现病害及时处置，确保道路完好平整，附属设施完好整洁。

1. 道路设施养护管理

养护市场化累计修复车行道56787平方米、人行道51644平方米，桥梁养护473座次，护栏调换、新装3265米，路名牌调换14套；1—11月，受理掘路229件、占路92件、夜间施工484件、水务非行政许可类24件、行政许可类25件，共计854件。办结业务：掘路190件、占路76件、夜间施工454件、水务非行政许可类21件、行政许可类22件，共计763件。网约车驾驶员背景信息审核1647件。窗口累计办理业务3264件。根据市路政局要求对区内井盖进行专项整治，至今完成雨污水井整治173个；同时协调督促相关管线单位进行管线井盖整治工作。提升下立交管理养护效率，2019年下立交自动巡检机器人正式在四平路下立交投入使用。

2. 排水管道养护管理

共计疏通小型雨水、合流管道135594米，疏通中型雨水、合流管道510832米，疏通大型雨水、合流管道128576米，疏通特大型雨水、合流管道41822米。疏通小型污水管道50170.8米，疏通中型污水管道32022.2米，疏通大型污水管道8632米，疏通特大型污水管道5540米，疏通连管241831米，清捞各类窨井41376个次、清捞进水口78244个次；调换检查井盖座288个次，调换侧向进水口侧石463个次，共计运输的污泥量为4047立方米左右。

3. 河道泵闸养护管理

河道水域保洁15600平方米，河道陆域保洁6000平方米，河道经检1056公里、防汛通道经检1976公里、防汛墙定检376公里、防汛墙勾缝维修2973平方米，铁链条油漆8850米，花式护栏油漆8450米，仿木纹护栏粉刷4850米，河道绿地养护44700平方米，河道绿岛养护270座，生态浮床更新1956平方米，更换浸塑护栏1996米，铁链条更换1997米，曝氧机日常维护41台，清理河道垃圾近2100吨、河道水草300吨。加强中小泵闸养护管理，确保设备运行正常。

4. 堤防设施养护管理

加强堤防巡查力度，年度堤防巡查行程有效轨迹45516公里，通过堤防水务网格化平台上报问题130条，目前均已闭合处理。发放堤防设施整改通知书11份，泥面线测量共计107个断面，跟踪检查险工薄弱岸段768人次。共计清除野树37棵，潮闸井修复两座，闸门维修20扇，护坡修复490平方米，墙体裂缝、伸缩缝修复30条，墙身露筋、涂鸦修复143平方米，定期保养闸门22扇，墙身修复160平方米，修剪绿化5689平方米，除草18568平方米，割草坪15065平方米，公用岸线堤防保洁2公里。2019年完成防汛墙加固改造346.06米，消除薄弱岸段安全隐患。

（五）燃气整治和管理

杨浦区现有管道燃气用户近50万户、液化石油气用户近2万户，为确保用气安全、安全风险点整治工作落实，定期组织各街道（镇）召开整治工作推进会，梳理阶段性工作重点、工作难点，研究制定对策措施。重点整治居民小区的违法建筑占压、圈围燃气立管和小区改造维修等情况。会同区安监局等相关部门加强对液化石油气经营站点的检查。集中开展瓶装液化石油气专项整治工作，共摸排瓶装液化石油气居民用户8471户、联合检查工商用户1620户，执法出动858人次，查处违法对象123个，责令用户改正30户，警方拘留39人。加快推进燃气地上超龄管改造工作，已完成约1.3万户，全面完成年度计划指标。

二、交通管理

（一）综合交通管理

1、配合市优化公交线网，为配合复旦附属学校新江湾城校区启用，协调在国帆路新增3条线路过境站点；协调716公交、28路、139路运营管理事项；协调旧改期间松潘路沿线4条线路公交首末站过渡方案。

2、完成建设工程配建机动车停车场（库）设计审核13件、竣工验收5件，接收杨浦区交通管理中心（临时）公共停车场库备案62份。

3、按照市交委实事工作要求，确定15个出租车候客站点升级及新建方案并完成落实。推进区公交港湾车站改造计划。协调推进实事项目国宾路、国济路非机动车道改造，优化慢行环境。

（二）静态交通管理

1、停车共享利用项目已完成11个项目、404泊位共享，公共电桩建设项目已落实300根公共充电桩（联网），提前完成实事项目。

2、受理并办结了16家公共停车场（库）经营备案，其中临时停车场5家，新增泊位3732个，并有15家停车场库被评为AAA级，比往年增加了8家。道路停车场全部实行第三方电子支付，按规范管理。

3、做好非机动车停车管理。落实安佳公司人员安置事宜；继续督促互联网租赁自行车企业落实管理主体责任，与各街道协同治理辖区内共享单车。

三、水务工作

（一）完善河长制组织体系。推动杨浦区河湖长制从"建立"向"精细化、标准化"发展。一是全面开展河长制标准化街镇建设工作，推进江浦、平凉两个试点街道的创建、复核工作。二是夯实企事业河长责任体系，主动服务复旦大学、同济大学等高校，上海城投集团等企业，落实河道管理门责，督促企事业单位承担起地块范围内的河道管理主体责任，切实将高校、企业的河道管理纳入全市河湖养护平台。三是加强河道精细化管理，依托市河长办，落实杨浦区河道五查、三违一堵、清四乱、清网捕鱼、水生植物打捞等专项行动，全面提升河道环境。

（二）加快水环境治理。一是分流制区域雨污混接改造有序推进，市政、企事业单位、沿街商户雨污混接改造整治全面完成，配合房管局全力推进71个住宅小区雨污混接改造。二是推进河道水质在线监测站建设，并完成验收。2019年1—11月，杨浦区河道水质基本达到V类水以上。纬二河2019年完成消劣，小吉浦水体提前一年实现水质达标，杨浦区水环境整治取得进一步成效。针对新江湾城雨、污水混接的现象，组织实施了《新江湾城住宅小区雨污混接应急处置工程(一期》，有效控制了河道水质进一步恶化。

（三）防汛防台落实责任。2019年杨浦区全面实行机构改革相关工作，根据市防汛指挥部提出的"三个不变"工作要求，落实工作职责，编制河道和重点水务工程防御台风、高潮位、洪水技术支撑和水工程调度工作，抓好专业面的防汛工作；进一步加强汛期排水系统专项检查，会同区相关专业部门、专业单位开展全过程、全要素、全覆盖专项执法检查，确保汛期安全。2019年汛期防汛指挥部共发布防汛防台响应10次，其中发布防汛防台III级响应两次、IV级响应8次。区建管委与各养护运行单位通力合作，经受住了两次大潮汛、"利奇马""玲玲""米娜"台风、多次局部特大暴雨等带来的严峻考验，实现平安度汛。

四、建筑业管理

（一）继续推进行政审批改革：以迎接世行营商环境测评为契机，进一步优化杨浦建设领域的营商环境。一是成立了全市首家区社会投资项目审批审查中心。二是主动编制《杨浦区2019年对标世行营商改革施工许可指标任务清单分解表》，落实专人负责任务情况的报送和推进工作。三是编制了上海市优化营商环境施工许可指标政策文件汇编。四是主动跨前服务，加速项目的综合竣工验收。6个工作日为新江湾城F区F3地块办公楼项目发出综合竣工验收合格通知书。

（二）优化营商环境，积极推进"减材料""减时间"的"双减半"工作。按照市里要求，2019年启用新的上海市交通综合业务平台，占路、掘路及夜间施工并入该平台，均实施网上受理、审核、审批、出证。

（三）优化整合施工许可环节。在许可、验收、资质审核等多个环节不断突破。依托建设工程联审共享平台，将施工图审查、建设工程规划许可和施工许可整合为一个环节。对一般项目，实行"一表申请、一口受理、综合验收、限时办结"，将多部门并联验收的模式转变为一家部门牵头的综合验收，对社会投资小型项目，取消竣工验收备案，变为六方验收。全面落实资质审批改革各项工作，变事前审批为事中监管，对审查不通过且整改后仍不符合要求的企业资质依法予以撤销。

（四）全力实施建筑节能工作。推进分项计量及能耗监测平台的高效应用，目前已有98幢正常上传数据。加强绿色建筑专项验收，把绿色施工方案落实到施工过程中，加强绿色建筑运行管理。对符合装配式要求的项目从审批项目、源头控制的角度，在土地招拍挂、规划方案征询和设计文件审查三个阶段提出100%落实装配式建筑的要求。

（五）全力推进建设工程消防设计审核移交及承接工作。一是与区消防救援支队联合发布了《关于杨浦区建设工程消防设计审查验收职责移交的公告》，落实责任分工。二是在区消防救援支队派驻人员的日常指导下，熟练掌握消防设计审查阶段的工作流程。三是形成业务办理能力。按照区监督的建设工程消防设计审核职责，在专业人员指导下着手开展工程建设项目审核工作，建立定期召开工程建设项目设计审核与验收联审会制度，严格把关建设工程消防审查项目。截至目前，已出具《工程建设项目消防征询意见》10份。发放建设工程消防验收意见书5份、竣工验收消防备案证5份。

（六）积极探索BIM技术项目试点。持续发挥专家支持服务平台团队服务效能，为推进BIM技术工作进行论证评审、提供建议。持续扩大区域内试点项目范围，深化核心区域试点示范项目应用。

五、专项工作

（一）深入开展扫黑除恶专项斗争。加强组织领导，调整了专项斗争领导小组成员，深入贯彻中央扫黑除恶督导组督导要求，组织开展专题学习研讨，提高思想认识、政治站位，制定了督导整改方案和计划任务清单，推进五方面十项问题的整改，积极落实扫黑除恶各项措施，坚决落实行业乱象治理。加强涉黑涉恶乱象问题的排查，健全齐抓共管的长效工作机制，积极沟通市相关部门争取支持指导，联合市区各相关部门处理了区内东方国际水产、钱家浜相关码头、上海罗卜建材、学清建材有限公司等影响生态、违法违规的交办举报件。对本区利用旧改基地未经备案擅自收费的停车场进行了梳理和检查，出动检查人员30余人次。对查实无证经营的5个停车场负责人进行了约谈，进行告知，要求立即停止违规经营收费，并办理经营备案手续。加强工地宣贯，严查行业乱象。对全区各工地印发《扫黑除恶专项斗阵知识读本》130本，张贴海报800份，悬挂横幅265条，展出展板50块，在21块行车交通诱导屏上滚动显示扫黑除恶宣传口号，实现在建工地、公共停车场库宣传全覆盖。从严监督管理，查处行业乱象。坚持问题导向，将行业监管与专项整治相结合，全年共发现查处串标项目3个，涉案投标单位9家，涉案主要责任人9个，共发出处罚决定书18个，处罚金额64.17万元。

（二）结合主题教育排查交通工作方面和群众期待的差距，针对群众急难愁盼问题开展课题调研和问题整改，着力推进国帆路跨铁路人行通道开放，通过跨区域、跨行业、跨部门地持续协调，使湾谷科技园附近群众乘轨交从绕行3公里变为步行400米，切实改善铁路沿线居民群众和企业的出行条件；在杨浦滨江党建全覆盖的旗帜引领下，市区联手、区区对接、条块联动、政企合作，加快推进秦皇岛公交枢纽启用和配套道路的移交接管，不断完善滨江公交配套设施。

（三）积极迎接2019中央环保第二轮督察，做好督察期间水务行业自查自纠、落实生态环境各类信访、督察问题的立行立改。做好各项督查迎检工作。牵头区河长办成员单位、二级河长办迎接国家水利部、环保部河长制工作评估检查，取得第三方评估组好评。

六、安全生产

落实主体责任，增强责任意识。持续推进安全生产主体责任体系建设，进一步建立健全“党政同责、一岗双责”的工作体系。一是采取“四不二直”安全突击检查方式，开展“防风险、保平安、迎大庆、护进博”安全生产检查、安全月等多次专项检查，深入了解现场安全生产情况，督促工地现场进一步做好安全管理工作。二是提高安全管理力度，针对防汛防台期间台风及暴雨可能造成的影响，提前做好既有建筑玻璃幕墙自查通知。三是深刻吸取昭化路148号厂房坍塌事故教训，全面排查杨浦区限额以下小型建设工程以及未按规定申报相关手续的工程，继续组织全区12个街道（镇）以及相关行业管理部门召开小型建设工程安全生产培训会，进一步推进各街道的发现机制，及时发现，及时制止各类违规行为。三是根据市区两级对高空坠物重点排查整治工作的指示，与相关部门联合印发《杨浦区建筑物空中坠物安全隐患排查治理工作实施方案》，认真压实建筑物空中坠物各监管部门管理职责，加大安全监管力度。

七、城市管理工作

（一）城区安全

按照区委政法委要求，落实城区建设领域国家安全工作协调机制牵头单位责任，制定了协调机制工作制度，定期举行例会，认真梳理排查城区建设领域存在的国安风险，预判未来可能存在的各类风险，并提出相应的防范措施。为维护城区建设领域国家安全提供支持保障。在国庆、进博前夕，做好影响社会稳定矛盾问题集中排查化解工作，上报相关工作总结和清单列表。

（二）精细化管理

深入推进道路交通设施精细化管理三年行动计划，出台《关于加强本区架空线及道路附属设施管理的通知》，进一步明确无主架空线处置流程。结合架空线入地和合杆整治计划，同步推进箱体整治、井盖病害整治、道路附属设施管理工作。紧抓先行联系率100%，以及重复工单下降3%的目标，进行突破。开展专项问题研究。针对道路残障物清理类积案、路面设施养护、道路停车收费、夜间施工等居民投诉量大的共性问题开展专题研究。形成处置流程管理。针对路灯管理、掘路许可（水电燃气等单位无证施工）、建筑材料光污染漫反射、搅拌站扬尘管理监察、架空线坠落、窨井盖责任认定等处置边界模糊问题，通过专题调处会议加以协调明确，并将成功处置的案例，设计成为处置流程图表，为同类问题处置做案例参考。

（三）创全工作

根据2019年新一轮文明城区创建的责任分工，区建设管理委主要涉及的指标52项，其中牵头的任务18项。涉及区建管委的实地测评点位有主次干道、公共广场、商业街、建筑工地、邮政网点等共53个实地测评点位和背街小巷40条，网上申报材料34项。区建管委严格落实区委、区政府、区创全办相关要求，在推进基础设施双十建设等重点任务的同时，按照“创全走在前”，加强城市精细化管理，助力杨浦全国文明城区创建。

（四）信访维稳和热线处置工作

充分发挥街镇化解平台的作用，认真做好与居民的沟通宣讲工作，制订和完善矛盾化解工作方案。年内，辽海小区房屋受损、周家嘴路越江隧道和公租房建设引起沈家桥小区房屋受损，153地块建设引发爱国路81弄甲、乙、丙房屋受损，轨交12号线施工引发荣丰花园受损，轨交18号线施工引发上水公房等多处房屋受损等群体性矛盾得到有效稳控和化解推进。截至10月31日，区建管委及下属各个中心共处理各类信访件和市民热线派遣处置单18964件，其中，市民来信来电911件、来访80件、其他热线平台15278件、12345热线2695件。各类案件都能按照《信访条例》、“12345”热线案件处置等规定期限办结，重要交办信访事项全部按期办结，按时回复率为100%，按时办结率为100%。

杨浦区绿化和市容管理局

2019年，在区委、区政府的正确领导下，在市绿化市容局的指导下，区绿化市容局党委认真贯彻落实市、区全会精神，团结带领绿化市容系统广大干部职工，紧扣杨浦“三区一基地”建设目标，围绕城市管理精细化、进博会市容环境综合保障和新一轮全国文明城区创建等中心工作，以“三全四化”为着力点，始终坚持目标导向、问题导向，始终坚持对标一流、对标先进，全力抓推进、抓落实、抓突破，不断提升市容环境卫生状况公众满意度和绿化市容系统党建科学化水平，全面完成了年度确定的目标任务。

一、坚持服务民生，实事项目建设管理任务全面完成

一是新建绿道5.7公里，完成年度计划的114%，有效改善城区生态环境。二是新建改造环卫公共服务设施15座，完成年度计划的100%，坚持人性化服务理念，合理提升服务能级。

二、抓住“双迎”和文明创建契机，城市精细化管理稳步实施

（一）全力做好“双迎”期间市容环境综合保障。每月开展“清死角、消盲区、大冲洗”城市清洁行动，大力营造“人人参与、美化环境，干干净净迎国庆、迎进博”的氛围。聚焦重点保障区域，切实提升五角场、滨江、长阳创谷等重点区域市容环境综合管理水平。配合区滨江公司全面完成杨浦滨江二期景观照明提升工程，共涉及89栋楼宇，106个集控终端。高质量完成习近平总书记考察滨江公共空间等重大活动保障任务。

（二）扎实推进“美丽街区”三年行动。按照“美丽街区”三年行动计划任务安排和杨浦实际，确定2019年区级层面牵头的“美丽街区”建设范围。有序推进平凉路、控江路等4个“美丽街区”建设项目，做好2018年中环、内环和逸仙路高架杨浦段地面道路、五角场核心区等7个“美丽街区”建设项目的竣工验收，加快推进跨年度项目，完成黄兴路、大连路、四平路等重点道路沿线商业楼宇屋顶店招的整治；申报黄兴路（国权路—国定路西侧）、大连路（唐山路—控江路单侧）为店招店牌特色示范道路。加强对街道层面“美丽街区”建设项目的统筹协调和业务指导。

（三）城区绿化建设管理水平稳步提升。全年新建绿地10.49公顷，完成年度计划的103%。建成立体绿化3.01公顷，完成年度计划的100%。新建绿道5.7公里，完成年度计划的114%，城区生态环境进一步改善。完成佳木斯路、密云路两处街心花园改造，成功创建双阳北路、政澄路两条道路为市级林荫道。继续做好区属公园延长开放公开，配合新江湾城街道开展“全国园林街镇”创建，完成新江湾城道路绿化改造提升。社会绿化事业深入开展，组织开展2019年杨浦区全民义务植树活动，配合做好“绿化大篷车进商圈”活动，举办“园艺大讲堂”12场。

三、立足对标补短，市容环境更加整洁有序

（一）深化落实责任区管理制度。制定下发《关于深化推进市容环境卫生责任区管理工作的通知》（杨绿容局〔2019〕6号文），明确全区示范道路、自律组织建设、沿街商铺生活垃圾上门收集、门责管理培训、责任区信息系统管理、责任区管理主题宣传活动和清洁行动“七个一”工作任务。加强业务指导和行业监管，督促各街镇提高责任区管理实效，保障市容环境面貌常态长效。开展《上海市市容环境卫生责任区管理办法》实施四周年宣传活动，加强社会宣传动员，营造“我的门前我清洁，我的区域我负责”的舆论氛围。全面推进全部17条（段）责任区管理示范道路和20家自律组织创建工作，完

成各类人员培训34485人次；发挥示范引领作用，积极推荐优秀自律组织参与市级评选，五角场街道大学路自律组织获得2019年上海市十佳自律组织荣誉称号。

（二）持续推进市容环境专项整治。深入开展市容环境“微治理”，制订实施市容环境微治理工作方案，聚焦零星乱设摊、绿地乱抛物等开展专项微治理。进一步推进无序设摊疏导点管控，指导五角场街道、殷行街道进一步完善“一点一档、一点一策”工作；取缔完成长白街道安图路18个早餐点和军工路（控江路口）夜排档，销项完成嫩江路（白城路—中原路）、殷行路（闸殷路—军工路）中度污染点。依法从严整治跨门营业，结合生态环境综合治理、旧区改造、违章拆除等工作，加强源头治理，促进业态调整，强化常态管控。加强户外广告、店招店牌行业监管，重点聚焦对城市安全运行隐患较大、违法设置的电子显示屏等户外设施，在全区范围开展户外设施规范性整治，全部完成列入市督办清单的墙面广告6块以及自排自查的违规户外设施389块。

（三）多举措做好市容环境保障。一是做好重要节日和重大活动市容环境保障。全力做好元旦、春节、全国两会期间、第十二届中国艺术节等重大节日和重大活动的市容环境保障工作，展示杨浦良好形象。二是进一步加强市民服务热线、来信来访、两会办理受理处置。2019年以来，共受理处置绿化、市容、环卫问题17934件，受理率、处置率、办结率均为100%；受理处置各类来信来访86件，办结率100%；2019年区绿化市容局承办两会提案意见共43件，答复率、办结率均为100%。三是不断深化安全生产和防汛防台工作。深入组织开展安全自查，出动人员9600余人次，整改隐患800余处，落实防汛防台和安全值班2900余人次。

四、着力提质增效，环境卫生管理更加精细化

（一）全面推进生活垃圾分类提质增效。按照“四分类”要求，初步建立生活垃圾分类收集—运输—处置全程管理体系，积极推进“两网融合”再生资源回收体系建设，全面落实分类收运，规范作业车辆分类标志。深化社会宣传与动员，制定实施生活垃圾全程分类宣传动员“十个一”活动规则，成立区垃圾分类“百人”宣讲团、“百人”巡访团，开展分类分级培训649场，覆盖6.4万人次。广泛开展多层面、多形式、多主体的社会宣传动员，陆续开展“分类新时尚、公益千人行”“小手牵大手——垃圾分类校园行”等一系列主题宣传活动。湿垃圾分出量同比增长73%，干垃圾控制量同比减少28%，可回收物日均回收量同比翻两番，分类成效明显。

（二）建筑垃圾清运体系进一步完善。完成建筑垃圾运输单位新一轮招投标工作。重点针对运输车辆的规范装载、车容车貌、行驶路线等环节，加大对中标运输企业的日常管理，做到运输过程规范。协调解决杨浦区装修垃圾及分拣残渣外运处置卸点问题，确保有序外运。

（三）不断提升环卫管理水平。以“强管理、重实效”为工作理念，通过整合和调整作业模式，以突出重点、抓住要点、全面带动的工作方法，逐步落实常态长效机制，稳步有序推进道路保洁质量。在保障好主要道路和重点区域的同时，强化中小道路及背街小巷的作业保障，做到无死角、无盲区，切实提升城区卫生环境水平。加快环卫设施设备改造升级，完成配置第三卫生间31座，解决特殊群体或家庭出行人员如厕困难。抓好源头申报，加强餐厨垃圾和废弃油脂的收运处置管理。

（九）宝山区

宝山区建设和管理委员会

2019年是决胜全面建成小康社会、实施“十三五”规划的冲刺之年。一年来，在区委、区政府的坚强领导下，区建管委和区交通委广大干部职工紧紧围绕区委区政府工作重点，比担当、比作为、比奉献、守规矩，加快重大工程建设步伐，完善综合交通体系建设，提高行业系统管理能力，推动宝山城市建设交通管理水平持续健康向好发展。

■重大工程。2019年，宝山区市、区两级重大工程共有59项，其中市级28项、区级31项，总投资约735.26亿元。其中，市投资511.02亿元（主要为高速公路、轨交等市属项目）、区投资213.53亿元（含已核定的市补贴56.85亿元）。涵盖了交通、水务、基建、绿化、电力等市政民生领域。S7公路一期工程已于10月18日正式通车，二期全线完成动迁腾地工作，G1501越江段于12月28日正式通车，G1501A段（牡丹江路—江杨北路）沿线企业动迁基本完成。B段动迁腾地前期摸底已完成；江杨北路于8月28日全线建成通车；滨江大道拟置换地块控规调整已启动，全力推进大堤保护立项工作；泰和污水厂配套道路（铁城路—共富东路、泰联路、联谊路）管线招标已完成；轨交15号线和轨交18号线涉及6个站点腾地全部完成；国权北路殷高路以南段6月已通车、殷高路以北段进行西半幅上水、弱电排管施工，何家湾路开始道路施工；陆翔路—祁连山路北隧“宝山先锋号”矩形顶管机于10月28日顺利始发，南桥“帆船大桥”主塔12月25日完成吊装；潘广路已建成路段临时移交接管已完成；陆翔路南段（宝安公路—沙浦河）7月上旬建成通车；富长路联水路—石太路段于11月22日双向开放交通，杨南路—金石路段已全线贯通；南大地区骨干道路正在抓紧推进过程，祁连山路道路主体施工基本完成（轨交站点占地范围除外）、丰翔路已完成绿带河桥打桩，丰宝路至祁连山路雨水管施工以及丰收河改道、南大路已完成祁连山路以西段北侧600米段污水总管敷设及部分道路、南陈路—南秀路道路施工、监理招投标已完成；沪通铁路宝山范围动迁摸底已完成，两个工作井腾地已梳理完成；宝杨路（同济路—双庆路）于12月15日竣工。在区委、区政府的领导下，2019年宝山在全市重大工程考核中拔得头筹。

■道路规划储备。聚焦吴淞创新城板块规划，开展综合交通规划编制工作，铁山路（S20—长江西路）道路专项规划方案研究已完成公示，深入开展规划轨交19号线方案的研究，推进吴淞工业区的转型发展；优化滨江邮轮板块交通，完善滨江地区路网结构，完成宝杨路（宝杨支路—邮轮港）道路专项规划，优化G1503郊环越江隧道节点周边交通组织，持续推进吴淞口路（盘古路—漠河路）贯通，启动吴淞口路（密山路—宝杨路）拓宽改建研究。组织编制吴淞东块沪客隆周边“三纵三横”道路研究；持续推进殷高西路地区、军工路地区治堵工作，完成一二八纪念东路辟通工程和逸仙路高架增设长逸路下匝道的专项规划批复，优化军工路快速路工程周边交通路网结构，完成军工路快速路宝山段方案公示及批复，完成长江西路快速化专项规划批复，完成区区对接国帆路及人行通道的研究，启动国帆路人非天桥的前期研究，推进国江路工可方案研究。配合重大工程，不断完善宝山区路网体系。一是推进北沿江铁路、沪通铁路进展，线路段、新杨行站方案基本稳定，动车所方案继续深化研究；二是完成S7公路地面辅道方案研究和工可批复，确保S7一期全线建成通车；三是跟踪G1503A、B段工可及方案优化，做好富锦路地面道路东西贯通方案研究；四是协调推进吴淞江行洪工程（宝山段）跨河交通方案研究，重点就陈广路、罗宁路、潘泾路和宝安公路等跨河通道深入方案对接，完成专项规划批复；五是完成重点道路研究规划，完成宝钱公路（沪太路—潘泾路）改建工程的方案研究，完成联杨路道路红线调整专项规划批复。经过近年来重大工程建设和地区开发转型的不断推进，截至2019年底，宝山区总体路网密度达到3.31公里/平方公里，提前完成“十三五”制定的目标。

■道路管理与养护。截至2019年底，全区共有道路1189条，长1296公里〔其中，纳入宝山区道路路网密度（3.41）测算范围道路总长度914公里〕，道路面积2675万平方米，其中：市管道路11条，长125.7公里，道路面积449.4万平方米；区管道路330条，长498.2公里，道路面积1376.4万平方米；镇管道路346条，长289.2公里，道路面积514.8万平方米；村庄道路420条，长310公里，道路面积117万平方米；在建和未移交道路82条，长72.7公里，道路面积217.3万平方米（主要为房产配套道路、重大市政在建道路及其他）。全区桥梁512座，桥孔共3197孔。全年完成39条道路大中修，总里程58.03公里。全区“四类设施”设备量共有12.97万平方米标线、3444块标牌、58块可变车道显示屏。区管公路绿化103.7万平方米，行道树3.81万株。

■微循环道路推进。2019年结转和新增微循环项目共12个。截至目前，两个项目：永顺路和祁北路断头路打通工程已竣工；其他10个项目中，6个项目在施工中，4个项目办理前期审批手续中。

■交通管理。2019年调整优化了16条公交线路，公交线网密度达到1.68公里/平方公里；宝山区现有公交线路148条，全年累计新增3条公交线。运营公交车辆1893辆。公交站点1430个，较2018年新增26个。2019年新增公交候车亭60个，总数达678个。共有宝山公共自行车1.5万辆、网点611个。共享单车数量约2.2万辆。

■交通行业管理。2019年宝山区共有汽车维修企业275家、机动车综合性能检测站5个、区域出租车（沪C）670辆、铁路道口4个。道路货物运输企业3036户，累计增加28户，其中危险货物运输企业44户。在册道路货运车辆5.25万辆，累计新增1910辆，其中注册危险货物运输车辆2351辆，累计新增248辆。全区驾校26户。

■静态交通。2019年累计新增公共停车场泊位3568个，备案公共停车场泊位达4.17万个。新增11条道路停车场泊位460个，82条道路停车场泊位总数达4222个。其中，协调完成景观广场、昊元生活广场等12个项目580个共享停车泊位；完成17个社会公共停车场建设，提供公共停车泊位2554个；建成淞宝地区停车诱导系统一期工程，完成二期工程立项；建成宝山区停车共享信息平台。

■内河港航。根据《宝山区内河码头整治工作方案》和《蕰藻浜沿线码头专项整治工作方案》，2019年全年累计关停原持证码头15户，从年初的67户到目前的52户。其中易扬尘码头数从2019年初的25户减少至目前的22户。全区航道数9条，总里程73.22公里。辖区注册船员95人，在籍船舶116艘，危险品船舶备案25艘。

■非法客运整治。为了治理交通顽疾，加强非法客运整治，维护客运市场秩序，2019年查扣非法客运四轮机动车899辆，超额完成全年400辆的任务目标，查扣数据创近几年新高；交通行政处罚结案1892件；牵头10个市级非法客运重点整治区域所在街镇、派出所召开协调会，制订“一点一方案”，积极落实物防技防措施。积极开展克隆车整治专项行动以及“七进”主题宣传活动，开展非法客运主题宣传13次，发放各类宣传品15300件。

■建设管理。截至2019年底，全区工地总数568个，建筑面积1233万平方米，工程总造价约614亿元，在建工地总数309个，其中基坑工地61个。全年项目信息报送453个，核发施工许可证290张，在册建筑企业985家，核发企业资质255家。全年累计完成竣工验收备案180个，新发放建筑施工企业安全生产许可证332家。开具行政措施单865份，其中整改指令单688份、局部暂缓施工指令单137份、停工指令单31份，行政处罚告知书全年累计2份，约谈通知书全年累计7份。2019年7月完成上海骏豪混凝土搅拌站关闭搬迁，目前全区共有15个混凝土搅拌站。制定了《宝山区工程建设领域保障农民工工资联动处置机制实施办法》（宝薪联办〔2019〕1号），进一步完善了宝山区农民工欠薪网格化处置机制，2019年宝山区保障农民工工资支付工作考核成绩优秀，被评为A级。

■招投标管理。建成开评标违规行为"曝光台"，试点投标保证金仅接受银行保函形式，营造一流的公平、公正和法治化营商环境；积极落实沪建建管〔2019〕385号文"沪十二条"相关措施，从严规范招投标市场秩序，遏制违法行为发生；按计划开展施工公开招标项目的评标评估，通过后评估形式规范开评标各方主体行为，加强招投标事后监管；主动宣贯政策文件，为招标代理企业提供多种形式的综合咨询服务；宝山区建筑管理所被评为上海市招投标先进集体。

■安全工作。2019年共出动执法人员14779人次、车船4824辆艘次，组织安全检查3909次，检查2771户单位，其中领导参加检查561次。检查车船3284辆艘/次，超限车辆19辆次，危险品船舶191艘次；共查出各类隐患2741条，整改隐患2741条，发出法律文书867份，查处各类交通行政违法违章案件1020件，查扣非法客运车辆657辆；各类行政罚款721.85万元。查处建设工程项目项目经理违法违规行为为29起，扣分61分；监理单位项目总监11起，扣分23分；船员扣分198分；累计查获液化气钢瓶793个，查处违法违规经营使用燃气窝点79处，立案两起，公安部门行政拘留24人。

■扬尘污染防治工作。成立区建管委（交通委）扬尘防治领导小组和蓝天保卫战工作领导小组，按照"管发展必须管环保、管生产必须管环保"这一工作要求，强化组织领导，层层夯实环保责任。积极推进扬尘监测系统安装，持续强化制度加科技的监管。宝山区147个符合安装要求的在建工地、21个易扬尘码头和15个搅拌站均正常上线运行扬尘在线监测设备。2019年全年，宝山区建设工地、搅拌站和内河码头3个行业的扬尘监测数据月均值皆低于全市同行业的平均值，排名位列全市正向前茅。2019年中央环保督查期间，宝山区没有接到一张建设工地现场问题转办单，顺利通过了督查工作。以宝山区加强城市管理精细化工作三年行动计划为总纲，制订了"绣美宝山"的建设工程文明施工、内河港口、搅拌站扬尘防治等专项工作方案，以"最美工地""标杆混凝土搅拌站"等创建标准为基础，提标、细化和固化建设工地、码头和搅拌站扬尘防治行业监管标准，督促引导相关企业的扬尘防治管理水平再上一个台阶。以日常巡查、专项检查、飞行检查等多种方式，使宝山区各建设工地、内河码头和混凝土搅拌站始终处于高压监管态势下，确保各行业扬尘污染情况得到有效控制。2019年共对建设工地环保扬尘的行政处罚立案7起，已结案3起，处罚金额16.3万元。

■装配式建筑和BIM技术发展工作。以土地供应环节为抓手，严格落实出让地块的装配式建筑、绿色建筑和BIM技术应用要求，加强建筑施工许可、日常监督和竣工验收等环节监管。通过购买第三方专业服务，开展宝山区BIM技术的应用推广工作，完成本区建设工程BIM技术应用调研，成功举办2019

宝山区建筑产业化升级转型论坛和绿色建筑高质量发展暨建筑指数论坛。积极上门服务，结合第三方专业咨询服务等方式，给予企业提供技术上的支持和支撑，帮助宝山区装配式建筑项目做出亮点、特点，攻克重点、难点环节。目前，宝山区共有上港军工路项目等6个项目被评为上海市装配式建筑示范项目，1个项目被认定为住建部科技示范项目。

■推进行政审批改革。加快推进社会投资项目审批改革，社会投资项目施工许可和竣工验收平均审批时间分别为14.1天和8.4天，助力中国营商环境“办理建筑许可”指标大幅提升，从2018年的121名跃升至2019年第33名，大幅提升88位。组建区建设事务受理中心，负责建设和交通系统全部审批工作，全面实现“三集中、三到位”工作目标，真正构建起“一套班子管、一支笔签发、限时办结”的运作模式。牵头成立宝山区工程建设项目“单一窗口”，围绕工程建设项目全流程涉及的审批和服务事项，统一收件、统一出件，形成审批流程闭环，让企业和群众真正获得便利高效服务。2019年全年共受理各类审批事项34395件，办结34142件（其中超26000件当场办结），完成网上预审314件，完成网上咨询669件，共受理容缺21件，收到锦旗10面。

■燃气管理方面。截至2019年底，宝山区共有燃气经营企业18家、燃气用户81万户、中高压燃气管道长度775公里、燃气场站24个，其中液化气供应站全年累计关闭3座。全年完成燃气内管改造2.14万户，较年初2万户计划超额7%。换出腐烂锈蚀内管596根，其中已穿孔94根，超额并提前完成全年目标。开展燃气入户安检32.95万户，严重隐患督促整改9234户。查处非法液化气钢瓶965个。企业液化气工商用户安装燃气泄漏报警器2898台。

■热线信访提案。全年累计受理区“12345”热线工单数件725件，区热线工单满意率56.71%，实际解决率59.17%，同比分别提升2.86%和6.86%。受理市“12345”热线工单6185件，全区城建托底工单32件。全年办结来信来访322件，妥善处理农民工工资信访投诉551起，信访人数2329人，涉及农民工工资4849万元。全年共承办人大代表建议和政协提案73件，其中主办52件、会办21件。全部在规定时间内办结，按期办结率100%，代表委员对办理态度满意率为100%，办理结果解决（正在解决）率为84.6%，代表委员对办理结果满意率为94.3%。

宝山区绿化和市容管理局

2019年以来，宝山区绿化市容局在区委、区政府的坚强领导下，坚决贯彻落实区委、区政府决策部署，紧紧围绕“垃圾分类就是新时尚”，结合创全工作、中央环保督察、“双迎”工作、“美丽街区”建设、扫黑除恶专项斗争、“五个一百”绿色生态建设等重点，“四个全力”积极完成了各项工作任务。

（一）提高站位，全力以赴打赢垃圾分类攻坚战

习近平总书记指出，垃圾分类就是新时尚，是事关群众生活环境改善、绿色可持续发展的一件大事。2019年4月1日动员大会以来，全区上下积极踊跃、千方百计地推进这项工作，形成了凝心聚力、齐抓共管的良好氛围。强化了硬件+软件、人工+智能、科技+传统、自创+取经“四个结合”，深化垃圾分类新时尚“七个一”体系宣传，形成了垃圾分类“宝山经验”。顺利承办了国家住建部全国城市生活垃圾分类首届专题培训班及参观活动，年内两次全市测评排名宝山区成绩优秀，大场镇、吴淞街道、友谊路街道入选全市垃圾分类示范街镇。

1. 各项指标提前完成。截至目前，累计申报创建达标居住区811个，绿色账户开卡

68.58户，建成两网融合回收点911个、分拣中转站13个、集散场1个。干垃圾日均清运量1520.2吨，可回收物量日均291.94吨，湿垃圾分类量日均868.9吨，其中居民区湿垃圾分类量585.47吨（含菜场）、餐厨垃圾分类量日均高于272.2吨。已完成改造垃圾箱房2490间，已配置干垃圾运输车258辆、湿垃圾运输车98辆。

2. 工作体系已经形成。健全了“两级政府、三级管理、四级落实”的责任体系，各街镇园区也都相应建立了联席会议制度；区分减联办已建立了定期会议、宣传培训、统计月报、监督检查、考核考评、简报通报等制度；创新组建“1+1+1”分片联络推进工作模式，14个分片联络小组下沉并开展指导协调工作；建立了信息快速共享平台，“宝山分类时尚”微信群及时推送进展情况；加大了监督力度，7个小组实施开展实地检查，及时反馈问题。

3. 宣传培训全面铺开。邀请专家授课培训，充分发挥区级、镇级宣讲员、讲师团的作用，全区已开展培训3514场，培训50.9万人次。在全区开展创建示范街镇园区的规定流程解读，多层面地进行了《条例》专题考试。印制了《条例》学习读本、海报、告知书、入户宣传折页共100余万份，持续开展、深化“七个一”体系宣传，增强市民群众的热情度，调动市民参与的积极性，使垃圾分类成为市民群众的自觉行为。

（二）提升品质，全力推进绿化市容各项建设

1. 推进末端处置设施建设。宝山再生能源利用中心，该项目包含湿垃圾处置中心和焚烧厂建设，目前正在积极推进。江杨北路装修垃圾资源化处置设施已基本建成，试运行中。

2. 推进“美丽街区”建设。同济路和牡丹江路两个市级美丽街区、50个区级美丽街区，预计年底全部完工，宝山区“美丽街区”奖补政策已经执行。

3. 推进景观灯光建设。实施黄浦江（宝山段）景观灯光工程（一期），建设任务为光之山门1处，吴淞口灯塔，公园水岸线约3.3公里，国际邮轮港引桥、廊桥和3栋航站楼。截至11月初，完成设施安装和画面调试，正常亮灯。

4. 推进绿色生态建设。全面完成新建各类绿地77.07公顷的市级考核指标（其中公共绿地33.02公顷、居住区及单位附属绿地44.05公顷）；完成立体绿化30170平方米，花柱6根、花墙1000米；完成绿道13.47公里。建成区绿化覆盖率达39%（经市重新划定建成区范围后的指标）。人均公园绿地面积达12.1平方米。林业方面，全面完成2019年（“十三五”期间目标）市级重点生态廊道330亩、其他生态廊道112亩、一般公益林414亩，森林覆盖率达到15.44%。正在全力推进“十三五”“五个一百”建设计划，在参加的第十三届中国菊花展览会上，宝山区的景点《午后》获得了上海展区室外景点特等奖。

5. 推进重大项目建设。完成区政府实事项目庙行公园改建和西北街区花园建设，泰和污水厂配套公共绿地一期完成初步设计审批，美兰湖中央公园已确定方案，完成了上海淞沪抗战纪念公园三期改造、场中路停偿地块绿化的建设。快速路景观路提升（同济路）正进行施工，计划2020年二季度竣工。30公顷绿地改造整治项目正有条不紊地按计划办理前期手续，力争2020年二季度进场施工。已完成蕰川公路西侧水产西路南侧、获泾河东侧A20外环南侧等11个水体整治工程。

（三）对标一流，全力提升绿化市容精细化管理

1. 加强建筑垃圾处置管理。加强对三个建筑垃圾资源化处置中心的日常监管，已处置“五违整治”建筑垃圾45万吨。加强对7

个装修垃圾中转分拣场所的日常监管，加强与各街镇（园区）沟通协调，督促落实属地责任，开展辖区内固废堆点排查整治工作。整治固废堆点137处，整治量120万吨，完成全年的整治目标，加强工程渣土运输处置管理。

2. 加强市容环境整治。市绿化市容局下达宝山区户外设施整治任务，其中大型电子显示屏计划量26块，已经拆除20块；楼顶招牌计划量222块，已经拆除175块，预计年底全部完成。135处零星设摊整治基本完成，21处违规亭棚整治完成16处，68处“微治理”整治任务全部完成。

3. 加强责任区落实。抓好“双迎”市容保障，市“双迎”平台转来督办问题，宝山区涉及重要通道两侧外立面改造5处，涉及第三方巡查市容环境问题约150件，9月底全部整改完成。推进市容环境责任区管理“七个一”重点工作。举办《责任区管理办法》实施四周年宣贯活动，开展劳动竞赛责任区评比。教育培训责任单位、管理人员1万人次，完善“一点一档”信息档案5281家。对74条（段）中小道路6600余家门责单位实施垃圾上门收集。

4. 加强“四清”作业力度。全区市政道路清扫冲洗率达86%，机扫率达95%。突出“夜间作业、白天保洁”模式，每月开展“清死角、消盲区、大冲洗”城市清洁专项行动，完善“一路一档”，实施“一路一策”，将作业流程根据道路属性、车辆行人流量、气候变化等因素差别化配置，提高道路保洁质量。以“最美公厕”创建活动为突破口，坚持以点带面，不断加强公厕管理，提升公厕建设和管养服务水平，改善公厕环境，更好满足市民和游客需求。

5. 加强绿化养护管理。完成了《宝山区公园绿地“四化”规划纲要（2019—2035年）》和《宝山区绿化市容局“四化”三年行动计划（2019—2021年）》的编制工作，修订完成《行道树分类分级养护管理方案》。公园管理开展日常巡查与月度考核，坚持以整改单形式督促整改，以经济手段落实整改结果。完成“一园一案”“一路以案”“一道一案”“一树一案”设施量调查、梳理、统计工作。进一步摸清行道树养护工作标准和目标，努力推进行道树分类分级管理工作。新增市级公园5座，新增夜公园开放7座，新增花坛花境5个。水产路成功创建成为市级林荫道，潘泾路正在创建特色道路。做好林业有害生物监测防治工作及森林植物检疫工作，继续加强舞毒蛾、美国白蛾和木毒蛾的监测及防治工作，推进野生动物疫源疫病监测、野生动物保护和湿地管理。

6. 加强社会绿化管理。以“绿色人生、绿色守望；绿色家园，同创共建”为主题，开展全民义务植树和绿化宣传活动，以“园艺进家庭、绿化美生活”为主题，开展“市民绿化节”系列活动，针对老旧小区突出的树木违规修剪问题，邀请市局专家举办了指导讲座，受益人数达千人。结合“六进”服务开展绿化指导工作。完成对全区286家原“上海市绿化合格单位”进行摸底，为2020年创建“上海市花园单位”做准备，美兰金苑养老院于2019年9月成功创建成为“全国绿化模范单位”，坚持社会绿地巡查管理。

（十）闵行区

闵行区建设和管理委员会

2019年，区建管委紧紧围绕区委、区政府重点工作部署，坚持深化改革，服务大局，着力优化建设领域营商环境，持续强化工程安全质量监管，引导促进行业转型升级，不断提升城市综合管理效能，扎实推进闵行区建设和管理工作取得新成效。

2019年，本区区级监管房建工程总计991个，较2018年增加19%，总建筑面积1988.7万平方米；截至12月，在建工程608个，建筑面积1666.1万平方米；街镇监管限额以下小型建设工程1057个，建筑面积147.2万平方米。

办结建设工程项目信息报送515个，与2018年同期相比增加20%；施工许可证365个；竣工验收备案199个；完成初步设计文件审批47个；抗震审查38个；施工图审图备案70个；完成工程消防设计审核及备案19个；消防竣工备案73个；消防竣工验收11个。

完成建设工程招投标323个标段，其中勘察招投标4个、设计招投标29个、施工招投标187个、监理招投标55个、设计勘察一体化20个、含施工的一体化项目28个。累计中标价137.2亿元。

企业资质新申请244家，办结资质450项；增项企业69家，办结资质105项；完成施工企业安全生产许可审批355项。

一、重点工作情况

（一）恪守底线，强化建设工程安全管控

1. 开展安全隐患专项整治“百日行动”。汲取长宁区昭化路“5·16”坍塌重大事故教训，对全区所有房建工程进行“全覆盖、全要素、全过程”安全隐患排查整治。排查范围囊括新建、改扩建、修缮、拆房、装饰装修、外立面整治、未申领施工许可七大类在建工程，整治内容涵盖建设程序、市场行为、现场管理等各个方面。“百日行动”共排查区级监管房屋在建工程累计651个（次），发现各类隐患1522项，开具执法类文书245份。

2. 落实重要节点安全保障。根据市、区“双迎”期间保障工作部署，牵头相关职能部门对进博会安保圈内的10个在建工地开展全覆盖综合巡查，对发现的各类隐患责令整改并强化“回头看”，确保安全生产和文明施工各项管控措施落实到位。在抵御台风“利奇马”“米娜”期间，发布台风防御工作的紧急通知，累计检查工地43个，撤离工地264个，撤离作业人员30117名，全区工地未发生由台风引起的人员伤害事故。

3. 提升在建工地信息化管理水平。一是全面深化“智慧工地”建设，实行工地重点区域远程视频监控。目前闵行区符合安装条件的工地共计192个，“智慧工地”系统覆盖率100%。二是推进工程移动监督试点工作，执法人员全部配备专用移动终端设备和执法记录仪，在线完成工地定位、执法记录上传，实现监督全过程记录。三是推进工地人脸识别系统，开展项目经理、总监等施工现场关键岗位人员在线“刷脸”考勤，目前已覆盖117个符合条件的在建工地，覆盖率59%。

4. 全面增强行政执法力度。一是严肃开展事故稽查。针对发生安全生产责任事故的工地，约谈责任企业，认定违法违规行为，按行政处罚上限予以处罚。同时责令责任企业在区域内的关联工地停工检查，整改安全隐患问题，通过安全生产条件复查后方可复工。二是开展“双随机，一公开”抽巡查，对工地日常监管形成有力补充，同时对基层单位行政执法情况进行考核评价。全年共抽巡查项目85个，开具整改通知书71份、局部暂缓施工指令书13份、停工指令单5份。三是加大对违法违规行为的处罚力度。2019年，区建管委共实施立案处罚121起，较2018年同期增加23.4%；处罚金额729.3万元，较2018年同期增加141.4%。

（二）综合施策，抓好建设工程质量管理

1. 推进市属大居外墙外保温维修。根据市相关文件精神和区政府工作部署，区建管委以“确保安全，一劳永逸”为原则，牵头推进闵行区市属大局外墙外保温维修工作。一是完善组织架构。成立维修工作领导小组，制订维修工作实施方案，建立工作例会制度。二是加强条块联动。与浦江镇通力配合、明确分工，切实做好工程监管和群众工作。三是狠抓工程监管。编制了维修工程质量安全监管要点，以每周一次的监督频率对工程进行综合巡查，及时消除质量安全问题隐患。

目前维修工作进展顺利，闵行区存在外墙外保温质量问题的21个小区已全部完成质量检测。首批实施维修的4个小区已于年内完工，13个小区将于2020年春节后全面开工。尚未取得施工许可证的4个小区正在抓紧制订维修方案。

2. 推进质量管理标准化建设。梳理完善建材监管制度，随机抽选40个在建工地，开展建材专项抽检，对检测不合格情况实施行政处罚，做好整改闭环。深入开展混凝土质量专项治理，对全区10个混凝土搅拌站进行季度全覆盖检查。持续推进住宅项目分户验收第三方复核制度，全面防治质量通病，分户验收合格率和相符率均达90%以上。通过强化巡检，确保工程质量平稳可控。

3. 建立健全建筑质量保险体系。根据市相关文件精神，推行住宅工程质量潜在缺陷保险制度。目前已在全区保障性住宅项目先行实施，将投保住宅工程质量潜在缺陷保险列入土地出让条件，由保险公司聘请的风险管理机构对工程设计、施工、竣工和运营全过程进行风险咨询和评估。保险期限从项目竣工备案2年后开始计算，其中：地基基础和主体结构工程保险期限为10年，保温和防水工程保险期限为5年，装修、水电、设备安装、供热供冷等工程保险期限为2年。通过引入保险机制，提升闵行区住宅工程整体质量水平。

（三）深化改革，不断优化建设领域营商环境

1. 推进工程建设项目审改2.0版落地。制定出台《闵行区社会投资小型工业项目减免相关费用和取消施工图设计文件审查实施办法》，符合条件的小型工业项目减免审图、勘察、监理三项费用。全面实行建设工程综合竣工验收，积极发挥牵头统筹职能，定期通报综合竣工验收情况，优化完善工作机制，落实小型工程六方验收。做好世行测评迎检工作，发挥牵头统筹作用，积极培育项目案例样本。

截至目前，闵行区建设工程“施工许可”“竣工验收”两大环节办结项目数均居全市第二。办结施工许可平均办理时限3.4个工作日，较全市平均水平（12个工作日）缩减71%；综合竣工验收平均办理时限4.8个工作日，较全市平均水平（7.2个工作日）缩减30%。世行测评期间，闵行区案例样本14个种类齐全，样本数量位居全市前三。

2. 设立区社会投资项目审批审查中心。根据市、区统一部署，牵头13个部门及3个公用服务企业，成立由分管副区长任主任的区社会投资项目审批审查中心。完善中心窗口设置，归并用地规划许可、工程建设许可、施工许可、竣工验收4个审批环节，整合给水、排水、供电、燃气等市政公用接入服务事项，建立1+4+1综合窗口，即：1个综合咨询服务窗口、4个综合业务窗口、1个市政公用接入服务窗口。目前，审批审查中心已基本实现实体化运作、“无纸化”审批。

3. 加大审批事中事后监管力度。一是深化标后监管机制，抽取不同工程类型、不同施工阶段的30个项目，重点核查工程合同签订及履约情况、企业资质及人员资格情况、现场管理人员配备及履职情况、工程款收支及材料采购管控情况等，做到一案一册，跟踪管理。二是开展区管施工企业资质动态核查。共核查83家企业，合计151项资质，对整改期满后仍不合格的13家企业，限制参与招投标和新增资质申请。三是开展施工企业安全生产证批后监管。通过网上比对、现场核实等方式，实施批后监管329项，整改事项20件。

4. 做好消防设计审查和验收职能承接。根据全市统一部署，区建管委自6月20日起开始承接建设工程消防设计审查、消防验收、备案和抽查职责。一是集中强化培训。与消防管理部门共同建立帮带体系，制订高强度、满负荷、严考核的培训带教计划，采取理论教学与现场项目实际操作相结合的方式，加快人员业务能力提升。二是实现流程再造。将消防设计审查和验收工作纳入建设工程设计文件审查和综合竣工验收流程。针对相关行政许可和管理事项尚未纳入“一网通办”平台的实际情况，规范线下流程，严格按照建设工程三级审批体系履职，确保责任可溯，过程留痕。三是明确权责分工。将虹桥商务区、虹桥机场内的工程项目，纳入消防设计审查和验收工作范围，实现区域全覆盖，不留交接死角。

（四）多措并举，推动建设行业转型发展

1. 深化行业新技术应用。持续推进装配式建筑发展，2019年，闵行区符合条件的58个新建项目全部实施装配式建造，建筑面积396.7万平方米。除市住建委批准项目外，其余项目均满足建筑单体预制率不低于40%或单体装配率不低于60%的要求。推进建筑BIM技术应用，对全区66个BIM技术应用项目开展检查指导，组织多次行业BIM技术宣贯。

2. 推进海绵城市规划建设。联合相关部门，牵头编制完成闵行区海绵城市建设规划（2018—2035）总体规划，选定九星地区为市级海绵城市试点区域。编制完成九星海绵城市建设地区规划，明确地区年径流总量控制率75%、年径流污染控制率52%的分类指标。编制《闵行区海绵城市建设三年实施计划》（2019—2021年），联合相关职能部门、建设单位梳理闵行区的海绵试点项目，建立近三年海绵项目实施库，并报市住建委审核。

3. 促进行业绿色发展。选定九星地区为闵行区绿色生态城区创建区域，牵头实施绿色生态指标体系构建和绿色生态城区规划编制工作。目前已完成现场调研、实地环境检测、项目现状评估和生态诊断，预计于年内完成规划编制。

（五）协调治理，全面提升城市精细化管理水平

1. 推进架空线入地工程。根据闵行区架空线入地调整计划，2019年推进5条道路架空线入地，道路长度8.85公里。目前，华翔路（苏州河区界—北翟路）、七莘路（G50地面道路—沪星路）、朱建路（青浦区界—联友路），总计3.2公里道路架空线入地工程已开工，预计年内竣工；七莘路（北翟路—天山西路），0.7公里道路架空线入地工程立项已完成，正在实施管线搬迁，预计年内开工；吴宝路（沪青平公路—唐家浜桥），0.65公里道路架空线入地工程项建书已报批，预计年内开工；虹莘路（漕宝路—顾戴路）、朱建路（联友路—规划开兴路），共计4.3公里道路架空线入地将与道路改扩建工程同步实施。

2. 开展地下管线普查。2019年度地下管线普查工作已全部完成，并通过专家验收，共推进100公里道路1125公里管线普查，涉及吴泾镇、颛桥镇、梅陇镇等区域。截至目前，闵行区道路长度约1254公里，已有948公里道路完成地下管线普查，覆盖率约76.1%。

3. 推进城市综合管廊建设。九星综合管廊选线规划设计方案已获批，规划长度2.5公里，北侧星北路（780米）设置电力舱、综合舱，西侧智联路（1720米）设置综合舱。目前项建书已编制完成，将于近期签署入廊协议，计划于2020年第三季度开工，2021年正式竣工；浦业路综合管廊经多方征求意见，计划以四舱成“田”字形两层布设管廊，管廊规划与浦业路道路规划同步编制，计划于2020年内开工。

4. 强化燃气安全管控。一是进一步推进

液化气统一配送。目前闵行区共有液化气供应站点15个，已推行全配送站点7个，全年配送液化气52593瓶，配送覆盖面进一步扩大。二是落实燃气安全隐患治理。汲取无锡“10·13”燃气爆炸事故教训，会同相关职能部门开展燃气灶具和餐饮用户燃气安全整治，目前已排查餐饮用户265家；共计完成8000户居民住宅燃气表前高龄管道更新改造，预计年内完成9006户总体目标；对全区范围内337根桥管（波纹管）进行排查，28根超限波纹管已全部完成更换。三是严厉打击“黑气”。加强与公安部门、各街镇（工业区）的协调联动，全年共收缴“黑气”钢瓶984个，取缔“黑气”窝点1个。四是强化智能预警系统应用。对召稼楼、七宝古镇餐饮用户燃气报警系统实施改造升级，建立联网智能报警监控平台，试点安装用户44户。

5. 抓好地下空间管理。建立地下空间分级管理机制，根据业态情况将全区5276处地下空间分为四级，牵头各职能部门开展季度巡检及重要时间节点联合检查。截至目前，共开展地下空间专项检查496次，出动3648人次，检查覆盖地下空间2600余个，发现问题隐患1090处，已完成整改947处。

（六）聚焦重点，强化民生社会问题治理

1. 推进虹桥机场航空噪声治理。一是完善降噪治理工作机制。根据市联合工作组总体部署，及时请示区政府，将降噪治理工程实施主体调整为区协调组办公室，明确工程实施路径，建立健全工作流程制度。二是深入调研摸底。会同相关街镇召开30余场座谈会，入户走访400余户居民，听取降噪治理工作意见建议。针对群众反映相对集中的隔声窗式样和材质问题，及时调整2019年项目隔声窗方案，获得居民好评。三是有序推进降噪治理工程建设。2019年计划推进13个小区207幢房屋6171户居民降噪治理工程，目前工程招投标已完成，项目已于10月底开工，预计2020年三季度竣工。

2. 维护农民工合法权益。一是全面落实农民工专用账户制度和农民工工资总包代发制度，开展农民工工资支付情况全覆盖检查，对14个隐患工地实施专项督查，开具执法文书6份。二是组织召开春节前农民工欠薪预警专题会议，针对存在欠薪隐患的工地进行现状分析，对可能发生集访、群访的6个项目实施重点预警。三是及时落实工资清欠查处，开展夏季根治欠薪行动，共处理农民工工资清欠纠纷9起，涉及人数35人，涉及金额59.15万元，解决率100%。

二、面临的主要问题

（一）优化营商环境政策承接方面

本市工程建设项目审批制度改革步伐大，节奏快，文件政策超前，各职能部门对于审改政策认识不一、步调不同，统筹协调难度较大，部分改革举措没有真正落到实处，企业感受度不高；取消部分审批事项或实行告知承诺制后，客观上加大了事中事后监管的难度，须进一步加强监管机制研究，守住质量安全底线。

（二）建筑市场秩序方面

围标串标、规避招标、转包挂靠等行业乱象仍不同程度存在，特别是“不以中标为目的”的围标串标现象相对突出，严重扰乱了建筑市场正常交易秩序；建筑市场诚信体系尚未完全建立，“一处违法，处处受限”的联合惩戒机制尚未完全形成，对于市场主体行为的约束力度较弱；街镇（工业区）属地化管理的小型工程管理机制相对滞后，与现行国家政策衔接存在问题，亟待完善规则制度。

（三）安全质量监管方面

工程现场监管人员不足、标准化水平不高的问题相对突出，须进一步提升监管队伍综合素质；“智慧工地”系统虽已基本实现全覆盖，但由于工地现场情况复杂，实际发挥作用有限，须在实施安全预警，实现智慧监管方面取得突破；住宅工程质量投诉呈现逐年上升态势，对于参建单位主体责任的监督仍存在短板，须进一步探究根治住宅工程质量通病的有效方法。

（四）行业创新驱动方面

闵行区建筑行业新技术、新工艺、新材料的应用均按市有关要求稳步推进。但对标国内先进地区和国际先进标准，行业转型升级步伐仍相对迟缓，政策引导和宣传推广力度有待加强；从业人员对于装配式建筑规范标准认识不足、工艺把控不严，须制定统一的监管细则，探索有效的监管手段消除安全质量隐患。

（五）城市综合管理方面

架空线治理情况复杂、涉及权属单位众多，入地工程推进难度较大。须进一步提升统筹协调能力，理顺部门职责，形成推进合力，加快项目建设；燃气安全隐患不容忽视，“黑气”尚未完全根除。须加强与燃气企业、各街镇（工业区）协作联动，加快液化气统一配送步伐，改善农村地区液化气用户用气环境。

闵行区绿化和市容管理局

2019 年区绿化市容局深入贯彻党的十九大精神，全面落实习近平总书记在上海考察时的重要指示精神，按照“统筹布点、突出重点、显现亮点、攻克难点”的总体工作要求，年度各项工作任务均按计划、时间节点有序推进。

一、2019 年工作成绩

（一）攻坚克难，大力推进绿化生态建设

一是建设各类绿地 100 公顷。其中，公园绿地 50 公顷，截至目前完成 78 公顷；公共绿地 22 公顷，目前已完成 10.8 公顷。大居绿地 10 公顷，已完成 8.8 公顷；由社会单位实施的 28 公顷公共绿地 (马桥体育公园、万源公园等) 正在有序推进中。到年底，人均公园绿地面积将达到 10.4 平方米。二是落实林业建设计划 1200 亩。生态廊道建设计划 1008 亩，因动迁腾地影响工程进度，目前已完成 4 条廊道的方案编制，其中黄浦江生态廊道与沪昆高速生态廊道已报送市局评审，剩余廊道方案正在征询相关部门意见，待意见征询完成后即可报送市局评审。一般公益林建设 200 亩，目前已落实浦江镇 150 亩造林任务，剩余 50 亩因涉及马桥镇 B 类基本农田，暂未落实造林地块。三是完成绿廊贯通、绿道建设及口袋公园改造。淀浦河、新泾港片区 42.4 公里滨河绿廊建设涉及古美街道、莘庄镇、梅陇镇、虹桥镇、七宝镇、莘庄工业区 6 个镇（街道、工业区）以及 6 个直管项目，共计 12 个项目，目前正在紧张施工中，预计年底前完成。30 公里绿道建设已完成发改委立项批复，现处于招投标阶段，并同步进行方案优化。外环绿道完成一期项目建设，待竣工验收后全面对外开放；外环绿道闵行区段二期项目设计方案和工可进入报审程序，力争年内达到开工条件。25 个街心花园改造，涉及莘庄、梅陇、浦江、古美等街镇及区直管绿地，共计 10.58 万平方米，目前已完成发改委立项批复，现处于招投标前期准备阶段。四是立体绿化建设。结合“双迎”工作，在莘庄、梅陇镇、吴泾镇等区域以景观绿墙、花墙、桥柱绿化和立体花坛为主，在沪闵路、莘松路、七莘路、新镇路沿线，布置花箱和景点，提升道路的景观面貌。五是按计划完成外环生态相关项目建设。完成文化公园四期建设，实现文化公园整体开放；完成蔡兵美术馆装修项目，7 月 27 日已正式开馆使用；完成区廉政教育基地装修项目，10 月 21 日正式投入使用；完成博物馆配套绿化项目收尾建设并交付使用；完成外环 100 米黑臭水体改造项目等前期手续，并进入施工招标阶段；落实外环梅陇段带征 9 个规划绿地项目农转用审批、配套建筑市级审批和初步设计报审工作，配合梅陇镇加快基地动迁和土地征收等手续。六是完成七莘路（顾戴路—沪青平公路）绿化景观改造。项目改造面积约为4.5万平方米，实施内容包括增加特色树种和开花灌木、地被更新、景观小品、广场铺装、坐凳等，目前工程已结束，处于施工建设养护期。

（二）示范创建，全力推进垃圾综合治理

一是垃圾分类宣传氛围基本形成。继3月13日全区千人推进大会之后，5月19日又组织开展了《条例》宣传月启动仪式，通过电视、广播、门户网站、微信公众号等多种形式，全领域、全方位、全流程持续宣传贯彻《条例》。各成员单位齐心协力开展各类宣传活动，区、街镇两级分别成立专业讲师团，采取集中培训、送教上门、视频教学相结合的方式，组织《条例》宣讲。目前已累计开展集中培训1425场次，培训30万人次。发放普法资料、宣传手册等130万册，张贴宣传海报、横幅等累计6万张（条）。二是垃圾分类实效显现。全区1079个居住小区、2900家企事业单位实现生活垃圾分类全覆盖。累计完成村居垃圾箱房及集中投放点位改造1612个；新增“两网融合”服务网点887个；规范配置干垃圾专用车辆323辆、湿垃圾专用车辆142辆、有害垃圾专用车辆14辆、可回收物专用车辆19辆，均超额完成市考核指标。各镇、街道、莘庄工业区以辖区为单位统一规范了村居物业驳运机具。从市第三方实效测评情况看，闵行区排名从4月的第九名，到6月的第七名，提升到目前的第三名，分类实效稳步提升。干垃圾量从年初2200吨/日，降到9月1450吨/日；湿垃圾量逐月提升，9月达到1240吨/日（厨余垃圾842.5吨/日，餐厨垃圾402吨/日）；可回收物回收量日均达到758吨，生活垃圾资源化利用率达58%以上。吴泾镇等五个街镇成功创建为全市第一批垃圾分类示范街镇。三是加强生活垃圾动态管理。加强对各类垃圾中转站、压缩站和闵吴生活垃圾转运码头等收集转运场所垃圾品质监管，每月开展一次质量检查。指导闵吴码头运行单位开展业务培训，加强各街镇（莘庄工业区）进入闵吴码头垃圾种类的监管。加强餐厨垃圾的规范收运管理，杜绝餐厨垃圾混入生活垃圾收运，提升餐厨垃圾的源头收集率。加强街镇湿垃圾临时中转设施管理，完成梅陇镇、颛桥镇、浦锦街道3个街镇湿垃圾中转站改造提升；其余街镇完成三级废水沉淀池建设，废水集中抽运至固废一期、梅陇镇、颛桥镇、浦锦街道废水处置设施进行处理。下发了《关于进一步规范两网融合回收中转站的通知》，在设施设备配置规范、标志规范、中转站日常管理规范等方面强化要求。协调市绿化市容管理部门，解决了各街镇有害垃圾处置问题。四是严格建筑垃圾管控。提升镇级建筑垃圾中转点规范管理。指导街镇管理部门根据环保督察的要求，安装固定式车辆冲洗设备、扬尘监测设备、视频监控设备等装置。完成了全区工程渣土（拆房垃圾）运输单位公开招标工作，共计招标25家企业，目前761辆从业车辆在编在册，全部实现规范化管理。与区建管委建立工地首次会议制度，牵头交警支队、交通委运管所开展全区工程渣土运输企业安全大检查工作。开展扫黑除恶专项斗争工作。加强日常监管，对建筑垃圾产生工地、中转分拣点、卸点（码头）作业情况进行全覆盖检查，及时发现问题及时整改。

（三）保障“双迎”，全面落实精细化管理

一是提升道路保洁质量。每月开展清死角、消盲区、大冲洗城市清洁行动和“365·回头看”中小道路综合治理，1—9月共开展大冲洗行动10次，出动保洁人员11839人次，小型保洁设备1608辆次，大型机械化设备1188辆次，清理卫生死角600处，清除死角盲区垃圾266吨。实行销项式管理，完善“一路一档”信息，开展道路保洁质量综合考评，全面提升全区道路机扫冲洗率，全区道路机扫冲洗率达到92%以上。二是推进户外广告、招牌治理。针对户外招牌“千街一面”问题，研究下发了《关于进一步解决和防止户外招牌“千街一面”推进闵行区户外招牌建设规范管理的紧急通知》等管理文件，对招牌整路段规划、建设、日常管理提出详细要求，在梅陇镇上中西路、莘庄莘谭路、七宝老街、古美街道十尚坊区域开展特色店招建设，达到示范引领效果。区层面完成户外招牌信息数据库建设，对全区范围3000块户外招牌进行了安全检测，指导部分街镇在重点区域开展了区域店招规划编制工作。开展违法户外广告、招牌整治。截至10月中旬，市下达违法广告整治任务46处，已完成45处；违法店招整治任务126处，已完成91处。在全区范围内锁定592处屋顶、大型侧招、LED走字屏开展专项整治。三是夯实市容环境卫生责任区管理基础。继续以责任区管理工作为抓手，推进门责示范道路建设，创建自律组织，按照城市容貌的规范和标准，进一步提升道路沿线市容环境质量。目前全区完善责任区门责档案15804份，培训责任人14930人，培训管理人员2116人，新创建责任区自律组织27个，梅陇镇古美西路路管会被评为2019年度上海市十佳自律组织。在全区105条路段提升垃圾上门收集工作，在100条路段开展了每月一次的门责大扫除工作。按照市级标准创建了20条责任区示范路段，指导虹桥镇、古美街道、莘庄镇、新虹街道完成了示范街镇复审工作。四是持续推进动态市容环境问题治理。组织社会第三方在全区范围开展动态环境问题大检查，截至10月初，共巡查进博会道路56条、背街小巷329条，创全重点点位涉及的主次干道、商业街、交通路口、景点景区共计514条段（区域）共发现各类市容环境动态问题9159处，整改率接近90%。

（四）合理布局，不断推进环卫设施建设

一是完善区域环卫设施建设布局。按照湿垃圾处置设施“一主多点”建设思路，加紧推进中部、南部和东部地区湿垃圾处置设施建设布局，以满足1000吨/日湿垃圾处置需求。二是规范街镇垃圾临时处置设施管理。落实好环保督查要求，采取建设一批、提升一批、关停一批的方法，分步组织实施对街镇（工业区）13个建筑垃圾临时分拣点和14个湿垃圾临时处置设施关停并转和改造提升。三是推进重点环卫设施建设。作为市属重大工程的华漕餐厨废弃物资源化利用二期工程于6月底建成并带料试运行。闵北环卫基地按照计划进度推进建设。马桥再生资源化利用项目已获得市政府支持，下一步抓紧办理相关手续，完善、优化方案，尽快启动建设。华漕建筑垃圾资源化利用项目正在加紧完善整体环境提升方案，待相关部门确认。

（五）亮化美化，提升宜居宜业环境面貌

一是进一步亮化宜居闵行。按照“整体规划、分区发展、逐步辐射、突出亮点”的发展战略，明确了“两带两轴多节点”的全区景观灯光规划布局，全面推进七莘路北段、崧泽高架闵行段、G50闵行段北侧景观灯光建设项目，打造了G50闵行段“魅力夜上海，光影都市群”、崧泽高架“光行云霄”主题景观灯光特色。目前上述景观灯光项目均已完工并投入使用。二是进一步美化市容环境。以宜居闵行、品质生活为目标，指导完成40个路口节点绿化美化。确定虹桥商务区“聚”和“白玉兰”大型景观雕塑实施方案及梅陇南方商城区域、七宝中春路沿线城市雕塑和景观灯光布局，所有项目在9月底前实施完成。三是进一步优化宜业闵行。落实区委、区政府进一步优化营商环境的总体部署，做好绿化市容行业的金牌“店小二”。通过数据共享、业务协同，实现一网受理、协同办理、综合管理为一体。目前，区绿化市容局36个行政许可事项完成了办理时限减少一半、提交材料减少一半的清单。确认了5个零材料提交事项，其中两个行政许可事项（餐厨垃圾申报事项、废弃油脂申报事项）已实现当场办结。努力做到了从“群众跑腿”到“数据跑路”的转变，从“专科医生”到“全科医生”的转变。

二、2020年工作思路

2020年是“十三五”规划的收官之年，是提升绿化市容精细化管理的发力之年，也是“创全”冲刺之年。区绿化市容局将按照区委、区政府工作部署要求，按照“最高标准”“最高水平”开创各项工作新局面。

（一）固化模式，将垃圾分类工作推向深入

一是不断固化源头管理制度。在全区选择100个条件合适、品类不一、代表性强的居住小区，进行垃圾分类示范精品社区创建，夯实垃圾分类工作基础，形成规范、标准、创新、示范、可复制性强的分类管理流程和模式，形成标杆效应，促进分类长效，为全市的垃圾分类和城市精细化管理做出表率。二是不断完善分类处置流程。居住小区力争做到四定：定投放时间，定投放点位，定驳运路线，定垃圾交付收运点，存桶点和清洗点。单位进一步完善“不分类，不收运；不分类，不处置”操作细则，加大对物业企业及环卫清运企业考核监督力度，建立双向评议、监督和举报制度，促使其严格履行法定义务。三是不断增强分类处理能力。马桥项目力争一季度开工建设，浦江湿垃圾处置基地和华漕项目力争三季度完成所有前期工作。结合青春三角绿地建设推进，力争年内开工建设莘庄湿垃圾项目。进一步推进低附加值可回收物回收利用工作，健全完善可回收物“点、站、场”收运处系统，提高可回收物回收利用处理能力。2019年底前完成区两网融合集散场建设，出台相关回收物补贴标准制度，进一步完善本区生活源有害垃圾的收运处体系，实现有害垃圾应收尽收，无害化处置目标。

（二）担当作为，竭力推进生态廊道建设

根据市下达计划，2020年还需建设市级重点生态廊道768亩。区绿化市容局将加强与市级相关部门沟通，按照即将出台的生态退出补偿机制，督促相关街镇加大动迁腾地力度，同时，力争将先期由村自建林纳入廊道建设任务指标。继续做好2018年生态廊道、公益林建设项目市级验收收尾工作和2019年生态廊道、公益林建设项目立项建设工作。

（三）生态优先，持续提升绿量和品质

一是加快推进重点项目建设。推进古美公园、梅陇带征绿地、许浦公园、青春三角地等公园绿地项目建设。加快剑川路绿地、科创公园、马桥体育公园二期、前湾公园等绿地立项和土地划转，尽快启动建设。二是提升绿化景观品质。重点推进科创公园建设，缓解闵行南部绿量不足和品质不高的矛盾。继续打造小型精品绿地，通过完善绿地景观和服务功能，为居民营造春有色秋有花、四季有景观的口袋公园。目前，闵行区已建成46座街心花园，2020年将继续梳理现有条件优越的绿化节点空间，以生态节能化、节约化为原则，为周边居民量身定做，打造景观美、功能优的生态氧吧。三是完善便民服务功能。积极探索生态绿道建设形式，结合区“十三五”城市绿道整体规划，以贯通、串联、闭环的方式，整合完善已建绿道布局体系，拾遗补漏，把绿地之间联通、滨河两岸贯通，作为生态链的“毛细血管”进行拓展，丰富城市“绿肺”的扩张畅通功能。2020年拟建30公里环社区绿道，对社区周边已建绿道进行补充串联和闭环，完善绿道环状体系，为居民打造家门口的线状生态绿肺，营造舒适悠闲的绿色健康空间。四是推进道路景观特色创建。为加强道路绿化管理，提升道路绿化养管水平，使道路绿化建设和养护更加规范化、精细化，综合展示本区道路绿化创建的特色景观面貌，以改善居民生活环境质量，依据上海市生态环境“绿化、彩化、珍贵化、效益化”四化工作要求和《上海市绿化特色道路创建办法》，2020年拟建14条绿化特色道路，打造各街镇道路绿化示范点。

（四）精细管理，提升行业服务能级

一是加大农村公厕管理力度。农村地区公厕管理按照三类公厕标准，严格执行《公共厕所保洁质量和服务要求》，建立“卫生干部+保洁员+村民参与”的村级日常管理队伍，健全并落实区对街镇、街镇对村、村对管理人员逐级督查、考核制度，每周定期督查，及时通报工作进展情况，实行月报机制，落实长效管理。二是强化道路保洁。按照《闵行区城市精细化管理作业标准》，不断优化和创新保洁作业模式，采取“一路一策”“销项式管理”等方式解决中小道路管理短板，提升全区道路保洁整体水平。三是加强背街小巷治理。针对“搭乱建、乱占道、乱堆物”等城市管理顽症，强化区、镇、社会第三方督查机制，每半月通报巡查情况，发现问题及时通报及时处置。

（五）打造精品，点亮美丽和谐生活环境

逐步推进照明规划落地，以精品建设为目标，全面推进城区灯光增亮工程。从区、街镇、社会单位三方面入手，全面提升区景观灯光水平。2020年拟实施莘松路—沪闵路（广通路—西环路）夜景灯光提升、外环绿地等夜景灯光提升、闵行区博物馆的景观灯光提升等项目，在区域上注重在区区接合部打造景观灯光亮化节点，在设计上更注重将景观灯光与区域文化特点和自然环境相融合。街镇层面，结合景观灯光规划，14个街镇从各自区域的重要景观灯光节点中选取一处，由街镇实施建设；社会层面，由社会单位自行开展改造提升，由绿容局提供技术支持和行业指导，由社会单位出资改造，拟在莘庄龙之梦办公楼、浦江镇万科商圈等区域实施。

（十一）金山区

金山区建设和管理委员会

2019年是新中国成立70周年，是决胜全面建成小康社会、顺利完成“十三五”规划目标任务的关键之年，是机构改革全面落地的开局之年。区建管委在区委、区政府的正确领导下，深入贯彻习近平新时代中国特色社会主义思想、习近平考察上海系列重要讲话精神，按照十一届市委七次全会、五届区委九次全会的部署要求，坚持稳中求进工作总基调，注重统筹协调、谋篇布局、明责实抓、激浊扬清，团结带领全委广大党员干部群众攻坚克难、奋勇前进，圆满完成全年目标任务，为落实“两区一堡”战略定位、加快打造“三区”“五地”、全面建设“三个金山”作出了贡献。

一、坚持补短板、促提升，城乡面貌持续改善

（一）城市管理精细化水平不断提升

制度体系建设不断深化。印发了《金山区加强城市管理精细化工作三年行动计划（2018—2020年）的指导意见》，明确了“美丽街区”创建的56项具体工作标准、“美丽家园”创建的55项具体工作标准和“美丽乡村”创建的51项具体工作标准。制订了《金山区城市管理精细化暨“三个美丽”考核评价工作方案》，明确了至2020年完成“三个美丽”创建达标90%的目标、街镇（工业区）“三个美丽”创建基数及“以奖代补”具体实施办法等内容。

“三个美丽”年度创建目标顺利完成。

2019年金山区城市管理精细化目标任务为“三个美丽”创建达标率不低于60%。“美丽街区”以199条路段、共计211.6公里为创建基数，创建完成126.96公里，创建达标率为60%；“美丽家园”以238个小区为创建基数，创建完成182个小区，创建达标率为76%；“美丽乡村”以124个行政村为创建基数，创建完成95个行政村，创建达标率为76%。

各项建设工作加快推进。“美丽街区”方面，金山工业区、漕泾镇、张堰镇3个示范点已经区级初步验收，整改问题已销项并提请市级验收，其余8个“美丽街区”示范点正对照创建标准，围绕路面和城市家具等公共设施、建筑物外立面屋面和围墙，以及沿街绿化、招牌广告照明等全要素开展整治和建设。“美丽家园”方面，2018年结转的11个创建项目已基本全部完工，2019年创建项目已完成方案设计，处于招投标阶段。“美丽乡村”方面，完成了2018年启动的8个镇25个行政村的村庄改造及区级评审工作，又启动了8个镇24个行政村的村庄改造任务。

（二）生态环境综合治理成效显著

拆违任务超额完成。2019年市拆违办要求金山区拆除库内重点经营性存量违建60万平方米，金山区目标是完成62.13万平方米的拆违任务量。全年全区实际拆除重点类型存量违法建筑总面积64.1万平方米，完成区年度目标任务比率103.17%。无违建创建扎实推进。依据市拆违办工作要求，2019年全市无违建先进居村、先进街镇创建率要达到90%。全区227个居村，先后7批累计区级验收通过227个，通过率达100%；金山区13个创建单元中，共11个创建单位（山阳、张堰、亭林、漕泾为第一批，朱泾、吕巷、金山卫、石化街道为第二批，枫泾、廊下、金山工业区为第三批）获得市政府命名无违建先进街镇称号，全区街镇创建率为84.62%。

（三）架空线整治和多杆合一有序推进

杭州湾大道南段（金山大道—沪杭公路）多杆合一、架空线入地及道路整治项目已基本完工并实现全线亮灯，有效提升了杭州湾大道整体景观风貌。卫清西路道路改扩建工程涉及的多杆合一项目顺利开工并于2020年2月完工。

（四）建筑工地和搅拌站污染防治全面加强

无证搅拌站专项整治有力推进。联合各相关执法部门以及属地政府对辖区内20家无证混凝土搅拌站开展专项整治，开具责令改正通知书6份和约谈通知书21份，搅拌设备已全部拆除完毕，土地逐步复垦，加强后续监管，防止回潮。文明施工监管力度不断加强。对全区在建工地开展全覆盖检查4次，开具文明施工整改指令单18份、局部暂缓施工指令单5份。对全区11家搅拌站开展了两次全覆盖检查、一次双随机联合检查，开具10张整改指令单。扬尘在线监控效果持续显现。全区共有11家混凝土搅拌站和90个建筑工地点位安装扬尘在线监测设备并实现数据联网。建筑工地和混凝土搅拌站全年扬尘平均浓度分别为0.085毫克/立方米和0.086毫克/立方米，处于全市较高水平。

（五）建筑节能绿色发展水平不断提升

从建设项目前期准备阶段至竣工验收阶段全过程加强绿色建筑和建筑节能情况监管。对已完成土地出让征询的30幅地块的项目要求落实装配式建筑要求，总建筑面积195.9万平方米。对9个项目提出落实绿色建筑二星级要求，总建筑面积114.1万平方米。对19个项目提出落实BIM技术应用要求、6个项目落实住宅质量缺陷保险要求。

二、坚持提能级、促发展，城乡建设推进有力

（一）重大工程实事项目建设进展顺利

2019年区重大工程实事项目共安排47项。其中，实事项目12项，要求当年度全部

完工；重大工程35项，有20项要求年内新开、7项要求年内完成。在建市重大工程共11项，除保障房建设（含租赁房）和金虹航油管道项目外，其余9项同为区重大工程。金山区承担建设任务（含前期动搬迁）的有7项，金山区仅负责前期动（搬）迁腾地的有4项。截至12月31日，各项工作完成情况如下：

项目进度方面：12项实事项目已全部竣工。35项重大工程，计划新开的20项中19项已开工建设（开工率95%），其余1项处于前期阶段；计划完工的7项重大工程中，除金廊公路新建工程和亭林大居外配套道路新建工程两个项目外，其余5项均已完工，完工率为71.4%。

动迁方面：计划当年完成动迁的104户中，已完成73户，约占年度总量的70.2%；计划当年完成搬迁签约的3411户中，已完成2714户，约占年度总量的79.6%。

投资方面：47项重大工程和实事项目累计完成实际投资111.8亿元，约占计划投资的52.9%，较2018年同期低17.1个百分点。其中35项重大工程累计完成实际投资106.7亿元，约占计划投资的52.2%，较2018年同期低17.8个百分点；12项实事项目累计完成实际投资5.1亿元，约占计划投资的75%，较2018年同期低10个百分点。

（二）农民相对集中居住稳步推进

2019年是金山区农民相对集中居住工作全面启动的第一年，市级下达金山区的工作目标为完成1800户签约任务，区级签约目标为2181户。在此基础上，同步推进政策研究、方案编制、项目建设等多项工作。

年度签约任务按时完成。全年各镇（工业区）累计共完成签约1887户，顺利完成市级1800户签约目标。

区级政策体系全面建立。按照市级政策导向，同步启动了区级“1+7”配套政策研究工作。深入开展调研走访，广泛征询相关部门、农户意见建议，报区府办合法性审查后，经区政府专题会议和区委会常委会议审议通过，区级农民相对集中居住“1+7”配套政策文件于年底正式出台。

方案编制工作有序推进。村庄设计方案方面，2019年新增计划的13个平移集中点涉及的12个村庄设计方案均完成编制，其中6个村庄设计方案完成市级风貌评估。项目实施方案方面，2019年共完成3个项目实施方案（生态廊道上楼项目的简版实施方案、高压线上楼实施方案和漕泾镇水库村一期平移实施方案）。其中，生态廊道简版实施方案已获市住建委批复，市财政已拨付2.1亿元至区财政局；另外两个实施方案已基本获得市住建委同意，修改完善后将再次上报。

集中安置点建设加快实施。上楼安置点方面，近期到2022年，金山区共涉及18个上楼安置点。其中，5个点为存量房源安置，7个点正施工建设中，1个点已进入土地出让阶段，5个点尚未启动。平移集中点方面，近期到2022年，金山区共规划31个平移集中点。其中：3个点为现状安置点，已具备建设条件；1个点已完成建设；13个点年内已完成村庄设计方案编制，计划2020年加快建设；还有14个规划新增平移点尚未启动。

（三）道路照明设施建设管理水平不断提升

设施新建工作有序推进。完成2018年竣工的12个新建路段路灯建设项目的验收及移交接管工作，推进实施6个路段照明设施安装工程，年底已实现亮灯。制度建设不断加强。积极编写起草《金山区道路照明工程建设和移交接管暂行规定》《金山区区管道路照明设施运行养护考核办法》，着力提升区内照明设施建设管理制度化、规范化水平。信息化管理步伐不断加快。完成金山区照明一体化管理平台建设，已正式投入使用，全区近400台控制箱已纳入平台管理，可实现实时操作监控。老旧路灯改造稳步实施。全力实施并基本完成老旧路灯技改项目，对约1000盏老旧路灯更换新型LED节能灯具，在保证照明亮度达标的情形下，大幅减少电费支出。

（四）农村低收入户危旧房改造工作稳步推进

区级政策进一步完善。对标市级政策，会同区农村低收入户危旧房改造联合工作小组成员单位调整修订了《关于金山区农村低收入户危旧房改造工作的实施意见》。补助资金发放落实到位。对2018年完成改造的64户农村低收入户发放补助资金共计435.7812万元。年度改造任务全面完成。80户农村低收入户危旧房改造项目于年底前全部完成。

（五）各项建设规划和课题研究进展有序

海绵城市建设规划方面：完成《金山区海绵城市建设规划（2018—2035）》编制，并于2019年9月经市住建委评审通过。初步完成了对金山新城总面积为658.3公顷的海绵城市试点区域的海绵城市建设评估，试点区域规划年径流总量控制率约73.6%，符合规划要求。确定总面积约33平方公里的6片海绵城市集中建设区域，按照控制性规划的深度要求，为重点建设区域系统性制订建设方案、落实各地块管控指标，并根据城镇规划、建设计划提出科学实施方案。

地下综合管廊建设规划方面：基本完成《金山区城市地下综合管廊建设规划（2018—2035）》编制工作，并通过专家评审。规划明确到2035年，形成金山区“一横、一纵、多片”的综合管廊总体布局，近期建设目标为到2025年结合滨海国际旅游度假区成片开发建设干线和支线综合管廊约8.1公里。目前已完成规划最终修改完善工作，下一步将按照相关程序上报审批。

“十四五”规划前期课题研究方面：金山区“十四五”规划前期加强城市管理精细化的重大问题研究各项工作有序推进，初步提出了“十四五”期间加强金山区城市管理精细化的目标、基本思路和重点举措，并汇编形成课题研究中期报告。

三、坚持抓改革、促优化，营商环境持续改善

（一）行政审批制度改革步伐不断加快

以《上海市工程建设项目审批制度改革试点实施方案》为中心，不断深化落实改革新政，按照“一表申请、一口受理、一网通办、一次发证、限时完成”的要求推进项目落地，重点优化项目开工的前期审批环节、竣工验收环节、水电气接入环节，进一步落实减环节、减时间、减费用的目标。

组织机制建设不断完善。研究成立了金山区工程建设项目审批制度改革工作领导小组，由区主要领导任组长，副区长任常务副组长，区府办、发改委、建管委、规划资源局主要领导任副组长，成员由22个部门组成。牵头成立了金山区社会投资项目审批审查中心，具体负责审批设计方案、建设工程规划许可、施工许可、竣工验收和供排水接入等事项，10个单位常驻区行政服务中心“一个窗口”办公。形成了“1+11”项目联络员协调机制，根据金山区工业项目占主导地位的特点，形成了“1个协调小组+11个工业区项目联络员”的联络机制，牵头组建了“金山区社会投资项目审改服务微信群”，通过实时交流平台与项目参建各方零距离沟通交流。

“双减半”落实有力。区建管委共有13个区级审批事项“一网通办”接口，全部事项已完成办事指南标准化，为企业提供全流程系统化的政务服务，实现了从“找部门”到“找政府”的转变、从“企业跑腿”到“数据跑路”的转变。减时间：所有事项较法定时限压缩平均达70%以上，并确保在承诺时限内办结。其中施工许可证办结时限压缩至3个工作日，较法定时限（15个工作日）压缩80%。减环节：通过大力推进网上办理、

网上发证，全面减少审批事项现场办理环节。其中，对建筑企业资质的许可以及对建筑施工企业安全生产的许可两个事项推行告知承诺办理后，共减少了7个现场办理环节。

联审平台应用不断强化。严格按照行政审批改革要求，牵头推进施工许可阶段及竣工验收阶段审批工作，所有项目均通过“联审平台”完成全程网上无纸化办理。全年共办理设计方案、施工许可、竣工验收审批114件，办理流程大幅优化，时间大幅缩短。

培训宣传提升服务效能。全面开展“一网通办”的宣传培训，着重做好“联审平台”的操作指导培训工作。组织各类业务培训24次，组织针对企业的政策宣传培训10次、参与逾700人次。召开工程建设项目审批改革专题协调会议6次，企业对政策了解深度明显提高，报送中出现的问题也有所减少。

（二）消防审验职责划转承接平稳有序

6月21日起，正式承接金山区消防设计审查验收职责，并在窗口受理和办理新建、改建、扩建建设工程和装饰装修工程消防设计审核、消防验收、备案申请。全年共受理业务77件，办结57件。积极开展消防业务培训，提升业务人员办件能力，共组织了两场消防设计验收培训，选派业务人员参加市级消防设计验收培训7次，联合区消防救援支队召开消防工作协调会3次。

（三）建筑施工企业资质动态核查不断深入

为加强事中事后监管，保障建筑业市场公平竞争环境，深入开展建筑施工企业资质动态核查。2019年4月启动第一轮资质核查，实际核查建筑施工企业298家，依法责令263家不符合资质标准的企业进行整改，其中192家已完成整改。10月启动第二轮资质核查，实际核查金山区内拥有总承包资质的施工企业87家，依法责令77家不符合资质标准的企业进行整改，其中35家企业已完成整改。

四、坚持守底线、保安全，城市运行平稳有序

（一）三大行业监管更加有力

2019年金山区在建工地未发生安全生产死亡事故，燃气行业、地下空间运行也保持安全平稳态势。建筑业监管更加有力：以房屋建设工程“百日行动”为抓手，排查建筑工地427个次，排查整改安全隐患1700多个。开展既有玻璃幕墙建筑安全专项检查，共检查玻璃幕墙建筑175幢，发现并督促整改隐患楼宇21幢。加强行政执法工作，共办结建筑建材业行政处罚66起，罚款金额182.1万元。开展夏季农民工工资支付管理专项检查，抽查了55个建筑工地，根据检查结果通报批评了8个项目工地，并责令对发现的问题限期整改。燃气业监管更加有力：共出动人员201人次，检查设施站点77个次，发现并整改隐患数41处。大力推进瓶装液化气专项整治，完成入户排查96648户，全面完成液化气用户排查任务。有序推进液化气钢瓶统一配送工作，全年累计配送钢瓶超过26000个。地下空间使用管理更加有力：联合区公安、消防、安监、市场监管等开展联合检查4次，检查地下空间11处，发现并整改隐患问题23个。开展地下空间综合应急演练1次，有效提高了行业应急处置能力。

（二）地下管线综合管理工作有序推进

地下管线普查工作全面完成。普查管线长度6089公里，全面协调开展管线数据更新维护，完成200余公里管线数据更新。地下管线综合信息系统建设有序推进。已完成系统主要功能模块开发、试运行及软件测试工作。部署地下管线交底和管线外损事故统计上报工作，确定各单位工作联络员，建立管线行业管理群。深入调查研究破解管理难点。撰写了题为《基层群众反映郊区城市地下管线综合管理亟待加强》的社情民意，得到市委书记李强批示。

（三）信访维稳和投诉工作稳妥开展

重点做好信访、12345投诉的处置及重大稳定风险的排查化解工作，全力保障社会稳定。全年共收到各类信访投诉981件，较2018年同期增长75.81%。信访按期办结率100%，全年未发生去京上访情况。深入开展矛盾纠纷排查化解工作，有效化解金虹航油管道工程邻避矛盾、复旦大学附属金山医院二期项目欠薪，基本化解滨海酒店装修项目、碧桂园及光明地产施工扰民问题的集中投诉。严格落实重大节日、重要时间节点领导带班和24小时专人值班制度，保证有效应对各类紧急突发情况。

金山区绿化和市容管理局

2019年，区绿化市容局按照区委、区政府的总体部署以及“三化一同步”工作要求，紧紧围绕“两区一堡”战略定位，以“重点+亮点”的思路，“苦干+巧干”的工作作风，深化改革，大胆创新，大力加强生态环境建设，积极营造整洁有序的市容环境，努力优化行业公共服务品质，不断提升绿化市容行业社会化、市场化、法治化和科学化水平，圆满完成全年各项工作任务。

一、加强领导、形成合力、多管齐下，有序推进行业工作

（一）精细管理，市容景观面貌有效改善

一是有序推进“美丽街区”建设工作。“美丽街区”示范点创建方面，全区共11个示范创建点位。在金山工业区、漕泾镇、张堰镇3个示范点提请市级验收基础上，完成了剩余8个“美丽街区”示范点区级实地考核。全覆盖建设方面，本年度确定的122条创建道路，组织开展自评、互评和业务部门评价，实地考核将在2020年1月3日全部完成。违法户外广告设施整治方面，已整治拆除户外违法广告1210块、户外招牌2393块。市级重点督办的电子显示屏违法户外广告整治已整治完成6块，剩余4块已停止发布广告。加强户外招牌广告管理，发放安全告知书1.7万份。违法违规户外招牌整治方面，2019年市重点督办违法违规户外招牌整治239块，已整治230块，完成率96.2%。2019年户外招牌区级整治任务数第一批为198块，已全部完成整治；第二批为256块，已整治239块，完成率93.4%。

二是加强景观灯光管理。按时完成区实事工程金山大道（海芙路—卫零路）景观灯光提升改造工程及亭卫公路绿地投光灯、金山大道规划展示馆地面景观灯光、区政府楼宇景观灯光的大修工作。加强景观灯光日常监管工作，景观灯光设施开灯完好率达到100%。

（二）加强监管，城市环境整洁有序

一是全力做好中央环保督察迎检工作。按照“底数清、任务清、标准清和措施实”的要求，全力做好迎检工作。7月12日至8月11日期间，全区调阅资料共103项，区绿化市容局涉及22项，包括非正规垃圾堆放点4项、漕泾生活垃圾填埋场3项、生活垃圾转运站4项、生活垃圾压缩站1项、湿垃圾处理设施2项、建筑垃圾6项、环保约谈情况1项、批示落实情况1项，均在规定时限内完成了材料报送工作。针对环保督察中发现的生活垃圾填埋场、建筑垃圾临时堆放点存在的相关问题，以点带面，举一反三，局班子成员带队多次赴现场检查指导，并制定完善《关于有效建立健全工作机制扎实推进环卫设施整治工作的方案》，进一步规范制度约束，拿出切实有效的措施，担起行业监管职责，将区委、区政府相关政策和决策部署要求落实到位。

二是做好道路保洁工作。推行“普扫、捡扫、机扫、飞行保洁、机械冲洗”人机组合保洁模式，机扫率达到92%，道路冲洗率达到70%；组织在全区范围内开展清死角、消盲区、大冲洗城市清洁行动，实施月度冲

洗制度，确保道路整洁优良率达到94%。在10月25日下午举行的2019年度上海市“关爱环卫工人、共建洁净美家园”专项活动颁奖典礼上，金山区扎根一线的环卫工人潘金国荣获了上海市2019年度“十佳城市美容师”称号，金山区工人文化宫(金山区职工服务中心)、吕巷镇的中国电信上海璜溪东街营业厅荣获2019年度“上海市十佳爱心接力站”。

三是加强餐厨垃圾及餐厨废弃油脂监管。共受理申报废弃油脂产生单位1170家、餐厨垃圾产生单位1046家，共收餐厨废弃油脂2656吨，餐厨垃圾收运处置24254.9吨。

四是加强建筑渣土申报监管。共受理渣土处置申报企业71家，建筑渣土申报量462万吨，发放渣土处置证1930张。做好区内9家中标渣土运输企业的监管，不定期开展GPS监控检查中标企业是否规范运输和规范处置，对31辆不符合规范的车辆实施锁定。加强偷乱倒建筑垃圾行为的监管，通过GPS车辆行驶路线比对、投诉处理等，对18家(次)违规处置建筑渣土运输企业在上海市建筑垃圾申报系统进行锁定并开展约谈。

五是落实市容环境卫生责任区制度。明确示范道路、自律组织、教育培训、清洁行动和上门收集等具体工作任务，全面落实并完成50条中小道路生活垃圾上门收集工作，并做到分类收集。开展《上海市市容环境卫生责任区管理办法》实施4周年集中宣传活动，全区共出动200余人次，发放宣传资料600余份，共拉宣传横幅12幅，上门宣传门责600余家，清理垃圾4吨。

六是推进机动车辆清洗场站管理工作。制订《金山区机动车辆清洗场(站)专项整治实施方案》，在全区范围主要商业街和道路开展了机动车辆清洗场站专项检查。同时做好车辆清洗场站的备案和管理工作，目前已备案99家，建成示范点8家；每月做好对四类车辆(公交车辆、出租车辆、环卫车辆、工程车辆)车容车貌的监测，有效控制了环卫、渣土运输车辆车容车貌不洁及跑冒滴漏造成的路面污染。

(三)优化升级，绿化景观面貌提档升级

一是推进绿化项目建设。按照2019年环境综合整治绿化建设项目进度安排，完成卫零北路道路两侧绿化工程、卫清路(学府路－亭卫南路)绿化改造工程。截至目前，完成各类绿地建设20.1万平方米，建设立体绿化10065万平方米，完成绿道建设10.3公里。完成月亮湾广场绿地等5个街心花园改造工程。

二是打造绿化景观亮点。紧紧围绕中华人民共和国成立70周年和第二届“进博会”的主题，在城区重点区域、主要商圈及城市沙滩旅游景点区域内完成花卉主题景点5个、大型绿地花坛12个，布置各类组合花箱600个，花卉面积达6400平方米，全年各类花卉用量约为120万盆，种植花海面积4.5万平方米，既美化环境，又提升了环境美誉度。

三是开展春季绿地整治。补植乔灌木1218株、色块及地被2.1万余平方米，补植地块涉及前京大道、山阳广场绿地、卫清路、沪杭路等城区主要地块及道路沿线，进一步消除绿地黄土裸露现象。实施绿地施肥工作，为绿地植物健壮生长打好基础，施用有机肥、复合肥等总量约219吨。

四是做好群众绿化工作。组织开展2019年全民义务植树活动，种植香樟、榉树和国槐等9个树种1500余株，面积约2万平方米。各街镇(工业区)也在辖区内组织志愿者开展植树活动。开展绿化“六进”及“绿化服务进社区”相关的绿化讲座、花卉展览、绿化知识有奖问答等活动50次，向社区、公园、乡镇等赠送盆花16000余盆。

(四)建管并举，林业工作稳步推进

一是推进林业项目建设工作。根据市下达的《2019年各区造林实施计划表》，金山区2019年须完成造林10600亩，其中重点生态廊道6000亩，其他生态廊道和一般公益林共4600亩。机构改革以来，新一届班子高度重视林业工作。就造林遇到的瓶颈、难点、疑点等问题主动向市主管部门请教、沟通，并以座谈会、调研会、现场会等形式多次邀请市级林业主管部门来金指导，特别就生态廊道项目设计方案、198减量化等问题反复沟通，对标考核指标全力推进廊道项目建设。落实造林项目12个，已全部完成招投标。其中4个已进场施工，8个正在施工准备中，争取2020年4月底全面完成。

二是加强野生动物保护及湿地管理工作。开展春季候鸟等野生动物保护专项行动，累计出动人员共1061人次、366车次，收缴蛇500公斤、蛙类5吨多，拆除网具183张。结合“爱鸟周”“湿地日”等系列活动，开展各类野生动物宣传活动，共发放倡议书3600余份、宣传手册3700余份、环保袋900余个。完成金山区第一个湿地建设项目——金山廊下湿地修复工程建设，向市绿化市容局申报2019—2021年野生动物重要栖息地（湿地生态修复）建设项目两个（漕泾镇水库村湿地、吕巷镇白漾村湿地）。

三是做好美国白蛾疫情防控工作。针对发现的美国白蛾疫情，根据上海市林业病虫防治检疫站专家建议，金山区于9月25日启动金山区植物疫情防控应急预案，全面开展防治工作。9月27日，在区重大植物疫情防控工作部署会上，宣布成立金山区重大植物疫情防控指挥部。通过专题部署、排查防范、诱捕扑杀、喷洒防治农药等措施，将疫情危害控制在最小范围。截至目前，共出动巡查和防治队伍77批次、各类防治车辆42车次，防治机械173台次，调拨防控药品4.2吨。

（五）从严从紧，安全工作常抓不懈

一是持续做好防汛防台工作。坚持“条块结合，以块为主”的原则，健全各项防汛工作应急预案，完善园林绿化、市容环卫、林业方面的应急工作领导小组及应急队伍和物资。党政班子领导多次带队亲临一线对重点行业、重要点位进行汛前检查。在台风“利奇马”和“米娜”期间，应急抢险等54支1043人的应急抢险队伍随时待命，出动人员19730人次，发放店招店牌检查整改通知843份、拆除831处、加固171处，拆除各类广告、对旗3760处，清理废物箱21299个次，清理排水口17021个次，清理道路垃圾251吨，清理易积水路段332条次；绑扎加固树木7140株，修剪树木2640株，处置倒伏树木1298株。清理林业排水沟31条，项目建设工地转移21人。

二是做好森林防火工作。根据《森林防火条例》《金山区处置森林火灾应急预案》有关规定，成立森林防火领导小组，并与各镇林业部门签订《森林防火责任书》，加强对森林防火工作的检查、监管，并联合区应急管理局、区廊下镇人民政府、上海消防局金山支队，对重点公益林林业养护社的森林防火应急队伍进行防火技能应急演练。同时，组建森林防火应急队伍两支，其中廊下应急防火队伍在2019年林业行业森林防火技能竞赛中获得团体二等奖、个人一等奖1个、三等奖两个的好成绩。

（六）不留死角，扫黑除恶专项斗争工作深入开展

6月，中央扫黑除恶督导期间，上报督导材料6类14项，包括深挖彻查两项、线索管理两项、宣传发动两项、政治站位3项、综合治理3项和依法严惩两项。上报区扫黑办线索6条，同步抄送市绿化市容局4条，均已办理，结果查证为查否。收到区信访办转送件两件、区扫黑办移送件两件，均在规定时限内办结。

督导结束后，全区共有5类20项整改问题清单。涉及区绿化市容局的整改问题是线索来源单一，主要依靠信访举报，主管行业对渣土市场等重点领域和行业的排查不到位。针对问题，区绿化市容局成立了整改工

作领导小组，制定针对性整改措施，在党组会和局长办公会上多次专题研究部署阶段工作，同时加大了线索查找和查实力度。

二、破解难点、疏通堵点、打造亮点，逐渐改善短板问题

（一）平稳过渡，机构改革相关工作高效完成

按照区委、区政府统一部署开展机构改革，于4月完成区绿化和市容管理局的机构调整和“三定”工作。局党政领导班子深度调整，同时制定完善了局党政领导班子议事决策规则、局集体决策“三重一大”事项操作办法等制度；局机关增加并调整了内设科室；区林业站隶属关系及林业职责由原区农业委员会调整至区绿化和市容管理局；理顺条块关系，各镇（金山工业区）林业管理职责由镇农业技术推广服务站划转至镇（金山工业区）市容环境事务所，并统一更名为镇（金山工业区）绿化市容管理所，承担辖区内有关绿化职责；理顺石化街道绿化市容管理体制及内部管理工作，指导协调石化街道开展街道区域内绿化管理和市容环卫管理职责。通过优化机构、职能配置，稳定干部职工思想，加强部门配合联动，全面落实了机构改革任务，激发了干部职工干事创业的精气神，做到思想不乱、队伍不散、工作不断。

（二）销项管理，“双迎”市容保障任务全面完成

2019年共有四大方面整治任务101项，其中绿化景观23项、灯光广告14项、环卫保洁36项、市容环境28项，开工率100%，已完成101项，完成率100%。其中，绿化景观方面23项，完成绿化整治255278平方米，绿地调整改造31458平方米，新建绿地临时绿地43587平方米，布置组合花箱1198个，花坛花镜6个，布置主题景点4个，行道树补种50棵、树穴盖板更新528套，新增改造立体绿化700平方米。灯光广告方面14项，完成户外广告整治27块，户外招牌整治131块。环卫保洁方面已完成36项，完成新改建公厕33个，增加、更新保洁设备103台，设置移动厕所3个，增加保洁频次16次；规范分类投次/暂存场所113处，河道环境卫生治理230条段。市容环境方面28项全部完成，完成无序设摊管控、零星设摊取缔374个，整治亭棚、杆线、飞线、标志牌7处，整治非机动车乱停38处，外立面整治2300平方米，三乱治理896处，道路平整10837平方米。微治理方面34项，全部完成。市级巡查督办平台交办的3批次共50件整改单已经销项，通过《工作提示》等途径下发的整改单正在有序销项中。主办区市容环卫行业“双迎”市容环境保障演练暨2019“金欣杯”环卫行业职业技能竞赛活动，展现一线环卫工人职业技能和精神风貌。

（三）协力共治，垃圾综合治理加快破题

一是源头达标覆盖面进一步扩大；一是协力共治，垃圾综合治理加快破题。金山区下半年生活垃圾分类排名全市第14名（排名较上半年上升2位），农村垃圾治理推进工作全市排名第1名。达标率由上半年的4.3%提升到95%，实现了质的变化。11个街镇（工业区）均达到优秀标准，成功创建市级示范街镇5个。源头达标覆盖面进一步扩大，垃圾分类已覆盖26.6万户家庭，124个村、273个居住区和机关企事业单位全覆盖，建成865个定时定点/垃圾房改造。收运体系建设进一步完善。全区共配置干、湿、有害垃圾车99辆，建成“两网融合”服务点460个，建成“两网融合”中转站3个；新建大件垃圾处置站6个。末端垃圾分类量实效进一步凸显。干垃圾451.8吨/日（减量任务462吨/日），湿垃圾219.8吨/日（增量任务180吨/日），可回收物74.4吨/日（回收任务72吨/日）。垃圾末端处置设施建设进一步完善，金山永久生活垃圾综合处理厂改扩建项目（一期）建设完成，金山区固废

综合利用工程（湿垃圾处置）、金山永久生活垃圾综合处理厂改扩建项目（二期）、金山区建筑垃圾处理项目有序推进。

（四）关注民生，助力营商环境不断优化

一是做好行政审批及投诉受理工作。立足行业实际，不断优化营商环境，办结行政审批事项1432件，其中园林绿化类91件、林业类420件、市容环卫类921件，未发生不满投诉和行政复议情况。规范局系统投诉受理工作，共受理诉求666件，其中：绿化条线184件，群众满意率99%；市容条线440件，群众满意率94%；林业条线42件，群众满意率95%；电话回访市民2400余人次。在2019年三季度上海市市容环境质量监测实效检查中位列第二。

二是完成人大代表建议和政协提案办理工作。2019年以来，共收到由区绿化市容局直接办理的人大代表建议、政协提案8件，区领导牵头办理的人大代表建议、政协提案7件，市人大代表提案办理1件，全部办复，办理结果及办理态度受到代表、委员一致好评。

三是推进大调研工作常态化制度化。开展大调研活动564次，走访事业单位125次、企业181个、社区居民54户、农户369户、收集各类问题建议240个，解决228个。报送微调研报告9篇、典型案例3篇。

（十二）松江区

松江区建设和管理委员会

2019年，松江区建设和管理委员会在区委区政府的坚强领导下，围绕“一个目标、三大举措”发展战略目标，结合自身实际，制订了全年工作计划，以勤奋务实的态度主动作为，干劲不松、力度不减、要求不降，扎实履行好行业监管职责，脚踏实地推进各项重点目标任务完成。

一、着眼发展服务，全面完成重点工作任务

一是协调各方，重大项目扎实推进。2019年，全区重大工程建设项目共安排84项，其中，市级重大项目21项（正式项目15项、预备项目6项）、区级重大项目63项（正式项目54项、预备项目9项）。区级项目总投资289亿元，全年计划投资57亿元。计划新开工项目33项，基本建成项目13项。2019年重大工程建设项目涉及动迁腾地的有28项，分布在全区18个街镇、园区。年内计划动迁居住户476户、企业约246家。目前，新开工项目15项，在建44项，建成1项；已完成居住户动迁179户，企业动迁17家；累计完成投资额37.39亿元，完成率65%，按照年初计划重大项目总体推进有力，市级承建项目进展正常，区级承建项目进展良好，预备项目进展顺利。区级重大项目整体推进有序：基础设施项目进展正常，产业科创项目进展顺利。特别是4项市级重大产业预备项目中有3项提前开工，转为正式项目（国能新能源汽车、超硅半导体、复宏汉霖），得到了市级领导的充分肯定。为切实提高工作效率和信息化运用水平，2019年开发建设了重大工程项目信息管理平台，系统已基本建设完成，已分两批组织建设推进和对动迁腾地责任单位联络员进行系统操作培训。

二是务实笃行，民生工程实绩惠民。燃气方面：浦南地区天然气主管网建设项目，是区政府“十三五”规划的实事项目之一，项目总投资1.65亿元，目前正进行选线调整和支管网建设。为确保政府动迁安置房天然气接装工程按计划完成，计划年内实现新浜镇、泖港镇、叶榭镇天然气管线全线贯通。目前浦南主管网建设已按照新方案全面铺开，其中泖港到叶榭连接段（辰塔路—泖港、黄桥村—新浜）都已开工建设。政府动迁安置房天然气接装项目，剩余叶榭两个小区、泖港1个小区、新浜3个小区都已开工建设，确保年内全部完成。道路照明设施：管理区道路照明设施43323盏、灯杆28902基、控制箱1008台。年初制定的9条新增道路照明设施项目已完成乐都支路、迎宾路、通欣路、斜桥路、西新桥路及中山中路6条，其他项目预计年内完工。

二、着眼优化提升，推进审批制度改革

一是稳步推进保持良好态势。对标世行方法论，聚焦“简政放权＋互联网＋店小二”的改革理念和工作主线，力求最大限度地压缩审批时间，打造高效便捷的政务服务生态。已发出施工许可证127张、综合验收合格通知书91张，占全市比例1/6，供排水接入改革实现了全覆盖。目前，松江的改革样本数量、发证量及供排水接入数量始终保持全市首位。二是大幅压减企业办理成本。在全市率先出台并执行《关于率先减免社会投资项目相关费用的试点方案（草案）》及《关于减免社会投资小型工业项目相关费用资金拨付的方案》，制定小型工业项目勘察、审图、监理费用减免的实施细则，最短时间内落地生成一批享受减免费用的试点项目，截至目前，已为69个项目减免费用477万元。三是高标打造世行样本项目。2019年5月世行打分团队在对沪进行数据核验时，松江为世行提供了涉及全流程、供排水、六方验收、一站式申请获得施工许可等总计13大项105个案例样本，并在迎接世行打分团队的最后冲刺期，在减免勘察、审图、监理费用的样本案例上继续深挖、增加关键项目样本数，有力地印证了全市新一轮改革成果。2019年6月，松江提供了16个项目代表上海参加了国家营商环境调查问卷测评，帮助企业梳理出每一个审批环节、耗时、费用等具体的测评数据，确保问卷测评真实有效。10月24日，世界银行《2020年营商环境报告》公布，《报告》显示：中国排名再次大幅上升15位，位列第31位。四是落实消防验收审核工作。自6月起区消防救援机构将建设工程消防设计审核、消防验收、备案和抽查职责移交至区建管委，已在联审平台及线下受理消防备案、验收、投诉10个，办结7个。

三、着眼“绿色转型”，谋实新型城镇化试点

地下综合管廊。一期工程总长7.425公里，玉阳大道段已形成廊体3.486公里，旗亭路和白粮路段已形成廊体3.196公里，共6.682公里，累计建成比例90%。相关的自控、消防、机电安装工程已完成50%，各管线权属单位将展开管线入廊工作，已完成管廊运行维护的政府采购，通过招标购买第三方服务，中标单位正在进行管廊的运维管理准备。二期工程已形成廊体1公里，完成主体结构的12%。海绵城市，已经完成《松江区海绵城市建设规划》区级评审，将报市住建委进行审批。已完成国际生态商务区申报“市绿色生态城区”的评估梳理，启动编制规划方案及实施计划。

四、着眼长效治理，强化“两场”规范化管理

一是狠抓施工现场管理。全区受监在建项目296个，建筑面积1109.63万平方米。全面开展建设工程质量安全提升专项行动，出动检查5500多人次，检查工程1685个次，签发各类质量问题整改通知书279份、各类安全隐患整改通知书262份，对各类违法违规行为实施处罚90例，处罚金额1092.364万元。实现对9大类关键人员（施工6类、监理3类）进行全过程考勤管理，区内45个项目（其中政府投资25个、私民营20个）已启用市住建委人脸识别程序，区五大国有公司自行开发了人脸识别考勤系统并在近15个重点项目实施，初步效果显现。二是优化建筑市场环境。进一步规范建设主体责任，落实已竣工项目后评估工作。建立招投标

"1+2"查处模式，加大围标串标查处打击力度，立案查处20起围标串标案件，查处力度居全市第一。2019年已将17家（上半年9家、下半年8家）违法违规企业列入第二、三批建筑市场信用"黑名单"。

五、着眼细抓严管，兜牢城市运行安全底线

对标行业标准，拟订《2019年度城市运行和安全生产风险隐患排查专项整治工作方案》《第二届中国国际进口博览会松江区城建配套保障工作方案》等文件14份。深刻吸取"5·16"昭化路厂房坍塌事故教训，运用巡查督查、四不两直、联合执法等措施相继开展节后复工安全生产检查、防汛集中督察检查、建筑物空中坠物安全隐患排查等各类专项检查57次，排查隐患70余处。深入推进扫黑除恶专项斗争，聚焦重点领域，共排摸线索23条。对全区范围内的建筑工地、燃气经营企业、地下空间、玻璃幕墙等组织安全大排查，强化行业领域风险排查隐患治理，为进博会成功举办创造良好条件。

六、着眼乡村振兴，启动农民相对集中居住专班

农民相对集中居住工作专班于7月底成立，自成立以来，按照市、区要求，落实组织、协调、推进、指导、督查等职责，积极推进农民集中居住各项工作，已进入全面实施阶段。根据市相关要求，松江区2019年项目计划共涉及5个镇1055户，其中上楼155户、平移900户（上楼15%、平移85%）。印发实施《松江区关于推进农民相对集中居住的实施意见（试行）》《关于明确本区农民相对集中居住补贴标准的通知》等配套政策。截至9月底，农民签约率达到年度任务的46.3%（共489户，主要为黄桥村），拆旧率达到12.1%（128户）。松江区区级村庄布局规划成果已完成，正在积极开展郊野单元村庄规划，涉及86个行政村11个相关街镇，已启动11个。

松江区绿化和市容管理局

2019年以来，区绿化市容局在区委、区政府的坚强领导下，紧紧围绕区委"一个目标、三大举措"战略布局，全局上下坚守初心、唯实唯干，有力有序地推进各项工作，从目前掌握的情况来看，区市容环境质量综合考评成绩已连续14年保持全市郊区第一，道路保洁和垃圾清运行业文明指数测评全市第一、公厕行业文明指数测评全市第三，3座公厕被评为2019年上海市"最美公厕"，成功创建"上海市生活垃圾分类示范区"，10个街镇成功创建市级生活垃圾分类示范街镇，全年考核综合排名全市第二，"双迎"市容环境保障工作受到市级肯定和表扬，成功举办第十三届中国菊花展（松江分会场）并荣获上海展区室外景点专项比赛的铂金奖，累计创建市级林荫道15条，新增街心花园6个，其他涉及区绿化市容局的市、区指标性、重点性工作基本提前完成，为顺利完成年度目标任务奠定坚实基础，主要工作体现在以下五个方面：

1.以《条例》实施为契机，垃圾综合治理成效明著。区委、区政府专门召开全区垃圾分类推进会，贯彻落实全市推进大会精神，将垃圾分类纳入区级年度工作绩效考评体系并作为"一把手"工程抓实推进。在2018年整区域推进基础上加大全程分类体系建设，全区垃圾分类覆盖家庭累计50万户，631个小区推广"定时定点"投放模式，累计创建601个达标小区，居民分类参与度和准确率大幅提高，全年日均处置生活垃圾1835吨（干垃圾1218吨、湿垃圾617吨）、可回收物298吨，全年收运有害垃圾3.62吨（干垃圾同比上年减量7%，湿垃圾增量69%，可回收物增量46%），提前实现市级指标，全区综合测评指数位列全市第八，所有街镇均达到"优秀"标准，成功创建"上海市生活垃圾分类示范区"，10个街镇成功创建市级生

活垃圾分类示范街镇。设施设备建设加速发力，累计建成“两网融合”服务网点727个、中转站17座、区级集散场1个，累计更新新型湿垃圾车76辆，改造提升739座垃圾箱房，打造“小区亮丽风景线”。以宣传贯彻条例为主轴，实施“百名讲师、千场宣讲，万人受众”等“七个一工程”，各类党建项目和主题党日教育活动丰富多彩，带动全民广泛参与，累计受众25万人次，印发宣传海报等各类宣传品164万份。完善环卫全过程考核，加强道路保洁、垃圾清运、车容车貌等标准化管理，新改建73座公厕，新建智慧公厕9座，试点推广新能源环卫车辆应用。紧盯重大设施建设不放松，湿垃圾资源化利用厂年内建成试运营，建筑垃圾资源化利用厂一体化车间结构封顶，天马二期项目主体区域桩基工程完成。

2. 以“双迎”保障为抓手，市容景观水平不断提升。以两个市级街区为重点，以点带面逐步深化“美丽街区”建设，形成松江新城核心区专业设计方案，理顺泰晤士小镇养护管理机制并顺利移交。保持户外广告招牌管控高压态势，拆除市、区重点督办广告招牌934块，其他各类违法及存在安全隐患的广告招牌1835块，完成731块“一镇一街”店招店牌改造提升。抓好以“摊亭棚”为重点的市容环境短板整治，取缔32辆违规早餐车，完成63个单元治理任务。结合“城市家具”设置，对核心区域道路73处箱体、标牌实施美化亮化工程，G60科创走廊景观宣传载体项目建设取得进展。积极推动景观照明建设，鼓励G60科创走廊等社会企业参与。市容门责宣传载体推陈出新，泰晤士小镇商户自律组织获评全市“十佳”，“三美商户”“流动红旗到我家”等群众参与活动有声有色。以“双迎”保障为重点，在园中路、其昌路、九峰路、西林路等区域用心打造精品绿地景观，每月实施“大巡查、大冲洗、大整治”。主动配合中心医院做好“升三”市容环境提升改造工作，收到区领导肯定。圆满完成佘山半马、“五四”歌会等重大赛事、重大活动的市容环境保障工作。

3. 以“七廊一片”为重点，造林建设步伐加速推进。区领导高度重视造林工作，并亲自带头深入各镇参与造林活动。花大力气推进以“七廊一片”为重点的造林规划设计和施工，基本完成天马重点生态廊道（“一片”）建设6368亩，有力推进7条重点生态廊道（“七廊”共计7989亩），年内全面启动招投标；完成生态公益林建设5595亩，是历年来造林数最多的一年。做好美国白蛾等有害生物监测预警防控、森林防火隐患排查、公益林抚育、野生动物保护等基础性资源管理工作，叶榭獐极小种群恢复野放项目建设接近收尾。

4. 以生态之城为目标，城乡绿化品质稳步提升。公园绿地建设稳步开展，新建公共绿地57.34公顷（配套绿化10.56公顷、区属公共绿地46.78公顷）、绿道16.3公里、立体绿化1.59万平方米（2400平方米花墙）和13根花柱，部分指标超额完成；完成三湘四季东侧等6座街心花园的新改建，打造精致美丽的城市角落；完成白洋小区周边社区健身绿道、嘉松公路东侧绿地改造工程（方松体育公园），新建九里亭公园项目完成招投标并于年内开工，T1、T2沿线绿化恢复工程竣工验收。坚持精细化养护，狠抓古树名木保护和病虫害无公害防治，推广道路绿化机械化养护，实施新一轮柳树抑絮治理，成功创建1条市级林荫道，申报城市公园8座，延长开放公园13座。大力开展全民义务植树和认建认养活动，参与人数和认养金额超过往年，古树认养实现零的突破。高标准举办第十三届全国菊花展（松江展区），吸引游客21.2万人次，展现具有松江特色的高水平园艺风貌，方塔园、醉白池公园结合传统文化和自身特质，群众性活动亮点纷呈，社会知名度和美誉度不断提升。

5. 以能力建设为牵引，行业运行基础愈加扎实。以优化营商环境为目标，主动对接市局将24项审批事项纳入区级“一网通办”，开展“双减半”事项梳理，服务G60科创走廊等重大项目建设。贯彻落实中央扫黑除恶、环保督察、违建别墅治理、方塔建设控制范围涉及违建等专项工作部署，对渣土管理等重点领域加大乱象排查治理力度，以原填埋场污水提标改造为重点的各类环保督察问题整改和项目基本完成，督促指导街镇加强对非正规垃圾堆场的整治和日常监管，不折不扣完成督导问题整改任务。坚持大调研常态化制度化，“加强箱亭设施治理”等7篇调研报告为行业发展提供智慧支撑。积极化解群众急难愁，稳妥处理领导批示督办件40件，有效解决市民诉求90个、企业需求（许可）374个。高质量办理人大政协议提案26件，被评为区优秀单位。受理“12345”“12319”等各类热线投诉1822件，回复率和反馈及时率均为100%。扎实做好重大节日和重要节点的值班值守工作，有效应对“利奇马”“米娜”台风等各类突发事件。

（十三）嘉定区

嘉定区建设和管理委员会

2019年是新中国成立70周年，是上海市全面落实2018年11月7日习近平总书记考察上海时，对上海提出5个方面的工作要求和3项新的重大任务的开局之年，是全力推进长三角一体化建设和保障第二届进博会召开的重要任务年。年初以来，嘉定区建管委按照嘉定区委、区政府的决策部署，顺利完成机构改革；协调推进重大工程建设，不断完善城市功能品质提升；协同推进美丽乡村建设和老城改造，着力打造美丽嘉定宜居之城；坚持规划引领高质量发展理念，加强城市管理精细化和海绵城市建设；强化地下基础设施和燃气安全管理，全力推进城市建设和管理科学化水平；深化“放管服”审批制度改革，进一步优化营商环境和产业集聚基础；加快推进建筑节能化水平和环保理念，加大绿色节能建筑、装配式和BIM技术在建筑领域的推广运用；着力筑牢安全生产防线，切实加强建筑领域安全管理和重大生产安全隐患防控；深入推进扫黑除恶专项斗争和环境保护治理，持续净化社会生态和生存空间。为建设平安健康充满活力的新兴科技产业之城提供有力支撑。

一、重大工程有序推进，城乡建设进展顺利

（一）重大工程建设

2019年共安排基础设施、社会事业、产业发展、住房保障四大类重大工程项目30个（其中市重大工程16个），计划新开工项目6个，在建项目14个，基本建成项目1个，建成项目9个，完成年度总投资88亿元。截至10月底，共计完成投资约81.5亿元（占年度计划92%）。其中江桥G1A-04地块动迁安置房、区残渣填埋场生态修复、嘉北水厂深度处理和徐行13-04地块动迁置房4个项目已开工建设。S7沪崇高速一期、区行政服务中心、区中心医院改扩建和中科院上海光机所光学元件生产基地一期4个项目已建成。轨道交通11号线陈翔路站、陈翔路地道（含泵站）两个项目已基本完成。

重点项目（市重点工程）建设。S7沪崇高速一期、二期动迁腾地全部完成；沪通铁路一期嘉定段蕰藻浜二线特大桥正在进行桥面铺轨；轨道交通14号线嘉定段曹安公路站主体结构已封顶；城北路（省市通）道路路基及底基层施工已完成；区建筑垃圾资源化利用项目主厂房结构完成30%；区湿垃圾资源化利用项目主厂房基层施工已完成；上汽大众MEB工厂主体结构施工已完成，机电安装完成90%。

（二）老城改造推进

老城发展及改造建设2019年继续聚焦护国寺本体、护国寺配套用房以及西门文化公园、州桥法华里等重点项目建设。根据年初区政府《嘉定老城旧区改造专项资金管理办法》，从2019年起，老城旧区改造项目预算2亿元资金列入区建管委年初部门预算，区建管委老城办于年初下发2019年老城发展建设项目资金使用计划，6月初完成对接建设项目并落实动迁经费1.34亿元，近期正在会同区相关部门组织开展前期动迁安置工作。

另根据区委、区政府工作安排，围绕“历史文化元素展示、环境品质提升、服务功能完善”的目标，2019年在区委领导直接关注下，组织启动了环城河步道环境整体提升工作。目前，2019年的21个子项目已陆续开工建设并逐步完成。

（三）海绵城市及乡村振兴建设

根据市住建委2019年海绵城市建设工作要点，稳步推进《嘉定区海绵城市建设规划（2018—2035）》编制工作，目前，区政府已发函报市住建委审批。在市住建委指导下，开展嘉定区海绵建设完成区域（嘉北郊野公园一期）的评估工作。

乡村振兴建设方面，根据区政府保护保留村村民住房更新工作要求，组织开展区保留村村民住房更新建筑风貌设计和建筑设计方案两项工作，同时重点加强对安亭镇向阳村村民住房更新风貌控制工作。

二、全面启动精细化课题研究，提升设施管理能力水平

（一）全面加强城市管理精细化协调推进工作

启动嘉定区《“十四五”规划前期重大问题研究工作方案》中确定的《“十四五”期间嘉定区加强城市管理精细化的目标、思路和重点举措》课题研究，该课题被列入区政府重点课题，9月已经完成课题研究中期成果。初步拟定了《嘉定区城市管理精细化工作考核办法（2019年修订版）》。推进嘉定区城市管理精细化三年行动计划工作。继续发挥好区精细化推进办职能，制定了2019年重点工作目标任务，根据机构改革调整了成员单位和职责分工，对接上海市精细化推进办，开展组织、协调、监督、宣传等工作，完成区精细化简报19期及典型案例报送工作。牵头委各相关部门做好嘉定区质量标准化、信用体系建设相关工作。配合区政府编制了2019年区质量工作实施方案、2019年质量工作白皮书，完成了申报社会信用体系建设示范城市的委相关创评材料申报工作。

9月10日，区建管委牵头组织召开嘉定区城市管理精细化工作推进会，暨高空坠物处置和“双迎”市容环境整治工作会议，区政府分管领导到会指导。会上，区建管委（区精推办）传达学习市精推办2019年第9、10号文件精神，对全区城市管理精细化工作进行总结讲评，成立嘉定区高空坠物处置工作联席会议和建筑物高空坠物处置领导小组，区绿化市容局对嘉定区开展“双迎”市容环境整治工作进行动员部署，区政府李峰副区长对嘉定区城市管理精细化工作以及高空坠物防控处置和“双迎”市容环境整治工作提出指导意见，对加强嘉定区城市管理精细化工作的组织领导，围绕城市安全运行管理和社会和谐稳定，深入推进各领域重点工作有序有效落实提出明确要求。

嘉定区架空线入地工作尚未制订启动计划和列入城市管理精细化工作范围。近期，委正在研究推进架空线入地工作，以江桥镇嘉闵高架高压架空线入地为试点，协调市国网电力进行可行性方案论证，在相关试点方案成熟基础上，制订嘉定区架空线入地工程总体建设规划报区政府审批，并积极协调市级有关部门给予政策支持和技术指导，正式启动嘉定全区架空线入地工程推动落实。

（二）规范地下空间及设施管理精细化

筹备成立上海市嘉定区市政公用设施管理事务中心（上海市嘉定区重大工程建设管理事务中心），拟订组建方案（机构设置、职能配置、人员编制、内设机构等）。上海市嘉定区市政公用设施管理事务中心（上海市嘉定区重大工程建设管理事务中心）包含嘉定区地下空间联席会议办公室，综合协调地下市政基础设施建设和管理，负责地下管线项目建设的监督管理，负责道路和公共区域照明设施的行政管理（目前此项工作正在与区交通委对接移交），协调推进地下空间管理和城市管理信息化建设等。

积极发挥平台作用，筑牢地下空间安全管理基础。组织召开地下空间管理联席会议，制订年度工作计划、联合检查计划和日常检查计划。开展街镇级安全检查模块试点工作，成为全市首家试点单位，目前已完成街镇账号注册，通过使用信息系统对地下空间实现全覆盖、全过程管理。指导各街镇编制修订应急预案，及时完成年度数据更新修改。经统计更新，嘉定区共有地下空间 1333 个，总建筑面积约 858 万平方米，较 2018 年新增约 72 万平方米。督促成员单位开展日常检查。2019 年共完成地下空间检查 3270 次，检查地下空间数 5126 个，累计发现问题 438 个，整改完成 424 个，整改完成率约 97%。强化监督检查，突出安全隐患整治。2019 年共组织 3 次大规模安全管理联合检查。强化隐患排查，做好“双迎”保障工作，9 月 19 日组织对涉及“进博会”的江桥镇地下空间进行了联合检查。加强巡查值守，做好防台防汛值班值守，确保了嘉定区地下空间安全度汛。迎接市级检查，做好问题整改。市地空联办对嘉定区进行了两次检查，共发现问题隐患 10 处，均已按照要求及时整改。开展消防、防汛应急演练。开展地下空间消防应急演练，提高居民的防灾、减灾意识，强化社区的协调、处置能力。组织开展 “2019 年防汛防台应急演练”。出动 7 支应急分队，进一步提升街道防汛防台的指挥能力和应急抢险处置能力。做好安全使用宣传及业务培训工作。结合“5・12”防灾减灾日及联合检查、专项检查、业务培训等契机，积极开展地下空间安全使用宣传教育，不断提升市民群众的安全防范意识。在上海零点市场调查公司进行的 2019 年地下空间安全使用社会满意度测评中，取得全市排名第一。2019 年向市地空联办报送工作信息 12 篇，按时汇报工作开展情况。开展普通地下室使用备案业务培训。组织了 3 场业务培训，增强“一网通办”的操作能力，目前已完成 7 个对公共开放的普通地下室备案。

（三）加强燃气安全管理精细化

开展瓶装液化气专项整治。布置区内液化气经营企业对全区的瓶装液化气餐饮企业进行全覆盖安全用气检查，截至目前，共排查餐饮用户 4067 家，排查出安全用气隐患 1401 条，其中一般隐患 725 条、严重隐患 676 条，一般隐患已整改完毕，严重隐患整改 650 条，对 17 家餐饮企业进行了停气措施。其中 10 月出动专项检查 6 次，出动执法人员 18 人次，覆盖街镇 5 个，检查用气场所 65 处，查处各类隐患 35 个。严厉打击查处非法经营瓶装液化气等行为。区建管委燃管中心联合区公安治安部门和交警部门在排查辖区非法液化石油气情况的基础上，加强排查和道口拦截，开展联合执法行动 23 次，出动执法人员 68 人次，取缔非法经营液化气窝点 9 个、涉案车辆 11 辆，查没用于非法经营的液化气钢瓶 703 个，由公安机关行政拘留 14 人，立案两起，罚款 14 万元。加快推动瓶装液化气规范统一配送。按照市住建委关于开展瓶装液化气规范统一配送要求，嘉定区将于 2020 年 1 月开始全面实施瓶装液化气规范统一配送，目前区财政已落实补贴 1000 万元，区内液化气经营企业已经根据燃气管理部门要求，结合既有工作安排，对照时间节点建立了配送信息化平台，严格执行瓶装液化气销售实名制，为用户提供送瓶、接装、安检一站式服务，并按计划逐步关闭液化石油气供应站点的门售功能。

三、加大审批制度改革力度，持续优化营商环境

（一）推进工程建设项目审批制度改革

2019 年以来，嘉定区进一步加快推进工程建设项目审批制度改革工作力度，切实转变政府职能，高度重视优化营商环境，配套制定了一系列行动方案、实施意见等文件，以开拓性举措和行动，扎实推进工程建设领域审批改革。目前通过联审平台对 53 个项目发放施工许可证，71 个项目完成综合竣工验收（其中 16 个“六方验收”小型项目）。根据沪建审改〔2019〕4 号文的要求，区审批审查中心于 2019 年 4 月 30 日正式挂牌运行，严格按照“立项用地规划许可、工程建设许可、施工许可、竣工验收”四个环节和“市政公用接入”设置了窗口。嘉定区新行政服务中心于 9 月 26 日正式启用，嘉定区以区社会投资项目审批审查中心为基础，在区行政服务中心设立建设项目审批服务专区，将范围拓展到全区所有工程建设项目，所有工程建设项目审批职能部门和市政基础设施接入服务企业已全部进驻专区，实体化运作做好建设项目在设计方案审查、施工许可、综合竣工验收等阶段的一站式线上申请和后台流转审批审查以及一次发证工作。

依据改革部署，一般项目实施“一口受理、综合验收”。区建管委积极开展综合竣工验收的综合协调和监督管理，将多部门串联验收转变为统一综合验收，建设单位一口申请全部验收事项，由区建管委统一受理并牵头组织规土、消防、交警、卫生、绿容等专业验收部门实施综合验收，完成后由区建管委统一核发综合竣工验收合格通知书，办理时间大大缩减为 15 个工作日。对于小型项目管理，根据沪建建管〔2019〕131 号和沪建建管联〔2019〕118 号的要求，调整区建管委质量监督站监督工作机制，取消首次交底，调整监督告知形式，实施差别化管理的监督频次，全面贯彻实施新的竣工流程，提前服务、全过程跟踪指导，布置监督人员针对潜在项目，一人跟踪一个项目的方式，提前介入、指导上传数据、接收协调、全过程跟踪服务，直至完成。协调区规划验收部门，网上受理后及时同步安排现场验收时间，基本上做到两天内到现场检查。简化小型建筑工程竣工验收工作。转变交警、交通、绿化市容等专业管理部门对小型建筑工程的验收方式，调整为事后监管，不再设置现场提前查看服务，不再实施专业验收和出具专业验收意见。整合建设单位组织的四方验收、区建管委的四方验收现场监督以及区规划自然资源局的规划、土地竣工验收，实施一次性六方验收。“小型建筑工程”在 5 个工作日内完成竣工验收并出具综合竣工验收合格通知书。相关费用减免。按照沪建审改办〔2019〕1 号精神，为减轻企业负担，实现此类项目审核时间和审批成本的双降，研究制定了嘉定区落实社会投资小型工业项目减免相关费用的配套措施，对适用减免费用范围的小型工业项目，勘察费用已由区土地储备中心在土地出让前减免费用。施工图审查费用通过政府购买服务的方式委托符合资质要求的审图机构进行，目前有两个项目已纳入免审图费用范围（上海旭恒铁工印刷包装设备有限公司的扩建厂房及辅助用房、上海大众动力总成有限公司的扩建通用厂房）。对社会投资的工业、小型项目不再强制进行监理。

（二）规范建设工程招投标行为

依托一网通办，提升政务服务效能。进一步强化服务意识，切实当好服务企业、推进项目的“店小二”。加强建设工程招投标管理，坚决落实《上海市工程总承包招标评标办法》的文件精神，顺利完成上半年度招

投标项目评标评估工作，加强招投标、施工许可环节的执法监督。做好迎世行营商环境评估工作。按报送社会投资项目改革样本，为世行评估提供数据支撑强化招投标监管。启用新系统，改革再优化。2019年嘉定区小型建设工程招投标管理信息系统正式上线运行，新旧系统实现顺利衔接。截至10月31日，共完成勘察、设计、监理发包项目83个，发包价1.34亿元，发包面积101.8万平方米；完成施工承发包项目216个，发包价38.24亿元，建筑面积42.53万平方米；完成一体化项目发包21个，发包价8.55亿元，建筑面积32.47万平方米。核发建设工程施工许可证181项，造价361.46亿元，建筑面积111万平方米。办结行政处罚案件24件〔其中施工许可8件、串通投标10件（其中中止案件2件）、其他案件6件〕，处罚单位22家，罚款金额145.85万元（其中施工许可84.5万元、串标37.18万元、其他24.17万元），全部实施了罚缴分离。收取保证金72个项目，1055家，共计金额2.59亿元；退保证金82个项目，1107家，退还本金2.92亿元，退还利息16.60万元。新型墙体专项基金清算项目16个，返退专项基金790.67万元。

四、加强建筑业规范监管，推动建筑业市场科学发展

（一）加强建筑建材业监管

切实贯彻落实《嘉定区建设工程质量安全三级巡查制度（试行）》，强化建设工程质量安全巡查。2019年全面加强在建工程巡查力度，做到重大工程、保障房项目等重点工程项目巡查全覆盖。截至9月底，区建管委共实施一级巡查1664次，开具质量安全隐患整改单205份，开具局部暂缓指令书79份，开展质量监督抽检76次，对责任单位企业负责人、项目经理、安全员、项目总监和安全监理等实施记扣分16人次共记扣55分，对相关单位进行立案处罚，共罚8起，累计处罚金额为33.1万元。实施二级巡查29次，巡查在建项目29个，总建筑面积212.54万平方米，涉及建设单位25家、总包单位28家、监理单位13家，开具整改单28份、暂缓单7份，给予项目经理及总监记分10人次、共记扣23分，对相关单位进行立案处罚，共罚5起，累计处罚金额为20.3万元。其间，市住建委针对嘉定区项目开展巡查5次，开具5份行政处置建议书，依据行政处置建议书要求，开具整改单5份、暂缓单2份，开展行政处罚两项。三级巡查3次，共巡查在建项目3个，总建筑面积41.84万平方米，涉及建设单位3家、总包单位3家、监理单位3家，开具整改单3份。

（二）推进建筑节能和建筑产业化发展

加快推进绿色生态城区创建试点。制订《嘉定区绿色生态城区创建工作方案》，选定本区北虹桥商务区内的“封浜新镇”（暂定名）创建二星级绿色生态城区试点，计划近期编制专项资金预算后报区财政审批。深入推进能耗监测系统建设。修订了《嘉定区新建建筑分项计量竣工验收承诺函》，规范新建建筑能耗监测系统的档案管理。完善对区能耗平台运维单位的考核制度，增加能耗监测系统验收资料、建筑节能信息电子化归档、能耗分析报告、能源审计报告。完成楼宇节能管理人员登录次数排名等功能模块，完成了嘉定区大型公共建筑能耗分析报告。截止目前，嘉定区能耗监测平台共计接入楼宇110栋，其中既有建筑48栋、新建建筑62栋，上传市平台74栋。

（三）配合完成上海市环保督查各项工作

在市环保督查期间，共收到转办单19份，其中涉及现场检查情况的交办件共12份，主办件9份，协办件3份，所有转办单均已按要求按时完成整改回复。12起交办案件中，完成整改治理各类问题有扬尘防治措施不到位、扬尘监测设备附近设置喷淋水管、未安装在线监控设备或设备故障、安装不到位、

直接对外环境排水或排污。针对这些问题，共立案处罚两起，开具整改通知单7份，约谈企业责任人8人次。相关企业已采取整改措施，并按要求整改完毕。

（四）加强新型建筑材料推广应用

提升绿色建筑品质，发展BIM、装配式等绿色新型建造方式，鼓励新建绿色建筑进行绿色运维；探索海绵城市建设项目规划建设管理办法，严把审图环节，加速推进海绵城市建设；突出制度供给，规范建筑市场秩序。建立完善《嘉定区工程建设领域失信“黑名单”管理办法》，为本区建筑市场的良性运行和发展提供保障。加强新墙材企业事中事后监管。加强现有新墙材、预拌砂浆生产企业的事中事后监管和抽样检测，督促企业改进生产设备和工艺，提高和稳定新墙材和预拌砂浆生产企业的产品质量，促进嘉定区新墙材和预拌砂浆健康有序地发展。2019年新增1幅经营性住宅用地、1幅保障房用地，3幅工业用地，总计落实一星级绿色建筑16.24万平方米，落实装配式建筑面积21.1万平方米。对衔接阶段的新建建筑加强宣贯，做好相关装配式建筑审批环节的指导服务。

五、切实筑牢安全防线，全面防范风险隐患

（一）抓生产安全，除风险隐患

严格落实安全生产工作相关规定要求，进一步完善安全生产工作领导小组机制，形成“党政同责、一岗双责、齐抓共管”的安全生产监管格局。修订完善《嘉定区建设工程质量安全三级巡查制度（试行）》，实行一级定点、二级定时、三级定期的常态化建筑安全检查巡查制度。针对年初全国危化品及安全生产重特大事故高发态势，为贯彻落实习近平总书记重要批示，深刻吸取教训，4月26日组织召开嘉定区建筑工程领域2019年度安全生产和文明施工行业大会，全区建设企业、设计、施工、监理等单位以及混凝土搅拌站企业负责人约200人参加，会议分析当前形势任务、明确安全主体责任、部署年度安全隐患排查整治工作。5月24日组织召开街镇城建办主任会议，专题研究部署建筑工程装修施工未申领施工许可证排查整治工作，并对建筑工程领域扫黑除恶专项斗争、消防安全、防台防汛等工作进行部署，强化联动机制，落实属地责任。7月22日召开建管委防汛防台专项任务部署会，对夏季防汛防台工作进行充分动员和全面部署。9月10日召开建设领域“双迎”工作会议，制订国庆、进博会安全保障工作核查整治方案，组织开展安全隐患排查和施工文明规范整治活动。

（二）开展建设工程安全隐患专项整治“百日行动”

为进一步加强本区建设领域安全隐患整治工作，深刻吸取“5·16”昭化路厂房坍塌事故教训，切实保障人民群众生命财产安全，维护城市安全稳定，根据市住建委《全面开展全市房屋建设工程安全隐患专项整治“百日行动”实施方案》（沪建质安联〔2019〕297号），嘉定区建管委制订了“百日行动”工作方案，在全区范围内开展房屋建设工程安全隐患专项整治“百日行动”。

开展对全区范围内房屋建设工程安全隐患的整治，强化覆盖面及针对性，组织区安质监站、区建管所、区招投标事务中心及各街镇对区内房屋新建、改建、扩建工程，装饰装修工程、小型建设工程（包含“六无工程”）和市政非交通类工程进行了全方位检查，共整治工地738个，出动2752人次，整治隐患388条，共开具整改单62份、局部暂缓单17份、停工单1份，拟处罚单位4家，拟处罚金额24.19万元。嘉定区各街镇对所辖范围内在建工程及小型建设工程开展检查，共检查工地1334个，出动2116人次，整治隐患460条，共开具整改单164份、停工单74份。

（三）开展扫黑除恶专项斗争，肃清行业积弊顽症根据党中央、国务院决策部署，在建管委全领域深入开展扫黑除恶专项斗争动员部署、线索排摸和常态化行动。在委机关、直属单位办公场所和行业企业、建筑施工工地全覆盖无死角发动宣传攻势，全面完善专项斗争各类台账。在全区范围深入开展专项整治建设工程招投标围标串标、农民工工资根治欠薪夏季行动、打击燃气液化气黑气专项行动、整治强揽工程暴力施工行为等扫黑除恶专项打击整治行动。其间转办区扫黑办移交核查线索3条，自查排摸处置线索7条，配合协查区纪委监委线索1条。接受市住建委、区扫黑办、区纪委监委派驻组督导检查，在区委、区政府统一领导下，全力配合中央督导扫黑除恶专项斗争和督导“回头看”。

（四）准备充分，全力防御台风汛情

7月1日，区建管委召开三季度行政工作会议，在部署2019年下半年安全管理工作时，对加强建设工程领域防汛防台工作再次进行专题研究，要求全委上下切实加强对防汛防台工作的组织领导，严格落实各项防御措施方案，确保行业稳定，应对汛期安全。

7月22日，区建管委根据工作安排，组织召开防汛防台专项工作任务部署会议。在听取直属单位防汛防台相关准备工作的情况汇报后，委领导强调，务必加强建筑工地、地下空间、燃气管理以及委机关、直属单位自身防汛防台安全的全面领导、严密组织、细化落实和跟进督导，切实把问题隐患查清、把矛盾困难估足、把防范工作做细、把应对措施做实。

2019年第9号“利奇马”和第18号“米娜”台风防御期间，区建管委机关及5个直属单位共安排各类值班人员182人次，各在建工地、地下空间值班人员3300余人次，抢险待命4200人，其间共检查在建工地台风防御情况266次，检查地下空间的安全管理和应急防范工作1700余次，检查燃气行业站点防御工作79次。

嘉定区绿化和市容管理局

2019年，区绿化市容局以习近平新时代中国特色社会主义思想为指引，紧紧围绕区委、区政府中心工作，攻坚克难，开拓进取，全力推进生活垃圾全程分类体系建设，加快“五廊一片”市级重点生态廊道建设，做好“进博会”市容保障，优化全区绿化景观面貌，圆满完成全年各项任务，现将2019年工作总结如下：

一、全力攻坚，垃圾综合治理成效凸显

1.生活垃圾分类成效超过预期。实现“三个全覆盖”：758个、111个实体村居住区定时定点分类投放全覆盖，159条路段实施沿街商铺生活垃圾分类上门收集全覆盖，813个居住区两网融合回收服务网点全覆盖。积极推进分类投放点改造，全年新改建800个分类投放点和垃圾箱房，累计完成1594个。全市首个区级再生资源回收集散场投入使用。干垃圾末端处置量为1451吨/日，相比2018年同期减少19%；湿垃圾分类处理量为517吨/日，是2018年同期的近3倍。分类实效显著提升，居住区、农村和单位分类达标率均超过90%，12个街镇分类实效综合测评均达到“优秀”标准。

2.强化效果导向落实考核奖补。为更好地发挥考核“指挥棒”作用，对各街镇的垃圾分类绩效考核和资金奖补按照效果导向进行优化调整，考核奖补与各街镇创建生活垃圾分类达标（示范）街镇结果直接挂钩，并逐步取消绿色账户奖补，增加垃圾分类守箱、巡查志愿者费用补贴，确保奖补资金用在刀刃上，充分调动属地街镇工作积极性。

3.完善建筑垃圾全程管控体系。严格落实拆房（拆违）垃圾申报管理，明确委托运输、流量流向、处置渠道等情况。确立对中标运输单位的日常运营考评机制。加强对两处分拣处置场所（安亭镇宝丰路、南翔镇嘉绣路）的日常监管，新增1处大件垃圾集中收运拆拣处置点。

4. 建设项目稳步推进。湿垃圾、建筑垃圾项目主厂房结构封顶，区残渣场生态修复项目 12 月下旬竣工验收。

二、建管并举，绿化景观水平全面提升

1. 绿色生态空间持续拓展。新建各类公园绿地 60 公顷、绿道 12 公里、立体绿化 1.5 万平方米，建成区绿化覆盖率达到 38.54%，人均公园绿地面积达到 18.5 平方米。建成 5 座公园（埭头公园、赵巷公园、陆家桥公园、翔江公园、曹安公园），总面积达 27.77 公顷。紫云廊二期（紫藤文化园）正式开园迎客。

2. 生态景观亮点纷呈。顺利承办第十三届中国菊花展览会嘉定分会场工作，展示构思新颖、各具特色、充分融入嘉定文化元素的 11 个立体景点、5 条花道、9 个菊艺小品以及悬崖菊等菊艺景点。其中，“五龙汇潭”“五福到嘉”立体景点造型分别荣膺全国菊展铂金奖、分会场展区特等奖。举办“市民绿化节”系列主题活动，指导公园随季节流转变化主题布景。举办 60 期园艺大讲堂，改建两座街心花园，实施博乐南路等重点道路花坛花境常态布置，完成塔城东路市级林荫道创建。

三、深挖潜力，林业建设和保护力度不断加强

1. 推进“五廊一片”市级重点生态廊道和生态公益林建设。嘉定再生能源利用中心周边生态廊道和吴淞江重点生态廊道已开工建设，G2 京沪高速、G15 沈海高速、G1503 绕城高速生态廊道项目进入立项前期准备工作。生态公益林建设项目进入立项招标阶段。全年新增林地面积共计 6726 亩，2019 年底全区森林覆盖率达到 15.3%。

2. 强化森林等自然资源保护。加强森林资源数据动态监管，严格控制林地资源征用占用规模，组织实施 3300 亩生态公益林抚育，做好森林防火预警监测和野生动物疫源疫病监测防控，严防美国白蛾等林业有害生物疫情发生，确保林业生态安全。认真开展新建造林绿化工程的复检复查，落实产地检疫，维护林业生产安全。加强野生动物保护宣传和疫源疫病监测，浏岛野生动物重要栖息地全年共接待参观人数 4000 余人次，嘉北郊野公园彭门湿地修复项目顺利完工。

四、对标一流，圆满完成“进博会”市容保障

1.“双迎”市容保障圆满完成。深入贯彻落实习近平总书记关于进博会“办出水平、办出成效、越办越好”的重要指示，将开展进博会保障作为提升本区市容环境面貌的重大契机，全力推进重点保障区域内路面、立面、景观绿化等各类设施整治和动态问题整改。建立巡查监督机制，充分发挥区、镇二级督察作用，抓好各类市容问题的发现和整改工作。完成虹桥商务区提供的 161 个地面道路和 17 个水域缺陷问题整改，整改率达 100%，完成“19 + 15”重要通道两侧楼宇外立面整治工作。加快推进“美丽街区”建设工作，完成嘉闵高架江桥段项目，州桥老街项目加快建设，各街镇整治项目按计划落实。

2. 市容环境责任区管理制度落实到位。全区签订责任区户数 1.4 万户，签约率 100%，建立责任区自律组织 26 个，全面提升 12 个重点责任区管理自律组织效能。

3. 强力推进户外广告和店招店牌整治。建立通报督办机制，通过管执联动督促快速整改落实。市区两级户外广告督办任务 135 块，已拆除 104 块，拆除率 76%。通过自查、督办拆除店招店牌 2275 块、户外广告 335 块。抽检招牌 3490 块，其中检测不合格数 3347 块，加快落实整改。修订《嘉定区户外广告设施设置阵地实施方案》，全年累计审批 23 起 188 块户外广告。

4. 加强市容薄弱环节管控。以“微治理”和“双迎”市容保障为契机，加强无序设摊治理，严控新增，对疏导点和控制点加强固

守、防止回潮，推进5条高速公路、15条主干道和100条重要道路两侧市容环境综合治理。

五、即知即改，坚决落实环保督察整改要求

4月2—24日市委环保督察期间，共完成31件督办件，其中信访投诉件9件（主办件1件、协办件8件）、现场检查交办件22件（主办件5件、协办件17件），所有案件都已完成整改并销项。7月10日—8月10日中央环保督察期间，区绿化市容局共收到各类督办件45件，其中资料调阅件18件、信访投诉和舆情件27件（主办件2件、协办件25件），所有案件都已完成整改。

六、深挖严查，全力开展扫黑除恶专项斗争

局扫黑除恶领导小组统筹协调，制订《扫黑除恶专项斗争实施方案》，确立线索排摸移送制度，搜集完善基础台账，全面开展渣土运输、废品回收、绿化工程领域内的涉黑涉恶线索排摸。认真做好线索交办件的核查处理，在中央扫黑除恶督察组督导期间，共收到两件交办件，全部完成线索核查和反馈。认真落实中央扫黑除恶督导要求，针对中央扫黑除恶第16督导组提出的整改问题（共涉及7个问题事项的整改），及时制订整改工作方案，落实整改措施。

七、提升效能，不断巩固行业发展基础

1. 提高诉求处置质量。全年共受理投诉件1283件，市民满意率90.3%。涉及本行业舆情热点问题14件、信访事项16件，全部及时办结。办理人大建议、政协提案共31件。

2. 规范开展行政审批工作。全年共完成绿化质量监督项目27个，办理配套绿化方案意见征询（联审平台）36件，配套绿化方案审核意见24件、绿化竣工验收88件、临时使用绿地9件。开出省木材运输证5023张、植物检疫证5023张，调运木材8.06万立方米、苗木0.14万株。

（十四）青浦区

青浦区建设和管理委员会

一、坚持精心谋划，规划研究工作迈出新步伐

（一）深入推进各类规划研究。完成青浦区农村公路建设规划（2018—2022年）编制并获区政府批复。完成海绵城市建设规划编制并通过专家评审。完成青浦大道（崧泽大道—松江区界）选线专项规划及徐盈路（S26—崧泽大道）专项规划编制，完成徐盈路（S26—崧泽大道）专项规划、G318公路青浦新城一站大居段配套路网规划研究、久业路（崧泽大道—纪白公路）选线、秀横路（山周公路—青赵公路）道路红线调整、长春江路（陈新路—商前路）专项规划中期成果。启动G50高速西岑出口收费匝道、新凤路（凤星路—崧泽大道）、练西公路（沪青平公路—岑卜路）道路红线调整、朱枫公路（沪青平公路—G50跨线桥）道路红线调整专项规划方案研究。

（二）全面开展交通规划研究。参与长三角示范区综合交通专项规划编制工作。完成青浦区新能源车辆充电设施建设规划、青浦新城慢行交通系统规划研究、青浦区市政道路基础设施智慧化建设技术及应用研究终期成果，并通过专家评审。

（三）启动“十四五”规划研究。启动并完成《“十四五”期间青浦区重大基础设施建设目标、思路和重点举措研究》课题初步成果。

二、坚持全力以赴，重要工作落实展现新亮点

（一）凝心聚力，全力服务保障进博会。

1. 推进进博会配套保障项目。作为进博会前线指挥部项目建设组牵头单位，积极协调推进第二届进口博览会配套保障项目的建

设和日常养护等工作，为进博会的顺利召开奠定坚实基础。28项配套保障项目中建设项目24项，9月底16项完工，包括道路改扩建、配套停车场维修、河道整治、水质提升、绿化景观等。日常管理和养护类项目4项包括工地文明施工管理、共享单车整治和一体化保洁等。

2. 确保公交停车配套供应。服务进博会的常规公交线路原则上增能10%，连接轨交9号线的公交线路增能20%。与久事公交携手完成5条远端停车场接驳线路的营运任务。提升轨交17号线等的应急保障能力。对进博会11个专用停车场进行地面维修、设施恢复及标志标线完善，按时完成外围道路交通标志、标牌的制作及更换。做好展会期间移动厕所、休息大棚、应急发电机组及小型消防车设备的调配工作，为进博会提供有力外围保障。

3. 强化水陆交通整治。水上，落实内河港航火灾防控、入沪船舶专项安全监管、到港船舶燃油抽样送检、加强船舶进出港检查、港口码头空中坠物专项整治等工作。陆上，在国家会展中心周边开展非法客运整治，加强对公交、汽修等重点行业检查，为进博会召开营造良好氛围。

4. 加大建筑工地监管。开展建设工程文明施工及扬尘污染防治专项大检查，对青浦区所有在建工地及搅拌站开展全覆盖检查，针对进博会区域进行重点检查。对进博会保障区域、城区和部分集镇区内27个建设工地文明施工及扬尘污染防治情况进行实地督导检查。对区内混凝土搅拌站持续开展扬尘污染整治。

5. 加强道路、照明及地下空间监管。依托一体化保洁制度，加强会展中心周边清扫保洁和洒水频率。加强巡查会展中心周边道路及附属设施状况。对重要路段加强道路照明监管巡查，每周不少于两次；进博期间设置应急保障驻点，严格落实值班制度和信息报告制度，加强巡视、排除隐患，全力保障好本届进博会期间道路照明设施的安全运行。开展进博会地下空间安全生产大检查，牵头组织区地空联办成员单位全面排查治理安全风险和事故隐患，坚决消除地下空间安全隐患。

（二）挂图作战，推进道路交通工程。2019年计划推进的道路交通工程共22项，其中续建21项、新开1项。年内计划完成9项，目前已完成8项。未完成1项为沈砖公路，原计划年底完工，因故完工节点调整为2020年6月。

1. 区省对接道路项目：2019年区省对接道路项目共4项，复兴路北延伸段（淀山湖大道—江苏省界）目前桩基施工、雨污水管施工，完成建安量的40%，计划2020年底基本贯通；外青松公路北段（白石公路—江苏省界）目前动迁腾地、施工准备中，计划2021年底基本贯通；胜利路出省段（白石公路—江苏省界）目前桥梁下部结构施工、路基施工，完成建安量的45%，计划2020年底基本贯通；东航路（沪青平公路—江苏省界）目前路基施工、桥梁下部结构施工中，完成建安量的30%，计划2020年底基本贯通。

2. 区区对接道路（断头路）项目：区区对接道路（断头路）项目共1项，为复兴路（沈砖公路—G318）新改建工程，已于7月份建成通车。至此本轮区区对接道路项目已全部完成。

3. 断头河整治项目：断头河整治项目共两项，目前华徐公路—三观塘桥东半辐桥面铺装完成，2020年底全部完工；崧泽高架西延伸—张港桥北半幅北侧架梁完成，南半幅南侧桩基完成，计划2021年底全部完工。

4. 市属项目：G318跨嘉松公路桥人行天桥已建成启用，诸光路（崧泽大道—闵行区界）已建成通车。

5. 区属项目：崧泽高架西延伸，高架下部结构完成55%、上部结构完成20%，地面道路、桥梁完成10%，累计完成建安量的37%，计划2020年底高架部分基本贯通，2021年底完成地面道路部分。

（三）探索创新，推进长三角一体化公交对接。在前期与吴江、昆山地区交通对接的经验与基础上，深入推进长三角公交一体化对接。在市交通委的支持下，联合吴江、嘉善，打破区域行政壁垒，先行先试，开通运行5条示范区区域公交线路，统一线路命名、统一线路走向、统一车身外观设计，开放沿线所有站点，于11月4日举行区域公交开行仪式。

（四）协助配合，继续推进吴淞江、油墩港航道整治工作。根据市发改委等有关部门要求，苏申内港线和油墩港航道整治两个项目的前期征地动迁由属地负责，区建管委配合协调市重大工程长湖申线、苏申内港线等航道整治工程的推进。组织牵头对接好项目前期征地动迁项目法人与属地政府之间的相关工作，确保工程顺利推进。目前，长湖申线航道整治工程13公里护岸结构已完成，老朱枫公路桥已完工。

（五）殚精竭虑，推动改善农民居住环境。推进农民相对集中居住政策的落地，切实改善“三高沿线”“生态敏感区、环境综合整治区”农民居住条件。梳理上报2019年农民相对集中居住区级目标任务1408户。摸排梳理2020—2022年三年目标任务约4000户。制定出台《关于加强推进青浦农民相对集中居住的实施办法》。成立区级工作领导小组，层层落实，合力推进。服务街、镇做好实施方案编制及报批工作。制定符合各街、镇要求的村民建房房型设计图集，形成风貌引导导则，同步开展农村风貌设计管控培训，做好风貌管控以及施工质量安全等方面的技术指导。至12月底，完成1430户农民签约任务，全面完成市级1000户考核任务。继续推进农村低收入户危旧房改造，2019年共改造19户，其中翻建3户、修缮16户，涉及华新、白鹤、重固、朱家角、金泽、练塘6个镇，至12月底已全面完工。

三、坚持民生为本，城乡配套建设取得新进展

（一）立足基层，全面实施乡村振兴战略。如期完成第一轮莲湖村乡村振兴示范村建设项目，包括推进综合管线改造、景观提升、风貌改造、架空线入地等7个项目，协调解决57个问题事项。推进26个重固镇新型城镇化建设项目。配合参与区级乡村振兴政策研究，参与徐姚村、张马村、东庄村项目研究及风貌设计方案等。

（二）便民利民，提升公交客运服务水平。全力推进公交配套设施项目及公交港湾式站台改建项目的实施，2019年度共计完成新建公交候车亭265座(其中：新建200座、旧亭更新65座)，同时完成沪青平公路谢卫路等12处公交站点的港湾式站台改建任务。对区内公交线网进行优化调整，新辟线路两条，延伸调整线路17条。制作并发放2019年版《青浦区公共交通便民服务指南》，共印制25万份。评选8条2018年度区级公交品牌线路、50名优秀客运从业人员。

（三）紧扣节点，全面推进液化气统一配送。根据《青浦区液化气统一配送实施方案》，从2017年10月开始推行液化气统一配送工作，全区共涉及7家液化气经营企业。目前，10个供应站已取消门售自提，全面推行全配送。至2019年12月，已累计配送钢瓶195725个，计划2020年6月全区供应站取消门售自提，全面实现配送。

（四）齐心协力，加快推进撤渡建桥工作。年末，青浦区还遗留3道渡口。金泽镇南新渡撤渡建桥于10月31日举行开通仪式，大桥正式通行。练塘镇中心渡新桥完成工程验收并开通，相关撤渡手续正在办理中。练塘镇东团渡撤渡建桥方案正在制订中。白鹤万狮渡待胜利路延伸项目吴淞江大桥通行后自然停渡。

（五）挖掘潜能，继续推进错时停车工作。动员和引导机关事业单位内部专用停车场、经营性停车场（库）向附近居民小区车辆错时开放，以缓解停车场（库）周边小区停车矛盾。2019 年青浦区共实现 6 个停车场 402 个泊位向周边居民小区车辆错时开放，其中，青少年活动中心等机关事业单位内部停车场两个 132 个泊位，富绅国际大厦停车场等经营性停车场（库）4 个 270 个泊位。

四、坚持绣花精神，城市精细管理得到新提升

（一）安全为先，确保建管行业总体稳定

落实企业安全生产主体责任，以“签约、培训、检查、奖惩”“四步工作法”为基础，围绕道路、公交、水运、建筑、燃气、地下空间及路灯照明六大领域加强监管。组建建设交通行业安全生产专家库。开展安全生产大检查、建设工程百日行动、“防风险保平安迎大庆护进博”消防安全、“安全生产月”活动、公共安全综合整治、交通行业百日行动等专项工作。配合区安委办完成青浦区安全生产挂图作战工作计划，对区内港航企业、建筑工地、地下空间、道路运输企业、燃气企业开展检查。建筑行业开展安全检查 662 次，行政处罚 18 起；港航行业开展安全检查 2751 次，行政处罚 505 件；交通运输行业对省际客运、驾驶员培训及非法客运等行业领域执法检查 1033 次，行政处罚 901 件；对货运、客运、汽修、停车企业检查共 291 户次，开具行政责令改正通知书 33 份，复查督促整改到位 30 起，移送执法大队 3 起；路政行业开展安全检查 370 次，行政处罚 25 件；燃气行业开展安全检查 109 次，行政处罚 16 件；区地空联办开展地下空间管理安全检查 16 次，发现并落实整改安全隐患 172 项。年内，六大行业领域总体平稳有序。

（二）常抓不懈，规范建筑行业管理

1. 推广绿色建筑和建筑节能。区内新完成供地地块共有 40 个，除 3 个工业地块不予实施装配式建筑外，其余 37 个地块均要求 100% 实施装配式建筑，总建筑面积约 396 万平方米。区内共有 5 个可再生能源应用项目竣工完成，总建筑面积约 28.22 平方米。青浦区既有公共建筑节能改造项目共落实 11 个项目，总建筑面积 5.13 万平方米。邀请专家开展在建项目建筑节能措施专项检查。

2. 开展既有玻璃幕墙建筑检查。牵头相关部门、街镇，对辖区内 11 个街镇 120 多幢既有玻璃幕墙建筑进行检查，针对发现的 29 处安全隐患要求责任单位落实管理责任，建立应急处置保障机制。对区内 32 个市属保障房项目 42 个小区外墙外保温开展整治工作。

3. 强化建设工地日常监管。签订《青浦区建设工程安全生产、文明施工承诺书》。深入开展建筑工程现场质量管理标准化和安全生产标准化工作，完成 106 家企业安全生产年度考核。加大巡查工作力度。开展防汛防台排查、节能工程质量、专项整治“百日行动”“建设工程质量月”等专项检查。台风“利奇马”影响期间，值班人员 24 小时值守，累计出动检查人员 270 人次，检查工地 105 个，撤离人员 19592 人。

4. 大力提升文明施工水平。对青浦区主要建成区范围内的项目进行综合检查，完成各类公益围挡广告 8 万多平方米。加装噪声扬尘在线监测系统，目前已有 193 个项目（含已拆除）安装扬尘监控设备。

5. 做好建设项目服务审批。施工许可：完成 334 个项目，总建筑面积 505.53 万平方米，其中建设工程联审共享平台审批 139 个项目。竣工备案：完成 196 个项目，总建筑面积 422.89 万平方米，其中建设工程联审共享平台综合验收项目数 79 个；小型验收项目数 30 个。新申请资质审批：完成 190 家企业，增项 52 家。2019 年，注册于本区的施工企业共 824 家。施工图审查备案：完成 42 个项目，其中初步设计备案 21 个、总体设计

备案21个。建筑工程抗震设防审查：受理项目31个，已审查办结31个，其中抗震审查23个、技术咨询8个。自2019年6月起开展消防设计审查、消防竣工验收、备案：已完成37个设计审查项目、4个设计备案项目、39个竣工备案项目、21个竣工验收项目。自2019年5月起推进青浦区社会投资小型工业项目减免相关费用和取消施工图设计文件审查相关工作：已委托10000平方米以下的工业小型项目审图任务8项，委托监理任务3项。通过安全生产许可证告知承诺制电子化审批系统新申请发证172项、正常延期101项、重新申请28项。初步设计审批：完成66个，总投资952247万元，其中房建项目建筑面积19.4万平方米、道路总长25.5公里，各类管线总长2.1公里。建筑节能审查和备案：完成土地招拍挂征询、方案前征询意见144个，节能备案78个。

（三）持续推进，强化道路养护管理

1. 积极推进道路养护工作。区管公路：2019年区管公路养护计划15742万元，其中日常养护5570万元、大中修7345.62万元、管理项目2386.38万元、应急经费440万元。至12月底累计支出17136万元。农村公路：2019年农村公路养护计划25323万元，调整后计划27099万元，年度预算安排22996万元，其中日常养护9840万元、薄弱村道路维修750万元、大中修工程8781万元、管理项目1019万元。至12月底累计支出22996万元。市政道路：2019年市政道路养护计划5789万元，其中日常养护4560万元、大中修929万元、小专项300万元。至12月底累计支出5806万元。

2. 继续做好道路大中修项目。区管公路：大中修项目共9项。2018年续建项目两个已竣工，2019年新开工7个项目，已全部完工。市政道路：大中修共1项，已完工。农村公路：大中修项目2018年结转13项，完成竣工验收。2019年10个项目，目前白鹤姚家浜路已完成竣工验收，夏阳王仙村路主体工程已完成，其余8个项目在施工阶段，预计2020年5月完工。薄弱村项目结转3项，完成竣工验收。下立交项目完成新一轮养护招投标。

3. 继续创建“四好农村路”。在2018年朱家角镇先试先行的基础上，继续推行示范镇（路）创建工作。金泽镇为2019年示范镇创建镇，重固镇为2020年创建镇，朱家角镇做好示范镇复检工作。加大“四好农村路”创建宣传力度，完善乡规民约，开展路域环境整治，农管站提标改造，推进路长制。

（四）真抓实干，完善道路运输管理。

1. 做好道路运输行政管理。受理道路运输证年度审验车辆8722辆，受理专业运输开业78户，非专业运输开业29户；专业新增车辆1482辆、非专业新增车辆293辆；货运车辆燃料消耗量达标车型核查873辆；检测车辆共计9000辆；办理网约预约车人员资质申请1504件，总2940件；校车备案涉及学校11所，运营企业4家，车辆89辆；新增公共停车场（库）经营企业备案28户。

2. 规范汽修行业管理。青浦区机动车维修业户332户，其中一、二类机动车维修业户147户，三类机动车维修业户166户，摩托车维修业户19户。狠抓一、二类维修企业监管，坚决杜绝三类机动车维修业户的“三合一”现象及超范围经营现象。配合环保部门做好汽车维修行业专项整治，督促维修企业规范处置废弃物。

3. 维护货运市场稳定。重点对规模较大运输企业以及危险品运输企业进行安全检查。做好外省市危险品运输车辆入沪登记查验，共登记查验危险品运输企业危险货物运输车辆818辆。对区内20家规模较大运输企业的69辆营运车辆开展能源消费情况调查，完成区内47户企业的道路货物运输量专项调查。

4. 开展道路交通执法。公路路政：行政许可审批29件，行政处罚案件20件。城市路政：审批掘路51件，面积17742.17平方米；临时占路14件，面积1237.54平方米；夜间施工备案13件。非法道路接坡整治50余处。交通执法：开展“清网1–12号”非法客运专项整治、“猎狐1–12号”克隆出租车专项整治、无证驾培等系列专项整治。做好公安移交案件接收，立案24件，其中10件危险品无证运输案件。有序开展非法客运整治，继续加强同交警支队联勤协作，共计开展“青锤”系列专项整治226次，截至目前查获非法客运车辆607件。对网约车平台进行立案查处，共处罚“滴滴”“美团”等平台3次，罚款23万元。

5. 推广绿色节能交通。加强公共充电桩建设和验收，全年建成上线运营公共充电桩945根，比市交通委下达的2019年公共充电桩建设指标150根超额完成795根。建设完成郊野公园16根公交充电桩和重固枢纽8根公交充电桩，年内投入使用。推进新能源公交车的推广使用，年内新增或更新22台新能源公交车。

6. 完成配建机动车停车场（库）审验。完成配建机动车停车场（库）审核95件，配建停车场竣工验收43件。

（五）严格执法，保障水域安全清洁。

1. 严把水域行政审批。受理区管通航水域施工作业许可33件，受理船舶进出港报告74679艘次。梳理辖区码头情况，至2019年底，辖区有证企业33户（其中市管航道企业4户、区管航道企业29户），总泊位109个。青浦境内共有航道29条，里程共计251.66公里。年内共检验船舶182艘。

2. 强化海事巡航制度。强化重点水域、重点航段、渡口、水上旅游区日常巡航监管。年内，网格化巡航累计12593.4小时，出动海巡艇7991艘次、执法人员21509次，检查船舶5281艘次，查处各类违章船舶794艘次；抢险救助18次，救助遇险人员41人次、遇险船舶17艘次。

3. 开展专项整治宣传。严厉打击各类船舶违法装卸行为，全面清除青浦区无证码头，排查出无证码头19处，向相关街镇送达8份《海事建议函》。全面排查老旧桥梁，向相关街道送达10份《海事建议函》。开展专题安全宣传，发放宣传资料2500份、召开专题会议9次、专题培训5次，参与涉航企业130户次，参与活动420人次。

4. 加强涉水工程监管。加强对环城水系工程、长湖申线航道（上海段）整治工程老朱枫公路桥拆建及朱枫公路桥防撞设施工程、练塘镇中心渡口和金泽镇南新渡口建桥撤渡工程等在建水工项目的现场安全监督检查，督促施工方落实各项安全保障措施，确保施工和通航安全。

5. 营造蓝天碧水环境。开展船舶污染防治工作，要求船舶规范使用防污染设施设备，按规定处置污染物等，共查处船舶污染类案件60起。加强港口企业扬尘监管，开展易扬尘码头堆场环保专项检查，出动165人次，检查易扬尘码头68户次，对16家码头下发责令改正通知书。区内23家码头企业安装扬尘在线监测设备。

（六）多措并举，确保燃气供应稳定。

1. 加强燃气站点检查力度。与区内10家燃气经营单位签订安全生产责任书，落实企业主体责任。督促业主加强燃气安全管理，建立健全安全生产责任制。截至12月，检查液化气站点104座、天然气加气站3座、压缩天然气母站3座、天然气门站3座、储配站两座，出动检查人员580人次。发出责令整改通知书20份，与单位负责人进行约谈，要求限期整改。

2. 督促做好用户入户安检。督促各燃气经营单位做好用户入户安检，每季度对各管道天然气（两家）、瓶装液化经营企业（5家）开展燃气用户入户安检情况督查工作，液化气入户安检38批次，出动检查人员190人次；天然气入户安检8批次，出动检查人员40人次；共开具责令整改通知书 11 份。

3. 开展瓶装液化气专项整治。为打击液化气非法经营行为，6—12 月持续开展瓶装液化石油气专项整治工作。落实街镇属地安全管理责任，做好用户排查、用气宣传，截至 10 月，完成用户排查 79573 户。组织燃气公司到街镇开展安全用气宣贯会。参与生态办“三大整治”工作，做好公共安全检查。

（七）加强监管，保障地下空间、道路照明正常运行。

1. 提升地下空间监管效能。对区内 9 个街镇 50 家重点区域地下空间安全使用情况开展督查，指导属地管理部门和地下空间使用单位更好地履行安全管理职责，全面提升城区整体防护和管理水平，推动地下空间安全隐患排查治理工作再上新台阶。年内共开展监督检查 66 次，出动检查人员 816 人次，检查家数 192 家，排查隐患 1730 项。

2. 做好道路照明日常管理工作。开展专项检查 14 次。对全区 34876 盏路灯开展日常巡查 750 次，出动人员 2250 人次，共计巡查 627204 盏次，发现问题 4129 起，网格化工单 1019 起，处置率达 100%。处理撞杆 73 起。受理区管道路照明新建工程网上用户注册 48 项。办理移交接管道路 21 条，共计灯盏数 1881 盏、灯杆数 1446 杆、控制箱 34 只。

3. 积极落实架空线和飞线整治。2019 年，完成 160 根违规架空线、飞线的整治，其中联通 132 根、东方有线 4 根、城建所 2 根、公安 22 根。

五、坚持勇毅笃行，体制机制改革激发新活力

（一）行稳致远，推进交通运输综合执法改革。经充分调研，制订青浦区改革工作方案。目前已得到区委编办关于交通运输综合执法改革及委所属部分事业单位机构编制事项的批复，组建新的青浦区交通委员会执法大队、青浦区港航管理事务中心、青浦区道路运输管理事务中心，内设机构设置结合“三定”规定予以明确。按照本次机构改革的有关规定和要求，区建管委机关“三定”方案正在调整和制定审批过程中。

（二）提质增效，推进行政审批制度改革。推进建设工程综合竣工验收工作。全面落实“一网通办”“一表申请”“一口受理”综合验收要求。2019 年 1 月起在巩固青浦区取得上海市第一个平台发证、平台验收的综合竣工验收的基础上，4 月 9 日完成首个小型建筑工程竣工验收，由原先多部门验收改革为六方验收。10 月中旬，青浦区完成全市首个平台申报施工许可、平台竣工验收及备案的装饰装修项目，顺利接收消防部门的建设工程和装饰工程消防设计审核（含设计变更）、消防验收、备案和抽查事项。抗震设防审查落实到施工图审图的多图联审，区内组织抗震技术咨询服务。落实低风险项目审图、监理减免费用措施。

（三）填补空白，推进道路竣工投用管养改革。针对公路项目因交工验收与竣工移交之间有两年质保期，质保期中无法取得市级道路清扫保洁和养护费用导致公路项目缺管失养的问题，编制道路交工验收后管养改革方案。

同时，还做好了扫黑除恶专项斗争、全国文明城区创建、防汛防台、组织、人事、宣传、统战、财务、国防动员、交通战备、工青妇、老干部、人大代表建议和政协提案办理、督查、信访、市民热线、网格化、信息、信息化、档案、保密等各项工作，为中心工作发挥了有力保障作用。

青浦区绿化和市容管理局

2019 年，区绿化市容局坚持以习近平新时代中国特色社会主义思想为指导，以“不忘初心、牢记使命”主题教育为重点，坚决贯彻落实党中央、市委和区委的决策部署，对接服务两大国家战略，坚持绿色发展新理

念，深入贯彻落实区第五次党代会，五届区委七次、八次全会和区五届人大四次会议精神，紧紧围绕青浦建设“上海之门”城市目标，按照“更整洁、更有序、更美观、更安全”的行业要求，全力推进城市精细化管理和长三角绿色生态一体化发展示范区建设，努力提升市民群众的获得感和满意度。

一、聚焦任务目标，对表对标，大力攻坚推进区重点挂图作战任务

（一）集镇地区“一体化”养护保洁实现全覆盖，农村试点工作取得阶段性成效

1. 制订《关于青浦区集镇地区推进“一体化”养护保洁工作实施方案》，指导各街镇对照标准要求，全面梳理排摸道路保洁、河道保洁、绿化养护工作任务量，按照作业定额测算所需经费，通过市场化方式或现有作业队伍整合方式推进养护保洁，建立日常监管考核制度，全面落实“五定”作业要求。

2. 西虹桥一体化养护保洁作业实效不断提升，作业范围拓展至 8 平方公里，进博会核心区市容环境达到“席地而坐”，其他区域实现“更干净、更整洁、更有序”要求。

3. 农村地区一体化养护保洁取得阶段性成效，通过市场化方式或村民自治管理，实现农村宅前屋后、设施管理、道路保洁、水域保洁实效不断提升。

（二）“美丽街区”建设坚持“突出重点、兼顾一般”原则有序推进

1. 细化《2018—2020 年青浦区“美丽街区”建设三年行动计划》2019 年工作任务清单，制定《青浦区“美丽街区”示范建设导则》，进一步明确工作目标、整治内容、建设标准和实施步骤。各街镇分别制订了本区域工作方案。

2. 按照《三年行动计划》，国展中心周边和嘉闵高架沿线青浦可视范围两个点位已经结合首届进口博览会市容景观提升项目于 2018 年率先完成。其中 10 个点位：华新镇新凤中路已完成绿化改造；重固镇本周完成立项进入招标程序；另 8 个点位都在招投标阶段，预计 1 月底可以完成前期手续，2 月全面开工建设。青浦区“美丽街区”建设工作总进度达到 45%。

（三）推进市级重点生态廊道建设，构建绿色生态安全屏障，完善生态网络空间

市局下达青浦区 2019 年造林任务 8100 亩，其中市级重点生态廊道 7000 亩、其他生态廊道及一般生态公益林 1100 亩。围绕目标任务，青浦区按照挂图作战的要求，全力推进。

1. 市级重点生态廊道建设。市政府下达青浦区重点生态廊道任务量 6 条（片）11372 亩，截至 12 月底，除青松生态廊道农民宅基地（163 亩）外，相关街镇已基本完成土地腾退工作。其中青松生态走廊、沪渝高速沿线、沈海高速沿线、拦路港—泖河—斜塘沿线项目完成招投标，并全面实施廊道造林，绕城高速沿线项目已完成市级评审，待取得评审意见后办理立项等前期手续；吴淞江沿线项目方案正在编制中。

2. 区级廊道建设及一般公益林。按照林业专项规划和生态环境整治区域“宜农则农、宜林则林”要求，继续深挖土地潜力，落实区级廊道和一般公益林 1100 亩，其中区级生态廊道项目两个，涉及朱家角镇和徐泾镇，一般生态公益林两个，涉及重固镇和夏阳街道，今冬明春完成造林。

二、聚焦“双迎”保障，精准施策，着力打造更高水平的城市精细化管理体系

（一）全力以赴服务保障第二届进博会

1. 坚持规范引领，确保工作措施见效落地。区绿化市容局按照“三全四化”要求，履行市容环境保障组牵头单位和行业管理职责，制订《青浦区首届中国国际进口博览会市容环境保障工作专项方案》，细化实施绿化建设管养“啄木鸟”日巡查、稽查方案，开展 24 小时“1+8”网格精细化巡查和问题处置工作，严抓核心区绿化景观提升项目，

全力保障城市容貌保持干净、整洁、美观、有序、安全。共有58名机关和基层单位党员干部参加巡查；“啄木鸟”日巡查行动启动以来，自查自纠共发现问题150余件，整改率100%。

2.落实精细化管理，实施景观改造提升。围绕“双最”标准和越办越好要求，实施国展中心核心区涞港路沿河—会卓路绿地改造3700平方米、盈港东路（诸光路—蟠秀路西郊家园北侧）南侧绿地改造800平方米，完成8000平方米地被草花、1095组机非隔离带花箱、盈港东路高架下匝道1050套高架花卉、诸光路西侧临时围墙垂直绿墙及花墙布置，完成核心区内近6500平方米各类乔灌木补种等；采用数控集成技术实施盈港东路下匝道、崧泽大道高架桥及高架下景观灯光布置，实施盈港东路、涞港路行道树新型景观灯光投射安装，实施涞港路沿河—会卓路、徐民东路、盈港东路改造绿地景观灯光布置；在诸光路—崧泽大道节点、小涞港沿河绿地节点布置“上海之门”“锦鲤”等景观小品，展示上海和青浦的城市形象；实施盈港东路人行道板、行道树盖板同步更换和盈港东路人行天桥阶梯约5680平方米的材质更换，盈港东路人行天桥桥面排水系统重新安装布置；统一调整生活垃圾分类垃圾箱170个；完成113个电力、电信等控制箱艺术化加盖处理。

3.持续开展大清洗、大保洁，提升市容环境质量。按照“一体化”养护保洁和精细化管理标准和“席地而坐”的要求，美都公司等相关环卫作业单位按照“五定”要求，持续开展核心区城市家具（果壳箱、栏杆、立面、灯杆、天桥、花盆等）、道路、人行道板等大清洗、大保洁工作，同时，兼顾核心区外围区域，共计699937平方米，确保最优面貌、一尘不染。

4.继续开展重点区域市容环境综合治理。西虹桥区域28块待开发地块逐一形成整治方案，其中已出让的7个地块由西虹桥公司督促开发商自行整改提升，其余均纳入徐泾镇市容环境提升项目整改提升。重点对西虹桥区域3个轨交站点开展市容环境巡查整治，并延伸至17号线沿线站点，强化网格巡查发现和快速处置。加快平台问题案件处置。截止10月15日，市“双迎”市容环境问题紧逼督办平台累计下发5批次合计150个问题，完成整改147个，整改率98.00%；虹桥商务区管委会下发的问题清单223个，已全部完成整改；区“双迎”市容环境保障平台西虹桥区域6平方公里共累积督办各类问题1109个，已整改完成1071个，整改率96.57%。

（二）对照要求提升全区市容环境面貌

1.持续推进市容环境顽症治理。巩固好首届“进博会”市容环境保障成果，在全面巩固“补短板、治五乱”三年行动计划的基础上，对各街镇48个治理任务点位开展专项治理。至9月底，全区总体达标率为87%。持续开展91个“特定区域”和31个无序设摊点位的巩固提升工作，落实巡查测评通报机制，全区7个疏导点及1个管控点现场管理实效全部达标。制订2019年青浦区占道亭棚整治方案，督促各街镇落实“占道亭棚”减量化专项治理措施，加大重点难题顽症治理力度。至年底，全区109个任务整治量，其中60个管理类或服务类停棚中50个达标，占83%；剩余49个要求入场入室的停棚，除便民早餐车外，基本完成拆除工作。继续深化落实市容环境卫生责任区制度，联合区城管执法局压实商家责任，提升沿街商铺签约上墙率、履约率、自治率。

2.推进景观灯光设施建设和管护。2019年，编制《青浦区景观照明规划》《朱家角古镇夜景照明方案》《青浦重要绿地景观照明控制规划》和《青浦中心城区夜景照明方案》，已报批相继实施。强化景观照明设施养护及考核机制，确保现有景观灯光按照亮灯率和完好率不低于98%。

3. 加强户外广告招牌设施管理。适时调整《青浦区户外广告设施设置阵地实施方案》，规范设置和安全管理，完善户外招牌告知承诺、一店一档和审批制度，强化店招店牌管理和安全隐患整治，对屋顶、墙面大型外挑招牌等违规招牌的整治拆除。市第一批重点督办LED显示屏和跨线桥任务60块，完成48块，完成率80%；市第二批重点督办任务165块，完成154块，完成率93.3%；第三批重点督办任务41块，完成35块，完成率85.4%，预计年内基本完成整治任务。同时，开展区级违法户外广告、违规招牌设施整治和安全隐患大排查工作。其中：第一批区户外招牌专项整治任务2649块，累计完成2243块，完成率84.7%；区第二批存在安全隐患需拆除的任务740块，累计完成258块，完成率34.9%，预计年内基本完成整治任务。

4. 全面推进创建全国文明城区市容环境保障。对照标准细化区绿化市容局创全工作的方案和工作任务，重点围绕道路环境专项治理行动（14条重点道路）进行道路净化美化提升，营造公益宣传氛围，整治不文明行为，加强沿线绿化带常态保洁，及时清运路边垃圾、清除黑广告等要求，明确主体责任，加强检查—通报—整改—再检查，确保创全要求落实到位。落实南北箐园、曲水园、珠溪园、崧泽广场、白玉兰广场创全点位长负责制，对照创全标准，加强整改，做好第二轮迎检准备。

三、聚焦更高管理能级，实现市容环卫、绿化林业重点工作高效完成

（一）完善生活垃圾全程分类，推进达标（示范）街镇创建

以《上海市生活垃圾管理条例》施行为契机，全力推动青浦区生活垃圾分类工作，制定《2019年青浦区生活垃圾全程分类体系建设工作实施意见》，明确工作重点，分解目标任务，压实街镇责任，加大监督考核力度，不断提高垃圾分类实效。重固镇、赵巷镇、盈浦街道通过垃圾分类示范街镇市级评估命名，其他街镇完成达标街镇创建任务。

1. 强化宣传培训。在全区召开培训大会，分批对成员单位及各街镇分管领导，垃圾分类推进部门、村居委、物业企业负责人等进行专项专题辅导培训，累计已下发各类宣传资料33万份，开展各类培训1700余场，培训10万人次，垃圾分类参与率和知晓率不断提升。

2. 点面结合抓好拓展。以生活垃圾分类达标示范街镇创建为抓手，发挥党建引领、村居自治作用，全覆盖推进集镇居住区、农村地区及单位生活垃圾全程分类工作。已完成绿色账户开卡14.2万户，开卡率99.9%，累计覆盖33.4万户家庭，提前完成市级指标；累计推进垃圾分类居住区712个、农村177个、单位18860家；设置定时定点投放点位1399处，完成垃圾箱房改造403座；“两网融合”再生资源回收点新增306个，5个中转站正式运行，收运处体系进一步健全，再生资源收运量及回收利率不断提升。

3. 优化分类收运处。各街镇环卫单位按垃圾组分优化干、湿垃圾分类车辆，调整确定湿垃圾清运车116辆、干垃圾清运车183辆、餐厨垃圾车39辆、残渣车18辆、一般工业固废车辆21辆、整治垃圾车辆6辆，全部纳入日常监管范围。居住区结合定时定点投放及时调整垃圾清运频次，由原来每天1次调整为早、晚各1次；沿街商铺实行定时定点上门收集，并根据季节性特点，对夜排档等餐饮单位提供夜间垃圾收集，切实解决湿垃圾积存问题。完成湿垃圾清运车辆增配购置工作，收运物流体系更新调整全部到位，跑冒滴漏问题得到有效遏制。

4. 加强指标分析管控。根据市级年度下达垃圾量处理指标，全面加强分析管控，建立垃圾处理量日报制度和周报制度，及时掌

握街镇垃圾量变化情况。截止10月中旬，全区干垃圾日均量665.61吨，比市级指标797吨/日减少16%；湿垃圾日均量209.15吨，比市级指标164吨/日增加28%；餐厨垃圾日均量103.93吨，比市级指标77吨/日增加35%；可回收物日均量163.86吨，比市级指标129吨/日增加27%。

5. 加强垃圾分类实效检查。结合街镇自查、部门联动执法检查和第三方巡查，建立“每月一查”和月度通报机制，强化垃圾分类实效监管。重点对居住区、集贸市场、机关、企事业单位等垃圾分类场所实行检查，及时发现问题并落实整改。以党政机关、学校、医院、菜场、商圈、饭店等248家六类场所为重点，会同城管部门加大联合执法检查力度，倒逼责任单位履行分类责任。

（二）推进固体废物全过程治理，促进地区环境优化

严格按照市政府57号令要求，加强建筑垃圾全程管控，强化属地管理责任。截至9月底，共受理排放项目56个、回填44个，累计申报处置工程渣土445.99万吨、回填申报量1451.87万吨、发出建筑垃圾双向告知书58份。开展“卫星遥感+无人机”排查5次，发现问题点位716个，已整改600个，整改率83.8%。加强与区城管等执法部门的日常执法检查，对专营单位实施严惩严管和诚信承诺机制，并落实双向告知制度。督促街镇及行业单位，落实中央环保督查整改要求，全面规范建筑垃圾中转分拣点、处置场所、消纳点的软硬件建设和日常监管，定期开展专项联合整治行动，确定地区环境安全。截至9月底，共开展联合执法检查23次、联合整治8次、提醒谈话5次。全区申报核准消纳卸点44个、回填量1451.87万吨，备案中转码头1个，检查14次，发出整改告知书5份。与区食安办、城管等部门联动，规范餐厨废弃油脂管理。加强对收运单位的台账、收运情况、中转存储场所、安全生产等情况的执法、监督，做到严惩严管。

（三）加快环卫基础设施建设，提高收运处能力

1. 积极推进青西地区垃圾中转站项目。抓好前期手续办理工作，协调区相关部门、属地街镇加快工作推进力度，年内实现开工建设。

2. 全面推进建材再生利用中心项目。完成协调解决项目选址、建设方案及项目建议书论证并获得批复，完成项目可行性研究报告编制，实现年内开工建设，计划2020年底完成建设并投入试运行。

3. 中心城区公厕进一步提标。2018年新建的两座最新一类公厕全面竣工对外开放，通过全市最美公厕评选，实现青浦智慧公厕“零”突破。2019年度中心城区两座公厕按一类标准实施新建和改造，结合道路及周边周边风貌抓好方案设计，完成盈港路公厕施工建设。

4. 集镇和农村“公厕革命”逐步实施。会同区发改委、区财政制订《关于集镇和农村地区公厕维修改造工作实施方案》，结合人居环境整治等工作，指导督促属地街镇加大工作推进力度，完成公厕维修改造54座。

（四）注重生态品质，完成可持续添色增绿

2019年，市局下达青浦公园绿地建设任务70公顷（其中公共绿地30公顷）、绿道15公里、立体绿化15000平方米任务，截至9月底共完成公园绿地71.9公顷（其中完成公共绿地35.64公顷），完成环城水系公园绿道15公里，完成立体绿化15000平方米，到2019年末，全区绿地率达到41.55%，人均公园绿地面积达到9.5平方米。积极实施城区绿地调整改造和设施维修工作。年内城区4处街心花园约15219平方米（包括青安绿地2722平方米、尚美绿地2050平方米、城北绿地2913平方米、淀浦河河滨绿带7534平方米），10月底完工。完成夏阳

湖城市公共绿地67371平方米的改造。依托“五违四必须”环境整治区域和农田、河道林网，落实区级廊道建设及一般公益林建设1100亩，其中，一般生态公益林两个，区级生态廊道项目两个，今冬明春完成造林。

（五）多管齐下，提升绿地林地管养水平

对标绿化、彩化、珍贵化、效益化要求，不断健全公园绿地“三位一体”共建共管机制，形成“公园是我家，管理靠大家”共创局面。组织开展行业技能培训，提高从业人员作业水平，开展“行道树修剪”“病虫害识别、防治”等专业知识培训，组织城区绿化企业参加上海市绿化行业职业技能竞赛，提升行业职工队伍整体水平。建立健全长效管理机制，采用“三级督查”（旬查、月报、季考）的方式，将考核结果与养护经费挂钩，不断提高养护管理水平和质量。继续按照林地精细化管养标准，推进林地市场化养护，组建义务森林监督员队伍，实现养护亮牌公示，配置第三方巡查和考核；积极开展林地抚育，促进林木生长，增强森林生态功能，让市民充分享受开放式森林的生态效应。

（六）绿化扮靓生活，增强群众对绿化的获得感

深化群绿工作服务，广泛开展群众绿化“六进”宣传、服务活动，已开展“园艺大讲堂”11场，“绿化大篷车”进商圈1次，深入社区宣传、赠花8次，废旧电池和过期药品换绿植活动两次；组织参加绿化服务进村居下乡活动11次；积极组织参加市民插花节活动，并取得优异成绩。上海曲水园进一步巩固“五星级公园”管理成效，坚持安全办园、文明游园要求，完成局部修缮工程项目，不断丰富公园内涵，打造贴近市民的公园绿地，按照公园最新建设标准，完善公园各类便民、利民的基础服务设施，为市民营造更加舒适安全的游园环境。深入开展绿化行业文明创建活动，公园在坚持做好为民服务的基础上，积极推出大观园红楼艺术节、曲水园书画展、志愿者文艺演出、露天电影进公园等各类主题活动。

（七）加强资源保护，确保生态安全

大力落实林业“三防”体系要求，全面发挥区“三防”分中心和街镇监测点作用，着力推进森林防火、林业有害生物监测、打击林地非法侵占工作，加强野生动物保护和湿地监管。抓好森林防火工作。继续在金泽、朱家角镇实施隔离网、路、沟等森林防火基础设施建设区域面积3000亩；推进智能化森林防火监控点建设和运行，配合市局做好防火监控搭安装，已在重要涵养林、生态廊道内安装森林防火监控设施11套（区建3套、市建8套）。加强林业有害生物监测与植物检疫，结合“三防”体系建设，定期做好病虫踏查、测报灯下虫情观察、病虫预测预报等，明确测报对象、规范数据报送，发布《病虫简讯》10期，始终对美国白蛾等重大林业有害生物疫情保持高压管控态势。加强湿地和野生动物保护工作。开展湿地和野生动物保护宣传活动17次，组织联合执法和专项行动两次，加强林地巡查和野生动物救助，规范野生动物疫源疫病日常监测核查；推进湿地日常管护运作，完成练塘三泖湿地生态修复项目，通过工程化手段和保护管理措施，恢复湿地生态功能并保护本地野生动植物资源，打造集“绿地、林地、湿地”融合发展区域。

（八）推进产业发展，助推乡村振兴

推进特色经济果林，继续优化和培育“安全优质信得过果园”“标准园”等经济果林品牌建设，2019年申报3家“安全优质信得过果园”、两家“标准园”；加强林业技术指导和服务，参加葡萄田间课堂和整穗技能比武，上海先福蔬果专业合作社获得三等奖；积极探索林地综合利用，建设一批林下食用菌、铁皮石斛示范点，探索以林养林经营模式，促进乡村振兴、产业振兴，同时争取示

范推广项目，开展林下大球盖菇栽培试验研究。

（十五）奉贤区

奉贤区建设和管理委员会

2019年，奉贤区建设和管理委员会（交通委员会）在区委、区政府的正确领导下，坚持以习近平新时代中国特色社会主义思想统领建设交通发展事业，围绕“不忘初心、牢记使命”主题教育，用更强的紧迫感、使命感和责任感，扎实推进奉贤区建设和交通各项工作，努力实现“奉贤美、奉贤强”的战略目标。

一、推进重大交通基础设施建设

坚持做好重大交通基础设施的规划、建设推进工作，主动融入长三角交通一体化，促进奉贤区大路网大格局快速形成。启动“十四五”综合交通规划研究，全面推进1517重大工程项目收尾工作。建成G228国道西段、金海中路、浦卫南路、浦卫北路、望园路下穿G1503地道、六奉公路及新林公路区区对接段、东方美谷大道（浦星—林海）段、望园路中央公园段、航南公路改线段、看守所配套道路等11个项目，开工建设金海公路大学城段，加快推进闵浦三桥、G228东段、运河北路—泽丰路立交匝道3项目。积极配合做好轨交15号线南延伸段、奉浦东桥、S3（奉贤段）、浦星公路南延伸等项目前期准备工作。

二、加快民生实事项目落地

以切实解决人民群众的“急愁盼”问题为己任，确保各类民生实事项目尽早落地尽快见效。一是改善农村人居环境，2019年全面启动奉贤区农民相对集中居住工作，共涉及南桥镇、奉城镇、四团镇、柘林镇、庄行镇、金汇镇、青村镇及西渡街道7镇1街道。目前，共有5个镇6个项目实施方案获批，累计完成签约1490户，有序推进“百万”安置基地建设项目，全面完成市级考核指标。二是加强农村交通基础建设，全年完成“四好农村路”19条，涉及金汇、奉城、庄行等8个街镇，里程31公里；继续推进灯光连通工程，新建乡村公路路灯1599盏，涉及道路48条，道路里程64公里。三是推进城镇老居住区天然气改造，全年城镇老居住区天然气改造范围涉及8个镇88个小区，超额完成1万户区政府实事项目指标，实际改造完成数达18210户。四是保障重大工程项目建设稳步推进，年内新开工项目24个，完工项目16个，累计完成工作量143.3亿元，全年计划量完成率102.3%。

三、解决交通短板问题

一是加强区管道路设施养护，全年完成抢修、小修、中修工程304项，完成交通缓拥堵综合改造11个，结合百路整治，对扶港路、环城东路南桥段、沪杭公路西渡段、解放路等道路进行综合性提升改造。二是优化公交线网布局，完成《奉贤区公交线网优化方案研究（2018—2020）》中期成果评审；结合轨交5号线、奉浦快线、南团快线开通运营后客流变化情况，全年新辟公交线路5条，调整公交线路13条。三是缓解静态交通矛盾，年内完成停车配建审查50件，配建停车场库验收36件；累计完成共享停车点位16个，共享停车泊位650余个；实现奉贤南桥城区和奉浦地区智慧停车管理全覆盖，涉及路段33个、道路停车位2332个。

四、加强行业管理工作

严格执行国家法律法规，改进行风政风，提高行政效能，认真做好建筑行业安全和建筑质量、公路路政、交通运输执法及公交、航务航运和燃气五大行业管理，进一步解放思想，创新服务机制，增强服务意识，提高服务质量。一是加快推进建设工程“放管服”

改革，优化奉贤区建设领域营商环境，全面推行奉贤区工程建设项目“帮办员”制度；加强“批后监管”工作，施工许可一旦发出后，24小时内上门检查，确保施工现场安全有序。二是加强公共交通管理，以优化公交线网为抓手，进一步提升公交服务水平。以科学合理的政府购买公交服务政策，推动公共交通行业可持续发展；注重交运企业安全生产管理工作，抓好法定代表人、司乘人员及管理调度人员的安全教育工作，提高交运企业安全水平；加强交通执法管理，保持高压态势，大力整治非法客运，客运市场基本有序，确保出租车营运合法守纪；强化省际客运执法管理，特别在春运期间，确保旅客运输安全。三是严格落实建设工程、搅拌站、码头扬尘污染防治措施，建立扬尘在线监测数据台账，推行扬尘污染监管点位长制，2019年奉贤区在建工地、搅拌站扬尘监测数据始终稳定在全市前列，管控成效明显。

奉贤区绿化和市容管理局

2019年，区绿化市容局在区委、区政府的坚强领导下，以习近平新时代中国特色社会主义思想为指导，深入学习贯彻习近平总书记考察上海重要讲话精神，全面贯彻党的十九大和十九届二中、三中、四中全会精神，坚决贯彻落实区委、区政府各项决策部署，围绕“城市的高质量发展”和“市民的高品质生活”，对标最高标准、最好水平，有效推进生态环境建设，取得一定成效。

一、多措并举，持续提升绿林建管水平

（一）全力推进国家生态园林城区创建

围绕创园目标任务，发挥牵头作用，借力借势，统筹推进。与上海市景观学会、上海交通大学设计院签署合作框架协议，项目化研究推进指标落实。与上海市环境科学研究院、上海市园林科学规划研究院研究水环境生态治理，通过区校合作、区会合作，提升创园工作科学性、景观性、效益性。2019年新增城市绿线管理、生态网络体系建设等5项创园指标基本达标，累计38项指标已基本达标。

（二）有序推进绿色生态空间建设

聚焦田字绿廊、十字水街和“百座公园”的城市意象打造，新建绿地185.64公顷，其中公园绿地139.5公顷，绿道25.29公里，立体绿化1.63万平方米，完成九棵树（上海）未来艺术中心周边公共绿地工程、泡泡公园等15座公园建设，累计建成93座，实现“一镇一园”全覆盖。推进19个街心花园、两条特色街区建设，利用暂未建设的临时绿地播撒花籽，打造400亩花海，进一步优化人居环境。植树造林稳步推进，完成生态公益林立项4839.87亩、G1503沿线生态廊道和黄浦江沿线生态廊道（一期）立项3453亩，建成生态廊道3000亩、公益林4070亩。目前，全区城镇绿化覆盖率35.06%、森林覆盖率15.05%，较2018年分别增加2.26个和0.75个百分点。

（三）切实加强生态资源保护

开展绿化信息核查，完成四团、庄行、柘林等镇绿化基础数据调查，核查采集面积6.1平方公里。开展森林资源调查监测，更新变化林地斑块8878个，并对原有38815个存量林地小班进行全覆盖地调查更新。完善古树保护机制，落实第三方对全区69株古树及22株后续资源进行全面管护，对西渡街道等4棵古银杏进行了复壮、土壤改良、排水等技措保护。加强野生动物保护，开展爱鸟周宣传活动，修建奉贤区青少年野生动物保护科普基地，与市场监管局等部门联合开展野生动物保护专项行动，检查农贸市场28家次，拆除各类捕鸟网具154张，收缴死鸟45羽、蛙类10公斤。查处林业行政案件3起，结案率100%，处罚金额442万多元，恢复林地8.2公顷，补种树木18238株。

（四）不断提升绿林管养水平

探索公园管理体制，研究制定《关于进一步完善本区公园管理体制机制的若干意见》，促进公园分类分级管理。指导公园改造，推进西渡社区公园、青村滨河公园等改造提升游园环境，古华公园实施夏季三个月延长开放时间。完善《“见缝插绿”第三方服务商库管理办法》《苗木供应商库管理办法》，对公园绿地管理、公益林养护质量等实施第三方检查，强化监管力度，提升管理养护水平。开展新优树种技术推广等专业技术培训5次，加强病虫测报工作，指导病虫害防治，确保年内未发生一例重特大病虫灾害事件。

（五）扎实开展群众绿化工作

成功举办第六届上海梅花节和奉贤区第四届荷花睡莲节活动，开展生态人文摄影作品征集活动，启动“全民创园・生态四季”主题宣传活动，展示奉贤生态之美。开展“绿在贤城・美在奉贤”全民义务植树活动，共计植树面积77700平方米，参与人数2860多人。开展园林式居住区、绿化合格单位创建评选活动，31家单位申报。与区妇联联合开展“最美庭院、最美阳台”创评活动，121户家庭报名，50户家庭获评最美庭院(阳台)。举办“园艺大讲堂”13次，开展“上海市民海派插花花艺大赛”选拔赛，推动“睦邻花园”居民绿化自治组织建设，选聘48名市民园长参与公园管理，不断浓厚全社会共建共管共享的良好氛围。

二、强化全程管控，垃圾综合治理水平不断提升

（一）努力营造全民践行新时尚氛围

全面贯彻落实《上海市生活垃圾管理条例》，按照“管行业必须管垃圾分类”的要求，推动各部门落实工作责任。深入开展《条例》宣传活动，教师讲师团深入各企事业单位、社区、学校等，开展集中宣讲277场，培训参加人数23884人。指导各街镇垃圾分类志愿者开展宣传250多场，培训3万多人次。充分利用区生活垃圾末端处置中心科普教育基地，开展政府开放日活动，接待市民学习参观35批次2500多人。

（二）基本形成生活垃圾全程分类体系

分类投放、分类收集、分类运输、分类处置的全程分类体系日趋完善。累计完成定时定点垃圾箱房改建750个，建成“两网融合”回收点461个、中转站12座、集散场1座，完成1769个道路废物箱标志更新，新增有害垃圾车1辆、电动短驳车300辆、桶装车18辆、压缩车5辆、餐厨垃圾车8辆。居住区达标率进一步提升，达标居住区创建396个，单位强制分类创建4030家，达标率均达95%以上。分类减量效果显著，干垃圾末端控制量约653吨/日，湿垃圾实际分类量约300吨/日，可回收物实际分类量约200吨/日，均优于市下达指标要求。创新举措初获成效，全区“桶长制”、农村示范村创建基本实现全覆盖，成功创建为上海市生活垃圾分类示范区，庄行镇、海湾镇、海湾旅游区、西渡街道、奉浦街道、金海社区创建为示范街镇。生活垃圾全程分类监管系统接入区“城市大脑”，第一批已在21辆车上安装使用车载称重系统。探索餐厨垃圾收运新模式，正在青村、庄行镇试点。

（三）强化建筑垃圾和废弃油脂处置监管

加强建筑垃圾全程管理，完成区新一轮建筑垃圾招投标工作，定期召集渣土运输企业召开工作例会，发挥建筑渣土第三方管理单位作用，督促企业树立自律意识，规范内部管理。完善申报管理，核发许可决定书277份，发放渣土处置证副本12938张，总处置量256.7万立方米。做好柘林塘建筑垃圾计量监管，累计消纳处置建筑垃圾（拆房垃圾和装修垃圾）181多万吨，工程渣土359万吨。加强建筑垃圾分拣场所和临时堆放点的管理，定期监督检查。加大打击力度，联合区城管执法局开展渣土运输联合执法检查行动，着重在被居民投诉较多的海湾区域重

点路段进行设卡检查，累计检查渣土运输车辆 43 辆，发现违规车辆 4 辆。强化餐厨废弃油脂收运处置监管，完成申报 1676 户，安装 IC 卡 1676 张，处置餐厨废弃油脂 1351.3 吨。规范废弃油脂桶处置，累计处置 38.59 吨。

（四）有力推进末端设施建设

稳步推进区再生能源综合利用中心建设，多方协调，年底正式全面开工。加快推进区级建筑垃圾分拣和资源化处置中心建设，西部建筑垃圾分拣和资源化处置中心于 7 月正式投产使用，累计处置建筑垃圾约 5 万吨；东部建筑垃圾资源化利用项目进入试运行阶段；南部建筑垃圾资源化利用项目年内完成招投标。

（五）积极落实环保督察问题整改

结合第二轮中央环保督察、“清废”行动、上海市生态环境保护督察等工作，积极开展自查自纠，针对督察反馈的问题和自查发现的问题，销项管理，督促整改。推进 5 个生活垃圾非正规堆放点整治，按“一处一策”编制整治方案，落实整治措施，控制污染影响。

三、精细管理，有效提升市容环境水平

（一）落实市容环境保障任务

以“双迎”市容环境保障工作为重点，同步做好“世界摩托车越野锦标赛”“菜花节”等重要活动、赛事期间的市容环境保障工作，完成“双迎”市容环境保障项目任务 18 项。深化环卫“一体化”保洁作业模式，每月组织开展“清死角、消盲区、大冲洗”城市清洁行动，共清除死角盲区 610 个，清除垃圾 667 吨。加大道路扬尘控制，落实道路保洁应急保障工作。

（二）深化市容短板治理

结合文明城区每月实地测评、每月第三方市容环境实效检查，发现问题 2743 个，整改完成 2425 个。针对主干道、公厕、垃圾小压站、高速公路出入口等市容环境问题突出的区域，开展专项检查 12 次。开展零星乱设摊、高架乱张贴、立面乱设置、单车乱停放、绿地乱抛物等专项治理，完成 17 个微治理项目，落实长效管理。加强责任区创建管理，开展《责任区管理办法》实施 4 周年主题宣传活动，组织开展市容环境卫生责任区管理培训工作。巩固“美丽街区”创建成果，推进百个“美丽街区”市容管理责任区自律组织建设，青村小皮匠自律组织荣获 2019 年度“上海市十佳自律组织”称号。

（三）推进景观灯光建设管理

完成《奉贤区景观灯光设施建设和管理实施意见》修编工作。扮靓新城夜景，建成奉浦片区、浦南运河两侧（远东路—金海路）景观灯光建设等项目，对区内重点区域楼宇、水系驳岸、桥梁及九棵树等标志性建筑做国庆景观灯光布置，为国庆 70 周年庆典增添节日色彩。全力推进景观灯光建设项目，完成 S4 高速南桥出口景观灯光建设等 3 个项目工可编制，通过富力万达广场景观灯光设计等 9 个方案评审。落实景观灯光日常维护管理，全年开放 303 夜次，修缮灯光设施故障点位 505 处，确保亮灯率和安全性。

（四）加强户外广告（招牌）安全管控

落实户外广告（招牌）专项整治，抽查户外广告 270 处、店招店牌 4300 处，告知 18950 处，发现隐患 305 处，拆除 300 处，加固 5 处。针对 4 个街镇 16 条（段）4800 家商户的户外招牌进行了安全检测，对存在安全隐患及不规范设置招牌的现象，先行出具“招牌检测速报”，并当场进行安全告知。积极推进市局督办任务，完成市局督办的屋顶、墙面、地面等具有安全隐患的 174 块违法户外广告的拆除及相应的拆后修复工作，完成 28 块违法户外电子显示设施的拆除、遮挡等整治工作。

（五）推动公厕建设提档升级

加大对镇区老旧公厕新（改）建，推进第三卫生间配建工作，完成新（改）建环卫公厕 30 座，全区环卫公厕第三卫生间配建率达到19%。提升环卫公厕精细服务水平，落实专人管理的一、二类公厕免费提供洗手液（肥皂）、厕纸，实行冬季提供热水洗手的环卫公厕达到10%。加强农村公厕建管，新（改）建农村公厕167座，按照第三方考核等次实行差别化奖补。

四、夯实基础，增强为民服务能力

（一）提升政务服务能力管理

致力优化营商环境，开通“一网通办”审批途径，深化行政审批制度改革，制定行政审批“双减半”清单，制订高频政务服务业务流程优化再造计划，30项行政许可事项已减时间比例50%，减材料比例30%。窗口接待2540起，受理行政审批事项1274件。强化事中事后监管，推行“双随机、一公开”监管，完成抽查方案45个，检查对象869个。加大政务公开力度，更新信息公开指南、主要职责、机构设置、行政领导等栏目，各类行政信息主动公开、政策解读等15份，依申请公开9份，政务微信公众号发布要闻101条，答复网络舆情10件。2019年度政务信息工作获区先进集体。

（二）及时处置各类诉求

做好建议、提案办理工作，收到人大代表建议19件、政协提案23件，其中主办件16件、会办件26件，在充分了解、调查研究基础上进行答复，目前有1件尚在办理中，满意率100%。做好领导批示件办理回复工作，回复区委、区政府批示件30件。做好信访投诉处置，收到信访件30件，受理19件，办结率100%。12345、大联动平台受理处置各类诉求4380件，其中绿化4195件、市容环卫179件、林业6件。

（三）扎实开展安全法治工作

贯彻落实扫黑除恶专项斗争部署，成立工作专班，全员开展应知应会基础知识学习，重点推进渣土运输、绿化工程建设领域扫黑除恶专项斗争工作任务，加大行业乱象治理，排摸办结线索3条，移送线索1条。落实安全生产工作，强化日常巡查和节前安全大检查，突出森林防火、高空坠物隐患排查整改，积极应对防汛防台应急处置，确保年内未发生重大安全事故。

（十六）崇明区

崇明区建设和管理委员会

2019年，在区委、区政府的正确领导和各乡镇的大力支持下，区建设管理委坚持“生态立岛、安全为先、管理为重”的方针，聚焦安全生产质量管理、行政服务效能提升、重大工程项目推进，稳步推进各项工作，基本实现了年度工作目标任务。主要开展了以下八个方面的工作：

一、持续强化建筑建材业管理。一是建设工程安全质量监管力度不断加大。在监项目107个，竣工项目数57个，开具安全隐患整改单136份、质量隐患整改单96份、市场行为整改单72份，共立案查处各类基建程序、经营行为、安全生产等违法违规案件27起，罚款金额约105.4万元。二是建材业市场管理平稳可控。对发现的8家非正规混凝土搅拌站开展联合执法，并完成清场整治；对20家预拌商品混凝土搅拌站、11家新型墙材生产企业和3家商品砂浆企业加强动态监管，开展现场建材质量、扬尘治理、标准制度的执行情况检查，开具整改通知单24份。三是认真开展建设工程领域扫黑除恶专项斗争。加大对围标、串标违法行为打击力度，对投标人数量较多的10个项目进行重点甄别，对市审计局发现的6个涉嫌围标串标的项目、崇明堡镇汽车站改造工程串标行为、新河镇石路村村庄改造工程围标串标的情况分别进行了立案查处、调查取证，对相关违法企业进行了批评和处罚，切实维护了社会治安稳定和市场秩序。

二、着力推进燃气建设和管理工作。一是积极开展高压管道的安全管理工作。编制完成《崇明区超高压天然气管线突发事件应急预案》，着手开展《崇明区超高压天然气管道技术评估报告》编制工作。二是全区液化气规范统一配送范围再扩大。在堡镇至城桥镇沿团城公路两侧、陈家镇、长兴地区启动了全配送工作。截至目前，全年配送钢瓶数量近30万瓶。三是重点推进燃气管道配套建设及管道改造。花博会管道燃气配套项目企业投资段，北新公路共分三个标段进行排管施工，二标基本完工，三标准备开工；建设公路分三个标段进行排管施工，已完成第一标段招标。政府投资段已完成监理招标，正在进行施工图深化设计，施工、代建招标。实施新河、堡镇以及长兴地区老旧小区燃气管道改造，共计完成改造面积12.26万平方米，涉及用户1200户。四是开展燃气安全日常检查和宣传。全面加强全区71个供应站、储配站、气化站的检查和监管；强化燃气居民用户日常安检，管道气居民用户安检率完成100%，管道占压为“零”，瓶装气用户安检率完成97%；开展场站、管线、高压管道、防汛、占压等各类安全检查50余次，对全区的480多家工商用户和1014家餐饮场所进行全覆盖安全检查；认真开展“三进”宣传服务活动，深入走访宣传农村和社区居委30个，为105个机关、学校和养老机构提供宣传教育和上门服务指导。

三、加大城市基础设施智能化改造力度。一是开展崇明区道路两侧各类箱体设置情况排摸工作。共排摸各类箱体5238台，其中重点城区城桥镇各类箱体1419台（落地箱体789台、杆上箱体630台）。二是开展合杆、合箱试点工作。完成东引路—育麟桥路路口西南侧、江帆路—崇明大道路口西南侧的合杆、合箱试点改造，为崇明区综合杆利用广泛实施奠定了良好基础。三是实施城市道路新增道路照明设施项目。根据创卫工作要求，积极推进城桥镇城镇区域内道路照明设施建设工作，已建设路灯264基、灯盏283盏、控制箱10台。

四、稳步推进绿色建筑发展。一是全面推进新建建筑绿色化。新建民用建筑全部按照绿色建筑标准进行设计建造，对18个拟出让地块提出了绿色建筑具体星级要求，在施工许可环节落实绿建二星级项目10个，建筑面积约25万平方米，二星级及以上标准占比为100%。二是着力推进装配式建筑。符合条件的新建民用、工业建筑100%落实装配式建筑，在18个地块土地出让意见征询中明确了落实装配式建筑要求，在施工许可环节落实装配式项目11个，建筑面积约75万平方米。三是完成年度既有建筑节能改造。对原区水利局办公楼、区粮食局办公楼等11家单位实施既有建筑节能改造，改造面积约1.9万平方米。四是积极推动绿色生态城区发展。基本确定“1+3”发展模式，即全岛推广、3个试点区域先行（城桥镇、东平镇、陈家镇），启动了《崇明区绿色生态城区专业规划》编制工作，东平小镇区域规划已形成征求意见稿。同时积极配合市住建委编制《崇明区生态城区导则》。五是配合编制《崇明区绿色建筑管理办法》等相关制度。由市住建委和区政府联合制发的《崇明区绿色建筑管理办法》于2019年5月1日开始实施，明确了绿色建筑的管控要求和规模化、绿色化发展方向。同时积极配合市住建委编制《崇明生态岛绿色建筑导则》。六是有序推进海绵城市建设。在陈家镇生态实验社区进行海绵城市建设试点基础上，启动《崇明区海绵城市建设专项规划》编制工作。同时根据《上海市海绵城市规划建设管理办法》要求，对18个拟出让地块提出了海绵城市相关指标要求。

五、大幅提升了行政服务效能。一是落实优化营商环境相关工作。完善组织保障，成立了区社会投资项目审批审查中心，形成

了定期会商和信息互通机制；提供高质量服务，对潜在项目做到精准引导，对送审项目做好辅导，落实专人全程跟踪项目推进；提高审批效率，在建设工程联审平台上累计办结施工许可证17张，完成7个项目竣工备案，各环节审批周期均在少于规定时限内完成审批；强化宣传培训，参加市级组织的培训及数据平台测试工作，主动做好面向的企业培训服务。二是不断强化招投标管理。建设工程招标项目共完成185个，其中勘察公开招标4个、设计公开招标17个、监理公开招标23个、施工公开招标97个、勘察设计一体化公开招标16个、设计（勘察）施工一体化公开招标12个、邀请招标4个，完成7个项目评标评估工作。三是不断规范行政审批管理。共办理项目报建307个，总面积137.64万平方米，总投资246亿元；办理施工许可证105张，总面积146.53万平方米，总造价78.3亿元；工程竣工备案25个，建筑面积39.35万平方米，总造价22.16亿元；受理消防设计审核4个项目，消防设计备案4个项目；受理消防竣工验收3个项目，受理消防竣工备案5个项目。在办理企业资质资格方面，共审批企业资质申请841家（次），其中，新设立施工企业454家（次）、增项167家（次）、不合格171家（次）、延续32家（次）、升级14家；企业告知承诺申报资质14家，通过6家；对原有审批通过的建筑企业开展了三批次动态核查，总计224家建筑企业，共发出整改通知单20份。四是及时完成各类建议、提案、信访件的办理工作。完成了对9件人大建议（主办5件、会办4件）和6件政协提案（主办1件、会办5件）的办理工作，办理率和走访满意率均达到100%。同时，完成了39件信访和1832件各类工单的办理答复工作。

六、大力推进乡村振兴工作。一是按时完成了2018年度本区村镇建设统计年报。对各乡镇上报数据进行多轮反复审核、汇总和校验，于5月初圆满地完成了2018年度村镇建设年报统计工作。二是开展农村低收入家庭危旧房改造工作。经审核，确定崇明区符合危房改造条件的约有295户，初步建立了农村四类重点对象危房改造台账，调整了崇明区农村低收入户危旧房改造政府补助政策，其中33户预计在年底完成改造。三是加强农村建筑风貌管控和宣传。在郊野村庄规划方案评审、村庄改造项目初步设计评审等规划、设计阶段，积极宣传乡村风貌管控要求，强调将乡村风貌管控要求纳入规划设计之中。翻印《上海市郊野乡村风貌规划设计和建设导则（二）》《上海市村民住房方案图集》，供各镇乡人民政府指导村庄建设和村民建房。

七、做好各类重大项目跟踪督查工作。一是市级重大项目推进喜忧参半。市级在崇重大工程项目共有16个，其中顺利推进项目8个、滞后项目8个，顺利推进项目占比50%。二是市领导交办的项目推进有条不紊。市领导交办的项目共有3个，部队225项目（外围市政管线配套工程）、崇明体育训练基地二期自行车馆项目（土地指标的落实）、中船长兴二期房屋土地征收工作。三是区级重大项目推进稳定可控。区重大工程项目“一库、二计划”明细表共有项目64个，列入重大工程政府投资项目规划储备库项目12个，顺利推进7个，占比58%；重大工程政府投资项目前期推进三年计划项目5个，顺利推进两个，占比40%；重大工程年度投资计划项目47个，其中计划年内完工项目12个，目前基本完工项目4个，可控项目7个，预警滞后项目1个。计划年内开工项目11个，目前已开工项目4个，可控项目两个，预警滞后项目5个。跨年度项目24个，可控项目19个，预警滞后项目5个。

八、切实抓好安全生产工作。一是抓好安全生产责任落实工作。委主要领导与科室和基层单位负责人分别签订了安全生产责任书，下发年度安全生产工作计划。开展了今冬明春火灾防控、两会期间安全生产督查、空中坠物安全隐患专项治理、装饰装修工程和其他未申领施工许可的在建工程专项检查、房屋建设工程安全隐患“百日行动”专项整治、“防风险、保安全、迎大庆、护进博”安全生产风险隐患排查治理等行动，保障了行业安全生产稳定可控。二是认真做好防汛防台各项工作。根据机构改革后的职能重新修订了《区建设管理委防汛防台应急预案》，建立了更为完善的工作责任体系，委各行业主管单位也建立了各自的防汛防台工作体系。委系统开展防汛防台大检查3次，各行业防汛防台安全隐患排查6次，先后值班186人次，抢险待命96人，共出动检查173人次，对185个点、37个在建工地、53个地下空间进行了检查，共成功转移4917人，确保了各行业汛期安全。三是重点领域安全监管稳定可控。地下空间安全管理方面，开展了13次联合检查，开展区地下空间防汛防台安全使用管理业务培训；委托第三方机构开展既有玻璃幕墙专项检查，共抽查10栋建筑并开具了整改通知单3份。

PART FIVETEEN XV

政策法规

POLICIES & REGULATIONS

目 录

知（沪人社规〔2019〕32号）

上海市人民政府关于延长《上海市征收集体土地房屋补偿暂行规定》有效期的通知（沪府规〔2019〕38号）

上海市人民政府关于批转市住房城乡建设管理委等五部门制订的《关于保障性住房房源管理的若干规定》的通知（沪府规〔2019〕36号）

上海市人民政府关于修改《上海市建设工程文明施工管理规定》的决定（上海市人民政府令第23号）

上海市人民政府关于印发《上海市公有住房差价交换办法》的通知（沪府发〔2019〕19号）

上海市住房和城乡建设管理委员会等关于印发《上海市住宅工程质量潜在缺陷保险实施细则》的通知（沪住建规范联〔2019〕7号）

上海市房屋管理局关于印发《上海市建（构）筑物拆除施工企业信用信息管理实施办法》的通知（沪房规范〔2019〕14号）

上海市人民政府关于修改《上海市共有产权保障住房管理办法》的决定（上海市人民政府令第26号）

上海市人民政府关于修改《上海市民防工程建设和使用管理办法》等5件市政府规章的决定

上海市人民政府令第15号

（2018年12月7日）

《上海市人民政府关于修改〈上海市民防工程建设和使用管理办法〉等5件市政府规章的决定》已经2018年12月3日市政府第32次常务会议通过，现予公布，自2019年1月10日起生效。

经研究，市人民政府决定对《上海市民防工程建设和使用管理办法》等5件市政府规章作如下修改：

一、对《上海市民防工程建设和使用管理办法》的修改

1.将第十四条第二款修改为：

结建民防工程竣工验收后，建设单位应当向建设管理部门办理竣工验收备案手续。

2.将办法中的“工商”修改为“市场监管”，“区、县”均修改为“区”。

二、对《上海市取水许可和水资源费征收管理实施办法》的修改

1.将第八条第二款、第三款修改为：

下列取水许可申请，除国家规定由流域管理机构审批的外，由市水务行政管理部门负责审批：

（一）公共供水取水及以长江和黄浦江为水源的日取水量在2万立方米以上（含2万立方米）的地表水取水许可申请。

（二）地下水取水许可申请。

除由流域管理机构和市水务行政管理部门审批外的地表水取水许可申请，由区水务行政管理部门负责审批。

2.将办法中的“质量技术监督”修改为“市场监管”。

三、对《上海市建设工程抗震设防管理办法》的修改

删去第十条。

四、对《上海市建筑玻璃幕墙管理办法》的修改

1.将第九条第一款、第二款修改为：

对采用玻璃幕墙的建设工程，建设单位应当在施工图设计文件送审前，编制玻璃幕墙结构安全性报告，并提交建设行政管理部门组织专家论证。

建设单位应当在施工图设计文件送审前，编制玻璃幕墙的光反射环境影响技术评估报告，并提交环境保护行政管理部门组织专家论证。

2.将办法中的“质量技监”修改为“市场监管”，“安全生产监督”修改为“应急”，“区、县”均修改为“区”。

五、对《上海市停车场（库）管理办法》的修改

1.将第十一条第二款修改为：

市、区规划资源行政管理部门在审查建设工程设计方案时，应当征求市、区交通行政主管部门的意见。

2.将第十二条修改为：

市、区建设行政管理部门在开展建设工程竣工验收备案工作时，应当组织市、区交通行政主管部门做好配建停车场（库）的竣工验收。

3.将第三条、第十四条第二款中的“工商”均修改为“市场监管”。

4.将办法中的“规划国土”均修改为“规划资源”，“区（县）”均修改为“区”。

本决定自2019年1月10日起施行。《上海市民防工程建设和使用管理办法》等5件市政府规章根据本决定作相应修改并对部分条文顺序及文字作相应调整后，重新公布。

上海市民防工程建设和使用管理办法

（2002年12月18日上海市人民政府令第129号发布，根据2007年11月30日上海市人民政府令第77号修正，根据2010年12月20日上海市人民政府令第52号公布的《上海市人民政府关于修改〈上海市农机事故处理暂行规定〉等148件市政府规章的决定》修正并重新发布，根据2015年5月22日上海市人民政府令第30号公布的《上海市人民政府关于修改〈上海市盐业管理若干规定〉等19件市政府规章的决定》修正并重新公布，根据2018年12月7日上海市人民政府令第15号公布的《上海市人民政府关于修改〈上海市民防工程建设和使用管理办法〉等5件市政府规章的决定》修正并重新公布）

第一章　总则

第一条（目的和依据）

为了加强本市民防工程的建设和使用管理，提高城市整体防护能力，根据《中华人民共和国人民防空法》和《上海市民防条例》等法律、法规，制定本办法。

第二条（有关用语含义）

本办法所称民防工程，包括为保障战时人员与物资掩蔽、防空指挥、医疗救护等单独修建的地下防护建筑，以及结合地面建筑修建的战时可用于防空的地下室。

第三条（适用范围）

本市行政区域内民防工程的规划、建设、使用、维护及其相关管理活动，适用本办法。

第四条（管理部门）

上海市民防办公室（以下简称市民防办）主管本市民防工程的建设和使用管理，负责本办法的组织实施。

区民防办公室（以下简称区民防办）按照其职责权限，负责本区范围内民防工程的建设和使用管理。

市和区的发展改革、规划、土地、建设、财政、价格等有关管理部门按照各自职责，协同实施本办法。

第二章　民防工程的规划和建设

第五条（建设要求）

民防工程的建设，应当符合市和区的民防工程建设规划，并按照国家和本市规定的基本建设程序进行。

第六条（用地要求）

民防工程和与其配套的进出道路、出入口、孔口、口部管理房等设施的地面用地，市和区规划、土地等管理部门应当依法予以保障。

第七条（规划要求）

地铁、隧道等地下交通干线以及地下的电站、水库、车库等地下公共基础设施的建设，应当兼顾防空需要，市或者区民防办应当参与规划审查。

规划建设公共绿地、交通枢纽以及其他市政公用基础设施时，应当注重开发利用城市地下空间，优先规划建设民防工程或者兼顾防空需要的地下工程。

第八条（连通要求）

规划建设民防工程时，应当同时规划建设民防工程与其他地下工程连接的通道或者预留连通口。

规划确定的民防工程与其他地下工程连接的通道修建时，不得对被连接的地下工程造成损坏；被连接的地下工程的所有权人不得拒绝将民防工程与该地下工程连通。

已建民防工程与其他地下工程之间的连通，由市或者区民防办会同同级规划、发展改革、土地、建设等有关部门制订计划，分步实施，逐步修建连接通道。

第九条（结建民防工程）

城市新建民用建筑，应当按照国家有关规定，结合修建战时可以用于防空的地下室

（以下简称结建民防工程）。

第十条（不宜修建结建民防工程的情形）

有下列情形之一，不宜修建结建民防工程的，建设单位应当按照建设项目的规划审批权限，在建设工程初步设计阶段向市或者区民防办提出申请：

（一）桩基承台顶面埋置深度小于3米，或者地下室空间净高达不到规定的标准的。

（二）按照规定应当修建结建民防工程的面积只占地面建筑底层的局部，且结构和基础处理困难的。

（三）在建设用地范围内有流沙、暗河，或者基岩埋置深度较浅，地质条件不适于修建的。

（四）建设用地周围的房屋或者地下管线密集，结建民防工程无法施工或者难以采取措施保证施工安全的。

市或者区民防办应当自收到申请之日起10个工作日内向申请人作出书面答复。

第十一条（民防工程建设费）

经认定不宜修建结建民防工程的，建设单位应当在建设工程初步设计审核前，向市或者区民防办缴纳民防工程建设费。

下列新建民用建筑，按照规定可以减免民防工程建设费：

（一）享受政府优惠政策建设的廉租住房等，予以减半收取。

（二）新建的幼儿园、学校教学楼、养老院以及为残疾人修建的生活服务设施等民用建筑，予以减半收取。

（三）临时民用建筑和不增加建筑面积的危旧住房翻新改造，予以免收。

（四）因水灾、火灾或者其他不可抗力造成损坏后按原建筑面积重建的民用建筑，予以免收。

（五）市政府批准减免的其他民用建筑。

第十二条（民防工程质量要求）

民防工程建设的设计、施工必须符合国家规定的防护标准和质量标准，并满足民防工程平时使用对环境、安全、设施运行等方面的要求。

民防工程应当由具备相应资质的设计单位、施工单位、监理单位按照国家和本市有关规定，进行工程的设计、施工和监理。

市民防办应当按照国家和本市有关规定，加强对民防工程施工图审查环节的监管。

第十三条（民防工程质量监督）

民防工程的建设单位应当按照国家和本市有关规定，办理工程质量监督手续，接受对民防工程质量的监督管理。

第十四条（竣工验收备案）

单独修建的民防工程竣工验收后，建设单位应当向市民防办办理竣工验收备案手续。

结建民防工程竣工验收后，建设单位应当向建设管理部门办理竣工验收备案手续。

任何单位和个人不得出租或者使用未经验收或者验收不合格的民防工程。

第十五条（档案移交）

民防工程竣工验收后，建设单位在按照有关规定向城建档案机构报送竣工档案的同时，应当向市或者区民防办报送竣工档案。

第十六条（民防工程改建）

任何单位或者个人改建民防工程的，不得降低民防工程原有的防护能力，不得违反国家有关规定改变民防工程的主体结构，并按照本办法第十二条、第十三条、第十四条、第十五条的规定执行。

第十七条（民防工程拆除）

任何单位不得擅自拆除民防工程，确因市政建设、旧城改造需要拆除民防工程的，应当按照建设项目的规划审批权限，向市或者区民防办办理审批手续，经批准后方可拆除。

第十八条（拆除补建或者补偿）

拆除公用民防工程或者国家投资修建的其他民防工程的，拆除单位应当按照下列规定负责补建：

（一）拆除等级民防工程，应当按照原工程的建筑面积和等级要求补建。

（二）拆除钢筋混凝土结构的非等级民防工程，应当按照不低于最低等级民防工程的要求补建，补建的面积不得少于原面积的三分之二。

（三）拆除砖结构或者其他的非等级民防工程，应当按照不低于最低等级民防工程的要求补建，补建的面积不得少于原面积的三分之一。

拆除公用民防工程或者国家投资修建的其他民防工程，经市或者区民防办认定，无法按照前款规定补建的，拆除单位应当向市或者区民防办缴纳民防工程拆除补偿费。

拆除本条第一款规定以外的民防工程的，拆除单位应当与该民防工程的所有权人协商补偿。

公用民防工程，是指国家以财政预算内资金和收取的民防工程建设费、民防工程拆除补偿费进行投资，并由民防管理部门负责修建的民防工程。

第十九条（民防工程建设费和拆除补偿费）

民防工程建设费、民防工程拆除补偿费的标准，由市民防办提出，并由市价格管理部门会同市财政部门核准。

民防工程建设费、民防工程拆除补偿费属财政性资金，应当全额上缴财政；其支出由财政部门按照批准的计划核拨，用于民防工程的建设，并可用于地铁、隧道、地下停车场等地下公共基础设施中兼顾防空需要设施的建设。

第三章　民防工程的使用和维护

第二十条（所有权）

民防工程的投资者可以按照房地产管理的有关规定取得民防工程的所有权。

民防工程的所有权登记，按照本市房地产登记的有关规定执行。

第二十一条（使用原则）

民防工程的所有权人可以采取多种形式使用民防工程，但不得影响民防工程的防护效能，并且应当符合国家和本市有关消防、治安、卫生、房地等方面的规定；民防工程用作经营场所的，还应当符合国家和本市有关市场监管、物价、税收等方面的规定。

第二十二条（使用收费）

平时利用公用民防工程的，使用单位应当按照国家和本市有关规定，向市或者区民防办缴纳民防工程使用费。

民防工程使用费的标准，由市民防办提出，并由市价格管理部门会同市财政部门核准。

民防工程使用费属财政性资金，应当全额上缴财政；其支出由财政部门按照批准的计划核拨，专项用于公用民防工程的维护管理，不得挪作他用。

第二十三条（使用备案）

平时利用公用民防工程以外的其他民防工程的，民防工程的所有权人应当自民防工程投入使用后10日内，将其名称、法定代表人以及使用情况，向区民防办备案。

前款规定的备案事项发生变更的，应当自备案事项变更之日起10日内向区民防办办理变更备案。

第二十四条（维护管理）

公用民防工程由市或者区民防办负责维护管理，维护管理的经费由同级财政予以安排。

其他民防工程由所有权人或者使用单位按照国家和本市有关规定负责维护管理，并接受市或者区民防办的监督检查。

第二十五条（维护管理要求）

民防工程的维护管理，应当执行国家和本市的有关技术规程和安全使用的管理规定，保持民防工程良好的使用状态和防护能力，并达到以下标准：

（一）工程结构完好，无渗漏现象。

（二）防护密闭设备、设施的性能良好。

（三）防火、防冻、防倒灌措施安全可靠，风、水、电系统运行正常。

（四）工程内部环境整洁，进出口道路畅通，孔口防护设备完好。

第二十六条（保护措施）

在防空指挥等民防工程的主要出入口附近规划修建地面建筑时，应当按照该建筑的倒塌半径，留出与民防工程主要出入口的安全距离；但在民防工程主要出入口附近规划修建重大市政公用基础设施时，可以由市规划管理部门会同市民防办协调处理。

第二十七条（禁止行为）

任何单位或者个人不得从事下列行为：

（一）侵占民防工程。

（二）向民防工程内排入废水、废气或者倾倒废弃物。

（三）违反国家有关规定，拆除民防工程设备设施或者采用其他方法危害民防工程的安全和使用效能。

（四）故意损坏民防设施。

（五）在民防工程内生产、储存爆炸、剧毒、易燃、放射性和腐蚀性物品。

第四章　法律责任

第二十八条（行政处罚）

对违反本办法的行为，由市或者区民防办按照下列规定予以行政处罚：

（一）违反本办法第九条规定，不修建结建民防工程的，给予警告，并责令限期修建，可以并处1万元以上10万元以下的罚款。

（二）违反本办法第十一条第一款规定，不缴纳民防工程建设费的，给予警告，责令限期改正，可以并处1万元以上10万元以下的罚款。

（三）违反本办法第十二条第一款规定，不按照国家规定的防护标准和质量标准修建民防工程的，给予警告，并责令限期改正，可以对个人并处1000元以上5000元以下的罚款，对单位并处1万元至5万元的罚款。

（四）违反本办法第十四条第三款规定，出租或者使用未经验收或者验收不合格的民防工程的，给予警告，责令限期改正，并可以对个人处1000元以上5000元以下的罚款，对单位处1万元以上5万元以下的罚款。

（五）违反本办法第十五条规定，未向市或者区民防办报送竣工档案的，责令改正，处1万元以上3万元以下的罚款。

（六）违反本办法第十六条规定，违反国家有关规定改变民防工程主体结构的，给予警告，并责令限期改正，可以对个人并处1000元以上5000元以下的罚款，对单位并处1万元以上5万元以下的罚款。

（七）违反本办法第二十七条第（一）项、第（二）项、第（三）项规定，从事禁止行为的，给予警告，并责令限期改正，可以对个人并处300元以上5000元以下的罚款，对单位并处1万元至5万元的罚款。

前款规定的行政处罚，市民防办可以委托上海市民防监督管理处实施。

第二十九条（其他处罚）

违反本办法第二十七条第（四）项、第（五）项规定，故意损坏民防设施或者在民防工程内生产、储存爆炸、剧毒、易燃、放射性等危险品，尚不构成犯罪的，依照《中华人民共和国治安管理处罚法》的有关规定处罚；构成犯罪的，依法追究刑事责任。

第三十条（滞纳金）

违反本办法第二十二条规定，公用民防工程的使用单位未按照规定缴纳民防工程使用费的，由市或者区民防办责令其限期缴纳，并可以按日加收滞纳款额1‰的滞纳金。

第三十一条（其他行政处理）

违反本办法第二十三条、第二十五条规定，所有权人未办理民防工程使用备案的，对民防工程的维护管理不符合有关要求的，由市或者区民防办按照国家和本市的有关规定处理。

第三十二条（执法者违法行为的追究）

民防管理部门工作人员应当遵纪守法，

秉公执法。对玩忽职守、滥用职权、徇私舞弊、索贿受贿、枉法执行者，由其所在单位或者有关主管部门给予行政处分；构成犯罪的，依法追究刑事责任。

第三十三条（复议和诉讼）

当事人对行政管理部门的具体行政行为不服的，可以依照《中华人民共和国行政复议法》或者《中华人民共和国行政诉讼法》的规定，申请行政复议或者提起行政诉讼。

当事人在法定期限内不申请行政复议、不提起行政诉讼，又不履行具体行政行为的，作出具体行政行为的部门可以依照《中华人民共和国行政诉讼法》的规定，申请人民法院强制执行。

第五章　附则

第三十四条（施行日期）

本办法自2003年4月1日起施行。1993年5月19日上海市人民政府第36号令发布，根据1997年12月14日上海市人民政府第53号令修正并重新发布的《上海市民防工程管理办法》同时废止。

上海市取水许可和水资源费征收管理实施办法

（2013年12月3日上海市人民政府令第11号公布，根据2018年1月4日上海市人民政府令第62号公布的《上海市人民政府关于修改〈上海市公墓管理办法〉等9件市政府规章的决定》修正并重新发布，根据2018年12月7日上海市人民政府令第15号公布的《上海市人民政府关于修改〈上海市民防工程建设和使用管理办法〉等5件市政府规章的决定》修正并重新公布）

第一章　总则

第一条（目的和依据）

为了加强水资源管理和保护，促进水资源的节约与合理开发利用，根据《中华人民共和国水法》、《取水许可和水资源费征收管理条例》（以下简称《条例》），结合本市实际，制定本办法。

第二条（管理部门）

市和区水务行政管理部门（以下统称“水务行政管理部门”）按照分级管理权限，负责取水许可制度的组织实施和监督管理。

本市水务、财政、发展改革和价格行政管理部门依据本办法规定和管理权限，负责水资源费的征收、使用及其监督管理。

第三条（取水总量控制）

本市取水实行总量控制。

本市建立取水总量控制指标体系，实际取水量不得超过国家批准的取水总量控制指标。

第二章　取水许可

第四条（取水许可的原则）

实施取水许可应当首先满足城乡居民生活用水，并兼顾农业、工业、生态与环境用水以及航运等需要。

实施取水许可应当坚持取水总量控制与定额管理相结合，坚持地表水与地下水统筹考虑，严格控制取用地下水，鼓励使用海水、雨水等非常规水源。

第五条（取水总量分配方案）

市水务行政管理部门应当会同市发展改革行政管理部门根据本市取水总量控制指标，结合本市国民经济和社会发展五年规划、本市水中长期供求规划、本市供水专业规划，制定大型企业（集团）及各区的中长期取水总量分配方案。

市水务行政管理部门应当根据大型企业（集团）及各区的中长期取水总量分配方案，结合下一年度预测地表水来水量、地下水水位变动情况以及本市经济社会发展情况，制订大型企业（集团）及各区的年度取水总量分配方案。

中长期取水总量分配方案应当向社会公布。

第六条（行业用水定额）

行业用水定额由市水务行政管理部门负责组织或者协同各相关部门编制，并报市市场监管行政管理部门审定后颁布。

编制行业用水定额，应当充分听取相关企业和行业协会的意见，听取意见可以采用座谈会、听证会等方式。

尚未制定本市行业用水定额的，可以参照国务院有关行业主管部门制定的行业用水定额执行。

第七条（取水许可申请的范围）

除《条例》第四条第一款规定的情形外，取用水资源的单位和个人均应当申请领取取水许可证。

《条例》第四条第一款第（二）项规定的家庭生活和零星散养、圈养畜禽饮用等少量取水的限额，是指日最高取水量10立方米。

第八条（取水许可审批权限）

本市取水许可实行分级审批。

下列取水许可申请，除国家规定由流域管理机构审批的外，由市水务行政管理部门负责审批：

（一）公共供水取水及以长江和黄浦江为水源的日取水量在2万立方米以上（含2万立方米）的地表水取水许可申请；

（二）地下水取水许可申请。

除由流域管理机构和市水务行政管理部门审批外的地表水取水许可申请，由区水务行政管理部门负责审批。

第九条（取水申请）

申请取水的单位或者个人（以下统称“申请人”），应当按照本办法第八条规定，向具有审批权限的水务行政管理部门提出申请。

取水许可权限属于流域管理机构的，申请人应当向市水务行政管理部门提出申请。

第十条（申请材料）

申请取水应当提交下列材料：

（一）取水许可申请书；

（二）申请人法定身份证明材料；

（三）有利害关系第三者的承诺书或者其他文件。

建设项目需要取水的，申请人还应当提交建设项目水资源论证报告书及其审查意见；建设项目取水量较少且对周边影响较小的，可以不编制建设项目水资源论证报告书，但应当提交建设项目水资源论证表，具体要求由市水务行政管理部门另行规定。

前款中根据本市有关规定已通过规划水资源论证的工业区块内的建设项目，申请人无须再提交建设项目水资源论证报告书或者论证表。

第十一条（取水许可决定）

水务行政管理部门应当根据审批权限，对受理的申请材料进行审查，综合考虑取水可能对水资源的节约保护和经济社会发展带来的影响，决定是否批准取水申请。

水务行政管理部门应当自受理取水申请之日起35个工作日内，作出批准或者不予批准的书面决定。

水务行政管理部门作出批准决定的，应当根据中长期取水总量分配方案以及行业用水定额，核定申请人的取水量。

第十二条（建设项目的取水审批）

取水申请经审批机关批准，申请人方可兴建取水工程或者设施。

第十三条（取水许可批准文件的失效）

取水申请批准后3年内，取水工程或者设施未开工建设，或者需经审批、核准的建设项目未取得审批、核准的，取水许可批准文件自行失效。

建设项目中因取水量增加、取水地点变更、取水用途变化的，建设单位应当重新进行建设项目水资源论证，并重新申请取水。

第十四条（现场核验）

取水工程或者设施竣工后，申请人开始

试运行的，应当告知水务行政管理部门。试运行满30日的，申请人应当在10日内，按照规定向水务行政管理部门报送取水工程或者设施试运行情况等相关材料，水务行政管理部门自收到报送材料后20个工作日内，对取水工程或者设施进行现场核验，并出具验收意见。

第十五条（核发取水许可证及公告）

取水工程或者设施经验收合格的，水务行政管理部门应当在5个工作日内核发取水许可证。

直接利用已有的取水工程或者设施取水的，经审批机关审查合格，自批准文件发放之日起5个工作日内，核发取水许可证。

水务行政管理部门应当对取水许可证的核发情况予以公告。

第十六条（取水口标志牌）

获得取水许可证的取水单位和个人（以下统称“取水户”），应当在指定位置设置取水口标志牌，并保持取水口标志牌的完好。

取水口标志牌由水务行政管理部门统一设计、制作和维护，具体办法由市水务行政管理部门另行规定。

第十七条（取水许可证的期限）

取水许可证有效期限最长不超过10年，地下水取水许可证有效期一般不超过5年。水务行政管理部门可以根据取水用途和实际需求确定具体许可期限。

第十八条（取水许可证的延续）

取水许可证有效期届满，需要延续的，取水户应当在有效期届满45日前向原审批机关提出申请，并提交以下申请材料：

（一）延续取水许可申请书；

（二）原取水申请批准文件和取水许可证。

原审批机关应当按照规定对原批准的取水量、实际取水量、节水水平和退水水质状况以及取水户所在行业的平均用水水平、当地水资源供需状况等进行全面评估。评估可以委托有资质的水资源论证机构进行。

原审批机关应当在取水许可证届满前，决定是否批准延续。准予延续的，原审批机关应当根据评估结果、中长期取水总量分配方案和行业用水定额，重新核定取水量。

第十九条（取水许可证的变更）

在取水许可证有效期限内，取水户要求变更取水许可证载明事项的，应当依照规定向原审批机关提出变更申请，并提交以下申请材料：

（一）变更取水许可申请书；

（二）申请人法定身份证明材料；

（三）原取水许可证；

（四）本办法第十条规定的其他材料。

取水户需要变更其名称（姓名）、法定代表人的，只需提交前款第（一）项、第（二）项、第（三）项规定的材料。

原审批机关应当自收到申请材料之日起20个工作日内作出是否同意变更的决定，审查同意的，应当核发新的取水许可证。

第二十条（免予许可的取水管理）

《条例》第四条第一款第（三）项、第（四）项规定的取水，应当在危险排除或者事后10日内将取水情况报取水口所在地的区水务行政管理部门备案。

《条例》第四条第一款第（五）项规定的取水，应当在开始取水前向取水口所在地的区水务行政管理部门提出申请，区水务行政管理部门应当自收到申请之日起3个工作日内作出是否同意其取水的决定；逾期未决定的，视为同意。

属于流域管理机构管理权限的，区水务行政管理部门应当自收到申请之日起3个工作日内转报流域管理机构。

第三章　水资源费征收和使用的管理

第二十一条（水资源费和累进水资源费）

取水户应当缴纳水资源费。取水户应当按照经批准的年度取水计划取水。超计划取水的，对超计划部分累进收取水资源费。

第二十二条（水资源费征收标准的制定和调整）

本市水资源费征收标准由市价格行政管理部门会同市财政、水务行政管理部门制定，报市人民政府批准，并报国务院价格、财政和水务行政管理部门备案。

水资源费征收标准可以根据本市经济社会发展的实际进行调整，并按照规定报送批准和备案。

水资源费征收标准应当向社会公布。

第二十三条（水资源费的分级征收）

本市水资源费实行分级征收管理，由水务行政管理部门按照取水审批权限进行征收。取水许可由流域管理机构审批的，水资源费由市水务行政管理部门代为征收。

征收的水资源费，按照规定的比例分别解缴中央、市和区国库。

第二十四条（水资源费缴纳数额的确定）

水资源费缴纳数额根据本市水资源费征收标准和实际取水量确定。

实际取水量按照取水计量器具提供的数据确定。未安装计量器具或者计量器具损坏未及时修复的，按照取水设施设计最大取水能力 24 小时连续运行计算日取水量，计征水资源费。

火力发电企业贯流式冷却用水，暂时无法安装计量器具的，可以按照企业实际发电量和相应的水资源费征收标准确定水资源费缴纳数额。

第二十五条（水资源费的缴纳）

取水户应当自收到缴纳水资源费的《非税收入一般缴款书》之日起在规定的缴款期限内办理缴纳手续。

取水户对水资源费缴纳数额有异议的，可以向发出通知的水务行政管理部门提出；水务行政管理部门应当在 7 个工作日内进行复核，并将结果告知取水户。

第二十六条（水资源费的使用和管理）

征收的水资源费应当全额纳入财政预算管理，由市、区两级财政行政管理部门按照批准的部门财政预算统筹安排。水务行政管理部门编制水资源费收支预算，应当听取发展改革行政管理部门的意见，经同级财政行政管理部门审核后，纳入年度部门预算管理。其中，涉及固定资产投资的，应当纳入固定资产投资计划统筹安排使用。

水资源费专项用于下列水资源的节约、开发、利用、保护和综合管理工作：

（一）水资源调查评价、规划、分配及相关标准制定；

（二）取水许可的监督实施和水资源调度；

（三）江河湖库及水源地保护和管理；

（四）水资源管理信息系统建设和水资源信息采集与发布；

（五）节约用水的政策法规、标准体系建设以及科研、新技术和产品开发推广；

（六）节水示范项目和推广应用试点工程的拨款补助和贷款贴息；

（七）水资源应急事件处置工作补助；

（八）节约、保护水资源的宣传和奖励；

（九）水资源的合理开发。

任何单位和个人不得截留、侵占或者挪用水资源费。

第四章　监督管理

第二十七条（年度取水计划的确定和下达）

水务行政管理部门应当按照统筹协调、综合平衡、留有余地的原则，根据年度取水总量分配方案、取水户提出的下一年度取水计划建议，确定并于下一年度 1 月 31 日前向取水户下达年度取水计划。

取水户应当在每年的 12 月 31 日前向原审批机关报送本年度的取水情况和下一年度取水计划建议。

第二十八条（年度取水计划的调整）

取水户确需调整年度取水计划的，应当按照审批程序向原审批机关提出申请并提供取水量调整的原因、节水措施落实情况、工业用水重复利用率和内部用水管理制度等材料。原审批机关应当根据年度取水总量分配方案于20个工作日内作出是否同意的决定。

确定和调整后的年度取水计划均不得超过取水许可证所核定的取水量。

第二十九条（水平衡测试）

日取水量15万立方米以上（含15万立方米）的取水户应当根据国家技术标准对用水情况进行水平衡测试，改进用水工艺或者方法，提高水的重复利用率。

水平衡测试结果可以作为取用水评估的依据。

第三十条（取水计量实时监测）

年取水量在一定规模以上的取水户，以及使用备用取水设施的取水户，其安装的计量设施必须满足纳入取水实时监测系统的要求。具体情形和要求由市水务行政管理部门另行规定。

第三十一条（水务行政管理部门的监督检查职责）

水务行政管理部门在进行监督检查时，有权采取下列措施，取水户应当予以配合：

（一）要求被检查的取水户提供取用水台账、取水统计报表、计量设施检定证书、退水水质监测报告、用水工艺流程图等；

（二）要求未安装计量器具的取水户，限期安装计量器具；

（三）进入被检查的取水户的主要用水场所进行调查；

（四）责令被检查的取水户停止违反本办法的行为，限期整改，履行法定义务。

第三十二条（层级监督）

市水务行政管理部门应当加强对区水务行政管理部门的监督，发现有越权审批、未按照许可条件进行取水审批、年度取水计划超过取水许可证所核定的取水量或者下达的年度取水总量分配方案、未按照规定征收水资源费的，应当及时予以纠正。

各级水务行政管理部门应当按照规定向上一级水务行政管理部门或者流域管理机构报送本区域上一年度取水监督管理、水资源费征收等情况。

第五章　法律责任

第三十三条（行政机关及其工作人员的责任）

水务行政管理部门或者其他有关部门及其工作人员违反本办法，有滥用职权、玩忽职守、徇私舞弊行为的，由其上级行政机关或者监察机关责令改正；情节严重的，对直接负责的主管人员和其他直接责任人员依法给予行政处分；构成犯罪的，依法追究刑事责任。

第三十四条（违反水平衡测试或实时监测要求的处罚）

有下列情形之一的，由水务行政管理部门责令其限期改正；逾期不改正的，处以5000元以上2万元以下的罚款：

（一）违反本办法第二十九条第一款规定，取水户未按照规定进行水平衡测试的；

（二）违反本办法第三十条规定，取水户未按照规定安装取水计量实时监测装置的。

第六章　附则

第三十五条（定义）

本办法所称取水，是指利用取水工程或者设施直接从江河、湖泊或者地下取用水资源。

本办法所称取水工程或者设施，是指闸、坝、渠道、人工河道、虹吸管、水泵、水井等。

本办法所称行业用水定额，是指根据一定方式测试并确定的，在一定时间内、一定条件下，相关行业生产单位产品或者完成单位工作量所一般消耗的新水量（第一次利用的水量）。

第三十六条（施行日期）

本办法自2014年2月1日起施行。1995年6月15日上海市人民政府令第7号发布，根据1997年12月14日上海市人民政府令第53号修正的《上海市取水许可制度实施细则》同时废止。

上海市建设工程抗震设防管理办法

（2001年12月28日上海市人民政府令第113号发布，根据2010年12月20日上海市人民政府令第52号公布的《上海市人民政府关于修改〈上海市农机事故处理暂行规定〉等148件市政府规章的决定》修正并重新发布，根据2018年1月4日上海市人民政府令第62号公布的《上海市人民政府关于修改〈上海市公墓管理办法〉等9件市政府规章的决定》修正并重新发布，根据2018年11月3日上海市人民政府令第14号公布的《上海市人民政府关于修改〈上海市建设工程抗震设防管理办法〉和〈上海市导游人员管理办法〉的决定》修正并重新公布，根据2018年12月7日上海市人民政府令第15号公布的《上海市人民政府关于修改〈上海市民防工程建设和使用管理办法〉等5件市政府规章的决定》修正并重新公布）

第一条（目的和依据）

为了加强本市建设工程抗震设防的管理，防御和减轻地震灾害，保护人民生命和财产安全，根据《中华人民共和国防震减灾法》《中华人民共和国地震安全性评价管理条例》《上海市实施〈中华人民共和国防震减灾法〉办法》等法律法规，结合本市实际情况，制定本办法。

第二条（用语含义）

本办法所称的抗震设防要求，是指国家和市地震工作主管部门制定或者审定的，建设工程必须达到的抗御地震破坏的准则和技术指标，以地震烈度或者地震动参数进行表述。

本办法所称的地震安全性评价，是指对具体建设工程地区或者场址周围的地震地质、地球物理、地震活动性、地形变等研究，给出相应的工程规划和设计所需的有关抗震设防要求的地震动参数及基础资料的活动。

第三条（适用范围）

本市行政区域内各类建设工程抗震设防及其管理活动，适用本办法。

第四条（管理部门）

上海市地震局（以下简称市地震局）是本市地震安全性评价及抗震设防要求的主管部门。各区地震工作主管部门按照其职责权限，负责本辖区内的具体管理工作。

市住房城乡建设管理部门是本市建设工程抗震设计、施工的主管部门。各区建设行政主管部门按照其职责权限，负责本辖区内的具体管理工作。

第五条（抗震设防）

新建、改建、扩建建设工程，必须按照抗震设防要求和抗震设计规范、规程进行抗震设防。

第六条（抗震设防要求）

重大建设工程、可能发生严重次生灾害的建设工程以及可能引发放射性污染的核电站和核设施建设工程必须进行地震安全性评价，并根据地震安全性评价结果，确定抗震设防要求，进行抗震设防。

前款规定以外的建设工程，必须按照国家颁布的地震烈度区划图或者地震动参数区划图规定的抗震设防要求，进行抗震设防。学校、托幼机构、医院、大型文体活动场馆等人员密集场所的建设工程，应当按照国家有关规定，高于本市房屋建筑的抗震设防要求进行抗震设防。

第七条（安评工程范围）

必须进行地震安全性评价的建设工程范围，按照《中华人民共和国地震安全性评价管理条例》和《上海市实施〈中华人民共和国防震减灾法〉办法》执行。

第八条（安评单位的禁止性规范）

从事地震安全性评价的单位不得从事下列行为：

（一）以其他地震安全性评价单位的名义承揽地震安全性评价业务；

（二）允许其他单位以本单位的名义承揽地震安全性评价业务；

（三）转包地震安全性评价项目；

（四）不按照国家有关地震安全性评价的工作规范从事地震安全性评价。

第九条（安评报告评审与抗震设防要求的确定）

从事地震安全性评价的单位应当按照国家规定的要求，编制地震安全性评价报告（以下简称安评报告）。

国家重大建设工程、跨本市行政区域的建设工程、核电站和核设施建设工程的安评报告，由国务院地震工作主管部门评审并确定抗震设防要求。

本条第二款规定以外的安评报告，由市地震局按照国家有关规定进行评审并确定抗震设防要求。安评报告合格的，市地震局应当自收到报告之日起15日内确定抗震设防要求，并书面通知建设单位；安评报告不合格的，市地震局应当自收到报告之日起10日内予以退回，并说明理由。

第十条（设计单位的义务）

建设工程的设计单位应当按照国家和本市规定的抗震设防要求和抗震设计规范、规程，进行建设工程的抗震设计。

第十一条（建设工程设计审查）

建设工程的抗震设计审查工作，应当纳入建设工程设计审查程序。超出现行技术标准规定的高层建筑，市住房城乡建设管理部门可以组织有关专家对其抗震设计进行专项论证。

建设工程的抗震设计未经审查，或者发现未按抗震设防要求和抗震设计规范、规程进行抗震设计的，有关部门不得发放建设工程规划许可证和施工许可证。

第十二条（施工、监理单位的义务）

建设工程的施工单位应当按照建设工程的抗震设计进行施工，监理单位应当按照建设工程的抗震设计进行施工监理。

第十三条（竣工验收）

建设工程竣工验收时，应当对抗震设防一并验收；建设工程不符合抗震设计和施工要求的，应当限期整改，经复验合格后，方可交付使用。

第十四条（已建工程的抗震设防）

已经建成的建筑物、构筑物未采取抗震设防措施的，在进行改建、扩建时，应当委托抗震鉴定单位，按照国家有关规定进行抗震性能鉴定；并根据抗震性能鉴定结果采取必要的抗震加固措施。

第十五条（新技术应用）

本市新建、扩建、改建建设工程采用新建筑结构体系的，该建筑结构体系应当具备抗震性能。

第十六条（行政处罚）

违反本办法有关规定，由有关行政主管部门进行行政处罚：

（一）违反本办法第六条第一款规定，有关建设单位不进行地震安全性评价的，或者不按照根据地震安全性评价结果确定的抗震设防要求进行抗震设防的，依照《中华人民共和国防震减灾法》和有关法律、法规的规定予以处理。

（二）违反本办法第八条第一项、第二项规定，从事禁止性行为的，由市或者区地震工作主管部门责令改正，没收违法所得，并可处以1万元以上5万元以下的罚款；情节严重的，由颁发资质证书的部门或者机构吊销资质证书。

（三）违反本办法第八条第三项、第四项规定，从事禁止性行为的，由市或者区地震工作主管部门责令改正，并可处以3000元以上3万元以下的罚款。

（四）违反本办法第十条、第十二条规定，不按照抗震设计规范进行抗震设计的，或者不按照抗震设计进行施工的，由市或者区建设行政主管部门责令改正，并可处以1万元以上5万元以下的罚款；情节严重的，可处以5万元以上10万元以下的罚款。

（五）违反本办法第十二条规定，不按照抗震设计进行施工监理的，由市或者区建设行政主管部门责令改正，并可处以3000元以上3万元以下的罚款。

（六）违反本办法第十四条规定，未采取抗震设防措施的已建工程在改建、扩建时，不进行抗震性能鉴定和采取抗震加固措施的，由市或者区建设行政主管部门责令改正，并可处以3000元以上3万元以下的罚款。

第十七条（行政复议和行政诉讼）

当事人对行政管理部门的具体行政行为不服的，可以按照《中华人民共和国行政复议法》和《中华人民共和国行政诉讼法》的规定，申请行政复议或者提起行政诉讼。

当事人在法定期限内不申请复议、不提起诉讼，又不履行具体行政行为的，作出具体行政行为的部门，可以根据《中华人民共和国行政诉讼法》的规定，申请人民法院强制执行。

第十八条（施行日期）

本办法自2002年3月1日起施行。

上海市建筑玻璃幕墙管理办法

（2011年12月28日上海市人民政府令第77号公布，根据2018年12月7日上海市人民政府令第15号公布的《上海市人民政府关于修改〈上海市民防工程建设和使用管理办法〉等5件市政府规章的决定》修正并重新公布）

第一条（目的和依据）

为加强本市建筑玻璃幕墙建设和使用管理，保障社会公共安全，减少光反射环境影响，根据《中华人民共和国建筑法》《物业管理条例》和其他有关法律、法规，结合本市实际，制定本办法。

第二条（定义）

本办法所称的玻璃幕墙，是指由玻璃面板与支承结构体系组成的、可相对主体结构有一定位移能力或者自身有一定变形能力、不承担主体结构所受作用的建筑外围护墙。

第三条（适用范围）

本市行政区域内新建、改建、扩建工程和立面改造工程中建筑玻璃幕墙的采用、设计、施工（以下统称为玻璃幕墙工程建设）和已竣工验收交付使用的建筑玻璃幕墙的使用维护（以下统称为既有玻璃幕墙使用维护）及其相关监督管理活动，适用本办法。

第四条（管理部门）

市和区建设行政管理部门按照职责分工，负责对所辖区域内玻璃幕墙工程建设和既有玻璃幕墙使用维护的监督管理。

市和区规划行政管理部门按照职责分工，负责所辖区域内玻璃幕墙工程建设的规划控制。

市和区环境保护行政管理部门按照职责分工，负责组织所辖区域内玻璃幕墙工程建设的光反射环境影响论证。

本市发展改革、房屋管理、市场监管、应急等部门按照各自职责，协同实施本办法。

第五条（禁止采用玻璃幕墙的范围）

住宅、医院门诊急诊楼和病房楼、中小学校教学楼、托儿所、幼儿园、养老院的新建、改建、扩建工程以及立面改造工程，不得在二层以上采用玻璃幕墙。

在T形路口正对直线路段处，不得采用

玻璃幕墙。

第六条（幕墙玻璃的采用要求）

有下列情形之一，需要在二层以上安装幕墙玻璃的，应当采用安全夹层玻璃或者其他具有防坠落性能的玻璃：

（一）商业中心、交通枢纽、公共文化体育设施等人员密集、流动性大的区域内的建筑；

（二）临街建筑；

（三）因幕墙玻璃坠落容易造成人身伤害、财产损坏的其他情形。

采用前款规定玻璃的，玻璃幕墙设计时应当按照相关技术标准的要求，设置应急击碎玻璃。

第七条（行政管理部门的告知）

市和区发展改革部门审批、核准建设项目时，应当书面告知建设单位玻璃幕墙工程建设和使用维护的相关规范。

市和区规划行政管理部门核定出让土地建设项目规划条件时，应当书面告知建设单位玻璃幕墙工程建设和使用维护的相关规范。

第八条（规划控制）

对拟采用玻璃幕墙的建设工程，规划行政管理部门在审核建设工程设计方案时，应当征求环境保护行政管理部门的意见，对有本办法第五条第二款情形或者采用玻璃幕墙不符合国家、本市相关技术规范的，规划行政管理部门不予通过建设工程设计方案审核。

对前款规定的工程，规划行政管理部门应当就建设工程设计方案公开听取公众意见。对有本办法第五条第一款情形或者采用玻璃幕墙与周边环境、建筑风格不协调的，规划行政管理部门不予通过建设工程设计方案审核。

对拟采用玻璃幕墙的，建设单位应当在建设工程设计方案中明确玻璃幕墙的型式，并予以注明。

第九条（结构安全性论证和光反射环境影响论证）

对采用玻璃幕墙的建设工程，建设单位应当在施工图设计文件送审前，编制玻璃幕墙结构安全性报告，并提交建设行政管理部门组织专家论证。

建设单位应当在施工图设计文件送审前，编制玻璃幕墙的光反射环境影响技术评估报告，并提交环境保护行政管理部门组织专家论证。

市建设行政管理部门、市环境保护行政管理部门应当分别建立由符合相关专业要求专家组成的专家库。专家抽取、回避等规则，由市建设行政管理部门、市环境保护行政管理部门另行制定。

第十条（施工图设计文件的审查）

设计单位应当在编制施工图设计文件时，落实结构安全性和光反射环境影响的评估和论证意见。

建设单位在申请施工图设计文件审查时，应当提交结构安全性论证报告、光反射环境影响技术评估报告和专家论证报告。

施工图设计文件审查机构应当审查施工图设计文件是否满足结构安全和环境保护要求。施工图设计文件未经审查通过的，建设行政管理部门不予颁发施工许可证。

变更玻璃幕墙设计的，建设单位应当将施工图设计文件送原审查机构重新审查。

第十一条（从业资质）

承担玻璃幕墙设计的单位，应当依法取得相应等级的设计资质。

承担玻璃幕墙施工、维修的单位，应当依法取得相应等级的施工资质。

本市鼓励玻璃幕墙的设计、施工、维修，由同一家具备设计和施工资质的单位承担。

第十二条（设计要求）

对采用玻璃幕墙的建设工程，设计单位应当结合建筑布局，合理设计绿化带、裙房等缓冲区域以及挑檐、顶棚等防护设施，防止发生幕墙玻璃坠落伤害事故。

第十三条（建筑材料的要求）

玻璃幕墙工程采用的建筑材料应当符合国家和本市的相关标准以及工程设计要求。

对按照规定应当取得强制产品认证或者生产许可的玻璃幕墙建筑材料，供应单位应当提供相应的强制产品认证或者生产许可等证书。

对按照规定应当进行检测、检验的玻璃幕墙建筑材料，供应单位应当提供产品质量的检测、检验报告，出具质量保证书。

施工单位应当按照工程设计要求、施工技术标准和合同的约定，对玻璃幕墙建筑材料进行检验。未经检验或者检验不合格的，不得使用。

第十四条（施工要求）

施工单位应当按照国家和本市相关技术标准以及经审查合格的施工图设计文件进行玻璃幕墙的施工。

施工单位应当在施工前编制玻璃幕墙专项施工方案。

第十五条（监理要求）

监理单位应当编制玻璃幕墙专项监理细则，对玻璃幕墙工程的重点部位、关键工序实施旁站监理，并对玻璃幕墙建筑材料实行平行检验。

监理单位应当出具玻璃幕墙专项监理报告。

监理单位发现施工不符合国家、本市的技术标准、施工图设计文件、施工组织设计文件、专项施工方案或者合同约定的，应当要求施工单位改正；施工单位拒不改正的，应当及时报告建设单位。

监理单位发现存在质量和安全事故隐患的，应当立即要求施工单位改正；情况严重的，应当要求施工单位暂停施工，并及时报告建设单位。施工单位拒不改正或者不停止施工的，监理单位应当立即向建设行政管理部门报告。

第十六条（玻璃幕墙使用维护手册）

采用玻璃幕墙的建设工程竣工验收时，设计单位应当向建设单位提供《玻璃幕墙使用维护手册》。

采用玻璃幕墙的建筑销售时，建设单位应当向买受人提供《玻璃幕墙使用维护手册》。

《玻璃幕墙使用维护手册》应当载明玻璃幕墙的设计依据、主要性能参数、设计使用年限、施工单位的保修义务、日常维护保养要求、使用注意事项等内容。

第十七条（保修责任）

施工单位应当按照国家和本市有关规定在玻璃幕墙保修期内承担保修责任。

玻璃幕墙防渗漏的保修期不低于 5 年。

玻璃幕墙工程竣工验收满 1 年时，施工单位应当进行一次全面检查。其中，对采用拉杆或者拉索的玻璃幕墙工程，在工程竣工验收后 6 个月时，进行一次全面的预拉力检查和调整。经检查发现存在安全隐患的，施工单位应当及时予以维修。

第十八条（既有玻璃幕墙的安全使用维护责任主体）

既有玻璃幕墙的安全使用维护责任，由建筑物的业主承担。

本市鼓励业主投保建筑玻璃幕墙使用的相关责任保险。

第十九条（日常维护保养）

业主或者受委托的物业服务单位，应当按照国家和本市的技术标准以及《玻璃幕墙使用维护手册》的要求，对玻璃幕墙进行日常维护保养。

受委托的物业服务单位应当履行下列义务：

（一）发现玻璃幕墙损坏或者存在安全隐患的，应当立即告知业主，并督促业主采取相应措施；

（二）发现玻璃幕墙损坏或者存在安全隐患可能危及人身财产安全，但业主拒绝采取消除危险措施的，物业服务单位应当采取必要的应急措施，并立即报告建设行政管理部门和房屋行政管理部门。

房屋行政管理部门应当督促物业服务单位按照规定协助业主维护玻璃幕墙的使用安全。

第二十条（定期检查）

业主应当委托原施工单位或者其他有玻璃幕墙施工资质的单位按照下列规定对玻璃幕墙进行定期检查：

（一）玻璃幕墙工程竣工验收 1 年后，每 5 年进行一次检查。

（二）对采用结构粘接装配的玻璃幕墙工程，交付使用满 10 年的，对该工程不同部位的硅酮结构密封胶进行粘接性能的抽样检查；此后每 3 年进行一次检查。

（三）对采用拉杆或者拉索的玻璃幕墙工程，竣工后每 3 年检查一次。

（四）对超过设计使用年限仍继续使用的玻璃幕墙，每年进行一次检查。

定期检查应当按照国家和本市相关技术标准的要求实施。

第二十一条（安全性鉴定）

既有玻璃幕墙有下列情形之一的，业主应当委托具有玻璃幕墙检测能力的单位进行安全性鉴定：

（一）面板、连接构件、局部墙面等出现异常变形、脱落、爆裂现象的；

（二）遭受台风、雷击、火灾、爆炸等自然灾害或者突发事故而造成损坏的；

（三）相关建筑主体结构经检测、鉴定存在安全隐患的；

（四）超过设计使用年限但需要继续使用的；

（五）需要进行安全性鉴定的其他情形。

进行安全性鉴定的单位应当出具鉴定结论。

第二十二条（维修）

经检查、安全性鉴定发现玻璃幕墙存在安全隐患的，业主应当及时委托原施工单位或者其他有玻璃幕墙施工资质的单位进行维修。

需要进行玻璃幕墙大修的，业主应当按照本办法第九条第一款规定进行结构安全性论证。

第二十三条（防护措施）

对采用钢化玻璃等存在爆裂、坠落伤害事故风险的建筑玻璃幕墙，业主应当根据不同情况，采取粘贴安全膜、设置挑檐或者顶棚等必要的防护措施。

粘贴安全膜的，应当将安全膜固定于周边结构上。

采用的安全膜应当符合相关国家技术标准。安全膜的供应单位应当按照国家技术标准和合同约定，承担安全膜的产品质量责任。

设置挑檐或者顶棚的，所采用的建筑材料应当具备抗高空坠物冲击的防护性能。

第二十四条（技术资料）

对玻璃幕墙进行定期检查、维修的施工单位，应当将玻璃幕墙定期检查、维修的相关技术资料，移交给业主。

既有玻璃幕墙建筑的业主应当于每年 12 月将当年玻璃幕墙定期检查、安全性鉴定、维修以及采取防护措施等情况的技术资料，报建设行政管理部门备案。

第二十五条（专项维修资金）

新建建筑的玻璃幕墙专项维修资金，由建设单位在房屋所有权初始登记前，按照规定缴存至指定专户。

既有建筑的玻璃幕墙的专项维修资金，由业主按照规定一次性或者分批缴存至指定专户。分批缴存的，最长缴存年限不得超过 5 年。

玻璃幕墙专项维修资金的缴存金额，按照玻璃幕墙造价的一定比例确定。缴存比例应当按照玻璃幕墙结构设计、使用材质的安全性能高低，设定不同等级。

玻璃幕墙专项维修资金应当用于建筑玻

璃幕墙的检查、鉴定、维修。具体缴存和管理办法由市建设行政管理部门另行制定。

第二十六条（玻璃幕墙信息管理系统）

市建设行政管理部门应当建立全市玻璃幕墙信息管理系统，并负责维护、更新。

规划、环境保护等有关行政管理部门，应当及时将玻璃幕墙的规划管理信息、环境影响论证信息移交给建设行政管理部门，实现信息共享。

第二十七条（监督检查）

建设行政管理部门应当对本市玻璃幕墙建设和使用维护的情况组织专项监督检查，督促责任各方履行义务。

第二十八条（对违反建设规定的处罚）

违反本办法第十六条第一款、第二款规定，设计单位或者建设单位拒不提供《玻璃幕墙使用维护手册》的，由建设行政管理部门责令限期改正；逾期不改正的，处1万元以上3万元以下罚款。

第二十九条（对违反安全使用维护规定的处罚）

违反本办法第二十条、第二十一条、第二十二条、第二十三条规定，既有玻璃幕墙建筑的业主未按规定履行定期检查、安全性鉴定以及维修、采取防护措施等义务的，由建设行政管理部门责令限期改正；逾期不改正的，处3万元以上10万元以下罚款。

临靠道路的既有玻璃幕墙建筑的业主，违反本办法第二十一条、第二十二条规定，未履行安全性鉴定、维修义务，经建设行政管理部门要求其限期履行安全性鉴定、维修义务，当事人逾期不履行，经催告后仍拒不履行义务，其后果已经或者将危害交通安全的，建设行政管理部门可以委托相关单位进行安全性鉴定或者予以维修。产生的费用可以在玻璃幕墙专项维修资金中列支。

第三十条（未建立和未报送技术资料的处罚）

违反本办法第二十四条第一款规定，施工单位未按规定移交技术资料的，由建设行政管理部门责令限期改正；逾期不改正的，处3000元以上1万元以下罚款。

违反本办法第二十四条第二款规定，既有玻璃幕墙建筑的业主未向建设行政管理部门报送技术资料的，由建设行政管理部门责令限期改正；逾期不改正的，处1000元以上1万元以下罚款。

第三十一条（对行政管理部门工作人员违法行为的处理）

建设行政管理部门或者其他有关部门工作人员违反本办法规定，有下列情形之一的，由其所在单位或者上级主管部门依法给予行政处分：

（一）未按照本办法规定履行监督检查职责的；

（二）发现违法行为不及时查处，或者有包庇、纵容违法行为，造成后果的；

（三）违法实施行政处罚的；

（四）其他玩忽职守、滥用职权、徇私舞弊的行为。

第三十二条（施行日期）

本办法自2012年2月1日起施行。

上海市停车场（库）管理办法

（2012年8月31日上海市人民政府令第85号公布，根据2018年12月7日上海市人民政府令第15号公布的《上海市人民政府关于修改〈上海市民防工程建设和使用管理办法〉等5件市政府规章的决定》修正并重新公布）

第一章　总则

第一条（目的和依据）

为了加强本市停车场（库）的规划、建设和管理，调节停车供需关系，改善交通状况，保障停车场（库）经营者和停车者的合法权益，根据《上海市道路运输管理条例》等有关法律、法规的规定，制定本办法。

第二条（适用范围）

本办法适用于本市行政区域内停车场（库）的规划、建设、使用及其相关管理活动。

本办法所称的停车场（库），包括公共停车场(库)、道路停车场和专用停车场(库)。

第三条（管理部门）

市交通行政主管部门是本市停车场（库）的主管部门，负责本办法的组织实施，并对市管停车场（库）实施监督管理。

区交通行政主管部门按照规定职责，负责其管辖范围内停车场（库）的监督管理。

本市规划资源、建设、公安交通、房屋、财政、价格、市场监管、税务、消防、绿化市容等管理部门按照各自职责，协同实施本办法。

第四条（行业协会）

本市停车服务行业协会应当按照有关规定，制定行业自律规范，开展行业服务质量评价和培训工作，并协助有关行政管理部门做好停车场（库）的相关管理工作。

第五条（鼓励和推广）

本市鼓励社会资金投资建设公共停车场（库），鼓励综合利用地下空间等建设公共停车场（库），推广应用智能化、信息化手段管理停车场（库）。

第二章　停车场（库）规划与建设管理

第六条（规划编制）

公共停车场（库）专项规划由市交通行政主管部门根据本市综合交通规划和交通需求状况，会同市规划资源、建设行政管理部门编制，经报市政府批准后，纳入相应的城乡规划。

第七条（用地控制）

公共停车场（库）专项规划确定的停车场（库）用地属道路广场用地，未经法定程序调整，不得改变用途。

第八条（设置标准和设计规范）

公共停车场（库）和专用停车场（库）的设计方案，应当符合国家和本市停车场（库）的设置标准和设计规范。

本市停车场（库）设置标准和设计规范，由市交通行政主管部门会同市公安交通、规划资源行政管理部门编制，经市建设行政管理部门批准后实施。

第九条（配套建设）

新建公共建筑应当按照国家和本市停车场（库）的设置标准和设计规范，配套建设停车场（库）〔含公共停车场（库）、专用停车场（库）〕。

新建公共交通枢纽应当根据本市综合客运交通枢纽规划，配套建设公共交通换乘停车场（库）。

配套建设的停车场（库）应当与主体工程同步设计、同步施工、同步验收、同步交付使用。

第十条（补建）

下列公共建筑未按照国家和本市停车场（库）的设置标准和设计规范配套建设停车场（库）的，应当在改建、扩建时补建：

（一）机场、火车站、港口客运站、省际道路客运站以及公共交通与自用机动车换乘的枢纽站；

（二）体育(场)馆、影(剧)院、图书馆、医院、会展场所、旅游景点、商务办公楼以及对外承办行政事务的办公场所；

（三）建筑面积在5000平方米以上的商场、旅馆、餐饮、娱乐等经营性场所。

前款规定的公共建筑因客观环境条件限制，无法补建停车场（库）的，公共建筑所有人应当向市、区规划资源行政管理部门提交有关专家技术论证报告。

第十一条（建设审查）

本市有关部门应当按照国家和本市建

设项目审批管理的有关规定，对公共停车场（库）和专用停车场（库）的建设进行审查。

市、区规划资源行政管理部门在审查建设工程设计方案时，应当征求市、区交通行政主管部门的意见。

第十二条（竣工验收）

市、区建设行政管理部门在开展建设工程竣工验收备案工作时，应当组织市、区交通行政主管部门做好配建停车场（库）的竣工验收。

第十三条（改变使用性质的审核）

任何单位和个人不得擅自将已建成的公共停车场（库）或者专用停车场（库）挪作他用。

改变公共停车场（库）或者专用停车场（库）使用性质的，应当经市、区规划资源行政管理部门会同市、区交通行政主管部门和公安交通管理部门批准。

第三章　公共停车场（库）经营管理

第十四条（经营登记备案）

公共停车场（库）经营者应当依法办理工商、税务登记手续，并在工商登记后15日内，持有关材料向交通行政主管部门或者《上海市道路运输管理条例》规定的道路运输管理机构办理备案手续。

公共停车场（库）经营者变更登记事项或者歇业的，应当按照规定向市场监管、税务部门办理相关手续，并自变更、歇业之日起15日内向原备案部门办理备案手续。公共停车场（库）歇业的，经营者应当提前5日向社会公告。

第十五条（服务规范）

公共停车场（库）经营者应当遵守下列服务规范：

（一）按照规范设置停车场（库）经营服务标志；

（二）按照规范设置市交通行政主管部门制定的停放车辆规则，公布监督电话；

（三）执行停车收费规定，在停车场（库）入口处及收费处醒目位置公示收费标准；

（四）按照标准划设停车泊位，不得擅自增设或者减少泊位；

（五）配置符合规范的照明设备、通讯设备、计时收费设备；

（六）引导车辆有序进出和规范停放，维护停车秩序；

（七）制定停放车辆、安全保卫、消防、防汛等管理制度以及应对突发事件的应急预案；

（八）工作人员规范着装、佩戴服务牌证。

第十六条（驾驶员行为规范）

机动车驾驶员及其随车人员在公共停车场（库）停放车辆，应当遵守下列规定：

（一）服从工作人员的指挥，有序停放车辆；

（二）不得损坏停车设施、设备；

（三）不得停放装有易燃、易爆、有毒、有害等危险物品或者其他违禁物品的车辆。

第十七条（临时停车场经营登记备案）

利用闲置空地开设经营性临时停车场的经营者，应当按照本办法第十四条的规定，办理工商、税务登记和备案手续。

经营者办理备案手续前，应当按照市交通行政主管部门的相关规定，对停车场的消防条件以及对周边交通、环境的影响进行评估。评估过程中，经营者应当公示停车场设置方案，并通过座谈会等方式听取停车场周边单位、居民的意见。评估报告以及听取意见的情况应当在办理备案手续时一并向备案部门提交。

临时停车场经营者应当遵守本办法第十五条第一项、第二项、第三项、第六项、第七项、第八项的规定。

第四章　道路停车场管理

第十八条（设置原则和方案）

道路停车场的设置应当严格实行总量控制。

道路停车场的设置方案由市、区公安交通管理部门会同交通行政主管部门、建设行政管理部门按照下列原则编制：

（一）符合区域道路停车总量控制要求；

（二）与区域停放车辆供求状况、车辆通行条件和道路承载能力相适应；

（三）区别不同时段、不同用途的停车需求。

编制道路停车场的设置方案时，市、区公安交通管理部门应当会同交通行政主管部门听取周边公共停车场（库）经营者以及其他企事业单位、居民的意见。

市、区公安交通管理部门和交通行政主管部门应当按照规定职责，划设泊位标线，设置道路停车标志，公示停车收费标准和道路停车规则。其他任何单位和个人不得在道路（含街巷、里弄内的通道）上以安装地锁、划设标线等方式设置停车泊位。

第十九条（管理者的确定）

道路停车场管理者确定的办法，由市交通行政主管部门另行制定。

第二十条（计费方式）

道路停车可以采取按时或者按次方式计收停车费。

道路停车采取按时计费的，可以根据周边地区的道路交通状况，采取累进计费或者限时停车的办法计费。

第二十一条（收费方法）

道路停车场管理者可以采用电子仪表方法或者人工方法，收取停车费。

第二十二条（收费管理）

道路停车场收费属行政事业性收费，实行收支两条线管理。收入全额上缴财政，支出由财政按照批准的预算核拨。

第二十三条（撤除）

道路停车场有下列情形之一的，市、区公安交通管理部门应当会同交通行政主管部门及时予以撤除，并通知建设行政管理部门：

（一）道路交通状况发生变化，道路停车已影响车辆正常通行；

（二）道路周边的公共停车场（库）已能满足停车需求；

（三）道路停车场泊位使用率过低的。

道路停车场撤除后，市、区公安交通管理部门和交通行政主管部门应当及时恢复道路设施原状。

第二十四条（道路停车服务规范）

道路停车场管理者应当遵守本办法第十五条第六项、第八项的规定，以及执行道路停车收费规定，规范使用停车收费设备。

道路停车场管理者应当加强对工作人员的管理，建立投诉受理机制，及时处理工作人员不按规定收费、不出具专用收费收据等违规行为。

道路停车场工作人员应当经市停车服务行业协会培训考核合格。

第二十五条（道路停车行为规范）

机动车驾驶员在道路停车场停放车辆，应当遵守下列规定：

（一）本办法第十六条的规定；

（二）按照规定支付停车费；

（三）在限时停车的道路停车场不得超时停车。

机动车驾驶员在采用电子仪表收费方法的道路停车场停放车辆的，应当将交费凭据放置在车辆前挡风玻璃内的明显位置，以备查验。

机动车驾驶员不按照规定支付停车费的信息，应当纳入本市个人信用征信系统。

第五章　其他相关管理

第二十六条（收费价格管理）

本市停车场（库）服务收费根据不同性质、不同类型，分别实行市场调节价、政府指导价、政府定价。

实行政府指导价、政府定价的停车场（库），应当区别不同区域、不同停车时间，并按照同一区域道路停车高于路外停车的原则，确定停车收费标准。

实行政府指导价、政府定价的停车场（库）种类和停车收费标准，由市价格行政主管部门会同市财政、交通行政主管部门另行制定。

公共交通换乘停车场（库）实行政府定价，并按照市交通行政主管部门和市财政部门的规定，享受相应的财政补贴。

第二十七条（票据管理）

公共停车场（库）经营者收取停车费，应当使用由市地方税务部门监制的统一发票。

道路停车场管理者收取停车费，应当使用由市或者区财政部门监制的专用收费收据。

公共停车场（库）经营者或者道路停车场管理者不按照规定开具统一发票、专用收费收据的，机动车驾驶员可以拒付停车费。

第二十八条（信息化管理）

本市实行公共停车信息系统联网管理。

市、区交通行政主管部门应当按照统一的标准组织公共停车信息系统的建设，并通过网站、停车诱导指示牌等方式，向社会公众提供停车场（库）位置、停车泊位剩余数量等信息服务。

公共停车场（库）经营者和道路停车场管理者应当按照有关规定和标准，将其停车信息纳入全市公共停车信息系统。

公共停车信息系统的联网管理规定和有关标准，由市交通行政主管部门会同有关部门制定。

第二十九条（统计）

公共停车场（库）经营者和道路停车场管理者应当按照规定，向交通行政主管部门或者《上海市道路运输管理条例》规定的道路运输管理机构如实报送统计资料。

专用停车场（库）的所有人或者其委托的管理人应当按照规定申报停车场（库）的泊位数。

第三十条〔专用停车场（库）的调用〕

在市人民政府确定的重大活动举办期间，公共停车场（库）不能满足社会停车需求时，专用停车场（库）的所有人或者其委托的管理人应当按照市交通行政主管部门的要求，在满足自身停车需求的条件下，向公众开放。

第三十一条（停车资源共享利用）

市交通行政主管部门应当会同市公安交通、房屋、建设等行政管理部门制定停车资源共享工作的指导性意见，并加强对共享工作的监督、指导。

区人民政府应当组织区交通、公安交通、房屋、建设等行政管理部门建立停车资源共享协调制度，制定本区停车资源共享计划，推进区范围内停车资源的错时利用。

乡（镇）人民政府、街道办事处应当根据区停车资源共享计划，以及本乡（镇）、街道内停车需求与停车泊位资源状况，划定共享区域，并组织指导共享区域内居民委员会、业主委员会、相关单位协商制定该区域停车场（库）资源共享方案，签订共享协议。共享方案和共享协议应当明确共享停车的机动车和泊位、停车收费标准、停放时限、停车自律规范、违反自律规范的处理等内容。

第三十二条（时段性道路停车场的设置）

停车泊位与停车需求矛盾突出的住宅小区，其周边道路具备夜间等时段性停车条件的，乡（镇）人民政府、街道办事处可以提出道路停车方案，经区公安交通、交通、房屋、建设行政管理部门同意后，设置时段性道路停车场。道路停车方案应当包括允许停车时段、允许停放的机动车范围、停车收费标准、违反规则处理等内容。

超过规定时间在时段性道路停车场停放机动车的，由市、区公安交通管理部门根据国家和本市道路交通安全规定进行处理。

第六章　法律责任

第三十三条（行政处罚）

市、区交通行政主管部门对违反本办法的行为，按照下列规定予以处罚：

（一）公共停车场（库）经营者违反本办法第十四条规定，未履行备案义务的，责令限期改正。逾期不改正的，处以200元以上2000元以下的罚款。

（二）公共停车场（库）经营者违反本办法第十五条第一项、第二项、第四项、第五项、第六项、第七项、第八项规定，未遵守相关服务规范的，处以200元以上2000元以下的罚款。

（三）道路停车场管理者违反本办法第二十四条第一款规定，未遵守相关服务规范的，处以200元以上2000元以下的罚款。

（四）机动车驾驶员违反本办法第二十五条第一款规定，不按照规定支付停车费、超时停车的，应当责令补交停车费，并处以50元以上300元以下的罚款。无法查实机动车驾驶员身份的，可以要求机动车所有人通知违法行为人在规定的时间内到指定地点接受处理。

（五）机动车驾驶员违反第二十五条第二款规定，不按照规定放置交费凭据的，处以20元以上50元以下的罚款。

（六）公共停车场（库）经营者、道路停车场管理者违反本办法第二十八条第三款规定，不按照规定将停车信息纳入全市公共停车信息系统的，处以1000元以上1万元以下的罚款。

（七）公共停车场（库）经营者、道路停车场管理者、专用停车场（库）所有人或其委托的管理人违反本办法第二十九条规定，不按照规定报送统计资料或者申报停车场（库）泊位数的，处以300元以上3000元以下的罚款。

违反本办法第十三条第一款规定，擅自将单独建设的公共停车场（库）挪作他用的，由市或者区交通行政主管部门处以3万元以上10万元以下的罚款；擅自将公共建筑和住宅小区配套建设的停车场（库）挪作他用的，按照国家和本市物业管理规定进行处理。

第三十四条（委托行政处罚）

市、区交通行政主管部门可以委托其所属的交通行政执法机构实施本办法规定的行政处罚。

第三十五条（妨碍公务的处理）

阻碍行政执法人员依法执行公务，违反《中华人民共和国治安管理处罚法》的，由公安部门依法处理；构成犯罪的，依法追究刑事责任。

第七章　附则

第三十六条〔专用停车场（库）的经营管理〕

专用停车场（库）向公众提供经营性停车服务的，按照本办法有关公共停车场（库）的规定执行。

第三十七条（有关用语的含义）

本办法有关用语的含义：

（一）公共停车场（库），是指根据规划建设的以及公共建筑配套建设的经营性机动车停放场所。

（二）公共交通换乘停车场（库），是指设置在公共交通枢纽附近区域，以较低的停车收费价格引导和鼓励机动车驾驶员停车后换乘公共交通到达目的地的公共停车场（库）。

（三）道路停车场，是指在道路路内设置的机动车停放场所。

（四）专用停车场（库），是指供本单位、本住宅小区机动车停放的场所和私人停车泊位。

第三十八条（施行日期）

本办法自2013年1月1日起施行。2005年1月10日上海市人民政府令第44号发布的《上海市停车场（库）管理办法》同时废止。

上海市人民政府关于印发《上海市开展对部分个人住房征收房产税试点的暂行办法》的通知

沪府发〔2011〕3号(2011年1月27日)

各区、县人民政府，市政府各委、办、局：

根据国务院第136次常务会议有关精神，市政府决定，自2011年1月28日起，本市开展对部分个人住房征收房产税试点。现将《上海市开展对部分个人住房征收房产税试点的暂行办法》印发给你们，请认真按照执行。

实施房产税改革是党的十七届五中全会作出的一项重要部署，是“十二五”时期我国税制改革的一项重要内容。各区县、各部门要高度重视，细致工作，密切配合，确保本市对部分个人住房征收房产税的试点顺利进行。

上海市开展对部分个人住房征收房产税试点的暂行办法

为进一步完善房产税制度，合理调节居民收入分配，正确引导住房消费，有效配置房地产资源，根据国务院第136次常务会议有关精神，市政府决定开展对部分个人住房征收房产税试点。现结合本市实际，制定本暂行办法。

一、试点范围

试点范围为本市行政区域。

二、征收对象

征收对象是指本暂行办法施行之日起本市居民家庭在本市新购且属于该居民家庭第二套及以上的住房（包括新购的二手存量住房和新建商品住房，下同）和非本市居民家庭在本市新购的住房（以下统称“应税住房”）。

除上述征收对象以外的其他个人住房，按国家制定的有关个人住房房产税规定执行。

新购住房的购房时间，以购房合同网上备案的日期为准。

居民家庭住房套数根据居民家庭（包括夫妻双方及其未成年子女，下同）在本市拥有的住房情况确定。

三、纳税人

纳税人为应税住房产权所有人。

产权所有人为未成年人的，由其法定监护人代为纳税。

四、计税依据

计税依据为参照应税住房的房地产市场价格确定的评估值，评估值按规定周期进行重估。试点初期，暂以应税住房的市场交易价格作为计税依据。

房产税暂按应税住房市场交易价格的70%计算缴纳。

五、适用税率

适用税率暂定为0.6%。

应税住房每平方米市场交易价格低于本市上年度新建商品住房平均销售价格2倍（含2倍）的，税率暂减为0.4%。

上述本市上年度新建商品住房平均销售价格，由市统计局每年公布。

六、税收减免

（一）本市居民家庭在本市新购且属于该居民家庭第二套及以上住房的，合并计算的家庭全部住房面积（住房建筑面积，下同）人均不超过60平方米（免税住房面积，含60平方米）的，其新购的住房暂免征收房产税；人均超过60平方米的，对属新购住房超出部分的面积，按本暂行办法规定计算征收房产税。

合并计算的家庭全部住房面积为居民家庭新购住房面积和其他住房面积的总和。

本市居民家庭中有无住房的成年子女共同居住的，经核定可计入该居民家庭计算免税住房面积；对有其他特殊情形的居民家庭，免税住房面积计算办法另行制定。

（二）本市居民家庭在新购一套住房后的一年内出售该居民家庭原有唯一住房的，其新购住房已按本暂行办法规定计算征收的房产税，可予退还。

（三）本市居民家庭中的子女成年后，因婚姻等需要而首次新购住房且该住房属于成年子女家庭唯一住房的，暂免征收房产税。

（四）符合国家和本市有关规定引进的高层次人才、重点产业紧缺急需人才，持有本市居住证并在本市工作生活的，其在本市新购住房且该住房属于家庭唯一住房的，暂免征收房产税。

（五）持有本市居住证满 3 年并在本市工作生活的购房人，其在本市新购住房、且该住房属于家庭唯一住房的，暂免征收房产税；持有本市居住证但不满 3 年的购房人，其上述住房先按本暂行办法规定计算征收房产税，待持有本市居住证满 3 年并在本市工作生活的，其上述住房已征收的房产税，可予退还。

（六）其他需要减税或免税的住房，由市政府决定。

七、收入用途

对房产税试点征收的收入，用于保障性住房建设等方面的支出。

八、征收管理

（一）房产税由应税住房所在地的地方税务机关负责征收。

（二）房产税税款自纳税人取得应税住房产权的次月起计算，按年计征，不足一年的按月计算应纳房产税税额。

（三）凡新购住房的，购房人在办理房地产登记前，应按地方税务机关的要求，主动提供家庭成员情况和由市房屋状况信息中心出具的其在本市拥有住房相关信息的查询结果。地方税务机关根据需要，会同有关部门对新购住房是否应缴纳房产税予以审核认定，并将认定结果书面告知购房人。应税住房发生权属转移的，原产权人应缴清房产税税款。

交易当事人须凭地方税务机关出具的认定结果文书，向登记机构办理房地产登记；不能提供的，登记机构不予办理房地产登记。

（四）纳税人应按规定如实申报纳税并提供相关信息，对所提供的信息资料承担法律责任。

纳税人未按规定期限申报纳税的，由地方税务机关向其追缴税款、滞纳金，并按规定处以罚款。

（五）应税住房房产税的征收管理除本暂行办法规定外，按《中华人民共和国税收征收管理法》等有关规定执行。具体征收管理办法，由市地税局负责制定。

九、部门职责

（一）建立工作机制

市政府成立由市财政、地税、住房保障房屋管理、建设交通、规划国土资源、公安、民政、人力资源社会保障、统计等部门组成的房产税试点工作机构，建立健全工作机制，推进房产税试点工作。

（二）协同征收管理

市住房保障房屋管理、建设交通、规划国土资源、财政、公安、民政、人力资源社会保障、统计等部门要积极配合地方税务机关建立应税住房房产税征收控管机制，根据本市对部分个人住房征收房产税试点的需要，提供相关信息，共同做好应税住房的认定工作。

（三）实现信息共享

市地税、住房保障房屋管理、建设交通、规划国土资源、财政、公安、民政、人力资源社会保障、统计等部门要共同建立全市统一的房地产信息管理平台，实现个人住房信息数据库信息共享。

十、评估机制

房产税税基评估工作在市政府统一领导下，由市地税、财政、住房保障房屋管理、规划国土资源等部门共同组织实施。

十一、其他事项

本暂行办法未涉及的其他事项，按国家和本市的有关规定执行。

本市开展对部分个人住房征收房产税试点中的具体规定，由市财政局、市地税局、市住房保障房屋管理局等部门制订，并报市政府同意后公布执行。

本暂行办法自2011年1月28日起施行。

上海市人民政府办公厅关于印发《上海市全面推开“证照分离”改革工作方案》的通知

沪府办发〔2018〕44号

（2018年12月15日）

各区人民政府，市政府各委、办、局：

经市政府同意，现将《上海市全面推开“证照分离”改革工作方案》印发给你们，请认真按照执行。

上海市全面推开“证照分离”改革工作方案

为深入贯彻落实《国务院关于在全国推开“证照分离”改革的通知》（国发〔2018〕35号）（以下简称《通知》），激发市场主体活力，加快推进政府职能深刻转变，营造法治化、国际化、便利化的营商环境，结合本市实际，制定本工作方案。

一、工作目标

按照“成为贸易投资最便利、行政效率最高、服务管理最规范、法治体系最完善的城市之一”的目标，对照国际最高标准、最好水平，以“改革开放再出发”的决心和勇气，坚持需求导向、问题导向、效果导向，落实“证照分离”改革要求，进一步厘清政府、市场、社会关系，有效区分“证”“照”功能，放管结合，创新政府管理方式，努力做到审批更简、监管更强、服务更优，营造稳定、公平、透明、可预期的市场准入环境，推动上海经济高质量发展。

二、主要任务

（一）全面推开“证照分离”改革试点各项举措

按照“凡不涉及法律法规调整的改革举措，均要全市推开”的要求，对国务院批复的第一批116项、第二批47项和浦东新区自主改革的35项“证照分离”改革试点事项，分别按照直接取消审批、审批改为备案、实行告知承诺、优化准入服务等四种方式，在全市推开“证照分离”改革。

1. 对直接取消审批的事项，逐项明确取消审批的后续工作，建立相关管理制度。

取消审批并不是取消监管，更不是放弃监管责任。对取消审批后仍需加强监管的事项，要切实加强后续监管，防止管理脱节，绝不能因为审批事项取消而放弃或削弱监管职责。要善于运用经济和法律手段履行监管职能，把该管的事情管住管好。要做好工作衔接，避免出现监管真空。要逐项明确取消审批后的相关管理措施，在总结经验的基础上，形成和制定相关管理制度。

对取消审批后能够通过市场机制解决的事项，运用市场机制进行调节，政府部门规范运作程序，加强市场监管。对取消审批后由企业自主决定的事项，通过加快形成企业自主经营、公平竞争，消费者自由选择、自主消费，商品和要素自由流动、平等交换的现代市场体系，实现对企业的间接监督管理。对取消审批后由统一的管理规范和强制性标准取代个案审批的事项，抓紧制订相应的管理规范和标准，并组织实施。对取消审批后由事后备案管理取代审批的事项，尽快建立和完善事后备案管理制度。对取消审批后转为日常监管的事项，采取加大事中检查、事后稽查处罚力度等办法，保证相关管理措施落实到位。

2. 对审批改为备案的事项，逐项明确审批改为备案的后续工作，建立相关管理制度。

制定备案管理办法，明确备案的条件、内容、程序、期限以及需要报送的全部材料目录和备案示范文本，明确对行政相对人从事备案事项的监督检查及相关处理措施、应当承担的法律责任等。

3. 对实行告知承诺的事项，逐项制定告知承诺书格式文本和告知承诺办法。

按照《上海市行政审批告知承诺管理办法》（上海市人民政府令第 4 号）和《上海市人民政府关于公布本市实行“告知承诺”第二批行政审批事项目录及格式文本（样本）的通知》（沪府发〔2009〕64 号）的规定，制定每项事项的告知承诺书格式文本和告知承诺办法，并按照程序审定后实施。

明确和落实行政审批告知承诺的批后监管举措，重点是对行政相对人是否履行承诺的情况进行检查。行政机关应当对被审批人从事行政审批事项的活动加强监督检查，发现被审批人有违法行为的，应当依法及时作出处理；发现被审批人实际情况与承诺内容不符的，应当要求其限期整改；逾期不整改或者整改后仍不符合条件的，应当依法撤销行政审批决定。

充分发挥诚信制度在确定告知承诺对象、实施批后监管中的作用。对有不良记录的，不实行告知承诺；对做出不实承诺或者违反承诺的，依法记入诚信档案，并对该申请人、被审批人不再适用告知承诺的审批方式。

4. 对优化准入服务的事项，逐项明确优化准入服务的具体改革举措，形成相关管理制度。

根据行政审批标准化管理实施情况，对照《行政审批业务手册编制指引》（DB31/T 544—2011）和《行政审批办事指南编制指引》（DB31/T 545—2011）的规定，以相关行政审批的业务手册和办事指南为基础，再进行一次优化完善。重点是：

——讲清楚各类审查要求，尽可能地量化具体的审查行为，明确审查内容、审查要求、审查方法、判定标准等。

——精简审批环节，内部审查原则上应实施“一审一核”制或承办、审核、决定三级审批制，不搞层层过关。

——优化审批流程，简化工作手续，减少审批层级，消除重叠机构和重复业务，打破处室界限，建立跨部门业务合作机制等。

进一步深化政府服务效能和服务质量建设。全面推行预约、全程帮办、联办，以及错时、延时服务等。对重点区域重点项目，可有针对性地提供个性化、定制化服务。建立健全收件凭证、一次告知、限时办结、首问负责、咨询服务、AB 角工作制、节假日办理、挂牌上岗等基本服务制度。全面实行提前服务，通过提前介入、主动指导、批前指导、上门服务、全程跟踪等，提供现场勘察、现场核查、检验、检疫、检测、评审、技术审查、技术咨询、技术指导等服务，有效降低制度性交易成本。

（二）全面开展市场准入涉企行政审批事项“证照分离”改革

对市级、区级、管委会和乡镇街道实施的市场准入涉企（含个体工商户、农民专业合作社）行政审批事项，按照国务院《通知》要求，区别不同情况，通过以下四种方式，逐一作出相应处理：

1. 直接取消审批。

对设定必要性已不存在、市场机制能够有效调节、行业组织或中介机构能够有效实现行业自律管理的行政审批事项，直接取消。市场主体办理营业执照后即可开展相关经营活动。

2. 取消审批，改为备案。

对取消审批后有关部门需及时准确获得相关信息，以更好开展行业引导、制定产业政策和维护公共利益的行政审批事项，改为备案。市场主体报送材料后即可开展相关经营活动，有关部门不再进行审批。

3. 简化审批，实行告知承诺。

对暂时不能取消审批，但通过事中事后监管能够纠正不符合审批条件行为的行政审批事项，实行告知承诺。有关部门履职尽责，制作告知承诺书，并向申请人提供示范文本，一次性告知申请人审批条件和所需材料，对申请人承诺符合审批条件并提交有关材料的，当场办理审批。市场主体诚信守诺，达到法定条件后，再从事特定经营活动。有关部门实行全覆盖例行检查，发现实际情况与承诺内容不符的，依法撤销审批并予以从重处罚。

4. 完善措施，优化准入服务。

对关系国家安全、公共安全、金融安全、生态安全和公众健康等重大公共利益的行政审批事项，保留审批，优化准入服务。针对市场主体关心的难点痛点问题，精简审批材料，公示审批事项和程序；压缩审批时限，明确受理条件和办理标准；减少审批环节，科学设计流程；下放审批权限，增强审批透明度和可预期性，提高登记审批效率。

（三）全面强化事中事后监管

"证照分离"改革要做到放管结合，放管并重，宽进严管。以更好的管来促进更大力度的放，该政府管的事一定要管好、管到位。

1. 按照"谁审批、谁监管，谁主管、谁监管"原则，全面实施诚信管理、分类监管、风险监管、联合惩戒、社会监督，构建以事中事后监管为重心的行业监管体制。

对本单位各行业、领域、市场的监管职能，围绕是否"越位""缺位""错位"，进行全面评估分析、清理规范，逐项明确科学、合理的监管内容，鼓励和引导企业通过行业自律、和解、调解、仲裁、诉讼等方式，解决生产经营中的问题。大力推进"双告知、双反馈、双跟踪"以及"双随机、双评估、双公示"的政府综合监管，进一步强化"照后证前"监管。

进一步落实生产经营者主体责任，推进社会信用体系建设。在梳理分析监管对象基本情况的基础上，建立各行业、领域、市场中每个监管对象的诚信档案，开展分级分类，排摸监管风险点，建立联合惩戒机制。对属于行业自律的内容，纳入行规行约和行业内争议处理规则，实施自律管理。发挥专业服务机构在技术性、专业性、服务性等方面的沟通、鉴证、监督等作用。依法公开监管执法信息。完善投诉举报制度。

2. 积极推行包容审慎监管。

以新技术、新产业、新模式、新产品、新业态为核心，选择一批行业、领域、市场，实施包容审慎监管。对看得准、有发展前景的，量身定制适当的监管模式；对一时看不准的，密切关注，为新兴生产力成长打开更大空间，为全力打响"上海制造""上海服务""上海文化""上海购物"四大品牌创造更好的营商环境。

加快建立以信息归集共享为基础、以信息公示为手段、以信用监管为核心的新型监管制度。加强市场主体信用信息归集、共享和应用，与政府审批服务、监管处罚等工作有效衔接。建立健全失信联合惩戒机制，健全跨区域、跨层级、跨部门协同监管机制，进一步推进联合执法，建立统一"黑名单"制度，对失信主体在行业准入环节依法实施限制。

3. 深化"双随机、一公开"监管。

进一步完善"双随机、一公开"相关制度和工作细则，动态调整抽查事项清单，细化标准流程，明确抽查范围，探索尽职照单免责、失职照单问责等制度。进一步扩展监管覆盖面，实现对随机抽查未覆盖监管对象的有效监管，及时发现监管高风险领域和问题苗头。及时公开企业违法违规信息和检查执法结果，震慑违法者、规范执法者、教育经营者。加快建立完善巨额惩罚性赔偿、失信联合惩戒等法规制度，大幅提高违法成本。

三、具体要求

（一）各区、各部门要加强领导，层层压实责任，确保积极稳妥推进“证照分离”改革。各区、各部门的主要负责同志要定期听取和研究本地区、本部门的工作进展情况，对一些难啃的“硬骨头”，要亲自挂帅，努力解决。要加强宣传培训，做好巩固改革成果与深化试点、实施启动与法规调整、落实改革举措与强化监管、市和区的对接。要强化监督检查，以强有力的问责问效，推动改革落地落实。市政府办公厅将会同有关部门适时组织开展专项督促检查。

（二）各区、各部门对国务院决定第一批在全国推开“证照分离”改革事项中的99项涉企行政审批事项，要严格按照国务院《通知》精神，全面实施“证照分离”改革；对暂未全国推开的其他“证照分离”改革试点事项，凡不涉及法律法规调整的，要按照前述改革方式，抓紧细化明确改革举措，于2018年年内在全市推开“证照分离”改革。要逐一制定实施在全市推开“证照分离”改革事项的管理办法、改革举措等，并于实施后5个工作日内报送市审改办。其中，区级、管委会和乡镇街道事项所涉及的备案管理办法、告知承诺书格式文本和告知承诺办法，由市级业务主管部门统一制定。

（三）市级各部门要对本行业、本系统市级、区级、管委会和乡镇街道实施的市场准入涉企（含个体工商户、农民专业合作社）行政审批事项，按照国务院《通知》精神，区别不同情况，逐项按照前述四种方式提出改革意见。各区可按照国务院《通知》精神，研究制定区级政府权限内事项的改革方式。

（四）统筹推进“证照分离”和“多证合一”改革。对“证照分离”改革后属于信息采集、记载公示、管理备查类的事项，原则上通过“多证合一”改革，尽可能整合到营业执照上。要健全市场监管部门与行政审批部门、行业主管部门之间对备案事项目录和后置审批事项目录的动态维护机制，明确事项表述、审批部门及层级、经营范围表述等内容。

附件：上海市落实第一批全国推开“证照分离”改革的具体事项表（共99项）（略）

上海市人民政府关于印发《上海市饮用水水源保护缓冲区管理办法》的通知

沪府规〔2018〕25号（2018年12月26日）

各区人民政府，市政府各委、办、局：

现将《上海市饮用水水源保护缓冲区管理办法》印发给你们，请认真按照执行。

上海市饮用水水源保护缓冲区管理办法

第一条（目的依据）

为加强饮用水水源保护，规范饮用水水源保护缓冲区管理，根据《中华人民共和国水污染防治法》《中华人民共和国水法》《上海市饮用水水源保护条例》《上海市水资源管理若干规定》等法律、法规，制定本办法。

第二条（设置原则）

综合考虑本市饮用水水源保护现状，根据本市河网水系的潮汐、汇水区等特点，分层次、精细化实施水源保护区管理。在按照国家技术规范划定的饮用水水源一级保护区、二级保护区以及准水源保护区外，设置饮用水水源保护缓冲区（以下简称“缓冲区”），进一步确保本市饮用水水源质量和安全。

第三条（部门职责）

市生态环境部门负责全市缓冲区环境保护的统一监督管理。区生态环境部门负责本辖区范围内缓冲区环境保护的监督管理。

交通、海事部门根据各自职责，负责缓冲区内码头、船舶污染防治的监督管理。

发展改革、经济信息化、公安、住房城乡建设管理、规划资源、水务、农业农村、绿化市容、市场监管、城管执法、应急等部门根据各自职责，做好缓冲区环境保护工作。

第四条（政府责任）

市、区政府和街镇对本行政区域内缓冲区的环境质量负责。街镇应当在区生态环境、规划资源、经济信息化等相关部门的指导下，将本辖区范围内缓冲区的环境保护工作纳入网格化监管，建立环境问题发现、报告和处置机制，助力区域产业结构和布局优化调整。

第五条（企业事业单位义务）

缓冲区内的企业事业单位和其他生产经营者应当遵守环境保护相关法律、法规，防止水体污染和生态破坏，履行污染监测、报告等义务，对所造成的损害依法承担责任。重点排污单位应当依法主动公开环境信息。

第六条（缓冲区划定程序）

缓冲区范围的划定和调整，由市生态环境部门会同市发展改革、水务、规划资源、经济信息化、交通、农业农村等部门以及相关区政府在组织专家科学论证的基础上提出方案，报市政府批准后公布执行。

第七条（生态补偿政策）

本市饮用水水源保护生态补偿制度适用于缓冲区。市、区政府在饮用水水源保护生态补偿财政转移支付过程中，将缓冲区纳入转移支付范围。补偿标准，可按照饮用水水源准保护区的一定比例执行。

第八条（排污总量控制）

市生态环境部门应当根据本市饮用水水源保护的需要，制定本市缓冲区水污染物排放总量要求和排放标准。

第九条（缓冲区产业准入要求）

禁止新建、扩建涉及一类污染物、电镀、金属冶炼及压延、化工（除单纯混合或分装外）等对水体污染严重的建设项目。新建、扩建其他建设项目，不得增加区域水污染物排放总量。

改建建设项目，不得增加水污染物排放量。

对建设项目准入实施负面清单管理，并根据实际情况，适时动态调整。

第十条（缓冲区固废污染防治）

禁止向水体排放、倾倒危险废物、一般工业固体废弃物、生活垃圾、建筑垃圾、有毒有害物品等固体废弃物。

第十一条（缓冲区固废设施管控）

禁止设置危险废物、一般工业固体废弃物、生活垃圾和建筑垃圾的集中贮存和处置设施。

设置建筑垃圾等资源化利用企业、生活垃圾转运等设施，应当符合规划布局和环保要求，住房城乡建设管理、绿化市容、生态环境等部门应当加强管理。

第十二条（缓冲区农业污染防治）

禁止新设规模化畜禽养殖场；从事农业种植的，应当合理使用化肥农药，逐步减少使用量，防止污染水体；从事投饵养殖的，养殖单位或者个人应当规范投饵和使用药物，防止污染水体。

第十三条（码头和船舶污染防治）

除可设置符合规划和环保要求的船舶加油站、加气站之外，缓冲区内禁止新建、改建、扩建危险品装卸码头。在缓冲区内的码头，港口经营单位应当采取污水纳管以及防止货物散落水体等措施。

在缓冲区水域范围内，不得航行装载国家禁止运输的危险化学品以及危险废物（废矿物油除外）的船舶。

在缓冲区水域范围内，禁止排放船舶洗舱水、生活污水和垃圾等污染物。

第十四条（水质监测和管理）

市和区生态环境、水务部门应当加强对缓冲区内水体的水质监测，将其纳入现有水质监测信息系统；发现异常情况的，应当及时向同级政府报告，并采取有效措施，防止污染饮用水水源。

第十五条（环境保护执法）

市、区生态环境部门应当加强对缓冲区

内污染物排放情况的监督检查，发现违法排污的，应当依法责令排污单位或者个人停止污染物排放；拒不停止排放污染物的，市或者区生态环境部门可以报请同级政府批准，依法采取措施予以停产或者关闭，相关供水、供电、供气等单位应当予以配合。

对不能确定责任人的污染物，由所在地的区政府组织有关部门予以清理。

第十六条（产业园区环境管理）

缓冲区内的产业园区管理机构应当严格产业准入环境标准，做好园区环境基础设施规划，配套建设污水收集处理等环境基础设施，建立环境基础设施的运行、维护制度，并保障其正常运行。

第十七条（土壤和地下水污染防控）

缓冲区内的加油站经营企业和其他重点污染物排放单位应当按照有关法律、法规，严格做好土壤和地下水风险防范工作。

第十八条（污染事故应急处置）

市、区应当组织编制缓冲区污染事故应急预案。

有关单位发生突发性事件，造成或者可能造成缓冲区内严重水体污染事故的，应当采取应急措施，向市、区生态环境部门或者应急联动机构报告。市、区生态环境等部门视情及时启动相应污染事故应急预案。

第十九条（约谈）

有下列情形之一的，市生态环境部门应当会同相关行政管理部门约谈区政府主要负责人，约谈情况向社会公开：

（一）未完成缓冲区环境质量改善目标的。

（二）未完成缓冲区重大污染治理任务的。

（三）缓冲区发生严重环境污染事故或者对生态破坏事件处置不力的。

（四）其他依法应当约谈的情形。

第二十条（部门责任追究）

有关部门及其工作人员违反本办法规定，有下列行为之一的，由其所在单位或者上级主管部门给予行政处分；构成犯罪的，依法追究刑事责任。

（一）发现违法行为或者接到对违法行为的举报后，不予查处的。

（二）未依照本办法规定履行监督管理职责的。

（三）其他玩忽职守、滥用职权、徇私舞弊的行为。

第二十一条（施行时间）

本办法自 2019 年 3 月 1 日起施行，有效期至 2024 年 2 月 29 日。

上海市人民政府办公厅关于印发《2019 年市政府要完成的与人民生活密切相关的实事》的通知

沪府办发〔2019〕1 号（2019 年 1 月 10 日）

各区人民政府，市政府各委、办、局：

经市政府同意，现将《2019 年市政府要完成的与人民生活密切相关的实事》印发给你们，请认真组织实施。

2019 年市政府要完成的与人民生活密切相关的实事

一、新增 7000 张养老床位；改造 1000 张认知症老人照料床位；改造 80 家郊区农村薄弱养老机构；新建 80 家老年人日间服务中心；新增 40 家社区综合为老服务中心；新增 200 个社区老年助餐场所。

二、开设 550 个小学生“爱心暑托班”；新增 50 个托育点；新增 200 家方便户外职工休息的“爱心接力站”，升级 200 家现有站点服务功能。

三、帮助 8000 名长期失业青年实现就业创业；为 1 万名建档立卡农民提供职业培训等就业服务。

四、完成 8 万户农村生活污水处理设施改造；完成中心城区 11 条道路积水改善工程。

五、新建500家社区智慧微菜场；培训家政持证上门服务人员4万人。

六、推进50处道路交通拥堵点改善；创建100个停车资源共享利用项目；推进215条公交线路实现中途站点实时到站信息预报服务；完成中心城区100个出租车候客站点建设。

七、完成10万户居民住宅老旧燃气立管改造；为700个住宅小区新增电动自行车充电设施。

八、为150栋高层公房或售后公房、100个老旧小区实施消防设施增配或改造；新建10个医疗急救（120）分站；新建80所智慧健康小屋。

九、新建改建100条市民健身步道；新建改建60片市民球场；新建改建300个市民益智健身苑点。

十、建成绿道200公里。

附件：2019年市政府要完成的与人民生活密切相关的实事项目进度及负责部门、责任人

一、新增7000张养老床位；改造1000张认知症老人照料床位；改造80家郊区农村薄弱养老机构；新建80家老年人日间服务中心；新增40家社区综合为老服务中心；新增200个社区老年助餐场所。

新增7000张养老床位，继续增加机构养老服务有效供给。具体实施进度：第一季度，筹建床位，分解指标；第二季度，新增800张；第三季度，累计新增2500张；第四季度，全部完成。该项目由市民政局、各区政府负责，市住房城乡建设管理委、市规划资源局、市发展改革委配合。其中，市民政局负责人为蒋蕊副局长，市住房城乡建设管理委负责人为朱剑豪副主任，市规划资源局负责人为许健副局长，市发展改革委负责人为章雄副主任，各区政府负责人为分管副区长。

改造1000张认知症老人照料床位，探索构建认知症老人照料体系。具体实施进度：第一季度，筹建床位，分解指标；第二季度，改造200张；第三季度，累计改造600张；第四季度，全部完成。该项目由市民政局、各区政府负责，市卫生健康委配合。其中，市民政局负责人为蒋蕊副局长，市卫生健康委负责人为吴乾渝副主任，各区政府负责人为分管副区长。

改造80家郊区农村薄弱养老机构，提升郊区农村养老机构服务质量。具体实施进度：第一季度，下发文件、分解指标；第二季度，完成5家；第三季度，累计完成30家；第四季度，全部完成。该项目由市民政局、相关区政府负责，市住房城乡建设管理委配合。其中，市民政局负责人为蒋蕊副局长，市住房城乡建设管理委负责人为朱剑豪副主任，相关区政府负责人为分管副区长。

新建80家老年人日间服务中心，为老年人提供生活照料、精神慰藉、康复娱乐等服务。具体实施进度：第一季度，分解指标，明确各区任务；第二季度，选址落地，新建5家；第三季度，累计新建35家；第四季度，全部完成。该项目由市民政局、各区政府负责，市住房城乡建设管理委配合。其中，市民政局负责人为蒋蕊副局长，市住房城乡建设管理委负责人为朱剑豪副主任，各区政府负责人为分管副区长。

新增40家社区综合为老服务中心，实现全市所有街镇全覆盖。具体实施进度：第一季度，分解指标，明确各区任务；第二季度，选址落地，新增5家；第三季度，累计新增20家；第四季度，全部完成。该项目由市民政局、相关区政府负责，市住房城乡建设管理委配合。其中，市民政局负责人为蒋蕊副局长，市住房城乡建设管理委负责人为朱剑豪副主任，相关区政府负责人为分管副区长。

新增200个社区老年助餐场所，深化老年人助餐服务体系建设。具体实施进度：第一季度，分解指标，明确各区任务；第二季

度，选址落地，新增20个；第三季度，累计新增100个；第四季度，全部完成。该项目由市民政局、各区政府负责，市市场监管局配合。其中，市民政局负责人为蒋蕊副局长，市市场监管局负责人为张准民巡视员，各区政府负责人为分管副区长。

二、开设550个小学生“爱心暑托班”；新增50个托育点；新增200家方便户外职工休息的“爱心接力站”，升级200家现有站点服务功能。

开设550个小学生“爱心暑托班”，提供公益性暑期看护服务。具体实施进度：2—4月，招募、培训辅导人员和志愿者；5—6月，落实办班资源，公布招生简章，接受报名；7—9月，开设550个暑托班，提供暑托服务；10—12月，总结成果，完善长效工作机制。该项目由团市委、市教委负责，市文明办、市民政局、市妇联、市学联、市慈善基金会、各区政府、各高校配合。其中，团市委负责人为王宇书记，市教委负责人为李昕副主任，市文明办负责人为潘敏主任，市民政局负责人为王桢副局长，市妇联负责人为刘琪副主席，市学联负责人为李腾主席，市慈善基金会负责人为姚宗强副理事长，各区政府负责人为分管副书记或分管副区长。

新增50个托育点，提供1400个托育服务额度。具体实施进度：第一季度，布置工作，各区选点报送实施方案；第二季度，储备从业人员，配备幼儿活动设备，开展业务培训和职业道德培训；第三季度，新增17个托育点；第四季度，全部完成。该项目由市教委、市妇联负责，市卫生健康委、市民政局、市市场监管局、各区政府配合。其中，市教委负责人为贾炜副主任，市妇联负责人为刘琪副主席，市卫生健康委负责人为吴乾渝副主任，市民政局负责人为蒋蕊副局长，市市场监管局负责人为张准民巡视员、彭文皓副局长，各区政府负责人为分管副区长。

新增200家方便户外职工休息的“爱心接力站”，升级200家现有站点服务功能。具体实施进度：第一季度，升级改造100家现有站点；第二季度，新增100家站点；第三季度，新增100家站点，升级改造100家现有站点；第四季度，开展总结验收、考核督查。该项目由市总工会、市绿化市容局负责，相关区政府及相关单位配合。其中，市总工会负责人为周奇副主席，市绿化市容局负责人为崔丽萍副书记，相关区政府负责人为分管副区长。

三、帮助8000名长期失业青年实现就业创业；为1万名建档立卡农民提供职业培训等就业服务。

加强困难青年就业帮扶，帮助8000名长期失业青年实现就业创业。具体实施进度：第一季度，完成1000名；第二季度，累计完成4000名；第三季度，累计完成6500名；第四季度，全部完成。该项目由市人力资源社会保障局负责，各区政府、团市委配合。其中，市人力资源社会保障局负责人为张岚副局长，团市委负责人为青少年服务和权益保护办公室周建军主任，各区政府负责人为分管副区长。

为1万名建档立卡农民提供职业培训等就业服务，促进农民更高质量、更加充分就业和持续增收。具体实施进度：第一季度，完成1000名；第二季度，累计完成4000名；第三季度，累计完成7000名；第四季度，全部完成。该项目由市人力资源社会保障局负责，市农业农村委、市教委、市财政局、相关区政府配合。其中，市人力资源社会保障局负责人为张岚副局长，市农业农村委负责人为王国忠副主任，市教委负责人为毛丽娟副主任，市财政局负责人为金为民副局长，相关区政府负责人为分管副区长。

四、完成8万户农村生活污水处理设施改造；完成中心城区11条道路积水改善工程。

完成8万户农村生活污水处理设施改造，改变农村地区污水直排现象。具体实施进度：

第一季度，完成0.8万户；第二季度，累计完成2.4万户；第三季度，累计完成4.8万户；第四季度，全部完成。该项目由市水务局、相关区政府负责，市农业农村委配合。市水务局负责人为刘晓涛副局长，市农业农村委负责人为黎而力副主任，相关区政府负责人为分管副区长。

完成中心城区11条道路积水改善工程，提高道路防汛能力。具体实施进度：第一季度，办理前期手续；第二季度，排管工程累计完成20%；第三季度，排管工程累计完成50%；第四季度，全部完成。该项目由市水务局、相关区政府负责，市住房城乡建设管理委、市交通委、市规划资源局、市公安局配合。其中，市水务局负责人为周建国副局长，市住房城乡建设管理委负责人为金晨副主任，市交通委负责人为于福林副主任，市规划资源局负责人为王训国副局长，市公安局负责人为市交警总队尹建岗副总队长，相关区政府负责人为分管副区长。

五、新建500家社区智慧微菜场；培训家政持证上门服务人员4万人。

新建500家社区智慧微菜场，解决部分大居和配套薄弱社区居民买菜不便问题。具体实施进度：第一季度，制订实施方案；第二季度，新建150家；第三季度，累计新建300家；第四季度，全部完成。该项目由市商务委负责，市绿化市容局、各区政府配合。其中，市商务委负责人为诸旖副主任，市绿化市容局负责人为方岩副局长，各区政府负责人为分管副区长。

培训家政持证上门服务人员4万人，打造安全诚信的家政服务体系。具体实施进度：第一季度，制订方案，动员部署；第二季度，培训1.5万人；第三季度，累计培训3.5万人；第四季度，全部完成。该项目由市商务委负责，各区政府、家政服务机构配合。其中，市商务委负责人为徐文杰副巡视员，各区政府负责人为分管副区长。

六、推进50处道路交通拥堵点改善；创建100个停车资源共享利用项目；推进215条公交线路实现中途站点实时到站信息预报服务；完成中心城区100个出租车候客站点建设。

推进50处道路交通拥堵点改善，提高道路通行能力。具体实施进度：第一季度，部署项目清单，各区制订实施计划；第二季度，完成10处；第三季度，累计完成30处；第四季度，全部完成。该项目由市交通委负责，市公安局、市绿化市容局、各区政府配合。其中，市交通委负责人为于福林副主任，市公安局负责人为市交警总队邢培毅总队长，市绿化市容局负责人为方岩副局长，各区政府负责人为分管副区长。

创建100个停车资源共享利用项目，推动各类停车资源错时利用。具体实施进度：第一季度，部署任务；第二季度，创建20个，启动市级公共停车信息平台招标；第三季度，累计创建60个，启动市级公共停车信息平台建设；第四季度，全部完成创建，市级公共停车信息平台有关“停车资源共享利用信息系统”模块具备初步使用功能。该项目由市交通委负责，各区政府、市机管局、市教委、市房屋管理局、市公安局、市国资委、市卫生健康委、市经济信息化委配合。其中，市交通委负责人为于福林副主任，市机管局负责人为陆清冬副局长，市教委负责人为李昕副主任，市房屋管理局负责人为张立新副局长，市公安局负责人为市交警总队邢培毅总队长，市国资委负责人为董勤副书记，市卫生健康委负责人为衣承东副主任，市经济信息化委负责人为张英总工程师，各区政府负责人为分管副区长。

推进215条公交线路实现中途站点实时到站信息预报服务，基本覆盖浦西中心城区和浦东中环以内区域。具体实施进度：第一季度，完成45条；第二季度，累计完成77条；第三季度，累计完成197条；第四季度，全部完成。该项目由市交通委负责，浦东新区政府、久事公交公司配合。其中，市交通委负责人为杨小溪副主任，浦东新区政府负责人为姚凯副区长，久事公交公司负责人为李仲秋副总裁。

完成中心城区100个出租车候客站点建设，提升市民叫车体验。具体实施进度：第一季度，制定建设标准及导则；第二季度，启动项目建设；第三季度，完成10个；第四季度，全面完成。该项目由市交通委负责，各区政府、市公安局配合。其中，市交通委负责人为杨小溪副主任，市公安局负责人为市交警总队邢培毅总队长，各区政府负责人为分管副区长。

七、完成10万户居民住宅老旧燃气立管改造；为700个住宅小区新增电动自行车充电设施。

完成10万户居民住宅老旧燃气立管改造，降低燃气管道老化腐蚀带来的安全隐患。具体实施进度：第一季度，施工前期准备；第二季度，完成2万户；第三季度，累计完成5万户；第四季度，全部完成。该项目由市住房城乡建设管理委负责，相关区政府、上海燃气集团配合。其中，市住房城乡建设管理委负责人为江小龙巡视员，上海燃气集团负责人为陈自怡副总经理，相关区政府负责人为分管副区长。

为700个住宅小区新增电动自行车充电设施，降低私拉电线充电带来的安全隐患。具体实施进度：第一季度，完成60个；第二季度，累计完成200个；第三季度，累计完成400个；第四季度，全部完成。该项目由市房屋管理局、各区政府负责，市应急局、市电力公司配合。其中，市房屋管理局负责人为张立新副局长，市应急局负责人为市消防救援总队防火监督部谈迅部长，市电力公司负责人为刘运龙副总经理，各区政府负责人为分管副区长。

八、为150栋高层公房或售后公房、100个老旧小区实施消防设施增配或改造；新建10个医疗急救（120）分站；新建80所智慧健康小屋。

为150栋高层公房或售后公房、100个老旧小区实施消防设施增配或改造，最大限度降低居民小区火灾事故风险。具体实施进度：第一季度，制订工作方案，明确技术标准；第二季度，完成设计、采购、施工招投标，启动增配、改造工程；第三季度，完成50%；第四季度，全部完成。该项目由市应急局、各区政府负责，市财政局、市住房城乡建设管理委、市房屋管理局、市水务局配合。其中，市应急局负责人为市消防救援总队防火监督部谈迅部长，市财政局负责人为缪京副局长，市住房城乡建设管理委负责人为裴晓副主任，市房屋管理局负责人为张立新副局长，市水务局负责人为陈远鸣副局长，各区政府负责人为分管副区长。

新建10个医疗急救（120）分站，加强院前急救体系建设。具体实施进度：第一季度，制订建设方案；第二季度，启动项目立项和工程招标；第三季度，启动项目建设；第四季度，全面完成建设任务，组织验收，开展试运行。该项目由市卫生健康委负责，相关区政府、市规划资源局、市财政局配合。其中，市卫生健康委负责人为邬惊雷主任，市规划资源局负责人为许健副局长，市财政局负责人为金为民副局长，相关区政府负责人为分管副区长。

新建80所智慧健康小屋，为社区居民提供自助健康检测、健康知识普及、慢性病早期发现等服务。具体实施进度：第一季度，制定建设标准；第二季度，完成项目招投标，启动项目建设；第三季度，全面推进项目建设；第四季度，全面完成，组织验收。该项目由市卫生健康委、市体育局、各区政府负责，市财政局配合。其中，市卫生健康委负责人为吴乾渝副主任，市体育局负责人为赵光圣副局长，市财政局负责人为金为民副局长，各区政府负责人为分管副区长。

九、新建改建 100 条市民健身步道；新建改建 60 片市民球场；新建改建 300 个市民益智健身苑点。

新建改建 100 条市民健身步道，满足群众日益增长的体育健身需求。具体实施进度：第一季度，制订实施计划，确定项目选址；第二季度，踏勘立项、开工建设，新建改建 15 条；第三季度，累计新建改建 80 条；第四季度，全部完成。该项目由市体育局、各区政府负责，市绿化市容局配合。其中，市体育局负责人为赵光圣副局长，市绿化市容局负责人为方岩副局长，各区政府负责人为分管副区长。

新建改建 60 片市民球场，满足群众日益增长的体育健身需求。具体实施进度：第一季度，制订实施计划，确定项目选址；第二季度，踏勘立项、开工建设，新建改建 9 片；第三季度，累计新建改建 48 片；第四季度，全部完成。该项目由市体育局、各区政府负责，市绿化市容局配合。其中，市体育局负责人为赵光圣副局长，市绿化市容局负责人为方岩副局长，各区政府负责人为分管副区长。

新建改建 300 个市民益智健身苑点，满足群众日益增长的体育健身需求。具体实施进度：第一季度，制订实施计划，确定项目选址；第二季度，踏勘立项、开工建设，新建改建 45 个；第三季度，累计新建改建 240 个；第四季度，全部完成。该项目由市体育局、各区政府负责。其中，市体育局负责人为赵光圣副局长，各区政府负责人为分管副区长。

十、建成绿道 200 公里。

建成绿道 200 公里，具有生态保护、健康休闲、资源利用和慢行交通等功能。具体实施进度：第一季度，制订实施计划，分解任务；第二季度，完成各区绿道实施方案审核，推进前期程序办理，建成 60 公里；第三季度，累计建成 100 公里；第四季度，全部完成。该项目由市绿化市容局负责，各区政府、市发展改革委、市规划资源局、市住房城乡建设管理委、市交通委配合。其中，市绿化市容局负责人为方岩副局长，市发展改革委负责人为周强副主任，市规划资源局负责人为许健副局长，市住房城乡建设管理委负责人为朱剑豪副主任，市交通委负责人为于福林副主任，各区政府负责人为分管副区长。

上海市人民政府关于印发《上海市城镇土地使用税实施规定》的通知

沪府规〔2019〕6 号（2019 年 1 月 19 日）

各区人民政府，市政府各委、办、局：

现将《上海市城镇土地使用税实施规定》印发给你们，请认真按照执行。

上海市城镇土地使用税实施规定

第一条　根据《中华人民共和国城镇土地使用税暂行条例》，结合本市实际，制定本规定。

第二条　本市下列区域内使用土地的单位和个人，应当缴纳城镇土地使用税：

（一）外环线以内的区域；

（二）长宁区、徐汇区和普陀区在外环线以外的区域；

（三）外环线以外区政府街道办事处管理的区域、建制镇政府所在区域和经市政府批准征收城镇土地使用税的工业园区等其他区域。

前款第三项规定的建制镇政府所在区域的具体范围，由区政府征求市税务局意见后确定。

免征、减征城镇土地使用税的，按照国家有关规定执行。

第三条　本市城镇土地使用税根据下列不同区域，分为五个纳税等级：

（一）内环线以内区域：一至三级；

（二）内环线以外、外环线以内区域：二至四级；

（三）外环线以外区域：三至五级。

各纳税等级区域的具体范围，由市税务局确定并公布。

第四条　各纳税等级区域的税额标准如下：

一级区域，每平方米年税额 15 元；

二级区域，每平方米年税额 10 元；

三级区域，每平方米年税额 6 元；

四级区域，每平方米年税额 3 元；

五级区域，每平方米年税额 1.5 元。

第五条　纳税人实际占有土地的使用权属于专有的，计税土地面积以房地产权证上记载的土地面积为准；无房地产权证或者房地产权证上未记载土地面积的，以建设用地批准文件记载的土地面积为准。

无法按照前款规定确定计税土地面积的，以实际测量的土地面积计税。

第六条　纳税人实际占有土地的使用权属于共有的，以所在宗（丘）地面积为计税依据。

房地产登记中已对宗（丘）地面积按照房屋建筑面积进行分摊的，计税土地面积以房地产权证上记载的分摊土地面积为准。

未经房地产登记或者房地产登记中未对宗（丘）地面积按照房屋建筑面积进行分摊的，计税土地面积依如下公式计算：计税土地面积＝纳税人的房屋建筑面积 ÷ 宗（丘）地内所有房屋的总建筑面积 × 宗（丘）地面积。

前款规定的宗（丘）地面积、纳税人的房屋建筑面积、宗（丘）地内所有房屋的总建筑面积，以房地产权证、建设用地批准文件以及其他房地产登记资料为准。宗（丘）地内有专有土地的，确定宗（丘）地面积时，应当扣除该专有土地的面积。

未经房地产登记或者房地产登记中未对宗（丘）地面积按照房屋建筑面积进行分摊，且无法按照本条第三款、第四款的规定确定计税土地面积的，以实际测量的土地面积计税。

第七条　城镇土地使用税征收管理中以实际测量的土地面积计税的，计税土地面积以所在区的房屋、土地管理部门测量并确认的土地面积为准。

第八条　城镇土地使用税按年计算，实行按月、季度或者半年分期缴纳。具体缴纳期限，由市税务局确定。

第九条　办理税务登记的纳税人，其城镇土地使用税由主管税务机关负责征收管理；其他纳税人的城镇土地使用税，由土地所在区的税务机关负责征收管理。

第十条　市房屋、土地管理部门应当协助做好城镇土地使用税的征收管理工作，并向市税务局提供相关的房屋土地权属资料。

第十一条　自 2019 纳税年度起，本市城镇土地使用税的征收管理，按照《国务院关于修改〈中华人民共和国城镇土地使用税暂行条例〉的决定》和本规定执行。《上海市人民政府关于印发〈上海市城镇土地使用税实施规定〉的通知》（沪府发〔2015〕45 号）同时废止。

上海市人民政府关于调整本市房产税房产原值减除比例的通知

沪府规〔2019〕5 号（2019 年 1 月 19 日）

各区人民政府，市政府各委、办、局：

根据《中华人民共和国房产税暂行条例》等的规定，自 2019 年 1 月 1 日起，本市按照房产余值计算缴纳房产税的纳税人，房产原值减除比例调整为百分之三十。

上海市人民政府办公厅关于印发贯彻《上海市生活垃圾管理条例》推进全程分类体系建设实施意见的通知

沪府办发〔2019〕3号（2019年2月18日）

各区人民政府，市政府各委、办、局：

《关于贯彻〈上海市生活垃圾管理条例〉推进全程分类体系建设的实施意见》已经市政府同意，现印发给你们，请认真按照执行。

关于贯彻《上海市生活垃圾管理条例》推进全程分类体系建设的实施意见

为全面贯彻《上海市生活垃圾管理条例》（以下简称《条例》），抓紧抓实办好垃圾分类工作，加快建成以法治为基础的上海垃圾分类管理体系，全面展现“生活垃圾分类就是新时尚”，现提出贯彻《条例》推进全程分类体系建设的实施意见如下：

一、明确总体要求

（一）指导思想。以党的十九大精神为指引，全面贯彻习近平总书记视察上海重要讲话精神和普遍推行垃圾分类制度的重要指示，以生活垃圾“减量化、资源化、无害化”为目标，对标国际“最高标准、最好水平”，遵循“全生命周期管理、全过程综合治理、全社会普遍参与”理念，形成以法治为基础，政府推动、全民参与、市场运作、城乡统筹、系统推进、循序渐进的上海市生活垃圾管理体系，全面提高实效，加快建成生态之城。

（二）工作目标。2019年全市生活垃圾分类工作明确三大目标：一是生活垃圾分类全面覆盖格局基本成型。全市实现居住区、单位、公共场所生活垃圾分类全覆盖，70%以上居住区实现垃圾分类实效达标。二是生活垃圾全程分类体系基本建成。建成“两网融合”服务点8000个、中转站170座。全市干垃圾日均控制量不高于21000吨，湿垃圾分类量日均高于5520吨，可回收物回收量日均高于3300吨。三是《条例》贯彻实施社会氛围基本形成。举办垃圾分类及《条例》普法为主题的“十、百、千、万”系列活动，即：成立10支志愿者队伍，举办100场宣传活动，覆盖约5800个居（村）委，发放800余万份宣传海报及资料，人人知晓、普遍参与垃圾分类的社会氛围基本形成。

二、全面完善《条例》贯彻落实的制度环境

（一）加强组织领导。进一步提高站位，增强做好生活垃圾管理工作的责任感、紧迫感。以《条例》颁布为契机，召开全市生活垃圾分类工作动员大会，将生活垃圾管理作为生态文明建设和城市精细化管理的重要内容，纳入专项督查和绩效评价指标体系。按照“市级统筹、区级组织、街镇落实”的思路，建立健全“两级政府、三级管理、四级落实”的生活垃圾分类责任体系，落实属地政府和社区管理职责。完善各级生活垃圾分类工作联席会议制度，加大日常综合协调和监督指导力度，围绕《条例》贯彻落实，细化各部门、区政府的责任分工，量化工作目标和任务指标，具体责任到人。

（二）推进基层建设。将垃圾分类工作纳入基层尤其是居民区党组织管理工作职责，发挥基层党组织核心作用，形成社区党组织、居委、物业、业委的“四位一体”合力抓实四级生活垃圾分类工作联席会议制度，特别是落实街镇联办及居（村）委每1~2周的垃圾分类工作分析评价制度，发挥居民自治功能，充分调动居民的积极性和主动性。对接网格化管理机制，加大对居住区生活垃圾分类工作监督检查频率，定期分析发现的问题，并建立情况通报机制。坚持“典型引路”，加快复制推广。认真梳理成功典型案例，如长宁区上航新村“党建引领+社会共治模式”、静安区海关二村“物业主导模式”等基层创造的有效经验，纳入全市居民区生活垃圾分类推进导则，在全市大力推广。

（三）完善制度配套。市生活垃圾分类减量推进工作联席会议牵头制订《条例》配套制度清单，指导、督促市相关部门在2019年6月1日前制（修）订一批配套文件，与《条例》同步施行。一是主管部门负责类。包括生活垃圾处理设施专项规划、可回收物回收体系建设实施方案、单位生活垃圾处理费征收管理办法、生活垃圾总量控制制度、“不分类、不收运”操作规程、生活垃圾社会监督员制度以及大件垃圾处理管理办法等。二是需要协同推进类。包括党政机关等公共机构、宾馆、餐饮服务单位不得主动提供的一次性用品目录，快递业绿色包装标准，菜场湿垃圾就地处理设施配置标准，湿垃圾资源化利用标准等。

三、全面推进生活垃圾分类全程体系建设

（一）推进全面覆盖。深入开展生活垃圾分类达标、示范街镇创建活动，落实属地责任，将垃圾分类工作落实到人，严格居住区、单位、公共场所达标标准和比例，将全市70%以上的源头实效比例要求分解到“进居住区、进单位”等具体项目，促进街镇属地政府共同推进。全面落实居住区分类垃圾箱房和分类投放点改造1.7万余个，推进居住区、公共场所生活垃圾投放容器、标志的规范化及短途驳运机具的规范化。因地制宜推进垃圾分类定时定点等促进源头分类实效模式，发挥好绿色账户积分志愿者、垃圾箱房管理员等在源头分类指导、管理作用，用好在职党员双报到制度，提高在职党员对社区垃圾分类的示范、志愿者等作用。积极对接上海市文明城区、文明社区、文明镇、文明小区、文明村、文明单位、文明校园创建工作，相应提高垃圾分类工作在城区、街镇、小区、村、单位、校园等创建指标体系中的比重。

（二）加快体系建设。一是继续推动“两网融合”体系建设。坚持“线下线上相结合”原则，拓展绿色账户可回收物管理功能，将各区可回收物信息接入绿色账户平台。同时，鼓励社会第三方再生资源企业将信息接入绿色账户平台，逐步实现全市可回收物信息统计科学化。建成“两网融合”服务点8000个、中转站170座，继续推进浦东新区、青浦区、金山区、闵行区和城投集团托底保障的集散场建设，实现居住区可回收物的便捷交投和资源的集散利用。二是提升分类收运能力。完成规范的湿垃圾车辆配置900余辆，有害垃圾专用收运车17辆，干垃圾车辆标志全面规范。加强湿垃圾车辆技术研发、选型和管理，确保分类收运整洁规范，杜绝二次污染。三是提高分类中转能力。加强中转环节分类标志的规范性检查，优化全程分类体系对市民的科普教育作用。

（三）提高处理能力。一是坚持高标准，加快项目落地。对照最严环保标准、最高设计要求，采取专题协调、重点推进等工作方式，发挥市生活垃圾设施建设指挥平台协调机制，压实各区主体责任，全面提升工作实效。2019年，紧扣9个已开工项目施工周期，加快推进三个尚未开工湿垃圾项目（金山、宝山、普陀）今年上半年开工；加快推进4个干垃圾项目（奉贤二期、金山二期、浦东二期、宝山焚烧），力争今年一季度开工建设；到年底，干垃圾焚烧处置能力达到1.93万吨/日，湿垃圾资源利用能力达到5050吨/日。二是落实末端设施严格监管。对照当前国际、国内和本市现行最严标准，适时组织培训和现场教学，发挥第三方专业监管和专业监测机构的发现作用，严格处理运营中的不规范行为。严格落实生活垃圾处理设施公众开放和公众参与制度，通过政府监管、社会参与、群众监督的公共治理体系，提高设施运营水平、提升群众接受度，逐步化解邻避效应的矛盾。

四、全面营造垃圾分类全民参与的社会

氛围

（一）推动源头减量。一是推动旅馆、餐饮行业限制或减少使用一次性用品，倡导绿色消费，推广使用可循环利用物品，并组织开展联合检查执法；二是加强对在本市经营的快递业指导，提高快递包装物回收利用率；三是加大净菜上市在标准化菜场和生鲜超市、大型超市等场所的推进力度；四是排摸本市农贸市场、标准化菜场现状，落实新建和已建农贸市场、标准化菜场的湿垃圾就地处理设施配套工作。

（二）强化执法监督。一是严格行业监督。依托垃圾分类全程信息化系统，规范收集运输行为，杜绝混装混运现象。加强对中转环节的湿垃圾品质、运输环节混装监管。落实“不分类、不处置”制度，强化处置设施垃圾分类质量控制管理，每月至少开展一次湿垃圾资源化利用厂、可回收物集散场的质量检查。二是鼓励社会监督。充分发挥社会监督员的作用，组织社区居民、新闻媒体对物业分类驳运、环卫分类收运开展检查。公示混装混运的监督电话，开通微信举报渠道。逐步落实倒逼机制，在崇明区居住区和本市单位生活垃圾“不分类、不收运”实践的基础上，逐步落实收集、运输单位对居住区交付生活垃圾品质管理责任，从分类湿垃圾品质管理倒逼机制逐步延伸到其他分类垃圾品种，倒逼居住区做好源头分类管理工作。三是开展系列执法行动。针对旅馆经营单位、餐饮服务提供者、公共机构一次性物品提供和使用，细化违法行为处罚程序，统一处罚裁量基准，统筹部署垃圾分类、餐厨垃圾等专项执法行动，严格落实执法责任，重点针对收集容器配置、单位生活垃圾分类、垃圾分类收运管理规定的执行情况进行执法检查，提高监管执法实效。

（三）营造良好氛围。一是组织开展《条例》培训。采取分类分级培训，培养一支《条例》宣讲队，组织两次全市性的培训，采取集中培训与送教上门相结合的方式，开展区、街镇以及行业单位培训，发放2万份普法宣传资料、800余万份分类宣传海报及资料。二是实施《条例》宣传“五个一”工程。树立一批垃圾分类先进典型，推出一套垃圾分类宣传片，开展一系列“垃圾去哪儿”主题教育活动，建设一批垃圾分类科普基地，创建一批垃圾分类示范街镇。三是开展垃圾分类社会动员。组织开展垃圾立法宣传“进社区、进村宅、进学校、进医院、进机关、进企业、进公园”系列活动，重点做好2019年春季全市中小学生“开学第一课”活动，通过“小手拉大手”、精神文明创建、卫生创建、志愿者服务等渠道，普及垃圾分类法制知识，结合好家风好家训工作，实现垃圾分类进家庭培训，指导全市媒体，利用有效阵地，做好垃圾分类公益性宣传。四是发挥城管社区工作室的作用。主动牵头基层党组织、居委、业委、物业、志愿者形成“五位一体”联动机制，积极落实居住区、企事业单位的分类投放管理责任人职责，努力推动社会各界和市民群众形成人人知晓、人人参与生活垃圾分类的良好社会氛围。

五、全面优化全程分类体系运作政策保障

（一）完善配套政策。发挥好湿垃圾资源化设施建设资金补贴政策激励作用，按照项目开工时间段，分档定额补贴；对于按时开工的项目，给予补贴资金的50%，对于建设进展滞后，且2020年未能投入运营的，取消剩余补贴资金。2019年，继续研究落实生活垃圾焚烧设施的建设投资补贴政策，充分发挥政策激励和奖惩的效果。制定与《条例》相配套的循环经济发展扶持政策。

（二）畅通产品出路。在试行《绿化用有机基质的生活垃圾原料控制要求（试行）》《生活垃圾好氧处置产品质量要求（试行）》的基础上，落实大幅减少农田化肥用量的要求，做好湿垃圾资源化利用产品作为有机肥的可行性研究。同时，加快研究制定湿垃圾资源化产品用于本市绿地林地土壤改良的补贴政策，打通湿垃圾资源化利用产品出路。

（三）创新经济激励。运用经济杠杆，加强引逼。结合各区垃圾分类实效，在基本不增加各区经济负担的前提下，研究制定“湿垃圾不收费，干垃圾合计成本收费”，即达到符合质量标准且进入市属设施的湿垃圾不收费、湿垃圾质量数量未达标且干垃圾超量区域加倍收费的垃圾费结算制度，倒逼各区强化源头分类实效。推进各区参照市生活垃圾处理按质收费制度，落实区处理设施对街镇的品质控制和奖惩措施，促进自行处理的各区用好经济考核杠杆，落实垃圾分类实效控制管理。

附件：（略）

1.2019 年市生活垃圾分类减量推进工作联席会议成员单位工作任务清单

2.2019 年各区生活垃圾全程体系建设任务指标分解表

上海市生态环境局、上海市住房和城乡建设管理委、上海市交通委关于印发《上海市扬尘在线监测数据执法应用规定》的通知

沪环规〔2019〕2 号（2019 年 2 月 18 日）

各区环保局、建设管理委、交通委、住房保障房屋管理局，各有关单位：

为继续加强对扬尘污染排放的监管，规范扬尘在线监测数据的执法应用，经研究，市生态环境局、市住房城乡建设管理委、市交通委对《上海市扬尘在线监测数据执法应用规定》进行了修订，现印发给你们，自 2019 年 3 月 15 日起实施，请遵照执行。

上海市扬尘在线监测数据执法应用规定

一、目的

1.1 为加强对扬尘污染排放的监管，规范扬尘在线监测数据的执法应用，根据《上海市环境保护条例》、《上海市大气污染防治条例》、《环境监测数据弄虚作假行为判定及处理办法》（环发〔2015〕175 号）等有关规定，制定本规定。

二、定义

2.1 本规定所称扬尘在线监测设施，是指对易产生扬尘的建筑施工、物料存放、混凝土搅拌、码头物料装卸等过程（以下简称施工或作业期间）产生的颗粒物质量浓度进行连续自动监测，并具备数据传输、存储、分析和处理功能的仪器。

三、适用范围

3.1 本规定适用于本市范围内在建工程（包括建筑工地、市政工程、交通工程等）、混凝土搅拌站、易扬尘干散货码头堆场等扬尘开放源的扬尘在线监测设施运行及其在线监测数据应用于环境执法的管理。

四、扬尘在线监测设施的运行管理

4.1 排放扬尘的在建工程、混凝土搅拌站、易扬尘干散货码头堆场等单位（以下简称“易扬尘单位”）应当根据本市住建、交通部门的要求，按照相关技术规范安装和运行在线监测设施。

4.2 易扬尘单位施工或作业期间，任何单位或者个人不得擅自拆除、闲置或者停止运行扬尘在线监测设施。

施工或作业完成后，确需拆除或停运设备的，易扬尘单位应当事先通过生态环境部门的扬尘在线信息管理平台（以下简称“管理平台”）向有管辖权的行业主管部门报告，并向所在区生态环境部门报备。易扬尘单位应当自行或委托扬尘在线监测设施运维单位（以下简称“运维单位”）在设备拆除或停运后 24 小时内通过管理平台完成注销手续。

4.3 扬尘在线监测设施发生故障不能正常使用的，易扬尘单位应当在故障发生后 12 小时内通过管理平台向有管辖权的行业主管

部门和生态环境部门报告，并及时检修，保证在48小时内恢复正常运行。因特殊情况无法在48小时内恢复正常运行的，应当在72小时内更换备机并通过管理平台向行业主管部门和生态环境部门报告。

五、扬尘在线监测数据的执法应用

5.1 扬尘在线监测设施及其传输系统正常运行时产生的扬尘在线监测数据可以作为环境执法的依据。

5.2 易扬尘单位对扬尘在线监测数据的真实性和准确性负责。易扬尘单位应当自行或委托运维单位在每日12:00前通过管理平台完成前一自然日的扬尘在线监测数据初审工作，发现数据异常的，应当在管理平台中报告情况和原因。易扬尘单位因自身原因逾期未提交初审结果，管理平台将视作初审无意见，并自动提交数据至审核环节。

5.3 根据《建筑施工颗粒物控制标准》（DB 31/964—2016），扬尘在线监测数据以15分钟均值作为基准，每日统计超标情况。当日统计时段内，2次及以上15分钟均值超过20mg/m^3，或7次及以上15分钟均值超过10mg/m^{3}的，视为当日扬尘在线监测数据超标。

5.4 各区环境监测站根据扬尘在线监测数据审核规范，每日15:00前通过管理平台完成前一自然日扬尘在线监测数据的审核，并对易扬尘单位提出的异常情况和原因进行确认。扬尘在线监测数据经审核后即为有效数据。对超标数据，各区环境监测站应在2个工作日内向环境监察部门提供数据审核报告。

5.5 各区环境监察部门收到超标数据审核报告后，应当在7个工作日内立案，并对涉嫌超标排放的易扬尘单位进行现场检查并制作笔录。现场应当重点检查以下内容：

（一）在线监测设施规范化情况；

（二）在线监测设施运行状况；

（三）在线监测设施运行、维护、检修、校准校验等记录；

（四）排放工况、扬尘防护措施实施情况与在线监测数据的相关性。

经检查，在线监测设施正常运行的，按照《上海市环境保护条例》有关扬尘排放超标的规定予以处罚。

5.6 易扬尘单位有下列情形之一的，视为扬尘在线监测设施不正常运行，由市、区两级住建、交通部门按照《上海市环境保护条例》《上海市大气污染防治条例》有关规定处理：

（一）擅自拆除、闲置或者停运扬尘在线监测设施的；

（二）发生故障不能正常运行，且不按照4.3规定报告或者修复的；

（三）其他造成在线监测设施不正常运行的情形。

5.7 易扬尘单位或运维单位有下列情形之一的，视为弄虚作假：

（一）未按照技术规范的要求设置监测点位的；

（二）对采样口周围采取人工遮挡、堵塞和喷淋等方式，干扰正常监测的；

（三）违反技术规范的要求，对在线监测设施系统功能进行删除、修改、增加、干扰，造成在线监测设施不能正常运行，或者对在线监测系统中存储、处理或者传输的数据和应用程序进行删除、修改、增加等操作的；

（四）未经申报擅自更改监测仪器质量浓度转换系数等重要参数的；

（五）在线监测设施性能指标不符合《上海市建筑施工颗粒物与噪声在线监测技术规范》，或者运维人员未按照技术规范操作，导致在线监测数据明显失真，或排放工况、设施运行与数据相关性异常的；

（六）在线监测数据不直接传输至管理平台的；

（七）其他弄虚作假，掩盖真实排污状况的行为。

运维单位弄虚作假的，由市、区两级生态环境部门按照《上海市环境保护条例》有关第三方机构弄虚作假的规定予以处罚。

易扬尘单位自行或指使运维单位弄虚作假的，按照《中华人民共和国大气污染防治法》有关排污单位弄虚作假的规定予以处罚。

5.8 易扬尘单位或运维单位存在阻挠现场检查人员进入现场、不配合现场检查或者不按照要求提供资料等拒绝现场检查的情形的，按照《中华人民共和国大气污染防治法》的相关规定予以处罚。

六、其他

6.1 市生态环境部门应加强对各区扬尘在线监测数据执法应用工作的指导，并每月调度各区扬尘在线监测数据审核和用于处罚的情况。

6.2 市生态环境、住建、交通等部门定期对执法应用情况及设施运行情况进行通报，并向社会公开行政处罚情况。

6.3 本规定自 2019 年 3 月 15 日起实施，有效期至 2024 年 3 月 14 日。

上海市人民政府关于印发《本市贯彻〈关于支持自由贸易试验区深化改革创新若干措施〉实施方案》的通知

沪府规〔2019〕12 号（2019 年 3 月 9 日）

各区人民政府，市政府各委、办、局：

现将《本市贯彻〈关于支持自由贸易试验区深化改革创新若干措施〉实施方案》印发给你们，请认真按照执行。

本市贯彻《关于支持自由贸易试验区深化改革创新若干措施》实施方案

为贯彻国务院印发的《关于支持自由贸易试验区深化改革创新若干措施》（国发〔2018〕38 号）的精神，推动中国（上海）自由贸易试验区（以下简称“上海自贸试验区”）在新的起点上实现更高质量的发展，推进上海自贸试验区与全市改革联动，结合实际，制定本实施方案。

一、优化投资环境

（一）在上海市取消外商投资建设工程设计企业外籍技术人员的比例要求。（责任部门：市住房城乡建设管理委、市商务委）

（二）在上海市取消外商投资人才中介机构须具有三年以上相应领域从业经历等限制。（责任部门：市人力资源社会保障局、市商务委）

（三）将上海自贸试验区保税区片区综合用地改革试点在上海自贸试验区推广，在符合规划要求的前提下，允许区内土地按功能需求适当提高容积率，允许同一地块或同一建筑按规定兼容多种功能。（责任部门、单位：市规划资源局、浦东新区）

（四）在上海自贸试验区试行以级差地租为主、土地性质为辅的土地定价模式，产业用地实行弹性年期供应，根据产业政策和项目类别可采取先租后让、差异化年期出让等供地措施，探索建立土地节约集约利用新模式。（责任部门、单位：市规划资源局、浦东新区）

（五）对建筑工程施工许可、建筑施工企业安全生产许可等工程以告知承诺方式实施审批，并将权限下放至上海自贸试验区，进一步完善相关政策。（责任部门：市住房城乡建设管理委）

（六）将市级及以下机关实施的建筑企业资质申请、升级、增项许可改为实行告知承诺制，加强事中事后监管。（责任部门：市住房城乡建设管理委）

（七）将外商投资设立建筑业（包括监理、检测、造价咨询等所有工程建设相关主体）资质许可的市级及以下相应审批权限下放至上海自贸试验区，推动更多项目落地。

（责任部门、单位：浦东新区、市住房城乡建设管理委）

（八）上海市的外商独资建筑业企业承揽本市的中外联合建设项目时，不受建设项目的中外方投资比例限制。（责任部门：市住房城乡建设管理委）

（九）对浦东新区的港澳台资建筑业企业，不再执行《外商投资建筑业企业管理规定》中关于工程承包范围的限制性规定，承揽范围与内资企业一致。（责任部门、单位：市住房城乡建设管理委、浦东新区）

（十）对上海市的外商投资工程设计（工程勘察除外）企业，取消外方投资者所在国或者地区从事工程设计的工程设计业绩证明、企业境外注册登记证明等要求。（责任部门、单位：市住房城乡建设管理委、浦东新区）

（十一）在浦东新区对社会办医疗机构乙类大型医用设备配置全面实施备案制管理，适时出台推广方案，推动在全市实施。（责任部门、单位：市卫生健康委、浦东新区）

（十二）浦东新区医疗机构可根据自身的技术能力，按照有关规定开展干细胞临床前沿医疗技术研究项目。（责任部门、单位：市卫生健康委、市药品监管局、市市场监管局、上海海关、市科委、浦东新区）

（十三）支持在上海自贸试验区建设干细胞生产中心、干细胞质检服务平台和国家干细胞资源库、国家干细胞临床研究功能平台，完善干细胞研究者和受试者保护机制。（责任部门、单位：市药品监管局、市卫生健康委、市市场监管局、市科委、浦东新区）

（十四）拓展张江跨境科创监管服务中心功能，建立干细胞产品快速审查通道，对国外上市的干细胞产品经快速审查批准后可先行开展临床研究。（责任部门、单位：市药品监管局、市卫生健康委、市市场监管局、上海海关、市科委、浦东新区）

（十五）深化上海市“互联网＋税务”改革，扩大银税互动共享信息范围，推动向移动端发展，建立信用共享激励机制。（责任部门：市税务局、上海银保监局）

（十六）开放税务网上办税系统接口，支持与企业财务软件系统对接，实现企业办税全程电子化。（责任部门：市税务局）

（十七）将外国（地区）企业常驻代表机构登记注册权限下放至浦东新区市场监管局。（责任部门、单位：市市场监管局、浦东新区）

（十八）推动中国（浦东）知识产权保护中心拓展功能，支持设置专利、商标等综合受理窗口以及专利、商标等质押登记综合受理点，依托“一网通办”等加快提升电子化办理效率。（责任部门、单位：市市场监管局、市知识产权局、浦东新区）

（十九）在浦东新区进一步放宽对专利代理机构股东的条件限制，新设立有限责任制专利代理机构的，允许不超过五分之一不具有专利代理人资格、年满18周岁、能够在专利代理机构专职工作的中国公民担任股东，适时拓展至上海市。（责任部门：市市场监管局、市知识产权局）

二、提升贸易自由化便利化水平

（二十）支持更多符合条件的上海自贸试验区海关特殊监管区域外企业开展保税维修业务，优化申报审批、保证金退还等流程，探索企业信用担保制度。（责任部门、单位：上海海关、市商务委、市经济信息化委、市交通委、市财政局）

（二十一）加快建设保税船供物资公共服务平台，简化上海自贸试验区海关特殊监管区域船舶维修备件及航空器材等相关单证的操作流程，支持航空、船舶部附件保税维修适用“分送集报”监管模式，提高过境的便捷度。（责任部门：上海海关、市商务委、市经济信息化委、市交通委、市财政局）

（二十二）允许注册在上海自贸试验区海关特殊监管区域内保税维修企业试行保税

维修和保税物流等多账册互通管理，鼓励企业多模式运作。（责任部门：上海海关、市商务委、市经济信息化委、市交通委、市财政局）

（二十三）在上海市研究和探索赋予国际铁路运单物权凭证功能，将铁路运单作为信用证议付票据，提高国际铁路货运联运水平。（责任部门、单位：市商务委、上海银保监局、上海铁路局）

（二十四）在风险可控、依法合规前提下，完善上海自贸试验区内平行进口汽车审价机制，推动试点企业适用预裁定、汇总征税等通关便利化措施，出台产业支持政策，引导平行进口汽车业务全链条运作。（责任部门、单位：市商务委、市经济信息化委、上海海关、浦东新区）

（二十五）进一步深化上海自贸试验区平行进口汽车3C认证改革，推动在海关特殊监管区域内设立标准符合性整改场所；支持浦东国际机场空港口岸成为汽车平行进口指定口岸，推动在洋山保税港区内开展进口汽车保税存储、展示等业务。（责任部门：市商务委、市市场监管局、市交通委、市经济信息化委、上海海关）

（二十六）在浦东新区实施自由进出口技术无纸化备案登记管理试点。（责任部门、单位：市商务委、浦东新区）

（二十七）推进上海自贸试验区国际大宗商品现货交易平台建设，支持开展提单交易、信用证结算、预售交易等试点，与上海期货交易所探索仓单互认等联动模式。（责任部门、单位：市商务委、市金融工作局、上海海关、浦东新区）

（二十八）支持上海自贸试验区依法合规开展大宗商品现货保税、非保税与离岸交易业务。（责任部门、单位：市商务委、市金融工作局、上海海关）

（二十九）在现行监管政策的基础上，进一步推进文物通过上海自贸试验区海关特殊监管区域进出境的监管模式创新，指定海关特殊监管区域内的货物进出境审核机构承担文物进出境审核工作，使用文物出境标识和文物临时进境标识，推动口岸与保税区域一体化运作。（责任部门：市文物局、上海海关）

（三十）进一步提高在上海自贸试验区海关特殊监管区域内入境的艺术品审批速度，将确定清单到允许入境的时间从20个工作日缩减到10个工作日。（责任部门：市文物局、上海海关）

（三十一）深化海关税款保证保险试点，推动更多企业和保险公司参与试点，切实降低贸易进出口资金成本。（责任部门：上海海关、上海银保监局、市金融工作局）

（三十二）加快上海国际贸易“单一窗口”与国家标准版数据共享，优化获取空运舱单数据流程。（责任部门、单位：市商务委、上海海关、民航华东管理局、浦东新区）

（三十三）加快与银行、保险、港口、电商等相关行业机构合作对接，推动把更多上海自贸试验区特色业务纳入上海国际贸易“单一窗口”自贸专区。（责任部门、单位：市商务委、上海海关、民航华东管理局、浦东新区）

（三十四）推进上海国际贸易“单一窗口”与亚太电子示范口岸网络（APMEN）成员经济体之间的港口（口岸）对接，实现与“一带一路”沿线主要港口（口岸）互联。（责任部门：市商务委、上海海关）

（三十五）在符合国家口岸管理规定的前提下，优先审理上海自贸试验区内口岸开放项目，进一步完善相关政策。（责任部门：上海海关）

（三十六）进一步优化非特殊用途化妆品备案管理流程，建立常态化监管服务模式，做大化妆品国际贸易平台。（责任部门、单位：市市场监管局、市药品监管局）

（三十七）支持上海自贸试验区高标准

建设进境水果、食用水生动物等监管作业场所，优化监管模式，提升进境便利度。（责任部门、单位：上海海关、市商务委、浦东新区）

（三十八）推动浦东国际机场与“一带一路”国家和地区扩大以货运为主的第五航权安排，提高机场航班保障能力，吸引相关国家和地区航空公司开辟经停上海的航线。（责任部门：市交通委、民航华东管理局）

（三十九）推动将国际快递业务（代理）经营许可审批事项下放至市邮政管理局，支持国内外快递企业在上海自贸试验区内的非海关特殊监管区域，办理符合条件的国际快件属地报关、报检业务，推进上海邮政快递国际枢纽中心建设。（责任部门：市邮政管理局、市交通委、上海海关）

（四十）加快进口药品和生物制品口岸建设，优化生物材料入境的检疫查验流程和进口药品审评审批流程，进一步提高通关时效。（责任部门：市药品监管局、上海海关）

三、推进金融开放创新

（四十一）推进上海市再保险、健康保险、信用保险、科技保险等保险业务和产品创新，持续改进跨境保险服务方式，支持上海保险交易所探索建立健全保险需求信息共享平台，重点服务长三角区域内财产保险共保等业务。（责任部门：上海银保监局、市金融工作局）

（四十二）推动上海市银行业金融机构在依法合规、风险可控的前提下按相关规定为境外机构办理人民币衍生产品等业务。（责任部门：人民银行上海总部、上海银保监局、外汇局上海市分局、市金融工作局）

（四十三）在履行“展业三原则”基础上，支持上海市的金融机构为企业直接办理经常项下本外币结算业务以及即远期汇兑、利率、商品等相关衍生品交易。（责任部门：人民银行上海总部、上海银保监局、外汇局上海市分局、市金融工作局）

（四十四）进一步完善自由贸易账户本外币一体化功能，支持开展人民币跨境业务。（责任部门：人民银行上海总部）

（四十五）鼓励、支持上海市银行业金融机构基于真实需求和审慎原则向境外机构和境外项目发放人民币贷款，满足“走出去”企业的海外投资、项目建设、工程承包、大型设备出口等融资需求。（责任部门：人民银行上海总部、上海银保监局、市商务委、市发展改革委、市国资委、市金融工作局）

（四十六）推动银行将上海自贸试验区内的上海期货交易所、上海技术交易所等交易所出具的纸质交易凭证（须经交易双方确认）替代双方贸易合同，作为贸易真实性审核依据。（责任部门：上海银保监局、外汇局上海市分局、市金融工作局、市科委）

（四十七）优化“沪港通”交易机制，推进“沪伦通”。（责任部门：上海证监局、人民银行上海总部、外汇局上海市分局）

（四十八）研究扩大对外投资标的范围和额度，支持上海自贸试验区内符合条件的个人按照规定开展境外证券投资。（责任部门：上海证监局、人民银行上海总部、外汇局上海市分局）

（四十九）推进上海市知识产权证券化试点，加快建设国家知识产权运营公共服务平台国际运营（上海）试点平台，推动知识产权跨境交易，开展知识产权交易服务、海外布局及维权等业务。（责任部门：上海证监局、市市场监管局、市知识产权局、市金融工作局、上海银保监局）

（五十）支持更多符合条件的银行开展人民币与新台币直接清算，鼓励境外机构境内外汇账户办理定期存款业务。（责任部门：人民银行上海总部、外汇局上海市分局）

（五十一）加快上海国际能源交易中心发展，继续推动大宗商品跨境贸易使用人民币计价、结算，推出更多的交易品种，支持更多的境外投资者、中介机构等参与。（责

任部门：人民银行上海总部、市金融工作局等）

（五十二）允许上海市的银行业金融机构按相关规定向境外金融同业跨境拆出短期人民币资金，进一步完善相关政策。（责任部门：人民银行上海总部）

（五十三）支持上海的服务平台类机构按规定向中国证券投资基金业协会申请登记，开展私募投资基金服务业务。（责任部门：上海银保监局、上海证监局）

四、创新人力资源保障机制

（五十四）试点弹性工作制，支持浦东新区制造企业生产高峰时节与劳动者签订以完成一定工作任务为期限的劳动合同、短期固定期限劳动合同，允许劳务派遣员工从事企业研发中心研发岗位临时性工作。（责任部门、单位：市人力资源社会保障局、浦东新区）

（五十五）除经营性人力资源服务机构从事职业中介活动外，对在上海市设立的中外合资和外商独资人才中介机构，实行备案管理。（责任部门：市人力资源社会保障局）

（五十六）支持浦东新区制定鼓励企业吸引更多外国留学生前来勤工助学的激励措施和细则。（责任部门、单位：市教委、市出入境管理局、市人力资源社会保障局、浦东新区）

（五十七）深化浦东新区“国家中医药综合改革试验区”建设，建立治未病服务平台、研究与转化平台等，探索在公立医疗机构试点非卫生技术人员用工政策，允许非卫生技术人员在取得业务资质后开展和从事相关养生保健服务；完善医疗机构科目中治未病相关科目设置，进一步提升治未病临床服务能力，探索治未病相关收费纳入医保报销范畴；探索将治未病学科增设为新的技术专业或纳入中医内科组别，并纳入技术职称晋升评审序列。（责任部门、单位：市卫生健康委、市人力资源社会保障局、市医保局、浦东新区）

（五十八）支持浦东新区引入国际规划专业人才，按规定范围为企业提供专业服务。（责任部门、单位：浦东新区、市人力资源社会保障局、市住房城乡建设管理委）

（五十九）支持浦东新区制定新业态等领域非标准就业形式下劳动用工管理和服务规则，以“四新经济”为重点开展相关试点。（责任部门、单位：浦东新区、市人力资源社会保障局）

五、抓好组织实施

（六十）加强改革联动。各项实施举措要与深化落实上海自贸试验区全面深化改革方案的任务结合起来统筹推进，具备条件的争取在更大范围复制推广。需调整有关法规、规章和文件的，要按照法定程序办理。

（六十一）抓好工作落实。各单位要积极争取国家主管部门支持，抓紧明确具体实施办法，各项改革创新措施原则上应在2019年上半年落地实施。

（六十二）确保取得实效。上海自贸试验区推进工作领导小组办公室要加强实施情况的跟踪分析和督促检查，组织学习借鉴其他自贸试验区的先进经验，提高各项举措落地成效。

本实施方案自2019年3月31日起施行。

上海市人民政府办公厅转发市住房城乡建设管理委等三部门《关于本市推进商品住宅和保障性住宅工程质量潜在缺陷保险的实施意见》的通知

沪府办规〔2019〕3号（2019年3月14日）

各区人民政府，市政府有关委、办、局：

市住房城乡建设管理委、市地方金融监管局、上海银保监局《关于本市推进商品住宅和保障性住宅工程质量潜在缺陷保险的实施意见》已经市政府同意，现转发给你们，请认真按照执行。

关于本市推进商品住宅和保障性住宅工程质量潜在缺陷保险的实施意见

第一条（目的和依据）

为建立完善建设工程的风险保障机制，提升工程的质量水平，切实维护工程所有权人的合法权益，根据《中华人民共和国建筑法》《中华人民共和国保险法》《上海市建设工程质量和安全管理条例》《上海市建筑市场管理条例》等法律、法规，制定本实施意见。

第二条（定义）

本实施意见所称建设工程质量潜在缺陷保险（以下简称“工程质量潜在缺陷保险”），是指由住宅工程的建设单位投保的，保险公司根据保险条款约定，对在保险范围和保险期限内出现的由于工程质量潜在缺陷所导致的投保建筑物损坏，履行赔偿义务的保险。

前款住宅工程，包括商品住宅和保障性住宅工程在同一物业管理区域内其他建筑物。

本实施意见所称工程质量潜在缺陷，是指因设计、材料和施工等原因造成的工程质量不符合工程建设强制性标准以及合同的约定，并在使用过程中暴露出的质量缺陷。

本实施意见所称被保险人，是指建设单位。

本实施意见所称业主，是指住宅或者其他建设工程所有权人，为保险合同的受益人和索赔权益人。

第三条（适用范围）

本市在保障性住宅工程和商品住宅工程中推行工程质量潜在缺陷保险。前述范围的住宅工程在土地出让合同中，应当将投保工程质量潜在缺陷保险列为土地出让条件。

第四条（承保范围和期限）

住宅工程质量潜在缺陷保险的基本承保范围为：

（一）地基基础工程和主体结构工程：

1. 整体或局部倒塌；

2. 地基产生超出设计规范允许的不均匀沉降；

3. 阳台、雨篷、挑檐等悬挑构件和外墙面坍塌（含脱落）或出现影响使用安全的裂缝、破损、断裂；

4. 主体承重结构部位出现影响结构安全的裂缝、变形、破损、断裂；

5. 国家和本市法律、法规、规章和工程建设强制性标准规定的其他情形。

（二）保温和防水工程：

1. 围护结构的保温工程；

2. 屋面防水工程；

3. 有防水要求的卫生间、房间和门窗、外墙面防渗漏处理工程。

前款第（一）项保险期限为十年，第（二）项为五年。

保险期限从该工程质量潜在缺陷保险承保的建筑竣工备案两年后开始起算。建设工程在竣工备案后两年内出现质量缺陷的，由施工承包单位负责维修。

保险公司对以下项目以附加险的方式为建设单位提供保险服务：

（一）装修工程（包括全装修和非全装修，墙面、顶棚抹灰层工程等其他分项工程）；

（二）电气管线、给排水管道、设备安装；

（三）供热与供冷系统工程。

以上（一）至（三）项的保险期限为两年，保险期限从该工程质量潜在缺陷保险承保的建筑竣工备案两年后开始计算。

保险期限届满后交房的，建设单位应当在交房前15日通知保险公司、业主共同验收，若存在质量缺陷，由建设单位承担赔偿责任。业主应当在交房之日起六个月内，对承保范围内的建筑质量进行自查，若存在质量缺陷，由保险公司承担赔偿责任。

第五条（保险除外责任）

因业主责任或者第三方造成的质量问

题，或者不可抗力造成的质量问题，不属于本实施意见规定的保险责任。

第六条（保费计算）

工程质量潜在缺陷保险的保险费计算基数为建设工程的建筑安装总造价。投保建设工程质量缺陷保险的建设单位应当在建设工程概预算组成中列明该保险费。

工程质量潜在缺陷保险的具体承保费率，应当根据建设工程风险程度和参建主体资质、诚信情况、风险管理要求，结合再保险市场状况，在保险合同中具体约定。对资质等级高和诚信记录优良的，保险公司可以给予费率优惠。

第七条（保险条款及费率核准）

保险条款及费率应当经保险监管部门核准。保险条款还应当征得市住房城乡建设监管部门同意。

保障性住房保险费率由市住房城乡建设监管部门结合投保项目的质量、保险、理赔等情况进行测算，并会同有关部门、保险公司确定。

在本意见有效期内起保的工程质量潜在缺陷保险免赔额为零。

第八条（投保模式）

投保建设工程潜在缺陷保险的建设单位应当在承发包合同中予以明确。

鼓励施工单位投保建设工程施工责任险。

施工单位投保建设工程施工责任险，并且保险责任涵盖竣工验收备案后两年保修义务的，建设单位不再设立施工单位的建设工程质量保证金。

第九条（承保模式）

工程质量潜在缺陷保险的承保采取共保模式。

共保牵头的保险公司必须符合下列条件：

（一）保险公司的注册资本金应当达到50亿元；

（二）近三年偿付能力充足率不低于150%；

（三）风险管理能力强、机构健全、承保理赔服务优质；

（四）应当具有建设工程质量潜在缺陷保险承保经验。

共保应当遵守统一保险条款、统一费率、统一理赔服务、统一信息平台的共保要求。

参加共保的保险公司由市住房城乡建设管理委、市地方金融监管局通过公开招标方式确定。

第十条（保险合同）

投保工程质量潜在缺陷保险的建设单位应当在办理施工许可手续时间节点前，与保险公司签订工程质量潜在缺陷保险合同，并一次性支付合同约定的保险费（含不高于30%的风险管理费用）。

一个工程项目作为一个保险标的，出具一份保险单，保险合同涵盖的范围应当包括投保的住宅和同一物业管理区域内的其他建筑，保险公司在该保单项下承担的最大赔偿限额为保单记载的保险金额。

第十一条（风险管理）

工程质量潜在缺陷保险合同签订之后，保险公司应当聘请建设工程质量安全风险管理机构（以下简称“风险管理机构”）及符合资格要求的工程技术专业人员对保险责任内容实施风险管理。施工单位和监理单位应当配合提供便利条件，不得妨碍风险管理工作。

风险管理机构及工程技术专业人员应当根据保险责任内容实施检查。每次检查应当形成检查报告，检查报告内容包括检查发现的质量缺陷问题、处理意见和建议。

风险管理机构及工程技术专业人员应当在工程完工后，形成最终检查报告，最终检查报告应当明确发现的质量缺陷问题及整改情况，并给出保险责任内容的风险评价。

风险管理机构及工程技术专业人员的检

查报告和最终检查报告应当提供给保险公司和建设单位。

建设单位接到检查报告和最终检查报告后，应当责成施工单位及时整改质量缺陷问题。

监理单位应当督促施工单位开展质量缺陷整改，施工单位拒不整改或者整改不力的，监理单位应当报告建设单位。在施工单位完成整改前，监理单位不得同意通过相关验收。

设计、施工单位与风险管理机构就工程质量缺陷的认定发生争议的，可委托双方共同认可的工程质量鉴定机构进行鉴定。

第十二条（保险合同解除）

保障性住房工程、商品住宅工程投保建设工程质量潜在缺陷保险的，依约不得解除保险合同。

保险公司在最终检查报告中指出建设项目存在严重质量缺陷，且在竣工时没有得到实质性整改的，建设单位不得通过竣工验收。

第十三条（权益转让）

在保险期限内住宅或者其他建设工程所有权转让的，保险标的的受让人承继被保险人本保单下的权益。

第十四条（入户告知）

保险公司应当编制《住宅工程质量潜在缺陷保险告知书》，其中应列明保险责任、范围、期限及理赔申请流程。

在业主办理入户手续时，建设单位应当将《住宅工程质量潜在缺陷保险告知书》，随同《新建住宅质量保证书》《新建住宅使用说明书》一起送交业主。

第十五条（索赔申请）

业主在工程质量潜在缺陷保险期内认为住宅工程存在质量缺陷的，可以向保险公司或者保险公司委托的物业服务企业等专业服务机构提出索赔申请。

第十六条（理赔流程）

保险公司应当建立便捷的理赔流程，受理业主的理赔申请，组织现场勘查和维修。

保险公司可以委托物业服务企业等专业服务机构统一受理业主的理赔申请、现场勘查和组织维修。

第十七条（核定赔偿）

保险公司或保险公司委托的物业服务企业等专业服务机构收到索赔申请后，应当在二日内派员现场勘查。保险公司或保险公司委托的物业服务企业等专业服务机构应当在收到业主索赔申请后的七日内作出核定；情形复杂的应当在三十日内作出核定，并将核定结果通知业主。

对属于保险责任的，保险公司应当自与被保险人达成赔偿协议之日起七日内履行赔偿义务。

对不属于保险责任的，保险公司应当自作出核定之日起三日内向业主发出不予赔偿通知书，并说明理由。

保险公司应当制定充分保护被保险人权益的理赔操作规程，并向保险监管部门报告。

第十八条（争议鉴定）

业主对是否属于保险责任存有异议的，可以与保险公司共同委托有资质的第三方鉴定机构进行鉴定。

鉴定结果属于保险责任的，鉴定费用由保险公司承担；鉴定结果不属于保险责任的，鉴定费用由申请方承担。

第十九条（应急维修）

对于影响基本生活且属于保险责任范围内的索赔申请，保险公司或保险公司委托的物业服务企业等专业服务机构应当在收到索赔申请后的约定时限内先行组织维修，同时完成现场勘查。

第二十条（代位追偿）

因法律法规或合同约定应由设计单位、施工单位、设备材料供应商等责任方承担的法律责任，并不因建设单位投保工程质量潜在缺陷保险而免责。

建设单位应当通过与保险公司签订协议的方式，约定彼此之间的权利义务。

保险公司对工程质量潜在缺陷保险约定的质量缺陷损失负有赔偿义务，保险公司有权依法对质量缺陷的责任单位实施代位追偿，被保险人与相关责任方应予以配合。

第二十一条（信息平台）

保险公司应当建立工程质量潜在缺陷保险信息平台，所有承保工程质量潜在缺陷保险的保险公司应将承保信息、风险管理信息和理赔信息等录入该信息平台，并对风险管理、出险理赔情况进行统计分析，定期向住房城乡建设监管部门、保险监管部门报告。

第二十二条（中介机构）

建设工程相关行业协会等社会中介机构在实施住宅工程质量潜在缺陷保险和其他建设工程保险过程中，应当发挥作用。

第二十三条（其他）

其他建设工程投保建设工程质量潜在缺陷保险的，可以参照本实施意见执行。

鼓励工程质量潜在缺陷保险与建筑安装工程一切险、参建方责任险等工程类保险综合实施，全面降低工程质量风险。

第二十四条（施行日期）

本实施意见自2019年2月26日起施行，有效期至2024年1月31日。

上海市人民政府办公厅关于印发《2019年上海市推进"一网通办"工作要点》的通知

沪府办发〔2019〕8号（2019年3月26日）

各区人民政府，市政府各委、办、局：

经市政府同意，现将《2019年上海市推进"一网通办"工作要点》印发给你们，请结合实际，认真组织实施。

2019年上海市推进"一网通办"工作要点

为贯彻落实《国务院关于加快推进全国一体化在线政务服务平台建设的指导意见》（国发〔2018〕27号）和国务院办公厅印发的《进一步深化"互联网+政务服务"推进政务服务"一网、一门、一次"改革实施方案》（国办发〔2018〕45号）要求和市委、市政府部署，加快推进"一网通办"改革，实现面向企业和市民的所有政务服务"进一网、能通办"目标，制定2019年本市"一网通办"工作要点。

一、以"减环节、减时间、减材料、减跑动"为目标，全力推进业务流程革命性再造

1. 实现审批时限平均减少一半。进一步压减审批承诺时限，实现审批承诺时限在法定时限的基础上平均减少一半；大幅缩短审批办理时限，能做到当场办结的要当场办结，无法做到当场办结的要做到提前办结，实现审批办理时限比承诺时限平均减少一半。（牵头单位：市政府办公厅；配合单位：各区、各市级相关部门）

2. 实现审批提交材料平均减少一半。按照"没有法律法规依据的证明材料一律不需提交，能够通过数据共享或网络核验的材料一律不需提交，能够通过电子证照库调取的证照一律不需提交"的原则，大幅精简办事过程中需要申请人提交的申请材料，实现申请人实际提交材料平均减少一半。实现一批事项"零材料提交"，做到申请人仅需填写格式化申请表即可办理，无需提交其他申请材料。各区、各部门提出的"零材料提交"事项，覆盖面应不少于本区、本部门政务服务事项的10%。（牵头单位：市政府办公厅、市司法局；配合单位：各区、各市级相关部门）

3. 推进新增的100个业务流程优化再造事项落地。重点推进以高效办成一件事为目标的业务流程革命性再造，系统重构政府部门内部业务流程，重构跨部门、跨层级、跨区域协同办事流程，衡量的标准就看能否做到"减环节、减时间、减材料、减跑动"。（牵头单位：市经济信息化委、市商务委、市教委、

市民族宗教局、市公安局、市民政局、市司法局、市人力资源社会保障局、市规划资源局、市住房城乡建设管理委、市交通委、市文化旅游局、市卫生健康委、市市场监管局、市体育局、市医保局、市粮食物资储备局、市药品监管局、市知识产权局、市税务局、市残联；配合单位：市政府办公厅、市大数据中心、各市级相关部门）

4. 新增实现100项个人事项全市通办。市级部门加强业务统筹与指导，在全市范围内新增100项个人事项（见附件2），实现全市通办。（牵头单位：市教委、市公安局、市司法局、市人力资源社会保障局、市住房城乡建设管理委、市农业农村委、市税务局；配合单位：市政府办公厅、市大数据中心）

5. 实现一批事项“零跑动次数”。提升网上办事深度，新增一批事项实现全程网上办理。（牵头单位：各市级相关部门、各区；配合单位：市政府办公厅、市大数据中心）

二、加强政务服务事项标准化建设，扩大政务服务覆盖面

6. 拓展“一网通办”服务事项范围。聚焦教育、医疗、住房、社保、民政等与群众日常生产生活密切相关领域，梳理一批公共服务事项，按照国家标准逐项开展标准化、规范化工作后，纳入“一网通办”总门户。（牵头单位：市政府办公厅、市大数据中心；配合单位：各市级相关部门、各区）

7. 深化政务服务标准化规范化建设。进一步规范完善政务服务事项各要素内容，提升办事要件和办事指南标准化、规范化水平。进一步细分审批办理情形，细化完善申请材料目录，规范材料名称、材料来源、材料类型、纸质材料份数、材料形式、材料必要性等内容，以及示例样表、空白表格等。进一步细化、量化业务口径标准，消除模糊条款、兜底条款，推进同一事项无差别受理、同标准办理，实现一批事项“零差别受理”。（牵头单位：市政府办公厅；配合单位：各市级相关部门、各区、市大数据中心）

8. 深化一窗受理和集成服务改革。继续推进各区、各市级部门政务服务大厅、社区事务受理服务中心设立跨部门综合窗口，形成以综合窗口为主、部门专业窗口为辅的综合服务模式，建立一窗受理、分类审批、一口发证的政务服务机制，逐步实现全市政务服务窗口“单窗通办”、事项限时办结。（牵头单位：市政府办公厅；配合单位：各市级相关部门、各区；试点单位：浦东新区、徐汇区、杨浦区、闵行区、宝山区、嘉定区、市公安局）

9. 构建政务图谱。从市民和企业用户真实需求的“一件事”出发，探索梳理出“双百主题”，即围绕市民个人生活的100件事（3个以上办事情形）和围绕企业生命周期的100件事（3个以上事项），运用图谱技术，把相关数据关联，形成以“一件事”为中心的政务数据关系网络，构建权力图谱、事项图谱、材料图谱和数据图谱，建设图谱分析系统，研究各事项申请表单要素、申请材料、结果证照之间的共享复用需求，形成优化办理建议。（牵头单位：市大数据中心）

三、持续深化行政审批制度改革，充分激发市场活力和社会创造力

10. 大力推进简政放权。进一步取消和调整行政审批等，成熟一批、推出一批。推进园区行政审批事项改革，加大向自贸试验区、张江、临港等特定区域的放权力度，实现“园内事、园内办”。（牵头单位：市政府办公厅；配合单位：各市级相关部门、各区）

11. 全面推开“证照分离”改革。对国务院批复的163项和浦东新区自主改革的35项事项改革试点举措，凡不涉及法律法规调整的，在全市全面复制推广。按照国家部署，对其他市场准入涉企审批事项，有序推开“证照分离”改革，最大限度破解“准入不准营”问题。（牵头单位：市政府办公厅、市市场监管局；配合单位：各市级相关部门、各区）

12. 深化行政审批告知承诺。扩大告知承诺在行政审批、办理减免退税、财政资金扶持、相关证明手续以及行政确认等事项中的实施范围。开展企业名称登记告知承诺试点、证明事项告知承诺试点等。探索对低压小微用户电力接入工程涉及的规划、路政、交警、绿化等相关审批实施告知承诺。（牵头单位：市政府办公厅、市市场监管局、市司法局、市发展改革委；配合单位：各市级相关部门、各区）

13. 推进行政审批中介服务标准化建设。对工程咨询、工程设计、规划设计、测绘、环境影响评价、卫生学评价、检验检测、计量认证、安全评价等行政审批中介服务，开展标准化试点工作，制定中介服务指南，统一中介服务标准，增强中介服务的透明度和可预期性。（牵头单位：市政府办公厅；配合单位：各市级相关部门）

四、全面建成全流程一体化在线服务平台，夯实“一梁四柱”和公共支撑体系

14. 深化统一受理平台建设。根据业务流程革命性再造要求，优化各区、各部门事项接入模式，实现部门接入事项从系统改造迁入模式（模式三）转换至统一配置开发模式（模式二），强化市、区两级联动，扩大线下统一受理平台工作人员门户试点范围，加快办件数据落地。（牵头单位：市大数据中心；配合单位：各市级相关部门、各区）

15. 优化统一身份认证体系。推进各区、各部门网上办事系统现有用户体系全面整合，统一纳入“一网通办”。优化外籍人士身份认证功能，深化拓展法人多级授权应用，强化统一用户身份信息管理，不断优化完善统一身份认证体系。（牵头单位：市经济信息化委、市大数据中心；配合单位：各市级相关部门、各区）

16. 推进统一总客服。推进各类政务热线数据向“一网通办”平台归集，优化“一网通办”诉求处理机制，建立健全各专业领域的咨询体系。根据国家“互联网＋监管”要求，实现监管投诉举报纳入统一总客服，并对接本市“互联网＋监管”系统，加强投诉举报线索运用，为国家尽早发现系统性、区域性风险提供数据支撑。（牵头单位：市热线办、市市场监管局、市大数据中心；配合单位：各市级相关部门、各区）

17. 推进统一公共支付。逐步扩大公共支付事项范围，重点推进个人社区事务中收费项目、统一物流平台物流收费等个人非税事项及公共服务事项接入，实现“一网通办”政务服务事项全覆盖。研究涉企非税事项接入。加快推进电子票据试点应用。（牵头单位：市财政局、市大数据中心；配合单位：各市级相关部门、各区）

18. 推进统一物流快递。扩大统一物流平台事项接入范围，实现“一网通办”接入事项物流服务全覆盖。（牵头单位：市大数据中心、市邮政管理局；配合单位：各市级相关部门、各区）

19. 加快推进电子证照归集与应用。重点推进100类高频电子证照归集（见附件3）。对于已实现完整归集的高频电子证照，应用场景覆盖100%政务服务事项。推动电子证照在社会化领域中的应用。（牵头单位：市政府办公厅、市大数据中心；配合单位：各市级相关部门、各区；试点单位：市公安局、市司法局、市文化旅游局、市经济信息化委，浦东新区、静安区、虹口区、奉贤区等）

20. 推进电子印章应用。依托“一网通办”总门户，建设电子印章公共服务平台，实现法人、自然人通过网上申请、管理电子印章。推进电子印章、电子签名在各类政务服务事项中的应用，减少纸质材料递交，减少跑动次数。（牵头单位：市经济信息化委；配合单位：各区、各部门）

21. 加强“一网通办”电子文件归档和电子档案管理。建设和完善本单位“一网通办”电子文件归档和电子档案管理系统，对

政务服务“一网通办”中应归档电子文件实行全程管理，确保“一网通办”电子档案真实完整、安全可靠、长期可用。加强对市、区相关部门电子文件归档和电子档案管理的监督、指导，适时组织开展培训和检查。（牵头单位：市档案局、市大数据中心；配合单位：各市级相关部门、各区）

五、以广泛深度应用为导向，充分提升政务服务能级

22. 推进证明类材料在线申请、开具和应用。实现本市所有高频证明类事项接入“一网通办”，实现申请人在线申请证明材料，职能部门通过“一网通办”渠道开具电子证明，申请人通过电子亮证方式，在政务服务体系或社会化领域开展应用。（牵头单位：市政府办公厅、市大数据中心；配合单位：各市级相关部门；试点单位：市公安局、市民政局、市人力资源社会保障局、市卫生健康委、市税务局等）

23. 推进市民主页建设。新增100个复杂主题以及40个便民服务，完善个人政策推荐功能，提升主动式、精准化服务能力。（牵头单位：市大数据中心）

24. 推进企业专属网页建设。新增100个企业专属复杂主题以及20个利企服务，完成社会投资类工程项目等专题建设，提升精准服务企业能力。（牵头单位：市大数据中心）

25. 深化移动端“随申办”建设。拓展“随申办”政务服务事项接入范围，优先接入公众关注度高、办件量大、覆盖面广且适合在移动端办理的事项。引入小程序技术，拓展移动端政务服务渠道。（牵头单位：市大数据中心、市经济信息化委；配合单位：各市级相关部门）

26. 推进“企业服务云”建设。依托“一网通办”平台，充分发挥“企业服务云”作用，研究形成围绕企业全生命周期的政策查询体系，系统梳理涉企政策，建立动态更新机制，提供更优质服务。（牵头单位：市经济信息化委、市大数据中心）

六、深入推进公共数据治理，提升数据整合共享应用能力

27. 实现公共数据完整归集。加快推进全市公共数据集中统一管理，使分散、孤立的数据成为汇聚综合的数据，实现公共数据完整归集、按需共享，财政资金保障的信息系统在符合国家相关部门规定的前提下，100% 迁移上云。（牵头单位：市经济信息化委、市大数据中心；配合单位：各市级相关部门）

28. 实现公共数据按需共享。完善数据共享交换平台功能，打通国家、市、区三级共享通道，建立完善数据共享交换机制，开展应用场景授权，优化共享审核流程，实现数据按需共享。（牵头单位：市大数据中心；配合单位：各市级相关部门）

29. 加快建设大数据资源平台。建成贯穿数据全生命周期的大数据资源平台，实现全市公共数据集中统一管理。加快建设若干主题数据库，为“一网通办”、经济社会数据分析、公共信用信息应用、城市综合管理等典型应用场景提供大数据支撑。（牵头单位：市大数据中心）

30. 加快推进政务信息系统整合。制订政务信息系统整合方案，加强信息化项目资金引导，推进一批跨层级“大系统”和跨部门“大平台”建设。开展信息化项目清理，全面整合规范历史遗留项目，加快整合市区统筹的跨层级业务信息系统，将分散、独立、交叉的部门信息系统整合为互联互通、信息共享、业务协同的大系统。推进业务专网逐步向政务外网、内网分类迁移，为充分实现条块业务系统互联互通提供支撑。（牵头单位：市经济信息化委、市发展改革委、市大数据中心；配合单位：各市级相关部门）

31. 加强信息系统和数据整合共享的审计工作。运用审计手段，促进各部门存量信息系统的清理与整合，推动各部门加强数据

资产管理，落实数据共享责任，提升数据质量。（牵头单位：市审计局、市发展改革委、市经济信息化委、市大数据中心；配合单位：各市级相关部门）

32. 制定《上海市公共数据开放管理办法》。规范和促进全市公共数据开放和利用，推动政企数据融合应用，促进数字经济发展，服务和保障民生。（牵头单位：市经济信息化委、市司法局、市政府办公厅）

七、依托事中事后综合监管平台，完善“互联网 + 监管”体系

33. 编制“1”张清单。在国家部委梳理监管事项目录清单基础上，根据国家统一规范，完善覆盖市、区两级的监管事项目录清单，厘清监管责任、明确监管措施、统一监管标准，并将清单纳入“互联网 + 监管”系统动态管理，推动监管工作标准化、规范化、精准化。（牵头单位：市政府办公厅、市市场监管局、市司法局；配合单位：各市级相关部门、各区）

34. 建立“1”个数据库。按照国家“互联网 + 监管”系统相关数据标准，依托大数据资源平台，汇聚本市监管数据，形成监管数据库，建立数据动态更新机制，加强数据质量管理，满足国家“互联网 + 监管”系统的数据调用、接收等要求。（牵头单位：市市场监管局、市大数据中心；配合单位：各市级相关部门、各区）

35. 建设“2”个体系、“2”个界面。根据国家要求，构建本市“互联网 + 监管”标准规范体系和安全运维体系。建设面向社会公众的服务界面和面向政府部门的工作界面。（牵头单位：市市场监管局）

36. 建设“3”个应用系统。在事中事后综合监管平台主体功能基础上，根据国家要求，建立或完善执法监管系统、风险预警系统、决策分析系统等三个应用系统。（牵头单位：市市场监管局；配合单位：各市级相关部门、各区）

37. 全面推行“双随机、一公开”监管。建立健全“双随机、一公开”相关制度，动态调整抽查事项清单，完善检查对象名录库、执法检查人员名录库和工作细则，细化标准流程，科学实施抽查检查，强化抽查检查结果公示运用。进一步扩展覆盖面，推行跨部门联合监管，实现市场监管部门“双随机、一公开”监管全流程整合、市场监管领域主要部门“双随机、一公开”监管常态化。（牵头单位：市政府办公厅、市市场监管局；配合单位：各市级相关部门、各区）

38. 大力推行分类监管。以食品药品、交通运输、医疗卫生、文化旅游、工程建设等领域为重点，梳理确定各行业、领域、市场的分类监管事项，逐项制定分类监管实施细则。对每个监管对象进行分级分类，实施差别化监督管理，进一步合理配置监管资源，提升监管效能。（牵头单位：市政府办公厅；配合单位：各市级相关部门、各区）

八、全面对接国家政务服务平台，加快推进长三角地区“一网通办”

39. 全面对接国家政务服务平台。根据国家试点示范要求，夯实已有对接基础，持续推进安全保障体系、运维管理系统及电子印章系统的对接工作。（牵头单位：市大数据中心）

40. 打通长三角地区政务服务公共支撑体系。依托国家政务服务平台，实现用户跨省身份认证，以及电子证照互认共享。推进电子证照跨省应用，实现长三角地区制发证照向企业群众名下归集，并在长三角地区政务服务体系内应用，替代相应原件和复印件提交。（牵头单位：市政府办公厅、市大数据中心；配合单位：各市级相关部门、各区）

41. 出台长三角地区“一网通办”标准规范。研究制定长三角地区“一网通办”业务标准、服务专窗设置等业务规范，长三角地区统一身份认证、电子证照共享互认、移动端漫游、电子亮证等技术标准，长三角地

区“一网通办”业务标准、服务专窗设置等业务规范。（牵头单位：市政府办公厅、市大数据中心）

42. 建立长三角地区“一网通办”线上专栏和线下专窗。依托“一网通办”总门户，建设“长三角地区‘一网通办’专栏”，统一办事入口；在线下开设“专窗”受理长三角地区“一网通办”事项。（牵头单位：市政府办公厅、市大数据中心、市民政局、各区、G60 科创走廊联席会议办公室）

九、加强“一网通办”运营管理和监督考核

43. 加强“一网通办”日常运行管控。优化现有平台架构体系，持续提升平台整体性能及高可用性，定期开展应用切换演练。加强接入系统管理，进一步规范事项接入、上线发布流程。加强应用系统监控，对“一网通办”平台及各接入系统运行情况实时监控预警。加强数据质量管理，保障数据交换的实时性、完整性和准确性。加强信息安全管理，全面提升平台安全防护能力。（牵头单位：市大数据中心；配合单位：各区、各市级相关部门）

44. 快速迭代“一网通办”服务功能。加强“一网通办”运营管理，结合网站访问数据分析，紧跟公众需求热点，查找服务盲区，策划系列专题，优化迭代服务功能，持续提升公众的获得感和体验度。（牵头单位：市大数据中心；配合单位：各市级相关部门、各区）

45. 强化“一网通办”安全保障。建立“一网通办”安全监测预警和应急响应机制，明确各相关部门安全责任主体、划分安全职责边界，对攻击、侵入和破坏政府网站的行为以及影响政府网站正常运行的意外事故进行防范，确保网站稳定、可靠、安全运行。定期组织开展“一网通办”网站的渗透测试工作，建立安全与绩效相关联的部门考核评价制度。（牵头单位：市委网信办、市大数据中心、各市级相关部门）

46. 健全问题发现处置机制，加强评估考核。丰富用户“找碴”、专业测试等问题发现渠道，依托“一网通办”总客服派单处理，完善问题处置机制，提升响应度，提高解决率。构建科学合理的电子效能监督评价指标体系，加快“一网通办”电子效能监督系统建设。发布《2019 年上海市“一网通办”评估工作方案》，加强对各区、市级各部门、各有关单位开展“一网通办”工作的日常监督指导，进一步强化年度绩效考核工作，突出考核重点关键任务，提高考核质量效率，加强考核结果应用。建立“一网通办”好差评制度，加强与第三方权威测评机构的合作，根据国家最新要求，定期对市、区两级“一网通办”工作开展评估。（牵头单位：市政府办公厅、市公务员局、市大数据中心）

47. 加强“一网通办”业务和操作培训。将“一网通办”纳入公务员培训体系，包括专项培训、新任公务员培训、任职培训、在职培训、网上培训等。加强市级部门对本条线业务培训的统筹协调，强化对一线窗口工作人员的业务培训与指导，为“一网通办”创新做法打通操作层面最后一公里。（牵头单位：市政府办公厅、市公务员局）

上海市人民政府关于切实改善本市农民生活居住条件和乡村风貌进一步推进农民相对集中居住的若干意见

沪府规〔2019〕21 号（2019 年 5 月 5 日）

各区人民政府，市政府各委、办、局：

为更好地实施乡村振兴战略，推动郊区乡村成为提升上海城市能级和核心竞争力的战略空间，打造上海现代化国际大都市的亮点和美丽上海的底色，现就切实改善本市农民生活居住条件和乡村风貌，进一步推进农民相对集中居住工作提出如下实施意见：

一、明确指导思想、基本原则和工作目标

（一）指导思想

全面贯彻党的十九大和中央农村工作会议精神，以习近平新时代中国特色社会主义思想为指引，践行新发展理念，按照农业农村优先发展的要求，落实上海 2035 总体规划，实施《上海市乡村振兴战略规划（2018—2022 年）》和《上海市乡村振兴战略实施方案（2018—2022 年）》，在充分尊重农民意愿的基础上，进一步加大政策支持力度，鼓励和引导农民相对集中居住，节约集约土地资源，切实改善农民生活居住条件和乡村风貌，不断增强农民群众的获得感、幸福感、安全感。

（二）基本原则

1. 坚持以人为本。通过引导农民相对集中居住，让更多农民共享城镇化地区和农村集中居住社区更好的基础设施和公共服务资源，促进土地资源集约节约利用。

2. 加大支持力度。在农民集中居住规划空间和土地指标落实、市与区资金支持和项目融资等方面，加强政策聚焦。

3. 落实主体责任。注重市、区统筹，落实各涉农区主体责任，建立完善工作机制，强化对区级工作的督促考核，形成市、区共同推进农民相对集中居住的合力。

4. 尊重农民意愿。引导农民形成对相对集中居住的合理预期，发挥农民主体作用，完善集体经济组织内部民主决策程序，履行必要的契约承诺，切实保障农民实现宅基地权益的自主选择权；加强分类指导，把握好工作力度和节奏。

（三）工作目标

到 2022 年，约 5 万户农民实现相对集中居住。推进重点为，高速公路、高铁、高压线沿线，生态敏感区，环境综合整治区，以及规划农村居民点范围外的分散居住户。

二、实施进城镇集中居住支持政策

（一）规划和土地

1. 优化安置地块规划选址。各涉农区要优先保障农民集中安置用地，将安置地块优先布局在城镇化地区、大型居住社区和周边现状为建设用地的地块，安置地块要满足基本公共服务、交通和生活便利等条件，同时考虑安置区域的适度规模以降低配套成本。相关安置地块一旦锁定，纳入刚性管控，若涉及重大规划调整，优先保障安置地块。在坚持合理安置标准、满足区域配套和环境风貌要求的基础上，对已规划的集中居住项目地块，经论证后可适度提高容积率，涉及容积率调整的项目，可按照简易程序办理。在优先利用规划新增住宅用地的基础上，允许各涉农区适度调整规划建设用地结构，可将原规划商办用地调整为农民集中居住项目用地，容积率可不变。允许各涉农区通过规划调整，适当增加开发边界范围，将镇区周边集体建设用地定向用于建设农民集中居住安置房。

2. 增加土地指标管理弹性。进一步提高增减挂钩的灵活性，延长增减挂钩周期至 5 年，用于农民集中居住安置项目的土地周转指标由市级保障。使用低效建设用地减量化形成的建设用地指标办理新地块农转用征收手续的，可免缴新增建设用地土地有偿使用费和耕地开垦费。挂钩建新地块优先纳入经营性用地出让计划。

3. 农民进城镇集中安置地块土地出让起始价，按照拟出让地块所在区域同类用地基准地价的 70% 确定，安置地块可采取定向方式出让。经约定，安置地块土地出让价款可分期缴纳，首次缴纳比例不得低于 50%，最迟在两年内全部缴清。

（二）资金支持

1. 市级土地出让金返补。按照本市城乡建设用地增减挂钩政策的农民进城镇集中居住项目所涉节余建设用地，市级土地出让收入按照每亩400万元的基数计算返补。

2. 市级财政资金补贴。市级财政根据市住房城乡建设管理委牵头的市级推进机构（以下简称“市级推进机构”）批复的农民进城镇集中居住项目实施方案确定的总规模，按照市政府确定的标准给予定额补贴。补贴资金可用于项目配套设施建设和贷款贴息等，由各涉农区统筹使用。

3. 市级补贴资金预拨。为减轻各涉农区推进农民进城镇集中居住项目启动阶段的资金压力，项目实施方案获得批复后，即拨付市级财政资金补贴和市级土地出让金返补总额的80%；项目竣工验收后，拨付剩余20%的市级财政资金补贴；土地出让完成后，拨付剩余20%的市级土地出让金返补。

（三）安置房型

充分考虑农民生活习惯和居住偏好，对农民进城镇集中居住安置房，允许各涉农区结合实际，合理制定房型标准。

（四）相关税费

对进城镇集中居住分配的农民安置房，纳入各涉农区区属征收安置房建设计划，可享受和征收安置房一样的税费减免政策。

三、实施农村平移集中居住支持政策

（一）规划和土地

1. 优先安排平移集中点用地。各涉农区、乡镇（街道）政府要在各自总体规划中，优先考虑农村平移集中居住点的布局和用地。对布局规划确定的平移集中居住点，若涉及占用耕地的，由各区占补平衡；郊野单元（村庄）规划明确的村庄用地范围调整（宅基地归并平移等），允许通过永久基本农田布局优化予以落地。

2. 明晰宅基地跨村平移集中归并路径。支持各涉农区、乡镇（街道）探索多种宅基地跨村平移集中归并方式。对具有建房资格的农户，允许在镇域范围内按照规划跨村平移集中归并。平移集中居住点可采取土地产权调换或者经济补偿方式操作，并按照规定办理土地所有权变更。

（二）资金支持

1. 基础设施配套补贴。市、区财政对规划确定的平移集中居住点基础设施配套项目进行补贴，资金由市、区共同承担。其中，市级财政根据市级推进机构批复的农民平移集中居住项目实施方案确定的总规模和市政府确定的标准，给予项目补贴。

2. 减量化节地补贴。实施农村宅基地平移集中的项目，原则上，总的宅基地用地规模节地率不得少于25%。对市级推进机构批复的农民平移集中居住项目，宅基地拆旧面积核减建新面积后，减量部分按照市政府确定的标准给予资金补贴。

（三）风貌管控

加强对农村平移集中居住点建房风貌的管控，保持乡村风貌和建筑肌理。各涉农区要根据《上海市郊野乡村风貌规划设计和建设导则》《上海市村民住房方案图集》要求，结合实际，因地制宜开展农村平移集中点风貌和建筑设计，实行乡村规划师和乡村建筑师制度，提供风貌统一的农房设计图纸，引导农村村民住房建设，体现上海江南水乡传统建筑元素风貌，提升乡村风貌和农房建筑设计水平。推进农村平移集中点建房统一规划、统一设计、自主联合建设，对不符合本市乡村风貌建设导则的不予批准，不予享受基础设施配套补贴和节地政策补贴。

四、降低农民相对集中居住项目成本

（一）水电气等配套工程收费优惠

对经市级推进机构认定的农民相对集中居住项目涉及的电力、通信、有线电视、给排水和燃气等配套工程，按照动迁安置房配套工程收费标准执行。鼓励各涉农区与配套企业协商，对农村平移集中居住过程中农民建房或者委托建房的配套工程费给予减免。

（二）统筹安排涉农建设资金和项目

对农民进城镇集中居住的社区和农村平移集中居住点，优先安排和整合市、区两级涉农建设资金，统筹实施“四好农村路”、河道整治、生活污水、村庄改造等基础设施建设和环境整治项目，纳入当年项目安排，相关市级资金政策予以支持，以降低农民集中居住项目基础设施和配套建设成本，增强农民集中居住社区的吸引力。

（三）支持农民相对集中居住项目融资和建设

鼓励政策性银行对农民相对集中居住项目给予融资支持。对农民相对集中居住项目贷款，可参照基准贷款利率执行。鼓励市属国企参与农民相对集中居住项目建设，鼓励公用设施配套企业给予农民相对集中居住项目以优惠支持，相关绩效纳入国企工作考核。

五、规范安置面积和建房标准

（一）进城镇集中居住的实物安置面积

各涉农区要合理确定农民进城镇集中居住的实物安置面积，实物安置面积按照4人及4人以下户不超过180平方米，人口超过4人的，可按照每人20平方米标准增加建筑面积。允许各涉农区结合实际，确定安置房套型面积，但实物安置面积最多不得超过规定上限20平方米。

（二）农村平移集中的建房标准

1. 农村村民建房应遵循节约集约用地原则。其中，宅基地面积按照5人及5人以下户不超过140平方米、6人及6人以上户不超过160平方米执行，房屋建筑占地面积按照5人及5人以下户不超过90平方米、6人及6人以上户不超过100平方米执行。农村村民建房檐口高度不得超过10米，屋脊高度不得超过13米，层数不得超过3层，并取消农业辅房。

2. 对原合法发证面积超过现有规定建筑面积标准的，宅基地面积和建筑占地面积按照上述规定执行，与原合法面积之间的差额部分以货币化方式补偿。

（三）多元安置方式

1. 对进城镇集中居住，在确保自住需求的基础上，可结合产业用房、股权安置、养老安置以及货币补偿等多元化方式，保障农村村民宅基地财产权益。鼓励各涉农区通过加强公共服务，减少农户实物安置面积量。

2. 鼓励各涉农区采用货币补偿方式，引导农民自愿退出宅基地，退出后可以购买1套自住商品房。对合法合规取得宅基地并自愿有偿退出的农户，各涉农区可参照农民进城镇集中居住的补贴标准，给予货币化补偿。

六、加强农村村民建房管理

（一）强化规划管控

按照各涉农区新市镇总体规划、村庄布局规划和郊野单元（村庄）规划，严格控制规划农村居民点范围以外农房新建、改建和翻建。

（二）加强宅基地审批管理

坚持“一户一宅，节约集约利用”，具有宅基地资格权的农户，可依法申请和使用宅基地。宅基地资格权按照本地区“农业户籍+农村集体经济组织成员”确定，具有宅基地资格权的农户以户为单位申请宅基地，申请建房用地的人数计算，按照本市农村村民住房建设管理有关规定执行。相关部门要按照法律法规，依申请依法审批，并加强建房管理。

（三）分类建房

对有宅基地资格权且位于规划农村居民点范围内的农户，在符合村庄设计和乡村风貌管控要求的前提下，允许实行翻建、改建。对有宅基地资格权但位于规划农村居民点范围以外的农户，引导其选择进城镇集中居住，或到规划确定的农民集中居住点实施平移集中建房，并严格执行宅基地用地规模和建房标准。对符合分户条件的农户，采取多种方式保障其居住权。对无宅基地资格权的非农户翻建、改建住房作出必要限定，采取进城镇集中居住或者货币补偿方式引导其退出宅基地。

（四）村民自治

按照村民委员会组织法规定，充分发挥村民自治作用，建立健全农村土地管理议事决策机制、民主监督机制和矛盾纠纷调处机制等，促进农村基层土地管理的民主决策、自我管理、自我监督。依托村民自治组织和乡规民约，对村庄规划编制、农民建房资格认定、分户建房申请、建房和安置面积标准等相关事项，须先经集体经济组织讨论决策，再报送区、乡镇（街道）审核。

七、落实工作要求

（一）完善工作推进机制

1. 由市住房城乡建设管理委牵头推进本市农民相对集中居住工作，增加市绿化市容局、市水务局、市地方金融监管局等部门作为市级推进机构成员单位。按照优化、高效、精简的要求，建立农民相对集中居住项目实施方案"一口受理、并联审批、一次下达"的审批流程，构建牵头部门抓统筹、职能部门共同支持的工作机制。

2. 各涉农区要按照乡村振兴战略领导责任制，区委、区政府负总责，乡镇（街道）抓落实，各涉农区主要领导为推进本区农民相对集中居住的第一责任人。建立完善区级农民相对集中居住工作推进机制，明确责任部门，制定年度工作计划和项目实施方案，强化工作落实，强化考核监督。

3. 各涉农区土地减量化腾出的空间，要优先保障农民进城镇集中居住项目。要优化农民集中居住地块的选址，切实承担地块周边基础设施和公共服务设施的建设任务。相关土地增值收益，主要用于所在镇域的基础设施改造和完善。

4. 各涉农区要充分利用商品住房配建、大型居住区区属房源，作为农民集中居住安置用房，优先保障高龄、适婚、无房户的首套安置房需求。鼓励盘活大型居住区已供应、未使用的存量房源，用作农民集中居住安置用房。

（二）实施目标责任考核监督

1. 将推进农民相对集中居住工作纳入乡村振兴年度目标责任制考核和涉农区领导干部绩效考核，考核重点为农民相对集中居住地块规划落实、土地指标保障和资金投入、农村村民建房管理等情况。对工作落实不力的区进行通报约谈。

2. 建立农民相对集中居住常态化督查机制，将农民相对集中居住纳入市政府重点工作，将农民集中居住安置房建设纳入本市重大工程，建立月上报、季通报、年考核的督查制度。

3. 建立涉农区推进农民集中居住工作与土地利用审批挂钩机制，对农民相对集中居住工作推进不力或者出现违法建房、土地违法案件未销号结案的，暂停一般项目用地审批。

本意见自2019年5月5日起实施。2016年4月20日市政府印发的《关于促进本市农民向城镇集中居住的若干意见》（沪府〔2016〕39号）同时废止。

《上海市农村村民住房建设管理办法》

上海市人民政府令第16号 2019年5月5日

《上海市农村村民住房建设管理办法》已经2019年4月27日市政府第49次常务会议通过，现予公布，自2019年5月5日起施行。

上海市农村村民住房建设管理办法

第一章　总则

第一条（目的和依据）

为了加强本市农村村民住房建设管理，引导农村村民住宅建设合理、节约利用土地资源，推进乡村振兴战略实施，根据有关法律、法规，结合本市实际情况，制定本办法。

第二条（适用范围）

本办法适用于本市行政区域范围内农民集体所有土地上农村村民新建、改建、扩建和翻建住房（以下统称“村民建房”）及其管理。

第三条（有关用语的含义）

本办法中下列用语的含义是：

（一）农村村民，是指具有本市农业户口的本市农村集体经济组织成员。

（二）农户建房，是指由村民以户为单位，自行申请宅基地建造住房的活动。

（三）集体建房，是指村民委员会或者村、镇集体经济组织受村民委托，在村域或者镇域范围内，统一规划、统一设计、集中建造住房的活动。

第四条（管理部门）

市农业农村行政管理部门是本市农村宅基地使用的主管部门；区农业农村行政管理部门负责本辖区内宅基地使用的具体管理。

市规划资源行政管理部门是本市村民建房规划、用地的主管部门；区规划资源行政管理部门负责本辖区内村民建房的规划、用地管理，镇（乡）土地管理所作为其派出机构具体实施相关的管理工作。

市住房城乡建设行政管理部门是本市村民建房的建筑活动主管部门，并负责农村建筑风貌的引导；区建设行政管理部门负责本辖区内村民建房的建筑活动监督管理。

区人民政府和镇（乡）人民政府负责本辖区内村民建房的管理。镇（乡）人民政府受区规划资源行政管理部门委托，审核发放农户建房的乡村建设规划许可证，对农户建房进行开工查验和竣工验收；受区建设行政管理部门委托，进行农户建房安全质量的现场指导和监督检查。

发展改革、生态环境、绿化市容、公安、民政等有关部门按照各自职责，协同实施本办法。

第五条（基本原则）

农村村民实施建房活动，应当符合规划、节约用地、集约建设、安全施工、保护环境、注重风貌。

农村村民建房的管理和技术服务，应当尊重村规民约和村民生活习惯，坚持安全、经济、适用和美观的原则，注重建筑质量，完善配套设施，落实节能节地要求，体现历史文化和乡村风貌。

第六条（分类引导）

位于规划确定的农村居民点范围内的农户，在符合村庄设计和乡村风貌管控要求的前提下，允许翻建、改建住房。

位于规划确定的农村居民点范围以外的农户，引导其选择进城镇集中居住，或者到规划确定的农村居民点实施平移集中建房。

同户（以合法有效的农村宅基地使用证或者建房批准文件计户）居住人口中有两个以上（含两个）达到法定结婚年龄的未婚者，其中一人要求分户，且符合所在区人民政府规定的分户条件的，采取多种方式，保障其居住权。

第七条（技术规范和规划编制）

市住房城乡建设行政管理部门应当会同市规划资源、生态环境、绿化市容等部门组织编制村民建房的规划技术标准、住宅设计标准、配套设施设置规范和乡村风貌导则。

编制郊区总体规划、镇总体规划和村庄规划的，应当合理确定本辖区内村民建房的布点、范围和用地规模。区建设行政管理部门和镇（乡）人民政府应当加大宣传力度，向农村村民普及建房技术与质量安全知识。

第八条（建房方式）

本市鼓励集体建房，引导村民建房向规划确定的农村居民点集中。所在区域已实施集体建房的，不得另行申请农户建房；所在区域属于经批准的规划确定的农村居民点，且尚未实施集体建房的，农户可以按规划申请建房。

第九条（风貌管控）

镇（乡）人民政府应当根据本市乡村风

貌导则，结合地区自然肌理、传统文化和建筑风貌元素等，将风貌管控要求纳入村规民约，并通过专业设计引导村民建房。

第十条（用地计划）

区规划资源行政管理部门应当确定村民建房的年度用地计划指标，并分解下达到镇（乡）人民政府。

镇（乡）人民政府审核建房申请，应当符合区规划资源行政管理部门分解下达的村民建房年度用地计划指标。

第十一条（公开办事制度）

区农业农村、规划资源、建设行政管理部门和镇（乡）人民政府应当实行公开办事制度，将农户建房的申请条件、申报审批程序、审批工作时限、审批权限等相关规定和年度用地计划进行公开。

第十二条（宅基地的使用规范）

农户只能拥有一处宅基地，其宅基地的面积不得超过规定标准。

农户按规划易地实施建房的，应当在新房竣工后3个月内拆除原宅基地上的建筑物、构筑物和其他附着物；参加集体建房的，应当在新房分配后3个月内拆除原宅基地上的建筑物、构筑物和其他附着物。原宅基地由村民委员会或者村集体经济组织依法收回，并由镇（乡）人民政府或者区规划资源行政管理部门及时组织整理或者复垦。

区人民政府在核发用地批准文件时，应当注明新房竣工后退回原有宅基地的内容，并由镇（乡）土地管理所负责监督实施。

第十三条（宅基地自愿有偿退出）

区、镇（乡）人民政府和村民委员会、村镇集体经济组织可以采取多种形式，鼓励宅基地使用人自愿有偿退出合法取得的宅基地。区人民政府可以制定具体实施办法。

第二章　农户建房

第十四条（申请主体）

符合下列条件之一的集体经济组织成员，需要申请宅基地建房的，可以以户为单位提出申请：

（一）实行家庭联产承包责任制以来享有土地承包经营权，属本市农业户口且户口、生产生活在本村的；

（二）属本市农业户口，且因合法的婚姻、收养关系户口迁入本村的；

（三）属本市农业户口，且根据国家移民政策户口迁入本村的；

（四）法律、法规规定的其他情形。

农户建房用地人数的计算方法，按照本办法第三十五条规定执行。

第十五条（建房条件）

符合下列条件之一的农户，可以对原有住房进行改建、翻建或者易地新建：

（一）按照村镇规划调整宅基地，需要易地新建的；

（二）原有住房属于危险住房，需要易地新建或者在原址翻建的；

（三）原有住房因自然灾害等原因灭失，需要易地新建或者在原址翻建的；

（四）区人民政府规定的其他情形。

前款中的危险住房，是指根据我国危险房屋鉴定标准的有关规定，经本市专业机构鉴定危险等级属C级或D级，不能保证居住和使用安全的住房。

第十六条（禁止建房的情形）

具有下列情形之一的农户，不得申请宅基地新建住房，或者对原有住房进行改建、扩建或者翻建：

（一）拥有多处宅基地的；

（二）已有宅基地上存在违法用地、违法建筑等情况，未按照相关规定完成整改的；

（三）将原有住房出售、赠与他人，或者未经有关部门许可将原有住房改为经营场所的；

（四）离婚户对宅基地及住房权益未处置完毕的；

（五）区人民政府规定的其他情形。

第十七条（村级审查程序）

村民委员会接到农户建房申请后，应当在本村或者该户村民所在的村民小组，将农户成员人数、建房位置、宅基地和建筑占地面积、建筑方案等相关信息张榜公布，公布期限不少于30日。

公布期间无异议的，村民委员会应当在申请表上签署意见后，连同建房申请人的书面申请报送镇（乡）人民政府；公布期间有异议的，村民委员会应当召集村民会议或者村民代表会议讨论决定。

第十八条（行政审批程序）

镇（乡）人民政府应当在接到村民委员会报送的申请表和建房申请人的书面申请后20日内，会同镇（乡）土地管理所进行实地审核。审核内容包括申请人是否符合条件、拟用地是否符合规划、拟建房位置以及层数、高度、风貌是否符合标准等。

镇（乡）人民政府审核完毕后，应当将审核意见连同申请材料一并报区规划资源行政管理部门；区规划资源行政管理部门会同区农业农村行政管理部门初核后，由区人民政府审批建房用地。审批应当在20日内完成。

建房用地批准后，由区人民政府发给用地批准文件，由镇（乡）人民政府发给乡村建设规划许可证。

第十九条（审批结果的公布）

区人民政府和镇（乡）人民政府应当将农户建房的审批结果张榜公布，接受群众监督。

第二十条（宅基地范围划定和开工查验）

经批准建房的农户应当在开工前向镇（乡）土地管理所申请划定宅基地范围。

镇（乡）土地管理所应当在10日内，到实地丈量划定宅基地，并通知镇（乡）人民政府派员到现场进行开工查验，实地确认宅基地内建筑物的平面位置、层数、高度和风貌。

农户应当严格按照用地批准文件、乡村建设规划许可证和施工图纸的要求进行施工。

第二十一条（施工图纸）

农户建造两层或者两层以上住房的，应当使用具备资质的设计单位设计或经其审核的施工图纸，或者免费使用市住房城乡建设行政管理部门推荐的通用图纸。

施工图纸应当符合相应技术规范、设计标准以及乡村风貌导则。

市住房城乡建设行政管理部门应当组织落实向农户推荐通用图纸的实施工作。

市住房城乡建设行政管理部门应当建立乡村建筑师名单，由镇（乡）人民政府组织建筑师为农户提供技术咨询和指导服务。

第二十二条（施工队伍）

农户建房应当选择具有相应专业能力的施工队伍。施工队伍中，应当配备符合规定的质量员、安全员。

第二十三条（质量和安全监督）

农户应当与施工队伍签订建房协议，并约定质量和安全责任。

镇（乡）人民政府应当落实质量安全专管人员对农户建房实施质量和安全监督，也可以委托符合条件的第三方质量安全管理机构实施质量和安全监督。

第二十四条（配套设施）

镇（乡）人民政府应当配套完善农村居民点内道路、路灯、污水处理、生活垃圾分类处置、通信等设施。

第二十五条（竣工期限）

镇（乡）人民政府在审核发放乡村建设规划许可证时，应当核定竣工期限。

易地新建住房的竣工期限一般为1年，最长不超过2年。

第二十六条（竣工验收）

农户建房完工后，应当通知镇（乡）人民政府进行竣工验收。镇（乡）人民政府应当在接到申请后的15日内，到现场进行验收。

镇（乡）人民政府应当提前通知镇（乡）土地管理所，由镇（乡）土地管理所派员同时到实地检查农户建房是否按照批准的面积和要求使用土地。

经验收符合规定的，镇（乡）人民政府应当将验收结果送区建设行政管理部门备案。

第三章　集体建房

第二十七条（集体建房的统筹安排）

区人民政府应当按照经批准的村镇规划，结合实际，组织制定集体建房实施计划。有条件的村民委员会或者村、镇集体经济组织可以按本办法规定实施集体建房。

第二十八条（集体建房的规划和用地审批）

实施集体建房项目的村民委员会或者村、镇集体经济组织应当依法向区规划资源行政管理部门申请办理建设项目规划许可。审批过程中，规划资源行政管理部门应当征询农业农村、生态环境、绿化市容、水务等部门的意见，明确污水收集处理、生活垃圾收集处理等配套设施的建设要求。

村民委员会或者村、镇集体经济组织取得建设用地规划许可后，凭以下材料向区规划资源行政管理部门提出用地申请：

（一）建设用地申请书（含项目选址、用地和居住人口规模、资金来源、原宅基地整理复垦计划等情况）；

（二）建设用地规划许可证书及其附图；

（三）相关会议关于实施集体建房项目的决定；

（四）相关农户符合建房条件且同意参加集体建房的有关材料；

（五）住房配售初步方案（含住房配售对象情况、配售面积、按规定应当退还的原宅基地情况等）。

集体建房用地选址涉及跨村用地调整的，镇集体经济组织对被占用土地的村集体经济组织和农民予以经济补偿后，经镇集体经济组织与被占地村集体经济组织协商一致，将土地权属调整为镇集体经济组织所有。提出用地申请时，除前款规定的材料，还应提交用地权属调整和协商补偿的有关材料。

经审核批准的，区规划资源行政管理部门应当颁发建设用地批准书。

第二十九条（集体建房的工程建设管理）

集体建房适用国家和本市有关建设工程质量和安全的管理规定。

集体建房项目应当按照规定，向区建设行政管理部门办理建筑工程施工许可、竣工验收备案手续。

区建设行政管理部门应当加强集体建房项目的工程质量和安全管理。

第三十条（集体建房的配售）

集体建房的住房配售初步方案，由村民委员会或者村、镇集体经济组织召集会议讨论决定。

集体建房项目竣工验收备案后，村民委员会或者村、镇集体经济组织应当按照住房配售初步方案和经有关行政主管部门批准的事项，提请会议讨论确定住房配售的具体方案。

实施集体建房的村民委员会或者村、镇集体经济组织应当向本集体经济组织内符合建房条件的村民配售住房。镇（乡）人民政府应当对集体建房的配售情况进行监督检查，检查结果送区农业农村行政管理部门备案。

村民委员会或者村、镇集体经济组织应当向村民公布集体建房的成本构成和配售情况，接受村民监督。

第三十一条（集体建房的环卫设施配建要求）

集体建房应当按规定同时配建生活垃圾收集容器和设施，并建造集中收集粪便的管道和处理设施。

第三十二条（集体建房的相关标准和规范）

实施集体建房，应当符合本市城市规划管理技术规定、住宅设计标准、配套设施设置规范和乡村风貌导则。

第四章　相关标准

第三十三条（用地面积标准）

农户建房的用地面积按照下列规定计算：

（一）5 人户及 5 人以下户的宅基地面积不超过 140 平方米、建筑占地面积不超过 90 平方米；

（二）6 人户及 6 人以上户的宅基地面积不超过 160 平方米、建筑占地面积不超过 100 平方米。

区人民政府可以在前款标准范围内，根据户内人数情况，确定宅基地面积、建筑占地面积的具体标准。

对于宅基地原址翻建、易地新建的，相关标准应当按照前款规定执行。

第三十四条（建筑占地面积的计算标准）

农户建房的建筑占地面积按照下列规定计算：

（一）室外有顶盖、有立柱的走廊的建筑占地面积，按立柱外边线水平面积计算；

（二）有立柱的阳台、内阳台、平台的建筑占地面积，按立柱外边线或者墙体外边线水平面积计算。

无立柱、无顶盖的室外走道和无立柱的阳台不计建筑占地面积，但不得超过批准的宅基地范围。

第三十五条（用地人数的计算方法）

农户申请建房用地的人数，按照该户内符合第十四条规定的人数进行计算。

2001 年 1 月 1 日以后出生，父母至少一方为农业户口的本集体经济组织成员，其本人城镇居民户口地址以及生产、生活在本村的人员，可以计入户内。领取本市《独生子女父母光荣证》（或者《独生子女证》）的独生子女，按 2 人计算。户口暂时迁出的现役军人（武警）、在校学生、服刑人员，以及符合区人民政府规定的其他人员，可以计入户内。

农户内在本市他处已计入批准建房用地人数的人员，或者因宅基地征收（拆迁）已享受补偿安置的人员，不得计入用地人数。

区人民政府可以制定关于农户申请建房用地人数的具体认定办法。

第三十六条（用地程序和标准）

原址改建、扩建、翻建住房或者按规划易地新建住房的，均应当办理用地手续，并按本办法规定的用地标准执行。

第三十七条（间距、层数和高度标准）

村镇规划对农户建房的间距、层数和高度标准有规定的区域，按照村镇规划执行。

村镇规划尚未编制完成或者虽已编制完成但对农户建房的间距、层数和高度标准未做规定的区域，间距、层数由镇（乡）人民政府按照实际情况确定；房屋檐口高度不得超过 10 米，屋脊高度不得超过 13 米。

第五章　法律责任

第三十八条（镇乡人民政府的监督检查）

镇（乡）人民政府应当加强对本区域内农户建房活动的监督检查，发现有违反国家和本市有关规定的行为的，应当予以劝阻、制止。

第三十九条（农村村民非法占地建房的处罚）

农村村民未经批准或者采取欺骗手段骗取批准，非法占用土地建设住宅的，由区规划资源行政管理部门依据《中华人民共和国土地管理法》的有关规定，责令退还非法占用的土地，限期拆除在非法占用的土地上新建的建筑物和其他设施。

超过本市规定的标准，多占的土地按非法占用土地处理。

新建房屋竣工后，不按规定拆除原有房屋、退还宅基地的，按照非法占用土地处理。

第四十条（违反规划管理的处理）

未依法取得乡村建设规划许可证或者未按照乡村建设规划许可证的规定进行建设的，由镇（乡）人民政府依据《中华人民共和国城乡规划法》的有关规定，责令停止建设、限期改正；逾期不改正的，可以拆除。

第四十一条（违反质量和安全要求的处罚）

实施集体建房的村民委员会，村、镇集体经济组织和参与集体建房项目的勘察、设计、施工、监理单位依法对住房建设工程的质量和施工安全承担相应法律责任。

集体建房的工程质量和施工安全不符合有关法律、法规和规章规定的，由区建设行政管理部门依法予以处罚。

第四十二条（行政复议和诉讼）

当事人对具体行政行为不服的，可以依法申请行政复议，或者依法向人民法院提起诉讼。

第四十三条（执法者违法违规行为的追究）

有关行政管理机关应当依法履行职责，严格依照法定程序办理村民建房审批手续，不得假借各种名义收取费用。

有关行政管理机关的工作人员违反规定，玩忽职守、滥用职权、徇私舞弊、收受贿赂、侵害农村村民合法权益的，由有关部门依法给予行政处分；构成犯罪的，依法追究刑事责任。

第六章　附则

第四十四条（应用解释部门）

市农业农村、规划资源、住房城乡建设行政管理部门依据各自职责，可以对本办法的具体应用问题进行解释。

第四十五条（施行日期）

本办法自2019年5月5日起施行。2007年5月26日市人民政府第71号令发布的《上海市农村村民住房建设管理办法》同时废止。

上海市住房和城乡建设管理委员会关于印发《上海市建筑施工企业安全生产许可批后监督管理办法》的通知

沪住建规范〔2019〕5号（2019年6月12日）

各区建设行政管理部门、各园区管委会，各有关单位：

为进一步落实建筑施工企业安全生产主体责任，完善对本市建筑施工企业安全生产许可批后监督检查，促进建筑施工企业提高安全生产管理水平，现将《上海市建筑施工企业安全生产许可批后监督管理办法》印发给你们，请遵照执行。

上海市建筑施工企业安全生产许可批后监督管理办法

第一章　总则

第一条　为进一步落实建筑施工企业安全生产主体责任，完善对本市建筑施工企业安全生产许可批后监督检查，促进建筑施工企业提高安全生产管理水平，依据《上海市行政审批批后监督检查管理办法》《上海市住房和城乡建设管理委员会关于本市建筑施工企业安全生产许可证实施告知承诺电子化审批的通知》（沪建质安〔2018〕623号）要求，制订本办法：

第二条　本办法适用于在本市建筑施工企业取得安全生产许可证审批后续项目监管和批后监督检查。

审批后续项目监管是指市、区建设行政管理部门做出安全生产许可证审批决定后，两个月内对建筑施工企业新建项目进行安全生产条件的核查。

批后监督是指市、区建设行政管理部门对建筑施工企业取得安全生产许可证后的监督检查。包括系统核查、施工现场监督检查和企业专项抽查。

市、区各监管部门每年度批后监督建筑施工企业数量不少于管理范围内企业总数的5%。

第三条 上海市住房和城乡建设管理委员会（以下简称：市住房城乡建设管理委）负责建筑施工企业安全生产许可证审批后续项目监管和批后监督检查的管理工作。

上海市建设工程安全质量监督总站（以下简称：市安质监总站）负责安全生产许可批后监督的日常具体实施管理，并承担含有一级及以上资质等级的建筑施工企业安全生产许可证审批后续项目监管。

各区建设行政部门或受委托的区建设工程监管部门负责对注册在辖区内二级及以下（含不分级）、劳务资质等级建筑施工企业安全生产许可证审批后续项目监管和批后监督检查。

市交通、水务、房屋等行政管理部门（以下简称：其他管理部门），负责交通、水务、房屋等安全生产许可审批后续项目监管和批后监督工作。

第四条 建筑施工企业安全生产许可证审批后续项目监管和批后监督检查，应遵循企业自律、部门监管的原则。

第二章 企业管理

第五条 建筑施工企业应不断完善安全生产管理体系，确保企业和施工现场管理始终满足安全生产许可条件。

第六条 建筑施工企业应加强对所属施工项目部的安全生产条件考核。应依据《建筑施工企业安全生产条件现场监督检查要点》（见附件），定期检查施工现场相关安全生产条件，并保留相关记录。

第七条 建筑施工企业应依据安全生产标准化考评、在建工程日常安全监督的情况及其他安全生产业绩情况，实时改进、完善安全生产条件，并做好相应记录。

第八条 建筑施工企业负责人牵头，每年不少于一次组织开展安全生产管理体系自查自纠及安全生产条件自评工作，并保留相关记录。

企业发生生产安全事故后，应及时开展企业安全生产管理体系自查自纠及安全生产条件自评，并保留相关记录。

第三章 监督管理

第九条 市、区建设行政管理部门应当对建筑施工企业通过告知承诺取得安全生产许可证后两个月内的新建项目，进行项目安全生产条件承诺核查。

当新建工地在跨区域管理范围时，区建设行政管理部门提出的项目核查要求报送市住建委。由市住建委移送新建工地所在区建设行政管理部门进行项目核查，并反馈核查结果。

第十条 市、区建设工程监管部门，通过“上海市建设市场管理信息平台”对管理范围内的持有安全生产许可证的建筑施工企业，每季度开展不少于一次的系统核查工作，核查内容包括：

（一）企业工商登记情况和建筑施工企业安全生产许可证有效期情况。

（二）企业“三类人员”的配置情况。

第十一条 市、区建设行政部门、建设工程监督部门在实施项目日常监管中（监督检查、巡查或专项检查等），应同时依据《建筑施工企业安全生产条件现场检查要点》规定，加强对施工现场安全生产条件的监督检查。

第十二条 市、区建设工程监管部门每年度应对取得安全生产许可证建筑施工企业开展安全生产条件专项抽查，重点抽查安全生产标准化考评不合格，或本年度安全生产管理存在不良业绩的企业。

第四章 监管处置

第十三条 市、区建设行政管理部门在审批后续项目监管中，发现存在与审批承诺内容不符的，落实限期整改。逾期拒不整改或整改后仍不符合条件的，市住房城乡建设管理委依法撤销安全生产许可证。

第十四条　市、区建设行政管理部门在实施系统核查中发现建筑施工企业存在下列情况的，依法做出相应的处理：

（一）企业工商登记注销的、安全生产许可证有效期届满未提出延续申请，相关监管部门应向市住房城乡建设管理委提出专项报告，对其实施安全生产许可证注销处理。

（二）建筑施工“三类人员”基本人员配置数不符合要求，责令限期整改，逾期不整改的，应依法暂扣安全生产许可证。

第十五条　市、区建设行政管理部门在实施日常监管中发现建筑施工企业存在不具备安全生产条件，必须责令整改，并将检查情况录入监督系统。

经整改仍达不到要求或拒不整改的，依法暂扣安全生产许可证。

第十六条　市、区建设行政管理部门在实施专项抽查中，发现建筑施工企业降低安全生产条件的，责令整改，并依法暂扣安全生产许可证。

被暂扣安全生产许可证的建筑施工企业，将录入建筑市场诚信信息平台，并进行通报、公示。

第五章　附则

第十七条　在监督检查中发现外省市进沪建筑施工企业降低安全生产条件的，将参照上述规定执行，暂停其在本市承接工程项目，并通报企业注册地省级住房城乡建设行政主管部门，对其实施暂扣安全生产许可证的行政处罚。

第十八条　本办法自2019年8月1日起实施，有效期叁年。

上海市人民政府办公厅印发关于进一步加强本市城市维护工作若干意见的通知

沪府办发〔2019〕18号（2019年6月27日）

各区人民政府，市政府各委、办、局：

经市政府同意，现将《关于进一步加强本市城市维护工作的若干意见》印发给你们，请认真按照执行。

关于进一步加强本市城市维护工作的若干意见

为进一步保障城市高效安全运行，提高基础设施维护质量和水平，建立与上海城市定位相适应的城市维护标准规范体系和常态长效机制，结合本市城市管理精细化工作要求，现就进一步加强本市城市维护工作提出若干意见如下：

一、确立工作目标

以习近平总书记关于城市管理要像绣花一样精细的重要指示精神为指导，以服务上海建设“五个中心”和具有世界影响力的社会主义现代化国际大都市为指引，以全覆盖、全过程、全天候和法治化、社会化、智能化、专业化为着力点，总结2010年上海世博会成功经验，巩固2018年首届中国国际进口博览会（以下简称“进博会”）成果，围绕市委、市政府《关于加强本市城市管理精细化工作的实施意见》及三年行动计划，深入推进城市管理精细化工作，提升城市环境品质，深化城市维护管理体制机制改革，推进城市维护的标准精细化、监管专业化、评估社会化和养护作业市场化，完善城市维护保障范围，提高城市维护标准，逐步加大城市维护资金投入力度，提升城市维护能力和水平，确保城市更有序、更安全、更干净。

二、明确城市维护资金保障范围

本意见所称的城市维护，是指为保障城市基础设施正常运转和改善城市市容市貌，对存量基础设施进行改造、大中修、瓶颈疏通、日常维修养护、布局调整、功能提升及完善、结构调整、综合整治、应急处置以及相关运营管理活动，包括市容景观综合提升、智能化管理设施和平台的维护更新升级、环境整治项目等。维护项目以不突破设施原用地规模为限。

进一步明确城市维护资金保障范围，建立城市维护保障范围动态调整机制，做到应保尽保。城市维护资金保障的设施应为公益性基础设施，主要包括城市道路、内河航道、防汛、绿化市容、公共消防、道路交通管理、地面沉降防治、道路照明等存量设施，具体以设施清单的形式予以明确。该清单内的设施维护项目（含前期研究项目、勘测调查项目等配套项目）应纳入城市维护资金保障范围。由于城市环境整治及其他补短板工作而新增的基础设施维护项目、“美丽街区”提升改造项目、重点区域建筑外立面整治项目和重要点位绿化景观项目等，也应纳入城市维护资金保障范围。

根据实际，城市维护资金保障范围需修改补充的，由行业主管部门提出调整建议，经市或区政府同意后进行调整。

三、提高城市维护标准精细化水平

对标最高标准、最好水平，建立与上海城市发展定位相适应的高科技含量、高质量的城市维护标准体系，不断提高城市维护标准和精细化水平。对各类基础设施进行梳理，建立分区域分类分级的设施维护标准体系；对不同区域不同类级设施，结合实际重新制定或修订相关的分类分级维护和作业标准、规范和定额，并进一步明确施工材料、设计、工艺和施工队伍资质等要素。试行维护标准“一路一方案、一园一定额”等办法，并在维护项目招标书或合同中予以明确。对暂时不具备建立标准定额的项目，通过项目监理、成本规制、绩效跟踪及评价等方式严格监管。同时，根据经济社会发展状况，建立维护标准动态调整机制。

四、深化养护作业市场化改革

持续推进养护作业市场化改革，建立健全“政企分开、事企分开、管养分开”的养护作业市场体系。打破市、区两级养护企业各自为政的现状，形成市、区融合的统一市场，使符合条件的企业都有机会参与竞争。

在总结近年道路、绿化环卫、水务设施养护作业市场化改革经验的基础上，针对各类设施的不同特点和养护要求，实行差别化的市场化机制。对某些市场竞争不充分的领域，相关行业主管部门应逐步创造条件，打破垄断，指导企业研究建立内部竞争机制，并加强成本监审和绩效评价，促使维护项目降本增效。对一些重要的、关乎城市安全或及技术含量较高的重要设施，应考虑建立全生命周期养护机制，可在市场化基础上，培育相对稳定的养护作业队伍。

探索推广综合养护。研究制定综合养护管理办法，打破行业条块分割，将区域性较强的设施打包，实施综合养护和管理，以提高养护效率。

五、继续加大财政投入力度

加大财政投入力度，建立科学合理、稳定增长的城市维护资金保障机制。市、区两级财政部门应根据设施量的增加和维护标准的提升，逐步增加城市维护资金投入。各区、各相关行业主管部门应根据本市城市管理精细化工作的要求，结合 2018 年进博会保障工作经验，形成长效机制；进一步完善市对区城市维护转移支付机制，加大市对各区城维资金的转移支付力度。

六、建立平战结合的城市维护保障机制

在做好日常城市维护工作的基础上，针对重大活动、重要节日或应急任务，建立平战结合的城市维护工作保障机制。根据不同的特定任务，启动突击式的、特定标准的维护模式。特定维护项目审批、维护标准等可根据保障需求不同，采取一事一议方式，报市政府或区政府同意后实施。

七、建立健全监管、评价及考核机制

建立市属设施区监督、区属设施市监督、所有设施市民监督的考核评价机制。

一是实现监管专业化。行业主管部门应加强对维护项目质量监管，不断提高专业监管水平；按照城市管理精细化工作要求，逐步完善分级分类的城市维护项目质量监管指标体系，加强对重要设施维护的专业化监管和巡查，确保维护质量。

二是实现评估社会化。建立健全城市维护绩效评价机制，加大绩效评价力度。每年不定期抽取一定量的城维项目，组织社会第三方机构对城市维护项目进行客观、公正跟踪评价和实施效果的后评价，将评价结果在一定范围内公开。委托第三方专业机构定期或不定期开展社会满意度测评和民意调查，及时了解市民对城市环境的感受度和满意度，真正树立以人民为中心的城市维护理念。

三是完善考核机制。进一步完善考核办法和考核标准，与城市管理精细化领导小组办公室、市政市容管理工作联席会议办公室等联合，组建由城市维护各相关行业主管部门参加的城市维护工作考核小组，建立飞行检查机制，结合城市管理网格化、12319 城建热线，对各行业、各区城市管理和城市维护工作进行考核，将检查和考核结果纳入市政府对各部门、各区年终工作考核的重要范畴，并作为对各行业城维资金安排及对区转移支付的重要依据。

八、加强城市维护统筹协调

建立健全市住房城乡建设管理委统筹协调、市相关行业主管部门之间联动，市、区之间联手的工作格局。

一是加强市相关行业主管部门之间的统筹。市住房城乡建设管理委是市级城市维护工作的牵头部门，负责全市城市维护工作的政策制定、规划编制、标准制定、资金平衡、机制完善和部门间统筹协调等职责，加强对城市维护项目库的管理。市行业主管部门负责相关行业城市维护管理工作具体推进落实。

二是加强市与区的相互协作。城市维护工作是系统工程，市行业主管部门应加强对市、区两级城市维护工作指导监督，确保市、区联动，充分发挥基础设施整体效益，形成齐抓共管、上下联动、统筹协调的城维工作格局。

三是加强对经营类设施及其他企业管理设施维护工作的指导。机场、港口、铁路、收费高速公路等虽不属于城市维护资金保障范围，但也是城市基础设施的重要组成部分，相关行业主管部门应加强维护工作的指导。

《上海市科学技术奖励规定》

上海市人民政府令第 18 号（2019 年 8 月 2 日）

《上海市科学技术奖励规定》已经 2019 年 7 月 25 日市政府第 59 次常务会议通过，现予公布，自 2019 年 10 月 1 日起施行。

上海市科学技术奖励规定

（2019 年 8 月 2 日上海市人民政府令第 18 号公布）

第一条（目的和依据）

为了奖励在本市科学技术进步活动中作出贡献的个人、组织，调动科学技术工作者的积极性和创造性，促进本市科学技术事业的发展，加快建设具有全球影响力的科技创新中心，根据《国家科学技术奖励条例》《上海市科学技术进步条例》，制定本规定。

第二条（奖项设立）

市人民政府统一设立“上海市科学技术奖”。

第三条（奖励原则）

科学技术奖励贯彻尊重劳动、尊重知识、尊重人才、尊重创造的方针，评奖工作坚持公开、公平、公正的原则。

第四条（奖励委员会设置与职能）

市人民政府设立上海市科学技术奖励委员会（以下简称奖励委员会），负责上海市科学技术奖相关工作的指导和管理，审定获奖个人和组织（以下统称获奖对象）。

奖励委员会组成人选由市科学技术行政部门提出，报市人民政府批准。

奖励委员会聘请有关方面的专家组成评审委员会和监督委员会，分别负责上海市科学技术奖的评审和监督工作。

第五条（行政部门与奖励办公室）

市科学技术行政部门负责上海市科学技术奖提名、评审、监督等相关规则的制定和评审活动的组织、服务工作。

市科学技术奖励管理办公室（以下简称奖励办公室）为奖励委员会的办事机构，设在市科学技术行政部门，负责上海市科学技术奖相关工作的日常管理。

第六条（奖励类别和等级）

上海市科学技术奖包括七个类别：

（一）科技功臣奖；

（二）青年科技杰出贡献奖；

（三）自然科学奖；

（四）技术发明奖；

（五）科技进步奖；

（六）科学技术普及奖；

（七）国际科技合作奖。

上海市科学技术奖每年评审一次。

科技功臣奖、青年科技杰出贡献奖、国际科技合作奖不分等级。自然科学奖、技术发明奖、科技进步奖、科学技术普及奖各分为一等奖、二等奖、三等奖3个等级；为科学发现、技术发明、科技进步、科学技术普及作出特别重大贡献的，可以授予特等奖。

自然科学奖、技术发明奖、科技进步奖、科学技术普及奖每年授奖总数合计不超过300项。

第七条（科技功臣奖评定条件）

科技功臣奖授予下列科学技术工作者：

（一）在当代科学技术前沿取得重大突破或者在科学技术发展中有卓著贡献的；

（二）在科技创新、科技成果转化和高技术产业化中，创造巨大经济社会效益或者生态环境效益的。

科技功臣奖每年授予人数不超过2名。

第八条（青年科技杰出贡献奖评定条件）

青年科技杰出贡献奖授予提名当年1月1日未满45周岁，且符合下列条件之一的科学技术工作者：

（一）基础研究类：在自然科学基础研究方面取得重大科学发现的；

（二）技术开发与产业化类：在应用技术研究和产业化开发中取得重大发明创造或者关键技术突破，或者在科学技术普及中做出突出贡献的；

（三）企业创新创业类：在本市高新技术领域企业创新创业中做出突出贡献，并创造显著经济社会效益的。

青年科技杰出贡献奖每年授予人数不超过10名。

第九条（自然科学奖评定条件）

自然科学奖授予在基础研究和应用基础研究中阐明自然现象、特征和规律，作出重大科学发现的个人、组织。

前款所称重大科学发现，应当同时具备下列条件：

（一）前人尚未发现或者尚未阐明；

（二）具有重大科学价值；

（三）得到国内外科学界公认。

第十条（技术发明奖评定条件）

技术发明奖授予运用科学技术知识作出产品、工艺、材料、器件及其系统等重大技术发明的个人、组织。

前款所称重大技术发明，应当同时具备

下列条件：

（一）前人尚未发明或者尚未公开；

（二）具有先进性、创造性、实用性和重大技术价值；

（三）经实施，创造了显著经济社会效益或者生态环境效益，且具有广泛的应用前景。

第十一条（科技进步奖评定条件）

科技进步奖授予完成和应用推广创新性科学技术成果，为推动科技进步和经济社会发展作出突出贡献的个人、组织。

前款所称创新性科学技术成果，应当同时具备下列条件：

（一）技术创新性突出，技术经济指标先进；

（二）经应用推广，经济社会效益或者生态环境效益显著；

（三）在推动行业科技进步、改善民生等方面有重大贡献。

第十二条（科学技术普及奖评定条件）

科学技术普及奖授予取得重大科普成果，为普及科学技术知识、倡导科学方法、传播科学思想、弘扬科学精神作出重要贡献的个人、组织。

前款所称重大科普成果，应当同时具备下列条件：

（一）形成了具有创新性和推广价值的表现形式、制作方法等；

（二）显著推动了前沿、热点或者其他重要科技领域的成果普及；

（三）有效提高了社会公众的科学文化素质，社会效益显著。

第十三条（国际科技合作奖评定条件）

国际科技合作奖授予对本市科学技术事业作出重要贡献的下列外国人或者外国组织：

（一）同本市的公民或者组织合作研究、开发，取得重大科学技术成果的；

（二）向本市的公民或者组织传授先进科学技术、培养人才，成效特别显著的；

（三）为促进本市与外国的国际科学技术交流与合作，作出重大贡献的。

第十四条（提名制度）

上海市科学技术奖实行提名制度，相关候选个人、组织（以下统称候选对象）由符合本市提名资格规定的企事业单位、社会团体、政府部门等单位和科学技术专家（以下统称提名者）提名。

上海市科学技术奖提名资格的具体条件，由市科学技术行政部门另行规定。

第十五条（提名者责任）

提名者在提名候选对象时，应当填写统一格式的提名书，提供真实、可靠的材料，并在答辩和异议处理等工作中承担相应责任。

第十六条（形式审查）

奖励办公室应当对候选对象提交材料的完整性和规范性等进行形式审查，并将形式审查情况报告评审委员会。

第十七条（初评和复评）

评审委员会应当按照相关规则组织评审专家对通过形式审查的候选对象进行初评，初步筛选出符合获奖条件的候选对象。

初评结束后，评审委员会应当根据学科、专业分类设置评审组，由评审组对通过初评的候选对象进行复评，提出各奖项获奖者和奖项等级的建议，形成复评结果。

第十八条（复评结果公示及异议处理）

奖励办公室应当向社会公示复评结果，公示期不少于30日。对于公示期内收到的异议，应当进行调查核实，必要时可以采用座谈会、听证会等方式，听取有关方面的意见。

奖励办公室应当在公示期结束后30日内，将异议处理结果答复提出异议的个人、组织，并将异议处理情况向评审委员会和监督委员会报告。

第十九条（终评）

评审委员会应当在复评结果公示及异议

处理程序结束后，根据评审规则进行终评，提出最终授奖建议。

终评结束后，评审委员会应当将形式审查和初评情况、复评结果公示及异议处理情况、最终授奖建议向奖励委员会报告。

第二十条（监督委员会的监督）

监督委员会应当对上海市科学技术奖的提名、形式审查、初评、复评、终评等各个环节的评审活动进行监督，并形成监督工作报告，提交奖励委员会。

第二十一条（审定）

奖励委员会根据评审委员会和监督委员会的报告，对各获奖对象、等级进行审定。

第二十二条（颁奖与公布）

奖励委员会审定获奖对象、等级后，由市科学技术行政部门将审定结果报市人民政府批准。

市人民政府在《上海市人民政府公报》上公布获奖名单。对获得科技功臣奖、青年科技杰出贡献奖的个人颁发奖章、证书和奖金；对获得自然科学奖、技术发明奖、科技进步奖、科学技术普及奖的个人、组织颁发证书和奖金；对获得国际科技合作奖的个人、组织颁发奖章和证书。

第二十三条（宣传）

本市鼓励通过多种形式对获奖的个人、组织及其科学技术成果开展宣传，弘扬崇尚科学、鼓励创新的良好社会风尚，激发广大科技工作者和社会公众的创新热情。

第二十四条（奖励经费）

上海市科学技术奖的奖金数额由市科学技术行政部门会同市财政部门提出，报市人民政府批准。

上海市科学技术奖的奖励经费由市财政列支。

第二十五条（获奖者非法行为处理）

获奖者以剽窃、侵占他人的发现、发明或者其他科学技术成果，或者以其他不正当手段骗取上海市科学技术奖的，由市科学技术行政部门撤销奖励，追回奖金，并依法追究相应责任。

第二十六条（提名者非法行为处理）

提名者提供虚假数据、材料，协助他人骗取上海市科学技术奖的，由市科学技术行政部门予以通报批评；情节严重的，暂停或者取消其提名资格，并依法追究相应责任。

第二十七条（候选对象非法行为处理）

候选对象提供虚假数据、材料或者进行其他可能影响上海市科学技术奖提名和评审公正性活动的，由市科学技术行政部门予以通报批评，取消其参评资格，并依法追究相应责任。

其他个人、组织进行可能影响上海市科学技术奖提名和评审公正性活动的，由市科学技术行政部门予以通报批评；相关候选对象有责任的，取消相关候选对象的参评资格；涉嫌违反其他法律规定的，通报有关部门依法予以查处。

第二十八条（评审专家非法行为处理）

评审专家违反上海市科学技术奖评审工作纪律的，由市科学技术行政部门取消其评审专家资格，并依法追究相应责任。

第二十九条（信用管理）

对按照本规定第二十五条、第二十六条、第二十七条、第二十八条的规定受到处理的个人、组织，市科学技术行政部门应当依法将相关信息纳入本市公共信用信息目录。

第三十条（工作人员非法行为处理）

市科学技术行政部门及其工作人员在上海市科学技术奖工作中滥用职权、玩忽职守、徇私舞弊的，对直接负责的主管人员和其他直接责任人员给予处分，并依法追究相应责任。

其他参与上海市科学技术奖工作的人员在开展评审、监督和日常管理等活动中存在违法行为的，依法追究相应责任。

第三十一条（社会力量设奖）

本市鼓励社会力量设立科学技术奖项。

市科学技术行政部门应当对本市社会力量开展科技奖励活动进行指导、服务和监督。具体办法由市科学技术行政部门另行制定。

第三十二条（生效日期和废止事项）

本规定自2019年10月1日起施行。

2001年3月22日上海市人民政府发布，根据2007年1月11日上海市人民政府令第67号《上海市人民政府关于修改〈上海市科学技术奖励规定〉的决定》第1次修正，根据2012年12月7日上海市人民政府令第95号《上海市人民政府关于修改〈上海市科学技术奖励规定〉的决定》第2次修正的《上海市科学技术奖励规定》同时废止。

上海市人力资源和社会保障局关于印发《关于在本市工程技术领域实现高技能人才与工程技术人才职业发展贯通的试行方案》的通知

沪人社规〔2019〕32号（2019年7月31日）

各委、办、局（集团公司），各区人力资源社会保障局，各有关单位：

现将《关于在本市工程技术领域实现高技能人才与工程技术人才职业发展贯通的试行方案》印发给你们，请认真贯彻执行。

关于在本市工程技术领域实现高技能人才与工程技术人才职业发展贯通的试行方案

为拓宽人才发展空间，畅通本市工程技术领域高技能人才与工程技术人才职业发展通道，根据中共中央办公厅、国务院办公厅《关于深化职称制度改革的意见》（中办发〔2016〕77号）和《中共上海市委办公厅、上海市人民政府办公厅印发〈关于深化职称制度改革的实施意见〉的通知》（沪委办发〔2018〕16号），上海市委办公厅、市政府办公厅《技能提升行动计划（2018—2021年）》（沪委办发〔2018〕24号），以及工信部、人力资源社会保障部《关于深化工程技术人才职称制度改革的指导意见》（人社部发〔2019〕16号）、人力资源社会保障部《关于在工程技术领域实现高技能人才与工程技术人才职业发展贯通的意见（试行）》（人社部发〔2018〕74号）等有关文件精神，结合上海实际，现就在本市工程技术领域实现高技能人才与工程技术人才职业发展贯通制定本试行方案。

一、基本原则

（一）坚持科学评价。破除身份、学历、资历等障碍，突出品德、能力、业绩评价导向，建立体现两类人才特点的评价机制，让各类人才价值得到充分尊重和体现。两类人才贯通条件大体平衡，适当向高技能人才倾斜。

（二）坚持以用为本。围绕用好用活两类人才，发挥用人主体作用，建立评价与培养、使用、激励相联系的机制，营造有利于人才成长和发挥作用的制度环境。

（三）坚持专业一致。高技能人才参评工程系列专业职称、工程技术人才参加职业技能评价，其本人从事的专业须与申报的工程技术系列职称专业或职业（工种）专业相同或相近。

（四）坚持稳步推进。根据本市工程技术领域各行业、各单位的实际情况，稳步开展高技能人才与工程技术人才职业发展贯通工作。在试行方案基础上，进一步总结经验、改进完善。

二、高技能人才参评工程系列专业技术职称

（一）范围对象

在本市工程技术领域生产一线岗位从事技术技能工作，取得相关专业及职业（工种）和级别的职业资格或技能等级，具有高超技艺和精湛技能，业绩优秀，能够进行创造性劳动并做出贡献的高技能人才。

（二）基本要求

参评的高技能人才需符合本市工程系列

专业技术职称评价的基本标准条件。遵纪守法，具有良好的职业道德和敬业精神，具有高级工（三级）及以上职业资格或职业技能等级，在现工作岗位上近3年年度考核合格，经单位推荐同意申报。

（三）学历资历要求

参评的高技能人才需具备本市工程系列相关专业规定的学历、任职资历要求。其中高技能人才取得职业资格或职业技能等级后从事技能工作的任职经历，可折算为专业技术工作任职资历。

获得相关专业及职业（工种）高级工（三级）职业资格或职业技能等级后从事技术工作满2年，可由单位聘任相应专业助理工程师。

获得相关专业及职业（工种）技师（二级）职业资格或职业技能等级后从事技术工作满3年，可申报参评相应专业工程师。

获得相关专业及职业（工种）高级技师（一级）职业资格或职业技能等级后从事技术工作满4年，可申报参评相应专业高级工程师。

（四）破格申报条件

参评的高技能人才符合本市工程系列相关专业规定破格条件的，可突破学历、任职资历条件申报。此外，对于业绩优秀、贡献突出的高技能人才，符合下列条件之一的，也可破格申报：

获得上海市技术能手、上海市首席技师工作资助的人员，获得世界技能大赛铜牌且取得相应职业（工种）高级工（三级）国家职业资格或职业技能等级的人员，可由单位聘任助理工程师。

上海市技能大师工作室带头人、获得上海市杰出技术能手、全国技术能手的人员，获得世界技能大赛银牌且取得相应职业（工种）技师（二级）国家职业资格或职业技能等级的人员，可申报参评工程师。

国家级技能大师工作室带头人，获得中华技能大奖、享受国务院特殊津贴的人员，获得世界技能大赛金牌且取得相应职业（工种）高级技师（一级）国家职业资格或职业技能等级的人员，可申报参评高级工程师。

（五）评审重点

高技能人才申报职称评审应充分体现其职业特点，坚持把职业道德放在评审的首位，引导技能人才爱岗敬业，弘扬工匠精神。要以职业能力和工作业绩评定为重点，注重评价高技能人才执行操作规程、解决生产难题、完成工作任务、参与技术改造革新、传技带徒等方面的能力和贡献，把技能技艺、工作实绩、生产效率、产品质量、技术和专利发明、科研成果、技能竞赛成绩等作为评价条件。淡化对高技能人才申报评定职称时的论文要求，注重对其能力、贡献、业绩等评价。

三、专业技术人才参加职业技能评价

（一）范围对象

在本市技术技能岗位工作的专业技术人才申请参加与现岗位相对应职业（工种）的职业技能评价（含职业资格鉴定和职业技能等级认定，下同）。

（二）参评条件

1. 取得相关专业助理工程师资格，可申请参加相关职业（工种）高级工（三级）职业技能评价。

2. 专业技术人才符合下列条件之一，可申请参加相关职业（工种）技师（二级）职业技能评价：

（1）取得相关专业助理工程师资格后，从事本职业（工种）或相关职业（工种）工作满3年；

（2）取得相关专业工程师以上资格，从事本职业（工种）或相关职业（工种）工作。

3. 专业技术人才符合下列条件之一，可申报参加相关职业（工种）高级技师（一级）职业技能评价：

（1）取得相关专业工程师资格后，从事该职业（工种）或相关职业（工种）工作满3年；

（2）取得相关专业高级工程师资格，从事该职业（工种）或相关职业（工种）工作。

4. 专业技术人才在取得与现岗位相对应职业（工种）的职业技能评价1年后，可按累计工作年限申报高一等级现从事职业（工种）的晋级评价。

（三）考评要求

对参加职业技能评价的专业技术人才，应注重技能考核。对具有所申报职业（专业）或相关职业（专业）毕业证书的，可免于理论知识考试。

四、工作要求

（一）落实同等待遇

落实中央和本市关于提高技术工人待遇的有关文件精神，鼓励用人单位对工程技术领域在聘的高级工、技师、高级技师，在学习进修、岗位聘用、职务职级晋升等方面，比照相应层级工程人员享受同等待遇。

（二）完善评价办法

关于高技能人才参评工程系列专业技术职称，本市工程系列相关专业职称评审委员会及行业主管部门应进一步细化申报条件及评价办法，明确可申报本评委会的职业（工种）项目范围，探索建立适应基层一线人才队伍实际的评价标准和评价方式。

关于专业技术人才参加职业技能评价，本市技能鉴定机构应及时调整技能考评办法，综合考虑，健全完善评价程序。

（三）加强工作宣传

各有关部门和单位要提高认识，加强政策宣传，做好政策衔接，通过职称评审和职业技能鉴定，评价选拔一批技能精湛、专业知识扎实的工程技术人才，鼓励和支持他们在更宽广的领域钻研业务，解决工程技术难题，促进工程理论知识与技术技能的深度融合，为技能人才和专业技术人才同发展、同提升营造良好环境。

本通知自2019年9月1日起实施，至2021年6月30日止。

上海市人民政府关于延长《上海市征收集体土地房屋补偿暂行规定》有效期的通知

沪府规〔2019〕38号（2019年9月16日）

各区人民政府，市政府各委、办、局：

经评估，2011年11月市政府印发的《上海市征收集体土地房屋暂行规定》（沪府发〔2011〕75号）需继续实施，其有效期延长至2021年9月30日。

特此通知。

上海市人民政府关于批转市住房城乡建设管理委等五部门制订的《关于保障性住房房源管理的若干规定》的通知

沪府规〔2019〕36号（2019年8月22日）

各区人民政府，市政府各委、办、局：

市政府同意市住房城乡建设管理委、市房屋管理局、市发展改革委、市规划资源局、市财政局制订的《关于保障性住房房源管理的若干规定》，现转发给你们，请认真按照执行。

关于保障性住房房源管理的若干规定

为进一步完善本市“四位一体”的住房保障体系，提高保障性住房使用效率，促进保障性住房供需平衡，根据本市廉租住房、公共租赁住房、共有产权保障住房、征收安置住房政策规定，现制定保障性住房房源管理的若干规定如下：

一、房源管理原则

（一）合理安排，统筹规划。根据国家

总体要求，结合本市保障性住房供应和需求实际以及变化趋势，科学合理地编制保障性住房发展规划、年度计划，建立各类保障性住房的统一建设筹措和房源管理机制，有效实现供需平衡。

（二）规范运作，严格管理。各类保障性住房按照批准的用途和范围使用。确需调整的，从租、售两方面构建各类保障性住房用途管理平台，结合实际有序操作，严格对各类保障性住房用途调整特别是对租赁型保障性住房调整为出售型保障性住房的管理。

（三）优化配置，保证供应。充分利用保障性住房在土地供应、建设、配套和税收方面的优惠政策，合理控制成本，使有限的公共资源配置发挥最大效用，促进保障性住房建设供应的可持续发展。

二、房源管理范围和要求

保障性住房房源管理范围为征收安置住房、共有产权保障住房、公共租赁住房、廉租住房以及市政府确定的其他保障性住房。上述保障性住房可根据国家任务计划安排和本市供需实际进行调整。

用途需调整的保障性住房已列入年度建设（筹措）计划上报的，计划调整和统计考核按照保障性住房计划和统计的有关规定执行，不得重复计算。

三、房源用途调整方式与价格结算

（一）征收安置住房用途调整为共有产权保障住房的，原房地产开发企业可继续作为开发和销售主体，也可由收购征收安置住房的住房保障机构作为销售主体；共有产权保障住房项目结算价格或收购价格可以征收安置住房建房协议价格为基础进行结算，销售基准价格的确定和结算价与销售基准价之间差额的使用管理，按照本市共有产权保障住房价格管理办法执行；征收安置住房的土地出让金不再另行结算；建设用地取得方式为划拨。

（二）征收安置住房用途调整为公共租赁住房或廉租住房的，公共租赁住房投资机构（包括公共租赁住房运营机构、市公积金中心及其他投资机构，以下统称“投资机构”）或区住房保障机构可按照征收安置住房的建房协议价格予以收购；建设用地取得方式为出让。

（三）共有产权保障住房用途调整为公共租赁住房或廉租住房的，投资机构或区住房保障机构可按照共有产权保障住房项目结算价格或收购价格予以收购；建设用地取得方式为划拨。

（四）共有产权保障住房用途调整为征收安置住房的，房地产开发企业等作为开发和销售主体，征收安置住房的土地出让金应按照有关规定，经市场评估后补缴。征收安置住房的建房价格以共有产权保障住房项目结算价或收购价格和补缴的土地出让金等费用为依据确定，房源供应价格及其差价按照本市征收安置住房管理相关规定执行；建设用地取得方式为出让。

（五）公共租赁住房或廉租住房用途调整为共有产权保障住房的，投资机构或区住房保障机构作为开发销售主体，以建设项目结算价或收购价格作为共有产权保障住房建设项目结算价；共有产权保障住房销售基准价格的确定和结算价与销售基准价之间差额的使用管理，按照本市共有产权保障住房价格管理办法执行；建设用地取得方式为划拨。

（六）公共租赁住房或廉租住房用途调整为征收安置住房的，投资机构或区住房保障机构作为开发销售主体。征收安置住房的土地出让金应按照有关规定，经市场评估后补缴。征收安置住房的建房价格以建设项目成本价或收购价格、补缴的土地出让金等费用为依据确定，房源供应价格及其差价按照本市征收安置住房管理相关规定执行；建设用地取得方式为出让。

四、房源用途调整程序

（一）未办理房屋所有权首次登记的

征收安置住房（已签订土地出让合同的）用途调整为共有产权保障住房的，房地产开发企业应向房源所在地的房屋管理部门提出申请，填写《共有产权保障住房房源认定表》，明确房源的取得方式、坐落、幢号、室号、建筑面积等事项，并提交项目建议书、建设项目协议书、不动产权证书等材料。区级项目由区房屋管理部门会同区规划资源部门初审，经区政府同意后，报市房屋管理部门复核；市级项目由区房屋管理部门会同区规划资源部门初审后，报市房屋管理部门复核。市房屋管理部门对认定申请和相关材料进行审核，对符合要求的，出具认定文件，并抄送市规划资源部门。

已办理房屋所有权首次登记的征收安置住房用途调整为共有产权保障住房的，产权人的登记事项参照本市不动产登记相关规定执行。

（二）共有产权保障住房用途调整为征收安置住房的，按照以下程序办理：

1. 未供应的房源，由房地产开发企业提出申请；回购或者政府指定机构优先购买的房源，由区住房保障机构提出申请。提出用途调整申请，应提交建设协议书、建设项目原批准文件、收储协议等材料。其中，市级项目向市房屋管理部门提出申请，区级项目向区房屋管理部门提出申请。

2. 市级项目和区级项目分别按照以下要求审核：

（1）市级项目由市房屋管理部门对申报材料予以核实，并会同市发展改革、住房城乡建设管理、财政、规划资源等相关部门和项目所在地区政府共同审核，出具认定文件。认定文件应同时抄送项目所在地区政府及相关部门。

（2）区级项目由区房屋管理部门对申报材料予以核实，并在征询区规划资源部门意见后，出具初审意见书，经区政府同意后，报市房屋管理局复核。市房屋管理部门会同市发展改革、住房城乡建设管理、财政、规划资源等相关部门共同审核，出具认定文件。认定文件应同时抄送项目所在地区政府及相关部门。

3. 根据认定文件，房地产开发企业等按照有关规定，补缴土地出让金等相关费用。

（三）已开工建设的征收安置住房和共有产权保障住房用途调整为公共租赁住房或廉租住房的，按照以下程序办理：

1. 房地产开发企业会同投资机构或区住房保障机构共同向市或区房屋管理部门提出用途调整申请，并提交建设协议书、建设项目原批准文件等材料。其中，市级项目向市房屋管理部门提出申请，区级项目向区房屋管理部门提出申请。

2. 市和区房屋管理部门分别按照以下要求办理：

（1）市房屋管理部门对市级项目的申报材料予以核实，会同项目所在地区政府审核后，出具初审意见书，经征询市规划资源部门意见后，对符合要求的房源出具认定文件，并抄送市规划资源部门和项目所在地区政府及相关部门。

（2）区房屋管理部门对区级项目的申报材料予以核实，征询区规划资源部门意见后，出具初审意见书，报区政府批准后，出具认定文件，并送市房屋管理部门备案。

3. 根据认定文件并在办理房屋所有权首次登记后，投资机构或区住房保障机构与房地产开发企业签订收购协议。

（四）按照本市保障性住房配建相关规定配建的共有产权保障住房用途调整为公共租赁住房、廉租住房，或者配建的公共租赁住房、廉租住房用途调整为共有产权保障住房的，按照以下程序办理：

1. 区住房保障机构或投资机构向区房屋管理部门提出用途调整申请，并提交土地出让合同、建设项目协议书等相关材料。

2. 区房屋管理部门出具初审意见书，报

区政府批准后，出具认定文件，并送市房屋管理部门备案。

（五）公共租赁住房或廉租住房用途调整为征收安置住房或共有产权保障住房的，按照以下程序办理：

1. 市级项目由投资机构向市房屋管理部门提出申请，并提交建设项目原批准文件或原收购合同等相关材料；区级项目由区政府向市房屋管理部门提出申请。

2. 市房屋管理部门会同市发展改革、住房城乡建设管理、财政、规划资源等部门和项目所在地区政府共同审核，出具认定文件。认定文件应同时抄送项目所在地区政府及相关部门。

3. 经批准用途调整为征收安置住房的，按照有关规定，补缴土地出让金等相关费用。

（六）其他上述未提及或多用途保障性住房的用途调整，按照“一事一议”原则，报市房屋管理部门会同市住房城乡建设管理、发展改革、规划资源、财政等部门联合审批，并由市房屋管理部门出具认定文件。

五、不动产登记

批准用途调整的保障性住房，应根据用途调整后的保障性住房种类和产权人变化情况，办理不动产登记手续和楼盘表“房屋标志”的标注。具体办法，由市规划资源确权登记部门另行制定。

六、其他

未开工建设的保障性住房项目需用途调整的，可依原程序，在重新办理保障性住房项目认定后，按照有关规定实施。

办理房源用途调整，应按照本办法有关规定提供申请材料，但符合《上海市公共数据和一网通办管理办法》（市政府令第 9 号）规定的材料除外。

由市房屋管理部门会同相关部门建立保障性住房信息系统，对保障性住房建设筹措及使用情况实施跟踪管理。对擅自变更保障性住房用途或使用范围的，由市、区相关部门会同相关部门从严查处。

本规定自 2019 年 7 月 30 日起施行，有效期至 2024 年 6 月 30 日。

上海市人民政府关于修改《上海市建设工程文明施工管理规定》的决定

上海市人民政府令第 23 号

2019 年 9 月 18 日

《上海市人民政府关于修改〈上海市建设工程文明施工管理规定〉的决定》已经 2019年9月9日市政府第63次常务会议通过，现予公布，自 2019 年 12 月 1 日起施行。

上海市人民政府关于修改《上海市建设工程文明施工管理规定》的决定

（2019 年 9 月 18 日上海市人民政府令第 23 号公布）

市人民政府决定，对《上海市建设工程文明施工管理规定》作如下修改：

一、将第四条修改为：

市建设行政管理部门是本市建设工程文明施工的行政主管部门，并负责所管辖的专业建设工程文明施工的监督管理。区建设行政管理部门负责其所管辖的专业建设工程文明施工的监督管理。

市和区交通、水务、绿化市容、房屋、民防等行政管理部门（以下统称其他有关部门）按照市人民政府规定的职责分工，负责相关专业建设工程文明施工的监督管理。

生态环境、城管执法等部门按照各自职责，协同实施本规定。

二、将第五条条标修改为“建设单位协调管理责任及工程招标发包要求”，增加一款作为第五条第一款：

建设单位应当负责建设工程文明施工的协调管理，并按照合同约定，督促建设工程各参与单位落实文明施工的责任。

三、将第六条第二款修改为：

建设单位应当按照合同约定，及时向施工单位支付文明施工措施费。施工单位应当将文明施工措施费专款专用。

增加一款作为第三款：

建设行政管理部门或者其他有关部门应当检查文明施工措施费的落实情况。

四、将第八条第一款、第二款修改为：

设计单位应当对设计符合建设工程文明施工的要求负责。设计单位编制设计文件时，应当根据建设工程勘察文件和建设单位提供的文明施工书面意见，对建设工程周边建筑物、构筑物和各类管线、设施提出保护要求。建设工程应当优先选用有利于文明施工的施工技术、工艺和建筑材料，并按照本市相关规定，采用装配式建造方式。

施工单位应当承担建设工程文明施工的主体责任，根据建设单位的文明施工书面意见，在施工组织设计文件中明确文明施工的具体措施，并予以实施；建设单位或者施工单位委托的专业单位进入施工现场施工的，应当遵守施工单位明确的文明施工要求。

五、将第九条第一款修改为：

监理单位应当将文明施工纳入监理范围，对施工单位落实文明施工措施、文明施工措施费的使用等情况进行监理，承担建设工程文明施工的监理责任。

六、将第十一条修改为：

施工单位应当在施工现场四周设置连续、封闭的围挡。施工现场围挡的设置应当符合下列要求：

（一）采用符合规定强度的硬质材料，基础牢固，表面整洁和美观。

（二）管线工程的围挡高度不得低于 1.8 米，其他建设工程的围挡高度不得低于 2 米。

（三）施工现场主要出入口的围挡大门符合有关规定。

（四）距离住宅、医院、学校等建筑物不足 5 米的施工现场，设置具有降噪功能的围挡。

线性水利工程、非全封闭的城市道路工程和公路工程、施工工期小于 7 日或者仅在夜间施工的管线工程的施工现场，可以使用路拦式围挡。

施工单位应当定期对围挡进行养护、维修，保持完好、整洁和美观。

七、增加一款作为第十五条第一款：

城市道路工程和管线工程施工，施工单位应当按照本市建设工程文明施工标准，合理划分施工段，分段有序施工。

八、将第二十一条第一款第五项修改为：

（五）设置符合分类要求的密闭式垃圾容器，生活垃圾应当分类放置于垃圾容器内并做到日产日清。

九、将第二十四条第一款第一项修改为：

（一）设置的连续、封闭围挡图案简洁、美观且与周边环境相协调，除管线工程外，围挡高度不得低于 2.5 米。

增加一项作为第一款第八项：

（八）轨道交通站点、隧道工程工作井施工，采用覆罩法作业方式，但施工现场安全或者空间条件无法达到要求的除外。

将第二款中的“内环线以内”修改为“外环线以内”。

将第三款修改为：

市建设行政管理部门应当会同其他有关部门制定本市建设工程文明施工的具体标准，其中重点区域内的文明施工标准应当高于其他区域。

十、增加一条作为第二十六条（网格化管理）：

市建设行政管理部门应当将围挡大门、围挡、安全网和施工铭牌等涉及文明施工的相关事项，纳入城市网格化管理范围。

十一、将原第二十八条改为第二十九条，修改为：

违反本规定第五条第一款规定，建设单位未履行协调管理或者督促责任致使文明施工要求未落实的，由建设行政管理部门或者其他有关部门责令限期改正，处3万元以上10万元以下的罚款，并可以责令暂停施工。

十二、将原第二十九条改为第三十条，修改为：

违反本规定，施工单位有下列行为之一的，由建设行政管理部门或者其他有关部门责令限期改正，按照下列规定予以处罚，并可以责令暂停施工：

（一）违反本规定第十条规定，未按照要求设置施工铭牌的，处1万元以上5万元以下的罚款；

（二）违反本规定第十二条第二款、第十六条规定，脚手架杆件、光照遮蔽措施不符合要求的，处1万元以上5万元以下的罚款；

（三）违反本规定第十五条第二款、第三款和第二十条规定，未采用覆罩法施工、路面未按照要求覆盖钢板或者未采取通行安全措施的，处3万元以上10万元以下的罚款；

（四）违反本规定第二十一条第一款第二项、第三项和第三款规定，未设置饮用水设施、盥洗池和淋浴间或者宿舍设置不符合要求的，处1万元以上5万元以下的罚款；

（五）违反本规定第二十四条第一款第一项至第五项、第七项、第八项规定，施工工地不符合重点区域文明施工管理要求的，处3万元以上10万元以下的罚款。

十三、其他修改：

将第五条中的“设计、施工或者监理”修改为“勘察、设计、施工和监理”。

将第六条原第三款、第二十四条第二款中的“建设交通”修改为“建设”。

将第七条中的“设计单位”修改为“勘察单位、设计单位”。

将第九条第二款和第三款、第二十五条中的“建设行政管理部门”修改为“建设行政管理部门或者其他有关部门”，原第二十六条中的“建设行政管理部门”、原第二十七条中的“建设交通行政管理部门”统一修改为“建设行政管理部门和其他有关部门”。

将第十二条第一款中的“绿色密目式安全网”修改为“密目式安全网”。

将第十四条中的“渣土处置”修改为“建筑垃圾处理”，删去第二十三条中的“工程渣土”。

将第十九条第一款中的“环境保护管理部门”、第二十四条第一款第六项中的“市环境保护管理部门”统一修改为“区生态环境部门”。

将第十九条第二款中的“建设行政管理部门”、第二十四条第一款第六项中的“市建设交通行政管理部门”统一修改为“交通行政管理部门”。

将原第二十七条中的“区（县）”修改为“区”。

本决定自2019年12月1日起施行。《上海市建设工程文明施工管理规定》根据本决定作相应修改并对部分文字和条款顺序作相应调整后，重新公布。

上海市建设工程文明施工管理规定

（2009年9月25日上海市人民政府令第18号公布，根据2010年10月30日上海市人民政府令第48号公布的《上海市人民政府关于修改〈上海市建设工程文明施工管理规定〉的决定》进行修正，根据2019年9月18日上海市人民政府令第23号公布的《上海市人民政府关于修改〈上海市建设工程文明施工管理规定〉的决定》修正并重新公布）

第一条（目的和依据）

为加强本市建设工程文明施工，维护城市环境整洁，依据国家有关法律、法规的规定，结合本市实际情况，制定本规定。

第二条（定义）

本规定所称文明施工，是指在建设工程和建筑物、构筑物拆除等活动中，按照规定采取措施，保障施工现场作业环境、改善市容环境卫生和维护施工人员身体健康，并有效减少对周边环境影响的施工活动。

第三条（适用范围）

在本市行政区域内从事建设工程和建筑物、构筑物拆除等有关活动及其监督管理，应当遵守本规定。

第四条（管理部门）

市建设行政管理部门是本市建设工程文明施工的行政主管部门，并负责所管辖的专业建设工程文明施工的监督管理。区建设行政管理部门负责其所管辖的专业建设工程文明施工的监督管理。

市和区交通、水务、绿化市容、房屋、民防等行政管理部门（以下统称其他有关部门）按照市人民政府规定的职责分工，负责相关专业建设工程文明施工的监督管理。

生态环境、城管执法等部门按照各自职责，协同实施本规定。

第五条（建设单位协调管理责任及工程招标发包要求）

建设单位应当负责建设工程文明施工的协调管理，并按照合同约定，督促建设工程各参与单位落实文明施工的责任。

建设单位在建设工程和建筑物、构筑物拆除招标或者直接发包时，应当在招标文件或者承发包合同中明确勘察、设计、施工和监理等单位有关文明施工的要求和措施。

第六条（文明施工措施费）

建设单位在编制工程概算、预算时，应当按照国家有关规定，确定文明施工措施费用，并在招标文件或者工程承发包合同中，单独开列文明施工费用的项目清单。

建设单位应当按照合同约定，及时向施工单位支付文明施工措施费。施工单位应当将文明施工措施费专款专用。

建设行政管理部门或者其他有关部门应当检查文明施工措施费的落实情况。

市建设行政管理部门应当会同市发展改革、财政等有关部门制定文明施工措施费的具体标准。

第七条（现场调查要求）

建设工程设计文件确定前，建设单位应当组织勘察单位、设计单位和相关管线单位，对建设工程周边建筑物、构筑物和各类管线、设施进行现场调查，提出文明施工的具体技术措施和要求。

建设单位应当将文明施工的具体技术措施和要求，以书面形式提交给勘察单位、设计单位和施工单位。

第八条（设计和施工要求）

设计单位应当对设计符合建设工程文明施工的要求负责。设计单位编制设计文件时，应当根据建设工程勘察文件和建设单位提供的文明施工书面意见，对建设工程周边建筑物、构筑物和各类管线、设施提出保护要求。建设工程应当优先选用有利于文明施工的施工技术、工艺和建筑材料，并按照本市相关规定，采用装配式建造方式。

施工单位应当承担建设工程文明施工的主体责任，根据建设单位的文明施工书面意见，在施工组织设计文件中明确文明施工的具体措施，并予以实施；建设单位或者施工单位委托的专业单位进入施工现场施工的，应当遵守施工单位明确的文明施工要求。

施工单位应当配备专职文明施工管理人员，负责监督落实施工现场文明施工的各项措施。

第九条（监理要求）

监理单位应当将文明施工纳入监理范围，对施工单位落实文明施工措施、文明施工措施费的使用等情况进行监理，承担建设工程文明施工的监理责任。

监理单位在实施监理过程中，发现施工

单位有违反文明施工行为的，应当要求施工单位予以整改；情节严重的，应当要求施工单位暂停施工，并向建设单位报告。施工单位拒不整改或者不停止施工的，监理单位应当及时向建设行政管理部门或者其他有关部门报告。

建设行政管理部门或者其他有关部门接到监理单位的报告后，应当及时到施工现场进行查处。

第十条（施工铭牌）

施工单位应当在施工现场醒目位置，设置施工铭牌。

施工铭牌应当标明下列内容：

（一）建设工程项目名称、工地四至范围和面积；

（二）建设单位、设计单位和施工单位的名称及工程项目负责人姓名；

（三）开工、竣工日期和监督电话；

（四）夜间施工时间和许可、备案情况；

（五）文明施工具体措施；

（六）其他依法应当公示的内容。

第十一条（围挡设置）

施工单位应当在施工现场四周设置连续、封闭的围挡。施工现场围挡的设置应当符合下列要求：

（一）采用符合规定强度的硬质材料，基础牢固，表面整洁和美观。

（二）管线工程的围挡高度不得低于1.8米，其他建设工程的围挡高度不得低于2米。

（三）施工现场主要出入口的围挡大门符合有关规定。

（四）距离住宅、医院、学校等建筑物不足5米的施工现场，设置具有降噪功能的围挡。

线性水利工程、非全封闭的城市道路工程和公路工程、施工工期小于7日或者仅在夜间施工的管线工程的施工现场，可以使用路拦式围挡。

施工单位应当定期对围挡进行养护、维修，保持完好、整洁和美观。

第十二条（围网和脚手架设置）

除管线工程以及爆破拆除作业外，施工现场脚手架外侧应当设置整齐、清洁的密目式安全网。

脚手架杆件应当涂装规定颜色的警示漆，并不得有明显锈迹。

第十三条（防治噪声和扬尘污染要求）

施工单位在施工中除应当遵守有关防治噪声和扬尘污染的法律、法规和规章外，还应当遵守以下规定：

（一）易产生噪声的作业设备，设置在施工现场中远离居民区一侧的位置，并在设有隔音功能的临房、临棚内操作。

（二）夜间施工不得进行锤打、敲击和锯割等作业。

（三）在施工现场不得进行敞开式搅拌砂浆、混凝土作业和敞开式易扬尘加工作业。

第十四条（建筑垃圾处理和建筑物、构筑物拆除要求）

施工单位进行建筑垃圾处理或者建筑物、构筑物拆除作业时，应当遵守以下规定：

（一）气象预报风速达到5级以上时，停止建筑物、构筑物爆破或者拆除建筑物、构筑物作业。

（二）拆除建筑物、构筑物或者进行建筑物、构筑物爆破时，对被拆除或者被爆破的建筑物、构筑物进行洒水或者喷淋；人工拆除建筑物、构筑物时，实行洒水或者喷淋措施可能导致建筑物、构筑物结构疏松而危及施工人员安全的除外。

（三）在施工工地内，设置车辆清洗设施以及配套的排水、泥浆沉淀设施；运输车辆在除泥、冲洗干净后，方可驶出施工工地。

（四）对建筑垃圾在当日不能完成清运的，采取遮盖、洒水等防尘措施。

（五）在施工现场处理工程渣土时进行洒水或者喷淋。

第十五条（道路管线施工要求）

城市道路工程和管线工程施工，施工单位应当按照本市建设工程文明施工标准，合理划分施工段，分段有序施工。

城市道路工程和管线工程施工，需要开挖沥青、混凝土等路面的，施工单位应当按照有关规定采用覆罩法作业方式。

在城市道路上开挖管线沟槽、沟坑，当日不能完工且需要作为通行道路的，施工单位应当在该道路上覆盖钢板，使其与路面保持平整。

第十六条（防治光照污染要求）

施工单位进行电焊作业或者夜间施工使用灯光照明的，应当采取有效的遮蔽光照措施，避免光照直射居民住宅。

第十七条（排水设施）

建设工程施工现场应当设置沉淀池和排水沟（管）网，确保排水畅通。

施工单位应当对工地泥浆进行三级沉淀后予以排放，禁止直接将工地泥浆排入城市排水管网或者河道。

第十八条（渣土堆放）

建设工程施工现场堆放工程渣土的，堆放高度应当低于围挡高度，并且不得影响周边建筑物、构筑物和各类管线、设施的安全。

第十九条（夜间施工备案）

除城市道路工程、管线工程施工以及抢险、抢修工程外，建设工程或者建筑物、构筑物拆除需要在夜间10时至次日凌晨6时施工的，施工单位应当根据《上海市环境保护条例》的有关规定，向区生态环境部门办理夜间施工许可手续。

除抢险、抢修外，城市道路工程、管线工程需要在夜间10时至次日凌晨6时施工的，施工单位应当事先向交通行政管理部门备案。

第二十条（通行安全保障措施）

建设工程项目的外立面紧邻人行道或者车行道的，施工单位应当在该道路上方搭建坚固的安全天棚，并设置必要的警示和引导标志。

因建设工程施工需要，对道路实施全部封闭、部分封闭或者减少车行道，影响行人出行安全的，施工单位应当设置安全通道；临时占用施工工地以外的道路或者场地的，施工单位应当设置围挡予以封闭。

第二十一条（施工现场生活区设置）

施工现场设置生活区的，应当符合下列规定：

（一）生活区和作业区分隔设置；

（二）设置饮用水设施；

（三）设置盥洗池和淋浴间；

（四）设置水冲式或者移动式厕所，并由专人负责冲洗和消毒；

（五）设置符合分类要求的密闭式垃圾容器，生活垃圾应当分类放置于垃圾容器内并做到日产日清。

在生活区设置食堂的，应当依法办理餐饮服务许可手续，并遵守食品卫生管理的有关规定。

在生活区设置宿舍的，应当安装可开启式窗户，每间宿舍人均居住面积不得低于4平方米。

第二十二条（工地住宿人员管理）

施工工地内住宿人员的管理，执行本市实有人口管理的有关规定。非本工地工作人员不得在施工工地内的宿舍住宿。

第二十三条（竣工后工地的清理）

建设工程竣工备案前，施工单位应当按照规定，及时拆除施工现场围挡和其他施工临时设施，平整施工工地，清除建筑垃圾及其他废弃物。

第二十四条（重点区域管理要求）

本市重点区域内施工工地的文明施工要求，还应当符合下列规定：

（一）设置的连续、封闭围挡图案简洁、美观且与周边环境相协调，除管线工程外，围挡高度不得低于2.5米。

（二）安全网采用不透尘、符合安全要

求的材料。

（三）禁止采用爆破方式拆除基坑支撑。

（四）禁止使用不符合标准的高噪声作业设备。

（五）施工现场设置宿舍的，每间宿舍人均居住面积不得低于5平方米，并按照标准配备生活设施。

（六）禁止夜间施工，但抢险、抢修工程及有特殊工序要求的工程除外；因特殊工序要求确需夜间施工的，应当向交通行政管理部门或者区生态环境部门办理夜间施工有关手续，并提前在周边区域予以公告。

（七）禁止采用钢筋、模板成型加工作业。

（八）轨道交通站点、隧道工程工作井施工，采用覆罩法作业方式，但施工现场安全或者空间条件无法达到要求的除外。

本市文明施工重点区域是指外环线以内区域和市人民政府确定的其他重点区域。市建设行政管理部门应当根据人口密度、居住环境、景观要求等提出其他重点区域划分方案，报市人民政府批准。

市建设行政管理部门应当会同其他有关部门制定本市建设工程文明施工的具体标准，其中重点区域内的文明施工标准应当高于其他区域。

第二十五条（投诉）

任何单位和个人发现施工活动有违反本规定情形的，可以向建设行政管理部门或者其他有关部门投诉。建设行政管理部门或者其他有关部门接到投诉后，应当及时进行处理，并将处理结果告知投诉人。

第二十六条（网格化管理）

市建设行政管理部门应当将围挡大门、围挡、安全网和施工铭牌等涉及文明施工的相关事项，纳入城市网格化管理范围。

第二十七条（日常检查）

建设行政管理部门和其他有关部门应当落实经费和人员，加强对施工现场的日常检查，发现施工活动有违反本规定情形的，应当及时制止并依法予以查处。

第二十八条（监督检查）

市建设行政管理部门和其他有关部门应当加强对区文明施工管理工作的监督检查，并将监督检查情况和处理结果向社会公开。

第二十九条（对建设单位的处罚）

违反本规定第五条第一款规定，建设单位未履行协调管理或者督促责任致使文明施工要求未落实的，由建设行政管理部门或者其他有关部门责令限期改正，处3万元以上10万元以下的罚款，并可以责令暂停施工。

第三十条（对施工单位的处罚）

违反本规定，施工单位有下列行为之一的，由建设行政管理部门或者其他有关部门责令限期改正，按照下列规定予以处罚，并可以责令暂停施工：

（一）违反本规定第十条规定，未按照要求设置施工铭牌的，处1万元以上5万元以下的罚款。

（二）违反本规定第十二条第二款、第十六条规定，脚手架杆件、光照遮蔽措施不符合要求的，处1万元以上5万元以下的罚款。

（三）违反本规定第十五条第二款、第三款和第二十条规定，未采用覆罩法施工、路面未按照要求覆盖钢板或者未采取通行安全措施的，处3万元以上10万元以下的罚款。

（四）违反本规定第二十一条第一款第二项、第三项和第三款规定，未设置饮用水设施、盥洗池和淋浴间或者宿舍设置不符合要求的，处1万元以上5万元以下的罚款。

（五）违反本规定第二十四条第一款第一项至第五项、第七项、第八项规定，施工工地不符合重点区域文明施工管理要求的，处3万元以上10万元以下的罚款。

第三十一条（对其他违法行为的处罚）

违反本规定其他相关条款的行为，法律、法规、规章已有处罚规定的，由相关行政管理部门依照其规定处罚。

第三十二条（施行日期）

本规定自2009年12月1日起施行。1994年5月24日上海市人民政府发布的《上海市建设工程文明施工管理暂行规定》同时废止。

上海市人民政府关于印发《上海市公有住房差价交换办法》的通知

沪府发〔2019〕19号（2019年10月8日）

各区人民政府，市政府各委、办、局：

现将《上海市公有住房差价交换办法》印发给你们，请认真按照执行。

上海市公有住房差价交换办法

第一条（目的和依据）

为了规范公有住房差价交换活动，保障居民基本居住需求，维护公有住房管理秩序，制定本办法。

第二条（适用范围）

本办法适用于本市行政区域内居民承租的公有住房的差价交换（以下称“差价换房”）。

第三条（管理部门）

市房屋行政管理部门是本市差价换房的主管部门。区房屋行政管理部门负责本辖区内差价换房的管理工作，加强对公有住房出租人、区房地产交易中心的指导、监督。

公有住房出租人负责办理差价换房的征询手续。

区房地产交易中心负责本区范围内差价换房交易审核工作。

第四条（原则）

差价换房遵循自住优先、自愿、公平和有偿的原则。

差价换房应当有利于提高公有住房的成套使用。

第五条（差价换房方式）

差价换房可以采取下列方式：

（一）公有住房承租权与公有住房承租权的交换；

（二）有偿转让公有住房承租权。

第六条（差价换房方式的适用）

凡纳入本市公有住房出售范围的独用成套公有住房，其承租权不得采取本办法第五条第（二）项规定的方式进行差价换房。

第七条（不得差价换房的情形）

下列公有住房不得进行差价换房：

（一）整幢独用的花园住宅，或者差价换房后形成整幢独用花园住宅；

（二）产权不明晰的；

（三）已列入确定的房屋征收范围内的；

（四）已列入旧住房成套改造计划的

（五）承租人拖欠租金尚未结清的；

（六）承租人在承租房屋内擅自搭建，或者附有违法建筑尚未处理的；

（七）已进入行政处罚程序，或者因纠纷已进入诉讼、仲裁程序的；

（八）依法应当由出租人收回的。

第八条（征得利害关系人同意）

公有住房承租人需要差价换房的，应当事先征得本处有本市常住户口的共同居住人的同意。

第九条（对象限制）

差价换房不得造成差价换房双方当事人新的居住困难。

非本市户籍家庭和个人不得通过差价换房取得公有住房承租权。差价换房的户籍管理，按照国家和本市的有关规定执行。

法人、其他组织不得通过差价换房取得公有住房承租权，但市、区人民政府指定的企业除外。

第十条（受让限制）

本市户籍家庭拥有2户（套）及以上住

房（包括公有住房承租权和住房产权）的，不得再通过本办法第五条第（二）项规定的差价换房方式，取得公有住房承租权。

本市户籍单身且年满 18 周岁个人拥有 1 户（套）及以上住房（包括公有住房承租权和住房产权）的，不得再通过本办法第五条第（二）项规定的差价换房方式，取得公有住房承租权。

本市非同一户籍家庭成员的 2 名及以上个人，不得通过差价换房取得同一户公有住房承租权。

独用成套公有住房为职工住宅（新工房），拆套分配给 2 户及以上承租人使用，该公有住房承租人为并户后房改售房进行差价换房的，经区房屋行政管理部门审核通过后，可以不受本条第一款、第二款规定的限制。

第十一条（有偿收回承租权）

需要差价换房的公有住房承租人，可以向公有住房出租人申请，由出租人按照有偿退租的方式收回承租权。

第十二条（花园住宅、优秀历史建筑的规定）

对已列入市、区政府确定的花园住宅、优秀历史建筑等具有保留保护价值的公有住房承租人，需要差价换房的，鼓励市、区政府指定的企业按照有偿退租或者差价换房的方式取得承租权。

非独用成套公有住房，符合相关政策规定，经相关程序改造为独用成套后，除花园住宅以外，承租人可以按照本市房改售房政策执行。

第十三条（价格）

差价换房的价格由当事人双方协商议定，但按照有偿退租方式收回承租权的，价格由区房屋行政管理部门按照程序选定的房地产估价机构评估确定。

第十四条（合同的订立）

差价换房的当事人应当订立书面合同。

差价换房合同的示范文本由市市场监管局和市房屋管理局联合制定。差价换房的当事人应当使用或者参照示范文本订立合同。

第十五条（征询）

差价换房的转让人应当在订立书面合同前，持《租用居住公房凭证》等材料，书面征询公有住房出租人的意见。

公有住房出租人应当自受理书面征询之日起 15 日内给予书面答复。不同意差价换房的，应当说明理由。

第十六条（查询）

采取本办法第五条第（二）项规定的方式进行差价换房，受让人应当按照本市相关规定，持身份、户籍和婚姻状况等证明材料，到公有住房所在地的区房地产交易中心查询窗口，申请查询本人家庭（包括本人、配偶及未成年子女）名下拥有住房（包括公有住房承租权和住房产权）的信息。

第十七条（申请差价换房）

差价换房当事人应当自合同订立之日起 15 日内，按照下列规定办理差价换房手续：

（一）交换承租权的公有住房在同一区范围内的，到公有住房所在地的区房地产交易中心办理；交换承租权的公有住房不在同一区范围内的，到价格高的公有住房所在地的区房地产交易中心办理。

（二）有偿转让公有住房承租权的，到公有住房所在地的区房地产交易中心办理。

第十八条（差价换房应当提交的材料）

差价换房当事人申请差价换房时，应当提交下列材料：

（一）差价换房合同；

（二）租用居住公房凭证；

（三）有效的征询和查询结果书面材料；

（四）本处有本市常住户口共同居住人签字同意差价换房的书面证明；

（五）双方当事人的身份、户籍等证明材料；

（六）双方当事人承诺差价换房后不造

成新的居住困难的书面材料。

拆套使用的公有住房承租人，为并户后房改售房进行差价换房的，还应当提交区房屋行政管理部门审核通过的书面材料。

采取本办法第五条第（一）项规定的方式进行差价换房的，无需提交查询结果书面材料。

第十九条（差价换房的审核）

差价换房当事人提交材料齐全的，区房地产交易中心应当予以受理。

区房地产交易中心应当自受理申请之日起5日内，根据差价换房当事人提交的材料，并经区房屋行政管理部门确认，完成相关事项的审核工作。对符合规定条件的，出具《差价换房确认书》；对不符合规定条件的，不予办理，并书面通知差价换房当事人。

第二十条（变更租赁关系）

取得公有住房承租权的当事人应当自收到区房地产交易中心出具的《差价换房确认书》之日起7日内，持差价换房合同、租用居住公房凭证、当事人的身份证明及《差价换房确认书》等有关材料，向出租人申请办理公有住房租赁关系的变更手续，换发《租用居住公房凭证》。

第二十一条（合用部位的使用）

差价换房后，公有住房中的合用部位仍维持原来的使用状况，且不得影响相邻使用人对合用部位的正常使用。

第二十二条（租金的交纳）

差价换房后，取得公有住房承租权的当事人应当按照本市公有住房租金标准相关规定支付租金。

第二十三条（继续承租）

差价换房后，公有住房的权属性质不变。租赁期间，承租人丧失民事行为能力、死亡或者其户籍迁离本市的，可以由其有本市城镇常住户口的配偶或直系亲属继续承租，但同住人仍享有居住权。继续承租的个人可以由取得公有住房承租权的当事人指定；取得公有住房承租权的当事人未指定的，可以参照财产继承顺序确定。

第二十四条（执行公房租金标准的非国有住房）

执行政府规定的公有住房租金标准、由政府授权经营公房的企业代为管理的非国有住房（如由政府代管的私有房产、由政府代理经租的宗教团体房产等），其差价换房的办法，由市房屋行政管理部门另行规定。

第二十五条（施行日期）

本办法自2019年12月1日起施行。1999年印发的《上海市公有住房差价换房试行办法》同时废止。

上海市住房和城乡建设管理委员会等关于印发《上海市住宅工程质量潜在缺陷保险实施细则》的通知

沪住建规范联〔2019〕7号（2019年9月25日）

各有关单位：

为贯彻落实《关于本市推进商品住宅和保障性住宅工程质量潜在缺陷保险的实施意见》（沪府办规〔2019〕3号），进一步明确住宅工程质量潜在缺陷保险的实施要求，市住房城乡建设管理委、市地方金融监管局、上海银保监局制定了《上海市住宅工程质量潜在缺陷保险实施细则》，现印发给你们，请按照执行。

上海市住宅工程质量潜在缺陷保险实施细则

第一条（目的）

为贯彻落实《关于本市推进商品住宅和保障性住宅工程质量潜在缺陷保险的实施意见》（沪府办规〔2019〕3号）（以下简称《实施意见》）和有关工程质量潜在缺陷保险（IDI）推进工作文件精神，明确具体实施要求，制订本细则。

第二条（适用范围）

本市行政区域内住宅工程质量潜在缺陷保险的承保管理、工程质量的风险管理、维修理赔、信息平台管理、信用管理等适用本细则。参与本市住宅工程质量潜在缺陷保险活动的保险公司、风险管理机构以及相关单位，均应当遵守本细则规定。

第三条（保险范围）

参与承保本市住宅工程质量潜在缺陷保险业务的保险公司应当遵守本市关于保险承保范围的相关规定。

（一）保险合同签订日期在 2017 年 11 月 1 日之前的，保险范围按照原《实施意见》（沪府办〔2016〕50 号）第四条有关规定执行。

（二）保险合同签订日期为 2017 年 11 月 1 日至 2019 年 3 月 13 日的，保险范围按照原《实施意见》（沪府办〔2016〕50 号）第四条和原《上海市住宅工程质量潜在缺陷保险实施细则（试行）》（沪住建规范〔2017〕4 号）第三条有关规定执行。

（三）保险合同签订日期在 2019 年 3 月 14 日（含）之后的，保险范围按照《实施意见》（沪府办规〔2019〕3 号）第四条有关规定执行，第四条（一）5 中规定的其他情形是指：地基基础工程和主体结构工程中除了（一）1 ~ 4 规定以外的其他情形。

第四条（保险公司选定）按照《实施意见》第九条相关要求，市住房城乡建设管理委、市地方金融监管局通过公开招标的方式确定牵头共保的主承保保险公司（以下简称“主承保公司”）。

第五条（保险费率）保障性住房工程基本保险范围包括主险和附加险，其中市属保障性住房总基准保险费率为建房协议价格中建筑安装总造价的 1.25%，其他类型的保障性住房可参照执行；保障性住房的认定按照房管部门关于保障性住宅有关认定文件规定执行。商品住宅的保险费率，应由建设单位和保险公司在平等自愿的基础上，参照 1.25% ~ 1.5% 的保险费率，并可结合建设工程总体质量状况、装修标准、参建主体资质及诚信等具体情况协商确定。

第六条（保险公司管理要求）主承保公司应设立独立的住宅工程质量潜在缺陷保险（IDI）业务管理部门，配备充足的建筑、法律、风控专业人员，负责 IDI 业务的全过程集中管理。

参与本市住宅工程质量潜在缺陷保险的保险公司，均应对 IDI 业务设置单独账套，进行独立核算。除风险管理费用、税费、按保费比例分担的运营管理费用和适当的员工个人绩效外，不得设置其他展业费用、销售费用、部门奖励费用、中介费用等费用。不得设定 IDI 保费规模目标或对业务机构进行保费规模考核，不得向其他任何单位或个人给予或承诺给予与 IDI 业务相关的费用。

主承保公司对所出具 IDI 保单承担直接管理责任，负责对参与共保的其他保险公司和风险管理机构进行合规管理，并承担由其他共保公司或风险管理机构违规行为的连带责任。

主承保公司应当建立 IDI 报价函管理制度，规范报价行为。意向客户询价时，主承保公司应当以正式报价函的方式向客户出具报价，报价函内容包括但不限于以下内容：项目名称、地理位置、建筑面积、单位建安造价、项目总保额、基准费率、各浮动因子系数等；报价函应当经 IDI 业务部门负责人签字并经公司盖章后发送至询价客户。不得以电话、短信、邮件、微信等非正规方式报价。报价函须作为正式资料要件之一，在首次信息录入时上传至上海市建设工程质量潜在缺陷保险信息系统（以下简称“信息平台”）。

主承保公司应在收到 IDI 全额保费后出具正式保单及发票；不得以减少建筑面积、剔除装修费用等方式缩小承保范围降低保额，不得以明显低于正常市场价格承保，不得套取费用进行不正当竞争。

第七条（保险合同）投保工程质量潜在缺陷保险的建设单位应当在办理施工许可手续时间节点前，从市建设行政主管部门和市地方金融监管局共同确定的具有主承保资格的保险公司名单中选择主承保公司，主承保公司应以报价函形式响应。建设单位应与该主承保公司签订《上海市住宅工程质量潜在缺陷保险合同》(以下简称“保险合同”)。

建设管理部门采用网上告知等形式，将工程质量安全监督事项以及参保要求告知建设单位。首次会议，将保险合同签订情况作为检查建设单位是否履行诚信义务的内容之一。

第八条（共保管理）单一IDI项目参与共保的保险公司原则上不少于3家，主承保公司承保份额不得低于50%，再保后自留份额不低于20%。共保公司之间应以共保协议的形式明确各自在项目上的承保份额、权利义务。

第九条（风险管理）保险公司应当指导风险管理机构采取切实可行措施，加强住宅工程建设阶段的质量控制。

主承保公司应落实对风险管理机构的管理责任，建立风险管理机构评价机制和项目台账机制，定期对风险管理机构工作进行追踪和分析评价，每半年上报一次风险管理机构评价报告，包括当期所有项目的风险管理实施和进展情况、各风险管理机构的总体评价情况等。

主承保公司应根据有关规定选择风险管理机构，签订《上海市住宅工程质量风险管理合同》(以下简称“风险管理合同”)。

主承保公司应向风险管理机构出具《风险管理授权书》（以下简称“授权书”）（附件1），同时报送建设单位。风险管理机构凭授权书进入施工现场实施风险管理。

主承保公司不得采用最低价中标方式选定风险管理机构。主承保公司统一向风险管理机构支付风险管理费用，并向其他共保公司结算。

主承保公司应严格按照风险管理合同支付风险管理费用。风险管理费用可分批支付，但首期费用不得低于总费用的30%。

第十条（信息报送管理）主承保公司应按照规定如实、及时、完整上报或上传信息，超过规定时间上传或无故不上传数据的行为将被记录和通报，并作为考核保险公司的依据之一。主承保公司应按照信息平台提供的数据标准，在信息平台评估后30天内，实现自身业务系统与信息平台之间的数据交互；主承保公司应指定专门部门和人员，将IDI承保、风控和理赔数据及时上传至信息平台；IDI项目共保协议及相关保险合同信息应在签订后的3个工作日内完整上传至信息平台。

第十一条（风险评估和计划）风险管理合同签订后，风险管理机构需收集相关的工程资料，对工程中可能出现的质量风险进行评估，编制风险管理机构工作检查计划。

第十二条（风险交底）工程开工前，主承保公司应组织风险管理机构、建设单位及项目参建各方召开风险管理交底会。交底会上风险管理机构应对工程中可能存在的质量风险点、过程中质量检查方式以及参建各方需配合事宜等进行告知，并形成会议纪要。在质量风险管理交底会后3个工作日内，风险管理机构应将初步风险分析报告和风险管理计划等材料上传至信息平台。

建设单位、施工单位和监理单位应当对风险管理机构开展风险管理工作给予必要的支持。

第十三条（质量风险检查报告）风险管理机构应按照风险管理合同要求执行现场检查，并及时编写《质量风险检查报告》(以下简称“检查报告”)报主承保公司，检查报告应当包括检查情况的描述、检查存在质量缺陷、缺陷处理建议和潜在缺陷风险分析。

风险管理机构在现场检查中发现的质量缺陷的照片、视频等影像资料和相关说明材料应即时上传至信息平台，信息平台即时将该情况发送、告知建设单位项目负责人、施工单位项目经理和总监理工程师；整改后，施工单位的该项目质量员应当将整改前后的对比照片、视频等影像资料和相关说明材料，在规定的时间内一同上传至信息平台，经项目经理、总监理工程师、建设单位项目负责人网上确认，最后由风险管理机构网上完成销项。

风险管理机构根据检查情况形成检查报告，并将质量缺陷相关资料作为附件，及时交主承保公司，主承保公司应将检查报告审核、盖章后交建设单位，并于5个工作日内上传至信息平台。

第十四条（质量缺陷改正）建设单位在收到检查报告后，应当组织参建各方及时改正质量缺陷。质量缺陷改正完毕后，建设单位应当及时回复主承保公司。

质量缺陷未改正的，监理单位不得同意通过相关验收。第十五条（争议处置）在工程质量交接过程中，建设单位与主承保公司如对质量问题责任有异议，或住宅业主与保险公司对住宅质量问题是否属于保险责任存有异议，建设单位或住宅业主可与保险公司共同委托有资质的第三方鉴定机构进行鉴定。鉴定结果属于保险责任的，鉴定费用由保险公司承担；鉴定结果不属于保险责任的，鉴定费用由申请方承担。

市建设行政主管部门会同相关部门公布符合条件的工程质量鉴定机构名单。

第十六条（质量风险最终检查报告）工程完工后，风险管理机构应对整个工程实施过程中的质量检查情况、质量缺陷追踪情况进行汇总评价，编制《质量风险最终检查报告》(以下简称“最终检查报告”)并报主承保公司。

最终检查报告包括以下内容：检查情况汇总、改正质量缺陷汇总、总体风险评价。

主承保公司审核最终检查报告，盖章后同《上海市住宅工程质量潜在缺陷保险责任范围说明书》(以下简称“保险责任范围说明书”)（附件2）一并交于建设单位。主承保公司应将《最终检查报告》和《保险责任范围说明书》在5个工作日内上传至信息平台。

投保工程质量潜在缺陷保险的建设单位，将最终检查报告作为竣工验收的内容之一；风险管理机构最终检查报告中列出的重大质量潜在缺陷未整改到位的，不得组织竣工验收。

第十七条（风险机构管理）主承保公司应建立风险管理机构系统评价机制，定期对风险管理机构工作进行追踪和分析评价，形成系统报告向相关部门报告。

第十八条（入户告知）主承保公司应当编制《住宅工程质量潜在缺陷保险告知书》，列明保险责任、范围、期限及理赔申请流程。

在业主办理入户手续时，建设单位应当将《住宅工程质量潜在缺陷保险告知书》，随同《新建住宅质量保证书》《新建住宅使用说明书》一起送交业主。

《新建住宅质量保证书》中应补充以下内容，建设单位应当明确保险期限起算日之前负责维修的单位名称、联系电话、建设单位监督电话；并明确保险期限内的主承保公司名称、联系电话。

建设单位应在《上海市商品房出售合同》《上海市商品房预售合同》中对上述内容作出书面承诺。

第十九条（维修责任归属）保险责任期开始前，建设单位、主承保公司及施工单位应当共同查验，对存在的质量缺陷由施工单位负责维修，建设单位应督促施工单位及时维修，并会同主承保公司等单位对维修结果进行验收。施工单位不维修的，建设单位可以另行委托其他单位维修。因维修不及时造成新的人身、财产损害，由造成拖延的责任方承担赔偿责任。

第二十条（保险理赔）投保工程质量潜

在缺陷保险的，在保险合同约定的保险期限内，对保险范围内的质量问题，业主可以通过保险信息平台提出索赔，也可以直接向主承保公司或其委托的专业服务机构提出索赔申请。

主承保公司应当按照《关于印发〈上海市住宅建设工程质量潜在缺陷保险理赔服务规范〉的通知》（沪保监发〔2016〕253号）的要求，为住宅建设工程质量潜在缺陷保险设立专门的理赔服务团队和二十四小时保险服务专线电话，接到报案后，应按照规定前往现场查勘。

对保险范围内的事项，除主承保公司有证据证明相关工程质量缺陷是由于住宅业主自身违规的原因、保险合同约定的不可抗力等非保险理赔范围外，主承保公司均应当按照规定的时限和理赔规范、程序，以及国家、本市相关工程技术标准，及时予以维修、理赔。维修完成后，同一部位的同一维修项目，给予180天的保修期，只要维修发生在保险责任期限内，则该保修期不受保单到期终止等因素的影响。

第二十一条（信息平台）信息平台是由市住房城乡建设管理委组织开发的平台，功能模块包括承保信息管理、风险管理、理赔管理、数据统计等。各主承保公司、风控管理机构、项目参建单位等应当按照规定，及时将承保信息、风险管理、报案、查验、理赔、维修等相关信息传至该信息平台。市住房城乡建设管理委、市地方金融监管局、上海银保监局按照职责分工，对该信息平台相应业务进行监管。

信息平台应当提供相关合同示范文本等基本文本样式，并及时公布主承保公司名录和风险管理机构名录等相关行业信息。

第二十二条（监督与信用管理）市住房城乡建设管理委、市地方金融监管局、上海银保监局等按照职责分工，加强对保险公司、风控管理机构、项目相关单位的监督管理。各有关行政管理部门应当加强信用体系建设，对在工程质量潜在缺陷保险实施过程中存在不诚信的有关单位和个人，按照有关规定将其不诚信行为记入诚信档案。

（一）对主承保公司，存在以下情形之一的，除了上海银保监局按照相关规定给予行政处罚外，建设行政管理部门给予其如下处理：第一次责任认定后，责令其限期改正、黄牌警示；第二次责任认定后，限制其1年内承接工程质量潜在缺陷保险新业务；第三次责任认定后，取消其承保资格。

1. 未按要求设立住宅工程质量潜在缺陷保险独立管理部门，或管理部门专业人员配备明显不到位；

2. 未设立单独账套专户核算；

3. 设定IDI保费规模目标或对业务机构进行保费规模考核；

4. 未按要求违规向IDI客户报价；

5. 签订保险合同等方面存在弄虚作假行为，或者存在虚假承诺行为的，如以减少建筑面积、剔除装修费用等方式缩小承保范围的，或以明显低于正常市场价承保等其他行为；

6. 共保公司的组成、各公司份额、各公司绩效支付比例未在共保协议中完整体现，或共保公司的组成、各公司份额未在保险合同中完整体现；

7. 以经纪、代理机构、再保等形式给予或承诺给予他人或者机构回扣费用等利益；

8. 套取费用进行不正当竞争或用于公司其他险种业务；

9. 违反合同规定拖欠风险管理机构费用；

10. 未按照规定的时限和标准进行理赔维修；

11. 拒绝或者不配合检查、调查，或者拒绝提供有关情况和资料，或者未按照规定上报或上传信息；

12. 存在的其他违法违规行为。

（二）对风险管控机构，存在以下情形的，建设行政管理部门给予其如下处理：第一次责任认定后，责令其限期改正、黄牌警示；第二次责任认定后，限制其1年内承接工程质量潜在缺陷保险新业务；第三次责任认定后，给予其清出风险管控机构名单处理。

1. 转包、违法违规分包业务；

2. 机构、相关人员存在弄虚作假，或者虚假承诺行为；

3. 机构、相关人员以权谋私，徇私舞弊；

4. 人员配备不符合相关规定；

5. 在现场检查中发现的质量缺陷的照片、视频等影像资料和相关说明材料，未即时同步上传至信息平台；

6. 拒绝接受调查或者拒绝提供有关情况和资料，或者不配合检查、调查；

7. 按照规定和标准应当检查发现的问题未发现，或者发现问题后未按照规定程序处理；

8. 恶意压低价格竞争等扰乱市场的其他违法违规行为。

（三）对建设、施工、监理等其他单位，不配合风险管理机构检查，或未按照规定对存在的质量缺陷整改到位、验收的，责令限期改正；造成后果的，按照规定给予限制承接业务、记分等信用处理，并依法给予行政处罚。

第二十三条（施行日期）

本细则有效期为2019年11月1日至2024年10月31日，原《上海市住宅工程质量潜在缺陷保险实施细则（试行）》同时废止。

上海市房屋管理局关于印发《上海市建（构）筑物拆除施工企业信用信息管理实施办法》的通知

沪房规范〔2019〕14号

2019年12月6日

各区住房保障房屋管理局，各拆除施工企业：

现将《上海市建（构）筑物拆除施工企业信用信息管理实施办法》印发给你们，请认真贯彻执行。

上海市建（构）筑物拆除施工企业信用信息管理实施办法

为推进本市建（构）筑物拆除施工行业的诚信体系建设，加强对建（构）筑物拆除施工企业（以下简称“拆除施工企业”）及拆除施工项目经理（以下简称“项目经理”）的监管，营造诚实守信的市场环境，根据《建筑市场诚信行为信息管理办法》，制定本实施办法。

一、适用对象

本实施办法适用于在本市行政区域内从事建（构）筑物拆除施工（作业）的拆除施工企业及其项目经理。

二、信用信息

本实施办法所称的信用信息包括良好行为记录和不良行为记录。

良好行为记录指拆除施工企业和项目经理在工程建设过程中严格遵守有关工程建设的法律、法规、规章或强制性标准，行为规范，诚信经营，自觉维护建筑市场秩序，受到区级以上建设行政主管部门和相关专业部门的奖励和表彰，所形成的良好行为记录。

不良行为记录是指拆除施工企业和项目经理在工程建设过程中违反有关工程建设的法律、法规、规章或强制性标准和执业行为规范，经区级以上建设行政主管部门或其委托的执法监督机构查实和行政处罚，形成的不良行为记录。

拆除施工企业和项目经理信用信息的认定、录入、变更、发布、管理等活动应根据本实施办法执行。

三、管理职责

拆除施工企业和项目经理信用信息管理实行统一管理、分级负责。

市房屋管理局负责本市建（构）筑物拆除施工行业的信用信息管理工作。

市房屋安全监察所（以下简称“市安监所”）具体实施本市建（构）筑物拆除施工行业的信用信息管理工作，建立健全拆除施工企业和项目经理信用信息档案；拆除施工企业和项目经理信用信息认定、录入和变更；发布和管理信用信息。

各区住房保障房屋管理局（以下简称“各区房管部门”）负责对本辖区实施拆除施工项目的拆除施工企业、项目经理进行记分，负责对注册在本辖区的拆除施工企业和项目经理信用信息的认定、归集、录入、上报，并建立健全辖区内拆除施工企业信用信息管理工作制度，落实专门部门并指定专人负责信用信息管理工作，确保拆除市场信用信息及时更新和准确。

按照信息统一共享的原则，加强与市建设信息相关管理平台的信息交换。

四、信用信息内容及认定标准

拆除施工企业和项目经理信用信息包括基本信息、表彰奖励类良好行为信息、不良行为信息。

（一）基本信息是反映企业基本概况，项目经理身份、基本状况的信息，在拆的拆除项目的信息。

主要有：

1. 拆除施工企业基本信息

（1）单位名称、组织机构代码、法定代表人、企业负责人、企业技术负责人、企业安全负责人基本情况；

（2）资质情况；

（3）主要经济、管理和工程技术从业人员的职称基本状况；

（4）自有设备等基本状况；

（5）近五年主要业绩；

（6）其他相关情况。

2. 项目经理基本信息

（1）项目经理的身份证明及学历；

（2）项目经理近五年的主要业绩；

（3）项目经理的职业状况及安全生产考核状况；

（4）项目经理接受培训和教育情况；

（5）其他相关情况。

3. 在拆的拆除项目基本情况

（1）项目名称；

（2）建设单位名称；

（3）工程地址；

（4）拆除面积；

（5）结构类型；

（6）项目经理；

（7）其他相关情况。

（二）拆除施工企业或项目经理表彰奖励类良好行为信息。

包括拆除施工企业模范履约、诚信经营，企业或项目经理受到区级及以上拆除管理部门、与拆除有关的政府监督部门或行业协会等相关部门表彰和奖励的信息。

（三）企业不良行为信息包括：

1. 拆除行政管理部门作出的行政处罚信息；

2. 其他行政管理部门作出的行政处罚信息；

3. 违规信息：区行政管理部门检查记分记录，群众投诉举报、媒体曝光查实的不良行为记录，其他不良行为记录。

五、信用信息记录

（一）采集

拆除施工企业及项目经理信用信息按以下分工进行采集认定与告知：

1. 基本信息由企业、项目经理按规定自行填报，对真实性负责，相关区房管部门在资质评定、安全监督等环节进行采集，市安监所对信息进行复核。

2. 表彰奖励类良好行为信息，拆除施工企业、项目经理应提供相关表彰奖励确认文件。

根据认定标准的基本内容，涉及相关行业协会等的具体奖项，应由相关行业协会事先向市安监所提出纳入认定标准的申请。

3. 拆除施工企业、项目经理不良行为信息由区级以上拆除行政管理部门与拆除管理有关的政府监管部门依据行政处罚决定书、违法违规决定及《拆除施工企业不良行为记分标准》《拆除施工项目经理不良行为记分标准》给予认定，并采用书面告知的形式在录入前告知当事人，以“谁认定、谁记录”的方式进行采集。

（二）录入

区级以上拆除行政管理部门将审核后送达的信息进行复核，确认无误后以“谁认定、谁记录”的方式录入拆除施工企业和项目经理信用信息管理档案。

拆除施工企业因不良行为被认定的，对负有责任的项目经理也应予以记分认定；项目经理因不良行为被认定的，其所属企业有过错的，也应分别予以记分认定。

（三）基本信息变更

拆除施工企业、项目经理发现申报的基本信息变更或失效的，应当在信息变更或失效之日起 10 个工作日内，向区房管部门申请变更，并报送修改后的信息，由区房管部门审查后向市安监所提出申请，经批准后方可变更相关信用信息。

（四）告知和申诉

市安监所建立统一的告知和申诉机制。良好行为信息和不良行为信息认定时，书面告知当事人。当事人如对认定的不良行为信息有异议的，可在告知之日起 10 个工作日内向市安监所提出书面申诉，逾期视作认可。市安监所在收到申诉后 10 个工作日内将核实结果反馈当事人，不良行为信息认定有错误的，由认定部门予以撤销或纠正。

对已认定并录入的拆除施工企业和项目经理信用信息有异议的，可向市安监所提出申诉，市安监所在收到申诉后，应在 10 个工作日内将核查结果反馈申诉人，并根据核查结果做出相应处理。

拆除施工企业及和项目经理被查实填报虚假信息的，列入不良行为信息。

六、信用信息的使用

各部门在下列工作中，应根据需要使用拆除施工企业或项目经理信用信息：

（一）拆除行业行政管理部门对拆除施工企业考核和项目经理的考核；

（二）建设单位在建设项目的招标工作中；

（三）社会其他行政管理部门对拆除施工企业管理和项目经理的管理。

信用信息的使用应符合法律、法规、规章及上述工作的需要；使用的信息以相关政府部门网站发布的信息为准。

七、信用信息管理

（一）发布

信用信息由市安监所统一在相关政府部门网站进行发布。

信用信息发布应遵循拆除施工企业或个人隐私保护，不得侵犯其合法权益。

（二）查询

拆除施工企业和项目经理可通过拆除施工企业和项目经理信用档案系统查询本企业或本人的相关信用信息。建设单位在项目发包和项目招标前应向市安监所申请查询拆除施工企业的信用信息或通过相关政府部门网站查询。

（三）公布、保存期限

表彰奖励类良好行为信息公布期限为 3 年。不良行为信息的公布期限为 1 年至 3 年，其中：企业承接的项目发生重伤、死亡责任事故等或造成严重后果的不良行为记录信息，公布期限为 3 年；企业忽视日常安全生产管理、违规承揽业务等不良行为记录信息，公布期限为 2 年；企业在施工现场安全管理、文明施工等方面违反相关条例、规定、标准的不良行为记录信息，公布期限为 1 年。信息认定部门在信息认定录入时给予明确并公布。法律、法规另有规定的从其规定。上述时限计算均自信息公布之日起至公布结束之日止。

八、工作纪律

在信用信息管理工作中，有下列情形之一的，对相关责任人员依法给予查处；构成犯罪的，依法追究刑事责任。

（一）认定、发布不实信用信息，侵害企业或个人合法权益的；

（二）故意认定、发布企业或个人虚假信用信息的；

（三）对涉及企业商业秘密、个人隐私的信用信息，未经被征信人同意发布的；

（四）未经许可，擅自发布非本部门收集、储存、管理、统计和分析生成信息的；

（五）利用信用信息进行商业活动的；

（六）未按规定及时认定和发布信用信息的。

九、施行日期

本办法自2020年1月1日起施行，有效期至2024年12月31日。原《关于印发〈上海市建（构）筑物拆除施工企业信用信息管理实施办法（试行））〉的通知》（沪房管规范修〔2012〕17号）同时废止。

上海市人民政府关于修改《上海市共有产权保障住房管理办法》的决定

上海市人民政府令第26号（2019年12月9日）

《上海市人民政府关于修改〈上海市共有产权保障住房管理办法〉的决定》已经2019年9月23日市政府第65次常务会议通过，现予公布，自2020年2月1日起施行。

上海市人民政府关于修改《上海市共有产权保障住房管理办法》的决定

（2019年12月9日上海市人民政府令第26号公布）

市人民政府决定，对《上海市共有产权保障住房管理办法》作如下修改：

一、增加一款作为第十九条第三款：

非本市户籍家庭同时符合居住证持证和积分、住房、婚姻、缴纳社会保险、缴纳个人所得税、收入和财产等条件的，可以申请购买共有产权保障住房。

原第三款改为第四款，修改为：

第一款、第二款、第三款规定的具体条件和标准，由市人民政府确定，并向社会公布。

二、将第二十条第一款修改为：

本市城镇户籍家庭或者个人申请购买共有产权保障住房的，应当向户口所在地的乡（镇）人民政府或者街道办事处提出申请；非本市户籍家庭申请购买共有产权保障住房的，应当向工作单位注册地所在的乡（镇）人民政府或者街道办事处提出申请。申请人应当如实填报申请文书，提交相关证明材料，并签署同意接受相关状况核查以及核查结果予以公示的书面文件。

三、将第二十一条第一款修改为：

受理申请后，乡（镇）人民政府、街道办事处应当进行初审。其中，申请人的户口、婚姻、居住证持证和积分、缴纳社会保险、缴纳个人所得税等状况由公安、民政、人力资源社会保障、税务等行政管理部门协助核查；住房状况由住房保障实施机构协助核查；收入和财产状况由居民经济状况核对机构协助核查。经初审符合条件，本市城镇户籍家庭或者个人申请的，应当在申请人的户口所在地和实际居住地公示7日；非本市户籍家庭申请的，应当在申请人的工作单位注册地和实际居住地公示7日。公示期间无异议，或者虽有异议但经审核异议不成立的，应当报区住房保障实施机构复审。

四、将第三十条第二款修改为：

共有产权保障住房经审核准予登记的，不动产登记机构应当在预告登记证明和不动产权证上记载不动产权利人、产权份额，注明同住人姓名，并注记“共有产权保障住房”以及“本市城镇户籍”或者“非本市户籍”。

五、将第三十三条第一款修改为两款，作为第一款、第二款：

取得不动产权证未满5年，有下列情形之一的，应当腾退共有产权保障住房：

（一）购房人或者同住人购买商品住房，不再符合住房困难条件的；

（二）购房人和同住人的户口全部迁离本市或者全部出国定居的；

（三）非本市户籍购房人和同住人的居住证全部被注销，但因户口迁入本市导致的除外；

（四）购房人和同住人均死亡的；

（五）市人民政府规定的其他情形。

本市城镇户籍家庭或者个人腾退共有产权保障住房的，由房屋所在地的区住房保障实施机构或者区人民政府指定的机构予以回购。非本市户籍家庭腾退共有产权保障住房的，由分配供应地的区住房保障实施机构或者区人民政府指定的机构予以回购。

六、在第三十四条第一款、第二款款首增加“本市城镇户籍家庭或者个人购买共有产权保障住房”，并增加一款作为第三款：

非本市户籍家庭购买共有产权保障住房，取得不动产权证满5年后，其交易管理按照本市相关规定执行，但购房人的户口迁入本市的，按照第一款、第二款规定执行。

七、其他修改：

删去第一条中的“城镇”。

将第二条第二款中的“本市符合规定条件的城镇中低收入住房困难家庭”修改为“符合本市规定条件的中低收入住房困难家庭”。

将第十八条中的“初始登记”修改为“首次登记”。

将第二十二条第二款中的“原有住房”修改为“本市原有住房”。

将第三十条条标和第一款、第三十三条原第三款、第三十四条中的“房地产”均修改为“不动产”。

将第四十九条中的“身份、住房、收入和财产等状况”修改为“相关状况”。

将本办法中的“区（县）”均修改为“区”，“规划国土”均修改为“规划资源”，“环境保护”修改为“生态环境”。

本决定自2020年2月1日起施行。《上海市共有产权保障住房管理办法》根据本决定作相应修改并对部分文字和条款顺序作相应调整后，重新公布。

上海市共有产权保障住房管理办法

（2016年3月16日上海市人民政府令第39号公布，根据2019年12月9日上海市人民政府令第26号公布的《上海市人民政府关于修改〈上海市共有产权保障住房管理办法〉的决定》修正并重新公布）

第一章　总则

第一条（立法目的）

为了规范本市共有产权保障住房管理，改善中低收入住房困难家庭居住条件，制定本办法。

第二条（适用范围）

本办法适用于本市行政区域内共有产权保障住房的建设、供应、使用、退出以及监督管理。

本办法所称的共有产权保障住房，是指符合国家住房保障有关规定，由政府提供政策优惠，按照有关标准建设，限定套型面积和销售价格，限制使用范围和处分权利，实行政府与购房人按份共有产权，面向符合本市规定条件的中低收入住房困难家庭供应的保障性住房。

第三条（管理职责）

市人民政府设立市住房保障议事协调机

构，负责共有产权保障住房的政策、规划和计划等重大事项的决策和协调。

市住房保障行政管理部门是本市共有产权保障住房工作的行政主管部门。

区人民政府负责组织实施本行政区域内共有产权保障住房的建设、供应、使用、退出以及监督管理等工作。区住房保障行政管理部门是本行政区域内共有产权保障住房工作的行政管理部门。

乡（镇）人民政府和街道办事处负责本行政区域内共有产权保障住房的申请受理、资格审核以及相关监督管理工作。

本市发展改革、规划资源、财政、民政、公安、税务、金融、国资、审计、统计、经济信息化等行政管理部门按照职责分工，负责共有产权保障住房管理的相关工作。

第四条（住房保障实施机构）

市住房保障行政管理部门、区住房保障行政管理部门、乡（镇）人民政府和街道办事处分别明确相应机构（以下称“住房保障实施机构”），承担共有产权保障住房的事务性工作，所需经费由同级财政予以保障。

第二章　建设管理

第五条（规划和计划编制）

市住房保障行政管理部门应当会同市发展改革、规划资源、财政等行政管理部门和区人民政府，根据共有产权保障住房需求、城乡规划实施和土地利用现状等因素，编制本市共有产权保障住房发展规划内容，并纳入市住房发展规划。市住房发展规划报经市人民政府批准后，向社会公布。

区人民政府应当根据市住房发展规划，组织编制区共有产权保障住房年度实施计划，经市住房保障行政管理部门会同市发展改革、规划资源、财政等行政管理部门综合平衡，并报市人民政府批准后组织实施。

第六条（土地供应）

共有产权保障住房建设用地纳入本市土地利用年度计划管理。市和区规划资源行政管理部门应当在安排年度用地指标时，单独列出共有产权保障住房建设用地指标，并予以优先供应。

第七条（项目选址）

共有产权保障住房建设项目的选址应当根据城乡规划，统筹规划、合理布局，结合开发建设的条件和成本，在交通较便捷、生活设施较齐全的区域优先安排。

第八条（项目认定）

共有产权保障住房建设项目，由区住房保障行政管理部门向市住房保障行政管理部门申报项目认定。申报材料应当明确用地范围、规划参数、建筑总面积、套型面积和比例、配套条件、建设项目招标价格和开发建设方式等事项。

市住房保障行政管理部门在收到申报材料后，应当会同市发展改革、规划资源、财政等行政管理部门对项目进行认定。

第九条（建设方式）

共有产权保障住房采用单独选址、集中建设和在商品住宅建设项目中配建的方式进行开发建设。

单独选址、集中建设的，由区人民政府指定的建设管理机构通过项目法人招标投标方式，确定具有相应资质和良好社会信誉的房地产开发企业开发建设；或者由区人民政府直接组织开发建设。本市发展改革、生态环境、规划资源、住房保障和建设等相关行政管理部门应当优先办理共有产权保障住房建设项目的相关手续。

在商品住宅建设项目中配建的，应当按照规定在国有土地使用权出让文件中，明确配建比例和建设要求，并与商品住宅同步建设和交付。建成后，配建的共有产权保障住房应当按照土地出让合同约定，无偿移交给区住房保障实施机构。

第十条（建设项目管理）

共有产权保障住房的开发建设单位确定后，区人民政府指定的建设管理机构应当与开发建设单位签订共有产权保障住房建设项目协议书。建设项目协议书应当作为国有土地使用权划拨决定书的附件。

第十一条（质量安全责任及信息公开）

共有产权保障住房建设过程中，开发建设单位及其主要负责人应当严格执行建设工程质量和安全管理规定，对住房质量承担法定责任；勘察、设计、施工、监理、检测等单位及其主要负责人依法承担相应的工程质量和安全责任。

共有产权保障住房建设项目的开发建设、设计、施工、监理、检测等单位和建设工程规划、建设等相关信息，应当按照规定在项目所在地及有关场所予以公开。

第十二条（主要建设要求）

共有产权保障住房的建筑设计应当符合节能、省地、环保要求，综合考虑住宅使用功能与空间组合、家庭人口及构成等要素，在较小的套型内满足家庭基本居住生活要求。

共有产权保障住房建设项目应当按照规定，建设相应的市政公用和公建配套设施。市政公用和公建配套设施应当与共有产权保障住房同步建设和交付，及时投入使用。建设项目所在地的区人民政府应当协调市政公用和公建配套设施建设和运营。

第十三条（统筹建设管理）

建设用地紧缺的区人民政府可以向市人民政府申请调配使用统筹建设的共有产权保障住房。

经批准使用统筹建设共有产权保障住房的区人民政府，应当按照本市相关规定，及时通过财政转移支付等方式，承担相关费用。

建设项目所在地的区人民政府应当做好相关的土地供应、住宅建设等工作。

第十四条（支持政策）

单独选址、集中建设的共有产权保障住房建设项目，享受以下支持政策：

（一）建设用地供应采取行政划拨方式；

（二）免收建设中的行政事业性收费与城市基础设施配套费等政府性基金；

（三）按照规定不宜建设民防工程的，免收民防工程建设费；

（四）取得的行政划拨土地使用权，按照国家规定可以用于贷款抵押；

（五）按照国家规定取得住房公积金贷款、金融机构政策性融资支持及贷款利率优惠；

（六）按照国家规定享受税收优惠政策；

（七）国家和本市规定的其他优惠支持政策。

第十五条（价格管理）

单独选址、集中建设的共有产权保障住房建设项目结算价格以保本微利为原则，在综合考虑建设、财务、管理成本、税费和利润的基础上确定，并在建设项目协议书中予以约定。

单独选址、集中建设的共有产权保障住房销售基准价格以建设项目结算价格为基础，并综合考虑本市保障对象的支付能力以及相近时期、相邻地段内共有产权保障住房项目价格平衡等因素确定。

配建的共有产权保障住房销售基准价格，综合考虑本市保障对象的支付能力以及相近时期、相邻地段内共有产权保障住房项目价格平衡等因素确定。

共有产权保障住房单套销售价格按照销售基准价格及其浮动幅度确定，应当明码标价，并向社会公布。

第十六条（产权份额）

共有产权保障住房的购房人和政府的产权份额应当在购房合同、供后房屋使用管理协议中明确。

购房人产权份额，参照共有产权保障住房所在项目的销售基准价格占相邻地段、相近品质商品住房价格的比例，予以合理折让后确定；政府产权份额，由区住房保障实施机构持有。

第十七条（价格确定程序）

市级统筹建设的共有产权保障住房销售基准价格及其浮动幅度、产权份额，由市住房保障实施机构拟订，报市价格管理、住房保障行政管理部门审核批准。

区筹措建设的共有产权保障住房销售基准价格及其浮动幅度、产权份额由区住房保障实施机构拟订，经区价格行政管理部门会同住房保障行政管理部门审定后，报区人民政府审核批准，并向市价格管理、住房保障行政管理部门备案。

第十八条（剩余房源安排）

开发建设单位建设的共有产权保障住房，在房屋所有权首次登记后满1年仍未出售的，由区人民政府指定的建设管理机构予以收购。

第三章　申请供应

第十九条（申请条件）

同时符合下列条件的本市城镇户籍家庭或者个人，可以申请购买共有产权保障住房：

（一）具有本市城镇常住户口达到规定年限，且户口在提出申请所在地达到规定年限；

（二）住房面积低于规定限额；

（三）可支配收入和财产低于规定限额；

（四）在提出申请前的规定年限内，未发生过因住房转让而造成住房困难的行为；

（五）市人民政府规定的其他条件。

前款所称的家庭由具有法定的赡养、抚养或者扶养关系且共同生活的成员组成；个人是指具有完全民事行为能力且年龄符合规定标准的单身人士。

非本市户籍家庭同时符合居住证持证和积分、住房、婚姻、缴纳社会保险、缴纳个人所得税、收入和财产等条件的，可以申请购买共有产权保障住房。

第一款、第二款、第三款规定的具体条件和标准，由市人民政府确定，并向社会公布。

第二十条（申请程序）

本市城镇户籍家庭或者个人申请购买共有产权保障住房的，应当向户口所在地的乡（镇）人民政府或者街道办事处提出申请；非本市户籍家庭申请购买共有产权保障住房的，应当向工作单位注册地所在的乡（镇）人民政府或者街道办事处提出申请。申请人应当如实填报申请文书，提交相关证明材料，并签署同意接受相关状况核查以及核查结果予以公示的书面文件。

任何单位和个人不得为申请人出具虚假证明材料。

家庭申请购买共有产权保障住房的，应当推举一名具有完全民事行为能力的成员作为申请人代表。

第二十一条（审核登录）

受理申请后，乡（镇）人民政府、街道办事处应当进行初审。其中，申请人的户口、婚姻、居住证持证和积分、缴纳社会保险、缴纳个人所得税等状况由公安、民政、人力资源社会保障、税务等行政管理部门协助核查；住房状况由住房保障实施机构协助核查；收入和财产状况由居民经济状况核对机构协助核查。经初审符合条件，本市城镇户籍家庭或者个人申请的，应当在申请人的户口所在地和实际居住地公示7日；非本市户籍家庭申请的，应当在申请人的工作单位注册地和实际居住地公示7日。公示期间无异议，或者虽有异议但经审核异议不成立的，应当报区住房保障实施机构复审。

经复审符合条件的，应当向社会公示5日。公示期内无异议，或者虽有异议但经审核异议不成立的，应当以户为单位予以登录，出具登录证明。登录证明自出具之日起3年内有效。

申请人应当在登录证明有效期内按照规定参加选房。

第二十二条（供应标准）

共有产权保障住房的供应标准，由市人

民政府根据家庭人数、构成等因素确定，并向社会公布。申请人不得超过规定供应标准选择住房。

政府指定机构将申请人的本市原有住房收购的，可以适当提高购买共有产权保障住房的供应标准。

第二十三条（轮候名册）

住房保障实施机构应当结合共有产权保障住房的房源供应情况，采用公开摇号、抽签等方式对已登录的申请人进行选房排序，并建立和及时更新轮候名册。申请人有权查询轮候名册。

法律、行政法规或者国务院规范性文件规定的共有产权保障住房优先保障对象，应当予以优先安排。

第二十四条（重大情况变更报告）

已登录的申请人，其家庭成员、户口、住房等情况在选房前发生重大变更的，应当按照规定向区住房保障实施机构报告。

区住房保障实施机构在安排选房前，发现已登录的申请人不符合申请条件的，取消其登录资格。

第二十五条（供应程序）

住房保障实施机构应当及时发布共有产权保障住房供应房源的区位、规模、销售基准价格等信息。

住房保障实施机构应当根据当期供应房源规模和申请人轮候排序等情况，确定共有产权保障住房配售工作安排，通过公开方式组织申请人选房。

申请人确认参加选房并选定共有产权保障住房的，应当签订选房确认书，并与开发建设单位签订购房合同，与房屋所在地的区住房保障实施机构签订供后房屋使用管理协议。

第二十六条（登录证明和轮候序号失效）

申请人有下列情形之一的，其取得的登录证明和轮候序号失效，且3年内不得再次申请共有产权保障住房：

（一）因自身原因在登录证明有效期内未确认是否参加选房；

（二）确认参加选房后在当期房源供应时未按规定选定住房；

（三）选定住房后未签订选房确认书、购房合同或者供后房屋使用管理协议；

（四）因自身原因导致签订的购房合同或者供后房屋使用管理协议被解除。

第二十七条（购房优惠政策）

购买共有产权保障住房的，购房人可以按照规定申请住房公积金、商业银行资金等购房贷款，并可以按照国家规定，享受税收优惠政策。

第二十八条（购房人确定）

家庭购买共有产权保障住房的，申请家庭可以书面协商确定购房人，作为其产权份额的共同共有人，其余申请人为同住人；申请人之间无法达成一致意见的，全体申请人为购房人。

第二十九条（地下车库产权确定）

单独选址、集中建设的共有产权保障住房地下车库产权为全体购房人共有。利用地下车库获取的收益，归全体购房人所有，主要用于补充专项维修资金，也可以按照业主大会的决定用于业主委员会工作经费或者物业管理方面的其他需要；相关维修、养护等责任由全体购房人承担。

第三十条（不动产登记）

购房人应当按照不动产登记有关规定，向房屋所在地的区不动产登记机构申请办理不动产登记。

共有产权保障住房经审核准予登记的，不动产登记机构应当在预告登记证明和不动产权证上记载不动产权利人、产权份额，注明同住人姓名，并注记“共有产权保障住房”以及“本市城镇户籍”或者“非本市户籍”。

第三十一条（与其他住房保障政策的衔接）

享受廉租住房、公共租赁住房后又购买

共有产权保障住房的，应当自入住通知送达后的90日起，停止享受廉租住房补贴，腾退廉租住房、公共租赁住房。

已享受征收（拆迁）住房居住困难户保障补贴的，不得申请共有产权保障住房。

第四章 供后管理

第三十二条（使用规定）

共有产权保障住房的购房人和同住人应当按照房屋管理有关规定和供后房屋使用管理协议的约定使用房屋，并且在取得完全产权前不得有下列行为：

（一）擅自转让、赠与共有产权保障住房；

（二）擅自出租、出借共有产权保障住房；

（三）设定除共有产权保障住房购房贷款担保以外的抵押权；

（四）违反其他法律、法规、规章的情形。

第三十三条（回购）

取得不动产权证未满5年，有下列情形之一的，应当腾退共有产权保障住房：

（一）购房人或者同住人购买商品住房，不再符合住房困难条件的；

（二）购房人和同住人的户口全部迁离本市或者全部出国定居的；

（三）非本市户籍购房人和同住人的居住证全部被注销，但因户口迁入本市导致的除外；

（四）购房人和同住人均死亡的。

（五）市人民政府规定的其他情形。

本市城镇户籍家庭或者个人腾退共有产权保障住房的，由房屋所在地的区住房保障实施机构或者区人民政府指定的机构予以回购。非本市户籍家庭腾退共有产权保障住房的，由分配供应地的区住房保障实施机构或者区人民政府指定的机构予以回购。

回购价款为原销售价款加按照中国人民银行同期存款基准利率计算的利息。

取得不动产权证未满5年，因离婚析产、无法偿还购房贷款等原因确需退出共有产权保障住房的，全部购房人、同住人之间应当达成一致意见，并向相关区住房保障实施机构提出申请。经审核同意后，按照第二款、第三款的规定予以回购。

第三十四条（供后交易管理）

本市城镇户籍家庭或者个人购买共有产权保障住房，取得不动产权证满5年后，共有产权保障住房可以上市转让或者由购房人、同住人购买政府产权份额，但购房人、同住人拒不履行区住房保障行政管理部门作出的有关房屋管理的行政决定或者有违约行为未改正的除外。上市转让或者购买政府产权份额后，住房性质转变为商品住房。

本市城镇户籍家庭或者个人购买共有产权保障住房，取得不动产权证满5年后，购房人、同住人购买商品住房且住房不再困难的，应当在办理商品住房转移登记前，先行上市转让共有产权保障住房或者购买政府产权份额，但符合确有必要购买商品住房情形的除外。具体例外情形，由市住房保障行政管理部门规定。

非本市户籍家庭购买共有产权保障住房，取得不动产权证满5年后，其交易管理按照本市相关规定执行，但购房人的户口迁入本市的，按照第一款、第二款规定执行。

第三十五条（上市转让和购买政府产权份额程序及价格）

上市转让共有产权保障住房的，全部购房人、同住人应当达成一致意见，并向房屋所在地的区住房保障实施机构提出申请。区住房保障实施机构或者区人民政府指定的机构在同等条件下有优先购买权；放弃优先购买权的，方可向他人转让。共有产权保障住房被上市转让或者优先购买的，购房人按照其产权份额获得转让总价款的相应部分。

购买政府产权份额的，全部购房人、同住人应当就购买意愿、购房人等事项达成一致意见，并向房屋所在地的区住房保障实施机构提出申请。

政府行使优先购买权和购房人、同住人购买政府产权份额相关价格的确定办法，由市住房保障行政管理部门会同相关行政管理部门，按照符合市场价格的原则另行规定。

第三十六条（资金管理和房源使用）

共有产权保障住房性质转变为商品住房后，政府产权份额所得纳入财政住房保障资金专户。

通过回购或者优先购买方式取得的共有产权保障住房，由区人民政府按照有关规定统筹使用。

第三十七条（资金保证）

区住房保障行政管理部门应当会同财政部门设立专项经费，及时落实回购和优先购买所需资金。

第三十八条（禁止再次申请）

购房人和同住人取得共有产权保障住房后，不得再次申请共有产权保障住房。

第三十九条（继承）

购房人均死亡，其共有产权保障住房产权份额的继承人不符合共有产权保障住房申请条件的，住房保障机构可以按照依法分割共有物的方式，处置共有产权保障住房。

第四十条（维修资金）

购房人应当按照本市商品住宅专项维修资金的有关规定，全额缴纳住宅专项维修资金。

第四十一条（物业服务收费）

共有产权保障住房的物业服务费，由购房人承担。

配建共有产权保障住房的物业服务收费，执行所在住宅小区的物业服务收费标准。

第四十二条（政府购买服务及配合管理）

房屋所在地的区住房保障行政管理部门可以将共有产权保障住房使用管理的具体事务，委托物业服务企业或者其他社会组织实施，并支付相应费用。

分配供应地的区住房保障等行政管理部门应当配合做好供后管理有关工作。

第四十三条（对房地产经纪人的要求）

房地产经纪机构及其经纪人员不得违规代理共有产权保障住房出售、出租等业务。

第五章　监督管理

第四十四条（监督检查）

住房保障行政管理部门以及受委托的住房保障实施机构可以通过以下方式进行监督检查：

（一）询问与核查事项有关的单位和个人，要求其对相关情况作出说明、提供材料；

（二）检查物业使用情况；

（三）查阅、记录、复制保障对象的有关资料，了解相关情况；

（四）法律、法规规定的其他方式。

有关单位和个人应当配合监督检查，按照要求如实提供相关材料。

第四十五条（信息化和档案管理）

市住房保障行政管理部门应当建立统一的共有产权保障住房管理信息系统，为共有产权保障住房的建设、申请审核、分配供应、供后管理等工作提供技术服务。

住房保障实施机构应当建立健全共有产权保障住房申请、供应、使用以及退出的相关档案。

第四十六条（信用信息管理）

申请人、购房人、同住人以及相关单位和个人有违反本办法规定的情形的，行政机关应当按照国家和本市规定，将相关行政处理决定信息纳入市公共信用信息服务平台。

第四十七条（社会监督）

共有产权保障住房建设、申请审核、供应和供后管理等工作接受社会监督。

鼓励单位和个人对违反本办法的行为进行举报、投诉；有关责任部门应当及时予以处理，并向社会公开处理结果。

第六章　法律责任

第四十八条（违反协议约定的法律责任）

购房人、同住人违反供后房屋使用管理

协议的约定，有本办法第三十二条规定的擅自转让、赠与、出租、出借共有产权保障住房，或者设定除共有产权保障住房购房贷款担保以外的抵押权以及其他违反约定的行为的，房屋所在地的区住房保障实施机构可以按照协议约定，要求其改正，并追究其违约责任。

第四十九条（申请人弄虚作假的法律责任）

违反本办法第二十条第一款规定，申请人不如实填报申请文书，故意隐瞒或者虚报相关状况，或者伪造相关证明材料申请共有产权保障住房的，由分配供应地的区住房保障行政管理部门按照下列规定予以处理，并禁止其5年内再次申请本市各类保障性住房：

（一）已取得申请资格的，应当取消其资格，可处1万元以上5万元以下罚款。

（二）已购买共有产权保障住房的，责令其腾退住房，收取住房占用期间的市场租金，可处5万元以上10万元以下罚款；腾退住房后，由住房保障实施机构退回购房款。

第五十条（出具虚假证明主体的法律责任）

违反本办法第二十条第二款规定，单位、个人为他人申请共有产权保障住房出具虚假证明材料的，分配供应地的区住房保障行政管理部门应当责令改正，对单位处1万元以上5万元以下罚款，对个人处1000元以上1万元以下罚款。

第五十一条（违规使用房屋的法律责任）

违反本办法第三十二条第一项、第二项、第三项规定，购房人、同住人违规使用房屋的，房屋所在地的区住房保障行政管理部门应当责令限期改正；逾期未改正的，处1万元以上10万元以下罚款。

购房人、同住人有违法搭建建（构）筑物、损坏承重结构、擅自改变使用性质、擅自占用物业共用部分等其他违反房屋管理规定的行为的，按照国家和本市物业管理等相关规定处理。

购房人、同住人违反本办法第三十二条规定使用房屋且逾期未改正的，房屋所在地的区住房保障行政管理部门可以责令其腾退住房，并禁止5年内再次申请本市各类保障性住房。

第五十二条（房地产经纪人违规代理的法律责任）

违反本办法第四十三条规定，房地产经纪机构和经纪人员违规代理共有产权保障住房出售、出租业务的，由区住房保障行政管理部门责令限期改正，对房地产经纪人员处1万元罚款；对房地产经纪机构，取消网上备案资格，处3万元罚款。

第五十三条（申请强制执行）

根据本办法规定，区住房保障行政管理部门作出行政决定，当事人拒不履行的，可以依法申请人民法院强制执行。

第五十四条（行政责任）

违反本办法规定，有关行政管理部门、住房保障实施机构及其工作人员有下列行为之一，造成不良影响的，由所在单位或者上级主管部门依法对直接负责的主管人员和其他直接责任人员给予警告、记过或者记大过处分；情节严重的，给予降级或者撤职处分：

（一）未依法履行审核职责的；

（二）未依法建立或者更新轮候名册的；

（三）未依法开展选房工作的；

（四）未依法履行供后管理职责的。

第七章　附则

第五十五条（筹措房源的其他渠道）

住房保障实施机构可以收购符合要求的新建普通商品住房或者存量住房，作为共有产权保障住房的房源。共有产权保障住房房源的收购，执行国家规定的税收优惠政策。

第五十六条（施行日期）

本办法自2016年5月1日起施行。2009年6月24日发布的《上海市经济适用住房管理试行办法》（沪府发〔2009〕29号）同时废止。

PART SIXTEEN XVI

附　录

APPENDIX

⊙ 2019年大事记

⊙ 上海市住房和城乡建设管理文件选编目录

⊙ 2018年上海城市建设管理相关数据统计

2019年大事记

1月2日，市委书记、市总河长李强，市委副书记、市长、市总河长应勇实地调研上海市长江流域生态环境保护及沿江排放综合治理工作。李强指出，长江是中华民族的母亲河，修复长江生态环境是新时代赋予我们的艰巨任务，也是人民群众的热切期盼。全市上下要深入学习贯彻习近平生态文明思想，牢固树立“共抓大保护、不搞大开发”的理念，服务服从国家战略，以更高要求、更高标准、更严措施全力打好污染防治攻坚战，以河长制为重要抓手打好碧水保卫战，积极探索生态优先、绿色发展新路，更好推动高质量发展、创造高品质生活。

1月11日，2018年度上海市重点工程实事立功竞赛表彰大会举行。会前，市委书记李强，市委副书记、市长应勇会见了先进集体和先进个人代表。李强说，当前，全市上下正在深入学习贯彻习近平总书记考察上海重要讲话精神，全力落实中央交给上海的三项新的重大任务。希望广大城市建设者管理者奋勇争先、追求卓越，传承和发扬工匠精神，牢固树立精品意识，全面强化精细化管理，始终坚持安全第一，为上海加快建设“五个中心”和具有世界影响力的社会主义现代化国际大都市做出更大贡献。

1月17日，由住建部执业资格注册中心、市大数据中心、市电子政务办、市人力资源和社会保障局信息中心及市施工行业协会专家组成专家验收小组，对二级注册建造师电子化审批系统项目进行评审，认为系统开发达到了设计目标，正式通过验收。二级注册建造师电子化审批系统于2018年初启动开发，2018年7月1日正式上线使用，并接入市“一网通办”总平台。该系统以信息资源共享为基础，以全程网上办理为目标，全面整合、优化审批业务流程，确立了无纸化申报、网上审批、证书电子化三个环节，做到了减环节、减材料、减证明、减时间。

1月17日，张园地块保护性旧改征收预签约率超过了90%，1200多户居民将告别老房。

1月18日，海北横通道重要组成部分——北虹路立交凌晨完成最后一根钢箱梁的吊装，北虹路立交实现了“五跨苏州河、四跨中环”的技术“壮举”，这也是北横通道工程施工以来首个基本完工的主体项目。

1月31日，上海市十五届人大二次会议表决通过《上海市生活垃圾管理条例》。

1月，市建交工作党委王醇晨书记、市住建委朱剑豪副主任先后检查了市重大工程新开发银行总部大楼、上海档案馆新馆施工现场的工地安全生产工作。听取各项目业主单位、施工总包单位及监理单位项目进度、安全工作、文明施工方面汇报，现场体验了VR虚拟安全生产教育场景，了解施工工艺创新点，对各单位的工作表示肯定。

2月1日，国家行业标准《住房公积金资金管理业务标准》正式发布，自2019年10月1日起正式实施。

2月13日，上海市住房城乡建设管理工作会议召开。陈寅副市长、黄融副秘书长参加会议。市建设交通工作党委书记王醇晨主持会议，市住建委主任黄永平汇报2018年工作完成情况和2019年重点工作安排。陈寅同志指出，过去一年，全市住房城乡建设管理系统围绕中心，服务大局，圆满出色完成了各项任务，取得的成绩值得肯定。下一步，要认真贯彻落实习近平总书记考察上海重要讲话精神，准确把握新形势新任务新要求，提高改革创新、攻坚克难、风险防范意识，切实增强工作责任感、使命感，全力以赴确保全面完成2019年任务目标。要不断提高城市管理精细化水平，特别是要聚焦群众反映强烈的突出问题，加大整治力度，持续补齐城市管理短板。要着力优化营商环境，深化工程建设项目审批改革，深入推进“一网通办”，进一步提升服务水平。要完善房地产调控长效机制，市区形成合力，加大旧区改造力度，大力推进租赁和保障性住房建设，不断完善大居配套。要全力推进重大工程和重点区域建设，加快项目前期工作，加强文明施工管理，确保工程安全和质量。要严格落实安全责任，加强风险隐患排查整治，坚决守住城市运行和安全生产底线。要加强干部队伍建设，抓严党风廉政建设。在实践中不断提高综合素质能力，奋力开创住房城乡建设管理工作新局面。

2月18日，市委书记李强冒雨前往生活垃圾分类试点小区、生活固废集装转运徐浦基地和老港生态环保基地，专题调研生活垃圾分类工作。李强指出，生活垃圾分类是改善人居环境、促进城市精细化管理、保障可持续发展的重要举措。要全面贯彻落实习近平总书记考察上海重要讲话精神，以更大决心、更大力度全面开展生活垃圾分类工作，坚持源头减量、全程分类、末端无害化处置和资源化利用，充分调动全民参与的积极性，让垃圾分类成为新时尚，更好推动高质量发展、创造高品质生活。

2月18日，首个5G火车站建设启动仪式暨华为5G室内数字系统全球首发仪式在上海虹桥站举行。

2月19日，上海市委书记李强，市委副书记、市长应勇等出席沪浙两地领导座谈会。由浙江省委书记、省人大常委会主任车俊，省委副书记、省长袁家军率领的浙江省党政代表团来沪共商深化沪浙两地合作，携手落实长三角一体化发展国家战略。会后，沪浙两地领导共同见证上海国际港务（集团）股份有限公司与浙江省海港投资运营集团有限公司签署《小洋山港区综合开发合作协议》。

2月20日，召开全市生活垃圾分类工作万人动员大会，市委书记李强在会上强调，垃圾分类事关群众生活环境改善，事关绿色可持续发展大局。全市上下要深入学习贯彻习近平总书记考察上海重要讲话精神，强化全面推行生活垃圾分类的行动自觉，全面动员、全民参与，凝聚全社会共同推进的强大合力，打赢打好生活垃圾分类的攻坚战、持久战。

2月21日，住房和城乡建设部在上海召开全国城市生活垃圾分类工作现场会。上海市市长应勇出席会议并致辞，副市长陈寅介绍了上海市生活垃圾分类推进经验，市人大、有关区、街道和相关部门作了交流汇报。住房和城乡建设部部长王蒙徽出席会议并讲话。

2月26日，市住房城乡建设管理委主任、市架空线入地和合杆整治指挥部指挥长黄永平主持召开专题会议，研究布置2019年工作任务。市住房城乡建设管理委巡视员、指挥部常务副指挥长江小龙与相关人员参加会议。

2月27日，市建设交通工作党委召开全市建设交通系统信访稳定平安建设工作会议，学习贯彻习近平总书记关于加强和改进人民信访工作的重要思想，以及关于信访工作重要批示和平安建设、扫黑除恶专项斗争重要讲话精神，传达落实市委、市政府工作部署要求。

2月27日，“挂证”专项整治页面正式上线市住房城乡建设管理委门户网站（http://zjw.sh.gov.cn/）“一网通办”平台。

2月28日，市委书记李强先后赴市经信工作党委、市教卫工作党委、市建设交通工作党委、市金融工作党委、市科技工作党委、市市级机关工作党委调研，并主持召开大口党委工作座谈会。李强指出，要深入贯彻落实习近平总书记考察上海重要讲话精神，以党的政治建设为统领全面推进党的各项建设，凝心聚力服务全市工作大局，提高统筹协调能力，着力加强干部队伍建设，压实全面从严治党责任，为上海加快建设“五个中心”和具有世界影响力的社会主义现代化国际大都市做出更大贡献。

2月，本市发布《上海市建筑废弃混凝土资源化利用建材产品应用技术指南》。《指南》针对应用建筑废弃混凝土再生骨料取代部分天然骨料制成的再生骨料混凝土、再生骨料砌块（砖）等九类资源化利用建材产品，提出再生骨料要求、应用要求、制备要求等方面技术指导。

3月7日至3月15日，世界银行咨询团队一行来沪就建筑许可指标进行专题调研。市住房城乡建设管理委组织召开世界银行咨询团队来沪调研施工许可指标座谈会。

3月11日，市建设交通工作党委召开2019年系统党的建设工作会议，深入学习贯彻落实习近平新时代中国特色社会主义思想和总书记考察上海重要讲话精神，进一步强化使命担当，激励创新创造，推动全面从严治党，总结和部署建设交通系统党的工作各项任务。

3月15日，市住房城乡建设管理委、崇明区人民政府联合发布《崇明区绿色建筑管理办法》（沪住建规范联〔2019〕2号），此为上海市首个区级绿色建筑管理办法。

3月19日，市委书记李强上午在静安区调研旧区改造工作时指出，推进旧区改造既是民生工程，也是民心工程，事关城市长远发展和百姓福祉。要深入贯彻落实习近平总书记考察上海重要讲话精神，加大工作力度，创新思路办法，把成片旧区改造放在更加突出的位置，坚持“留改拆”并举，着力改善市民居住条件，深化城市有机更新，加强历史风貌保护，全力打好旧区改造攻坚战。

3月26日，市委、市政府上午召开上海市河长制、湖长制工作会议，对全市治水工作进行再动员、再部署、再推进。市委书记、市总河长李强在会上强调，要深入学习贯彻习近平生态文明思想，切实抓住河长制这个治水“牛鼻子”，以更大决心、更大突破、更大合力，持续用力种好“责任田”、打好“组合拳”、坚持“一盘棋”，争取水环境治理取得更大成效，让人民群众有更多获得感、幸福感、安全感。市委副书记、市长、市总河长应勇主持会议。市委常委、常务副市长、市河长办主任陈寅做具体工作部署。市领导翁祖亮、诸葛宇杰、蔡威、金兴明出席会议。会议以视频会议形式召开，在16个区和市水务局设分会场，全市各区、街镇、村居各级河长及护河志愿者代表等在分会场参加会议。

3月26日，市建设交通工作党委与市市级机关工作党委、市绿化市容局党组举行中心组联组学习扩大会议，学习主题为“贯彻绿色发展新理念、引领垃圾分类新时尚”，党委书记王醇晨同志主持。

3月28日，市委书记李强就实施长三角一体化发展国家战略，赴长三角区域合作办公室和青浦区调研。李强指出，要深入贯彻落实习近平总书记考察上海重要讲话和关于长三角地区实现更高质量一体化发展的重要指示精神，积极配合国家有关部委做好长三角一体化发展规划纲要的编制实施，会同苏浙两省抓紧研究制定长三角一体化发展示范区建设方案，持续推进长三角一体化发展三年行动计划落地落实，进一步发挥各自优势、强化分工合作、创新体制机制、推进重大项目，以一体化创新突破、改革攻坚、系统集成，加快落实国家战略，更好服务全国发展大局。

3月31日，《人民日报》头版头条发布文章《上海“一网通办”再升级》。

3月,2019年市政府实事项目建设工作会议顺利召开。会议要求有关各方“早筹划、早启动、早下达，加强跟踪服务指导”，抓紧部署落实今年市政府实事项目，确保实现良好开局。今年的市政府实事项目共安排10方面28项，计划总投资72.5亿元。

3月，上海“最高双子塔”——星港国际中心竣工，其是由两栋263米高的主体塔楼、商业裙房及6层地下室共同组成的综合体项目，总建筑面积约45万平方米。

3月,虹桥火车站正式启动5G网络建设，打造我国首个采用5G室内数字系统建设的火车站，计划年内完成5G网络深度覆盖。

4月1日，“盛泰”轮在绿华山南锚地锚泊时生活区失火，船员弃船，对附近水域通航安全构成较大影响。上海海上搜救中心协调海事、救助等单位以及社会应急力量连续6昼夜开展应急处置，避免了事态扩大和次生事故发生，最大限度减少了生命财产损失。

4月1日，上海市住房和城乡建设管理委员会发布的《关于进一步明确装配式建筑实施范围和相关工作要求的通知》（以下简称《通知》）要求，新建民用建筑、工业建筑应全部按装配式建筑要求实施。施工图未正式送审的项目应依据《通知》相关要求实施。相关内容如与其他文件有冲突，以《通知》为准。《通知》强调，新建建筑是指在相关信息平台上，建设性质选为“新建”的项目以及建设性质选为“改建”或“扩建”，且包含“新建独立单体”或“拆除重建单体”的项目。

4月3日，市住房城乡建设管理委行政服务中心受理服务大厅窗口受理服务评价完成系统升级，并启用微信取号、预约等便民功能。

4月3日，市工程建设项目审批制度改革工作领导小组印发《关于成立上海市社会投资项目审批审查中心的通知》（沪建审改〔2019〕2号）、《进一步优化营商环境深化供排水接入改革的实施办法》（沪建审改〔2019〕3号）。

4月9—19日，市建设交通工作党委联合市委党校举办了两期深入学习贯彻习近平总书记考察上海重要讲话精神专题培训班，系统“三委四局”机关处室及所属事业单位党政负责同志共158人参加了培训。

4月15日，市委书记李强下午就进一步深化国资国企改革、推动企业更好服务城市发展赴上海地产集团、上海城投集团调研。李强指出，当前，我们正在全面贯彻落实习近平总书记考察上海重要讲话精神，全力推进落实三项新的重大任务，持续办好中国国际进口博览会。功能类、公共服务类国企要把坚持党的领导、加强党的建设贯穿于企业改革发展全过程，始终围绕全市中心工作，在服务大局中找准功能定位，持续深化国资国企改革，不断提升企业核心竞争力，在全市推动高质量发展、创造高品质生活中发挥更大作用，为加快建设“五个中心”和具有世界影响力的社会主义现代化国际大都市做出更大贡献。

李强还专程来到上海市旧区改造工作领导小组办公室，亲切看望慰问奋战在全市旧改工作战线上的同志。听到大家来自各相关部门、区及企业，联合办公、合力攻坚，在统筹协调旧改工作及研究制定相关政策等方面积极发挥作用，李强叮嘱，旧区改造事关城市发展、事关民生改善，要进一步统一思想、下定决心、找准路子、搞活机制，全力打好旧区改造攻坚战。要设身处地、将心比心、换位思考，不断创新工作思路和方法，在土地、资金等方面加强统筹，完善相关配套政策，切实改善市民群众基本居住条件。要进一步加强统筹协调，提高工作效率，全力以赴把这件增进百姓福祉的大事做好做实。

4 月 22 日，主跨 324 米的世界最大跨度无砟轨道高速铁路桥梁——商合杭铁路裕溪河特大桥实现合龙。

5 月 1 日，铁路上海局集团公司发送旅客 347.5 万人次，同比增长 44.4%，创集团公司单日旅客发送量新纪录。

5 月 5 日，市规划资源局、市房管局印发《关于做好大型居住社区项目用地计划管理工作的通知》（沪规划资源施〔2019〕199 号）。

5 月 8 日，市住房城乡建设管理委发布《保障性住房设计标准（共有产权保障住房和征收安置房分册）》（DG/TJ 08—2291—2019），9 月 1 日起实施。

5 月 15 日，上海海事局、浙江海事局、长江海事局、江苏海事局、连云港海事局和东海航海保障中心在上海召开研讨会并签署《长三角区域海事监管一体化战略合作备忘录》，“六方”以打造平安、绿色、高效、智慧水域，建设海事铁军为目标，在涉及长三角区域的海事监管和航海保障等方面深化区域合作，逐步实现长三角区域海事监管信息互换、执法互认、监管互助的一体化、高质量发展。

5 月 17 日，市住房城乡建设管理委与市发展改革委联合发布《2018 年上海市国家机关办公建筑和大型公共建筑能耗监测及分析报告》。

5 月 22 日，长三角地区主要领导座谈会在安徽芜湖召开。中共中央政治局委员、上海市委书记李强，上海市委副书记、市长应勇；江苏省委书记娄勤俭，江苏省委副书记、省长吴政隆；浙江省委书记车俊，浙江省委副书记、省长袁家军；安徽省委书记李锦斌，安徽省委副书记、省长李国英出席会议。国家发展改革委有关负责同志应邀出席会议。会议深入学习贯彻习近平总书记关于长三角一体化发展的一系列重要讲话和重要指示批示精神，以“长三角：共筑强劲活跃增长极”为主题，全面分析了长三角一体化发展上升为国家战略的新内涵和新要求，总结交流了自去年“上海会议”以来一市三省实施长三角一体化发展三年行动计划的工作成效，审定了《长三角一体化发展2019年工作计划》，部署了落实《长江三角洲区域一体化发展规划纲要》的重大事项。

6月5日，由市住建委、市房管局和浦东新区建交委联合主办，市房屋安全监察所、浦东新区房屋征收事务中心承办的2019年拆除行业应急处置演练在浦东新区高青路联明路拆房基地举办。

6月6日，市建设交通工作党委召开系统“不忘初心、牢记使命”主题教育动员大会，传达学习中央和市委会议精神，从扛起政治责任、提升思想认识、认清重大意义入手，紧贴系统工作实际，把准总体要求，明晰目标任务，细化重点措施，全面部署展开主题教育活动。

6月10日，市住建委召开2019年度防汛防台工作会议，贯彻落实市委、市政府有关防汛防台要求，及时了解今年的汛期趋势预测。

6月15日起，投标人在递交投标文件时，应当由投标人代表当场签署《不参与围标串标承诺书》（以下简称承诺书），签署的承诺书作为招标投标情况书面报告备案资料。6月20日以及后发布招标公告的项目，招标人应当在招标文件中将不签署承诺书的情形列为投标文件拒收条款之一。

6月25日，“2019 上海绿色建筑国际论坛” 在沪举办。本次论坛围绕“绿色上海与未来建筑”的主题，聚焦绿色建筑发展新态势，畅谈对当下的思考和对未来的展望。由上海市绿色建筑协会编制的《上海绿色建筑发展报告（2018）》正式发布。

6月26日，市住建委组织召开建设工程围标串标专项治理动员大会。市住建委、市公安经侦总队、市国资委等相关管理部门将协力打好组合拳，进一步加强综合治理，尤其是对建设工程招投标领域的涉黑涉恶问题加大排摸、甄别和打击力度，筑牢“防火墙”，力争从根本上杜绝围标串标行为。

6月28日，市住房城乡建设管理委组织召开2019上海国际城市与建筑博览会筹备会。

6月28日，第十二届中国国际园林博览会在南宁闭幕，“上海园”在80个室外展园和4个公共景点竞赛中，荣获室外展园综合竞赛“最佳展园”及室外展园专项竞赛“最佳设计展园”“最佳施工展园”“最佳植物配置展园”“最佳建筑小品展园”和“最佳园博会创新项目”6项“最佳”称号。

6月，世界银行《全球营商环境报告》团队政策磋商会议在沪举行。住房和城乡建设部、生态环境部、市发改委、市住建委、市规划资源局、市水务局等部门出席会议。

7月1日，《上海市生活垃圾管理条例》正式实施。

7月1—7日，市城管执法系统围绕生活垃圾分类管理开展专项执法整治行动。聚焦“分类投放、分类收集、分类运输、分类处置”四个环节，全市共出动城管执法人员18600人次，开展执法检查10100次，共检查居住区、宾馆、商场、医院、园区等单位13513家（其中居住小区6071家次、企事业单位32423家次、商业楼宇2377家次、大型商场776次、园区企业682家次、医院365家次）；共检查生活垃圾收集、运输单位146家次，个人8625人次。

7月1日，上海申万置业有限公司建设

的黄浦江沿岸 E16-2 地块商办新建项目获得了《建筑工程综合竣工验收合格通知书》，这是自《上海市建筑工程综合竣工验收管理办法》出台以来，上海中心城区首个通过综合验收的市管项目。

7 月 6 日，由市住建委、市房管局主办，市物业管理事务中心和市房地产学校承办的 2019 年住宅小区房屋应急维修暨防汛防台演练，在市房地产学校青浦校区举行。

7 月 8 日，市委书记李强下午来到黄浦区外滩街道宝兴居民区，就进一步推进旧区改造和城市更新，深入走访居民家庭，察看公共服务设施，并主持召开党员、居民代表座谈会，倾听民意、了解民情，推动解决群众反映强烈的突出问题。李强指出，要深入学习贯彻习近平总书记关于“不忘初心、牢记使命”重要论述和考察上海重要讲话精神，以强烈的紧迫感、责任心，扎实做好保障和改善民生各项工作，不断夯实基层基础、提升治理能力。旧区改造既是民生工程，也是民心工程，要下更大决心、花更大力气，加快推进旧区改造和城市更新，在破解民生难题中进一步强化宗旨意识，努力让工作生活在这座城市的人们更幸福。

7 月 8 日，市建设交通工作党委、市住房城乡建设管理委、市交通委、市水务局、市绿化市容局、市城管执法局、市房屋管理局与 12345 市民服务热线、新民晚报社、上海广播电视台合作举办的 2019“夏令热线”在 12345 市民热线接电大厅正式开通。

7 月 23 日，市十五届人大常委会第十三次会议分组审议《上海市人民代表常务委员会关于修改〈上海市历史文化风貌区和优秀历史建筑保护条例〉的决定（草案）》。本次修法是建立在原有制度框架内，结合实践经验和实际需求对原条例做出的修改和完善。决定草案共 15 条，涉及条例草案实质性修改 21 条，采取局部修改的方式解决目前本市历史风貌保护管理中亟须解决的问题，体现了当前历史风貌保护的实际需要。市、区政府设立保护委员会强化政府职责、加强统筹协调、理顺管理机制、落实监管责任，是历史风貌和优秀历史建筑各项保护工作及时、有效推进的重要条件。

7 月 29 日下午，本市召开迎接新中国成立 70 周年和第二届中国国际进口博览会市容环境保障暨城市管理精细化工作会议。会议要求，各区、各部门、各单位要进一步统一思想，牢记责任担当、增强为民情怀、激发奋斗激情，以严谨踏实的工作作风、精益求精的工作态度，推动上海城市管理工作再上新台阶，努力在市容环境建设、城市管理中增强市民群众的获得感，以优异的成绩迎接新中国成立 70 周年，保障第二届中国国际进口博览会胜利召开。

7 月 15 日，上海海事局在长江口水域查获巴拿马籍过境货轮“LADY ME”在航行期间使用硫含量超标燃油，是全国首起在航船舶使用燃油硫含量超标案件。

7 月 27 日，沪宁城际铁路 20 个车站启动电子客票应用试点，成为继海南环岛高铁后全国第二条电子客票试点线路。

7 月 31 日，常务副市长陈寅主持召开工程建设项目审批制度改革全覆盖工作推进会，原则同意关于清理规范涉审中介服务事项改革工作方案，强调按照“高效办成一件事”的标准，开发建设工程建设领域“一个口进”“一网通办”。

8 月 27 日，第 45 届世界技能大赛闭幕式在俄罗斯喀山体育场举行，中国代表团实现奖牌“大丰收”，参加56个项目比赛，获得了16枚金牌、14枚银牌、5枚铜牌和17个优胜奖，再次位列金牌榜、奖牌榜、团体总分第一，取得了中国参加世界技能大赛以来的最好成绩。上海市城市建设工程学校（上海市园林学校）陆亦炜同学荣获花艺项目金牌，创造了该项目蝉联世赛金牌的佳绩。花艺项目在第44届阿布扎比世赛上首次参赛获得金牌，此次二度出征，再获殊荣。中国上海已经接过世界技能大赛的会旗，展望2021年第46届世界技能大赛，全面开启世赛“上海时刻”。

8月31日，中国共产党第一次全国代表大会纪念馆开工活动举行。市委书记李强宣布中国共产党第一次全国代表大会纪念馆开工。市委副书记、市长应勇，市人大常委会主任殷一璀，市政协主席董云虎，市委副书记尹弘出席。

9月5日，由铁路上海局集团公司、中远海运集团公司、中铁集装箱运输公司共同打造的“无锡—上海港—泰国/马来西亚”铁海快线在无锡南站首发，44个铁路集装箱经火车运往上海港装船，发往泰国林查班港。

9月16日，上海浦东国际机场三期扩建主体工程暨卫星厅正式启用开航。市委书记李强出席启用仪式并察看卫星厅及旅客捷运系统，市委副书记、市长应勇，中国民航局副局长董志毅出席并讲话。

9月17日，“海巡01”轮释放无人机对长江口水域4艘在航船舶尾气排放情况进行监测，这是船载无人机首次成功开展船舶尾气排放监测。

9月18日，市委常委会举行会议，研究旧区改造、社会稳定、农业发展等事项。市委书记李强主持会议并讲话。会议指出，旧区改造既是民生工程，也是民心工程。今年以来全市上下合力攻坚，取得良好进展，但下阶段任务依然艰巨繁重。要深入贯彻落实习近平总书记考察上海重要讲话精神，着眼长远、着眼大局，进一步提高思想认识，加大推进力度，加快推进速度。要坚持规划先行，加大政策支持力度。加快规划实施方案编制，及早谋划地块后续功能，创新推进中心城区二次开发。进一步细化规划土地扶持政策，完善征收补偿机制。要多措并举，提升工作实效性。加强统筹、市区联手，充分发挥区和市属、区属国有企业等改造主体作用，探索引入并用好社会资金，提升旧区改造综合效应。要坚持住房条件改善、历史风貌保护和城市品质提升有机统一。

9月20日，市委书记李强下午深入黄浦区外滩街道，调研指导第二批“不忘初心、牢记使命”主题教育工作，并实地检查指导外滩街道宝兴里旧区改造工作。李强强调，要扎实推动第二批主题教育高质量开展，坚持用习近平新时代中国特色社会主义思想武装头脑、指导实践、推动工作，更加积极主动发现问题、解决问题，以群众获得感体现主题教育成效。要切实抓好第一批主题教育调研成果转化落实，持续推动旧区改造等突出民生问题解决，在破解难题中砥砺初心、勇担使命，努力让工作生活在这座城市的人们更幸福。

9月25—27日，国际灯光城市协会2019年度大会在上海成功召开，是上海继2006年后第二次举办国际灯光城市协会年会。市政府副市长汤志平出席开幕式，来自全球近70个城市的300多位代表参加这次盛会。

9月26日，《上海市人民代表大会常务

委员会关于修改〈上海市历史文化风貌区和优秀历史建筑保护条例〉的决定》由上海市第十五届人民代表大会常务委员会第十四次会议通过并公布，2020 年 1 月 1 日施行。

9 月 27 日，市住房城乡建设管理委召开“城博会”工作推进会，市住房城乡建设管理委副主任裴晓、总工程师刘千伟出席，市住房城乡建设管理委相关处室参加。

9 月，市住房城乡建设管理委完成建设工程项目流程类行政审批事项、企业资质许可事项和人员资格许可事项的提交材料减半，审批时限减半工作任务，共涉及 81 种情形；同时，完成“一网通办”中涉及事项的办事指南修订工作。

10 月 9 日，2019 年世界园艺博览会在北京闭幕，上海展园和上海室内展区斩获国际园艺生产者协会中华室外展园大奖（AIPH 大奖）、2019 北京世园会组委会中华室外展园大奖和 2019 北京世园会组委会室内展区特等奖，创下在 A1 类世界园艺博览会上迄今为止获得的最好成绩。

10 月 15 日，2019 年中国技能大赛——第二届全国邮政行业职业技能竞赛全国总决赛在江西南昌圆满落幕。上海代表队在 31 个参赛队中脱颖而出，分别斩获快递员职业一等奖、三等奖和快件处理员职业一等奖，同时获得优秀技术指导奖和团体优胜奖。

10 月 16 日，市住房城乡建设管理委、市规划资源局、市房管局联合印发《上海市保障性住房（大型居住社区）配套建设管理导则（基地内市政公建配套）》（2019 年修订版）（沪建房管联〔2019〕430 号）。

10 月 19 日，中国风景园林学会 2019 年会在松江区举办，大会主题为“风景园林与美丽中国”。年会设 6 个分会场、9 个分论坛和两个青年论坛，聚焦行业热点，理论结合实践。来自风景园林及相关行业的高校、科研院所和企业等 2000 余人参加了此次大会。

10 月 26 日，第十三届中国菊花展览会顺利开幕，以上海共青森林公园为主会场，嘉定汇龙潭公园和松江方塔园为分会场，带来国内 62 个菊花文化名城、主要产区城市、菊花分会会员城市和单位的菊艺景观，其中全国城市及企业 38 家、上海各区及相关单位 24 家。

10 月 29 日，吴淞船舶交通管理中心新系统启用试运行。

10 月 29 日，金甬（金华至宁波）铁路全线开工建设。

10 月 30 日，市住房城乡建设管理委发布《崇明世界级生态岛绿色生态城区规划建设导则》。

10 月 31 日，2019 世界城市日全球主场系列活动上海日在俄罗斯举行。活动主要包括上海城市形象图片展、主题招待会、海派文化展演和 4K 全景声电影展映等。活动期间还播放了第二届进博会上海城市形象片，向当地观众推介进博会。此次上海日是 2019 世界城市日全球主场系列活动的首场活动。

11 月 1 日，上海市建设市场管理信息平台迁移电子政务云。

11 月 11 日，市住房城乡建设管理委发布《上海绿色生态城区评价技术细则 2019》。

11月14日，上海市崇明东滩鸟类自然保护区管理处获颁第十届“中华环境奖”生态环保类优秀奖，该奖项是环保领域的最高奖项之一。

11月14日，市委常委、常务副市长陈寅主持召开市政府专题会议，研究世界银行营商环境报告对标改革工作，重点听取上海市优化建筑许可营商环境改革进展情况及下一阶段工作总体思路等工作，并对改革专项行动计划3.0版进行逐项梳理和讨论。

11月18日，副市长汤志平主持召开市政府审改工作会，专题听取上海市持续推进建筑许可营商环境专项改革工作的情况汇报，研究部署下阶段的重点工作和任务要求。

11月21日至11月23日，上海国际城市与建筑博览会在国家会展中心（上海）举办。

11月22日，市住房城乡建设管理委、市房管局、市规划资源局、市市场监管局、市民政局、市财政局等十家单位联合印发《关于进一步做好本市既有多层住宅加装电梯工作的若干意见》。

11月25日，首届“中国长三角地区装配式建筑职业技能邀请赛”暨“2019年中国技能大赛——上海市建设行业职业技能竞赛”圆满落幕。

11月27日，市委书记李强围绕推进城市精细化管理前往黄浦区、静安区进行专题调研。李强强调，要创造性抓好党的十九届四中全会精神和习近平总书记考察上海重要讲话精神落地落实，在服从服务大局中找到坐标、找准定位，城市精细化管理要追求卓越、务求实效，城市有机更新和文化传承保护要高质量推进，努力为提高社会主义现代化国际大都市治理能力和治理水平做出更大贡献。

11月28日，住房和城乡建设部质安司来沪召开工程质量监管工作座谈会暨部科学技术委员会工程质量安全专业委员会成立大会。

11月，上海国际城市与建筑博览会（以下简称“城博会”）在上海国家会展中心举办。此次“城博会”由联合国人居署、上海市住房和城乡建设管理委员会联合主办，上海世界城市日事务协调中心协办，上海市绿色建筑协会承办。

12月4日，据《文汇报》头版《在满分指标中，读懂高质量发展的上海》报道，世行公布的《2020年全球营商环境报告》显示，中国“办理建筑许可”指标在全球的得分排名得到了显著提升，其中，指标的营商环境便利度得分从65.16分提升至77.3分，分值上升了12.14分；指标的全球排名位数从第121位提升至第33位，名次上升了88位，均位列我国2019年世行营商环境10项测评指标的榜首。

12月15日，沪通铁路太仓至四团段工程开工活动在上海市江东路开工点举行。

12月18日，上海大歌剧院开工活动在浦东新区世博文化公园举行。市委书记李强出席并宣布上海大歌剧院正式开工。

12月20日，上海市房管局公布全市加装电梯成绩单：2019年，通过业主意愿征询完成加装电梯立项的居民楼达到624幢，超过了过去7年之和。自2012年发布《关于明确本市既有多层住宅增设电梯的指导意见》至2018年，上海加装电梯立项共328幢，累计达到952幢。上海已经完工投入运行的电梯有221台。其中，2019年131台，超过2012——、2017年的54台、2018年36台的总和。另有31幢房屋通过旧住房综合改造等方式解决了居民的上下楼困难。

12月27日，长三角城市生态园林协作联席会议成立大会在上海召开。沪苏浙皖赣33个城市园林绿化主管部门领导和相关管理人员，以及长三角生态绿色一体化发展示范区所在的上海市青浦区、江苏省苏州市吴江区、浙江省嘉兴市嘉善县的园林绿化管理部门领导近100位代表出席了本次会议，长三角区域合作办公室应邀出席。

12月31日，市住房城乡建设管理委出台《关于鼓励团体标准在本市工程建设中应用的通知》。

12月，2019年上海市地下空间安全使用社会满意度测评报告出炉。测评覆盖全市16个区，2019年总体满意度结果为89.71分，是近四年来社会满意度最高的一年，与2018年相比，增加8.51分，同比增长10.48%。总体上，上海市地下空间安全使用社会满意度大体上呈现增长态势，从2016年的76.00分上涨到2019年的89.71分，增长18.04%。各区地下空间安全使用管理效果显现，得益于各级管理部门应急管理工作和日常安全管理工作的重视和加强。

上海市住房和城乡建设管理文件选编目录

一、综合管理

1. 住房和城乡建设部关于落实《国务院关于支持自由贸易试验区深化改革创新若干措施的通知》有关事项的通知

2. 住房和城乡建设部关于印发《全面推行行政执法公示制度执法全过程记录制度重大执法决定法制审核制度实施方案》的通知

3. 住房和城乡建设部关于印发《规范住房和城乡建设部工程建设行政处罚裁量权实施办法》和《住房和城乡建设部工程建设行政处罚裁量基准》的通知

4. 关于进一步加强城市地下管线建设管理有关工作的通知

5. 住房和城乡建设部关于开展规范城市户外广告设施管理工作试点的函

6. 住房和城乡建设部办公厅关于印发城市轨道交通工程创新技术指南的通知

7. 住房和城乡建设部、应急管理部关于做好移交承接建设工程消防设计审查验收职责的通知

8. 关于印发《民办养老机构消防安全达标提升工程实施方案》的通知

9. 上海市人民政府贯彻《国务院关于在市场监管领域全面推行部门联合“双随机、一公开”监管的意见》的实施意见

10. 上海市人民政府关于印发《本市贯彻〈关于支持自由贸易试验区深化改革创新若干措施〉实施方案》的通知

11. 上海市人民政府办公厅关于印发《上海市“互联网+监管”工作实施方案》的通知

12. 上海市人民政府办公厅关于印发《建立“一网通办”政务服务“好差评”制度工作方案》的通知

13. 上海市人民政府办公厅关于印发《2019年市政府要完成的与人民生活密切相关的实事》的通知

14. 上海市人民政府办公厅关于印发《2019年上海市推进“一网通办”工作要点》的通知

15. 上海市人民政府办公厅关于开展2019年度本市政府网站测评工作的通知

16. 上海市人民政府办公厅关于印发《2019年上海市政务公开考核评估实施方案》的通知

17. 上海市人民政府办公厅关于印发《上海市政府网站集约化平台建设工作方案》的通知

18. 上海市公共数据开放暂行办法

19. 上海市人民政府办公厅印发《关于在中国（上海）自由贸易试验区开展“证照分离”改革全覆盖试点的实施方案》的通知

20. 关于全面推行行政执法公示制度执法全过程记录制度重大执法决定法制审核制度的实施方案

21. 上海市人民政府关于贯彻《重大行政决策程序暂行条例》的实施意见

22. 上海市人民政府办公厅关于印发《上海市全面推行行政执法公示制度执法全过程记录制度重大执法决定法制审核制度实施方案》的通知

23. 关于印发《关于本市市级机构改革期间行政执法管理有关衔接工作的若干规定》的通知

24. 上海市人民政府关于印发修订后的《上海市信访事项复查复核办法》《上海市信访事项核查终结办法》的通知

25. 关于修订印发《上海市进一步优化

电力接入营商环境实施办法》的通知（2019年12月）

26. 上海市人民政府关于加快推进本市5G网络建设和应用的实施意见

27. 关于印发《关于开展本市道路箱体整治工作的实施方案》的通知

28. 上海市人民政府办公厅印发关于进一步加强本市城市维护工作若干意见的通知

29. 上海市人民政府办公厅关于印发《上海市突发事件预警信息发布管理办法》的通知

30. 上海市人民政府办公厅印发《关于本市应对极端天气停课安排和误工处理的实施意见》的通知

31. 上海市推进城市安全发展的工作措施

32. 上海市人民政府关于印发《上海市气象灾害预警信号发布与传播规定》的通知

33. 上海市人民政府办公厅关于公布市级行政规范性文件制定主体清单的通知

34. 上海市行政规范性文件管理规定

35. 关于印发《上海市住房和城乡建设管理委员会行政执法公示实施办法》的通知

36. 关于印发《上海市住房和城乡建设管理委员会行政执法全过程记录实施办法》的通知

二、城乡规划和村镇管理

1. 住房和城乡建设部办公厅关于公布2019年和2020年世界城市日中国主场活动承办城市的通知

2. 住房和城乡建设部关于印发《世界城市日中国主场活动承办城市遴选办法（试行）》的通知

3. 住房和城乡建设部办公厅关于做好2019年全国村庄建设调查工作的通知

4. 住房和城乡建设部、财政部关于印发《农村危房改造激励措施实施办法》的通知

5. 住房和城乡建设部、财政部关于印发《脱贫攻坚农村危房改造绩效评价与激励实施办法》的通知

6. 住房和城乡建设部办公厅关于开展农村住房建设试点工作的通知

7. 关于决战决胜脱贫攻坚、进一步做好农村危房改造工作的通知

8. 关于加强农村危房改造资金使用管理助力全面完成脱贫攻坚任务的通知

9. 财政部住房城乡建设部关于下达2019年中央财政农村危房改造补助资金预算的通知

10. 住房和城乡建设部办公厅关于加强贫困地区传统村落保护工作的通知

11. 关于扎实有序推进贫困地区农村人居环境整治的通知

12. 中国国际园林博览会管理办法（2019修订）

13. 住房和城乡建设部、财政部关于做好农房抗震改造试点工作的补充通知

14. 中国（上海）自由贸易试验区临港新片区管理办法

15. 上海市农村村民住房建设管理办法

16. 上海市人民政府关于切实改善本市农民生活居住条件和乡村风貌进一步推进农民相对集中居住的若干意见

17. 上海市人民政府关于印发《上海市城镇土地使用税实施规定》的通知

三、房屋管理

（一）物业管理

市场监管总局、住房和城乡建设部关于加强民用“三表”管理的指导意见

（二）房地产登记与交易

1. 住房和城乡建设部关于开展房地产估价师注册下放试点工作的通知

2. 住房和城乡建设部关于印发《房屋交易合同网签备案业务规范（试行）》的通知

3．上海市人民政府关于调整本市房产税房产原值减除比例的通知

（三）住房贷款和保障

1．中央财政城镇保障性安居工程专项资金管理办法（2019）

2．关于下达2019年中央财政城镇保障性安居工程专项资金预算的通知

3．住房和城乡建设部办公厅关于推广使用房屋市政工程安全生产标准化指导图册的通知

4．住房和城乡建设部办公厅关于印发《保障性住房等基层政务公开标准目录》的通知

5．关于整顿规范住房租赁市场秩序的意见

6．关于进一步规范发展公租房的意见

7．上海市人民政府关于印发《上海市公有住房差价交换办法》的通知

8．关于印发《〈上海市公有住房差价交换办法〉操作业务指南》的通知

9．上海市房屋管理局关于印发《上海市共有产权保障住房申请对象住房面积核查办法》的通知

10．上海市人民政府关于修改《上海市共有产权保障住房管理办法》的决定

11．关于共有产权保障住房（经济适用住房）免缴城市基础设施配套费的通知

12．上海市人民政府关于批转市住房城乡建设管理委等五部门制定的《关于保障性住房房源管理的若干规定》的通知

（四）住宅管理

1．住房和城乡建设部办公厅关于开展住宅工程质量信息公示试点的通知

2．关于印发《上海市住宅工程质量潜在缺陷保险实施细则》的通知

3．上海市人民政府办公厅转发市住房城乡建设管理委等三部门《关于本市推进商品住宅和保障性住宅工程质量潜在缺陷保险的实施意见》的通知

四、燃气管理

1．关于促进生物天然气产业化发展的指导意见

2．关于印发《油气管网设施公平开放监管办法》的通知

3．关于规范城镇燃气工程安装收费的指导意见

4．住房和城乡建设部关于修改《燃气经营许可管理办法》的通知

5．关于切实加强本市瓶装液化石油气安全工作的紧急通知

6．关于本市非居民用户天然气销售价调整后天然气销售企业结算价相应调整的通知

7．关于延长《关于进一步完善本市居民用户天然气上下游价格联动机制的通知》有效期的通知

8．上海市发展和改革委员会关于调整本市新建住宅建筑区划红线内地下管网燃气工程安装费的通知

9．上海市发展和改革委员会关于落实国家深化燃煤发电上网电价形成机制改革有关事项的通知

10. 上海市发展和改革委员会关于印发《上海市管道天然气配气定价成本监审办法》的通知

五、园林绿化市容环卫管理

1．住房和城乡建设部关于建立健全农村生活垃圾收集、转运和处置体系的指导意见

2．关于在全国地级及以上城市全面开展生活垃圾分类工作的通知

3．上海市景观照明管理办法

4．上海市人民政府关于批转市绿化市容局等五部门制定的《上海市单位生活垃圾处理费征收管理办法》的通知

5．上海市人民政府办公厅关于印发贯

彻《上海市生活垃圾管理条例》推进全程分类体系建设实施意见的通知

6. 上海市人民政府关于划定高排放非道路移动机械禁止使用区的通告

7. 上海市绿化和市容管理局、上海市住房和城乡建设管理委员会关于进一步优化营商环境加强本市园林绿化建设工程管理的通知

六、勘察设计管理

1. 住房和城乡建设部办公厅关于外商投资企业申请建设工程勘察资质有关事项的通知

2. 住房和城乡建设部关于印发《全国工程勘察设计大师评选与管理办法》的通知

3. 关于印发《上海市建设工程设计方案批后调整和建设工程规划许可变更管理办法》的通知

七、建筑建材业管理

（一）建筑市场管理

1. 关于加快推进房屋建筑和市政基础设施工程实行工程担保制度的指导意见

2. 住房和城乡建设部办公厅关于支持民营建筑企业发展的通知

3. 住房和城乡建设部办公厅关于推进住房和城乡建设领域施工现场专业人员职业培训工作的通知

4. 住房和城乡建设部办公厅关于部分建设工程企业资质延续审批实行告知承诺制的通知

5. 住房和城乡建设部办公厅关于取消一级建造师临时执业证书的通知

6. 住房和城乡建设部关于进一步加强房屋建筑和市政基础设施工程招标投标监管的指导意见

7. 住房和城乡建设部关于印发《建筑工程施工发包与承包违法行为认定查处管理办法》的通知

8. 住房和城乡建设部办公厅关于开展2019年工程造价咨询统计调查的通知

9. 住房和城乡建设部办公厅关于印发《住房和城乡建设领域自由贸易试验区“证照分离”改革全覆盖试点实施方案》的通知

10. 住房和城乡建设部、人力资源社会保障部关于印发《建筑工人实名制管理办法（试行）》的通知

11. 住房和城乡建设部办公厅关于做好工程建设领域专业技术人员职业资格“挂证”等违法违规行为专项整治工作的补充通知

12. 国家发展改革委、住房城乡建设部关于推进全过程工程咨询服务发展的指导意见

13. 住房和城乡建设部办公厅关于实行建筑业企业资质审批告知承诺制的通知

14. 住房和城乡建设部办公厅关于重新调整建设工程计价依据增值税税率的通知

15. 住房和城乡建设部办公厅关于同意上海市开展提高注册监理工程师执业资格考试报名条件试点的复函

16. 住房和城乡建设部办公厅关于开展住房和城乡建设行业职业技能鉴定试点工作的通知

17. 住房和城乡建设部办公厅关于在部分地区开展工程监理企业资质告知承诺制审批试点的通知

18. 住房和城乡建设部关于印发《住房和城乡建设部科学技术委员会章程》的通知

19. 关于对2018年度及2019年元旦、春节期间部分建设单位和施工企业拖欠农民工工资事件责任企业、个人和项目的通报

20. 关于加强本市利用建筑物、构筑物外立面设置户外广告设施管理的通知

21. 关于印发《上海市绿色生态城区试点和示范项目申报指南（2019年）》的通知

22. 关于启动2020年度在沪建设工程监

理企业信用评价工作的通知

23. 关于印发《上海市工程系列人工智能专业高级职称认定试行办法》的通知

24. 上海市绿化和市容管理局、上海市住房和城乡建设管理委员会关于规范本市园林绿化工程施工招投标标段划分的通知

25. 关于印发《上海市建设工程危险性较大的分部分项工程安全管理实施细则》的通知

26. 关于印发《上海市基坑工程在线监测实施方案》的通知

27. 关于明确撤销建设工程企业资质行政许可操作规程的通知

28. 关于贯彻落实司法部《充分发挥职能作用认真做好根治拖欠农民工工资有关工作的意见》责任分工的通知

29. 关于进一步加强本市建设工程招标投标监管治理打击违法行为的通知

30. 关于开展建设工程领域招标投标专项整治深化扫黑除恶专项斗争的通知

31. 关于开展工程建设领域专业技术人员职业资格 "挂证"等违法违规行为专项整治的通知

32. 关于印发《建设工程施工现场关键岗位人员到岗履职人脸识别管理试行办法》的通知

33. 关于调整建筑工地作业人员实名制信息采集和核查方式的通知

34. 关于进一步做好本市二级建造师执业资格考试相关工作的通知

35. 关于取消二级建造师临时执业证书的通知

36. 关于本市二级注册建筑师、二级注册结构工程师注册实施电子化审批的通知

37. 关于做好增值税税率调整后本市建设工程计价依据调整工作的通知

38. 关于印发《上海市房屋建筑工程建筑工人工资支付管理办法》的通知

39. 关于鼓励团体标准在本市工程建设中应用的通知

40. 关于印发《上海市海绵城市建设施工图审查要点（试行）》的通知

41. 关于做好本市建设工程领域"双迎"期间保障工作的通知

（二）建筑节能和建筑材料管理

1. 住房和城乡建设部办公厅关于组织申报第二批装配式建筑示范城市和产业基地的通知

2. 关于推进机制砂石行业高质量发展的若干意见

3. 关于印发《绿色建材产品认证实施方案》的通知

4. 关于开展智能光伏试点示范的通知

5. 关于印发《崇明区绿色建筑管理办法》的通知

6. 关于认定上海市装配式建筑产业基地的通知

7. 关于进一步明确装配式建筑实施范围和相关工作要求的通知

8. 关于进一步加强本市建筑废弃混凝土回收利用管理工作的通知

9. 关于在本市开展建筑废弃混凝土回收利用信息报送的通知

（三）工程质量和安全监管

1. 住房和城乡建设部、国家发展改革委关于印发《房屋建筑和市政基础设施项目工程总承包管理办法》的通知

2. 住房和城乡建设部办公厅关于组织开展住房和城乡建设领域安全生产隐患大排查的紧急通知

3. 住房和城乡建设部办公厅关于进一步加强施工工地和道路扬尘管控工作的通知

4. 住房和城乡建设部关于改进住房和城乡建设领域施工现场专业人员职业培训工作的指导意见

5. 住房和城乡建设部、应急管理部关于加强建筑施工安全事故责任企业人员处罚

的意见

6．市场监管总局办公厅、住房和城乡建设部办公厅、应急管理部办公厅关于进一步加强安全帽等特种劳动防护用品监督管理工作的通知

7．住房和城乡建设部办公厅关于深入开展建筑施工安全专项治理行动的通知

8．住房和城乡建设部办公厅关于组织开展全国建筑市场和工程质量安全监督执法检查的通知

9．住房和城乡建设部办公厅关于建筑施工企业安全生产许可证等证书电子化的意见

10．上海市住房和城乡建设管理委员会关于发布修订《上海市建设工程质量安全巡查管理办法》的通知

11．关于印发《上海市全面推行安全生产责任保险制度工作实施意见》的通知

12．关于印发《关于加强本市住宅装修管理整治“敲墙党”违法犯罪问题实施意见》的通知

13．关于印发《房屋建筑工程文明施工提升标准》的通知

14．关于印发《上海市建筑施工企业安全生产许可批后监督管理办法》的通知

15．关于印发《上海市基坑工程管理办法》的通知

16．关于停止向园林绿化工程施工企业颁发安全生产许可证的通知

17．关于全面排查装饰装修工程和其他未申领施工许可的在建工程的紧急通知

18．关于进一步贯彻落实建筑施工企业负责人及项目负责人施工现场带班制度的通知

19．关于进一步加强当前建筑施工安全生产工作的紧急通知

20．关于印发修订后的《上海市建设工程质量安全巡查工作考核办法》的通知

21．关于印发《上海市房屋建筑工程质量安全手册实施细则（试行）》的通知

22．关于印发《上海市危险性较大的分部分项工程专家论证管理办法》的通知

23．关于印发《上海市建设工程生产安全事故管理规定》的通知

24．关于做好第二届中国国际进口博览会建设工程领域安全生产工作的通知

25．上海市人民政府关于修改《上海市建设工程文明施工管理规定》的决定

26．关于印发《上海市建设工程安全生产事故隐患举报奖励办法（试行）》的通知

八、水务管理

1．关于印发《地下水污染防治实施方案》的通知

2．关于印发《水体污染控制与治理科技重大专项实施管理办法》的通知

3．财政部办公厅、住房城乡建设部办公厅、生态环境部办公厅关于组织申报2019年城市黑臭水体治理示范城市的通知

4．住房和城乡建设部村镇建设司关于印发《县域统筹推进农村生活污水治理案例》的通知

5．关于推进农村生活污水治理的指导意见

6．关于印发《城镇污水处理提质增效三年行动方案（2019—2021年）》的通知

7．上海市人民政府关于同意《上海市供水规划（2019—2035年）》的批复

九、行政审批改革

1．关于印发全国投资项目在线审批监管平台投资审批管理事项统一名称和申请材料清单的通知

2．住房和城乡建设部办公厅关于印发《2019年政务公开工作要点》的通知

3．住房和城乡建设部关于取消部分部

门规章和规范性文件设定的证明事项的决定

4. 住房和城乡建设部关于修改部分部门规章的决定

5. 住房和城乡建设部关于修改有关文件的通知

6. 住房和城乡建设部关于废止部分文件的决定

7. 住房和城乡建设部关于废止部分规章的决定

8. 上海市人民政府关于取消、调整和承接一批行政审批等事项的决定

9. 上海市人民政府关于取消和调整一批行政审批等事项的决定

十、住房公积金管理

1. 关于印发《全国住房公积金2018年年度报告》的通知

2. 住房和城乡建设部关于建立健全住房公积金综合服务平台的通知

2018年上海城市建设管理相关数据统计

一、全社会固定资产投资

表 1–1　主要年份全社会固定资产投资与其他社会经济主要指标

指　标	2005 年	2010 年	2015 年	2016 年	2017 年	2018 年
年末常住人口（万人）	**1 778.00**	**2 302.66**	**2 415.27**	**2 419.70**	**2 418.33**	**2 423.78**
上海市生产总值（亿元）	**9 154.18**	**17 436.85**	**25 659.18**	**28 183.51**	**30 632.99**	**32 679.87**
第一产业	80.34	117.79	125.53	114.34	110.78	104.37
第二产业	4 452.92	7 218.32	7 991.00	8 406.28	9 330.67	9 732.54
第三产业	4 620.92	9 833.51	17 022.63	19 662.89	21 191.54	22 842.96
人均生产总值（元）	67 492	77 275	106 009	116 582	126 634	134 982
全社会固定资产本年完成投资（亿元，%）	3 542.55	5 317.67	6 352.70	6 755.88	7 246.60	5.2
第一产业（亿元，%）	5.57	16.40	3.95	4.09	1.60	96.1
第二产业（亿元，%）	1 082.11	1 435.37	958.84	982.69	1 033.58	16.7
第三产业（亿元，%）	2 454.87	3 864.90	5 389.91	5 769.11	6 211.42	3.3
全社会固定资产本年完成投资相当于地区生产总值的百分比（%）	38.7	30.5	24.8	24.0	23.7	23.3
三大领域固定资产投资						
工　业（亿元，%）	1 074.76	1 422.08	957.17	979.56	1 031.69	17.7
城市基础设施（亿元，%）	885.74	1 497.46	1 425.08	1 551.87	1 551.87	9.3
房地产开发（亿元，%）	1 246.86	1 980.68	3 468.94	3 709.03	3 856.53	4.6
一般公共预算收入（亿元）	1 433.90	2 873.58	5 519.50	6 406.13	6 642.26	7 108.15
上海市出口总额（亿美元）	907.42	1 807.84	1 969.69	1 834.67	1 936.81	2 071.70
社会消费品零售总额（亿元）	2 972.97	6 070.50	10 131.50	10 946.57	11 745.96	12 668.69
外商直接投资						
合同项目（个）	4 091	3 906	6 007	5 153	3 950	5 597
合同金额（亿美元）	138.33	153.07	589.43	509.78	401.94	469.37
实际到位资金（亿美元）	68.50	111.21	184.59	185.14	170.08	137.00

注：1. 自 2011 年始，固定资产投资统计起点为 500 万元以上（含 500 万元）项目。
　　2. 根据国家统计局统一要求，2018年开始，固定资产投资总量指标不对外公布。

表 1-2　全社会固定资产投资主要指标及构成情况（2018）

指　标	合　计	建设项目	房地产开发	农户投资
计划总投资（亿元，%）	**45 678.19**	**15 451.30**	**30 220.35**	**6.54**
本年完成投资（%）	**5.2**	**5.9**	**4.6**	**15.5**
按隶属关系分				
中央项目	38.8	43.1	25.5	–
地方项目	1.5	－1.2	3.6	15.5
按构成分				
建筑安装工程	－3.0	0.7	－6.3	11.6
设备工器具购置	36.3	37.8	－10.2	–
其他费用	7.3	－20.3	18.1	–
按建设性质分				
#新　建	－7.2	－7.2	–	–
扩　建	8.9	8.9	–	–
改建和技术改造	29.0	29.0	–	–
单纯购置	47.0	47.0	–	–
按三次产业分				
第一产业	1.2 倍	1.8 倍	–	－15.7
第二产业	17.5	17.5	–	–
第三产业	3.1	0.7	4.6	17.5
本年新增固定资产（亿元）	**3 599.51**	**1 638.39**	**1 955.84**	**5.28**
固定资产交付使用率（%）	**47.2**	**45.7**	**48.5**	**80.7**
房屋建筑面积（万平方米）				
施工面积	18 757.71	4 034.04	14 672.37	51.30
#住　宅	7 615.04	44.46	7 520.39	50.20
竣工面积	3 790.92	639.75	3 115.76	35.40
#住　宅	1 765.79	1.12	1 730.27	34.40

注：按建设性质分组中不包括房地产开发和农户投资，下同。

表 1-3 城市基础设施固定资产投资资金来源（2018）

指 标	合 计	电力建设	交通运输邮电通信	交通运输	#城市公共交通	邮电通信	邮 政
本年实际到位资金合计	**1 555.99**	**78.49**	**943.25**	**859.66**	**105.38**	**83.59**	**5.65**
上年末结余资金	176.11	5.90	118.64	110.64	13.31	8.00	-
本年实际到位资金小计	1 379.88	72.59	824.60	749.01	92.07	75.59	5.65
国家预算资金	574.80	0.25	200.75	200.75	40.80	-	-
#中央预算资金	4.02	-	0.99	0.99	-	-	-
市自筹	279.31	0.25	97.77	97.77	30.05	-	-
区自筹	285.81	-	101.90	101.90	10.75	-	-
国内贷款	474.82	12.93	431.44	431.41	36.86	0.03	-
债 券	4.30	-	2.50	2.50	-	-	-
利用外资	-	-	-	-	-	-	-
自筹资金	315.09	58.32	189.61	114.06	14.11	75.56	5.65
其他资金	10.86	1.09	0.30	0.30	0.30	-	-
本年各项应付款合计	**373.41**	**39.58**	**247.44**	**225.03**	**130.74**	**22.41**	-
#工程款	145.90	18.72	91.83	86.04	16.66	5.80	-

单位：亿元

通　信	公用设施	公用事业	自来水	燃　气	市政建设	园林绿化	环境卫生	市政设施	其　他
77.94	**534.25**	**129.48**	**126.49**	**2.99**	**404.77**	**28.43**	**36.92**	**310.73**	–
8.00	51.57	13.51	13.51	–	38.06	0.09	0.08	36.53	–
69.94	482.68	115.97	112.98	2.99	366.71	28.35	36.83	274.20	–
–	373.80	87.12	87.12	–	286.68	22.54	12.45	227.05	–
–	3.03	1.11	1.11	–	1.92	–	–	1.92	–
–	181.29	85.17	85.17	–	96.12	–	7.63	87.99	–
–	183.92	0.85	0.85	–	183.07	22.53	4.82	131.58	–
0.03	30.45	15.89	15.89	–	14.56	1.29	11.67	1.36	–
–	1.80	–	–	–	1.80	–	–	0.95	–
–	–	–	–	–	–	–	–	–	–
69.91	67.16	12.76	9.77	2.99	54.40	2.34	12.71	38.67	–
–	9.48	0.21	0.21	–	9.27	2.18	–	6.18	–
22.41	86.39	**24.10**	24.10	–	**62.29**	4.29	**11.02**	46.82	–
5.80	35.35	0.11	0.11	–	35.24	3.51	7.11	24.57	–

表 1-4　地方全社会固定资产投资主要指标及构成（2018）

指　标	合　计	建设项目	房地产开发	农户投资
计划总投资（亿元）	**42 305.36**	**13 339.00**	**28 959.82**	**6.54**
本年完成投资增长（%）	**1.5**	**－1.2**	**3.6**	**15.5**
按构成分				
建筑安装工程	－4.0	－0.8	－6.8	11.5
设备工器具购置	24.2	26.1	－11.8	–
其他费用	5.3	－23.6	16.6	–
按建设性质分				
#新　建	－10.1	－10.1	–	–
扩　建	6.9	6.9	–	–
改建和技术改造	34.5	34.5	–	–
单纯购置	－3.7	－3.7	–	–
按三次产业分				
第一产业	25.6	43.6	–	－15.7
第二产业	20.1	20.0	–	–
第三产业	－1.3	－10.4	3.6	17.5
本年新增固定资产（亿元）	**2 946.98**	**1 027.10**	**1 914.60**	**5.28**
固定资产交付使用率（%）	**44.4**	**36.6**	**50.2**	**80.7**
房屋建筑面积（万平方米）				
施工面积	17 837.50	3 860.27	13 925.93	51.30
#住　宅	7 044.28	19.38	6 974.70	50.20
竣工面积	3 676.96	615.54	3 026.02	35.40
#住　宅	1 690.43	1.12	1 654.91	34.40

二、房地产开发建设

表 2-1　主要年份房地产开发投资

单位：亿元

类　别	2005 年	2010 年	2015 年	2016 年	2017 年	2018 年
计划总投资	**6 615.35**	**12 818.48**	**23 212.56**	**25 644.95**	**28 332.93**	**30 220.35**
#本年计划投资	1 827.42	2 903.54	4 788.30	5 406.97	5 583.18	5 679.25
本年完成投资	**1 246.86**	**1 980.68**	**3 468.94**	**3 709.03**	**3 856.53**	**4 033.18**
按隶属关系分						
中　央	8.86	42.83	83.29	134.57	173.46	217.63
市　属	118.35	287.28	199.74	231.09	258.44	338.66
区　属	246.09	270.28	415.21	413.41	537.66	585.66
县　属	2.17	3.20	52.52	108.51	81.80	116.09
乡镇街道属	137.17	101.42	191.70	216.78	132.50	-
村委居委属	0.01	2.68	0.08	0.09	-	-
其　他	734.22	1 272.99	2 526.40	2 604.58	2 672.68	2 775.14
按经济类型分						
国有经济	117.38	314.62	255.94	297.13	314.23	251.17
集体经济	62.92	106.82	14.91	19.67	39.01	3.54
联营经济	9.53	5.83	-	-	-	-
股份制经济	479.78	647.40	1 809.65	1 896.22	2 007.16	2 095.98
私营经济	401.98	605.05	715.02	807.81	865.35	1 133.67
其他经济	6.11	4.85	-	26.89	-	-
港澳台经济	77.26	179.64	540.53	530.83	540.65	442.39
外商经济	91.91	116.47	132.89	130.48	90.12	106.42
按资质等级分						
一　级	87.77	33.85	81.35	84.19	133.58	62.67
二　级	78.60	230.72	306.88	249.62	234.67	238.54
三　级	199.15	168.85	154.35	129.03	101.08	106.41
其他级	881.34	1 547.26	2 926.37	3 246.19	3 387.19	3 625.57
本年新增固定资产	**1 054.02**	**964.27**	**1 890.67**	**1 558.72**	**2 110.17**	**1 955.84**

表 2-2　房屋建筑面积及造价（2018）

类　别	施工面积（万平方米）	#新开工	竣工面积（万平方米）	竣工房屋造价（元/平方米）
各类房屋总计	**14 672.37**	**2 687.17**	**3 115.76**	**6 230**
住　宅	7 520.39	1 473.17	1 730.27	5 891
按户型结构分				
#90 平方米及以下	3 508.82	767.36	772.93	5 093
144 平方米以上	1 376.15	122.01	344.66	7 665
按类型分				
别　墅	285.01	33.82	42.24	6 938
高档公寓	1 290.02	121.18	350.01	7 125
其他住宅	5 945.35	1 318.16	1 338.02	5 535
办公楼	2 139.02	310.84	413.46	7 440
商业营业用房	1 876.24	206.93	341.05	8 537
其他	3 136.72	696.23	630.98	5 117

表 2–3　商品房销售和出租情况（2018）

类　别	销售面积（万平方米）		销售额（亿元）		住宅销售套数（万套）		期末面积（万平方米）	
	现　房	期　房	现　房	期　房	现　房	期　房	出　租	待　售
各类房屋总计	**771.86**	**995.15**	**1 378.30**	**3 373.20**	**5.12**	**9.25**	**1 868.11**	**2 196.76**
住　宅	491.06	842.23	959.78	2 904.24	5.12	9.25	128.60	651.61
按户型结构分								
#90 平方米及以下	218.33	396.21	242.66	769.39	2.96	5.48	59.00	179.33
144 平方米以上	63.21	90.66	422.26	691.47	0.25	0.48	45.98	224.53
按类型分								
别　墅	15.39	18.19	74.21	96.70	0.06	0.12	13.07	62.67
高档公寓	41.14	105.04	289.29	716.55	0.24	0.83	41.84	149.08
其他住宅	434.53	718.99	596.29	2 090.99	4.83	8.30	73.69	439.86
办公楼	72.50	74.58	194.98	289.85			753.40	400.57
商业营业用房	57.91	43.83	121.12	148.25			630.83	432.91
其他	150.38	34.51	102.42	30.85			355.28	711.68

表 2-4　各区房地产开发建设及销售情况（2018）

单位：万平方米

地　区	施工面积	#住　宅	竣工面积	#住　宅	销售面积	#住　宅
总　计	**14 672.37**	**7 520.39**	**3 115.76**	**1 730.27**	**1 767.01**	**1 333.29**
浦东新区	3 577.32	1 850.31	916.36	469.94	472.80	331.23
黄 浦 区	194.16	84.99	34.34	20.85	19.69	12.43
徐 汇 区	515.90	163.30	26.95	24.10	16.93	13.36
长 宁 区	169.42	10.84	45.42	0.05	10.12	0.69
静 安 区	668.20	176.42	127.47	21.31	36.59	23.86
普 陀 区	506.75	156.72	35.71	9.58	43.95	23.03
虹 口 区	408.20	80.00	104.75	25.59	9.96	5.72
杨 浦 区	324.18	90.25	82.72	24.72	45.25	27.43
闵 行 区	1 417.30	663.31	253.32	115.74	139.54	84.32
宝 山 区	1 155.14	711.82	229.09	137.90	104.84	76.50
嘉 定 区	1 040.08	521.37	286.53	148.32	155.74	120.36
金 山 区	344.79	257.42	69.20	53.51	79.02	67.75
松 江 区	1 585.42	1 148.96	578.31	436.78	293.61	275.88
青 浦 区	1 223.88	620.61	175.00	124.52	151.10	108.28
奉 贤 区	1 221.00	757.10	106.31	75.76	82.45	78.94
崇 明 区	320.63	226.97	44.27	41.60	105.43	83.51

三、建筑业

表 3–1　主要年份总承包和专业承包建筑企业主要指标

指　标	2005 年	2010 年	2015 年	2016 年	2017 年	2018 年
签订合同额（亿元）	3 635.34	8 791.73	15 938.38	17 225.06	20 536.96	22 881.78
上年结转合同额	1 334.42	3 564.10	8 135.22	8 538.23	10 059.43	11 210.94
本年新签合同额	2 300.92	5 227.63	7 803.17	8 686.82	10 477.53	11 670.83
直接从建设单位承揽工程完成产值（亿元）	1 956.81	4 360.10	5 849.45	6 187.34	6 642.03	7 376.32
自行完成产值	1 669.77	3 858.60	5 031.19	5 357.62	5 723.83	6 372.91
分包出去工程产值	287.04	501.51	818.26	829.72	918.19	1 003.41
从建设单位以外承揽工程完成产值（亿元）	219.47	441.59	621.28	688.57	702.58	739.40
建筑业总产值（亿元）	1 889.25	4 300.19	5 652.47	6 046.19	6 426.42	7 112.32
#在外省完成产值	390.97	1 619.14	2 703.16	2 944.10	3 426.94	4 023.32
#装饰装修产值	196.13	410.22	608.96	687.07	702.98	712.44
竣工产值（亿元）	1 364.22	2 672.73	3 121.47	3 310.39	3 471.62	3 601.50
房屋施工面积（万平方米）	14 138.05	22 996.81	36 659.77	36 019.72	41 197.49	47 436.20
房屋竣工面积（万平方米）	5 648.85	6 217.15	7 258.69	7 481.15	8 066.54	7 886.31
从业人员年末人数（万人）	72.23	96.09	69.19	65.45	60.07	58.28
#工程技术人员	13.70	15.38	14.71	14.24	13.83	14.07
按建筑业总产值计算的劳动生产率(万元/人)	18.23	34.47	44.58	47.80	53.14	57.70
房屋建筑面积竣工率（%）	40.0	27.0	19.8	20.8	19.6	16.6

018

表 3-2 总承包和专业承包建筑企业产值及人员情况（2018）

类 别	企业个数（个）	建筑业总产值（亿元）	建筑工程	安装工程	其 他
总 计	2 779	7 112.32	5 987.24	959.49	165.59
按经济类型分					
#国有经济	78	2 017.67	1 756.81	236.21	24.65
集体经济	34	22.54	17.14	5.16	0.25
股份制经济	586	3 115.68	2 680.53	353.54	81.61
私营经济	1 970	1 780.00	1 442.93	292.04	45.03
外商经济	51	97.10	58.49	31.84	6.77
港澳台经济	58	78.13	30.15	40.69	7.29
按隶属关系分					
#中央属	56	2 668.64	2 344.96	279.54	44.13
市（局）属	143	1 464.85	1 224.57	201.90	38.37
区、县属	2 580	2 978.83	2 417.70	478.04	83.08
按资质等级分					
#特 级	20	2 781.56	2 580.63	137.77	63.17
一 级	433	2 906.12	2 362.91	505.94	37.26
二 级	1 138	954.04	746.66	173.10	34.29
三 级	1 136	455.46	285.74	141.07	28.65
按行业类别分					
房屋建筑业	790	3 850.17	3 517.91	225.91	106.36
土木工程建筑业	607	1 937.64	1 732.77	179.31	25.56
建筑安装业	671	634.40	104.55	503.96	25.89
建筑装饰和其他建筑业	711	690.10	632.01	50.31	7.78
按资质标准分					
施工总承包	1 380	5 956.52	5 209.99	604.19	142.34
专业承包	1 399	1 155.80	777.25	355.30	23.24

竣工产值（亿元）	从业人员年末人数（万人）	#工程技术人员	计算劳动生产率的平均人数（万人）	按建筑业总产值计算的劳动生产率（万元／人）
3 601.50	**58.28**	**14.07**	**123.26**	**57.70**
858.10	5.95	3.60	23.45	86.03
17.69	0.91	0.09	1.08	20.80
1 593.88	18.72	4.93	48.69	63.99
1 061.91	31.10	4.94	44.90	39.64
44.43	0.96	0.22	3.81	25.51
24.31	0.62	0.28	1.28	60.85
1 101.75	8.10	4.58	25.33	105.36
902.05	6.19	2.05	26.84	54.58
1 597.70	43.99	7.44	71.10	41.90
1 366.18	7.57	4.49	32.70	85.07
1 335.45	26.43	5.26	53.61	54.21
575.41	15.49	2.85	23.78	40.12
318.44	8.53	1.41	12.76	35.70
2 254.58	31.47	6.93	76.24	50.50
662.62	11.45	3.90	22.14	87.53
327.90	7.42	1.80	11.10	57.15
356.40	7.94	1.43	13.78	50.07
3 049.36	45.03	11.32	102.12	58.33
552.14	13.25	2.74	21.14	54.68

表 3-3　总承包和专业承包建筑企业施工工程情况（2018）

类　别	单位工程施工个数（万个）	#本年新开工	竣工个数（万个）
总　计	**10.76**	**6.47**	**5.60**
按经济类型分			
#国有经济	1.09	0.42	0.21
集体经济	0.05	0.03	0.04
股份制经济	4.70	2.89	2.46
私营经济	4.69	3.04	2.80
外商经济	0.10	0.06	0.05
港澳台经济	0.13	0.04	0.04
按隶属关系分			
#中央属	1.25	0.48	0.24
市（局）属	2.08	1.26	1.16
区、县属	7.42	4.72	4.20
按资质等级分			
#特　级	1.44	0.51	0.28
一　级	4.11	2.46	2.08
二　级	2.74	1.61	1.48
三　级	2.43	1.86	1.73
按行业类别分			
房屋建筑业	4.14	1.87	1.34
土木工程建筑业	2.13	1.47	1.33
建筑安装业	3.37	2.27	2.20
建筑装饰和其他建筑业	1.13	0.86	0.74
按资质标准分			
施工总承包	7.02	3.96	3.29
专业承包	3.74	2.51	2.31

房屋施工面积（万平方米）	#本年新开工	房屋竣工面积（万平方米）	房屋竣工价值（亿元）
47 436.20	**15 547.91**	**7 886.31**	**1 804.12**
14 544.25	3 969.65	1 815.83	449.46
76.65	54.63	45.17	10.07
25 118.46	8 600.98	3 890.80	921.44
7 503.38	2 804.43	2 074.03	400.51
133.70	81.18	54.31	21.44
51.38	32.94	–	–
19 809.58	5 139.30	2 568.21	603.90
12 298.37	4 760.83	2 314.87	563.47
15 328.25	5 647.78	3 003.23	636.74
28 864.42	8 642.06	4 215.77	1 019.12
15 183.22	5 472.61	2 634.64	574.52
2 905.40	1 163.75	892.40	189.20
483.16	269.50	143.51	21.28
46 397.78	15 199.46	7 665.99	1 752.15
956.90	307.78	166.48	43.56
49.83	24.83	22.34	4.51
31.68	15.84	31.51	3.89
47 112.95	15 408.47	7 744.46	1 786.56
323.25	139.43	141.85	17.55

表 3-4　总承包和专业承包建筑企业签订合同情况（2018）

单位：亿元

类　别	直接同建设单位签订的合同额	上年结转合同额	本年新签合同额
总　计	**22 881.78**	**11 210.94**	**11 670.83**
按经济类型分			
#国有经济	7 485.01	3 694.26	3 790.75
集体经济	36.25	10.16	26.08
股份制经济	11 763.36	5 975.41	5 787.95
私营经济	3 106.72	1 314.68	1 792.03
外商经济	275.07	144.93	130.14
港澳台经济	213.50	70.22	143.29
按隶属关系分			
#中央属	10 181.95	5 006.14	5 175.80
市（局）属	6 273.54	3 240.72	3 032.82
区、县属	6 426.29	2 964.08	3 462.21
按资质等级分			
#特　级	13 382.16	6 718.55	6 663.61
一　级	6 744.84	3 309.98	3 434.86
二　级	1 777.80	773.38	1 004.43
三　级	959.06	402.00	557.06
按行业类别分			
房屋建筑业	13 550.68	6 542.18	7 008.50
土木工程建筑业	6 892.20	3 729.93	3 162.27
建筑安装业	1 411.81	597.94	813.87
建筑装饰和其他建筑业	1 027.08	340.89	686.19
按资质标准分			
施工总承包	21 131.41	10 586.65	10 544.76
专业承包	1 750.36	624.29	1 126.07

四、城市建设

表 4-1　主要年份城市建设综合指标

指　标	2005 年	2010 年	2015 年	2016 年	2017 年	2018 年
实有各类房屋建筑面积（万平方米）	64 198	93 591	120 390	127 724	131 908	136 882
高层建筑（幢）	10 045	20 579	40 822	44 395	46 220	47 555
高层建筑（万平方米）	13 100	21 911	39 652	43 648	45 522	47 455
建成区绿化覆盖率（%）	37.0	38.2	38.5	38.8	39.1	39.4
自来水供水能力（万立方米 / 日）	1 096	1 131	1 137	1 152	1 184	1 250
污水处理厂污水处理能力（万吨 / 日）	471	684	785	807	821	813
家庭液化石油气用户数（万户）	253.89	316.37	335.47	332.80	281.47	247.96
家庭天然气用户数（万户）	186.37	405.89	651.32	675.84	700.60	722.55
城市桥梁（座）	8 070	11 849	13 677	13 862	14 019	14 146
#黄浦江大桥	6	10	10	10	10	10
长江大桥	–	1	1	1	1	1
黄浦江隧道（条）	6	12	13	14	14	14
长江隧道（条）	–	1	1	1	1	1
城市快速路（公里）	77	196	197	200	207	207
高速公路长度（公里）	560	775	825	825	829	836
人均道路面积（平方米）	11.08	11.12	11.83	12.09	12.34	12.49
轨道交通运营线路长度（公里）	147.78	452.57	617.53	617.53	666.40	704.91
公共汽电车运营车辆（辆）	17 985	17 455	16 531	16 693	17 461	17 513
出租汽车运营车辆（辆）	47 794	50 007	49 586	47 271	46 397	41 881

注：1. 人均公园绿地面积：2014 年前按全市非农户籍人口口径计算；2015 年起按住建部城建年报统计口径（全市常住人口）计算。
2. “城市桥梁”指本市所有公路桥梁和城市道路桥梁，不包括：郊区机耕桥、村内道路等不符合公路设施量标准农村桥梁，水利桥梁、闸桥合一桥梁等。
3. “黄浦江隧道”指本市所有穿越黄浦江的隧道，包括外滩隧道。
4. “人均道路面积”统一调整为按常住人口计算。

表 4-2　主要年份市区居住水平情况

指　标	2005 年	2010 年	2015 年	2016 年	2017 年	2018 年
住宅建筑面积（万平方米）	37 624	52 640	63 007	65 210	67 281	68 651
城镇居民人均住房建筑面积（平方米）		32.6	35.5	36.1	36.7	37.0
居民住宅成套率（%）	93.0	95.8	96.8	97.0	97.3	97.4

注：2016 年起城镇居民人均居住面积改为城镇居民人均住房建筑面积，城镇居民人均住房建筑面积从 2007 年开始统计。

表 4-3　保障性住房建设情况（2013 — 2018）

单位：万平方米

指　标	2013 年	2014 年	2015 年	2016 年	2017 年	2018 年
保障性住房新开工建设和筹措面积	**608.7**	**505.6**	**1 036.8**	**755.2**	**354.3**	**574.4**
#动迁安置房	483.7	438.7	932.7	652.7	354.3	414.07
共有产权住房	–	–	64.2	73.3	–	100.06
公租房	125.0	66.9	40.0	29.3	–	60.3
保障性住房建成面积	**795.9**	**712.9**	**1 038.6**	**1 024.0**	**775.8**	**523.8**
#动迁安置房	533.6	490.5	727.5	788.2	611.4	370.76
共有产权住房	146.6	97.7	171.2	169.3	120.1	114.68
公租房	115.6	124.7	139.9	66.5	44.3	38.4

注：以前年度数据根据房管局口径进行了调整（原由市住宅中心报送）。

表 4-4 主要年份市政工程设施情况

指　标	2005 年	2010 年	2015 年	2016 年	2017 年	2018 年
道路长度（公里）	12 227	16 687	18 184	18 421	18 546	18 423
#城市道路	4 117	4 713	4 989	5 129	5 224	5 317
公　路	8 110	11 974	13 195	13 292	13 322	13 106
道路面积（万平方米）	20 942	25 607	28 567	29 250	29 841	30 281
#城市道路	7 704	9 723	10 949	11 253	11 586	11 821
公　路	13 238	15 884	17 618	17 997	18 255	18 460
城市桥梁（座）	8 070	11 849	13 677	13 862	14 019	14 146
#城市道路	1 715	2 073	2 524	2 596	2 688	2 855
公　路	6 355	9 776	11 153	11 266	11 331	11 291
路灯盏数 (万盏)	30.13	46.99	53.20	55.91	57.91	60.69

注：1. 城市道路面积指道路实际铺装面积和与道路相通的广场、桥梁、隧道的铺装面积。
　　2. 道路长度、面积为全市口径 (包括崇明区)。道路中包括村道。

表 4-5 主要年份道路和车辆情况

指　标	2005 年	2010 年	2015 年	2016 年	2017 年	2018 年
车行道面积 (万平方米)	15 646	20 729	23 256	23 778	24 279	23 543
人行道面积 (万平方米)	5 003	3 671	4 023	4 146	4 212	4 274
人均道路面积 (平方米)	11.08	11.12	11.83	12.09	12.34	12.49
机动车 (万辆)	211.59	248.77	334.04	359.87	390.42	421.42
#大型车	17.21	23.97	28.04	28.72	31.44	32.91
小型车	79.84	142.95	254.96	291.28	319.67	343.02
非机动车 (万辆)	1 146.89	1 360.08	1 639.32	1 737.45	1 894.73	2 071.90

注：人均道路面积调整按常住人口计算。

表 4-6 主要年份公路里程情况

单位：公里

分　类	2005 年	2010 年	2015 年	2016 年	2017 年	2018 年
实际里程	8 110	11 974	13 195	13 292	13 322	13 106
按技术等级分						
高速公路	560	775	825	825	829	836
一级公路	302	335	468	483	502	545
二级公路	2 306	3 065	3 463	3 535	3 607	3 615
三级公路	2 548	2 602	2 708	2 728	2 696	2 628
四级公路	2 395	5 197	5 731	5 721	5 688	5 483
按行政等级分						
国　道	316	613	644	715	715	716
省　道	1 036	974	1 067	1 023	1 045	1 076
县　道	2 051	2 456	2 879	2 934	2 983	3 101
乡　道	4 638	6 829	7 099	7 101	7 081	6 778
村　道		1 102	1 506	1 519	1 498	1 435

注：2005 年按行政等级分另有“专用公路”69 公里。2006 年始在行政等级划分中取消了“专用公路”分类指标。

表 4-7 主要年份综合交通运输情况（2013—2018）

指 标	2013 年	2014 年	2015 年	2016 年	2017 年	2018 年
全港货物吞吐量（万吨）	**77 575**	**75 529**	**71 740**	**70 177**	**75 051**	**73 048**
按港区分						
海 港	68 273	66 954	64 906	64 482	70 542	68 392
内河港	9 301	8 575	6 834	5 695	4 509	4 656
按内外贸分						
内 贸	39 869	37 297	33 943	32 164	34 008	32 842
外 贸	37 706	38 232	37 797	38 012	41 043	40 206
集装箱吞吐量（万 TEU）	**3 362**	**3 529**	**3 654**	**3 713**	**4 023**	**4 201**
对外旅客发送量（万人）	**15 313**	**16 796**	**17 715**	**18 637**	**19 785**	**20 401**
#铁 路	7 352	8 430	8 836	9 682	10 545	11 171
水 路	68	90	113	172	176	158
公 路	3 720	3 754	3 766	3 402	3 420	3 151
航 空	4 173	4 521	5 000	5 381	5 644	5 921
货物运输总量（万吨）	**91 535**	**90 341**	**91 238**	**88 689**	**97 257**	**107 387**
#铁 路	694	549	471	461	472	468
水 路	46 697	46 583	49 769	48 787	56 619	66 906
公 路	43 809	42 848	40 627	39 055	39 743	39 595
航 空	335	361	371	387	423	418
高速公路车流量（万辆）	**27 495**	**31 127**	**34 359**	**38 597**	**42 736**	**44 330**
#货 车	6 544	7 106	7 418	8 275	9 171	9 369
高速公路 ETC 流量（万辆）	**5 379**	**7 094**	**9 270**	**11 931**	**15 211**	**17 240**

注：对外旅客发送量，其中铁路不含金山铁路旅客运输量。

表 4–8 主要年份燃气（煤气、液化石油气、天然气）情况

指　标	2005 年	2010 年	2015 年	2016 年	2017 年	2018 年
煤气生产能力（万立方米/日）	1 134.30	817.40	–	–	–	–
煤气供应总量（亿立方米）	22.86	14.22	0.53	–	–	–
煤气销售总量（亿立方米）	19.97	12.85	0.52	–	–	–
#家庭用量	17.88	6.28	0.20	–	–	–
煤气管线长度（公里）	8 464	5 517	–	–	–	–
家庭煤气用户数（万户）	236.54	132.89	–	–	–	–
液化石油气销售总量（万吨）	45.26	40.05	42.41	39.79	34.85	31.55
#家庭用量	23.97	23.62	25.23	21.97	17.51	17.49
家庭液化石油气用户数(万户)	253.89	316.37	335.47	332.80	281.47	247.96
天然气销售总量（亿立方米）	17.50	42.66	69.73	73.52	77.20	85.44
#家庭用量	2.65	7.79	13.50	14.25	15.08	16.13
天然气管线长度（公里）	6 370	17 316	28 601	29 554	30 387	31 233
家庭天然气用户数（万户）	186.37	405.89	651.32	675.84	700.60	722.55

注：煤气 2015 年底已全部转换天然气。

表 4–9　主要年份水务情况

指　标	2005 年	2010 年	2015 年	2016 年	2017 年	2018 年
水厂个数（个）	179	105	37	37	36	37
自来水供水能力（万立方米 / 日）	1 096	1 131	1 137	1 152	1 184	1 250
全年供水量（亿立方米）	28.65	30.90	31.22	32.04	31.01	30.55
全年售水量（亿立方米）	22.81	24.44	24.58	25.24	24.52	24.35
#工业用水	6.42	5.80	4.94	4.82	4.53	4.33
居民生活用水	8.12	9.80	9.88	10.40	10.50	10.59
日平均用水（万立方米）	624.80	669.70	673.33	691.44	671.82	667.16
供水管道长度（公里）	23 718.21	31 181.58	36 383.22	36 641.67	37 643.23	38 413.68
防洪堤长度（公里）	1 070	1 009	1 159	1 153	1 153	1 140
城市排水管道长度（公里）	6 933	11 483	16 920	19 508	19 766	21 975
污水处理能力（万吨 / 日）	471	684	785	807	821	813

注：1. 防洪堤不包括市区和郊区的圩堤。
　　2. 除防堤指标外，其他指标数据均按住建部城建年报统计口径计算。

表 4–10　主要年份城市绿化情况

指　标	2005 年	2010 年	2015 年	2016 年	2017 年	2018 年
绿地面积（公顷）	28 865	120 148	127 332	131 681	136 327	139 427
#公园绿地	12 038	16 053	18 395	18 957	19 805	20 578
#公园面积	1 521	1 915	2 407	2 655	2 771	3 141
附属绿地	11 591	18 589	23 711	24 337	24 688	25 125
生产绿地	335	230	417	417	335	335
公园数（个）	144	148	165	217	243	250
公园游园人数（万人次）	13 656	21 794	22 208	21 797	26 019	25 743
人均公园绿地面积（平方米）	11.01	13.00	7.60	7.80	8.10	8.20
建成区绿化覆盖率（%）	37.0	38.2	38.5	38.8	39.1	39.4
行道树实有数（万株）	83	81	110	113	115	128
当年造林面积（公顷）	3 827	1 349	3 241	3 941	2 680	3 183

注：1．绿地面积由公园绿地、生产绿地、防护绿地、附属绿地和其他绿地五大类构成。

2．人均公园绿地面积：2014 年前按全市非农户籍人口口径计算；2015 年起按报住建部的城建年报统计口径（全市常住人口）计算。

表 4-11 主要年份城市环境卫生情况

指 标	2005 年	2010 年	2015 年	2016 年	2017 年	2018 年
卫生设施						
公共厕所（座）	3 640	6 026	6 197	6 220	6 221	6 061
生活垃圾收集点（处）	28 388	30 645	32 209	32 247	30 582	30 225
废物箱（只）	39 539	74 658	94 310	81 246	86 246	62 554
倒粪站（座）	1 689	1 900	1 729	1 832	1 832	1 681
化粪池（只）	47 424	43 170	43 582	43 983	43 983	40 439
焚烧厂（座）	2	2	5	7	9	9
焚烧厂设计规模（吨 / 日）	2 500	2 500	8 300	11 300	13 300	13 300
填埋场（座）	3	5	5	4	4	5
填埋场设计规模（吨 / 日）	6 400	6 750	11 230	10 350	10 350	15 350
综合处理厂（座）	2	4	2	2	2	1
综合处理厂设计规模（吨 / 日）	1 500	2 200	1 000	1 000	1 000	500
清运情况						
清扫道路面积（万平方米 / 日）	10 414	15 879	17 366	18 253	18 853	20 855
清运垃圾（万吨）	777	5 717	10 755	7 796	6 278	8 415
生活垃圾清运量	622	732	790	880	743	785
建筑垃圾和工程渣土清运量	155	4 985	9 965	6 916	5 535	7 630
清运粪便（万吨）	254	201	173	160	158	137
环卫机械						
扫路车（辆）	406	510	608	567	783	868
清洗洒水车（辆）	248	285	344	485	544	718
垃圾车（辆）	3 297	3 607	3 672	3 761	4 370	4 757
吸粪车（辆）	492	456	440	487	444	430

注：2010 年起建筑垃圾和工程渣土清运量包括工程渣土、装修垃圾和泥浆产生量。

表 4-12　主要年份环境保护情况

指　标	2005 年	2010 年	2015 年	2016 年	2017 年	2018 年
废水排放总量（万吨）	199 660	248 250	224 147	220 759	211 951	209 768
#工业废水	51 047	36 896	46 939	36 599	31 586	29 144
工业废气排放总量（亿标立方米）	9 103	12 969	12 802	12 669	13 867	13 780
工业废气中：二氧化硫（万吨）	37.52	26.32	10.49	6.74	1.85	0.91
工业烟粉尘排放量（万吨）	6.02	5.15	11.14	7.28	3.03	1.62
工业固体废物产生量（万吨）	1 963.62	2 448.36	1 868.07	1 680.10	1 630.48	1 668.77
工业固体废物处置量（万吨）	64.66	93.86	72.23	73.44	99.98	135.77
工业固体废物综合利用量（万吨）	1 891.62	2 366.92	1 796.18	1 607.51	1 532.71	1 552.84
工业固体废物综合利用率（%）	96.3	96.2	96.2	95.7	94.0	93.1
突发环境事件（次）	50	131	10	2	–	–
道路交通噪声平均等效声级〔dB（A）〕						
昼间时段	72.0	69.8	69.8	69.5	69.8	69.3
夜间时段	65.8	64.3	65.5	65.0	65.0	64.9

注：2014 年始工业烟粉尘排放量统计口径增加了无组织排放量。